CB127566

Desenvolvimento psicológico e educação

CÓPIA NÃO AUTORIZADA É CRIME
ABDR
ASSOCIAÇÃO BRASILEIRA DE DIREITOS REPROGRÁFICOS
RESPEITE O DIREITO AUTORAL

D451 Desenvolvimento psicológico e educação / organizado por César Coll, Álvaro Marchesi e Jesús Palacios; tradução Daisy Vaz de Moraes. – 2. ed. – Porto Alegre : Artmed, 2004. 3v.

ISBN 978-85-363-0227-0

(Psicologia evolutiva; 1)

1. Psicologia evolutiva. I. Coll, César. II. Marchesi, Álvaro. III. Palacios, Jesús. IV. Título.

CDU 159.922/.8

Catalogação na publicação: Mônica Ballejo Canto – CRB 10/1023

Desenvolvimento psicológico e educação

1.

Psicologia evolutiva

2ª edição

César COLL
Álvaro MARCHESI
Jesús PALACIOS
& colaboradores

Tradução:

Daisy Vaz de Moraes

Consultoria, supervisão e revisão técnica desta edição:

Milena da Rosa Silva
Psicóloga. Mestre em Psicologia do Desenvolvimento pela UFRGS.

Reimpressão 2008

artmed®

2004

Obra originalmente publicada sob o título
Dessarollo psicológico y educación
v.1 *Psicología evolutiva*

© Alianza Editorial, S.A., 2002
ISBN 84-206-8684-0

Capa
Gustavo Macri

Preparação do original
Rubia Minozzo

Leitura Final
Joana Jurema Silva da Silva

Supervisão editorial
Mônica Ballejo Canto

Projeto e editoração
Armazém Digital Editoração Eletrônica – Roberto Vieira

Reservados todos os direitos de publicação em língua portuguesa à
ARTMED® EDITORA S.A.
Av. Jerônimo de Ornelas, 670 – Santana
90040-340 Porto Alegre RS
Fone (51) 3027-7000 Fax (51) 3027-7070

É proibida a duplicação ou reprodução deste volume, no todo ou em parte, sob quaisquer formas ou por quaisquer meios (eletrônico, mecânico, gravação, fotocópia, distribuição na Web e outros), sem permissão expressa da Editora.

SÃO PAULO
Av. Angélica, 1091 - Higienópolis
01227-100 São Paulo SP
Fone (11) 3665-1100 Fax (11) 3667-1333

SAC 0800 703-3444

IMPRESSO NO BRASIL
PRINTED IN BRAZIL
Impresso sob demanda na Meta Brasil a pedido de Grupo A Educação.

Autores

César Coll (org.)
Universidade de Barcelona

Álvaro Marchesi (org.)
Universidade Complutense de Madri

Jesús Palacios (org.)
Departamento de Psicologia Evolutiva e da Educação
Universidade de Sevilha

Alfonso Luque
Departamento de Psicologia Evolutiva e da Educação
Universidade de Sevilha

Alfredo Fierro
Departamento de Psicologia Social e da Personalidade
Universidade de Málaga

Alfredo Oliva
Departamento de Psicologia Evolutiva e da Educação
Universidade de Sevilha

Belén Bueno
Departamento de Psicologia Evolutiva e da Educação
Universidade de Salamanca

Eduardo Martí
Departamento de Psicologia Evolutiva e da Educação
Universidade de Barcelona

Félix López
Departamento de Psicologia Evolutiva e da Educação
Universidade de Salamanca

Ignasi Vila
Departamento de Psicologia
Universidade de Girona

Joaquín Mora
Departamento de Psicologia Evolutiva e da Educação
Universidade de Sevilha

José Antonio León
Departamento de Psicologia Básica
Universidade Autônoma de Madri

José Buz
Departamento de Psicologia Evolutiva e da Educação
Universidade de Salamanca

José Luis Vega
Departamento de Psicologia Evolutiva e da Educação
Universidade de Salamanca

María del Carmen Moreno
Departamento de Psicologia Evolutiva e da Educação
Universidade de Sevilha

María del Mar González
Departamento de Psicologia Evolutiva e da Educação
Universidade de Sevilha

María Jesús Fuentes
Departamento de Psicologia Evolutiva e da Educação
Universidade de Málaga

María José Ortiz
Departamento de Psicologia Evolutiva e da Educação
Universidade do País Basco

María José Rodrigo
Departamento de Psicologia Educativa, Evolutiva e Psicobiologia
Universidade de La Laguna

María Luisa Padilla
Departamento de Psicologia Evolutiva e da Educação
Universidade de Sevilha

Mario Carretero
Departamento de Psicologia Básica
Universidade Autônoma de Madri
FLACSO, Argentina

Miguel Pérez Pereira
Departamento de Psicologia Evolutiva e da Educação
Universidade de Santiago de Compostela

Rosario Cubero
Departamento de Psicologia Evolutiva e da Educação
Universidade de Sevilha

Victoria Hidalgo
Departamento de Psicologia Evolutiva e da Educação
Universidade de Sevilha

Apresentação

Em 1990, foram publicados, por esta mesma editora, os três volumes da série *Desenvolvimento psicológico e educação*, dedicados, respectivamente, à psicologia evolutiva, psicologia da educação e às necessidades educativas especiais e aprendizagem escolar. Dez anos depois daquela publicação e das sucessivas reimpressões de cada um dos três volumes, agora é hora de enviar para a impressão uma nova edição. A importância desse esforço não está somente na atualização de conteúdos, mas também em sua reorganização em profundidade.

Essa reorganização foi necessária, fundamentalmente, por duas razões. Em primeiro lugar, pelas novidades que se foram acumulando desde a publicação inicial nos campos de conhecimento tratados nos três volumes. Aqueles que fizerem uma análise comparativa entre a primeira edição e esta poderão comprovar que uma década de pesquisa produz um substancial acúmulo de novidades tanto nos dados dos quais são tiradas as informações quanto nas perspectivas a partir das quais esses dados são analisados. Em segundo lugar, porque a ampla utilização desses volumes em universidades e em outros centros docentes de ambos os lados do Atlântico proporcionou a nós, coordenadores, uma boa quantidade de informação sobre a avaliação que tanto os professores quanto os alunos fizeram dos conteúdos e, especialmente, de seu tratamento didático. As novidades fundamentais desta nova edição afetam, assim, os dois aspectos, conforme explicamos a seguir a respeito deste primeiro volume.

No que se refere à psicologia evolutiva, as mudanças ocorridas na disciplina na década de 1990 foram extraordinárias tanto na quantidade de informação nova produzida e na forma de organizar essa informação quanto nas perspectivas conceituais a partir das quais é analisada. Alguns temas e conteúdos foram perdendo a efervescência produzida em outros momentos; isso não significa, contudo, que tenham desaparecido como objeto de interesse para a análise evolutiva, mas que, em determinados momentos, simplesmente foram incorporados aos conhecimentos básicos compartilhados por todos. Por sua vez, outros temas que tinham uma menor presença foram ganhando destaque, adquirindo um corpo e uma consistência que lhes faltava há uma década; com freqüência, são temas para o futuro ainda não suficientemente desenvolvidos e à espera de mais alguns anos de acumulação de evidências e interpretações.

Conseqüentemente, neste volume, é possível encontrar uma maior ênfase nos temas relacionados aos aspectos e às mudanças biológicas que são relevantes para se entender os processos evolutivos, que são encontrados de diferentes maneiras em várias partes do livro: as reflexões sobre a genética da conduta no primeiro capítulo, ou a análise sobre as relações entre o desenvolvimento neurológico e o psicológico que fazemos sobre a evolução infantil, ou a descrição das mudanças físicas da puberdade e do processo de envelhecimento. Outra novidade nos conteúdos é a retirada dos capítulos antes dedicados aos estágios do desenvolvimento descritos por Piaget; os conteúdos tipicamente piagetianos foram mantidos, mas dentro das descrições sobre o desenvolvimento cognitivo de cada uma das etapas do desenvolvimento. Os temas relacionados ao desenvolvimento social e emocional ganharam destaque em relação à edição anterior, em grande parte graças ao auge desses conteúdos na década de 1990. E, sem dúvida alguma, já não fazia sentido manter sob a proteção da psicologia evolutiva os conteúdos relacionados somente com a infância e com a adolescência; é por isso que a última parte do livro é dedicada à análise do desenvolvimento durante a idade adulta e a velhice, dando, assim, uma visão mais completa de todo o processo evolutivo e refletindo melhor o estado dos conhecimentos nesta disciplina.

A tudo isso é preciso acrescentar que a psicologia evolutiva em língua espanhola também deu lugar a uma importante produção de conhecimentos na última década, de maneira que já é possível trazer dados que, há alguns anos, faziam parte de pesquisas realizadas em outros contextos. Enquanto em alguns conteúdos esse fato pode não ser especialmente relevante, em outros, ele se torna crucial, como é, por exemplo, o caso do desenvolvimento da linguagem, que agora pode ser descrito a partir de dados que se referem especificamente à aquisição do castelhano.

Além do acúmulo de dados e de evidências, parte dos avanços produzidos na década de 1990 está relacionada com o declínio de algumas teorias e marcos interpretativos e com o surgimento e a pujança conseguida por outros. Conforme indicamos no Capítulo 1, a psicologia evolutiva continua sendo caracterizada por um pluralismo de perspectivas teóricas que, sem dúvida, é inevitável, dada a enorme diversidade de conteúdos e de idades com as quais trabalha. Mas dentro dessa diversidade, algumas tendências foram destacando-se em relação a outras, o que também se reflete neste volume.

Em relação aos aspectos didáticos, uma vantagem para seus leitores é a reorganização de conteúdos. A introdução está mais extensa, de maneira que a entrada na psicologia evolutiva agora é mais completa, tanto nos aspectos históricos como nos conceituais e nos metodológicos. Além disso, a apresentação em capítulos integrados de todos os temas relacionados com o desenvolvimento cognitivo, assim como dos que se referem ao desenvolvimento social, devem também permitir uma visão ao mesmo tempo mais articulada e com maior profundidade. Finalmente, houve um aumento dos quadros, das figuras e das tabelas, com a intenção de facilitar a leitura e a consulta do livro por seus usuários.

Dessa forma, estamos diante de um livro totalmente novo, exceto pelo que se refere ao título, aos coordenadores, à editora e a uma boa parte dos autores. Um livro que situa os conteúdos e as perspectivas da psicologia evolutiva no início do século XXI. Um texto que combina sua vocação científica com seu afã didático. Concebido como um manual universitário, o volume também pode ser útil para um público mais diversificado em busca de respostas para algumas perguntas sobre o apaixonante processo de desenvolvimento psicológico dos seres humanos.

Como podemos ver no sumário, sua elaboração teria sido impossível sem a colaboração de um grande número de professores de diferentes universidades espanholas. Eles tiveram o rigor e a experiência suficientes para elaborar excelentes capítulos, assim como a paciência necessária para atender aos pedidos dos organizadores e para aceitar de boa vontade as inumeráveis sugestões e petições que lhes foram feitas. Como organizadores, agradecemos sinceramente seu trabalho. Também agradecemos a Miguel Ángel Pertegal, que, de uma maneira muito eficiente, colaborou na preparação final do manuscrito para a impressão, e a Rosario Valdecantos e a Paula Palacios, autoras de algumas das ilustrações que aparecem ao longo do texto.

César Coll
Álvaro Marchesi, e
Jesús Palacios

Sumário

PRIMEIRA PARTE

Introdução à história, aos conceitos e aos métodos

1 Psicologia evolutiva: conceito, enfoques, controvérsias e métodos

JESÚS PALACIOS

O DESENVOLVIMENTO PSICOLÓGICO E SEUS DETERMINANTES FUNDAMENTAIS

Como tantas outras disciplinas científicas (como a história ou a geologia, por exemplo), a psicologia evolutiva trabalha com a mudança ao longo do tempo. Como as outras disciplinas nas quais se divide o amplo campo da psicologia, a psicologia evolutiva trata da conduta humana. O que diferencia a psicologia evolutiva das disciplinas não-psicológicas mencionadas anteriormente é que seu objeto de estudo é a conduta humana, tanto em seus aspectos externos e visíveis como nos internos e não-diretamente perceptíveis. Mas em relação às outras disciplinas psicológicas, o que a diferencia é seu interesse pela conduta humana do ponto de vista de suas mudanças e transformações ao longo do tempo.

O fato de existirem outras disciplinas psicológicas que também estudam a mudança ao longo do tempo nos obriga a acrescentar algum outro traço diferenciador na definição anterior. Sem dúvida, a psicoterapia também estuda as mudanças ao longo do tempo, e podemos dizer o mesmo das diferentes disciplinas que estudam os processos de aprendizagem; em um e em outro caso, parte-se de um estado inicial da pessoa (um determinado problema psicológico, por exemplo, ou uma conduta que não é capaz de realizar) e procura-se conseguir que esse estado inicial se transforme em uma situação diferente (a superação do problema ou a aquisição da conduta). Dois traços adicionais permitem diferenciar a psicologia evolutiva de outras disciplinas psicológicas interessadas em processos de mudança:

- Em primeiro lugar, as mudanças estudadas pela psicologia evolutiva têm um caráter normativo ou seminormativo, que não possuem as mudanças estudadas em outras disciplinas psicológicas interessadas na mudança. Normativo significa que os processos estudados pela psicologia evolutiva são aplicáveis a todos os seres humanos ou a grandes grupos deles (por exemplo, à maioria dos membros de uma cultura determinada em um dado momento histórico). O normativo ou o seminormativo refere-se mais às transições evolutivas e aos processos de desenvolvimento do que aos conteúdos concretos, de forma que, por exemplo, em todos os seres humanos é normativo o fato de ser cuidado por alguém durante a primeira infância, e, no ocidente, são normativos o ingresso na escola e as relações com os companheiros, embora não seja normativa a forma como essas relações ocorrem para cada um; sem ser normativo, o acesso à paternidade ou à maternidade é um fato comum a muitos adultos (por isso seu caráter seminormativo), embora essa transição evolutiva possa ser vivida de maneiras bem diversas. Em oposição aos fatos normativos, os fenômenos idiossincrásicos se referem ao que é próprio de determinados indivíduos, sem que se possa considerar que, de modo algum, caracterizam a todos eles ou a grupos importantes; se uma criança sem problemas aparentes de outro tipo e que tenha crescido em circunstâncias normais não só não entende nada da linguagem que lhe é dirigida quando tem dois anos, como também parece continuar sem entendê-la até alguns anos mais tarde, estamos diante de um fato idiossincrásico que é preciso explorar como um traço peculiar dessa criança, pois a norma é que a compreensão da linguagem não deixe de ser desenvolvida a partir do primeiro ano.

- Em segundo lugar, as mudanças estudadas pela psicologia evolutiva têm uma relação com a idade que, habitualmente, não existe em outras disciplinas psicológicas interessadas na mudança. A psicologia evolutiva se dedica às mudanças vinculadas à idade ou, para sermos mais exatos, ao período da vida humana em que a pessoa se encontrar. Assim, podemos nos referir à aquisição da identidade pessoal (saber quem sou, como me chamo, como sou, quais as coisas que me influenciam, etc.) como algo típico dos primeiros anos da vida humana; mas se falamos sobre a identidade adolescente, estamos falando sobre outros conteúdos psicológicos, e o mesmo acontece se nos referimos à crise de identidade que muitas pessoas parecem experimentar até a metade de sua vida, ou da redefinição da identidade que ocorre por ocasião do envelhecimento. Como conseqüência, as mudanças estudadas pela psicologia evolutiva estão, em grande medida, matizadas pelo momento da vida em que ocorrem, mostrando, freqüentemente, uma estreita dependência em relação à etapa da vida humana que se estiver analisando.

Podemos, então, dizer que *a psicologia evolutiva é a disciplina que se dedica ao estudo das mudanças psicológicas que, em uma certa relação com a idade, ocorrem nas pessoas ao longo de seu desenvolvimento, isto é, desde sua concepção até sua morte;* as mudanças estudadas pela psicologia evolutiva estão muito mais próximas do normativo (mesmo quando existem sujeitos ou processos que escapam dessa norma) do que do idiossincrásico. Algumas observações irão nos ajudar a precisar um pouco mais a definição anterior.

Devido à importância central que tem a *idade* para os fatos evolutivos, a primeira observação tem de se referir a ela. Em primeiro lugar, para assinalar que quando falamos em idade em psicologia evolutiva, normalmente, não nos referimos a uma idade concreta, mas a um dos períodos em que habitualmente dividimos o desenvolvimento humano. Assim, e sem mencionar agora o período pré-natal, geralmente situamos as mudanças dentro da primeira infância (zero a dois anos), dos anos da educação infantil (dois a seis), dos anos do ensino fundamental (6 a 12), da adolescência (até o final da segunda década de vida), da maturidade (aproximadamente a partir dos 20 até os 65 ou 70 anos) e da velhice (a partir de, aproximadamente, 65 a 70 anos). É claro que existem mudanças psicológicas que podem estar ligadas a idades mais concretas, mas isso costuma acontecer com mais freqüência na primeira infância e, mesmo assim, não costuma ser de maneira inexorável, de forma que são possíveis variações interindividuais de certa importância inclusive nas mudanças que estão mais claramente associadas a uma idade determinada.

Em segundo lugar, podemos nos perguntar por que existem mudanças psicológicas que estão vinculadas à idade. Parte da resposta está na *maturação*. Quando nascemos, nosso cérebro, nosso sistema nervoso e nossos músculos têm um certo nível de desenvolvimento, mas se encontram em um estado evolutivo muito incipiente, pois uma das características típicas dos seres humanos é nascer com um alto grau de imaturidade que, de maneira muito lenta e gradual, levará mais tarde à maturidade. A razão pela qual a imensa maioria das crianças começa a andar sem ajuda nem apoios entre 12 e 15 meses é o fato de que, até então, sua maturação não permite o caminhar autônomo. E é pelas mesmas razões que a maior parte das crianças segue uma seqüência muito previsível de aquisição da linguagem. O fato de a escolaridade obrigatória começar na maior parte dos países, entre os cinco e os sete anos reflete a certeza de que é em torno dessas idades que se está em condições maturativas suficientes para encarar as aprendizagens escolares típicas do ensino fundamental. Do mesmo modo, certas limitações que são observadas no funcionamento cognitivo das pessoas de idade avançada também devem estar situadas no quadro dos processos de mudança neuropsicológica característicos da espécie humana, pois, como muitas mudanças da infância, da adolescência e da idade adulta, parte das mudanças da velhice deve ser entendida como conseqüência do "plano biológico" com o qual todos os seres humanos nascem, plano em que estão incluídos os principais marcos que irão caracterizar nosso desenvolvimento físico desde a concepção até a morte. Esse plano é compartilhado por todos os membros da espécie e, portanto, faz parte do genoma humano.

Por razões que serão analisadas posteriormente com mais detalhes, a maturação segue uma seqüência que será mais fixa e previsível quanto mais próximo estivermos do princípio da trajetória vital individual. O desenvolvimento pré-natal, por exemplo, segue uma seqüência que, se tudo correr bem, costuma ser cumprida de maneira muito inexorável. A partir do nascimento, quanto mais próximo do princípio estivermos, mais estreita será a dependência em relação à maturação, de forma que as mudanças do primeiro ano podem ser previstas com muito mais exatidão do que as mudanças do segundo, e as do segundo com maior exatidão do que as do terceiro. Chega um momento em que o fundamental da maturação biológica já ocorreu, como acontece quando se completam todas as mudanças da puberdade que transformam o corpo infantil em corpo adulto. A partir desse momento (e pelo menos até que comecem a ocorrer juntas certo número de mudanças relacionadas ao envelhecimento), a maturação impõe muito pouco ao desenvolvimento psicológico. Essa é a razão pela qual até a chegada da puberdade (em torno de uma idade média de 12 a 13 anos) podemos relacionar cada etapa do desenvolvimento com algumas margens de idade concretas e reduzidas, como vimos anteriormente que ocorria nos primeiros 10 anos de vida. A partir daí, conforme pudemos ver com a adolescência, com a idade adulta e com a velhice, a ligação com margens de idade muito concretas se torna mais e mais complicada, pois devem ser levados em conta fatores diferentes da maturação.

Entre esses fatores, devemos mencionar em primeiro lugar a *cultura* à qual pertence o indivíduo. As pesquisas que comparam o desenvolvimento psicológico em pessoas de diferentes culturas nos vacinaram contra o etnocentrismo que consiste em acreditar que se pode aplicar a "todos" o que é somente característico de "nós". Pensemos, por exemplo, em um dos processos psicológicos característicos do primeiro ano de vida, que é o estabelecimento das relações de apego sobre a qual falaremos no Capítulo 5. Imaginemos, por um momento, uma cultura na qual os bebês passem seu primeiro ano fundamentalmente em sua casa, sendo cuidados por um ou dois adultos, e imaginemos, depois, uma cultura diferente, na qual os bebês passem seu primeiro ano próximos da mãe em seus afazeres cotidianos fora e dentro da casa, e com acesso freqüente a outras mulheres adultas que levem o bebê ao colo a cada vez que ele chore ou se inquiete e sua mãe não possa alimentá-lo ou tranqüilizá-lo. Embora seja mais provável que os bebês de ambas as culturas se apeguem à sua mãe, a tendência de se apegar também a outras pessoas adultas e a forma de reagir diante de estranhos variarão substancialmente dos bebês de uma cultura aos de outra (Palacios, 1999b). Para darmos outro exemplo, anteriormente fizemos menção à obrigatoriedade de escolarização* entre os cinco e os sete anos, mas é evidente que para que haja ou não esco-

*N. de R.T. No sistema espanhol de educação, o período escolar que vai dos 7 aos 16 anos é denominado educação básica obrigatória. Equivale, no Brasil, ao ensino fundamental e ao ensino médio.

larização, para que ela seja ou não obrigatória e para que sua duração seja mais curta ou mais longa, dependerá, em grande parte, da cultura, pois existem culturas em que a maior parte das aprendizagens ocorre no contexto escolar, e outras em que a maior parte das aprendizagens ocorre em outros contextos (por exemplo, aprende-se a resolver os problemas no contexto em que eles ocorrem não em um contexto em que eles estão somente representados). Onde a maturação não deixa resquícios, as diferenças culturais não são traduzidas em diferenças evolutivas; assim, por exemplo, a aquisição do andar independente parece pouco determinada pelas práticas culturais em relação à autonomia dos bebês. Mas na maior parte dos conteúdos psicológicos nos quais podemos pensar, e mais notadamente à medida que nos distanciamos dos primeiros meses de vida, a maturação se limita a abrir possibilidades que o entorno se encarregará de aproveitar em maior ou menor medida, em uma ou em outra direção determinada em boa parte pelo "plano cultural" estabelecido no contexto em que acontece o desenvolvimento. Essas considerações, obviamente, limitam o alcance do caráter normativo ao qual fizemos referência no início deste capítulo, pois o que é normativo em uma cultura (por exemplo, a escolarização) não tem por que ser em outra, exceção feita àqueles aspectos ligados às características da espécie que, como a maturação, tendem a padronizar todos os humanos, como veremos mais adiante neste mesmo capítulo.

Algumas vezes, conhecer a cultura à qual uma pessoa pertence é insuficiente, pois existem culturas muito estáveis e que mudam muito lentamente, enquanto em outras as mudanças são mais substanciais e aceleradas. Por isso, e sobretudo para esse segundo grupo, é necessário fazer referência também ao *momento histórico* em que está acontecendo o desenvolvimento humano no interior de uma determinada cultura. Mais uma vez, alguns exemplos simples irão nos ajudar a entender a importância do fator que estamos considerando agora. Por exemplo, a escolaridade obrigatória nem sempre existiu em nossa cultura, assim como nem sempre teve uma duração similar e um mesmo grau de universalização. O mesmo acontece em relação à adolescência, cujas fronteiras temporais e características psicológicas estão muito relacionadas com a maior ou menor facilidade para se chegar ao *status* de adulto (independência econômica ligada à entrada estável no mercado de trabalho, formação de uma família própria diferente da família de origem). Como último exemplo, podemos citar a aposentadoria, que não foi uma realidade que sempre existiu em nossa cultura, nem esteve sempre fixada na mesma idade. Assim, para aqueles processos de desenvolvimento nos quais é importante o papel da cultura, também é importante saber o grau de dinamismo da cultura que estiver sendo analisada e, nesse caso, o momento histórico em que o desenvolvimento está acontecendo.

A questão anterior ainda é insuficiente para um bom número de conteúdos psicológicos, pois é evidente que não podemos afirmar que todas as pessoas pertencentes a uma mesma cultura e que vivem em um momento histórico determinado terão processos de desenvolvimento semelhantes. Quanto mais complexa for uma sociedade, mais diversidade existirá em seu interior, e mais desordenada será sua pirâmide social; por isso, é relevante referir-se aos *subgrupos sociais* existentes nela. Na Europa, há apenas algumas décadas, a probabilidade de se ter acesso ou não à escolarização, o mais rápido ou mais lento acesso ao *status* social adulto, assim como o fato de se ter ou não acesso à aposentadoria eram, em grande parte, determinados pelo *status* social. Universalizados em nossa cultura a maior parte do que agora consideramos direitos básicos, continuam existindo outras fontes de diferenciação entre uns grupos e outros. A diversidade de vocabulário, a complexidade sintática e a riqueza semântica da linguagem que se aprende estão, em grande parte, condicionadas pela linguagem falada no entorno familiar da criança, conforme veremos no Capítulo 8. Das diferentes fontes de variação intracultural, o nível de estudos dos pais é uma das que mostraram uma relação mais estreita com a forma adquirida por diversos conteúdos evolutivos.

Finalmente, existe ainda outra fonte de variação que faz com que não existam dois perfis de desenvolvimento psicológico idênticos dentro de um subgrupo social determinado, em um mesmo momento histórico e no interior de uma mesma cultura; sem dúvida, os *traços e* as *características individuais* estão presentes ao longo de todo processo de desenvolvimento: temos caracteres genéticos pessoais, nascemos sendo diferentes e, depois, vivemos, desde o início, muitas experiências diferentes que vão exercendo seu impacto sobre nosso processo de desenvolvimento. Com isso, os perfis psicológicos vão se tornando mais marcadamente individuais à medida que nos distanciamos do ponto de partida de nosso desenvolvimento. Nesse nível de análise estão incluídos, como conseqüência, tanto os traços de natureza estritamente intra-individuais quanto as características dos contextos em que ocorre o desenvolvimento de cada um, dentro das quais haverá algumas compartilhadas e outras não compartilhadas com outros indivíduos.

A Figura 1.1 procura mostrar, de forma resumida, o que foi dito nos últimos parágrafos: que, longe de acontecer no vazio, o desenvolvimento psicológico humano acontece em uma encruzilhada de influências entre as quais os traços individuais não ficam perdidos, mas estão longe de ser os únicos aspectos que se deve considerar se o que se quer é entender por que o desenvolvimento psicológico ocorre de uma determinada maneira.

A psicologia evolutiva estuda todas as questões que analisamos até aqui. Estuda, por definição, os processos de mudança psicológica que ocorrem desde nossa concepção até nossa morte; muitos dos processos de mudança (sobretudo os que ocorrem no início e no final do processo) se relacionam com a maturação que nos leva da imaturidade biológica de partida até a maturidade, assim como com os processos biológicos vinculados ao envelhecimento. Mas a maturação, ao mesmo tempo em que impõe certas limitações, também vai abrindo muitas possibilidades sobre as quais a cultura vai introduzindo suas múltiplas influências. Os acontecimentos psicológicos que estão estritamente ligados à maturação biológica têm um caráter normativo do tipo universal, pois fazem referência a traços próprios da espécie humana; ao contrário, os acontecimentos psicológicos que estão ligados à influência da cultura têm um caráter normativo no interior da cultura à qual se referem, mas não nas demais. A existência de fatos evolutivos com caráter normativo não impede a existência de importantes diferenças

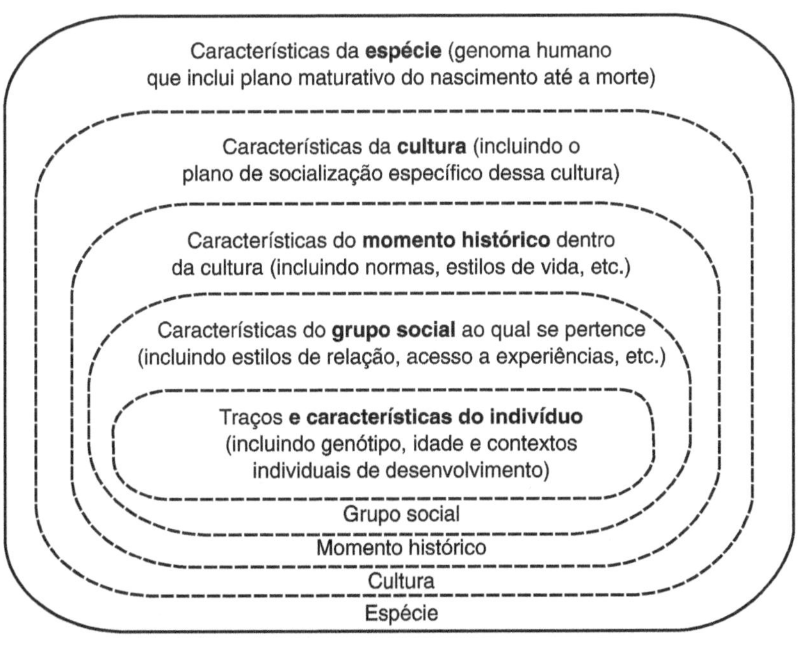

FIGURA 1.1 O desenvolvimento psicológico como resultado de múltiplas influências.

entre os indivíduos, diferenças que podem afetar grupos de pessoas e estar ligadas ao fato de pertencer a um mesmo subgrupo no interior da cultura, ou que podem ser estritamente idiossincrásicas, isto é, próprias do indivíduo e não compartilhadas com outros. No entanto, quanto mais idiossincrásica for uma experiência ou um processo de mudança, menos provável será que a psicologia evolutiva a estude, pois ela tende a se interessar por fatos que apresentem um certo caráter normativo ou seminormativo, seja qual for seu alcance.

Já temos alguma idéia de quais são os fatos psicológicos estudados pela psicologia evolutiva. Em relação a qualquer um deles, essa disciplina psicológica tem três objetivos que são típicos de todos os trabalhos científicos: a descrição, a explicação e a predição. Realmente, a psicologia evolutiva se propõe à *identificação* e à *descrição* dos processos de mudança que estuda, proporcionando detalhes sobre em que consistem, como se manifestam, qual é seu curso evolutivo característico, etc. Mas a descrição não é senão o primeiro dos passos que torna possível chegar a uma correta *explicação* do processo de mudança a que se refere; uma explicação que com muita freqüência não é única, mas está sujeita a diferentes hipóteses e interpretações. Quanto melhor descrito e explicado estiver um fato ou um processo evolutivo, melhor será a *predição* que poderemos fazer sobre ele e seu desenvolvimento. Assim, quanto melhor conhecermos um fato psicológico de natureza evolutiva, quanto mais soubermos a respeito de sua natureza e de suas causas, mais bem situados estaremos para fazer indicações sobre sua *melhora e otimização*, isto é, para procurar influir sobre ele de maneira positiva, o que nos faz passar do âmbito da psicologia evolutiva como disciplina de pesquisa básica para o âmbito de seu caráter aplicado.

As páginas anteriores introduziram o conceito de psicologia evolutiva e o tipo de problemas que ela estuda. A partir de agora tentaremos completar essa introdução geral com algumas das questões básicas dessa disciplina. Começaremos ("Abordagem histórica: desde os antecedentes até a década de 1960") com uma rápida aproximação histórica que nos permitirá conhecer os antecedentes que levaram à situação atual, com uma ênfase especial nos avanços produzidos até a década de 1960. No item "A psicologia evolutiva contemporânea", apresentaremos o panorama da psicologia evolutiva na transição entre o século XX e XXI, momento em que este capítulo está escrito; isso nos permitirá familiarizar o leitor com as tendências atuais dentro da disciplina. O item "Controvérsias conceituais" analisa algumas das controvérsias características das discussões evolutivas, controvérsias que se referem a alguns dos problemas que já haviam surgido nas páginas anteriores ou que irão aparecendo nas páginas seguintes. Em seguida, abordaremos questões metodológicas, apresentando no item "Métodos e delineamentos para a pesquisa evolutiva" um panorama das técnicas e dos formatos de pesquisa utilizados pelos psicólogos evolutivos em suas pesquisas.

ABORDAGEM HISTÓRICA: DESDE OS ANTECEDENTES ATÉ A DÉCADA DE 1960

Como poderemos ver a seguir, até pouco tempo, a psicologia evolutiva se dedicou exclusivamente ao desenvolvimento infantil e adolescente. Por isso, falar das origens e dos primeiros desenvolvimentos dessa disciplina significa analisar a evolução do estudo de crianças e adolescentes desde os antecedentes mais remotos até o final da década de 1960. É um pouco arriscado afirmar que a psicologia evolutiva contemporânea começa, em grande medida, no momento em que o estudo dos processos de mudança psicológica ultrapassa as fronteiras da infância e da adolescência, entrando na análise evolutiva da idade adulta e do processo de envelhecimento. Já que, além disso, durante a década de 1960 houve outra série de mudanças importantíssimas para a disciplina, pode estar aí o ponto arbitrário de corte entre a psicologia evolutiva contemporânea e seus antecedentes remotos ou imediatos.

História social da infância

As idéias que temos hoje sobre a infância e os estilos de relação que temos com as crianças são fenômenos relativamente novos. Durante séculos, as crianças estiveram longe de ter a consideração social e os direitos que têm hoje; e as relações entre pais e filhos tinham muito pouco a ver com o que agora consideramos não só desejável (grande envolvimento do pai e da mãe desde o início da vida infantil), como até mesmo necessário (ver, por exemplo, Jiménez, 1997). Talvez porque o habitual era que cada casal tivesse muitos filhos dentre os quais muitos não sobreviviam aos primeiros anos, pois eram altas as taxas de mortalidade infantil; talvez porque – sobretudo nas classes sociais mais favorecidas – era comum que os bebês fossem criados e cuidados por terceiros em seus primeiros meses e até anos; talvez porque não se atribuíam às crianças pequenas as capacidades que hoje consideramos evidentes e as necessidades que hoje temos como imprescindíveis. O certo é que as crianças pareciam ter para os adultos um significado bem diferente do que hoje lhes damos. Alguns ditados castelhanos antigos, que hoje beiram à crueldade, refletiam simplesmente o estado de coisas a que estamos nos referindo, como acontece com "Uma criança que nasce faz esquecer três que morrem".

Quando um bebê sobrevivia às inúmeras dificuldades que sua saúde tinha de enfrentar, quando se transformava em um menino ou uma menina de alguns poucos anos, a tendência era considerá-lo como um adulto em miniatura. Salvo as raras exceções dos filhos de famílias muito abastadas, o habitual era que desde muito jovens as crianças começassem a participar de atividades produtivas – algumas delas exigiam grande esforço físico – sob o comando e o modelo dos adultos. Como prova dessa mentalidade, em seus trabalhos sobre história social da infância, Ariès (1960; para um resumo bem sucinto, Ariès, 1986) utilizou a evidência procedente da forma como as crianças eram representadas na pintura: praticamente até o final do século XIII, as representações artísticas das crianças não eram senão imagens de adultos em escala pequena (roupas adultas, traços adultos, atitudes e atividades adultas); segundo Ariès, é como se a imagem da infância não tivesse interesse ou não fosse real. Pouco a pouco, as coisas começaram a mudar, mas não até o século XVII, quando a criança da idade moderna apareceu refletida na história da pintura: pela primeira vez, apareceram retratos exclusivos de crianças, nos quais foram representadas cenas tipicamente infantis (uma criança brincando, um adulto ensinando uma criança a ler, etc.) e até mesmo alguns grupos familiares foram representados tendo uma criança como centro.

Algumas das descrições sobre as condições de vida da infância no ocidente no início do século XIX são terríveis, como, por exemplo, os relatos sobre suas condições de trabalho e, mais ainda, a descrição de execuções de crianças de sete anos no patíbulo por cometerem delitos tão insignificantes como roubar um par de sapatos ou uma saia (Pinchbeck e Hewitt, 1973). A maior parte dos pediatras ingleses consultados em uma entrevista realizada em 1833 considerava que uma jornada de trabalho de aproximadamente dez horas diárias era a mais adequada para as crianças, pois jornadas mais prolongadas faziam com que elas chegassem muito cansadas à escola dominical e não prestassem atenção aos ensinamentos morais nela ministrados. Somente no final do século XIX que começaram a se difundir movimentos, em favor da regulação do trabalho infantil, primeiramente, e, depois, de sua proibição. A partir do século XX, a educação obrigatória começou a se difundir, embora sua difusão não tenha sido imediata, e sua duração tenha sido para alguns muito curta. Mudanças foram ocorrendo em seguida a favor da infância ocidental, particularmente após as duas grandes guerras da primeira metade do século XX, de maneira que, hoje em dia, parece-nos impensável o que aconteceu em 1874 com uma menina de Nova York chamada Mary Ellen: um assistente social a encontrou em casa, presa, espancada, desnutrida; a polícia se negou a intervir porque não havia nenhuma lei que previsse os maus-tratos infantis como delito. Finamente, graças à intervenção de Henry Berg, o assunto foi levado a julgamento, a menina foi levada para um orfanato, e a mãe passou um ano na prisão. Henry Berg havia fundado, alguns anos antes, a Sociedade para a Prevenção da Crueldade contra os Animais. Embora, para infelicidade de todos, os maus-tratos na infância continuem sendo uma realidade entre nós (Palacios, 1995), os direitos das crianças estão claramente regulamentados, e seus maus-tratos perseguidos e punidos; a mortalidade infantil foi reduzida de maneira drástica; a escolarização obrigatória foi sendo ampliado (na época em que este livro foi escrito as idades *de direito* na Espanha eram de 6 a 16 anos, embora *de fato* já fossem de 3 a 16), e as crianças são consideradas um bem precioso, tendo se produzido toda uma nova mentalidade social em relação à infância, a seus direitos e necessidades. Embora esta seja a situação no ocidente na entrada do século XXI, lamentavelmente, nem todas essas afirmações podem ser generalizadas ao restante do planeta. Na entrada do século XXI, há no mundo 125 milhões de crianças que não vão à escola e 150 milhões que a deixam sem ter chegado a aprender a ler, e quando isso acontece, as meninas são mais prejudicadas do que os meninos; as previsões para 2015 são ainda piores para um bom número de países da África subsaariana.

Antecedentes remotos da psicologia evolutiva

Já dissemos que a representação das crianças em quadros e pinturas começou a mudar no século XVII, e isso sem dúvida não foi por acaso. Desde o final do século XVI e depois ao longo dos séculos XVII e XVIII, movimentos religiosos e culturais, como o protestantismo e o iluminismo, deram lugar, entre outras coisas, à descoberta da infância, a sua consideração como etapa diferente da idade adulta e seu tratamento educativo diferenciado. Na medida em que foram desaparecendo da mentalidade dominante concepções fatalistas e predeterministas da vida humana, e que a razão e a autonomia do indivíduo foram adquirindo um peso cada vez maior, as pessoas começaram a se sentir mais protagonistas de sua própria existência e a dar importância para a educação das crianças. Uma vez que sua história e seu futuro não estavam predeterminados pelo destino, o que lhes acontecia desde pequenos se transformava em um fator decisivo para seu desenvolvimento posterior. No fim das contas, não é o mesmo acreditar que uma pessoa será aquilo que está prefixado de antemão por desígnios que escapam ao próprio controle, que acreditar que ela pode determinar o curso de sua vida e modificá-lo.

Foi nos séculos aos quais estamos nos referindo que começaram a ser assentadas as bases das grandes orientações teóricas que depois foram dominantes durante décadas no pensamento ocidental. Realmente, nos séculos XVII e XVIII, existiram filósofos cujas concepções sobre a natureza humana e seu desenvolvimento se transformaram em ponto de partida de tradições de pensamento que encontraram reflexo, após séculos, em teorias evolutivas de grande impacto. Mais concretamente, Locke e Rousseau se transformaram nos precursores de pontos de vista cujos ecos podem ser percebidos ainda hoje.

Costuma-se considerar que J. Locke (1632-1704) foi o iniciador das posições filosóficas conhecidas com o nome de *empirismo*. De acordo com as idéias desse filósofo inglês, as crianças nascem sem conteúdos psicológicos nem espirituais: nem idéias inatas, nem tendência inata a se portar de uma ou de outra maneira. Ao contrário, no momento do nascimento a mente infantil é uma página em branco, uma *tábula rasa*; serão as experiências que cada um tiver, a estimulação e a educação que receber, que irão preencher o psiquismo de conteúdo. Usando um aforismo clássico: nada existe na inteligência que antes não tenha passado pelos sentidos. Então, a educação passa a ser fundamental, sendo este um tema sobre o qual Locke tinha idéias claras e que poderíamos considerar modernas hoje: muito mais do que com o castigo e as ameaças, educa-se com a instrução paciente, a correção afetuosa, o bom exemplo e a avaliação positiva das condutas consideradas corretas. Mais de 200 anos depois da morte de Locke, encontramos em psicologia posições que defendem que a história psíquica de uma pessoa não é senão a história de suas experiências e aprendizagens; sejam estas feitas a partir de condutas reforçadas pelo êxito ou a partir da imitação de modelos de conduta. Sem dúvida alguma, não é por acaso que a orientação behaviorista – que lembra tanto as posições de Locke – tenha nascido, desenvolvido-se e se expandido sobretudo no âmbito anglo-saxão, pois o contexto cultural e filosófico no qual Locke plantou suas idéias é aquele mesmo no qual posteriormente floresceram e se desenvolveram.

As coisas foram vistas de maneira bem diferente no continente europeu. J. J. Rousseau (1712-1778), primeiro, e I. Kant (1724-1804), depois, estão na origem de um ponto de vista que defende a existência de determinadas características inatas do ser humano, sejam elas referentes à bondade natural da criança e à existência nela de um plano inato de desenvolvimento (Rousseau), ou referentes à existência de categorias inatas de pensamento, como as de tempo e espaço (Kant). As idéias de Rousseau, expostas em *Émile ou de l´éducation*, constituem um formidável precursor de muitas outras que depois foram importantíssimas para o pensamento evolutivo e educativo do século XX no velho continente. Basicamente, para Rousseau, a criança nasce com uma bondade natural e com um sentimento inato do que é certo e errado. Nasce também com um plano de desenvolvimento que, graças à maturação, irá dar lugar a diferentes estágios de desenvolvimento, cada um dos quais terá suas próprias características psicológicas e estabelecerá suas próprias necessidades educativas. Para ele, a boa educação consiste não em ensinar coisas para a criança, mas em facilitar sua aprendizagem por meio de estímulos adequados ao momento e a seu nível de maturidade e de desenvolvimento. Também neste caso não é casual que, surgidas no contexto cultural, filosófico e religioso centro-europeu, essas idéias tenham encontrado um grande eco na psicologia evolutiva européia do século XX.

A psicologia evolutiva contemporânea, contudo, não pode ser totalmente entendida sem se fazer referência a outro de seus antecedentes remotos mais notáveis: Charles Darwin (1809-1882), o naturalista britânico cuja teoria evolucionista, exposta na metade do século XIX em *On the origin of species by means of natural selection*, constitui um dos ingredientes básicos das modernas concepções da natureza humana. A observação de fósseis e de seres vivos em várias partes do mundo o convenceu da existência de uma grande diversidade de espécies, assim como de que algumas das espécies que existiram em um determinado momento desapareceram depois por sua incapacidade para se adaptar às exigências ambientais. Ele formulou, assim, sua teoria sobre a seleção natural e a sobrevivência daqueles que melhor se adaptaram às mutantes circunstâncias ambientais características de cada lugar. Das diferentes espécies, sobreviveram as que melhor se adaptavam a essas circunstâncias; dentro de uma mesma espécie, sobreviveram os indivíduos que mostraram mais força e mais capacidade de adaptação. Estes que sobreviviam, logo transmitiam suas características a seus descendentes, o que tornava sua sobrevivência mais provável. Além disso, as espécies não eram imutáveis, mas cada uma delas estava sujeita a uma longa evolução filogenética que ia dando lugar a modificações crescentes, como mostra a transformação que vai dos hominídeos de Cromagnon e Atapuerca ao ser humano cuja caracterização compartilham agora todos os membros da espécie. Mas a evolução não é algo exclusivo da espécie, estende-se também ao indivíduo, de forma que, na base do compêndio filogenético recebido dos antecessores, cada indivíduo experimentará depois uma evolução ontogenética que o fará ir da imaturidade inicial à maturidade adulta.

Enquanto o empirismo de Locke e seus desenvolvimentos posteriores estiveram muito presos ao âmbito cultural anglo-saxão, e enquanto o inatismo de Rousseau e de outros filósofos centro-europeus floresceu sobretudo na cultura continental, as idéias de Darwin se disseminaram e foram muito influentes em todos os lados do Atlântico, constituindo, conforme já dissemos, um dos pilares da modernidade cultural ocidental.

As primeiras observações, estatísticas e teorias

Depois do que foi analisado nos parágrafos anteriores, causará pouca surpresa que as primeiras descrições sistemáticas do desenvolvimento infantil que conhecemos estejam datadas dos séculos XVII e XVIII. Essas observações pioneiras tomaram tipicamente a forma de diários nos quais o observador anotava o desenvolvimento do comportamento de seu pupilo (como é o caso do médico francês Héroard sobre o crescimento e desenvolvimento daquele que depois seria Luís XIII) ou, mais comumente, de seu filho (como no caso dos pedagogos Pestalozzi e Richter e do filósofo Tiedeman, os três na Alemanha, ou do filósofo francês Taine, ou do próprio Darwin na Inglaterra). No que se refere a Darwin, a publicação de suas observações foi importante não tanto por sua qualidade intrínseca (afinal, haviam sido feitas 40 anos antes de sua publicação) quanto pelo fato de que, dado o enorme prestígio do autor, elas legitimaram e estimularam o trabalho de observar o comportamento infantil e depois publicar os resultados destas observações.

O trabalho do naturalista W. T. Preyer (1841-1897) representa um claro progresso sobre os anteriores, porque, nesse caso, não se trata de simples anotações feitas sobre um só sujeito, mas de observações sistemáticas feitas sobre grupos de sujeitos. A publicação, na década de 1880, de suas obras sobre a fisiologia do embrião e, sobretudo, sobre a mente infantil já são antecedentes claros da aproximação científica ao estudo evolutivo, com uma grande ênfase no papel da observação continuada, sistemática e objetiva da conduta, e até mesmo com a utilização de alguns pequenos experimentos. As observações de Preyer sobre os embriões em diferentes espécies (incluindo suas análises dos reflexos e movimentos fetais) e sua descrição da maneira como nas crianças evoluem os sentidos, a vontade e a inteligência (com a linguagem como uma de suas manifestações) nos coloca no umbral – serão na ante-sala – da moderna psicologia evolutiva.

A cadeia histórica continuou depois com outros dois elos de grande influência histórica posterior não só pela contribuição de suas obras, mas também pelas linhas de trabalho e pesquisa que abriram. Esses elos são A. Binet (1857-1911), na França, e G. S. Hall (1844-1924), nos Estados Unidos. Seus enfoques foram diferentes em muitos sentidos. Binet empregou fundamentalmente metodologia experimental tanto em seus estudos sobre a memória, a inteligência, a imaginação e a criatividade como em suas análises sobre as diferenças interindividuais, enquanto Hall fez amplo uso de questionários para explorar grandes amostragens de sujeitos cujas respostas eram submetidas depois às análises estatísticas; além disso, Binet se concentrou na análise do desenvolvimento infantil, enquanto algumas das mais importantes contribuições de Hall estão ligadas ao desenvolvimento adolescente. Além da importância de suas contribuições concretas, o interesse por esses dois autores se deve ao seu papel crucial na institucionalização e no desenvolvimento da psicologia evolutiva. Em um momento em que a psicologia estava se configurando como disciplina científica independente, Binet e Hall contribuíram de forma significativa para o desenvolvimento de sua vertente evolutiva centrada no estudo do desenvolvimento infantil e adolescente.

Nessa evolução, a obra de J. M. Baldwin (1861-1932) foi, ao mesmo tempo, o auge de todos os esforços anteriores, pois observa e descreve o desenvolvimento da conduta a partir da ótica influenciada pela teoria da evolução, e o início de novas aventuras, porque em sua obra encontramos não só descrições e fatos, como também, e sobretudo, interpretações e teorias. De fato, o trabalho a que esse autor se propõe não é tanto o de acumular fatos como o de provar proposições teóricas. É o que ocorre com suas tentativas de formular uma epistemologia genética (epistemologia: teoria do conhecimento; genética: com ênfase na gênese e na evolução) e com sua proposta de conceitos, tais como esquemas cognitivos, reações circulares, assimilação, acomodação, etc., que tanto destaque tiveram depois nas mãos de Piaget. Isso também ocorre com seus esforços por elaborar uma dialética das relações entre o herdado e o adquirido, assim como com suas análises evolutivas da transição do modo de conhecimento egocêntrico ao modo de conhecimento mais objetivo e socializado, com um enfoque genuinamente evolutivo e marcadamente sociogenético.

Por isso, Hall e Baldwin podem ser considerados um claro expoente de um estado de coisas que demoraria décadas para reaparecer. Esses dois americanos tiveram, como parte de seu processo de formação, passagem pela Europa (mais concretamente no laboratório de Wundt, em Leipzig). Suas obras foram escritas nos Estados Unidos, mas também poderiam ter sido escritas na Europa, pois pertenciam a um ambiente intelectual parecido. A partir deles, a psicologia evolutiva feita de um lado do Atlântico teve pouca ligação com a que se fazia do outro lado. Foi na década de 1960 que se começou a encontrar novamente um entrecruzamento de influência entre Estados Unidos e Europa, embora nesse caso a liderança tenha recaído de maneira crescente do lado americano.

Para um estudo mais aprofundado dessas questões históricas que até aqui abordamos sinteticamente, indicamos trabalho de Delval (1988), em espanhol, e o de Cairns (1998), em inglês.

Os grandes modelos evolutivos até a década de 1960

Com a chegada do século XX, Locke reapareceu nos Estados Unidos, e Rousseau, na Europa. A psicologia evolutiva feita dos dois lados do Atlântico foi tão diferente quanto foram as idéias dos dois grandes filósofos dos séculos XVII-XVIII. Uma boa maneira de resumir as diferenças entre um enfoque e outro é por meio da distinção entre os modelos mecanicista e organicista formulada por Reese e Overton (1970).

A psicologia evolutiva americana apareceu a partir do início do século XX muito ligada aos fatos e à observação da conduta. Boa prova disso é o importante trabalho desenvolvido por A. Gesell (1880-1961), um pesquisador fundamentalmente interessado pela análise detalhada dos processos de crescimento e maturação, já em uma ótica inequivocamente evolutiva. Realizadas no laboratório de pesquisa e, em menor medida, em contextos naturais, as cuidadosas observações de Gesell e seus inovadores métodos (medidas fisiológicas, fotografias, filmes) e delineamentos (por exemplo, estudos experimentais nos quais um gêmeo serve como controle enquanto o outro é o sujeito experimental) permitiram a ele determinar com muito detalhe e precisão vários aspectos normativos do desenvolvimento de crianças e de adolescentes. Nas obras de Gesell e de seus colaboradores, é possível encontrar uma descrição minuciosa das condutas típicas de crianças de diferentes idades e em diferentes âmbitos (o motor, o lingüístico, o das relações sociais, etc.). Em função disso, muitas das escalas utilizadas posteriormente para avaliar o nível de maturação e de desenvolvimento infantis foram inspiradas ou baseadas nos trabalhos dele.

Se a psicologia evolutiva americana da primeira metade do século XX pode, contudo, ser descrita por sua referência ao *mecanicismo*, não é fundamentalmente pela obra de Gesell, que não faz parte dessa tradição, mas pelo surgimento e posterior desenvolvimento do behaviorismo. O termo mecanicismo está ligado à idéia de que a conduta surge e se molda por meio da experiência (Locke *dixit*): o importante não é o que existe dentro do organismo (que, além disso, é inacessível ao estudo objetivo), mas aquilo que chega de fora e o molda; a história psicológica de uma pessoa não é senão sua história de aprendizagens, como acontece, aliás, com as espécies não-humanas em cujo estudo se inspira a imensa maioria dos princípios do behaviorismo clássico. No entanto, a demonstração inicial foi realizada sobre uma conduta tão humana quanto a emoção; nas mãos de J. B. Watson (1878-1957), quem serviu como prova foi uma inocente criatura de nove meses, conhecida na história da psicologia como "o pequeno Albert": tendo aparecido em seu entorno imediato um ratinho de pelúcia, quando o lado bom de Albert estendia a mão para pegá-lo, o lado não tão bom de Watson batia com força sobre uma barra metálica próxima à cabeça do bebê, produzindo um som tão desagradável e ensurdecedor quanto surpreendente; não foram precisos muitos emparelhamentos do rato de pelúcia com o som aterrador para que Albert reagisse com um pranto inconsolável e vigoroso não só diante do rato de pelúcia, mas também diante de outros objetos semelhantes em seu aspecto ou seu tato. Os teóricos da aprendizagem divergem sobre se o condicionamento emocional desse bebê era um exemplo de condicionamento clássico (associação do estímulo rato com a conseqüência som forte) ou de condicionamento instrumental (o som não foi produzido pela primeira vez quando o rato apareceu, mas quando Albert quis pegá-lo), mas todos compreendem muito bem que o bebê desenvolveu também um medo generalizado de todos os brinquedos felpudos, de coelhos, de casacos de pele, etc. Às custas de Albert, a mensagem era clara: a resposta emocional é uma conseqüência da aprendizagem e do condicionamento; controlando a história de aparecimento de estímulos e conseqüências, controlamos a história da conduta, isto é, o desenvolvimento.

Depois de Watson, o behaviorismo americano tomou várias direções. O de Hull (1884-1952), por exemplo, enfatizou a distinção entre os impulsos primários (como a fome e a sede) e os secundários (o adulto que sacia e refresca) e o fato de que, para garantir a proximidade e o afeto dos adultos, os pequenos adquirem todo tipo de conduta que sabem que os agradam (obediência, paciência, cortesia, etc.). O de Skinner (1904-1990), por sua vez, enfatizou as conseqüências agradáveis e desagradáveis que seguem a produção de uma determinada conduta (condicionamento operante), entendendo que as metas buscadas se relacionam não só com a satisfação de necessidades instintivas, mas também com a necessidade de aprovação, de afeto, de diversão, etc. Mas, independentemente de suas diferenças, todos esses autores compartilham uma série de postulados de acordo com os quais os princípios básicos da aprendizagem são independentes da espécie, da idade, do momento histórico ou das circunstâncias. São os postulados típicos das posições mecanicistas.

Não será até as décadas de 1950, com Sears, e de 1960, com Bandura, que o behaviorismo abandonará o elementarismo, comum a todas as espécies, das conexões estímulo-resposta ou conduta-conseqüência. Os dois autores se interessam por um tipo de aprendizagem especificamente humana, denominada por eles de aprendizagem social. As atitudes e práticas educativas dos pais são o elemento essencial na formação da personalidade infantil, de tal modo que é possível fazer a relação entre o tipo de criação dos pais e as características sociais e de personalidade de seus filhos (Sears, Maccoby e Levin, 1957). Pelas mãos de Bandura (Bandura e Walters, 1963) se dá outro passo definitivo ao incluir dentro dos mecanismos de aprendizagem social fatores como a imitação de condutas ou os mecanismos cognitivos envolvidos na transmissão de informação ou na interpretação das situações. Como se fosse pouco para tirar o modelo mecanicista de suas tocas, Bandura (1976) se interessou também pelo controle cognitivo da conduta, assim como pelo desenvolvimento do sentimento de auto-eficácia e de auto-regulação. Idéias que já nos remetem, todas elas, à psicologia evolutiva contemporânea da qual falaremos mais adiante.

Enquanto o behaviorismo nascia, crescia e se reproduzia nos Estados Unidos, os interesses e os pontos de vista na Europa eram outros. Por exemplo, no âmbito dos desenvolvimentos da teoria da *Gestalt* e em uma extensão em direção a outros domínios dos princípios básicos que autores como Wertheimer e Kofka descobriam no campo da percepção, foi sendo formulada a idéia de que a conduta infantil não pode ser entendida corretamente se for fragmentada em unidades elementares e desprovidas de contexto; de acordo com os princípios inspiradores da teoria de campo, a conduta é uma totalidade que não pode ser corretamente entendida por meio da mera soma de suas partes, e cujo significado só pode ser alcançado se for analisado no contexto em que é produzida (algo muito distante do elementarismo utilizado pelo behaviorismo naquela época). Um dos mais notáveis inspiradores desses pontos de vista foi K. Lewin (1890-1947), que preveniu também contra os perigos dos estudos com grandes mostras de sujeitos, porque – ele argumentava – a descrição da criança média em uma situação média é uma abstração carente de utilidade. Conforme poderemos ver mais adiante, é fácil ouvir os ecos da voz de Lewin em algum dos mais influentes modelos contemporâneos em psicologia evolutiva.

O que caracteriza a psicologia evolutiva européia da primeira metade do século XX, porém, não são as contribuições evolutivas da teoria da *Gestalt*, mas o grande protagonismo de algumas teorias que, apesar de suas notáveis diferenças, podem, no entanto, ser agrupadas sob a denominação comum de *modelos organicistas*, já que são teorias que compartilham uma série de postulados fundamentais. Assim, em contraposição à criança anglo-saxã, que nascia como uma *tábula rasa* e se desenvolvia às custas das influências dos estímulos que a rodeavam, a criança centro-européia virá ao mundo com um plano de desenvolvimento inato inscrito nas profundezas de seu organismo, plano que irá se desdobrar por intermédio de diferentes estágios evolutivos a cujas exigências e possibilidades terá de se submeter a ação educativa (Rousseau *dixit*). Um plano de desenvolvimento em estágios cujas características fundamentais e cuja seqüência evolutiva são consideradas também universais, pois são tomadas como um traço inato da espécie humana. Além de rousseaunianas, nessa idéia de uma seqüência evolutiva inata comum a toda a espécie também existem reminiscências darwinianas, pois a configuração inicial do plano de desenvolvimento guarda alguma relação com a evolução da espécie. A influência de Darwin também pode ser notada na idéia de que a evolução consiste em uma série de mudanças que levam a um estado final (teleonomia), rumo a uma expressão completa e definitiva das possibilidades de desenvolvimento; assim, nas teorias do tipo organicista, o desenvolvimento consiste em uma sucessão ordenada e previsível de mudanças que terminam com o final da adolescência, quando o ser humano alcança a maturidade. De maneira breve, devemos assinalar que a denominação de psicologia evolutiva se relaciona, inicialmente, com essa idéia de evolução até o auge da maturidade e que é uma denominação mais comum na Europa; ao contrário, a denominação de psicologia do desenvolvimento se relaciona com a idéia de crescimento e maturidade lentos e progressivos, sem preconceber metas ou estados finais. De fato, já superada a concepção teleonômica do desenvolvimento, como veremos adiante, hoje ambas as denominações são utilizadas de forma intercambiável, sem que a utilização de uma ou de outra tenha conotações conceituais específicas.

Não resta dúvida de que os dois representantes mais eminentes das propostas organicistas foram S. Freud (1856-1939) e J. Piaget (1896-1980). O primeiro, neurologista de formação, e o segundo, biólogo; suas contribuições sobre o processo de desenvolvimento psicológico já fazem parte não só da história da psicologia evolutiva, mas também da cultura ocidental contemporânea. Antes de continuarmos, é importante dizer que é impossível resumir o fundamental de suas idéias em apenas alguns parágrafos.

Quando Freud, em suas consultas como neurologista-psiquiatra em Viena, começou a estudar adultos com problemas chegou logo a três conclusões que marcaram o conjunto de sua obra monumental:

- De que esses problemas tinham raízes inconscientes que escapavam à percepção do próprio sujeito e que, conseqüentemente, exigiam um método de análise especial do psiquismo (por isso o nome de psicanálise) que permitisse ao inconsciente se manifestar com a menor interferência possível da consciência; surgem, assim, a interpretação dos sonhos e a associação livre de idéias.
- De que a maior parte dos problemas por ele analisados se relacionava com conflitos sexuais e, mais concretamente, com as dificuldades para satisfazer os desejos sexuais nas relações interpessoais.
- De que muitos dos problemas adultos tinham suas raízes na infância, principalmente nos primeiros anos do desenvolvimento; os transtornos adultos procedem das dificuldades encontradas pela criança pequena para satisfazer seus desejos de natureza sexual; a origem e o desenvolvimento dessa insatisfação ficam assim enterrados no inconsciente, de onde a psicanálise terá de resgatá-los para, uma vez esclarecidos com o paciente, liberá-lo de suas tensões e de seus problemas.

Qualquer desses três postulados por si só representaria uma descoberta surpreendente no início do século XX; mas os três juntos constituiam uma revolução cultural, principalmente nos ambientes puritanos. Na teoria psicanalítica, o bebê perde sua alma inocente e imaculada, porque Freud a preenche de instintos, alguns dos quais, em forma de pulsões, estão no centro da gênese da personalidade e são o objeto de estudo da teoria psicanalítica: são as pulsões sexuais, de uma energia (libido) que busca satisfazer-se e que não se limita aos órgãos genitais:

- No momento do nascimento, o bebê possui um conjunto de pulsões que buscam sua satisfação imediata, pulsões às quais, como acabamos de ver, Freud atribui um caráter libidinal e, conseqüentemente, significado sexual. O *id* constitui a sede psíquica de todas essas pulsões e as primeiras atividades libidinais do bebê tendem a satisfazê-las (a sucção, por exemplo, tem um componente relacionado com a nutrição e outro componente auto-erótico, que logo se torna independente, como se observa na sucção não-nutritiva).
- Como a realidade freqüentemente impõe resistências à satisfação imediata dessas pulsões, na primeira infância aparece uma nova instância psíquica, o *ego*, encarregada de canalizar essa satisfação de maneira socialmente aceitável, ou de adiá-la para outro momento; o ego é um mediador entre os desejos do id e a realidade, um mediador que percebe as situações e decide a forma e o momento em que satisfará as pulsões do id (esperar para se alimentar, chupar o dedo quando os adultos que o proíbem não estão presentes, controlar a eliminação pelos esfíncteres, etc.).
- Diante do caráter desordenado, impetuoso e urgente dos desejos do id, o entorno social da criança pequena (e, principalmente, seus pais) impõe toda uma série de costumes, normas, crenças e valores que se desdobrarão do ego dentro do aparato psíquico dando lugar ao *superego*, que não é outra coisa senão a consciência social e moral interiorizada entre os três e os seis anos. A presença do superego alterará a função do ego, que já não terá de mediar entre o id e a realidade, mas entre o id e a representação da realidade contida no superego: alguns desejos poderão ser satisfeitos – ainda que seja em outro momento ou com outras manifestações –, mas aqueles que entrarem em maior conflito com o superego terão de ser enterrados nas profundezas do inconsciente, do qual podem emergir anos depois na forma de transtornos psíquicos.

Se a descrição anterior do aparato psíquico e seus componentes é uma das peças essenciais da concepção psicanalítica, a teoria freudiana dos estágios do desenvolvimento psicossexual é seu outro elemento mais destacado. A base dessa teoria é a consideração de que, à medida que as crianças crescem, vão aparecendo novas zonas erógenas, isto é, novas áreas corporais cuja estimulação provoca prazer. Freud vê, então, o desenvolvimento psicológico como uma sucessão de estágios que levarão das manifestações iniciais do id, por meio de uma libido não-genitalizada e ainda apenas sujeita às mediações do ego, até a conquista da sexualidade genital adulta submetida ao controle do superego. Os principais marcos dessa evolução estão resumidos no Quadro 1.1. O desenvolvimento normal progride de estágio em estágio, a não ser que a ausência ou o excesso de satisfação em um deles dê lugar a uma fixação nos traços típicos desse estágio, deixando sua marca em posteriores traços de personalidade que permitirão falar de sujeitos adultos orais, anais ou fálicos. No mais, as formas menos maduras de obter prazer não desaparecem de todo, uma vez que aparecem outras novas, mas se integram nelas e se subordinam às novas metas, sendo no estágio genital que se produz uma integração final de todas as tendências hedonísticas a serviço da sexualidade adulta.

Salvo esporádicas observações, a descrição de Freud procede não do trabalho com crianças, mas de sua psicanálise com adultos (incluindo ele mesmo); logo surgiram, no entanto, psicanalistas que trabalharam mais diretamente com crianças e adolescentes para

QUADRO 1.1 Estágios do desenvolvimento psicossexual segundo Freud

Estágio oral (0 a 1 ano): a atividade de sucção não-nutritiva é a primeira manifestação da libido e a primeira conduta com marca sexual. O aparecimento dos dentes permitirá, depois, o desenvolvimento de uma segunda vertente da atividade oral, nesse caso, com componentes sádicos.

Estágio anal (1 a 3 anos): a energia libidinal irá voltar-se em seguida para os esfíncteres, por onde são eliminadas as fezes e a urina, estando, então, o prazer ligado às funções excretoras que logo poderão também ser utilizadas sadicamente pela criança como uma ferramenta de agressão para expressar hostilidade.

Estágio fálico (3 a 6 anos): a fonte de obtenção de prazer se desloca agora para os genitais e sua manipulação. Aparecem também fantasias relacionadas com qualquer forma de atividade sexual com o progenitor do sexo oposto (complexo de Édipo: o menino com a mãe; complexo de Electra: a menina com o pai). A tensão que significa essa situação para o ego e a progressiva interiorização das normas e dos valores sociais darão lugar à formação do superego, consciência que procurará governar a vida psíquica.

Estágio de latência (6 a 11 anos): os impulsos se aplacam. O superego se desenvolve e amplia seus conteúdos, que não serão somente as limitações e imposições procedentes dos pais, mas se estenderão também às aprendidas na escola e nas relações com os amigos.

Estágio genital (adolescência): com as mudanças biológicas da puberdade, os impulsos reaparecem, e a libido é reativada. A sexualidade adquire agora a genitalização própria da idade adulta e, superadas as fases exclusivamente auto-eróticas, volta-se para a relação heterossexual, que, de acordo com Freud, é característica dos adultos.

aprofundar algumas das idéias do fundador da psicanálise. Muitos desses psicanalistas se mantiveram fiéis aos princípios básicos estabelecidos por Freud, e seus estudos consistiram fundamentalmente em desenvolver aspectos concretos da teoria (por exemplo, os trabalhos de sua filha Anna em relação ao ego), ou em introduzir uma cronologia diferente ou dar outra ênfase em alguns dos aspectos da evolução do psiquismo (por exemplo, a acentuação da conflitividade psíquica que, tanto em intensidade quanto em precocidade, se encontra na obra de M. Klein). Mas a principal fonte de evidências em que todos esses autores se basearam continuou sendo o trabalho clínico. Trabalhos de observação sistemática, como os de R. Spitz sobre o sorriso e a negação ou sobre o desenvolvimento de crianças privadas do contato materno, foram e continuam sendo uma exceção dentro da psicanálise infantil. Sem dúvida, é nessa ausência de suficiente apoio em sólidas evidências empíricas que é necessário buscar uma das razões pelas quais a psicanálise clássica teve um impacto e um desenvolvimento mais modesto na psicologia evolutiva contemporânea.

Algo bem diferente aconteceu com a obra de Piaget, sem dúvida alguma o autor individual de maior impacto na psicologia evolutiva contemporânea. Assim como Freud, Piaget elaborou uma teoria do desenvolvimento psicológico como uma seqüência de estágios que vão desde a imaturidade inicial do recém-nascido até o final da adolescência, na qual supõe que, com o acesso à idade adulta, tenham terminado as grandes mudanças evolutivas. Como Freud, Piaget acreditava que tanto os mecanismos subjacentes a essa seqüência de mudanças quanto a própria seqüência têm uma natureza universal na espécie, porque correspondem a características que fazem parte do organismo com o qual a espécie nasce, por mais que seu desdobramento seja lento e sujeito a uma certa ordem seqüencial. Essas semelhanças justificam a inclusão da obra de Piaget e de Freud sob a denominação comum do enfoque organicista, apesar das notáveis diferenças que, em muitos outros aspectos, existem entre suas respectivas obras.

A obra de Piaget está centrada no desenvolvimento intelectual, e seu principal objetivo é procurar descrever e explicar como é produzida a passagem do ser biológico que é o bebê recém-nascido para o conhecimento abstrato e altamente organizado que encontramos no adulto. Ao contrário de Freud, que, trabalhando com adultos, reconstrói de maneira especulativa para trás sua história até chegar ao início, Piaget parte do recém-nascido para chegar ao adulto por intermédio de observações diretas e experimentações originais e sistemáticas. Para responder à sua pergunta principal (a construção do conhecimento adulto partindo da biologia do bebê), Piaget embarcou na elaboração de uma epistemologia genética, isto é, de uma teoria evolutiva do conhecimento. Darwin o havia convencido ao menos de duas coisas: que a resposta para o problema deveria vir de uma análise evolutiva e que a adaptação mutante às mutantes exigências do meio deveria ser uma das chaves.

Realmente, na teoria de Piaget, a meta sempre é a adaptação, isto é, conseguir dar uma resposta adequada aos problemas que o indivíduo vai encontrando em cada momento, seja quando o bebê quiser fazer tocar as campainhas que penduram sobre sua cama; quando o menino de quatro anos tem de decidir se prefere seis bolinhas de gude colocadas em fila bem separadas entre si ou sete bolinhas colocadas bem embaixo, só que umas grudadas nas outras; quando a menina de sete anos tem de indicar somente com suas comprovações em que lugar de uma fileira de palitos de tamanho crescente deve colocar outro palito; quando o menino de 12 anos tem de responder a perguntas sobre o maior ou o menor volume de água deslocado por uma bola de ferro e outra de plástico ambas do mesmo tamanho; ou quando, por fim, a menina de 15 anos se vê obrigada a explicar por que um transatlântico flutua enquanto uma pedrinha afunda. Em todos esses casos, na medida em que lhe falta a resposta que permite resolver o problema, o organismo se encontra em um estado de desequilíbrio em relação ao meio; o processo de encontrar respostas novas procura restaurar o equilíbrio e melhorar, assim, a adaptação às exigências ou demandas do ambiente. À medida que a maturação vai abrindo novas possibilidades, que a exploração do ambiente apresenta novos desafios e que a educação vai apresentando novas questões, a pessoa em desenvolvimento se vê obrigada a ir construindo respostas novas, conseguindo assim níveis de adaptação cada vez mais elaborados, frutos de uma tendência contínua e ascendente à equilibração.

Entre os muitos conceitos originais apresentados por Piaget, os seguintes são alguns dos mais básicos:

- *Esquema:* é a unidade básica da vida intelectual; no princípio, são ações pautadas biologicamente (como sugar) que logo vão sendo diversificadas (como sugar para comer, sugar pelo prazer de sugar) e vão dando lugar a novas condutas que também se integram em ações mais complexas (como pegar um objeto, levá-lo à boca, chupá-lo, tirá-lo da boca, olhá-lo, agitá-lo, etc.). Os esquemas logo se internalizam e se transformam em ações simbólicas, no início, referentes a ações concretas e, depois, a processos de raciocínio; a partir dos seis ou sete anos, esses raciocínios adotam a forma organizada, coerente e lógica chamada de operações.
- *Assimilação:* uma vez dominado um esquema, a conduta irá se repetir com o objeto sobre o qual inicialmente se formou, mas também com todos aqueles que se deixem tratar da mesma maneira, isto é, com aqueles que se deixem assimilar ao esquema;
- *Acomodação:* existem ocasiões em que um esquema não é capaz de responder às características de um objeto e às exigências de conhecimento que apresenta (desequilíbrio); então, é necessário modificar o esquema prévio (acomodação) para restaurar o equilíbrio; com isso a conduta se diversifica e a adaptação melhora.
- *Estágio:* em cada momento do desenvolvimento, os esquemas de que as crianças dispõem mantêm uma certa relação entre si; todos eles pertencem a um mesmo nível de funcionamento e de complexidade; todos formam uma estrutura. Cada um desses níveis de complexidade ou níveis estruturais é um estágio evolutivo (ver o Quadro 1.2 com o resumo dos estágios descritos por Piaget).

QUADRO 1.2 Estágios do desenvolvimento intelectual segundo Piaget

Estágio sensório-motor (0 a 2 anos): a inteligência, neste estágio, é prática e se relaciona com a resolução de problemas de ação (conseguir movimentar o móbile sobre o berço; alcançar um objeto que está sobre a cama, mas ao qual não se pode chegar diretamente; encontrar uma bola que rolou para debaixo do sofá, etc.).

Estágio pré-operatório (2 a 7 anos): a inteligência já é simbólica, a linguagem aparece e é enriquecida rapidamente, a imaginação se desenvolve. Os desafios que devem ser enfrentados já não são sensório-motores, mas lógicos; as respostas apropriadas já não serão físicas, mas raciocínios. Mas a falta de articulação entre esses raciocínios, a tendência ao egocentrismo (adotar o próprio ponto de vista como se fosse o único possível) ou à centração (fixar-se em um traço do objeto ignorando outro, como quando se vê a altura de um líquido em um copo sem considerar sua largura), fazem com que esses raciocínios ainda careçam de lógica.

Estágio das operações concretas (7 a 12 anos): o pensamento lógico aparece; no início, raciocina-se logicamente somente sobre conteúdos simples (defasagens horizontais), mas, aos poucos, a lógica vai impondo sua soberania sobre todas aquelas situações que o sujeito pode submeter à verificação empírica, isto é, sobre situações de experimentação concreta.

Estágio das operações formais (a partir da adolescência): o pensamento lógico alcança sua expressão máxima, porque é capaz de ser aplicado de forma coerente e sistemática sobre situações que exigem manejar hipóteses e, em seguida, submetê-las a uma verificação ordenada e exaustiva, desprezando as que não se confirmam, ou aceitando, como parte da realidade, as que se confirmam. A expressão máxima desse nível é a forma de operar do cientista que imagina hipóteses, organiza-as, comprova-as, verifica-as, sistematiza os resultados de suas descobertas, etc.

- *Construtivismo:* a atividade do sujeito sobre os objetos obriga-o a encontrar respostas novas para os novos problemas, a inventar soluções por meio do desdobramento de um contínuo processo de adaptação; conhecer é, então, construir respostas, transformar esquemas, mobilizar toda a maquinaria cognitiva para tornar possível uma adaptação crescente aos desafios que vão sendo encontrados.

Além de Freud e Piaget, outros autores europeus compartilham alguns dos postulados organicistas, mas orientam sua reflexão sobre as causas do desenvolvimento em uma direção um pouco diferente. É o caso, por exemplo, do francês Henri Wallon (1879-1962), que compartilha com Freud e Piaget sua descrição do desenvolvimento como um processo em estágios sucessivos; diferentemente deles, no entanto, o que interessa a Wallon não é a evolução de um aspecto do psiquismo (seja ele a libido ou a inteligência), mas a evolução do indivíduo em suas diferentes vertentes: emocional, intelectual e social. Cada estágio do desenvolvimento envolve crises e conflitos em um desses âmbitos, que se transforma, então, em preponderante. Também, diferentemente de Freud e Piaget, Wallon entende a psicogênese, em grande parte, como sociogênese, pois a ação do outro sobre a criança e as interações com os outros adquirem um papel configurador chave em sua obra. Embora a obra de Wallon tenha tido uma importante repercussão nos países de língua francesa e em muitos de língua espanhola, não teve de maneira alguma o desenvolvimento nem o impacto das obras de Piaget e de Freud. Realmente, as proposições sociogênicas somente começaram a ter uma grande influência na psicologia evolutiva depois de 1960, devido à divulgação no ocidente da obra de Vygotsky (1896-1934). Essa é a razão pela qual iremos analisá-la dentro das tendências posteriores a 1960, embora, do ponto de vista cronológico, a obra desse autor bielo-russo deveria estar situada no período cronológico que estamos comentando agora.

Existem muitas publicações em espanhol em que as idéias de Freud e de Piaget podem ser conhecidas das mãos dos próprios autores. Por nos referirmos somente às apresentações mais gerais de suas respectivas teorias, remetemos a Freud (1909, 1938), Piaget (1947, 1970a) e Wallon (1941; Palacios, 1980). Em relação a esses três autores (e principalmente no caso de Piaget), há, além disso, uma grande quantidade de publicações de outros autores destinada a apresentar o conjunto ou as partes destacadas de suas obras.

A PSICOLOGIA EVOLUTIVA CONTEMPORÂNEA

Falamos de psicologia evolutiva contemporânea para nos referirmos aos progressos ocorridos na disciplina a partir de, aproximadamente, 1970. O ponto de ruptura com a psicologia evolutiva da etapa anterior está marcado pelo surgimento e pelo desenvolvimento da psicologia evolutiva do ciclo vital, que supõe uma ruptura conceitual e metodológica com os modelos clássicos de desenvolvimento analisados nas páginas anteriores. Além disso, ao longo da década de 1970, desenvolveram-se outras perspectivas tão importantes como a etológica, a cognitiva ou a ecológica, por exemplo. É claro que o início dessas novas orientações é anterior a 1970 (o surgimento do cognitivismo, por exemplo, costuma ser datado de 1956), mas também é verdade que a aplicação dessas orientações a acontecimentos evolutivos e sua definitiva consolidação tenderam a ocorrer sobretudo na década de 1970. A seguir, faremos uma breve revisão dessas orientações e de seus conceitos fundamentais.

É necessário que essa revisão comece abordando a *perspectiva do ciclo vital*, que questiona três dos postulados básicos da psicologia evolutiva organicista que havia predominado nas décadas anteriores na Europa e que também se fez predominante nos Estados Unidos devido à "importação" da obra de Piaget. Em primeiro lugar, questiona-se que o desenvolvimento psicológico seja algo que afete somente crianças e adolescentes: também durante a idade adulta e a velhice, ocorrem importantes fatos evolutivos; por isso, o estudo do desenvolvimento tem de começar nos primeiros anos de vida e se estender por todo o ciclo vital (daí a denominação dessa orientação). Em segundo lugar, critica-se o conceito universalista de teleonomia tão típico do modelo organicista, e de acordo com o qual o desenvolvimento consiste no progresso seqüencial em direção a uma meta evolutiva (genitalidade adulta, operações formais). Da perspectiva do ciclo vital, o desenvolvimento é visto como multidirecional, isto é, como estando orientado para metas diversas, não-universais nem necessárias, e também como multidimensional, isto é, que nem todas as dimensões evolutivas mudam da mesma maneira e na mesma direção. Em terceiro lugar, a perspectiva do ciclo vital dá muita importância a variáveis de natureza histórica e cultural, em contraposição à ênfase nas variáveis maturativas e no universalismo tão importantes nas proposições organicistas.

Segundo a forma de pensar dos autores proponentes da perspectiva do ciclo vital, os fatos evolutivos descritos por Freud e Piaget estavam, sem dúvida, muito relacionados com a maturação biológica, como é evidente na progressiva genitalização da sexualidade, ou na maturação de diferentes funções corticais que se esconde detrás do acesso aos símbolos ou ao aparecimento do pensamento lógico. Mas se as descrições de Freud e de Piaget foram plenamente corretas (o que, por outro lado, pesquisas posteriores começavam a questionar), seu erro fundamental foi pensar que o desenvolvimento acabava quando a maturação deixava de provocar mudanças. Certamente, como veremos detalhadamente no Capítulo 20, existem as influências normativas relacionadas com a idade, isto é, dependentes da maturação; mas – acrescentam os defensores do ciclo vital – não devemos nos esquecer da existência de influências normativas relacionadas com a cultura e com a história (influências que definem, por exemplo, o que é ser adulto, o que ocorre com a aposentadoria e seu impacto, qual é o *status* dos anciãos, etc.), assim como a existência de influências não-normativas (aquelas que afetam o desenvolvimento de uma determinada pessoa, mas não o desenvolvimento dos demais). No Capítulo 20, aprofundamos a distinção entres esses diferentes tipos de influência.

Abrindo mais o foco para não iluminar somente a primeira etapa do desenvolvimento humano (antes da idade adulta), a psicologia evolutiva do ciclo vital considera que o que realmente existe ao longo do desenvolvimento é o investimento de esforços e de recursos destinados, em cada idade, a objetivos diferentes.

Assim, durante a infância e a adolescência, os recursos se destinam sobretudo ao crescimento e ao conseqüente desenvolvimento; durante a idade adulta, também há desenvolvimento e mudança, mas boa parte dos recursos se orienta para a manutenção das conquistas prévias, para a resposta aos novos desafios e para a recuperação, no caso de perda, de alguma dessas conquistas; na última etapa da vida, continua havendo desenvolvimento e mudanças, mas boa parte dos recursos evolutivos é dedicada à regulação e à compensação das perdas (Baltes, Linderberger e Staudinger, 1998), que garantem um funcionamento o mais adequado possível a um nível inferior quando a manutenção e a recuperação típicas da idade adulta não são possíveis.

O foco que as proposições do ciclo vital ajudam a abrir não é somente cronológico, mas também temático, na medida em que as novas perspectivas teóricas vão sendo aplicadas a todos os conteúdos evolutivos acessíveis à pesquisa empírica. A psicologia evolutiva se torna, então, muito mais diversa tanto quanto às idades como quanto aos conteúdos e também no que se refere à metodologia, conforme veremos mais adiante. As apresentações gerais desse enfoque, como as de Baltes (1979; Baltes et al. 1998) abordam todas essas questões.

Para acrescentar uma última reflexão sobre o que o enfoque do ciclo vital representou de abertura em relação à psicologia evolutiva tradicional, basta assinalar que, enquanto até a década de 1960 as proposições mecanicista e organicista eram entendidas como incompatíveis entre si, a diversidade de idades, de conteúdos e de abordagens que esse enfoque significa tornará possível que alguns processos de desenvolvimento sejam descritos e explicados recorrendo a contribuições procedentes de autores de orientações bem diversas, incluindo os de procedência mecanicista, um enfoque inicialmente muito pouco sensível à perspectiva evolutiva. Claro que, a essa altura do século XX, os autores situados nesse enfoque haviam feito também um longo percurso desde a simplicidade e do elementarismo inicial até a complexidade das novas contribuições. Como exemplo dessa transição, basta mencionar a distância entre o Bandura da modificação da conduta (1969), o da aprendizagem social (1976), e o dos fundamentos sociais do pensamento e da ação (1986).

No mais, o enfoque do ciclo vital não é uma descoberta originada totalmente na década de 1970, embora haja muita originalidade nas propostas formuladas durante esse período. Como prova da existência de antecedentes, basta dizer que alguns dos postulados depois sistematizados e ampliados pelo enfoque do ciclo vital já estavam na *teoria do desenvolvimento psicossocial de Erikson* (1902-1994), provavelmente o autor mais relevante de uma tradição psicanalítica que se abriu a novas etapas evolutivas e que supôs, além disso, uma reconceituação da dinâmica evolutiva (Erikson, 1963). Assim, por um lado, a descrição de Erikson abrange todo o ciclo vital humano (por exemplo, Erikson, 1980); por outro, embora respeitoso com muitos conceitos freudianos, Erikson não acreditava que a libido e seus desenvolvimentos fossem o argumento central do desenvolvimento, dando muito mais peso à importância dos fatores culturais e sociais. Erikson defendia que cada uma das etapas da vida humana se caracterizava pela tensão entre dois pólos: no primeiro ano, entre a confiança básica ou a desconfiança básica nos demais; no segundo e no terceiro ano, entre a autonomia e a vergonha ou a dúvida; entre os três e os seis anos, a tensão é entre a iniciativa e a culpa; na etapa dos 6 aos 12 anos, entre laboriosidade e inferioridade; no resto da segunda década da vida, entre identidade e confusão de identidade; na etapa dos 20 aos 40 anos, a tensão é entre intimidade e isolamento; na etapa dos 40 aos 65 anos, entre produtividade e inatividade; na última parte do ciclo vital, entre integridade e desespero. Algumas dessas tensões remetem à descrição freudiana (o conflito entre a iniciativa e a culpa na etapa dos de três aos seis anos tem muito a ver com o desenvolvimento do superego nessas idades, por exemplo), mas é evidente que Erikson vai além de Freud em muitos pontos (o temático, o cronológico e o das metas do desenvolvimento). No mais, e ao contrário do que havia ocorrido com a psicanálise clássica, as proposições de Erikson têm a vantagem de ser suscetíveis ao tratamento e ao aprofundamento empírico (por exemplo, os trabalhos sobre a identidade na adolescência de que se fala no Capítulo 18) e de ser facilmente integráveis em outras correntes de pesquisa evolutiva (por exemplo, as conexões entre as duas primeiras etapas e a teoria do apego).

A menção à teoria do apego nos leva a outra proposição que foi desenvolvida na psicologia evolutiva contemporânea: a derivada da aplicação da *perspectiva etológica* a questões evolutivas. Essa perspectiva tem entre seus antecedentes mais conhecidos a obra de Darwin e os trabalhos sobre conduta animal popularizados por autores como N. Tinbergen e K. Lorenz, estudiosos das pautas de comportamento animal na tripla perspectiva de seus antecedentes filogenéticos, de seu valor para a sobrevivência e de sua adaptação ao nicho bioecológico em que se desenvolve sua existência. O exemplo paradigmático se encontra no conceito de *imprinting* desenvolvido por Lorenz (1952): em algumas espécies de aves, os filhotes vêm filogeneticamente preparados para seguir sua mãe logo ao nascer; uma vez que a seguem, ficam "carimbados" por ela, de forma que buscarão sua proximidade e seu contato (o que, entre outras coisas, garante a alimentação e os cuidados que serão essenciais para a sobrevivência). A filogênese impõe não só essa tendência ao *imprinting*, mas também uma margem de tempo durante o qual a estimulação correspondente tem de ocorrer para que o processo se desenvolva normalmente; essa margem de tempo é chamada de "período crítico", que é a margem temporal de máxima suscetibilidade para que se cumpram as previsões da filogênese (a margem que Lorenz aproveitava para ser ele e não a mãe dos filhotes a primeira figura em movimento que encontravam ao sair da casca, com o que ficavam "carimbados" pelo etólogo alemão).

O que os etólogos estão dizendo aos psicólogos evolutivos de hoje é, em primeiro lugar, que o ser humano ao nascer não é uma *tábula rasa*, pois traz inscrita em seu organismo toda uma série de condutas concretas (reflexos, taxias, padrões fixos de conduta) e de tendências de conduta que serão ativadas e concretizadas em contato com os estímulos do meio, principalmente com os de natureza social, que são os mais relevantes para os seres humanos. Em segundo lugar, é que as previsões da filogênese têm data de ativação e de validade, de maneira que para a estimulação ser ativada de forma evolutivamente adequada, tem de aparecer dentro de algumas margens de tempo determinadas, margens muito mais amplas do que as de outros animais, mas fora das quais o desenvolvimento normal se vê seriamente ameaçado.

A mais importante aplicação evolutiva das teorias etológicas foi feita por Bowlby (1969) em relação à teoria do apego, dando lugar a uma plêiade de pesquisas sobre o que se transformaria em um dos conceitos-chave da psicologia evolutiva contemporânea. O que Bowlby e depois todos os estudiosos do apego mostraram é como, partindo de algumas condutas e de algumas tendências de resposta inatas (por exemplo, as condutas de chorar e de sorrir, a tendência de desfrutar do contato físico e da proximidade), os bebês desenvolvem fortes vínculos emocionais com os adultos que protagonizam a interação com eles (adultos cuja conduta também está orientada para a interação sensível com bebês). Essas condutas e tendências de conduta têm uma raiz filogenética clara e um inquestionável valor de sobrevivência; por isso, não surpreende que sejam universais em todos os membros da espécie (o que não impede que os estilos concretos de apego variem em função da conduta concreta dos envolvidos, tanto bebês como adultos, conforme será mostrado no Capítulo 5). Outras aplicações dessa mesma perspectiva e da metodologia de observação que lhe é característica ocorreram em relação à análise da expressão das emoções, com o estudo do jogo e das relações entre iguais, a propósito das quais se pesquisou a agressividade, as condutas de comunicação, de cooperação e de dominação que serão descritas nos Capítulos 11 e 15. Graças a esses aportes, a abordagem e os conceitos etológicos passaram a fazer parte da mentalidade evolutiva contemporânea.

Ao mesmo tempo em que se desenvolvia a aplicação dos conceitos etológicos ao estudo do desenvolvimento psicológico, durante a década de 1960, foi se forjando outra das perspectivas que dominou a cena da psicologia evolutiva contemporânea. A popularização das idéias piagetianas nos Estados Unidos havia permitido pôr abaixo o behaviorismo ali dominante durante décadas, dando lugar a uma grande quantidade de pesquisas destinadas a verificar as idéias de Piaget, algumas das quais resistiram melhor do que outras ao peso da prova. Além disso, a partir do final da década de 1950, já se havia começado a dar passagem para a psicologia cognitiva, desejosa de romper o cerco behaviorista sobre o estudo dos processos de pensamento e armada de toda uma nova linguagem e uma nova metodologia: a linguagem dos computadores e a metodologia experimental rigorosa aplicada aos processos cognitivos. O sistema cognitivo humano começou a ser concebido em termos de *processamento da informação* análogos ao funcionamento do computador (entrada de dados por meio dos sentidos, análise desses dados em função de conhecimentos prévios armazenados na memória e de regras para a análise, elaboração de respostas adequadas). E, embora a psicologia cognitiva e o enfoque do processamento da informação tenham começado centrando-se exclusivamente no funcionamento adulto, não passou muito tempo antes que (sobretudo nas décadas de 1970 e 1980) as novas idéias e os novos métodos começassem a ser usados na pesquisa evolutiva, dando lugar ao que genericamente se pode chamar de proposições cognitivo-evolutivas.

Em muitos sentidos, as descrições e explicações da psicologia cognitivo-evolutiva inspirada nos princípios do processamento da informação são muito distantes das propostas por Piaget. Isso acontece, por exemplo, com os conceitos de estrutura e de estágio, tão importantes no sistema piagetiano. De acordo com as proposições cognitivo-evolutivas, o que se observa ao longo do desenvolvimento não é uma sucessão de níveis qualitativamente diferentes, mas uma capacidade continuamente crescente para manejar dados e realidades de forma cada vez mais complexa e flexível. É o que acontece, por exemplo, no caso da memória: crianças partem de capacidades de memória inicialmente limitadas e vão, pouco a pouco, desenvolvendo estratégias de memorização que lhes permitem lembrar cada vez de mais coisas, de forma mais flexível e complexa; o que muda com o desenvolvimento é a quantidade e o tipo de estratégias de memória que podem ser usadas, mas – por assim dizer – é sempre a mesma memória em funcionamento, e não memórias estruturalmente diferentes. A memória e o conhecimento estão, além disso, estreitamente relacionados, de maneira que as estratégias de memória usadas em um determinado domínio dependerão do nível de conhecimento que se tiver sobre ele, independentemente da idade do sujeito e, portanto, do nível evolutivo geral em que se encontrar.

Conforme mostraremos nos Capítulos 7 e 12, os trabalhos de Chi (1978, 1985) podem ilustrar bem esses princípios, pois mostram, por exemplo, que se pedirmos a crianças e adultos que memorizem a posição de peças de xadrez na metade de uma partida real sobre um tabuleiro, e se usarmos para o teste crianças que sabem jogar xadrez e adultos que não conhecem o jogo, veremos que as estratégias de memória dos primeiros são mais complexas do que as dos segundos (enquanto as crianças do experimento analisam a posição das peças usando seu conhecimento sobre o jogo, os adultos não podem fazer outra coisa senão procurar usar critérios puramente perceptivos); da mesma forma, se trabalharmos com um grupo de crianças de sete anos que sabe muito sobre dinossauros e com outro grupo da mesma idade que não sabe nada sobre eles e pedirmos que os dois dividam em grupos uma coleção de adesivos de dinossauros, veremos como os "especialistas" fazem classificações por categorias (os herbívoros, os carnívoros, etc.), enquanto os "novatos" utilizam somente critérios perceptivos (em função da cor, do formato da boca, etc.).

A psicologia cognitivo-evolutiva se dedicou a estudar não só a memória, mas também os demais componentes do sistema de processamento humano da informação (atenção, percepção, linguagem, raciocínio, resolução de problemas), dando lugar a uma quantidade enorme de pesquisas empíricas e de dados evolutivos. Como cada um desses domínios apresenta características e pautas evolutivas muito diferentes, e na ausência de níveis estruturais homogêneos e seqüenciais, a psicologia cognitivo-evolutiva não é uma teoria no sentido em que se falou anteriormente sobre a teoria de Piaget ou a de Freud, isto é, de alguns princípios gerais, algumas leis de desenvolvimento gerais e uma seqüência evolutiva de caráter geral (sucessão de estágios); ao contrário, a psicologia cognitivo-evolutiva deu lugar a uma multiplicidade de teorias, e cada uma delas é relevante para o restrito domínio com que trabalha (ver, por exemplo, García Madruga, 1991).

Os chamados autores neopiagetianos (Case, 1985; Pascual-Leone, 1978) procuraram incorporar ao modo de raciocinar piagetiano muitos dos conteúdos derivados da pesquisa cognitivo-evolutiva inspirada no processamento da informação, o que dá lugar a uma explicação em estágios e níveis qualitativamente diferentes, explicação na qual também se procura resolver alguns dos problemas detectados nas explicações originais de Piaget.

A pesquisa cognitivo-evolutiva serviu, contudo, entre muitas outras coisas, para evidenciar as importantes capacidades do sistema humano de processamento da informação, capacidades que, em relação a diversos conteúdos, são observadas em bebês muito pequenos. A isso se deve, em parte, o ressurgimento de posições fortemente inatistas entre alguns especialistas em psicologia cognitiva. É o caso, por exemplo, da visão segundo a qual o funcionamento cognitivo é visto como um conjunto de módulos fechados (isto é, independentes uns dos outros), em que cada um deles está especializado em um certo tipo de estímulos (percepção de rostos, de outras formas tridimensionais, etc.) pertencentes a um domínio concreto; como resultado do processamento desses estímulos por intermédio dos módulos respectivos, iriam formando-se representações sobre as quais podem agir os operadores mentais centrais. Alguns estudiosos defenderam que tanto a arquitetura dos módulos (de base neuronal) como a "linguagem do pensamento" (graças à qual são analisadas as representações ulteriores) têm um caráter fortemente inato e fundamentalmente não-evolutivo (Fodor, 1983).

Na década de 1990, muitos autores se mostraram contrários às teses dos módulos. O cérebro humano parece mais caracterizado por sua enorme plasticidade inicial do que pelo fato de ter "pré-cabeados" e pré-inscritos em seu interior o importante número de conteúdos psicológicos cuja origem estava em módulos específicos e fechados (desde as capacidades perceptivas precoces a que fizemos referência pouco antes e sobre as quais falaremos no Capítulo 3 até a teoria da mente que aparece aos quatro anos e que descreveremos no Capítulo 10). Autores como Karmiloff-Smith (1992) afirmaram que o que ocorre vai mais em direção contrária às suposições da teoria de módulos: parte-se de algumas capacidades gerais ainda pouco definidas e desenvolvidas, conseguindo-se, aos poucos, um conhecimento mais especializado, mais ligado a domínios ou a conteúdos concretos; esse conhecimento, em princípio, é muito implícito e intuitivo e vai tornando-se progressivamente mais organizado e explícito, de maneira que o curso do desenvolvimento vai do conhecimento mais geral ao conhecimento mais profundo de domínios específicos, e do conhecimento implícito ao explícito. Não parece arriscado afirmar que são muitos os pesquisadores evolutivos que se sentem mais à vontade com essas proposições do que com as posições dos módulos descritas no parágrafo anterior.

Para continuar brevemente com esse salto até a década de 1990, devemos fazer uma rápida menção às explicações cognitivistas propostas pelos chamados modelos conexionistas, que são tentativas de simular processos de aprendizagem, utilizando como metáfora básica não o computador, mas as redes de neurônios no interior do cérebro. O esforço dos conexionistas consiste em procurar modelar processos de aprendizagem dentro do chamado "processamento distribuído em paralelo", um modelo que afirma que o processamento da informação é realizado graças à intervenção simultânea de um grande número de unidades que interagem entre si por meio de sinais excitantes ou inibidores, no mesmo estilo do que ocorre com os neurônios no interior do cérebro; as unidades básicas se agrupam em redes interconectadas com um certo grau de ativação e com uma determinada força de conexão, o que determina o nível e o estado dos conhecimentos que se possui. Os modelos conexionistas procuram mostrar como a informação entra através dos neurônios e se associa por meio de conexões interneuronais ocultas nas quais é decidido o nível de ativação e o peso das conexões e, utilizando regras aprendidas (às vezes, de forma tutorizada, e outras, de forma espontânea), dá lugar a uma resposta concreta. Para citar apenas um exemplo, os conexionistas procuraram modelar como os falantes do alemão aprendem as sete variedades de artigo determinado que existe nessa língua, construindo um modelo de simulação neuronal conexionista no qual, inicialmente, foram incluídos em torno de cem nomes de uso muito freqüente no alemão, o tipo de artigo determinado com o qual se associam, o contexto lingüístico em que aparece essa associação, etc., de forma que, quando o modelo tinha a informação de base e as regras internas para trabalhar com ela, foi capaz de predizer corretamente, muito acima do nível esperado pelo mero acaso, o artigo que corresponderia a nomes novos não-incluídos na informação básica dada ao sistema para formar o modelo (MacWhinney, Leinbach, Taranban e McDonald, 1989).

Retomando o fio de nossa abordagem histórica, devemos voltar ao auge do cognitivismo na década de 1970. Em sua linguagem, em seus métodos e em seus temas de estudo, a própria psicologia cognitivo-evolutiva foi "se fechando" nos laboratórios de pesquisa, centrando-se, às vezes, no estudo de processos cognitivos sofisticados de duvidosa relevância para o funcionamento mental cotidiano e fragmentando o funcionamento cognitivo em domínios mais e mais especializados para os quais se propunha miniteorias explicativas. A *perspectiva ecológica*, outra das formadoras de mentalidade evolutiva contemporânea, surgiu na década de 1970, em parte como reação ao abuso das pesquisas muito artificiais de laboratório e em parte porque existia toda uma mentalidade que se havia originado na teoria da *Gestalt*, que foi, mais tarde, levada aos Estados Unidos por Lewin, que deu lugar depois a importantes desenvolvimentos na biologia e que finalmente acabou sendo aplicada à psicologia e, mais concretamente, à psicologia evolutiva. Na psicologia evolutiva, tal perspectiva está associada ao nome de Bronfenbrenner (1979) e ao de uma grande quantidade de seguidores que procuraram acabar com uma psicologia evolutiva que se havia transformado em uma disciplina na qual adultos estranhos estudavam crianças estranhas em situações estranhas, como gostava de repetir Bronfenbrenner fazendo eco às críticas que anteriormente vimos serem feitas a Lewin por falar de crianças médias, estudadas em situações médias.

Até o aparecimento do enfoque ecológico na psicologia evolutiva, a consideração do ambiente, do entorno ou do contexto havia sido notavelmente limitada, referindo-se muitas vezes a variáveis contextuais tais como a classe social ou o lugar de moradia e o tipo de estímulos disponíveis ou de relações às quais a pessoa em desenvolvimento tinha acesso. No modelo ecológico, o contexto passa a ser visto como uma sucessão de esferas interpenetradas de influência que exercem sua ação combinada e conjunta sobre o desenvolvimento (ver Figura 1.2). Cada uma dessas esferas representa um tipo e uma fonte de influências referente à pessoa em desenvolvimento:

- Cada um dos contextos imediatos em que a pessoa se encontra e no qual vive experiências significativas reiteradas é o que, no modelo, recebe o nome de microssistema; para as crianças, constituem os microssistemas mais característicos a família, a escola e o grupo de iguais.
- Visto que esses microssistemas não costumam ser completamente independentes entre si, a análise dos fatores que influem no desenvolvimento leva a examinar as semelhanças, as diferenças e as conexões entre os diferentes microssistemas dos quais a pessoa em desenvolvimento participa assiduamente; esse nível de análise é que se conhece como mesossistemas.
- Mas os microssistemas e seus organizadores (pais, professores) estão, por sua vez, imersos em outra esfera de influências chamada de exossistema, esfera que exerce seu impacto sobre a criança não diretamente, mas através

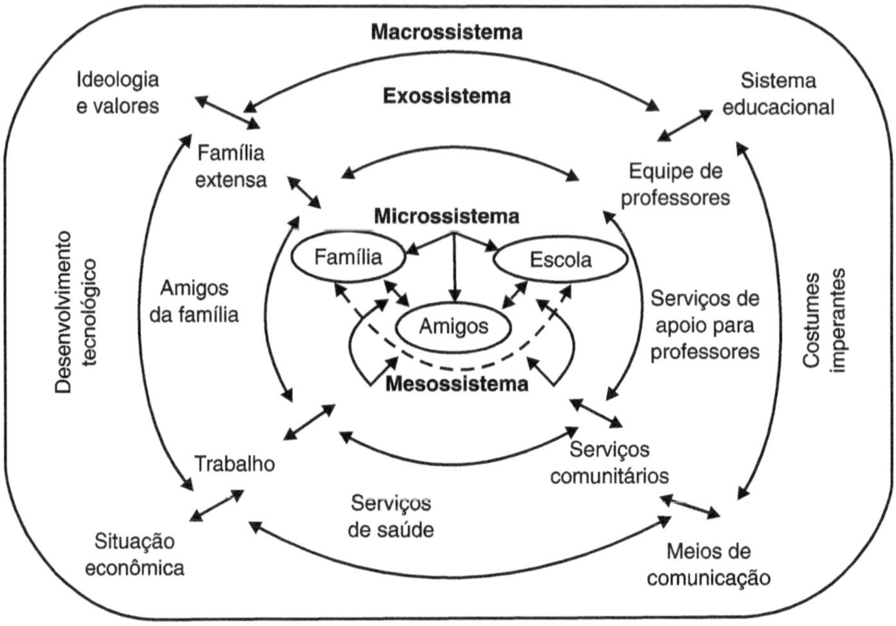

FIGURA 1.2 Níveis de análise do contexto no modelo ecológico de Bronfenbrenner.

de influências indiretas, como as experiências de trabalho dos pais, os serviços comunitários disponíveis, a família extensa com a qual não se tenha um contato tão intenso para que seja em si mesma um microssistema, os serviços de assessoramento e formação permanente dos professores, etc.

- Finalmente, a esfera mais abrangente é formada pelo chamado macrossistema, que não é senão o conjunto de características que definem os traços básicos do microssistema, do mesossistema e do exossistema em um tempo e em um lugar determinados; o macrossistema se relaciona com conteúdos tão diversos e relacionados entre si como as normas e leis imperantes, os costumes e as normas morais, o grau de desenvolvimento tecnológico e a situação econômica; em seus aspectos mais gerais, o macrossistema remete à cultura e suas variações; mas como as culturas não são imutáveis e estão sujeitas a mudanças e à evolução, o macrossistema se relaciona também com mudanças históricas no interior de uma determinada cultura.
- Imerso nessa rede de contextos, o indivíduo não fica perdido, pois tem um papel ativo na relação com as pessoas e com as situações que o rodeiam, sobre as quais influi ao mesmo tempo em que é influenciado por elas, em um processo que tem mais de bidirecional do que de mera imposição do contexto sobre um sujeito passivo.

Nas últimas versões do modelo ecológico (chamado agora de bioecológico: Bronfenbrenner e Ceci, 1994; Bronfenbrenner e Morris, 1998), ao mesmo tempo em que são mantidos os diferentes níveis de análise do contexto que acabam de ser resumidos, é acrescentada uma ênfase especial tanto nas características genotípicas e fenotípicas da pessoa (precisamente para evitar que o sujeito e sua individualidade fiquem esquecidos no meio de tanta influência contextual) como nas relações do sujeito em desenvolvimento com as pessoas e com as situações de seu entorno (precisamente para realçar a importância dada às interações e à bidirecionalidade das influências). Além disso, em sua versão mais recente, o modelo acrescentou uma insistência na dimensão essencialmente temporal do desenvolvimento psicológico, numa tentativa de ressaltar o caráter evolutivo das mudanças psicológicas.

A última das grandes tendências do pensamento evolutivo contemporâneo que vamos analisar é a da *análise sociogenética e histórico-cultural dos processos de desenvolvimento*. Antes de analisarmos suas características básicas, precisamos justificar a ucronia que supõe tratar como pertencentes ao final do século XX e ao início do XXI um autor cuja obra foi escrita muitas décadas atrás. Como já dissemos, existe uma grande distância entre a época em que Vygotsky (1896-1934) escreveu sua obra e o momento em que, no início da década de 1960, suas proposições foram difundidas na psicologia ocidental (na antiga União Soviética, a difusão das obras de Vygotsky esteve proibida durante décadas). Somente no início da década de 1980, suas obras completas puderam ser publicadas na própria União Soviética e, posteriormente, no ocidente (Vygotsky, 1982/1993).

Conforme vimos anteriormente a respeito das proposições mecanicistas e organicistas, as grandes tendências de pensamento psicológico surgiram no contexto de algumas determinadas tradições filosóficas. No caso de Vygotsky, a fonte de inspiração foi, por um lado, a filosofia marxista e sua ênfase no papel do social e, por outro, a importância que a atividade sobre o meio tem na transformação tanto do meio sobre o qual se atua como do sujeito que realiza essa atuação. Historicamente, é através da ação sobre o meio que na espécie humana vão sendo desenvolvidas funções como a linguagem e o pensamento, que, sendo característicos de todos os seres humanos, em cada momento histórico e em cada grupo cultural adotam uma ou outra expressão, um ou outro nível de complexidade e de desenvolvimento. A linguagem, os símbolos e as ferramentas culturais em geral são instrumentos de mediação para nossa relação com o ambiente em que vivemos, de forma que o que determina nossa conduta não são os estímulos e as condutas concretas aprendidas em relação a eles, mas os processos psicológicos superiores adquiridos primeiro no decorrer da evolução histórico-cultural e, depois, no desenvolvimento individual.

Nessa perspectiva, a chave da análise evolutiva está em determinar como se produz a apropriação, por parte do indivíduo concreto, dos instrumentos de mediação simbólica construídos pela cultura a que pertence. Na explicação vygotskiana, o processo deve levar em conta no mínimo três níveis de análise:

- Os processos psicológicos superiores têm uma gênese social e são encontrados no interior do indivíduo somente depois que este os tenha encontrado em sua relação com o entorno sociocultural, de forma que, antes de estar no indivíduo, esses processos estão em suas relações sociais; a gênese dos processos psicológicos complexos vai, então, do social ao individual: o desenvolvimento consiste em uma transposição ao plano intrapsicológico dos processos que estiveram presentes antes no plano interpsicológico (isto é, das relações com os demais); assim, por exemplo, não seríamos capazes de falar e não desenvolveríamos uma auto-estima positiva (plano intrapsicológico) se antes não tivessem falado conosco e não tivéssemos sido amados e valorizados por aqueles que são importantes para nós.
- Essa transposição consiste em um lento processo que ocorre durante as interações educativas (por exemplo, a relação adulto-criança), ou ainda por ocasião da participação das pessoas em desenvolvimento em atividades e situações culturalmente organizadas, interações e participação nas quais o indivíduo vai ganhando uma competência progressiva, de maneira que começa nelas simplesmente sendo guiado (guia no qual, novamente, os instrumentos simbólicos têm um papel-chave), mas acaba conseguindo uma participação auto-regulada e um desenvolvimento autônomo; começa-

mos, portanto, sendo apoiados, guiados e conduzidos para, pouco a pouco, sermos capazes de fazer as coisas de modo independente e autônomo.

- Para entender como é produzida a transposição do interpsicológico ao intrapsicológico no curso das interações educativas e da participação guiada em situações, a chave está na distinção entre a zona de desenvolvimento atual (o que a pessoa já é capaz de fazer por si mesma) e a zona de desenvolvimento proximal (aquilo que não pode fazer sozinha, mas que pode fazer ou aprender se alguém a guiar e prestar-lhe alguma ajuda). As aprendizagens evolutivamente eficazes são as que se fazem neste espaço de desenvolvimento possível que a intervenção de outros transforma em real; são evolutivamente eficazes, porque, uma vez feitas, se transformam em desenvolvimento, isto é, passam a ser patrimônio intrapsicológico. Assim, para serem eficazes, os processos de guia a que nos referimos no parágrafo anterior devem estar próximos daquilo que a pessoa já é capaz de fazer (desenvolvimento atual), mas um pouco acima desse nível (desenvolvimento proximal), de maneira que a educação consiste em uma estimulação guiada dos processos de desenvolvimento que ainda não ocorreram, mas que já são evolutivamente possíveis.

Na descrição vygotskiana, não existem estágios evolutivos no mesmo sentido em que havia em Freud ou Piaget: uma seqüência necessária e universal de mudanças que vão de um estado inicial a um estado final. É claro que se pode identificar algum momento que marca grandes transições, como ocorre com o entrecruzamento, um pouco antes dos dois anos de dois conteúdos fundamentais até esse momento separados (inteligência pré-verbal e fala pré-intelectual); mas, fundamentalmente, o desenvolvimento não segue uma seqüência predeterminada e internamente guiada, mas um curso sociogenéticamente mediado e dependente dos processos de aprendizagem que ocorrem no duplo e complementar plano da interação educativa e da participação em situações cultural e socialmente organizadas, entre as quais a escolarização tem um papel-chave em diversas culturas. Sobre isso, Vygotsky se situa nas proximidades das proposições de Wallon (ao longo do desenvolvimento, diferentes conteúdos vão adquirindo preponderância sucessiva; assim, segundo Vygotsky, 1934/1993, na primeira infância, a função dominante é a percepção, enquanto nos anos pré-escolares é a memória) e no oposto das concepções modularistas (para Vygotsky, as conexões interfuncionais são o aspecto central de todo o processo de desenvolvimento).

A psicologia evolutiva do final do século XX esteve muito influenciada pelas proposições vygotskianas e neovygotskianas, tanto no âmbito do desenvolvimento cognitivo e lingüístico como no de muitos outros conteúdos psicológicos. Enquanto isso, as proposições cognitivo-evolutivas continuaram sua linha de aprofundamento, e houve um grande avanço na compreensão do desenvolvimento da linguagem. O final do século XX conheceu também um importante aumento do interesse por todos os temas relacionados ao desenvolvimento emocional e social, que haviam sofrido um certo ostracismo durante a época de predomínio cognitivista. Além disso, a psicologia evolutiva das etapas posteriores à infância teve um importante auge nos últimos anos, de maneira que a cada dia sabemos mais sobre a adolescência, a idade adulta e a velhice.

A psicologia evolutiva contemporânea é tudo isso que foi dito anteriormente: um conjunto de perspectivas teóricas diferentes com um distinto grau de compatibilidade e complementaridade entre si. Sem dúvida alguma, a psicologia evolutiva contemporânea apresenta em seu interior uma enorme diversidade de enfoques, de conteúdos e de metodologias. Tal pluralismo é, sem dúvida, um sinal de riqueza, mas produz uma certa perplexidade, pois pode levar à sensação de que o desenvolvimento psicológico não é senão um conjunto de fatos múltiplos, heterócronos uns em relação aos outros, que carecem de organização e de estrutura, interpretáveis cada um a partir de uma perspectiva singular. Algo disso existe porque, sem dúvida, a multiplicidade de conteúdos sujeitos ao desenvolvimento, a multiplicidade de contextos em que o desenvolvimento se produz e a multiplicidade de idades objeto de consideração dificilmente se deixam reduzir a uma descrição unitária e integradora e a uma explicação comum: será que alguém imagina como descrever com a mesma linguagem e como explicar com os mesmos raciocínios a maturação psicomotora do bebê, o desenvolvimento da identidade na adolescência, as reações à perda de figuras de apego na idade adulta avançada e as diferenças entre alguns anciãos e outros na eficácia da memória de curto prazo? Para tornar as coisas ainda mais complexas, a psicologia evolutiva conheceu uma crescente "transculturação", o que deu lugar a uma grande quantidade de conhecimentos comparados que mostram a diversidade provocada pelo contexto cultural, e também se tornou crescentemente sensível às diferenças no interior de uma mesma cultura, o que de novo introduz outra fonte de variações.

Enquanto o pluralismo que caracteriza a psicologia evolutiva contemporânea não tem volta, começam a aparecer no horizonte propostas que mostram que o desenvolvimento é algo mais do que um mosaico heterogêneo de capacidades mutantes somente analisáveis a partir de um poliedro de perspectivas independentes entre si. Propostas como a chamada "teoria dos sistemas dinâmicos" (Thelen e Smith, 1998) avançam nessa direção, pois falam da conduta como sendo um conjunto de sistemas dinâmicos que evoluem ao longo do tempo, falam de ordem dentro da complexidade, de plasticidade aberta à experiência, do desenvolvimento como seleção de experiências, falam de um desenvolvimento de caráter não necessariamente linear que ocorre ao mesmo tempo em várias camadas e níveis que não são completamente independentes entre si, mas inter-relacionados de acordo com as proposições conexionistas. Em direção muito semelhante, apontam as "teorias interacionistas de caráter holístico" (Magnusson e Stattin, 1998), de cujos conteúdos pode dar idéia a simples enumeração de algumas das características atribuídas tanto ao desenvolvimento individual como às interações entre a pessoa e seus contextos:

- Caráter holístico e organizado (são considerados todos os traços e dimensões que podem influir sobre o desenvolvimento, desde os biológicos até os psicológico-comportamentais e os de natureza social; esses traços estão sujeitos a uma certa organização e à influência recíproca entre seus elementos integrantes, seja de uma célula, de uma conduta ou de uma relação interativa).
- Temporalidade (os sistemas em desenvolvimento e as interações entre eles estão sujeitos a mudanças cujo ritmo e periodicidade dependerão das características do sistema que se leve em consideração).
- Novidade e reorganização contínua em estruturas e processos (alguns traços vão se refinando, outros se combinando de forma nova, outros aparecendo, etc.).
- Interação dinâmica (com dois traços centrais: reciprocidade entre os diferentes processos – seja o que ocorre dentro de uma célula, entre a célula e seu contexto, entre um traço psicológico e o ambiente – e não-linearidade – os efeitos de uma variável sobre outra não têm por que ser sempre de natureza linear, o que significa que o fato de que aumente um não implica que em todos os casos aumentará o outro).
- "Amplificação de experiências mínimas" (um fato relativamente anedótico na história de um organismo pode ser o início de uma série de mudanças com importantes implicações a longo prazo, como acontece se uma criança acidentalmente age de uma maneira que leva seus pais a mudarem sua conduta com ela, por isso algumas relações mudam, alguns traços se acentuam, etc.).

Parece que o futuro deverá trazer para a psicologia evolutiva muitos avanços na forma de novos dados referentes a mais e mais âmbitos do desenvolvimento, assim como na forma de novas explicações para velhos e novos problemas; mas parece que o futuro também trará esforços para evitar em nós a confusão que significaria uma mudança sem ordem e uma heterogeneidade sem integração. Em todo caso, e no que se refere à psicologia evolutiva, o século XX deixou para o século XXI um legado de realizações e também de possibilidades.

CONTROVÉRSIAS CONCEITUAIS

Embora não seja possível desenvolver aqui uma discussão mais profunda sobre cada uma delas, esta introdução geral à psicologia evolutiva não pode deixar de mencionar uma série de controvérsias presentes na discussão evolutiva praticamente desde o aparecimento dessa disciplina. Naturalmente, a solução dada a essas controvérsias variou ao mesmo tempo em que se sucederam os modelos e as explicações expostas anteriormente. Nas páginas seguintes, apresentamos uma seleção dessas questões sempre debatidas, assim como os pontos de vista sobre cada uma delas que parecem mais plausíveis para a psicologia evolutiva contemporânea. Apresentamos as controvérsias em termos dicotômicos e nos referimos à herança-meio, à sincronia-heterocronia e à continuidade-descontinuidade.

Herança-meio

A polêmica herança-meio é hereditária: não existe psicólogo evolutivo que não tenha de enfrentá-la, assim como não existe manual de psicologia evolutiva que possa fugir dela, o que poderemos comprovar aqui. No início do século XXI, já estamos longe do dualismo que caracterizou essa polêmica durante boa parte do século XX, de maneira que já não se trata de fazer uma escolha entre a herança *ou* o ambiente, mas de mostrar como funciona a interação entre eles. Durante décadas, a voz que mais se ouviu foi a de um ambientalismo que considerava inaceitável qualquer referência à hereditariedade de traços ou às características psicológicas. As coisas mudaram até o ponto em que algumas das contribuições mais interessantes da chamada genética da conduta têm a ver com o papel do ambiente, e até o ponto em que modelos tão fortemente contextualistas, como o ecológico, ampliaram suas propostas originais para dar entrada às possíveis influências genéticas sobre o comportamento individual (de onde vem, em boa parte, a mudança da denominação de "modelo bioecológico").

No entanto, nos últimos anos, o foco da discussão iluminou somente uma parte do problema: a que se refere à possível transmissão hereditária de características psicológicas de pais para filhos, características que tendem a nos tornar diferentes uns dos outros. Mas o problema herança-meio também tem de ser abordado de outro ângulo: o da transmissão através da herança das características que tendem a nos tornar semelhantes. A seguir analisamos as duas questões, começando pela mencionada em último lugar e à qual já fizemos uma rápida menção no início deste capítulo.

O perfil maturativo dos seres humanos

Existe uma antiga proposta de Jacob (1970) que distingue entre o "fechado" e o "aberto" no código genético. O fechado é que nos caracteriza como seres humanos, como membros de nossa espécie; a evolução da espécie fixou em nosso genoma uma série de traços imodificáveis (salvo anomalias genéticas ou presença de agentes capazes de alterar seu conteúdo, como a exposição a certos tipos de radiações, por exemplo); tais traços imodificáveis têm a ver tanto com os planos arquitetônicos de nosso organismo (um cérebro, dois olhos, um sistema respiratório, um aparelho digestivo, etc.) como com os planos evolutivos de execução desses planos (o desenvolvimento pré-natal em uma série de etapas, a imaturidade do recém-nascido, o surgimento de uma dentição provisória que desaparecerá para logo dar lugar a uma permanente, o acesso à postura bípede, a crescente frontalização de nosso cérebro, as mudanças da puberdade, o envelhecimento e a morte, entre outros fatos característicos). Do ponto de vista do desenvolvimento psicológico, algumas das determinações dessa parte do código genético normalmente são irrelevantes (o calendário do surgimento da dentição, por exemplo), enquanto outras têm uma grande importância. Entre as mais destacadas, encontra-se, sem dúvida, a existência de um calendário maturativo que determina um aparecimento gradual de destrezas e de capacidades, o que, por sua vez, condiciona as possibilidades evolutivas de ação e interação sobre e com o meio. Esse calendário prevê o envelhecimento e uma série de fatos biológicos que têm incidência sobre capacidades e destrezas psicológicas. De fato, boa parte das regularidades entre algumas crianças que fizeram pensar na existência de estágios evolutivos universais e relativamente independentes das experiências individuais era baseada na constatação de que, em determinadas idades, era típico que crianças passassem de um nível determinado de incapacidade para um crescente nível de competência em relação a determinados conteúdos.

Naturalmente, e por razões de segurança para o futuro da espécie, a filogênese tomou certas precauções com os humanos: como nascemos muito imaturos, a parte mais importante de nosso desenvolvimento ocorrerá em contato com o ambiente; mas a espécie não pode correr o risco de que alguns ambientes ensinem a andar e outros não, de que alguns ambientes permitam o acesso à simbolização e à linguagem enquanto outros não, etc. Sendo assim, a parte de nosso código genético relacionada com os traços da espécie é muito inflexível em relação ao calendário de amadurecimento precoce; por isso, os planos de execução desse calendário vão sendo executados até mesmo em condições ambientais pouco favoráveis. De qualquer maneira, o ambiente pode exercer alguma influência em relação ao momento concreto em que algumas dessas capacidades que nos distinguem como seres humanos irão se manifestar, mas não pode decidir se aparecerão ou não (salvo circunstâncias extremas como o hipotético isolamento total de um bebê em relação aos seres humanos).

Por isso, o que o calendário maturativo faz em relação aos conteúdos psicológicos é colocar-nos sobre "plataformas de lançamento" tipicamente humanas, sem predeterminar qual será a trajetória a partir daí, nem quais serão os conteúdos que preencherão essa trajetória. Isso acontece, por exemplo, com a capacidade para o vínculo emocional e com um certo calendário maturativo que regula os inícios dessa capacidade; com a capacidade para ser inteligentes e com um certo calendário maturativo para o acesso da inteligência prática à do tipo simbólico; com a capacidade para aprender a falar e com um certo calendário que determina a seqüência de aquisição da linguagem. Naturalmente, as relações emocionais concretas desenvolvidas por uma criança com aqueles que a rodeiam, a inteligência concreta de cada um ou suas capacidades lingüísticas pessoais não estão no código genético nem no calendário maturativo, mas nas relações concretas de cada sujeito com seu entorno. Todos esses aspectos constituem o que na proposta de Jacob (1970), antes referida, são considerados como a parte aberta do código genético.

O conceito de *canalização* (McCall, 1981) é útil para falarmos sobre a parte fechada do código genético relacionada com nossa maturação: existe uma canalização maturativa que determina que certos fatos de natureza biológica ou biopsicológica ocorrerão, e que ocorrerão aproximadamente com determinada cronologia. Mas, conforme já dissemos, a canalização determina que algo terá de ocorrer e terá de ser feito em uma idade razoavelmente previsível, mas não determina os conteúdos concretos. A epigênese humana tem um desenvolvimento não determinístico, mas probabilístico (Gottlieb, 1991) e aberto às influências ambientais. Uma boa metáfora desse processo de canalização tal e qual ocorre nos humanos pode ser encontrada na chamada paisagem epigenética: imaginemos uma geleira caindo pela encosta de uma montanha com uma língua de gelo estreita no início, mas depois cada vez mais extensa e aberta à medida que se aproxima do vale e entra nele. Imaginemos agora que tiramos todo o gelo do percurso e que deixamos cair um objeto que roda desde a parte de cima da geleira; como a trilha, em princípio, é estreita e empinada, o objeto tem poucas trajetórias possíveis (seu curso está muito canalizado) e a direção de seu movimento é muito previsível, como ocorre com os conteúdos menos abertos do código genético que afetam os processos de desenvolvimento do tipo da maturação psicomotora, comentada nos Capítulos 2 e 6. Mas quanto mais a trilha se distancia de sua origem, ela fica cada vez mais aberta e cheia de acidentes geográficos, de maneira que a trajetória a ser seguida pelo objeto dependerá em grande parte dos obstáculos e dos impulsos concretos encontrados e da direção tomada diante de cada um deles; a trajetória (o desenvolvimento) agora é menos previsível, está menos canalizada, tem menos imposições inevitáveis e, ao contrário, é mais suscetível às influências e às variações que vai encontrando em seu percurso; por isso, se conhecemos essas influências e variações, podemos fazer estimativas probabilísticas sobre seu curso posterior, mas não previsões tão exatas como as que podiam ser feitas nas etapas ou em relação aos conteúdos fortemente canalizados.

A herdabilidade dos traços psicológicos individuais

A afirmação anterior, a qual diz que as capacidades intelectuais ou os traços emocionais de cada pessoa não estão em seu código genético, será agora melhor esclarecida. Nas últimas décadas, a chamada genética da conduta procurou determinar até que ponto os traços psicológicos têm alguma determinação genética. Com sofisticadas técnicas de análise estatística e com a elaboração de pesquisas que se aproveitavam ao máximo de certos "experimentos da natureza" (gêmeos idênticos criados em famílias diferentes, crianças adotadas sobre as quais se tem ampla informação sobre os pais biológicos e os adotivos), os geneticistas da conduta fizeram inúmeras proposições, procurando precisar o índice de herdabilidade de diversos traços psicológicos.

Para que as contribuições da genética da conduta sejam entendidas em sua justa dimensão, duas idéias se tornam imprescindíveis. A primeira se refere a que o ponto de partida de suas análises sempre são dados referentes a uma determinada população sobre a qual é possível fazer estimativas dos componentes genéticos e ambientais presentes na variação de suas pontuações, tudo isso a partir das co-variações de vários tipos de indivíduos e de suas respectivas famílias (gêmeos uni e bivitelinos, adotados, irmãos); os dados da genética da conduta não nos dizem nada sobre indivíduos concretos, mas sobre os parâmetros estatísticos de uma determinada população. A segunda se refere a que o indicador mais utilizado pela genética da conduta, que é um índice de herdabilidade de um determinado traço ou característica, não é um índice fixo para esse traço, pois ele depende da população em relação à qual se calculou; assim, se uma pesquisa mostra que em uma determinada população o índice de herdabilidade de um traço é de 40%, não significa que nos seres humanos esse traço tenha o mesmo índice de herdabilidade; para citar um exemplo extremo: se durante os quatro primeiros anos de vida de cem crianças as fizéssemos crescer em um ambiente igualmente pobre para todas em estimulação e completamente carente de contato humano (coisa que, felizmente, não podemos, nem desejamos fazer), e, após esses quatro anos, avaliássemos seu nível intelectual, 100% de sua inteligência estaria determinada pela herança (o ambiente não teria tido a oportunidade de influir em nada sobre as diferenças individuais, já que o havíamos feito absolutamente uniforme para todas). Mas, se pegássemos cem crianças crescidas em circunstâncias habituais, o índice de herdabilidade seria diferente; e se suas circunstâncias fossem excepcionalmente estimulantes, o índice também seria outro.

De acordo com um grande número de pesquisas da genética da conduta (Plomin e McClearn, 1993; Oliva, 1997), o índice de herdabilidade em relação à inteligência é estimado em torno de 50%; em relação aos traços de personalidade, a estimativa está, segundo os traços, entre 20 e 50% (Caspi, 1998). Isso não significa que em um sujeito concreto os 30% e os 50% de seu nível intelectual ou de suas pontuações de extroversão sejam determinados geneticamente; significa que, se um sujeito tem um quociente intelectual de 120 sobre uma média populacional de 100, 50% de sua variação em relação à média (nesse caso, 50% de

20 pontos) terá provavelmente uma base genética. Nada pode ser dito com segurança sobre a origem dos 100 pontos que constituem a média da população, pois os procedimentos estatísticos da genética da conduta são aplicados sobre os desvios observados em relação à média populacional. É muito provável que esses 100 pontos tenham uma origem na qual se entrecruzam fatores genéticos, fatores ambientais e fatores derivados da interação entre ambos.

Sendo esse o aspecto mais polêmico da genética da conduta, não é, no entanto, o mais interessante. E não o é, por um lado, pelo caráter relativo do índice de herdabilidade e das circunstâncias nas quais se elaboram (com freqüência, populações muito excepcionais, como o caso de gêmeos idênticos crescidos em contextos bem diferentes), e, por outro, porque, como no exemplo anterior, dizer algo sobre 10 pontos e deixar-nos na ignorância sobre os outros 110 não é uma contribuição muito impressionante, por mais interessante que possa ser. Para nós, as contribuições de mais interesse evolutivo estão relacionadas com as idéias que a genética da conduta trouxe (e com o debate que provocou) sobre as relações entre a herança e o meio. A esse respeito, é importante a distinção entre três diferentes manifestações dessa relação:

- *Relações passivas*: os pais transmitem ao bebê certas características (por exemplo, tendência à inibição), em parte, através de possíveis influências genéticas, mas em parte também através da forma como organizam seu entorno, relacionam-se com ele, etc. (relações escassas e muito dominantes, por exemplo).
- *Relações evocativas* ou *reativas*: determinadas características de uma criança que podem ter um certo componente hereditário (hiperatividade, por exemplo) tornam maior a probabilidade de que ela seja estimulada mais em uma direção do que em outra (certo tipo de atividades, de brincadeiras, etc.).
- *Relações ativas* ou *de seleção de contextos*: em função de nossas disposições com algum componente genético, buscamos mais alguns contextos do que outros, damos mais preferência a algumas atividades do que a outras, etc. (uma criança inibida preferirá companheiros de brincadeira bem diferentes dos das crianças hiperativas, por exemplo).

O tipo concreto de relações estará parcialmente condicionado pelo momento evolutivo que for considerado, de tal maneira que quanto menor for o bebê, mais predominantes serão as relações do primeiro tipo, embora logo os traços e as disposições que o próprio bebê vai manifestando darão lugar a relações do segundo tipo; o terceiro tipo de relações exigirá um pouco mais de autonomia e de capacidade de escolha, e, por isso, seu aparecimento será um pouco mais tardio.

Por outro lado, a genética da conduta contribuiu de forma importante para assinalar o caráter individual que tem o ambiente. Estamos, por exemplo, acostumados a pensar que estudando uma criança de uma determinada família e o tipo de relações que ela tem com seus pais, podemos determinar o estilo educativo dessa família, estilo que consideraremos aplicável tanto à criança quanto aos seus irmãos. Os dados mostram, no entanto, que o que mais chama a atenção nos estudos de semelhanças e diferenças entre irmãos é o impacto que as influências não-compartilhadas exercem sobre eles: traços de ambiente e das relações sujeito-ambiente que, em cada um, adotam uma forma diferente e determinam diferentes influências. O que torna, então, dois irmãos diferentes não é só o fato de receberem uma dotação genética diferente, mas também o de crescerem em ambientes diferentes, mesmo quando vivem sob o mesmo teto (estimulação, interações, expectativas, relações, etc.).

Finalmente, graças às discussões surgidas com as propostas da genética da conduta, conseguimos avaliar com mais precisão o significado de conceitos como o de margem de reação. Em nossas explicações tradicionais, pensávamos que o que um indivíduo recebia em seu genótipo em relação a traços psicológicos era, no máximo, uma determinada potencialidade. Por exemplo, a potencialidade para desenvolver uma inteligência entre 80 e 130 pontos: se o ambiente fosse muito pouco favorável, o sujeito ficaria em 80 ou próximo dessa pontuação; mas se fosse muito favorável, iria se aproximar ou chegaria aos 130. O problema desse tipo de raciocínio é uma linearidade que dá como certo que as mudanças no ambiente produzem modificações proporcionalmente equivalentes no fenótipo. As coisas não parecem estar sujeitas a esse raciocínio em que as variações fenotípicas ocorreriam conforme a escala das variações ambientais, de forma que, sendo certo que os traços psicológicos estão no genoma mais como probabilidade do que como fato consumado, a concretização final dessa probabilidade ao longo do desenvolvimento não poderá ser prevista simplesmente sabendo-se quais são as características do entorno, pois, em cada sujeito, a equação herança-meio parece adotar um perfil peculiar.

A Figura 1.3 ilustra essas distinções. Nela, podemos observar diferentes estilos de relação genótipo-ambiente e, conseqüentemente, diferentes desenvolvimentos fenotípicos. No caso do genótipo A, observamos que o enriquecimento do entorno leva a uma modesta melhoria do fenótipo (imaginemos que se trata de uma criança com uma limitação genética que reduz não só a inteligência de partida, mas também o que a estimulação pode conseguir até mesmo na melhor das hipóteses). No caso do genótipo B, observamos um aumento de níveis baixos de estimulação a níveis médios, enquanto, a partir daí, a curva adota uma forma quase plana; no caso do genótipo C, ocorre o contrário, os níveis baixos e médios de estimulação não conseguem decolagem significativa nas pontuações fenotípicas, enquanto os níveis altos de estimulação conseguem excelentes resultados. Finalmente, no caso do genótipo D, existe uma relação linear entre incrementos no ambiente e melhorias fenotípicas. Observem, rapidamente, que três sujeitos diferentes, com uma dotação genotípica bem diversa (genótipos B, C e D) podem obter uma mesma pontuação fenotípica (pontuação *x*) por três vias e com

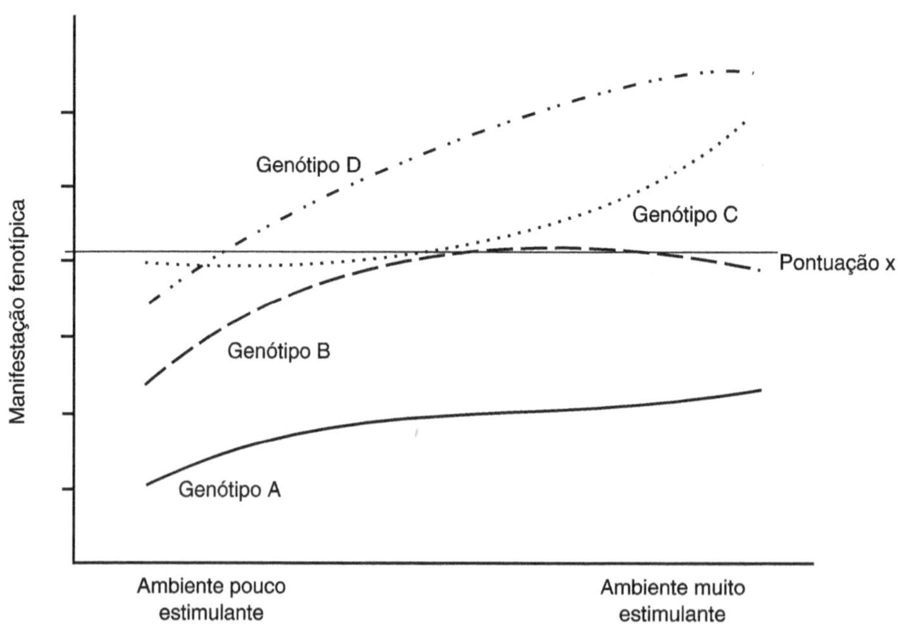

FIGURA 1.3 Diferentes fenótipos resultantes das interações genótipo-ambiente.

três significados bem diferentes: no sujeito de genótipo D, a pontuação *x* significa que o entorno apenas conseguiu expressar a potencialidade existente; para o genótipo B, essa mesma pontuação significa que o entorno foi capaz de tirar todo o partido das possibilidades genotípicas, de forma que muito mais estimulação não produzirá melhorias significativas no fenótipo; no caso do genótipo C, a estimulação deveria ser enriquecida ainda mais para dar lugar a melhorias significativas na expressão fenotípica. Em cada um desses pressupostos, a relação genótipo-ambiente-fenótipo adota, então, uma forma diferente.

Cabe pensar que muitas das afirmações contidas nos parágrafos anteriores estarão sujeitas às mudanças que a pesquisa sobre o genoma humano irá introduzir. Muitas discussões passadas e presentes sobre as relações herança-meio estão baseadas em nossa incapacidade para determinar o conteúdo dos genes no que se refere aos traços psicológicos. Na medida em que essa incapacidade é modificada, será possível fazer afirmações total ou parcialmente diferentes em relação ao que foi lido nas páginas anteriores. Talvez, então, os psicólogos evolutivos deixem de transmitir para as próximas gerações a herança dessa polêmica.

Sincronia-heterocronia

Como pudemos ver no percurso histórico já analisado, os modelos clássicos da psicologia evolutiva européia incluíam descrições em estágios do processo de desenvolvimento. As descrições em termos de estágios têm, pelo menos, quatro pressupostos: que existem mudanças qualitativas ao longo do desenvolvimento (cada "degrau" seria um estágio); que no interior de cada estágio, os conteúdos são muito homogêneos, isto é, desenvolvem-se de maneira sincrônica uns em relação aos outros; que a seqüência de estágios sempre é a mesma e que tende a ocorrer de acordo com uma cronologia aproximadamente previsível, e que os estágios superiores supõem a integração e superação das conquistas do precedente. Os anteriores são os traços de uma versão forte do conceito de estágio.

Existe uma hipótese contrária que diz que os fatos psicológicos não se caracterizam pelo desenvolvimento sincrônico, mas são fundamentalmente independentes e heterocrônicos. Em vez de um trem avançando todo ele ao mesmo tempo pela mesma via, na mesma direção, com estações prefixadas e horários previsíveis, o desenvolvimento poderia ser mais bem representado – segundo essa outra hipótese – como sendo vagões independentes, em que cada um deles tem sua própria trajetória e sua cronologia específica. A versão forte dessa hipótese concebe cada conteúdo fechado em seu vagão e com uma trajetória independente dos demais; a versão fraca aceita que alguns poucos vagões interligados compartilham o trajeto e o ritmo de avanço, o que não impede que alguns outros tenham caminhos e velocidades diferentes.

Historicamente, sobretudo pelo longo predomínio das proposições piagetianas, a versão forte do conceito de estágio foi dominante durante décadas, de maneira que nos acostumamos a pensar no desenvolvimento como um processo formado por degraus estruturalmente diferentes, no interior dos quais havia uma elevada homogeneidade entre os diferentes conteúdos; quando tal homogeneidade não acontecia, tratava-se de um contratempo que a teoria tinha de procurar explicar (como no caso das "defasagens" piagetianas de que falamos no Capítulo 12). Mas a proposta era muito exigente para se ver confirmada pelos fatos que, desde o início, evidenciaram que o normal eram as heterocronias e as defasagens. Além disso, as pesquisas transculturais mostraram com suficiente reiteração que a pretendida universalidade das seqüências de desenvolvimento era fácil de demonstrar nos degraus iniciais (quando a pressão canalizadora do amadurecimento é mais forte), mas que, à medida que o desenvolvimento avança, as discrepâncias das crianças de uma cultura em relação a outra aumentam, discrepâncias que se tornam ainda mais acentuadas se incluirmos o desenvolvimento adulto.

Por seu lado, a hipótese de que o desenvolvimento é sincrônico no interior de determinados domínios ou conjuntos de conteúdo (diferentes aspectos da linguagem, por exemplo), mas heterocrônico entre alguns domínios (entre a linguagem e a memória, por exemplo), mostrou uma certa viabilidade. Talvez, conforme assinalam, entre outros, Karmiloff-Smith (1992) e Pérez Pereira (1995), no estado atual de nossos conhecimentos, o mais prudente seja pensar que o desenvolvimento é mais de domínio geral do que supõem os modularistas, mas menos homogêneo e mais específico de domínio do que supunham as antigas posições piagetianas (incluídas as mais recentes versões neopiagetianas), sem esquecer, naturalmente, as conexões entre diferentes domínios, que sem dúvida existem, e pelas quais a psicologia evolutiva está se interessando cada vez mais. É razoável esperar que as novas perspectivas dinâmico-sistêmicas a que nos referimos anteriormente tragam novas evidências sobre esse problema no futuro, embora os tempos da versão forte do conceito de estágio provavelmente não voltem mais.

Continuidade-descontinuidade

A última das controvérsias a que vamos nos referir inclui em seu interior pelo menos dois problemas diferentes: podemos prever o desenvolvimento de uma pessoa em um momento determinado se conhecermos como foi seu desenvolvimento em um momento anterior? Podemos nos libertar de nosso passado evolutivo, principalmente se este foi adverso? A primeira dessas questões remete à problemática de mudança-continuidade em nossas características psicológicas; a segunda se relaciona com a problemática irreversibilidade-recuperação. Refletiremos, brevemente, sobre cada uma delas a seguir.

A resposta para a pergunta sobre se predomina em nosso psiquismo a mudança ou a continuidade não pode estar senão cheia de matizes. Sem dúvida, existe mudança, como não poderia deixar de ser em um ser tão evolutivo como o humano e tão aberto a influências de múltiplas e mutantes circunstâncias. Mas parece também fora de dúvida que existe uma certa continuidade que faz de nós realidades identificáveis em nossa singularidade ao longo do desenvolvimento individual. Quanto mais próximas forem as idades consideradas e quanto mais parecidos forem os conteúdos comparados, será maior a probabilidade de detectar continuidade. À medida que distanciarmos as idades objeto de comparação e contemplarmos conteúdos mais distantes entre si, o grau de continuidade diminuirá, embora não tenha por que desaparecer de todo. Traços como o estilo de apego, alguns aspectos da competência social e certos conteúdos do sistema cognitivo parecem apresentar um apreciável grau de continuidade ao longo do tempo, embora estejam longe de ser imutáveis. Por essa continuidade seriam responsáveis tanto as características internas estáveis do sujeito quanto a estabilidade presente em seu ambiente.

Por ocasião de alguns acontecimentos estressantes, a continuidade aumenta segundo o chamado "princípio de acentuação" (Elder e Caspi, 1988), que faz com que determinados traços tenham sua magnitude aumentada, como ocorre, por exemplo, com sujeitos que eram irritáveis antes de uma determinada experiência estressante (perda do posto de trabalho, nascimento de um filho com sérios problemas, etc.) e se transformam logo em mais irritáveis. Em sentido contrário, na vida das pessoas pode haver "pontos de inflexão" que reorientam em outra direção uma determinada trajetória evolutiva prévia, como ocorre com uma pessoa quando, por exemplo, passa por um casamento infeliz ou, ao contrário, passa por uma estimulante relação com um professor que represente um "divisor de águas" em relação à sua trajetória acadêmica anterior (Elder, 1998; Rutter, 1996).

Poderíamos dizer, como conclusão, que, embora abertos às mudanças, nós tendemos a nos parecer a nós mesmos ao longo do tempo, especialmente em lapsos de alguns poucos anos e em relação a conteúdos relacionados. A manutenção dos traços do perfil pode ser acentuada em algumas circunstâncias e modificada em outras, introduzindo, nesse caso, uma descontinuidade mais ou menos marcada.

Dessa ótica, é mais fácil resolver a polêmica sobre se nosso desenvolvimento está condicionado a nossas experiências infantis, ou se, ao contrário, algumas experiências prévias adversas não têm por que nos condenar a uma vida de infelicidade. Acreditou-se, durante anos, na irreversibilidade das experiências precoces, de maneira que se supunha que o que ocorria em nossos primeiros três ou quatro anos determinava nosso futuro psicológico. No entanto, décadas de pesquisa sobre esse problema mostraram que, felizmente para alguns casos e infelizmente para outros, não existem momentos mágicos no desenvolvimento, isto é, momentos em que o que ocorre se transforma em transcendental e irreversível. Felizmente, porque se uma criança teve em sua infância experiências muito adversas, sua trajetória evolutiva ulterior pode mudar de maneira significativa se houver circunstâncias que marquem pontos de inflexão como os antes mencionados. Infelizmente, porque uma infância feliz não nos vacina contra adversidades psicológicas posteriores. Podemos dizer, contra o que defendia o antigo adágio freudiano, que o menino não é o pai do homem, mas seu parente; parente muito próximo no caso em que as circunstâncias evolutivas tenham sido marcadas pela continuidade, mas parente mais distante se houvesse circunstâncias significativas e estavelmente mutantes. De fato, em relação a uma experiência concreta, mais do que precisar em que idade aconteceu, talvez o que importe verdadeiramente seja saber que impacto teve sobre a trajetória anterior e que grau de estabilidade manteve ao longo do tempo, porque, provavelmente, a estabilidade de uma experiência marca mais do que sua precocidade. Tudo isso, naturalmente, com a permissão do genótipo, isto é, sempre que estivermos falando de características e de traços em relação aos quais o genótipo permita suficiente flexibilidade frente à experiência, o que, conforme já vimos, é o mais freqüente no que se refere às características psicológicas.

Para mostrar mais uma vez que as coisas sempre são mais complicadas do que parecem à primeira vista, o impacto evolutivo de uma mesma experiência concreta pode ser bem diferente sobre diferentes indivíduos, em função de seu momento evolutivo e de suas características concretas. As melhores ilustrações dessa afirmação vêm dos trabalhos longitudinais de Elder (ver síntese em Elder, 1998), que nos mostram, por exemplo, o impacto da grande depressão econômica americana da década de 1930, assim como os efeitos do alistamento no serviço militar ou a participação em algumas das muitas guerras em que os Estados Unidos se envolveram. No caso da depressão econômica da década de 1930, muitos homens perderam seu emprego e viram como suas famílias passavam por épocas de grandes apuros econômicos; conseqüentemente, tornaram-se mais irritáveis e autoritários. Com freqüência, suas tensões recaíam sobre os membros mais frágeis da família, que eram as meninas; mas, curiosamente, se as meninas eram fisicamente atraentes, era menos provável que fossem objeto da irritabilidade de seu pai. De qualquer maneira, elas casavam cedo, muitas vezes para sair da pressão do lar, o que algumas vezes levava a escolhas apressadas que logo se mostravam problemáticas. No que se refere aos meninos, se o momento da grande depressão ocorreu quando estavam em sua adolescência, isso os incentivou a sair de casa, a se esforçar e a buscar trabalho que lhes garantisse estabilidade econômica. Alguns desses rapazes já eram adultos, com uma vida familiar e profissional muito organizada quando se viram obrigados a combater na Segunda Guerra Mundial, o que significou para eles uma descontinuidade indesejável com conseqüências negativas. Já aqueles que foram alistados no exército logo após o final de sua adolescência, principalmente os que vinham de famílias com poucos recursos, viam isso, com freqüência, como uma abertura de perspectivas que não haviam tido até o momento, beneficiando-se depois de programas educativos especiais para jovens ex-combatentes. Como se pode ver, as características pessoais que se tem (por exemplo, idade, atrativo físico, meio social de procedência), o momento evolutivo em que se está (infância, início ou final da adolescência, maturidade, etc.) e o tipo de experiências a que se está exposto (algumas das quais promoverão mais a continuidade e outras, a mudança) tornam mais difícil a resposta à pergunta sobre se em nossa trajetória evolutiva predominam os elementos de continuidade ou os de descontinuidade.

MÉTODOS E DELINEAMENTOS PARA A PESQUISA EVOLUTIVA

Na última parte deste capítulo, revisaremos algumas questões metodológicas características da abordagem evolutiva sobre os fatos psicológicos. Precisamente pelo interesse em destacar aquelas questões metodológicas de especial relevância no estudo do desenvolvimento psicológico, omitiremos a análise dos aspectos metodológicos que a psicologia evolutiva compartilha com as outras disciplinas psicológicas. Tal ocorre, por exemplo, em relação às técnicas de obtenção de informação, que são basicamente as mesmas para os psicólogos evolutivos e para outros psicólogos. Sobre estas, basta uma simples menção:

- *Observação sistemática:* permite registrar as condutas exatamente como são produzidas, seja em um contexto natural (por exemplo, o pátio do recreio, o local de trabalho ou a residência de idosos), seja em torno de situações estruturadas (como quando pedimos a um pai que construa um quebra-cabeça com sua filha). As observações estruturadas eram consideradas típicas de laboratório (e continuam sendo muito utilizadas nesse contexto para analisar condutas que exigem rigoroso controle dos estímulos), mas os argumentos da perspectiva ecológica obrigaram os psicólogos evolutivos a realizar essas observações nos contextos em que as condutas de interesse habitualmente ocorrem (como a casa, a escola e o local de trabalho). A generalização das gravações em vídeo significou um grande avanço, diante da possibilidade que oferecem de registrar interações complexas e analisá-las minuciosamente depois. Por outro lado, técnicas sofisticadas de gravação permitem, por exemplo, filmar os movimentos de mãos que os bebês fazem no escuro procurando objetos que estão em seu entorno.
- *Métodos psicofisiológicos:* exploram as relações entre aspectos psicológicos e biológicos do organismo, analisando em que medida determinadas situações (por exemplo, a saída da mãe do quarto em que estava com o bebê) se traduzem em reações fisiológicas quantificáveis (a temperatura da pele no rosto da criança, que é um indicador de seu estado emocional); como é natural, indicadores como a atividade cerebral e o ritmo cardíaco são alguns dos parâmetros fisiológicos mais utilizados.
- *Resolução de problemas padronizados:* apresenta-se uma mesma situação para diferentes sujeitos, com as mesmas instruções, as mesmas restrições (ou ausência delas) de tempo para responder, etc., e se anota a execução de cada um, como quando damos uma pilha de cartões com o nome de um objeto escrito em cada um e pedimos a sujeitos de diferentes idades que procurem memorizar o maior número possível de palavras durante cinco minutos, realizando depois uma prova de evocação.
- *Entrevistas clínicas:* o chamado "método clínico" se tornou muito popular na pesquisa evolutiva desde que Piaget começou a usá-lo amplamente; são entrevistas semi-estruturadas em que as perguntas vão se ajustando às respostas que o sujeito vai proporcionando; o entrevistador tem em sua mente determinadas hipóteses (por exemplo, que uma determinada criança acredita que uma bola de massa de modelar perde peso quando se achata) e vai orientando seu interrogatório para verificar se a hipótese é ou não correta. O adjetivo "clínicas" se aplica a essas entrevistas para diferenciá-las das padronizadas, isto é, aquelas entrevistas em que a sucessão de perguntas é independen-

te das respostas obtidas do sujeito. Na entrevista clínica, a situação pode ser padronizada (duas bolas de massa de modelar, sendo que uma delas se submete a diversas transformações), mas o interrogatório é aberto e guiado pelas hipóteses particulares que o entrevistador vai formando.

- *Questionários, testes, auto-relatos*: responde-se a uma série de perguntas organizadas de acordo com um determinado propósito e com um diferente grau de padronização, de estruturação interna e de sistemas de categorização das respostas; tipicamente, um questionário pode ser aplicado verbalmente a crianças menores (pedindo que, por exemplo, identifiquem-se com uma criança que aparece no desenho rodeada de amigos, ou com outra que aparece mais isolada) e por escrito para aquelas que já agem com desenvoltura com essa forma de expressão (questionários de ajustamento conjugal, por exemplo).
- *Estudos de casos*: análise de casos singulares (tipicamente, de vários casos singulares que representam diferentes circunstâncias cuja comparação interessa) em que os aspectos qualitativos e idiossincrásicos são considerados fundamentais.
- *Descrições etnográficas*: herdadas pelos psicólogos dos antropólogos, esse tipo de descrições envolve observação participante (viver com um grupo de pessoas, participar ativamente de uma aula, passar um dia inteiro com uma família, etc.), anotações feitas sobre o andamento e sua posterior elaboração para procurar compor um quadro impressionista no qual as pinceladas são os fragmentos de observação.

Os dados obtidos com qualquer uma das técnicas precedentes podem ser analisados utilizando uma diversidade de estratégias, desde as mais qualitativas até as mais quantitativas. Mas o que garante que uma pesquisa é evolutiva não é nem a técnica de coleta de dados, nem os procedimentos utilizados para sua exploração. O que transforma uma pesquisa em inequivocamente evolutiva é a utilização de formatos em que a variável idade tem um papel organizador importante. Basicamente, existem dois tipos de delineamentos evolutivos:

- *Longitudinal:* estuda-se os mesmos sujeitos ao longo do tempo, com o objetivo de analisar como evoluem as características que são objeto de análise. Esse tipo de formato é o único que permite analisar a mudança intra-individual (como um sujeito concreto muda ao longo do tempo). À medida que uma coleta de dados se distancia da seguinte, aparecem problemas de mortandade experimental, especialmente prejudicial para a pesquisa quando é de natureza seletiva (por exemplo, perde-se para o estudo os sujeitos que não têm telefone, isto é, que têm menos recursos, o que torna a mostra menos representativa do conjunto da população, se é que entre suas intenções estava incluído esse tipo de representatividade; ou se perde das amostras de idosos aqueles que morrem mais jovens, o que torna a amostra menos representativa se o que se queria era controlar a influência da saúde sobre o funcionamento psicológico, por exemplo). Além disso, se a coleta de dados se distancia no tempo, o estudo encarece, e a continuidade da equipe de pesquisadores se vê ameaçada.
- *Transversal:* estuda-se simultaneamente sujeitos de diferentes idades com o objetivo de analisar quais as diferenças ligadas à idade entre as características pesquisadas. Como é óbvio, esse delineamento não permite fazer o acompanhamento das mudanças intraindividuais, mas tem, ao contrário, a vantagem de sua rapidez e de sua economia se comparado com o longitudinal: em pouco tempo, permite ter-se uma idéia das mudanças fundamentais ligadas à idade. Para que esse tipo

de mudanças seja bem-documentado através de um delineamento transversal, é fundamental que as amostras de diferentes idades sejam o mais parecidas possível em tudo, exceto na idade, pois a utilização de um grupo de sujeitos de 20 anos socioculturalmente muito diferente do grupo de sujeitos de 30 anos da mesma pesquisa obviamente daria lugar a uma confusão entre os efeitos da idade e os do entorno sociocultural.

Tanto o formato longitudinal como o transversal podem ser simples ou seqüenciais. Nos formatos simples, há somente uma geração envolvida. No exemplo da Figura 1.4, o formato longitudinal simples aparece exemplificado com uma pesquisa em que os sujeitos nascidos em 1960 são estudados repetidamente a cada dois anos, desde os 10 até os 40 anos (estudar somente um sujeito ou centenas deles é irrelevante para a definição do delineamento, pois a definição é feita com base no plano de coleta de dados, não no número de sujeitos); são, então, os mesmos sujeitos estudados reiteradamente. Na mesma figura, o delineamento transversal simples mostra como no ano 2000 se estudou sujeitos de 10, 20, 30 e 40 anos; as linhas pontilhadas que aparecem no quadrado correspondente a esse delineamento indicam que os sujeitos estudados para cada idade são diferentes, ao contrário do que ocorre com os delineamentos longitudinais, em que os mesmos sujeitos são estudados ao longo do tempo.

Os autores da orientação do ciclo vital, aos quais fizemos referência no item "Controvérsias conceituais", insistiram na importância do conceito de "geração" para a pesquisa evolutiva, em parte para ressaltar a abertura do desenvolvimento à influência dos fatores histórico-sociais. Cada geração viria definida não por uma distância fixa no tempo, mas pelo fato de que as pessoas nascidas em um determinado ano, por exemplo, são afetadas por uma influência que é diferente em relação aos nascidos em um ano diferente. Se o que queremos é analisar o efeito dessa influência sobre o desenvolvimento, devemos comparar dois

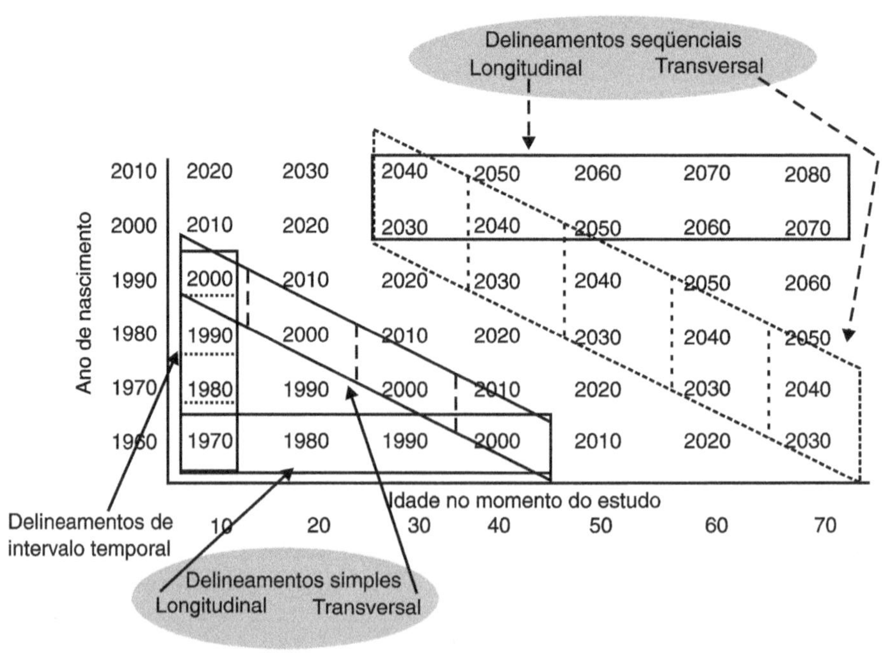

FIGURA 1.4 Delineamentos simples e seqüenciais (transversal e longitudinal) e delineamento de intervalo temporal.

grupos: o daqueles que receberam a influência e o daqueles que não a receberam. Vamos supor, por exemplo, que a geração nascida no ano 2010 seja afetada por um determinado acontecimento histórico que não afetou os nascidos no ano 2000; e vamos supor que um pesquisador quer saber a influência desse acontecimento sobre o desenvolvimento adulto tanto a curto como a médio prazo; quando, em uma pesquisa, introduzimos duas gerações, falamos de delineamentos seqüenciais (em contraposição aos simples, que se referem a somente uma geração). Na Figura 1.4, mostramos o acompanhamento longitudinal do grupo nascido no ano 2000 (não afetado pelo acontecimento histórico que interesse) e no ano 2010 (afetados por tal acontecimento): trata-se de um delineamento seqüencial longitudinal, pois os mesmos sujeitos de cada uma das gerações são estudados aos 30, 40, 50, 60 e 70 anos.

O delineamento, contudo, também pode ser proposto de acordo com a lógica transversal. No exemplo da Figura 1.4, no ano 2040, são estudados sujeitos que, nesse momento, têm 30, 40, 50, 60 e 70 anos, e se supõe que todos tenham sido afetados pela influência à qual estamos nos referindo (notem que as linhas pontilhadas verticais no interior do quadrado do delineamento seqüencial transversal indicam que os sujeitos de cada grupo de idade são diferentes, pois não é um estudo longitudinal); esses sujeitos podem ser comparados com outros das mesmas idades que haviam sido estudados no ano 2030, quando a influência ainda não havia ocorrido. Nesse caso, estamos diante de um delineamento seqüencial transversal, pois temos dois estudos transversais (um realizado em 2030 e outro em 2040) correspondentes a duas amostras diferentes em termos de geração (uma foi afetada pela influência histórica de interesse e a outra não).

Antes de concluir, convém acrescentar algumas observações sobre o delineamento longitudinal. A primeira delas, para indicar que a análise nem sempre vai de trás para frente (começar por idades mais jovens e depois ir subindo). Conforme mostrou amplamente Elder nas pesquisas citadas anteriormente, se houver arquivos suficientes sobre o passado de determinadas pessoas, é possível rastrear os antecedentes de determinadas condutas, as circunstâncias, em que o desenvolvimento foi produzido, etc., em uma tentativa de melhor compreender o desenvolvimento atual. A segunda observação se refere a um tipo muito peculiar de estudo longitudinal, também chamado de "estudo microgenético": enquanto em qualquer formato longitudinal convencional se costuma procurar abranger todo o tempo possível, os estudos microgenéticos são, nas palavras de Wertsch (1985), estudos longitudinais a curto prazo. Vamos retomar por um momento um exemplo anterior em que o pai e sua filha interagiam ao redor da construção de um quebra-cabeça; se a menina começou a tarefa sem saber como fazê-la e se, no final, foi capaz de resolver o problema de maneira autônoma, a análise da gênese dessa competência nova (desde o não saber no início até sua competência no final) é um estudo microgenético que permite analisar muito pormenorizadamente os passos que foram sendo dados, a forma como o adulto foi facilitando a tarefa, de que maneira a menina foi aproveitando essas facilidades, até conseguir, primeiro, um domínio parcial e, depois, um domínio absoluto. Muitos trabalhos de análise de interações inspirados em postulados vygotskianos utilizaram esse tipo de análise como uma tentativa de captar como é produzida a transferência de capacidades que vai do interpessoal (no início, o pai toma a iniciativa, porque é o único dos dois que sabe como resolver o quebra-cabeça) ao intrapessoal (no final, a habilidade para resolver o quebra-cabeça já está na criança, é uma competência sua).

Convém, por fim, fazer referência a outro tipo de delineamento bem menos utilizado em psicologia evolutiva, mas no qual a idade tem um papel-chave. Na Figura 1.4, aparece o estudo da idade de 10 anos de sujeitos nascidos em 1960, 1970, 1980 e 1990; vamos supor, por exemplo, que queremos estudar a idade em que começam a se manifestar as primeiras mudanças referentes à puberdade, das quais falaremos no Capítulo 16 e, mais concretamente, que queremos estudar em que medida as mudanças históricas (produzidas na alimentação, nos estilos de vida, na prática de esportes, etc.) afetam o grau de maturação na idade de 10 anos. Nesse caso, trata-se de um delineamento de intervalo temporal, no qual se define uma idade determinada (nesse exemplo, 10 anos) e se espera que sujeitos nascidos em momentos diferentes completem essa idade para realizar as mediações que se quer. Se em psicologia evolutiva se utiliza menos esse delineamento do que qualquer dos anteriores é pela simples razão de que as mudanças que interessam aos psicólogos evolutivos não costumam estar tão relacionadas com uma idade concreta como nesse tipo de delineamento; o mais freqüente nas pesquisas evolutivas é que a idade seja entendida mais como tendência ao longo do tempo do que como referência a uma idade determinada. Mas se existe alguma boa razão para que uma idade determinada seja um ponto de referência interessante, o delineamento de intervalo temporal permite analisar o efeito que as mudanças históricas vão introduzindo sobre essa idade.

No mais, os delineamentos não são bons ou maus em si mesmos, por mais que cada um tenha suas vantagens e seus inconvenientes. O que torna bom um delineamento é sua capacidade para responder, de maneira adequada e eficaz, as perguntas que o pesquisador ou a pesquisadora fazem em cada um de seus estudos. E o que, sem dúvida, é positivo é que a diversidade de problemas, de conteúdos e de orientações que caracterizam a psicologia evolutiva contemporânea possa ser abordada com uma equiparável diversidade de técnicas e de delineamentos de pesquisa. Graças a isso, continuamos avançando em um conhecimento cada vez mais rico e completo sobre o apaixonante processo de desenvolvimento humano que descrevemos nos outros capítulos deste livro.

SEGUNDA PARTE

Desenvolvimento Psicológico na Primeira Infância

2 Crescimento físico e desenvolvimento psicomotor até os dois anos

JESÚS PALACIOS E JOAQUÍN MORA

Já faz muitos anos que Wallon salientou que o psiquismo humano é uma conseqüência do entrecruzamento entre o que ele metaforicamente chamava de dois "inconscientes": o inconsciente biológico e o inconsciente social (Wallon, 1931). Conforme já foi indicado no capítulo anterior, as influências modeladoras exercidas pelas interações sociais sobre o desenvolvimento não incidem no interior de um organismo que funciona como um recipiente vazio a espera de ser preenchido. Desde o próprio momento da concepção, e como ocorre com o de qualquer outro ser vivo, o organismo humano tem uma "lógica biológica", uma organização e um calendário maturativo. Já que, por outro lado, nosso organismo biológico é a infra-estrutura em que se assentam nossos processos psíquicos, a psicologia evolutiva não pode prescindir da consideração do desenvolvimento físico, pois tal desenvolvimento abre, constantemente, possibilidades evolutivas e impõe limitações à mudança possível em cada momento.

Sobreposto entre o estritamente maturativo e o relacional, o desenvolvimento psicomotor é um magnífico exemplo do que acabo de dizer. Tal desenvolvimento está sujeito, em primeiro lugar, a uma série de leis biológicas em grande parte relacionadas com o calendário maturativo. Mas, como ocorre com o desenvolvimento físico em geral, o desenvolvimento psicomotor está longe de ser uma mera realidade biológica: também é uma porta aberta para a interação e, portanto, para a estimulação.

Este capítulo começa com algumas considerações gerais sobre o processo de crescimento do ser humano e, de forma particular, de seu cérebro. Logo depois, analisamos mais detalhadamente o desenvolvimento pré-natal e a situação imediatamente após o nascimento e, por fim, centramo-nos nos progressos observados no desenvolvimento psicomotor ao longo dos primeiros anos de vida humana.

CONTROLE DO PROCESSO DE CRESCIMENTO: FATORES ENDÓGENOS E EXÓGENOS

O crescimento físico é um processo altamente organizado em que, longe de ocorrer ao acaso e em qualquer momento, tudo acontece de acordo com uma certa seqüência e um certo calendário maturativo. Em algumas ocasiões, o crescimento do corpo humano foi comparado com os foguetes espaciais que viajam sem tripulação e que têm trajetórias prefixadas, dirigidas por sistemas de controles internos ao artefato, embora seja certo que tudo o que acontece aos humanos mostra um superior grau de plasticidade e de capacidade de ser influenciado pelo meio em que o crescimento é produzido.

O crescimento, além de seu elevado nível de organização, caracteriza-se por ser um processo que ocorre de maneira contínua e paulatina mais do que em saltos e descontinuamente. É claro que existem episódios que, como a puberdade, supõem uma alteração das curvas de crescimento, casos que envolvem uma certa descontinuidade; mas, até mesmo nesse caso, longe de ser um processo abrupto que se resolve em alguns poucos meses, a puberdade é mais um conjunto de mudanças que começam a ser preparadas com muita antecedência e que não culminam senão depois de vários anos após ter iniciado. O envelhecimento também não é um processo unitário nem repentino, mas complexo, progressivo e desigual, na medida em que não afeta todo o organismo, assim como não o faz com a mesma intensidade nem com idêntica cronologia.

Como foi dito no capítulo anterior, nossos genes incluem a determinação de nossa arquitetura corporal e o calendário de sua execução. No entanto, o controle direto desse calendário não está diretamente nos genes, mas a cargo de processos neurológicos e hormonais. No que se refere aos primeiros, parece que o hipotálamo tem um papel fundamental na regulação e no ajuste dos processos de crescimento. Seu controle inclui o processo normal de crescimento, mas também mecanismos corretores que atuam quando a curva de crescimento se desvia transitória e significativamente de sua trajetória prevista (como por exemplo, um período de má-nutrição que torna o crescimento mais lento); nesses casos, os mecanismos corretores fazem com que, passada a circunstância que produziu o desvio, haja uma tendência em recuperar a trajetória perdida (aceleração transitória do crescimento). Isso é o que se conhece como *processos de recuperação*, que pode ser ilustrado com outro simples exemplo, referente a um casal que terá um filho. Vamos supor que a mulher é pequena e que o tamanho corporal herdado pela criança é o do pai, que é um homem muito alto. Como o espaço no interior da mãe não é ilimitado, o feto deixa de crescer quando ocupa todo o espaço disponível. Provavelmente, poderia ter nascido maior se sua mãe fosse maior. No entanto, o fato de a criança nascer menor não significa que será uma criança baixa, pois, depois de seu nascimento, haverá a intervenção dos processos de recuperação que farão a criança crescer mais depressa até que se encontre com a trajetória de crescimento que foi obrigada a abandonar temporariamente. Essa aceleração do crescimento cessa quando a criança recupera o crescimento perdido, momento a partir do qual ela continuará crescendo, só que em um ritmo normal, transformando-se em uma criança grande. Algo parecido ocorrerá em uma gravidez de trigêmeos. Naturalmente, as três crianças não podem crescer tanto quanto se houvesse uma só, o que não quer dizer que serão sempre menores por terem nascido menores: os processos de recuperação irão acelerar seu crescimento e a aceleração cessará depois, quando as curvas de crescimento tenham se normalizado.

O problema pelo qual o crescimento se separa de sua trajetória pode ser natural e inevitável (como nos casos comentados sobre um crescimento fetal lentificado), ou pode ser evitável (como no caso da má-nutrição a que também fizemos referência). Mas seja qual for a causa, existe um princípio geral de acordo com o qual quanto mais cedo ocorrer, e quanto mais grave e prolongado for o problema que separa a criança de sua curva de crescimento, mais difícil será que processos de recuperação sejam plenamente efetivos. Isso se deve ao fato de que, como analisaremos depois, na vida intra-uterina e nos primeiros anos de vida, cresce-se mais depressa do que posteriormente se irá crescer. Um transtorno de três meses de duração, por exemplo, afeta uma maior quantidade potencial de crescimento quando a criança tem dois meses de vida do que quando tem cinco anos.

Foi dito anteriormente que também existem fatores hormonais envolvidos nos processos de regulação interna do crescimento. O protagonismo nesse caso é, sob a dependência do hipotálamo, da glândula pituitária e de um dos hormônios produzidos nela: o hormônio do crescimento. Nos casos em que existem problemas com a produção desse hormônio ou com a sensibilidade de outras células do corpo à sua presença, o crescimento estará afetado. O mesmo ocorre em relação à tiroxina, um hormônio produzido pela tireóide, necessário para o desenvolvimento neurológico normal e para que o hormônio do crescimento produza seus efeitos sobre o desenvolvimento corporal. Outros hormônios segregados pela pituitária sob o controle do hipotálamo e que têm grande impacto sobre o processo de crescimento são os androgênios e os estrogênios, que determinarão as diferenças entre meninos e meninas tanto durante a formação do corpo na etapa fetal como ao longo do processo de crescimento posterior.

A regularidade existente no processo de crescimento de algumas pessoas e de outras e fenômenos como os antes descritos em relação ao processo de recuperação ilustram até que ponto o crescimento é controlado por mecanismos endógenos, isto é, internos ao organismo. Isso não significa, no entanto, que o processo do crescimento seja um processo insensível à influência de fatores externos, como ilustra o exemplo da má-nutrição. Outro exemplo claro de que os processos de crescimento são sensíveis à influência do ambiente está na chamada *tendência secular no crescimento*, expressão com a qual se faz referência a uma certa aceleração observada em alguns aspectos do crescimento quando se comparam dados coletados em momentos distantes muitos anos entre si (com uma distância, por exemplo, de um século, de onde vem o adjetivo "secular" para se referir ao processo que descrevemos). Os dados mais bem documentados se referem à idade em que termina o crescimento em altura, à estatura final e à idade da menarca (primeira menstruação). Em média, os jovens de hoje alcançam sua altura final mais cedo que seus avós alcançavam e são também mais altos do que eles; em média, as meninas de hoje têm sua menarca antes do que suas avós tiveram. Assim, por exemplo, os estudos comparativos realizados em Aragón comparando a altura dos homens por ocasião da medição para o serviço militar mostram que, nos cem anos que vão de 1886 a 1996, a estatura média dos homens adultos aumentou 11,6 cm, passando de 160,1 cm para 171,7 cm; na mesma região geográfica, com dados referentes à década de 1980, observou-se que em 10 anos houve um adiantamento de nove meses na idade em que aparecia a menarca nas meninas, com uma idade média de 12,2 anos no final do período analisado (Nieto, Sarriá e Bueno-Lozano, 1996). A aceleração histórica a que se refere o conceito de tendência secular no crescimento se deve a melhorias nas condições de vida, na alimentação, na higiene, no tratamento das doenças, etc.

É evidente, no entanto, que essa aceleração não pode ser produzida indefinidamente. Basta pensar na idade da primeira menstruação, que não pode continuar sendo antecipada sem limite. Ocorre, por exemplo, que, em alguns países ocidentais, já se chegou a um certo topo no qual a primeira menstruação deixou de se antecipar nas meninas dos níveis socioeconômicos mais altos, que talvez sejam as que desfrutam de melhores condições de saúde, de alimentação, etc. Isso significa que, no que se refere ao crescimento, os fatores externos têm uma capacidade de influência importante e incontestável, porém limitada.

Com as observações a que se fez referência no item "Herdabilidade dos traços psicológicos individuais" do Capítulo 1, o conceito de *margem de reação* serve para ilustrar essa idéia de influência limitada. Tal conceito se refere ao fato de que, para alguns aspectos do desenvolvimento físico, o que a herança prevê não é um valor fixo e fechado, mas uma certa margem ou uma certa potencialidade cuja concretização final está aberta à influência de fatores externos. Peguemos o exemplo da estatura: no caso de uma pessoa qualquer, o que sua herança prescreve não é que tenha de medir, por exemplo, exatamente 1,75 m; com toda probabilidade, o que a herança dessa pessoa fixa é uma certa margem dentro da qual estará sua estatura final: se todas as circunstâncias lhe são propícias, a pessoa em questão terá uma altura que estará nos valores mais altos da potencialidade prevista por sua herança; mas se as condições lhe são adversas, a altura final dessa pessoa estará mais próxima dos valores potenciais mais baixos. Algo parecido ocorrerá com a idade da primeira menstruação, em relação à qual a herança de uma menina concreta não tem fixadas data e hora, mas uma certa margem dentro da qual haverá de ocorrer, sendo as circunstâncias externas as que finalmente concretizarão o momento em que ocorrerá.

Já fizemos referência a alguns fatores externos relacionados com o processo de crescimento (como a alimentação, o nível de saúde, os estilos de vida e a higiene). A influência dos processos psicológicos não pode ser esquecida, como ilustram os casos extremos conhecidos sob o rótulo de "nanismo por privação", que não é outra coisa senão um crescimento anormalmente baixo em estatura e peso como conseqüência de privações afetivas graves e prolongadas. Outro exemplo interessante se encontra em uma pesquisa realizada com bebês colombianos com risco de má-nutrição (Super, Herrera e Mora, 1990): junto a um grupo-controle, que recebia somente cuidados médicos, houve dois grupos experimentais, um em que, além dos cuidados médicos, os pais recebiam de forma continuada assessoria sobre como estimular os bebês, e outro em que, além dessa assessoria e de cuidados médicos, havia suplementos dietéticos tanto para a mãe durante a gravidez como para as crianças até que completassem três anos. Aos seis anos, isto é, três anos depois de finalizada a intervenção, o grupo de crianças cujos pais receberam somente assessoria sobre estimulação superava em 1,7 cm e 448 g o grupo-controle; por sua vez, as crianças que se haviam beneficiado tanto da estimulação como de suplementos alimentares superavam as do grupo-controle em 2,3 cm e 536 g; nos dois casos, a melhora na estatura foi estatisticamente significativa.

Concluindo, parece claro que o processo de crescimento é muito organizado, com uma evolução prescrita pelos genes, controlada pelo cérebro e pelos hormônios e aberta às influências do ambiente. Essa abertura, no entanto, não é ilimitada, mas ocorre dentro de algumas determinadas margens preestabelecidas pela herança particular que cada indivíduo recebe de seus pais.

A CURVA DO CRESCIMENTO

As Figuras 2.1a e b mostram, respectivamente, os dados de crescimento em altura e peso para meninas e meninos espanhóis desde o nascimento até os dois anos (Hernández et al., 1988). As tabelas estão em percentis, de forma que nelas é possível analisar não só o valor central da distribuição (percentil 50), mas também os valores que correspondem ao conjunto da distribuição populacional. Alguns poucos comentários podem ajudar a interpretar o significado dessas tabelas e dos valores que representam.

Em primeiro lugar, vale a pena insistir que todos os valores mostrados nas tabelas se referem a sujeitos com curvas de crescimento normais. A metade dos meninos de 12 meses terá uma altura entre 72 cm e 76 cm (percentis 25 e 75, respectivamente). Mas, um menino de 70 cm e outro de 80 cm serão igualmente normais; simplesmente, o primeiro estará entre os mais baixos de seu grupo de idade e o segundo estará entre os mais altos. Os mesmos raciocínios são válidos para qualquer outro exemplo que se possa tirar das tabelas. É muito importante que o crescimento não deixe de ocorrer e que a curva de cada criança seja coerente ao longo do tempo, sem importantes mudanças nem alterações na curva ao longo do tempo. Isso será a prova do processo contínuo e progressivo que é o crescimento.

Uma exceção à regra que acabamos de enunciar pode ser encontrada naqueles casos em que devem ser produzidos os processos de recuperação a que fizemos referência anteriormente. Vamos supor uma menina que, por alguma razão, nasceu pequena (46 cm, equivalente ao percentil 3), mas que tende a ser alta em função da herança genética recebida. Nesse caso, o esperado não é que a menina progrida durante seus dois primeiros anos ao longo da linha correspondente ao percentil 3, mas que vá, pouco a pouco, "escalando" posições, de forma que aos 24 meses meça 86 cm (percentil 50), podendo ainda continuar sua progressão nos anos posteriores até se estabilizar na linha de crescimento equivalente à altura que finalmente irá alcançar.

Outro dos princípios gerais que podemos ver nas Figuras 2.1 é a progressiva desaceleração das curvas de crescimento conforme aumenta a idade. No curso dos três primeiros meses, as crianças crescem aproximadamente 10 cm. Mas no mesmo período de tempo, do 3º ao 6º mês, crescem somente 5 cm; do 12º ao 15º mês, somente 3 cm, e do 21º ao 24º

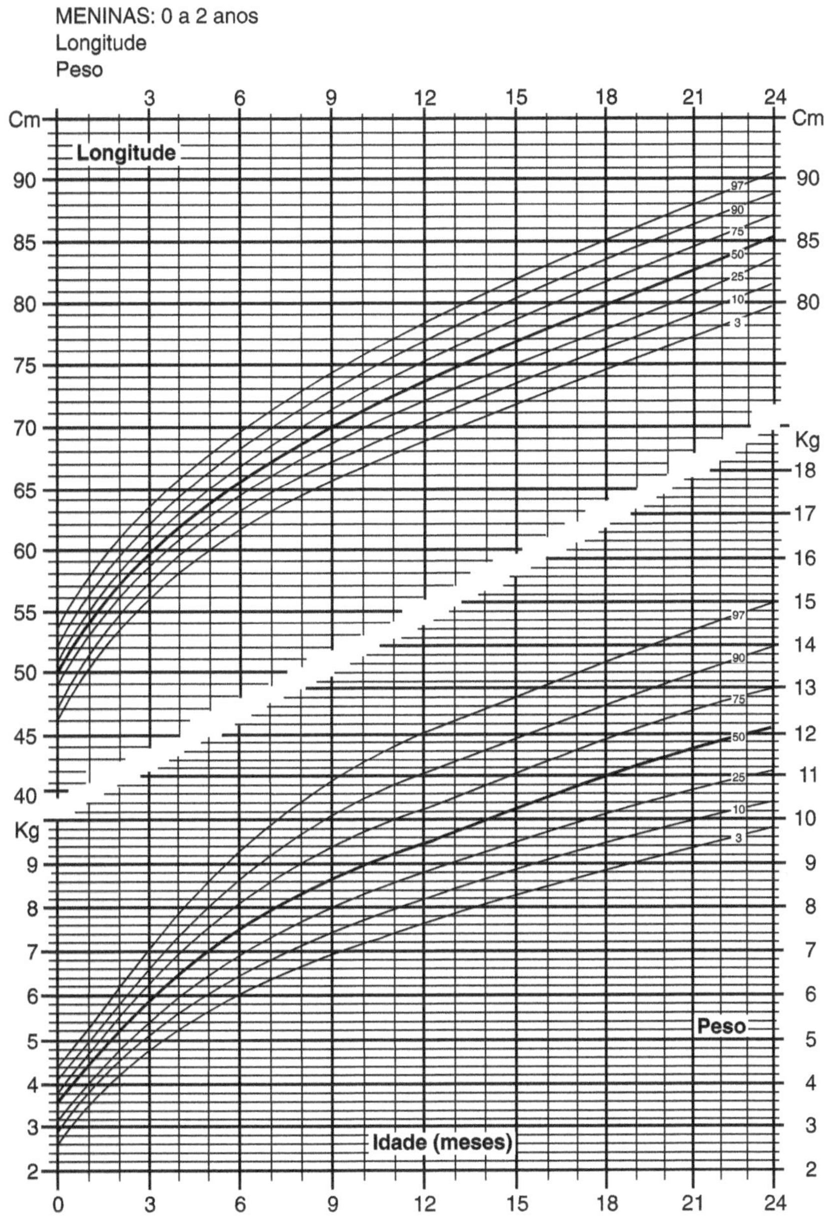

FIGURA 2.1a Curva de crescimento em altura e aumento de peso em meninas de 0 a dois anos.

mês somente 2 cm. Como podemos ver, as curvas de crescimento mostram um perfil mais vertical nos primeiros meses e depois um perfil mais horizontal, ou seja, uma velocidade mais lenta tanto em altura como em peso.

Os dados da Figura 2.1 servem, finalmente, para ilustrar um fenômeno que se verá com maior clareza em idades posteriores, mas que já se manifesta timidamente nos dois primeiros anos. Trata-se do *dimorfismo sexual*, expressão que se refere ao fato de que as curvas de crescimento de meninos e de meninas são diferentes. Ao nascer, as diferenças entre meninos e meninas são quase imperceptíveis tanto

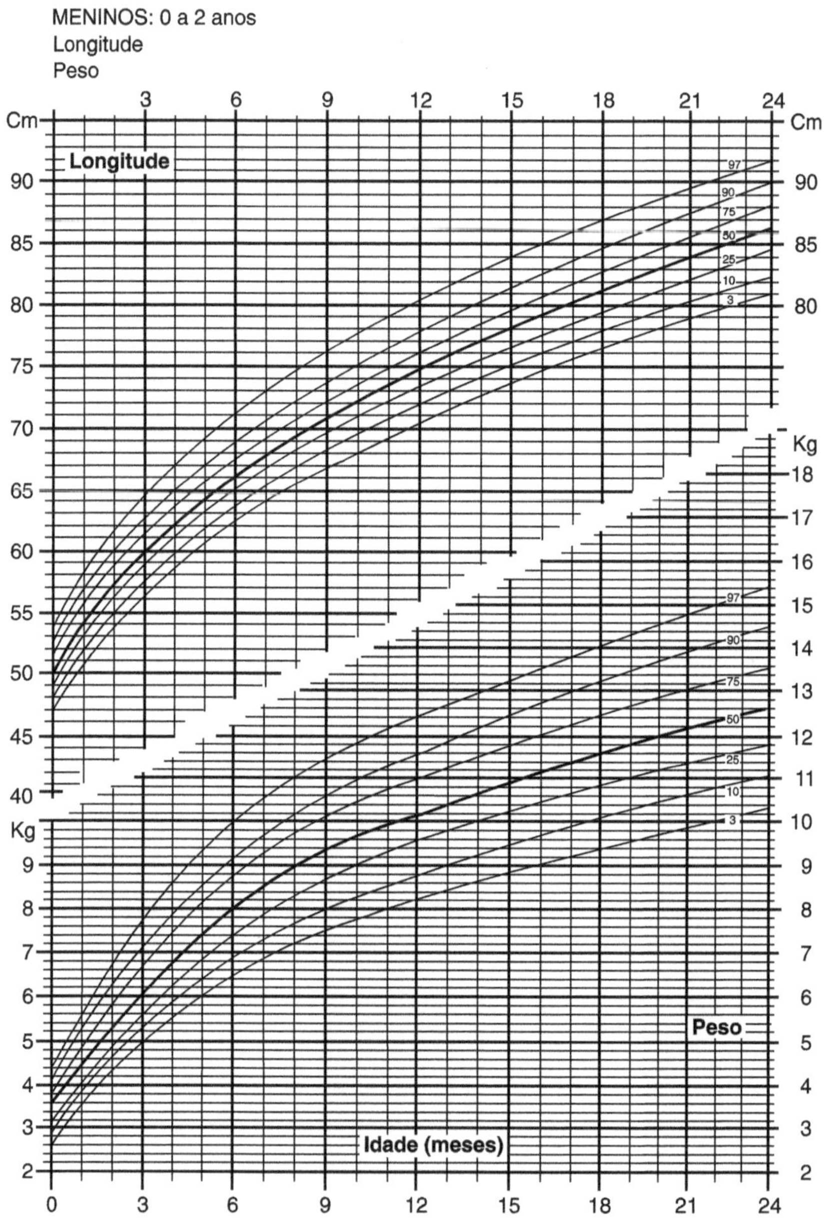

FIGURA 2.1b Curva de crescimento em altura e aumento de peso em meninos de 0 a 2 anos.

em altura como em peso. Aos 12 meses, o percentil 50 dos meninos está em 75 cm e 10,2 kg, diante dos 73,5 cm e 9,6 kg das meninas; aos 24 meses, os valores respectivos são de 86,5 cm e 12,6 kg para eles e 85,5 cm e 12,2 kg para elas. A margem de diferenças é pequena, mas estável. É natural que a referência a esses valores médios não pode fazer esquecer que uma menina que está no percentil 50 de altura e de peso está acima de um menino no percentil 25. No mais, como ocorre tantas vezes com as diferenças sexuais, as diferenças que aparecem dentro de um mesmo sexo são maiores do que as que ocorrem entre um sexo e outro; o que isso significa é que o que determina que um sujeito seja alto ou baixo não é que seja menino ou menina, mas que esteja em um percentil alto ou baixo de sua distribuição.

CRESCIMENTO DO CÉREBRO

O crescimento do cérebro merece comentários especiais, pois no cérebro se encontra o suporte físico de todos os processos psíquicos. Dos muitos aspectos estudados pela neuropsicologia evolutiva (bem-abordados em Spreen, Risser, Edgell e Spreen, 1995, e em Johnson, 1998), analisaremos a seguir alguns para mostrar os traços essenciais desse desenvolvimento (pelo menos alguns deles); no Capítulo 6 completaremos essa exposição com algumas informações adicionais referentes à especialização hemisférica.

No desenvolvimento fetal, o cérebro cresce mais rapidamente do que o resto dos órgãos (talvez com a única exceção dos olhos). Ao nascer, o cérebro humano tem 25% de seu peso adulto, enquanto o resto do corpo pesa apenas 5% de seu peso adulto; aos três e quatro anos, o cérebro tem 80% de seu peso adulto, enquanto o conjunto do corpo tem apenas 20% de seu peso adulto; aos seis anos, o peso do cérebro tem 90% de seu valor adulto, enquanto o peso do resto do corpo ainda tem um longo caminho a percorrer. Dentro do cérebro, a parte que mais se desenvolve nos humanos é o córtex cerebral, que corresponderá a cerca de 85% do peso total do cérebro, o que mostra sua extrema importância.

A Figura 2.2 mostra as mudanças que ocorrem na arquitetura do cérebro durante a etapa pré-natal. Se no momento do nascimento, conforme acabamos de assinalar, o cérebro pesa 25% de seu peso adulto, em torno do quinto mês de gravidez pesa em torno de 5% ape-

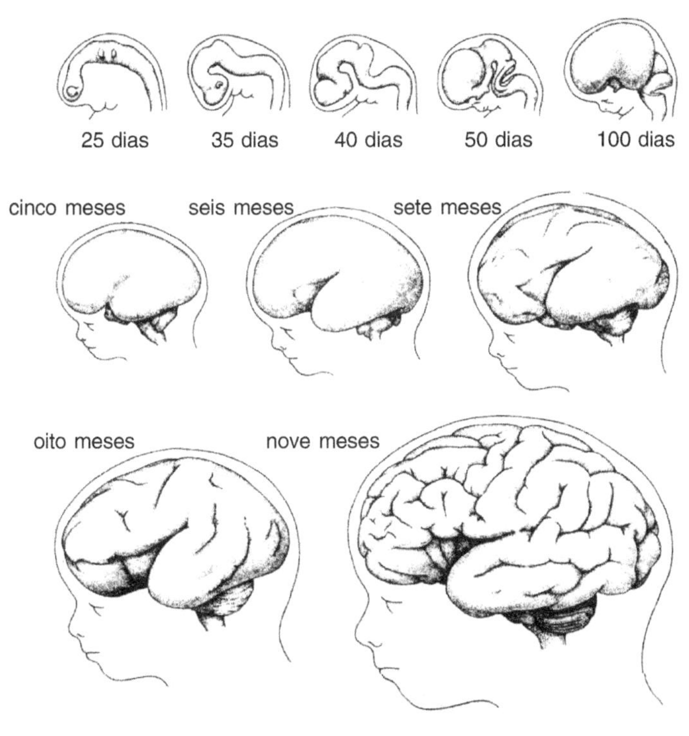

FIGURA 2.2 Crescimento do cérebro durante a vida intra-uterina.
Fonte: Cowan, 1979

nas desse peso final, o que indica a rapidez do crescimento cerebral durante o período fetal. Para se ter uma idéia aproximada do impressionante e vertiginoso processo de que falamos, basta dizer que durante a etapa fetal são produzidos no cérebro em torno de 250 mil neurônios por minuto, de forma que no momento do nascimento o cérebro guarda entre 100 e 200 bilhões de neurônios, cada um dos quais pode ter em torno de 3 mil conexões com outras células. O cérebro é, então, um sistema muito complexo em que trilhões de vias de transmissão se encarregam de pôr em ordem nossa percepção do mundo, nossa ação sobre ele, nossos processos psicológicos. Com isso, é fácil imaginar a dificuldade que é estudar o cérebro, embora as novas técnicas de exploração dessa complicadíssima maquinaria permitam uma compreensão cada vez mais precisa.

A vida de um neurônio tem três momentos distintos: o de sua produção no tubo neural, o de sua migração para a região do cérebro que lhe corresponde e o de sua diferenciação e conexão com outros neurônios. Em relação à sua *formação*, basta dizer que ocorre na vertiginosa velocidade a que fizemos referência e que a maior parte dos neurônios do cérebro humano se forma antes do nascimento, de forma que no sétimo mês de gravidez a quase totalidade dos neurônios que o cérebro terá já está presente (depois do nascimento, aparecem neurônios novos somente em áreas cerebrais muito concretas, como o bulbo olfativo).

Em relação à sua *migração* desde o tubo neural até a parte do cérebro em que finalmente cada neurônio irá se estabelecer, parece que a "viagem" é controlada por processos neuroquímicos e mecânicos que indicam a cada neurônio para onde deve ir e que caminho deve seguir; tanto a produção de neurônios como sua migração para a parte do cérebro que lhe corresponde parece que ocorrem em sucessivas ondas e sempre de baixo para cima, isto é, seguindo a lógica da telencefalização que transforma em tão importante o córtex cerebral. Alguns transtornos que afetam o feto durante essa fase podem ter um impacto irreversível sobre a produção e a migração de neurônios, o que se traduzirá em anomalias que podem chegar a ser devastadoras para o funcionamento psicológico normal.

Se a proliferação e a migração de neurônios ocorrem, no que é fundamental, antes do nascimento, os processos de *diferenciação e conexão com outros neurônios* ocorrem, sobretudo, depois do nascimento. Sem dúvida, se o cérebro do recém-nascido tem de multiplicar por quatro seu peso até chegar aos valores adultos, esse aumento tem a ver não com o aparecimento de novos neurônios, mas sobretudo com a formação de sinapses, dendritos e axônios associativos, assim como com o progressivo recobrimento dos neurônios por mielina, uma camada gordurosa que recobre as fibras nervosas e aumenta sua eficácia na transmissão de informação. Alguns comentários sobre esses processos serão suficientes para dar uma idéia da lógica que segue o desenvolvimento do cérebro.

A *maturação* no interior do cérebro em termos de dendritos e sinapses não ocorre ao mesmo tempo em todas as áreas do cérebro. Assim, por exemplo, as áreas do córtex cerebral humano especializadas na visão conhecem um importante processo de produção de sinapses desde o nascimento, com um pico de crescimento em torno dos 3 ou 4 meses e com a culminação desse processo entre os 4 e os 12 meses. Quando o processo termina, o número de sinapses representa aproximadamente 150% do valor adulto, o que significa que há, no início, uma superprodução tanto de neurônios como de sinapses. Uma vez que as sinapses tenham se formado, os neurônios e as sinapses que não tenham estabelecido conexões irão se perder, estabilizando-se, então, no nível adulto. A lógica é a mesma para outras partes do cérebro, embora a cronologia seja diferente; assim, por exemplo, embora a sinaptogênese comece no córtex pré-frontal ao mesmo tempo em que no visual (próximo do nascimento), o pico na curva de formação de sinapses ocorrerá depois do primeiro ano, e os valores adultos não se estabilizarão até alguns anos mais tarde, perdendo-se, a partir daí, os neurônios e as sinapses que não tenham valor funcional.

O que foi dito no parágrafo anterior modifica substancialmente alguns pontos de vista tradicionais sobre o crescimento no interior do cérebro que haviam defendido que tal crescimento consistia, sobretudo, na adição de sinapses em função da experiência. De fato, parece que o que ocorre vai em sentido contrário: na ausência de estimulação que os transforme em úteis e de ativação de suas conexões, muitos neurônios presentes no momento do nascimento e muitas das sinapses produzidas posteriormente se perdem. E, até mesmo nas condições de melhor estimulação, parte dessa perda será inevitável devido à lógica de superprodução inicial com que todos partimos.

No mais, para que os níveis adultos de funcionamento das diferentes partes do cérebro sejam atingidos é necessário não só que os neurônios e as sinapses estabilizem seus valores em torno de 100% a partir dos 150% iniciais em muitas das áreas, como, também, no que se refere à sua arquitetura, é necessário que o processo de mielinização das fibras nervosas fique completo. Mais uma vez encontramos aqui uma cronologia diferente para distintas regiões do cérebro; assim, a mielinização dos neurônios visuais se completa aproximadamente no decorrer do primeiro ano, enquanto a dos neurônios motores continuará ocorrendo até os quatro ou cinco anos; por sua vez, a mielinização das regiões do sistema nervoso relacionadas com a atenção e com o resto dos processos cognitivos continuará ocorrendo até a puberdade.

O segundo comentário se refere à *especialização das células nervosas*. Os neurônios não parecem estar especializados desde sua formação, o que dará lugar a um dos traços mais característicos do cérebro humano: sua plasticidade. Como conseqüência dos processos filogenéticos que fizeram de nós, seres humanos, o que somos, muitos neurônios começam a se especializar próximo da época em que é mais provável que ocorra um certo tipo de estimulação; se essa estimulação ocorre (e a espécie humana tende a assegurar que ela ocorra), os neurônios se especializam. Isso é o que acontece, por exemplo, com os neurônios encarregados da visão: inicialmente não-especializados, o fato de estarem no lugar adequado, no momento adequado e recebendo a estimulação adequada irá transformá-los em células nervosas especializadas na visão. Mas se a região do cérebro na qual normalmente estão os neurônios que costumam especializar-se como visuais estivesse danificada, então, outros neurônios de outras partes do cérebro poderiam desenvolver essa especialização, coisa que seria muito mais difícil ou impossível se os neurônios já nascessem especializados. Fala-se de períodos sensíveis no interior do cérebro para se referir a essas etapas em que ocorre a especialização dos neurônios em função da experiência, especialização que, como já estamos acostumados a ver, acontece em cada região do cérebro com uma cronologia diferente. Passado o período sensível que corresponde a cada região, e uma vez assegurada sua especialização, a "reconversão" posterior de outros neurônios para se encarregar das funções afetadas se torna mais problemática, se não impossível.

Se a especialização dos neurônios é, como conseqüência, um processo que depende da experiência, o mesmo se pode dizer sobre a utilização das conexões entre alguns neurônios, que dependerá, em grande parte, da estimulação e das circunstâncias promotoras de aprendizagens. E embora seja certo que perdemos muitos milhões de neurônios e de sinapses como conseqüência de sua não-utilização, também é certo que os muitos bilhões que ficam depois desse processo de perda são suficientes para dar suporte a processos de aprendizagem ao longo de toda nossa vida. De fato, é claro que não chegamos a utilizar todas as possibilidades de aprendizagem que a complexa trama e o confuso conjunto de "cabos" no interior de nosso cérebro permitiriam, o que significa que o suporte físico existente em nosso cérebro torna possíveis aquisições e aprendizagens durante o ciclo vital mesmo tendo descontados as perdas às quais já fizemos referência. O que também é certo é que quanto mais ativo for o cérebro, mais estimulação adequada receber e mais oportunidades de aprendizagem lhe forem oferecidas, mais aumenta a funcionalidade de sua complexa arquitetura.

DESENVOLVIMENTO PRÉ-NATAL

A união de um óvulo e um espermatozóide dá andamento a um vertiginoso processo de mudanças que, partindo de um diminuto zigoto, terminará, em torno de nove meses depois, com o nascimento de um ser com todas as complexidades características do organismo humano em funcionamento, com cerca de 3,5 kg de peso e aproximadamente 50 cm de altura. Trata-se, sem dúvida, de um ser particularmente bem-construído e acabado; seja prestando atenção em algo tão simples como suas orelhas ou suas mãos, ou em algo tão complexo como seu cérebro, o recém-nascido é surpreendente em sua conformação. O processo que leva a essa peculiar arquitetura corporal do recém-nascido ilustra bem o fato de que o crescimento tem sua própria lógica interna, pois o desenvolvimento intra-uterino ocorre seguindo uma determinada seqüência de acontecimentos que se repetem em todos os humanos.

O zigoto contém todo material genético trazido pelo óvulo e pelo espermatozóide. Uma das primeiras missões dos genes é precisamente a de controlar o desenvolvimento que leva do zigoto ao recém-nascido, em uma seqüência de mudanças de incrível precisão e complexidade. Com uma freqüência que se pode estimar em torno de 20% dos casos, o processo é precocemente interrompido como conseqüência de defeitos, de anomalias ou de deficiências do ser em desenvolvimento, ocorrendo abortos espontâneos que podem até passar despercebido pela própria mulher, que pode interpretar a perda de sangue de várias formas e não relacioná-la com a expulsão de seu corpo de um minúsculo ser cuja formação foi infelizmente interrompida.

Após os primeiros dias posteriores à fecundação, durante os quais ocorre a implantação do zigoto na cavidade uterina, começa a primeira das duas fases em que costuma se dividir a vida pré-natal: a etapa embrionária, e no final de alguns meses depois da fecundação, terá início a etapa fetal, no final da qual ocorrerá o nascimento. A seguir são descritos os principais pontos dessa seqüência de mudanças.

A *etapa embrionária* começa em torno de duas semanas depois da fecundação. É uma etapa crucial durante a qual se irão formar as bases do organismo humano a partir de três camadas iniciais chamadas de endoderma (de onde irão se diferenciando órgãos internos, tais como os pulmões, os intestinos, o fígado, etc.), mesoderma (de onde surgirão o esqueleto, os músculos, o coração e o sistema circulatório, o sistema urogenital, etc.) e ectoderma (que se diferenciará para dar lugar ao sistema nervoso, à pele e aos órgãos dos sentidos, ao cabelo, etc.). Para que essa diferenciação de tecidos e de órgãos ocorra, as células que vão sendo produzidas têm de encontrar seu lugar e ir se especializando em função de seu próprio potencial e do lugar que ocuparem, de forma que a mesma célula que irá para o que será o sistema urogenital e que crescerá fazendo parte desses tecidos teria se desenvolvido como parte do sistema respiratório se houvesse migrado para o lugar em que as células se especializam nessa direção. Até mesmo a partir desses priscos desenvolvimentos e a propósito de mudanças muito programadas e organizadas, o desenvolvimento mostra uma estreita dependência em relação ao meio em que se produz.

Em torno da oitava semana depois da fecundação, quando se considera a etapa embrionária concluída, o zigoto, uma minúscula célula inicial indiferenciada, torna-se um ser que mede em torno de 2,5 cm, com milhões de células especializadas; seus traços já são reconhecidamente humanos, com uma cabeça que representa aproximadamente a metade do conjunto do corpo; já é possível distinguir os olhos, as orelhas, as mãos e os pés com seus dedos; as estruturas internas estão formadas e já em funcionamento: o coração bombeia sangue desde o final do primeiro mês, e o sistema nervoso começa a mostrar sensibilidade aos estímulos externos.

Como a formação de tecidos, de órgãos e de partes do corpo ocorre durante a etapa embrionária, é compreensível que qualquer influência que for nociva ao embrião pode provocar conseqüências devastadoras, sejam doenças contraídas pela mãe (a rubéola ou a toxoplasmose, por exemplo), certas drogas ou fármacos que ingira (como ocorreu, por exemplo, com a tragédia da talidomida ou como ocorre com o excesso de ingestão de bebidas alcoólicas), ou a exposição a certos riscos ambientais (como a radiação). No entanto, a exposição a qualquer desses problemas, uma vez completado o período embrionário e, de maneira mais geral, depois dos três primeiros meses de gravidez, provavelmente provocará defeitos e anomalias menos graves.

A ossificação das primeiras cartilagens marcará a transição para a *etapa fetal*. Continuará a diferenciação de órgãos (continuará se diferenciando o cérebro, por exemplo, e começará a ser mais clara a diferença homem-mulher nos órgãos genitais) e seu crescimento, assim como o refinamento de seu uso. No final do terceiro mês, o feto suga, engole e tem movimentos respiratórios básicos; no quinto mês, mexe-se, estica-se e bate as pernas, como a grávida já pode sentir; em torno do final do sexto mês, a atividade elétrica do cérebro começa a se parecer com a do recém-nascido; o feto mede, então, entre 25 cm e 30 cm e seu peso ainda é inferior a um quilo. A partir do sexto mês, considera-se que o feto é viável, isto é, que tem possibilidades de sobreviver, contando com assistência médica se, por alguma razão, seu nascimento se antecipar; essa viabilidade é mais provável quanto mais o feto se aproxime do último trimestre de gestação. Durante essa última fase, o cérebro já adquire a aparência característica do recém-nascido (como é mostrado na Figura 2.2), e é possível registrar padrões que indicam períodos de sono e vigília; o feto é sensível à estimulação tátil, olfativa, gustativa e auditiva. Cresce rapidamente em tamanho e peso, embora esse progresso se torne mais lento uma vez que alcançar o tamanho final ou quando o espaço total disponível ficar ocupado. No recém-nascido a termo, a estatura se situa entre 45 e 50 cm e o peso em torno de 3,5 kg.

Essa rápida referência ao crescimento pré-natal deve incluir alguns dados sobre os chamados bebês prematuros. Há muitos anos, foi abandonada a velha prática de considerar prematuras todas as crianças nascidas com menos de 2,5 kg de peso. A prática atual consiste em distinguir entre o critério do peso e o critério de duração da gestação. Assim, podemos falar de crianças de baixo peso e de crianças de curta gestação, em vez de falar logo em prematuros. O ponto de referência é que uma criança nascida após uma gestação a termo, isto é, uma gestação em torno de nove meses, pesa cerca de 3,5 kg. Tendo essa referência como base, distinguem-se os critérios de idade gestacional, por um lado, e de peso ao nascer, por outro. Falaremos de uma criança pré-termo para nos referirmos ao fato de que seu nascimento tenha se adiantado várias semanas sobre as 40 previstas (contando a partir da data da última menstruação da mulher; contando desde o momento da fecundação, o habitual são 38 semanas); é normal que uma criança nascida antes do tempo seja menor que as nascidas a termo. No entanto, existem crianças que são pequenas para sua idade gestacional, como ocorre, por exemplo, com um menino de 2,2 kg de peso nascido após uma gestação completa, ou com uma criança de um quilo nascida após sete meses de gestação; nesses casos, a falta de congruência entre tamanho e idade gestacional está evidenciando a existência de algum problema na mãe e/ou no feto. O prognóstico terá uma variação substancial entre os nascidos antes do tempo sem maiores complicações, e aqueles em que há uma grande discrepância entre tamanho e idade gestacional.

Do ponto de vista da sobrevivência, os avanços médicos já estão conseguindo levar adiante até mesmo fetos nascidos com menos de um quilo de peso. O desenvolvimento psicológico dessas crianças é um tema mais complicado, embora pareça claro que depende, por um lado, da extensão do risco e, por outro, da qualidade da estimulação que receberem. Quanto maior for o risco de problemas, mais crucial se torna uma estimulação de melhor qualidade e mais prolongada no tempo. Quando essas circunstâncias ocorrem, até em situação de alto risco de partida, as crianças afetadas podem conseguir padrões de desenvolvimento psicológico completamente normais. Ao contrário, a soma de altos riscos com condições precárias de estimulação fará com que se potencializem as conseqüências de ambos os problemas. Geralmente, o diagnóstico precoce, uma boa estimulação desde o início e mantida ao longo do tempo e, quando for preciso, os cuidados médicos necessário são os fatores-chave para que ocorra um funcionamento psicológico sem problemas especiais.

O NASCIMENTO E O RECÉM-NASCIDO

Assim como a grande maioria das crianças passa bem pela vida intra-uterina, também passa sem problemas pelo processo do parto. Em relação a esse processo, talvez o problema mais relevante para ser comentado aqui seja o da chamada *anoxia neonatal*, embora, na maioria dos casos, o que ocorra seja uma hipoxia. A expressão se refere a uma dificuldade respiratória no momento da passagem para a respiração aérea independente por parte da criança. Tal dificuldade pode estar relacionada com algum problema com o cordão umbilical, que pode enrolar-se em volta do pescoço do bebê, ou com a existência de obstruções nas vias respiratórias. A dificuldade respiratória se traduz em uma insuficiente incorporação de oxigênio, que é um elemento que os neurônios precisam para sobreviver.

Muitas das anoxias são insignificantes, não deixando seqüelas posteriores. Em alguns casos, no entanto, as anoxias são mais graves e podem deixar seqüelas na forma de atrasos no amadurecimento, lentidão no desenvolvimento psicomotor, etc. Aqui é possível reafirmar o que foi comentado no item anterior: o diagnóstico precoce, a intervenção rápida e uma boa e contínua estimulação, junto à intervenção médica, quando necessário, podem produzir ótimos resultados evolutivos.

Como o diagnóstico precoce é essencial, não surpreende que tenham sido desenvolvidos diferentes procedimentos para determinar o estado do neonato, de forma rápida e razoavelmente segura. A mais popular de todas as escalas de avaliação neonatal é, sem dúvida, o teste de Apgar. É uma escala que avalia cinco dimensões, cada uma das quais é pontuada como 0 (quando o traço não está presente ou tem uma aparência muito problemática), como 1 (se o traço está presente de forma insuficiente ou fraca) ou como 2 (se o traço se apresenta com normalidade). As dimensões são o ritmo cardíaco, esforço respiratório, respostas reflexas, tônus muscular e coloração. Uma criança sem respostas reflexas, cujos músculos carecem de tensão ou cuja pele aparece azulada, obteria 0 nas dimensões correspondentes; uma criança com respiração muito irregular, com respostas fracas ou com o tronco e a cabeça rosados, mas as extremidades azuladas, obteria 1 nessas dimensões; uma criança com respostas reflexas rápidas, tônus muscular com tensão adequada, batimento cardíaco regular e com um bom ritmo, choro vigoroso, corpo inteiro rosado obteria pontuação 2. A avaliação costuma ser feita imediatamente após o nascimento e depois aos cinco minutos, pois alguns bebês demoram um pouco para estabilizar seus valores após o sofrimento do parto. Uma pontuação de 7 ou mais pontos (que é o mais comum) indica que o bebê está em boas condições físicas. Entre quatro e seis, o bebê precisa de assistência para normalizar sua respiração e outras funções vitais. Se a pontuação for 3 ou menos, será necessário pedir ajuda médica urgente, pois o bebê corre sério risco de não sobreviver.

Um dos conteúdos avaliados no teste de Apgar são os reflexos neonatais. De fato, os recém-nascidos mostram uma grande variedade de reflexos durante seus primeiros meses de vida. Alguns deles têm valor de sobrevivência para o bebê, como ocorre com o reflexo de sucção; outros não têm valor para a sobrevivência atual, mas podem ter sido tão importantes na evolução da espécie que em seu devido momento passaram a fazer parte da dotação genética humana. Todos esses reflexos estão presentes no momento do nascimento; a partir daí, alguns desaparecerão no transcorrer dos quatro ou cinco primeiros meses, enquanto outros se transformarão em ações voluntárias (agarrar, por exemplo) e outros ainda continuarão sendo reflexos por toda a vida (fechar os olhos se uma estimulação visual incômoda atua sobre eles). A presença desses reflexos no neonato é um sinal de normalidade;

o progressivo desaparecimento posterior, até os quatro meses, daqueles que não serão mantidos também é um sinal de normalidade evolutiva, que simplesmente indica que o córtex cerebral está tomando para si o controle voluntário de ações e movimentos que antes eram controlados por partes inferiores do cérebro relacionadas com os automatismos. No Quadro 2.1, aparecem alguns dos reflexos neonatais mais característicos.

QUADRO 2.1 Reflexos neonatais: características e idade de desaparecimento

Reflexo	Caracterização	Idade habitual de desaparecimento
Sucção	Coloca-se um objeto (um dedo, por exemplo) entre os lábios do bebê; ele chupa ritmicamente.	A sucção passará de reflexa a voluntária por volta dos 4 meses.
De procura	Estimula-se com um dedo a bochecha do bebê, que virará a cabeça buscando com a boca a fonte de estimulação.	Desaparece por volta dos 4 meses, sendo depois voluntário.
Preensão palmar	Coloca-se algo na palma da mão do bebê, e este fecha a mão com força.	Desaparece por volta dos 4 meses, sendo depois voluntário.
Retraimento do pé	Espeta-se suavemente a planta do pé; o bebê retira a perna, flexionando o joelho.	Com estímulos intensos, permanente.
Piscar	Fechar os olhos diante de luzes intensas e em situações de susto.	Permanente.
Andar automático	Ergue-se o bebê pelas axilas, certificando-se de que as plantas de seus pés repousem sobre uma superfície plana. O bebê flexiona e estende as pernas como se estivesse andando.	Desaparece por volta dos 2-3 meses. Aparecerá depois como conduta voluntária.
Moro	Quando se provoca um susto (deixa-se cair sua cabeça sobre o travesseiro; faz-se um barulho forte perto do bebê, etc.), arqueia o corpo, flexiona uma perna, estende os braços e depois os coloca sobre o tronco como se estivesse se abraçando.	A reação de abraço desaparece antes; a de susto permanece até os 4 meses e, com menor intensidade, posteriormente.
Babinski	Com um objeto pontudo, faz-se uma diagonal na planta do pé do bebê. O pé se dobra e seus dedos se abrem em leque.	Está presente até quase o final do primeiro ano.
Natatório	Dentro da água, o bebê bate as pernas ritmicamente e, ao mesmo tempo, mantém a respiração.	4-6 meses.
Tônico do pescoço	Virando o bebê, gira-se a cabeça para um lado; ele adota então uma posição de esgrima: estende o braço do lado em que está olhando e flexiona o outro braço para trás.	Antes dos 4 meses.

BASES DO DESENVOLVIMENTO PSICOMOTOR E CONTROLE POSTURAL

A psicomotricidade está ligada às implicações psicológicas do movimento e da atividade corporal na relação entre o organismo e o meio em que ele se desenvolve. O mundo da psicomotricidade é, então, o das relações psiquismo-movimento e movimento-psiquismo. Na psicomotricidade, existem alguns componentes maturativos, relacionados com a maturação cerebral a que nos referimos anteriormente, e alguns componentes relacionais, que estão ligados ao fato de que, por meio de seu movimento e de suas ações, a criança entra em contato com pessoas e objetos com os quais se relaciona de maneira construtiva. A psicomotricidade é, ao mesmo tempo, fonte de conhecimento e de expressão dos conhecimentos que já se tem, maneira de gerar vivências e emoções por meio da relação e expressão de vivências e emoções na relação. A psicomotricidade é um nó que prende psiquismo e movimento até confundi-los entre si em uma relação de implicações e de expressões mútuas (Coste, 1979; Palacios e Mora, 1990).

A meta do desenvolvimento psicomotor é o controle do próprio corpo até ser capaz de tirar dele todas as possibilidades de ação e expressão possíveis. Esse desenvolvimento envolve um componente externo ou prático (a ação), mas também um componente interno ou simbólico (a representação do corpo e suas possibilidades de ação). De que parte do desenvolvimento psimotor se fala nos dois primeiros anos? Os movimentos da criança de algumas poucas semanas são fundamentalmente incontrolados, não-coordenados e funcionam como sacudidas que afetam tanto os braços como as pernas. A criança recém-nascida e de algumas poucas semanas não controla seu corpo: sua cabeça cai para os lados quando não está segura ou apoiada, é incapaz de se manter sentada, etc. No final da primeira infância (em torno dos dois anos), a criança apresenta um quadro notadamente diferente: seus movimentos são voluntários e coordenados, controla a posição de seu corpo e dos segmentos corporais mais importantes (pernas, braços, tronco), é capaz de andar e de correr. A passagem das limitações das primeiras semanas para as conquistas do segundo semestre do segundo ano é realizada por um progressivo controle corporal que é realizado segundo a lógica de duas leis fundamentais: a lei do desenvolvimento céfalo-caudal e a do desenvolvimento próximo-distal. Logicamente, os progressos do controle corporal que ocorrem seguindo essas duas leis são acontecimentos possíveis pela maturação no interior do cérebro, que condiciona e possibilita os progressos na motricidade e seu controle.

De acordo com a *lei céfalo-caudal do controle corporal*, controlam-se antes as partes do corpo que estão mais próximas da cabeça, estendendo-se depois o controle para baixo; assim, o controle dos músculos do pescoço se consegue antes do que o controle dos do tronco, e o controle dos braços é anterior ao do das pernas. Segundo a *lei próximo-distal de controle corporal*, controlam-se antes as partes mais próximas do eixo corporal (linha imaginária que divide verticalmente o corpo em duas metades) do que as mais distantes; assim, a articulação do cotovelo é controlada antes de que a do punho, que é controlada antes de que a dos dedos. Como os músculos mais distantes do eixo corporal também são os menores e os que envolvem maior precisão (como ocorre com os que controlam o movimento dos dedos das mãos), os movimentos vão-se tornando crescentemente finos e podem ir sendo colocados a serviço de propósitos cada vez mais complexos; poder apanhar e controlar um objeto entre o dedo indicador e o polegar de uma mão (o que se denomina de preensão em pinça) é uma habilidade específica que pode ser aplicada intencionalmente a inúmeras tarefas, e que é desde cedo muito mais complexa do ponto de vista trabalhado aqui do que os tapas que o bebê dá quando brinca (ou se irrita) em seu berço. Esse processo de maturação vai enriquecendo a bagagem do que se chamou de "psicomotricidade fina", conceito complementar ao de "psicomotricidade grossa", relacionado com a coordenação de grandes grupos musculares envolvidos nos mecanismos da locomoção, do equilíbrio e do controle postural global.

Como foi assinalado antes, ao longo dos dois primeiros anos se assiste a um crescente

QUADRO 2.2 Desenvolvimento do controle postural nos dois primeiros anos

	Idade em que 50% das crianças conseguem	Margens de idade em que 90% das crianças conseguem
Quando se carrega o bebê, ele mantém a cabeça erguida.	2,5 meses	3 semanas – 4 meses
Virando-o de bruços, ele se apóia nos antebraços e levanta a cabeça.	2 meses	3 semanas – 4 meses
Deixado de lado, vira-se e passa a ficar de barriga para cima.	2 meses	3 semanas – 5 meses
Mantém-se sentado com apoio.	3 meses	2-4 meses
Pega um objeto cúbico, cilíndrico ou esférico, usando toda a mão.	4 meses	2-6 meses
Pode virar de barriga para cima para ficar de lado. Pode passar um objeto de uma mão a outra.	4,5 meses	2-6 meses
Mantém-se sentado sem apoio.	7 meses	5-9 meses
Fica em pé, apoiando-se em algo. Ao pegar objetos, opõe o polegar ao resto dos dedos.	7 meses	5-9 meses
Engatinha.	8 meses	6-11 meses
Senta-se sem ajuda; segurando em algo, pode ficar de pé.	8 meses	6-12 meses
Anda quando alguém segura sua mão. Preensão em pinça.	9 meses	7-13 meses
Mantém-se em pé sem apoios.	11 meses	9-16 meses
Caminha sozinho.	12 meses	9-17 meses
Empilha objetos um sobre outro. Faz rabiscos.	14 meses	10-19 meses
Caminha para trás.	15 meses	12-21 meses
Sobe escadas com ajuda.	16 meses	12-23 meses
Pula sem sair do lugar.	23 meses	17-29 meses

controle do próprio corpo por parte do bebê. Alguns dos marcos mais característicos dessa evolução aparecem descritos no Quadro 2.2, sobre o qual convém fazer algumas observações.

A primeira delas se refere ao fato de que essas aquisições motoras não devem ser entendidas como conquistas independentes umas das outras e guiadas somente por um plano pré-inscrito nos genes ou no cérebro. De fato, cada vez mais se impõe uma visão do desenvolvimento motor em termos de um sistema de ação dinâmico em que cada uma das habilidades é somada às demais para dar lugar a ações crescentemente complexas e refinadas: o controle da ação motora é multimodal (visual, proprioceptivo, postural, etc.), as ações motoras estão mutuamente entrelaçadas (postura, preensão, equilíbrio, locomoção, etc.), e tudo isso parece a conseqüência não tanto de uma estrita programação biológica, mas de um sistema neuromotor "fragilmente pré-formado" (Thelen, 1995) para cuja configuração final é preciso considerar o grau de apoio e estimulação das pessoas que rodeiam a criança, assim como, crescentemente, as metas a que o próprio bebê vai se propondo, que também serão um estímulo para sua ação (Berthental e Clifton, 1998). Em conjunto, o desenvolvimento motor deve ser entendido não como a simples exibição de um calendário predeterminado, mas como o produto da ação conjunta da programação maturativa com as circunstâncias ambientais e as características do próprio bebê.

De fato, como se observa nos dados do Quadro 2.2, existe uma margem de variação relativamente ampla na idade concreta em que cada bebê adquire cada um dos marcos do controle postural. Parte dessas diferenças está relacionada com a cultura, pois algumas culturas estimulam a aquisição precoce por meio da prática e do treinamento repetido, enquanto que outras não acreditam que tal treinamento tenha algum interesse, e outras ainda procuram mesmo postergar o momento em que ocorre a independência motora (por exemplo, para evitar que crianças muito pequenas entrem sozinhas no bosque ou se aproximem do fogo). Assim, já que a aquisição de certas habilidades tem limites estabelecidos pelo programa maturativo e pela necessidade de aquisições prévias (para ficar em pé, antes é preciso ser capaz de se manter sentado, de controlar o movimento das pernas e manter o equilíbrio), por mais que se estimule um bebê nessa direção, não se pode conseguir que caminhe com desenvoltura aos sete meses. Mas dentro do que a maturação permite, a cultura pode, realmente, apoiar em maior ou menor medida a aquisição de habilidades concretas, adiantando ou atrasando um pouco seu aparecimento.

O certo é que até mesmo no interior de uma mesma cultura é possível observar diferenças entre os bebês. Essas diferenças se referem, por um lado, ao calendário concreto de aparecimento das habilidades; por outro, ao fato de que alguns bebês "pulam" algumas etapas que aparecem no Quadro 2.2. Alguns bebês, por exemplo, não engatinham nunca, usando outros procedimentos, como usar as mãos como remos quando estão sentados e para conseguir se deslocar. As diferenças interindividuais podem estar relacionadas com fatores diversos, como a herança concreta que uma criança tenha recebido, ou com a maior ou menor estimulação que encontre em seu ambiente.

Uma das propostas feitas para explicar algumas das diferenças interindividuais está ligada ao diferente "estilo motor" que os bebês podem apresentar (Stanbak, 1963). A definição do estilo motor é feita com base na extensibilidade dos músculos, que, por sua vez, relaciona-se com o grau de resistência que oferecem para a extensão; tipicamente, as crianças que oferecem mais resistência à extensibilidade muscular são hipertônicas, enquanto as que oferecem menos resistência são hipotônicas (entendendo-se bem que ambas são "normotônicas", isto é, não apresentam alterações patológicas do tônus muscular, apenas têm um grau maior ou menor de tonicidade). Como uma demonstração a mais de que a psicomotricidade não é uma mera soma de habilidades isoladas, mas que forma um sistema integrado e dinâmico, as crianças hipertônicas são mais precoces do que as hipotônicas em se colocar de pé e caminhar, enquanto são mais lentas no domínio da preensão fina, bem ao contrário do que ocorre com as hipotônicas, mais precoces na preensão e mais lentas no caminhar autônomo. Enquanto o bebê hipertônico parece mais voltado para a exploração do entorno amplo, o hipotônico parece mais inclinado à exploração minuciosa dos objetos circundantes. E como uma demonstração a mais de que a psicomotricidade não é somente movimento, mas também é relação, o bebê hipertônico promoverá em seus pais um tipo de interação que, às vezes, será marcada pelo controle, enquanto o hipotônico irá prestar-se mais a interações tranqüilas e, se for o caso, ativadoras.

Finalmente, uma última observação sobre o calendário do controle postural se refere ao fato de que não se observam diferenças de calendário ligadas ao gênero: meninos e meninas têm ritmos de aquisição muito semelhantes, estando as diferenças entre eles ligadas não ao gênero, mas ao conjunto de influências mencionado nos parágrafos anteriores.

3 Desenvolvimento cognitivo durante os dois primeiros anos

JESÚS PALACIOS

No Capítulo 1, ao falarmos sobre a história social da infância, fizemos referência às análises históricas de Ariès (1960), segundo as quais, até o final do século XIII, as crianças pequenas eram representadas na pintura como adultos em miniatura, com traços, roupas e atitudes mais próprias de crianças maiores ou de adultos do que de bebês. Curiosamente, no entanto, as capacidades que lhes eram atribuídas estavam longe de ser as dos adultos e, de fato, a imagem dos bebês que prevaleceu até poucas décadas estava relacionada muito mais com o isolamento sensorial e com a incompetência motora e cognitiva do que com capacidades mais complexas. Foi Piaget que, na década de 1930, primeiro mostrou os bebês como ativos exploradores da realidade e como incansáveis construtores de sua própria inteligência em interação com os objetos de seu entorno. Durante anos, a descrição piagetiana da inteligência sensório-motora, que se desenvolve do nascimento até os 18 a 24 meses, foi o único e inquestionável ponto de referência sobre o desenvolvimento cognitivo dos bebês. A partir da década de 1960, no marco da chamada revolução cognitiva, começaram a ser exploradas as capacidades perceptivas das crianças bem pequenas, demonstrando-se, de maneira irrefutável, que eram muito superiores às que até então haviam sido atribuídas a elas; a imagem dos bebês começava a estar cada vez mais dotada de competência e de organização. Finalmente, nas décadas de 1980 e 1990 houve um grande avanço na análise das capacidades cognitivas dos pequenos, que eram muito mais competentes do que Piaget havia previsto e desde muito antes do que ele havia imaginado. A imagem que essas pesquisas nos deixaram dos bebês é de tal complexidade e precocidade que, às vezes, se tem a equivocada tentação de voltar a antes do século XIII para imaginar de novo os pequenos olhando o mundo muito sérios, com roupas, atividades e capacidades adultas.

Este capítulo propõe a seus leitores uma apaixonante viagem pela mente dos pequenos. A *tournée* está organizada historicamente, de maneira que começará com uma visita à descrição piagetiana da inteligência sensório-motora. Na segunda parte, descobriremos os bebês como dotados desde muito cedo de "janelas" sensoriais que lhes permitem um contato organizado, ativo e exploratório com a realidade; analisaremos as capacidades perceptivas precoces, sua coordenação e relação com os processos de atenção. A seguir, apresentaremos um considerável número de evidências que mostram as importantes limitações da descrição piagetiana da inteligência sensório-motora, mostrando que o conhecimento da realidade por parte dos bebês e que suas capacidades de representação são mais precoces e mais complexas do que até pouco tempo acreditávamos. Prosseguiremos a viagem com uma rápida referência ao desenvolvimento da memória nos primeiros dois anos. Na última parte, abandonaremos a lógica histórica seguida até então, aproximando-nos do desenvolvimento do conhecimento de si mesmo, um conteúdo bem diferente dos anteriores e pertencente a outras tradições de pesquisa; enquanto, como será visto no Capítulo 9, a partir dos dois ou três anos o conhecimento de si mesmo está muito ligado à sua valorização (auto-estima), e vale a pena analisar ambos conjuntamente no contexto do desenvolvimento da personalidade, nessas primeiras idades, o conhecimento de si mesmo é analisado fundamentalmente como o problema de se descobrir a si mesmo, de se conhecer como diferente do resto das coisas conhecidas, sendo então lógico analisar esses processos no contexto do desenvolvimento cognitivo.

O bebê que vamos descobrir neste capítulo está, sobretudo, rodeado de objetos, de acontecimentos e de experiências com coisas. Nesse sentido, os pesquisadores de hoje dos processos cognitivos básicos na primeira infância seguiram Piaget em seu erro de considerar o desenvolvimento cognitivo como a conseqüência somente da relação entre o organismo e seu meio físico, como se os adultos estivessem ali somente para garantir a alimentação e a limpeza do "computador" em desenvolvimento. Outras linhas de pesquisa resgataram os adultos desse esquecimento e colocaram o bebê no mundo que realmente lhe corresponde, que é o da relação social, da comunicação, das emoções e dos afetos. São essas questões que são abordadas nos dois capítulos seguintes; neste capítulo, esse tipo de conteúdos aparecerá somente no final, quando deixarmos o mundo das coisas e dos acontecimentos e analisarmos o conhecimento de si mesmo.

A INTELIGÊNCIA SENSÓRIO-MOTORA

Como já foi dito, devemos a Piaget a primeira e sistemática descrição do desenvolvimento da inteligência nos bebês; uma inteligência que ele chamou de sensório-motora para destacar o fato de que era um tipo de inteligência baseada na percepção da realidade e na ação motora sobre ela, assim como para estabelecer uma nítida fronteira entre a inteligência simbólica posterior (baseada na representação mental e na linguagem) e a inteligência pré-simbólica dos bebês. A descrição de Piaget foi baseada na cuidada e meticulosa observação das condutas de seus próprios filhos quando eram bem pequenos, observação realizada tanto em situações naturais quanto diante de pequenos problemas engenhosamente inventados pelo pai das crianças (Piaget, 1936, 1937, 1946).

A descrição seguinte é sucinta e requer, para ser entendida, lembrar a breve exposição feita no Capítulo 1 sobre a teoria de Piaget, pois a compreensão de sua descrição da inteligência sensório-motora é impossível sem referência aos mecanismos e aos conceitos básicos lá apresentados (adaptação por meio da assimilação e da acomodação, esquemas, equilibração, construtivismo, etc.). São muitos os textos aos quais se pode recorrer para uma exposição mais profunda (Flavell, Miller e Miller, 1993; Luque e Palacios, 1990). O Quadro 3.1 apresenta um resumo dos pontos e dos conteúdos mais destacados da inteligência sensório-motora, sempre segundo a descrição de Piaget.

Na descrição de Piaget, o bebê começa seu percurso com uma bagagem simples, porém eficaz: alguns poucos reflexos inatos e uma decidida vocação também inata pela adaptação e pelo equilíbrio crescente em seus intercâmbios com o meio. Durante os quatro primeiros meses de vida, a atividade do bebê gira em torno de seu próprio corpo, sem aparente interesse ou capacidade para se relacionar com os objetos do entorno, razão pela qual Piaget falou do egocentrismo do recém-nascido. A atividade fundamental dos *dois primeiros subestágios* (até o final do primeiro mês e depois até o final do quarto mês) gira em torno do exercício dos reflexos inatos (sucção, preensão, etc.), de sua repetição (reação circular primária; circular por ser repetitiva e primária porque o que se repetem são esquemas primários ou inatos centrados no próprio corpo), de sua combinação (levar a mão à boca e chupá-la) e de sua diversificação (pôr em andamento esquemas crescentemente diferenciados em função, por exemplo, de que se chupe algo que alimenta e que é preciso engolir, ou algo que não alimenta e que, portanto, não precisa ser deglutido).

O *subestágio 3* (4 a 8 meses) marca o início do que poderíamos denominar de extroversão cognitiva do bebê, isto é, a superação do egocentrismo inicial: a criança começa a perceber que suas ações provocam conseqüências

QUADRO 3.1 A inteligência sensório-motora segundo Piaget

Subestágio 1 (0-1 mês):	Adaptações inatas, exercício dos reflexos.
Subestágio 2 (1-4 meses):	Primeiras adaptações adquiridas, esquemas simples, reações circulares primárias.
Subestágio 3 (4-8 meses):	Coordenação de esquemas simples, reações circulares secundárias, conduta semi-intencional.
Subestágio 4 (8-12 meses):	Coordenação de esquemas secundários, conduta intencional e relações meios-fins, progressos na imitação, erro do subestágio 4.
Subestágio 5 (12-18 meses):	Mobilidade dos esquemas, experimentação ativa, reações circulares terciárias, conservação do objeto, causalidade objetiva, imitação precisa de modelos presentes.
Subestágio 6 (18-24 meses):	Interiorização das ações, aparecimento dos primeiros símbolos, conservação do objeto inclusive com deslocamentos invisíveis, imitação diferida.

interessantes (ao espernear, consegue agitar o móbile; ao agarrar o chocalho e passá-lo pelas grades do berço, consegue um interessante efeito de matraca) e procura repeti-las para conseguir os sons ou os espetáculos que o divertem. Como o ato de girar o móbile como resultado do espernear não foi algo intencionalmente buscado, mas algo acidentalmente encontrado e depois repetido, Piaget acredita que essas condutas ainda são semi-intencionais. Visto que muitas das condutas que o bebê apresenta não pertencem ao repertório inato, mas foram construídas em interação com os objetos (espernear para mover, agarrar ou arrastar para produzir barulho, etc.), os esquemas já são secundários. E como as condutas que têm conseqüências interessantes tendem a ser repetidas várias vezes, cabe agora falar de reações circulares secundárias. Mais dois avanços em relação ao subestágio anterior: o bebê imita condutas dos adultos sempre e quando essas condutas pertençam a seu repertório comportamental (abrir e fechar a mão, mostrar a língua, fechar os olhos, produzir sons, etc.); além disso, o bebê ao qual se mostra um objeto que lhe chama a atenção procura consegui-lo quando alguém o esconde, mas com a condição de que parte do objeto seja visível e de que já tenha iniciado a ação motora de pegá-lo.

Lenta, mas implacavelmente, o bebê continua acumulando conhecimento sensório-motor durante o *subestágio 4* (8-12 meses). Os esquemas secundários construídos no subestágio anterior irão se multiplicar e combinar-se entre si a serviço de condutas crescentemente complexas: o bebê vê um objeto distante que lhe interessa e que está preso na ponta de uma corda que está próxima e puxa-a para conseguir o objeto. A conduta é intencional: propõe-se fins sensório-motores (alcançar o objeto) e põe em ação esquemas para consegui-lo (puxar a corda); claro que se há duas cordas próximas, e o objeto está preso somente na ponta de uma delas, talvez comece se confundindo e puxando a que não é correta, porque as relações espaciais objetivas ainda não estão plenamente desenvolvidas. O bebê imita gestos e sons novos para ele. Já é possível falar de conservação de objetos: se escondermos um objeto interessante sob uma almofada vermelha X, o bebê a levanta para se apoderar do objeto; se repetirmos a ação várias vezes, o bebê levantará a almofada vermelha sem vacilar. Mas se, após essas repetições, o objeto é escondido sob uma almofada verde Y adjacente, o bebê procurará sob a almofada vermelha na qual costumava encontrá-lo, surpreendendo-se, então, de não encontrá-lo ali. A essa conduta se dá o nome de "erro do subestágio 4". É curioso que um erro cometido pelos bebês com tanta naturalidade, tão simplesmente, tenha provocado e continue provocando literalmente inúmeras pesquisas para procurar explicá-lo satisfatoriamente. A explicação de Piaget era simples: o esquema de conservação de objeto (manter consciência da existência do objeto que já não se pode ver) ainda é imperfeito nessas idades; somente quando o esquema se aperfeiçoar e se tornar mais móvel (isto é, aplicável a contextos diferentes daquele em que se aprendeu), o erro do subestágio 4 desaparecerá.

Será precisamente a mobilidade dos esquemas uma das aquisições do *subestágio 5* (12-18 meses); a serviço da vocação de conseguir equilíbrios cada vez mais complexos com o entorno, essa mobilidade permitirá uma experimentação ativa e dará lugar a uma crescente diferenciação dos esquemas secundários. Isso ocorre porque o bebê grava bem as limitações desses esquemas e se dedica a modificá-los e a variá-los para que suas crescentes habilidades motoras respondam melhor aos problemas cada vez mais complexos de ação, dentre outros, que enfrentam. Aparecem, assim, as reações circulares terciárias, nas quais as ações se repetem algumas vezes (por isso, são chamadas de circulares), só que introduzindo variações e repetições de uma vez para outra (por isso são terciárias); o bebê não se limita a pegar o objeto e a jogá-lo para ver que som tem ao cair, pegá-lo de novo e jogá-lo outra vez, e depois outra, etc., sempre da mesma maneira (reação circular secundária), agora, ele joga uma vez para um lado e depois para outro, uma vez com mais força e outra mais perto, observando, em cada ocasião, o resultado obtido (reação circular terciária). A causalidade se torna mais objetiva, a relação meios-fins mais eficaz (entre outras coisas, porque a construção das relações espaciais também ganhou em objetividade), e a imitação dos modelos também se aperfeiçoa de maneira notável. A essas alturas, a conservação do objeto está cada vez mais estabelecida, pois o bebê busca ali onde o viu pela última vez ou onde viu escondê-lo; as limitações estão ligadas ao fato de que haja muitos obstáculos sobrepostos, ou que os deslocamentos do objeto tenham sido feitos fora do alcance dos olhos do bebê (escondê-lo embaixo de uma dentre quatro almofadas, aproveitando que o bebê olhava para outro lado).

Finalmente, o *subestágio 6* (18-24 meses) já situa o bebê na fronteira entre seu passado sensório-motor e seu futuro simbólico. Dá-se a ele um objeto escondido em uma caixa, ele a agita, sabe que há um objeto guardado, imagina ou representa a ação de abrir e, sem titubear, realiza a ação representada, tirando o objeto de seu esconderijo. Como a ação esteve em sua mente antes de estar que em suas mãos, como a representação precedeu a ação, o bebê deu um grande salto qualitativo: ele não tem somente esquemas novos; a partir de agora, seus esquemas serão diferentes, mentais, simbólicos; é como uma mudança de ferramenta de trabalho que dá acesso a novas realidades, a novos problemas. Com essa ferramenta recém-estreada, a conservação do objeto já é coisa feita; pouco importam a quantidade ou a complexidade dos deslocamentos para alguém que já tem o objeto claramente representado em sua mente, talvez até com uma palavra que serve para designá-lo (linguagem). Com essa ferramenta ele não só já pode imitar o que vê, como reproduzir o que viu e chamou sua atenção alguns dias antes (imitação diferida); e ele também poderá recriar, de forma criativa, situações vistas ou vividas, como quando arrasta pelo chão uma caixa com rodas imaginárias enquanto reproduz o barulho de um motor, ou como quando simula pegar com sua mão direita a comida que segura sobre sua mão esquerda vazia, levando-a depois à boca de sua boneca (jogo simbólico).

PERCEPÇÃO E ATENÇÃO: DESENVOLVIMENTO PRECOCE

Graças a Piaget, na década de 1930 ficou claro que a inteligência é anterior à linguagem e é o resultado de intercâmbios construtivos entre o sujeito e os objetos que o rodeiam. Mas a descrição piagetiana recém-resumida mostrou estar cheia de limitações, muitas das quais eram de natureza metodológica. Realmente, Piaget dependia do que via a olho nu: ações motoras claras (pegar, alcançar, arrastar, procurar, etc.) em situações cotidianas, fossem elas naturais ou provocadas. Assim, se o bebê não parecia muito interessado em produzir conseqüências em seu entorno, era porque, ainda estava centrado em si mesmo (egocentrismo inicial); e se não levantava uma almofada para procurar o objeto recém-escondido, era porque, ao desaparecer de sua vista, o objeto – acreditava Piaget – desaparecia de sua mente.

A maior parte das descobertas posteriores a Piaget não teria sido possível sem mudança nas ferramentas de análise. Algumas das novas ferramentas descobertas e utilizadas pelos pesquisadores para estudar as competências e as capacidades dos bebês aparecem resumidas no Quadro 3.2. Como se pode ver, alguns dos novos métodos implicam a análise da conduta visual das crianças pequenas, uma conduta que requer para seu estudo dispositivos mais complexos e situações mais sofisticadas do que as utilizadas por Piaget para observar seus filhos na sala de estar de sua casa. A utilização dessas novas técnicas de análise mudou, em primeiro lugar, nossos conhecimentos sobre o mundo perceptivo dos bebês, tema do qual falamos neste item. Alguns anos depois, as novas técnicas e a nova mentalidade mudaram nossas idéias sobre outras capacidades cognitivas precoces, conforme mostraremos no item seguinte.

QUADRO 3.2 Métodos para o estudo das capacidades cognitivas dos bebês

- *Observação de condutas perceptivas simples*
  Piaget se baseou quase que exclusivamente na ação motora. Existem condutas perceptivas simples que são informativas, como, por exemplo, registrar o tempo de fixação (quanto tempo um bebê passa olhando um determinado estímulo).

- *Preferências perceptivas*
  São utilizados dois estímulos distintos; por exemplo, um triângulo azul e, ao lado, um triângulo branco; se, sistematicamente, os bebês preferem olhar ou passar mais tempo olhando o triângulo azul, parece claro que se sentem menos atraídos pelo branco do que por outras cores. Pode-se colocar os bebês diante de uma tela em que há dois objetos iguais (digamos dois rostos humanos), um deles é estático enquanto o outro se movimenta (um rosto abre e fecha os olhos); se preferirem olhar aquele que se movimenta, parece claro que, para eles, o dinâmico é mais atraente do que o estático.

- *Habituação-desabituação*
  Colocamos diante de um bebê um estímulo atraente (o rosto humano que abre e fecha os olhos). Vemos como o bebê se interessa e olha para ele. Depois de um tempo curto, seu interesse decai; deixa de olhá-lo ou olha de vez em quando (habituou-se ao estímulo). De repente, e sem que o bebê note que mudamos de estímulo, o que aparece diante dele é um rosto igual ao anterior, só que, além de abrir e fechar os olhos, abre e fecha a boca. Se o interesse do bebê pelo rosto aumenta de repente, dizemos que se desabituou, isto é, que notou a diferença entre esse estímulo e o anterior (e rapidamente concluímos que esse bebê é capaz de perceber mudanças no interior de um estímulo).

- *Condutas operantes*
  São utilizadas condutas espontâneas nos bebês para que produzam determinados efeitos condicionados; por exemplo, damos uma chupeta ao bebê que, na realidade, é como um controle remoto que funciona sobre um estímulo visual: se o bebê chupa muito depressa, consegue que o estímulo da tela seja visto com toda nitidez; enquanto se chupar devagar, o estímulo é visto "borrado". Se, cada vez que o bebê olha a tela, chupa com rapidez, podemos garantir que discrimina entre nítido/borrado e que prefere o nítido.

- *Medidas eletrofisiológicas*
  Pode-se utilizar equipamento tecnologicamente mais ou menos sofisticado para registrar coisas, tais como reações de surpresa (eletroencefalograma, eletrocardiograma), acompanhamento visual de objetos (dispositivo que permite saber o que se olha em cada momento), mudanças na temperatura da pele que se relacionam com alterações emocionais (raios infravermelhos que detectam à distância a vasodilatação do rosto), atividade do cérebro (modernas técnicas de exploração cerebral que permitem analisar a atividade neuronal enquanto se realizam certas atividades).

Desenvolvimento precoce das capacidades perceptivas

Os diferentes sentidos que permitem ao bebê entrar em contato com o meio que o rodeia começam sua maturação durante a vida pré-natal, de tal forma que, por ocasião do nascimento, todos os órgãos sensoriais (a visão, o ouvido, o tato, o paladar, o olfato, a sensibilidade em relação aos órgãos internos e ao movimento do corpo) estão em funcionamento. Isso permite dizer que o recém-nascido vê, ouve, é sensível à pressão tátil, a diferentes sabores e cheiros, às pontadas de fome em seu estômago vazio e ao movimento de seus braços e pernas. Mas no momento do nascimento, a maturação tanto dos órgãos dos sentidos (por exemplo, das diferentes partes que compõem os olhos) quanto das vias e estruturas cerebrais correspondentes têm ainda um longo caminho a percorrer até chegar aos níveis característicos dos adultos, de forma que, por exemplo, o sistema visual do recém-nascido ainda tem importantes limitações. O que é peculiar do sistema perceptivo, comparado com qualquer outra das capacidades humanas em desenvolvimento, é que esse longo caminho será percorrido em um tempo muito curto, de forma que, ao final de algumas semanas, no caso de algumas capacidades, ou de alguns poucos meses, no caso de outras, as possibilidades do sistema perceptivo do bebê alcançaram níveis semelhantes aos dos adultos. Talvez, como sugeriram alguns pesquisadores, o sistema perceptivo funcione como uma bem-desenhada plataforma de lançamento da qual poderão depois sair muitos outros aspectos do desenvolvimento, sendo, por isso, importante sua maturação precoce.

Antes de entrarmos na análise das capacidades perceptivas e sua evolução, convém destacar que tais capacidades não foram escolhidas nem organizadas ao acaso ou de forma caprichosa, tanto no caso do bebê humano como no de outras espécies. Os traços do entorno que são relevantes para cada espécie não são os mesmos, de tal forma que os grãos de milho que provocam o bicar de um pintinho não têm significado para um gato, para o qual, no entanto, é muito mais significativa a presença de um rato do que para o pintinho. O mesmo ocorre no caso da estimulação auditiva, para dar somente mais um exemplo, e nesse caso, referente a nossa espécie: dos muitos sons que o bebê ouve (linguagem humana, latidos do cão da casa, som da campainha da porta, liquidificador que prepara a papinha, etc.), ele somente irá sentir-se inclinado a imitar os da voz humana; de forma semelhante, os pássaros livres tendem a imitar o canto dos pássaros de sua espécie, apesar de ouvir cantar pássaros de outras tantas espécies. Desde o princípio, então, a percepção tem algo de seletivo, algo que nos orienta para alguns traços do ambiente mais do que a outros: precisamente para aqueles traços que são importantes e significativos para nossa espécie. Como muitas dessas preferências estão presentes no momento do nascimento, não temos de aprender a selecionar alguns traços frente a outros. Depois de alguns meses, no entanto, parte dos processos de atenção do bebê começará a depender cada vez mais de suas experiências prévias, como mostraremos mais adiante.

De todos os sentidos humanos, a *visão* tem sido o mais estudado, sem dúvida devido à importância que tem o visual para os humanos. Crianças recém-nascidas podem ver e, se apresentado de maneira adequada, acompanhar com o olhar um estímulo que se move diante de seus olhos (por exemplo, uma mão que se desloca lentamente diante de seu campo visual juntando e separando os dedos estendidos). Se, olhando para cima, um bebê recém-nascido ou de três ou quatro semanas vê como um objeto cai sobre seu rosto, apresenta uma conduta defensiva que consiste em fechar os olhos, retirar a cabeça e levantar as mãos (de qualquer forma, o pesquisador detém a queda do objeto antes que este tenha contato com o rosto do bebê). Além disso, o bebê recém-nascido distingue algumas cores de outras, como mostra o fato de preferir olhar um estímulo de cor vermelha, por exemplo, mais do que um estímulo branco ou cinza.

Conforme se dizia a pouco, contudo, tanto o olho como as estruturas cerebrais encarregadas da visão têm de amadurecer muito depois do nascimento. Assim, por exemplo, serão necessários vários meses para passar da visão nebulosa do início a uma visão perfeitamente clara e refinada. Mas, ao longo do primeiro trimestre, a visão vai sendo progressivamente mais clara, de forma que já aos três meses de vida a visão terá deixado de ser nebulosa, pelo menos em certas condições de luz, contraste e distância. Parte da melhora em acuidade visual se deve ao fato de que, aos dois ou três meses, o cristalino já é capaz de se adaptar à distância do objeto que está sendo percebido. Nessa idade, os dois olhos já convergem sobre um mesmo objeto, o que irá melhorar tanto a acuidade visual quanto a percepção da profundidade e da tridimensionalidade.

Dois exemplos mais podem servir para ilustrar os avanços que ocorrem durante o primeiro trimestre de vida. O primeiro deles está ligado à sensibilidade ao contraste, que está presente desde o nascimento, e que melhora ao longo das primeiras semanas. Vamos imaginar, por exemplo, que colocamos diante de um bebê de um mês dois tabuleiros de xadrez, o primeiro deles composto de seis quadrados em cada lado, e o segundo composto de 12 em cada lado: com um mês de idade, o bebê prefere olhar o tabuleiro mais simples, aquele que contém menos elementos em seu interior, que não apresenta contrastes de tantos detalhes; o tabuleiro 12 x 12 é visto por ele como uma superfície confusa de cor cinza cujos contornos internos são difíceis de serem diferenciados. Entre o segundo e o terceiro mês, os bebês são capazes de encarar a complexidade de contrastes do tabuleiro mais confuso, o que demonstra progressos em suas capacidades visuais.

O segundo exemplo está ligado ao fato de que, desde muito cedo, os bebês não se limitam a olhar passivamente os objetos em seu entorno, mas também os analisam e os exploram com as habilidades visuais de que dispõem. O notável progresso que ocorre no primeiro trimestre de vida aparece na Figura 3.1, na qual se mostra a exploração visual de desenhos de rostos humanos por bebês de um e dois meses, respectivamente. Como se pode ver, o bebê de quatro semanas explora menos, menos sistematicamente e com maior tendência a se concentrar em regiões de alto contraste, como as partes externas do estímulo; um mês depois, a exploração visual se torna mais sistemática, mais ordenada, mais complexa, e se concentra nas partes internas do rosto humano, que são as que contêm mais informação, como é o caso dos olhos e da boca.

Na fronteira entre o primeiro e o segundo trimestre, os bebês já mostram sua prefe-

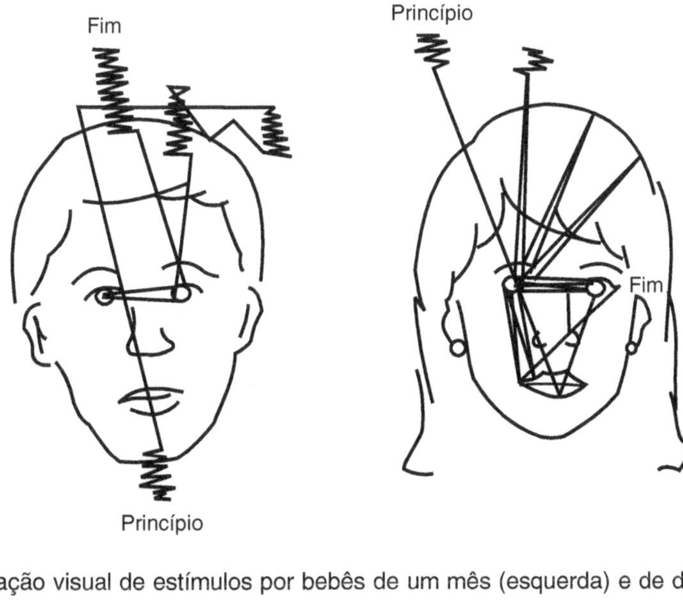

FIGURA 3.1 Exploração visual de estímulos por bebês de um mês (esquerda) e de dois meses (direita).

rência pela informação visual organizada em relação à desorganizada. O exemplo paradigmático nos proporciona mais uma vez a percepção do rosto humano, que não parece determinada de maneira inata. Os bebês de um ou dois meses não se sentem mais atraídos por um desenho do rosto humano no qual cada coisa está em seu lugar (cabelos acima, olhos sob a testa, boca sob o nariz, orelhas dos lados, etc.) do que por um desenho de um rosto no qual os traços aparecem desorganizados (um olho em vez de lábios, uma orelha em vez de nariz, cabelos sobre um dos lados do rosto, etc.). No entanto, aos três meses, distinguem claramente um rosto de outro e preferem olhar para aquele que apresenta traços bem-organizados. Nessa mesma idade, reconhecem o rosto de sua mãe em uma fotografia e são capazes de diferenciar entre as fotos do rosto de duas pessoas conhecidas que se pareçam um pouco.

As capacidades visuais melhoram muito ao longo do segundo trimestre de vida. Assim, por exemplo, continuam as melhoras significativas tanto na acuidade visual quanto na percepção da profundidade. O acompanhamento visual dos objetos que se movem se torna mais eficaz, porque os olhos deixam de se mexer com movimentos rápidos e já são capazes de um movimento suave, lento e controlado. Aos quatro meses, as cores, são percebidas enquadradas em categorias, de tal maneira que o bebê percebe mais semelhança entre duas cores azuis muito diferentes do que entre uma cor azul e uma verde. Os bebês são capazes de explorar objetos cada vez mais complexos, tanto se estiverem estáticos como se se moverem. Aos cinco ou seis meses, se um bebê se habituou a um objeto em uma determinada posição (por exemplo, o desenho de um fósforo em posição vertical), não mostrará reações de desabituação diante do mesmo objeto colocado em outras posições (inclinado, invertido, etc), o que mostra que o objeto é reconhecido como igual, apesar da mudança de orientação (McGurk, 1972). Em muitos aspectos, as capacidades visuais aos seis meses alcançaram os valores adultos ou estão mais próximas a tais valores do que os do recém-nascido (ver Kellman e Banks, 1998, para uma revisão exaustiva de literatura).

Três exemplos servirão para mostrar o avanço que ocorre nas capacidades visuais no segundo semestre de vida. O primeiro deles está ligado à percepção de objetos como totalidades significativas e não como a mera soma de diferentes elementos adjacentes. O rosto humano volta a ser uma boa referência, nesse caso em relação com a percepção das expressões emocionais: no terceiro trimestre de vida, os rostos que expressam alegria se diferenciam dos que expressam tristeza, ou dos que expressam surpresa ou aborrecimento, embora desde os três ou quatro meses os bebês comecem a ser sensíveis às manifestações emocionais mais marcantes, como se mostra no Capítulo 5. O segundo exemplo está ligado à percepção da profundidade e à evitação do vazio por parte dos bebês; provavelmente, parte do desenvolvimento dessa capacidade ocorra mais precocemente, mas se pode atestar sua existência aos nove meses, quando os bebês já engatinham e são colocados em um extremo do "abismo visual", um dispositivo de laboratório que cria a impressão de um chão que, de repente, é interrompido, embora, na realidade, seja um chão transparente contínuo sob o qual há uma trama de xadrez que no centro do dispositivo é dobrado para baixo em um ângulo reto, retomando a horizontalidade um metro mais abaixo, criando, assim, a ilusão visual de um pequeno abismo: chamado por sua mãe, o bebê que está no outro extremo do dispositivo começa a engatinhar em sua direção, mas de repente pára ao chegar na região do abismo visual, o que indica que ele percebe a profundidade e a evita (Walk e Gibson, 1961).

O terceiro exemplo se refere à capacidade para realizar certas abstrações perceptivas. Imaginemos um dispositivo de luzes organizadas de maneira similar à figura humana e distribuídas segundo as articulações do corpo humano (uma lâmpada para a cabeça, outra para o pescoço, uma para cada cotovelo e cada mão, uma para a cintura, uma para cada joelho e cada pé); se fizermos com que essas lâmpadas acesas se movam todas ao mesmo tempo para a esquerda e depois para a direita, é como um esquema de pessoa andando; imaginemos agora o mesmo dispositivo, mas invertido (a lâmpada da cabeça embaixo, as dos pés em cima), e ainda um terceiro dispositivo no qual as lâmpadas aparecem não ordenadas como na figura humana, mas desordenadas (Proffitt e Bertenthal, 1990). No segundo trimestre de vida, os bebês distinguem um dispositivo de outro, mas não mostram preferência por nenhum dos dois que representam a figura humana em movimento; aos nove meses, os bebês preferem o dispositivo com a figura em sua posição convencional em pé.

Em relação à *sensibilidade auditiva*, os recém-nascidos não só ouvem, como também são capazes de fazer várias discriminações auditivas com uma certa precisão. Para começar, preferem a voz humana frente a qualquer outro estímulo auditivo, muito particularmente se essa voz se ajusta aos parâmetros que os adultos costumam utilizar para se dirigir aos bebês (frases mais curtas e ditas olhando o bebê, um tom mais alto e agudo que o habitual, um exagero da vocalização, um aumento do tom no final das frases). Além disso, são capazes de distinguir desde muito cedo sons muito semelhantes (como *ba* e *pa*, por exemplo) e de fazê-los, às vezes, com maior eficácia do que as crianças maiores ou os adultos, que somente distinguirão entre os sons presentes em sua própria língua; quanto menor for o bebê, menos orientadas para a língua de seu ambiente estarão suas capacidades de discriminação e suas preferências, o que faz pleno sentido, pois permite à criança uma disposição generalizada para a linguagem humana, disposição que, pouco a pouco, irá se concretizando em relação com a linguagem a que está realmente exposto. Apesar do anterior, e sob certas condições experimentais, os bebês de alguns poucos dias mostrarão preferências pelas características prosódicas (ritmo, sotaque, entonação, etc.) de sua própria língua ou de outra similar (espanhol e italiano, por exemplo), frente às de outra língua que tenha características prosódicas muito diferentes (japonês, por exemplo). Da mesma forma que a preferência que, desde muito cedo, mostra o bebê pela voz de sua mãe quando esta se dirige a ele no tom típico que os adultos usam com os bebês, foi posta em relação com a exposição intra-uterina aos sons filtrados da voz de sua mãe (Aslin, Jusczyk e Pisoni, 1998).

Além de sua orientação seletiva aos sons da voz humana, as habilidades de percepção auditiva devem ser vistas como uma forma de exploração do ambiente. Desde seus primeiros dias de vida, os bebês viram os olhos e a cabeça em direção à fonte de um som; alguns meses depois, utilizam o som como uma fonte de informação sobre a distância em que se encontra o objeto que o produz, de maneira que, aos seis meses, estando a criança em um quarto escuro e se fazendo soar em diferentes distâncias um objeto cujo som a agrada, será mais provável que ela tente pegar o objeto quando realmente estiver ao alcance de sua mão do que quando estiver a uma distância claramente fora de seu alcance (Clifton, Perris e Bullinger, 1991).

Como se isso não bastasse, desde aproximadamente os três meses os bebês se mostram capazes de distinguir o tom emocional das expressões que são dirigidas a eles, distinguindo entre expressões de entonação que indicam alegria e expressões com entonação que indicam aborrecimento, o que novamente fala sobre a precocidade do sistema perceptivo em relação à interação entre o bebê e aqueles que o rodeiam.

No que se refere à *sensibilidade tátil*, ela também está bastante desenvolvida no momento do nascimento, embora deva aperfeiçoar-se nos meses seguintes. Alguns dos reflexos neonatais dos quais falamos no Capítulo 2 dependem dessa sensibilidade (a sucção, o da procura, o Babinski). Também desde seu nascimento, os bebês são sensíveis à dor produzida por batidas, espetadas, etc.; isso ficou evidente, por exemplo, em pesquisas que estudaram a reação dos meninos que são circuncidados em seus primeiros dias de vida sem a proteção de nenhum anestésico: gritam, choram, sua taxa cardíaca e sua pressão sanguínea aumentam, tornam-se irritáveis. No sentido contrário, os bebês se sentem reconfortados e mostram sinais positivos quando são acariciados, quando sua pele é roçada por objetos suaves, etc. Outra mostra da sensibilidade tátil está ligada à capacidade dos bebês para perceber mudanças de temperatura e com sua preferência desde muito cedo por temperaturas amenas do que pelas frias.

Além disso, o tato é importante por ser desde muito cedo um útil instrumento de exploração dos objetos do entorno que podem ser manipulados pelo bebê. Quando os bebês têm habilidade para pegar objetos com suas mãos, aos três ou quatro meses, desenvolvem uma conduta típica que consiste em pegar o objeto, levá-lo à boca, passar os lábios e a língua em sua superfície, para depois tirá-lo da boca e examiná-lo visualmente. A partir dos seis ou sete meses, a exploração tátil vai tomando boa parte do protagonismo anteriormente atribuído à boca (Ruff, Saltarelli, Capozzoli e Dubiner, 1992).

A *sensibilidade olfativa* também se desenvolve durante a vida fetal, estando presente nos recém-nascidos. Se molharmos um algodão com um líquido de cheiro agradável (perfume, banana, etc.) e outro com um líquido de cheiro desagradável (amoníaco, vinagre, cheiro de algo podre, etc.), podemos observar uma reação de agrado diante do primeiro e de desagrado (nariz enrugado, cenho franzido, cabeça virada para o lado) diante do segundo. Essa sensibilidade olfativa presente no momento do nascimento começa a se desenvolver logo nos primeiros dias de vida, dando lugar, por exemplo, a uma crescente preferência pelo cheiro do corpo da mãe. Se colocarmos uma gaze sobre o seio de uma mulher que está amamentando e a oferecermos a um bebê de alguns dias, por um lado, e, por outro, uma gaze sem usar, o bebê preferirá o cheiro da primeira, mesmo que ele não esteja sendo amamentado e se a gaze tiver sido colocada sobre o seio de uma mulher que não era sua mãe. Em duas semanas de vida, se o que se coloca sob o nariz do bebê são, por um lado, a gaze usada sobre o seio de sua própria mãe que o está amamentando e, por outro, a usada com outra mãe diferente que também está amamentando, já é possível observar uma preferência pelo cheiro do seio da própria mãe (Porter, Makin, Davis e Christensen, 1992).

Coisas muito parecidas podem ser ditas a respeito do *paladar*. As papilas gustativas da língua amadurecem antes do nascimento, de forma que quando os bebês nascem já conseguem distinguir diferentes sabores, mostrando agrado diante de uns e desagrado diante de outros. Tipicamente, os sabores doces agradam mais ao neonato, como mostra seu movimento de mamar, de se lamber e o seu rosto relaxado; os sabores azedos produzem uma resposta de juntar os lábios, franzi-los e tentar jogar fora algo que não é de seu agrado; os sabores amargos mostram uma expressão de contrariedade, nesse caso com a boca aberta e o nariz franzido. Além dessas preferências inatas, os bebês bem pequenos mostram uma grande capacidade para desenvolver preferências condicionadas por certos sabores frente a outros, de forma que se lhes dermos água açucarada para beber desde o início, tenderão depois a mostrar uma maior preferência por esse tipo de água; da mesma forma, se os acostumarmos a tomar um determinado alimento com sal, eles não gostarão quando lhes oferecermos algo sem sal; além disso, os bebês detectam no leite da mãe o sabor dos alimentos que ela comeu, o que provavelmente desenvolve neles uma certa predisposição para comidas típicas de sua família e de sua cultura (Mennella e Beauchamp, 1996).

A breve exposição anterior de cada um dos sentidos clássicos deve ser complementada com dois comentários adicionais. O primeiro deles se refere à *coordenação intersensorial*, também chamada de percepção intermodal, isto é, entre diferentes modalidades sensoriais. Existem evidências de que ao menos uma incipiente coordenação intersensorial está presente desde o nascimento, como mostra o fato de que, desde os primeiros dias de vida, os bebês virem a cabeça e os olhos na direção de uma fonte de estimulação sonora, como ficou demonstrado anteriormente a propósito da audição, o que evidencia uma coordenação visão-ouvido ao menos incipiente. Outra coordenação que parece estar presente precocemente – já que, de novo, de forma incipiente – é a coordenação visão-tato; pelo menos isso é o que sugere o experimento de Meltzoff e Borton (1979), em que se dá a alguns bebês de um mês, sem que possam ver, uma chupeta lisa convencional ou uma chupeta cuja parte mais larga é enrugada e tem sua superfície coberta de saliências; quando, depois de suficiente experiência com uma ou outra, as duas chupetas são colocadas diante dos bebês, é possível observar uma preferência por olhar aquela que se parece à que estiveram chupando, como se procurassem reconhecer com a visão o que conheceram pelo tato.

Nos meses seguintes, essas habilidades de coordenação intersensorial vão melhorando e se afinando. Isso é o que mostram os experimentos de Spelke (1976), em que os bebês são sentados diante de um alto-falante, com uma tela de televisão à sua esquerda e outra à sua direita; em cada uma delas, há uma ação diferente (por exemplo, à esquerda, há um boneco que toca um tambor; à direita, uma pessoa falando), mas pelo alto-falante sai somente o som correspondente a uma das imagens. Aos quatro meses, os bebês mostram capacidade para olhar preferencialmente para a imagem que se corresponde ao som que nesse momento sai pelo alto-falante. Em torno da mesma idade, se, em vez das telas de televisão, temos o pai ou a mãe do bebê conversando, mas pelo alto-falante sai somente a voz dele ou a dela, o bebê orienta seu olhar em direção ao progenitor cuja voz está ouvindo nesse momento. Será necessário esperar algumas semanas para que, aos seis meses, os bebês dêem mostra de uma percepção intermodal mais complexa, como é a de reconhecer com o olhar objetos simples que estiveram explorando com as mãos sem poder vê-los, embora, como foi indicado no final do parágrafo anterior, essa capacidade tenha antecedentes muito precoces. É como se, à medida que as capacidades de cada um dos sentidos se afinam e se tornam mais precisas, a coordenação intersensorial presente desde o nascimento de forma incipiente também fosse se desenvolvendo e se tornando mais complexa.

O segundo comentário, antes de abordarmos outros conteúdos, está ligado ao fato de que muitas das capacidades e das preferências dos bebês que acabamos de analisar têm seu alter ego nos adultos com os quais se relacionam. No final das contas, a eles pertence essa voz que desde muito cedo lhes atrai, esse cheiro que desde muito cedo reconhecem, esse rosto ao qual vão se acostumando aos poucos. E visto que toda essa estimulação tende a proceder de uma mesma fonte (a voz da mãe, seu cheiro, seu rosto, seu tato), é de se esperar que os bebês se sintam mais e mais atraídos pelas pessoas com quem eles se relacionam habitualmente, que lhes cuidam e os alimentam, como veremos em seguida. Por sua vez, os adultos também desenvolvem capacidades sensoriais em alguns aspectos semelhantes às de seus bebês, de forma que aprendem muito cedo a reconhecer seu choro entre outros choros, assim como a identificá-los por seu cheiro ou por seu tato. Tudo isso indica que os bebês humanos, longe de virem ao mundo como "páginas em branco", trazem um complexo equipamento que lhes predispõe para a interação social, primeiro de caráter social, mas depois cada vez mais orientada para as pessoas concretas com as quais interagem, que cuidam deles, os acariciam, os alimentam, os limpam, falam e gostam deles. E indica também que os adultos que protagonizam esses cuidados e essa estimulação também estão orientados a realizar toda uma série de condutas que são, ao mesmo tempo, expressão e fonte de reconhecimento e de carinho.

A atenção precoce e seus determinantes

Os bebês humanos nascem com certas preferências de atenção, isto é, com uma maior predisposição para prestar atenção em alguns estímulos frente a outros. Vimos isso incidentalmente ao assinalar que preferem olhar estímulos em uma cor viva mais do que estímulos brancos ou cinzas, assim como ao dizer que preferem o som da voz humana frente a outros sons. Também dissemos ao indicar que preferem estímulos que tenham o nível de contraste e de complexidade que eles possam processar. Além disso, o bebê humano se sente atraído por objetos em movimento mais do que por estímulos estáticos, embora novamente a velocidade do movimento deva estar adaptada a suas possibilidades de acompanhamento visual. Uma vez que se tenham familiarizado com um objeto ou acontecimento determinado, os bebês preferem estímulos novos que apresentem uma moderada discrepância em relação ao já conhecido, e aqui também se observa uma crescente capacidade com a idade para encarar discrepâncias cada vez mais acentuadas. Todas essas preferências podem ser encontradas no momento do nascimento e, como já foi dito, desenvolvem-se nos dias, nas semanas e nos meses seguintes.

Em suas primeiras semanas de vida, pode-se dizer que as características atrativas dos estímulos prendem a atenção do bebê que, por assim dizer, não têm liberdade para escolher entre um estímulo verde e um estímulo branco, para escolher entre o som da voz humana e o de um simples tom sonoro, para escolher entre uma representação de um rosto cujos olhos se abram e fechem ou outra que tenha esses traços estáticos. Fala-se, por isso, de *atenção cativa* para se referir ao fato de que o bebê se sente irremediavelmente atraído pelos estímulos que contêm os traços que mais chamam sua atenção. No mais, o bebê não tem de ir muito longe para encontrar um objeto que contém reunidos e paradigmaticamente compendiados todos esses traços que para ele são os mais atrativos: o rosto humano. Realmente, todas as características visuais que prendem sua atenção encontram-se reunidas nesse palmo de estimulação inigualável para um bebê: o contraste entre o cabelo e a testa, entre os dentes e os lábios ou o interior da boca; o brilho dos olhos; a cor; o movimento em todo o rosto, um movimento que os adultos exageram ou deixam lentos para tornar mais fácil a vida visual do bebê e para manter sua atenção; além disso, desse rosto sai a voz que o atrai e que logo aprende a individualizar; as possibilidades expressivas que o caracterizam fazem com que o rosto seja continuamente mutante ao mesmo tempo em que mantém sua identidade. No mais, o rosto não se põe sozinho diante do bebê; ele vem acompanhado de um corpo com um cheiro, com um tato, com um movimento, com uma temperatura, tudo isso nas condições de estimulação que para ele são mais atrativas. Como se isso fosse pouco, do rosto sai a voz, e seus gestos contêm a expressão das emoções que logo se aprendem a discriminar.

A atenção cativa, aos poucos, vai se transformando em *atenção voluntária* como conseqüência da experiência e das aprendizagens. Vamos pegar como exemplo a situação de coordenação intersensorial a que antes fizemos referência: um bebê diante de um alto-falante, com uma pessoa falando à direita e outra à esquerda, mas com a voz de só uma delas saindo pelo alto-falante do centro. Vamos supor que aqueles que estão à esquerda e à direita são um homem e uma mulher desconhecidos para o bebê; tanto ele como ela estão dizendo o mesmo, mas somente a voz de um deles é ouvida pelo alto-falante: até os três meses, os bebês não aprenderam a distinguir as vozes masculinas das femininas, de forma que olharão indistintamente à esquerda ou à direita, não importando a voz que nesse momento ouvem; aos seis meses, no entanto, os bebês fixarão sua atenção no homem se o que se ouve é uma voz masculina, e na mulher, se feminina. Da mesma maneira, embora no início se sintam atraídos pela voz humana em geral, pouco a pouco essa preferência irá se voltando claramente para as vozes humanas que falam a linguagem utilizada no seu ambiente, prestando cada vez mais atenção aos traços próprios dessa língua (Aslin, Jusczyk e Pisoni, 1998).

Uma prova da capacidade de aprendizagem que os bebês mostram desde muito cedo no âmbito relacionado com a atenção está ligada às expectativas que se formam, assim como com a conseqüente orientação de seus processos de atenção. Nesse caso, a demonstração tem como protagonistas os bebês de três meses e meio aos quais eram apresentados estímulos em uma seqüência fixa determinada (por exemplo, direita-esquerda-esquerda) com um pequeno intervalo entre o aparecimento do estímulo em seu lado correspondente nessa seqüência; aos bebês do grupo-controle eram apresentados os mesmos estímulos com o mesmo intervalo, mas em uma seqüência direita-esquerda aleatória e, portanto, imprevisível: os bebês do primeiro grupo, mas não os do segundo, mostraram logo condutas antecipatórias, dirigindo sua atenção para o lugar em que o estímulo ia aparecer (uma vez à direita, duas à esquerda, uma à direita, etc.). Conforme assinalam os autores da pesquisa, ainda é uma forma rudimentar de atenção e de expectativas diante de acontecimentos (Haith e Benson, 1998), mas é uma prova a mais de que os bebês têm, desde muito cedo, em funcionamento uma maquinaria cognitiva que lhes permite relacionar-se com seu ambiente de forma cada vez mais complexa e organizada.

Tudos isso significa que a exploração do ambiente, que começa sendo controlada pelas características dos estímulos, vai pouco a pouco se tornando dependente das características do sujeito (suas experiências, seus conhecimento, suas expectativas, suas motivações, etc.), torna-se cada vez mais controlada, mais motivada, mais experimentada e cognitiva. Chega um momento em que prestar ou não atenção em algo já não dependerá das características físicas dos estímulos, mas das características do sujeito. Mas a essa situação se chega aos poucos e após um longo processo de desenvolvimento que naturalmente não termina na primeira infância, como os próprios adultos podem comprovar, sendo, às vezes, difícil manter a atenção sobre um estímulo determinado quando de repente se ouve uma porta se abrir ou um ruído inesperado.

O CONHECIMENTO DA REALIDADE E AS ORIGENS DA REPRESENTAÇÃO

Piaget nos acostumou a pensar em bebês sem símbolos e sem capacidade de representação. Tal como vimos anteriormente, para ele o acesso à representação mental do real e do simbólico é o resultado de muitos meses de paciente elaboração sensório-motora, no final da qual a realidade estaria composta tanto de objetos e situações reais como de seu equivalente representacional na mente infantil; quando essas representações podem também ser expressas através de algum significante (a palavra, o desenho, a imitação diferida), ocorrem, então, as condições estabelecidas por Piaget para poder falar de símbolos.

Como, porém, nossa imagem dos bebês mudou muito desde que Piaget analisou a inteligência sensório-motora, é preciso rever também as velhas premissas sobre as capacidades representacionais precoces. De fato, o que as pesquisas das últimas décadas puderam concluir é que, no que concerne às representações, não existe a descontinuidade proposta por Piaget entre uma época definida pela ausência de representação e outra com a representação como ponto central. Ao contrário, sem que isso signifique em absoluto negar os avanços na representação que ocorrem em idades posteriores, os bebês parecem dispor, desde muito cedo, de capacidades representacionais, formando depois, pouco a pouco, – ainda durante seus dois primeiros anos – um repertório representacional variado, organizado e cada vez mais complexo. A seguir ilustraremos essas afirmações com dados procedentes de pesquisas recentes que se referem a quatro âmbitos concretos: a conservação de objetos, as propriedades físicas de tais objetos, a imitação diferida e a formação de categorias.

Como já foi dito, a análise piagetiana da *conservação de objetos* implicava, entre outras coisas, habilidades motoras suficientes para levantar um obstáculo sob o qual se havia escondido um objeto. Ao contrário, os procedimentos utilizados nas pesquisas recentes se baseiam muito nas condutas descritas no Quadro 3.2, principalmente na conduta visual, no procedimento habituação/desabituação e nas reações de surpresa. É o que acontece com muitas pesquisas que rastrearam as capacidades de conservação de objetos em bebês de três meses em diante. Uma das estratégias mais utilizada consiste em apresentar a esses bebês situações que envolvem conservação de objetos e que são fisicamente possíveis ou impossíveis, analisando se a reação do bebê é diferente em cada caso. Dois exemplos procedentes do laboratório de Baillargeon (1993, 1994) serão suficientes para nossos propósitos. No primeiro deles, habitua-se os bebês a uma tela (aproximadamente do tamanho de uma folha na horizontal) colocada verticalmente diante deles (Figura 3.2, ilustração 1); a tela vai rodando para frente e para trás lentamente, mas podendo ser vista, de forma que os bebês se habituam a essa rotação (A); em um momento determinado, estando a tela tombada sobre a mesa na rotação que levou sua borda superior para perto do bebê, coloca-se uma caixa bem atrás da borda inferior da tela; se a tela continua com a rotação para trás, fazendo com que o bebê se distancie da borda superior, deve ser movida até ser parada pela caixa que está atrás de sua vertical (B); a caixa é menor do que a tela e, por isso, não poderá ser vista quando a tela estiver na posição vertical. Isso tudo é o acontecimento lógico, o realmente possível.

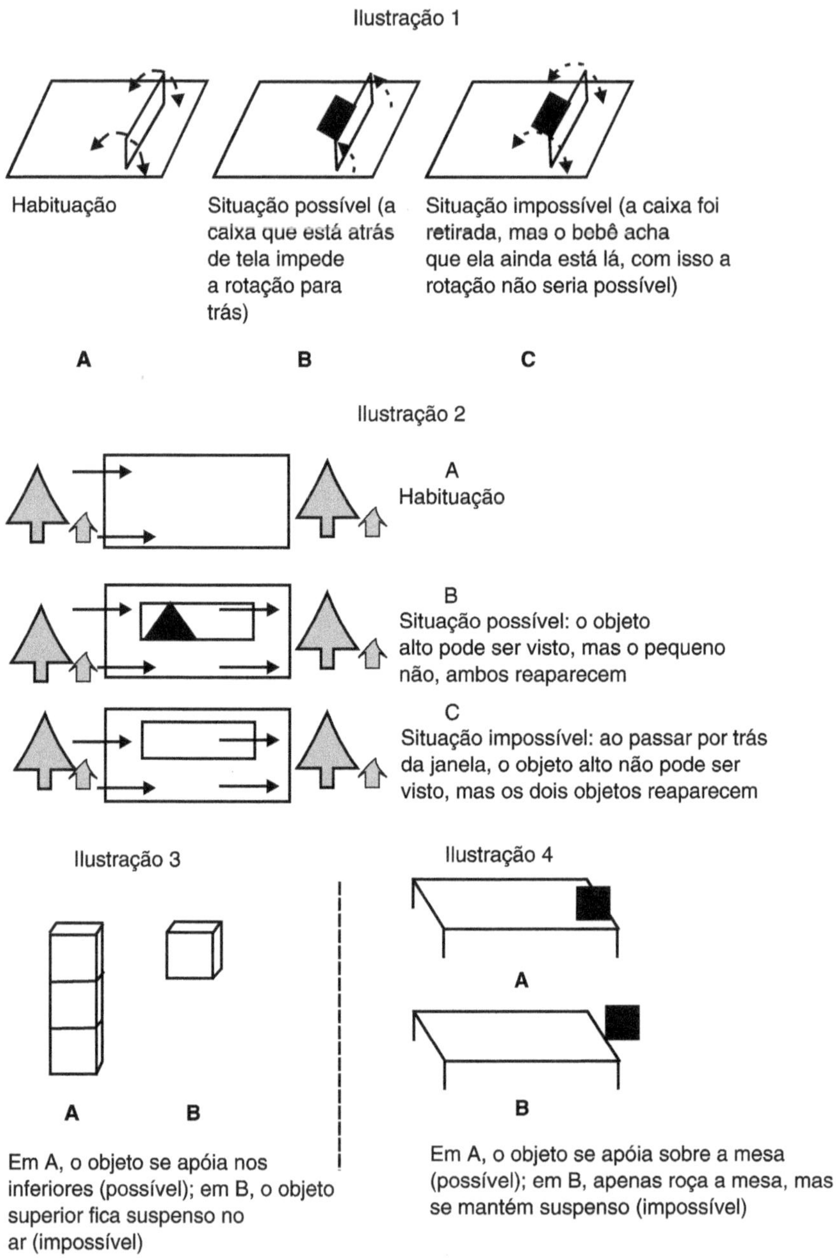

FIGURA 3.2 Conservação de objeto (ilustrações 1 e 2), gravidade e apoio-contato (ilustrações 3 e 4): situações possíveis e impossíveis.

Mas se a caixa é retirada subtamente quando o bebê já não pode vê-la, a tela pode continuar com sua rotação para trás (C), o que é impossível se imaginarmos que a caixa continua ali. Em outra situação típica do paradigma possível-impossível, os bebês são habituados a dois objetos, um alto e outro baixo, que passam por trás de uma tela de igual tamanho que a do experimento anterior e depois reaparecem pelo outro extremo (Figura 3.2, ilustração 2); uma vez habituados (A), substitui-se a tela por outra que tem uma janela no centro, sendo a beirada inferior da janela mais alta do que o objeto pequeno; na situação possível, o objeto alto pode ser visto ao passar por trás da janela, mas não o objeto pequeno (B); na situação impossível, os objetos desaparecem por trás da tela, e o objeto alto não pode ser visto ao passar pelo buraco da janela, mas ambos reaparecem do outro lado da tela (C). Nas duas situações, se os bebês se desabituam diante das versões impossíveis (isto é, se reconhecem como diferentes as versões experimentadas na fase de habituação), estão manifestando que acreditam na existência do objeto que não vêem (a caixa que deveria impedir a rotação, o objeto alto que deveria aparecer pela janela). É isso o que, de fato, ocorre com bebês de somente três meses e meio, em contraste com a descrição piagetiana que remetia ao subestágio 4 (de 8 a 12 meses) as primeiras manifestações convincentes de conservação de objetos.

Ainda sobre a conservação de objetos, foram inúmeras as tentativas de resolver o problema proposto pelo erro do subestágio 4, em que o bebê que recuperou várias vezes o objeto escondido sob X, continua procurando-o lá, apesar de acabar de ver que se escondia sob Y. Várias das explicações que foram dadas insistiram em que não se trata tanto de um problema cognitivo (o bebê de fato sabe que o objeto está sob Y) quanto de um problema de incapacidade para inibir uma resposta motora bem-assentada (levantar X). De fato, foi possível observar que, embora o bebê levante X, seu olhar está sobre Y, no qual realmente sabe que o objeto está escondido. Segundo essa interpretação, o que falta ao bebê do subestágio 4 não é o conceito de objeto permanente, que já tem desenvolvido, mas a maturidade cerebral da região do córtex responsável pela inibição de respostas motoras (Diamond, Cruttenden e Neiderman, 1994).

Situações experimentais igualmente engenhosas foram utilizadas para evidenciar o conhecimento que bebês muito pequenos têm de *outras propriedades físicas dos objetos*, às quais somente nos referiremos brevemente (ver Haith e Benson, 1998, para uma revisão mais detalhada). Os sujeitos estudados nessas situações experimentais têm quatro e seis meses e mostram habilidades que estão relacionadas com as noções de apoio e contato (não se surpreendem se um objeto é colocado sobre outro e fica em repouso sobre ele, mas se surpreendem se o objeto é colocado sem suporte algum e fica suspenso no ar, como mostra a Figura 3.2, ilustração 3; não se surpreendem se uma caixa se desloca sobre uma mesa até que coincidem a beirada da mesa e a beirada mais extrema da caixa, mas se surpreendem se a caixa não cai depois de continuar se deslocando até que somente ocorra contato entre a ponta da mesa e a da caixa, como mostra a Figura 3.2, ilustração 4, com a noção de causalidade (não se surpreendem se uma bola que está no centro de uma mesa se mova imediatamente depois de ser batida por outra, mas se surpreendem se a bola se move vários segundos depois do impacto) e com a noção de número (se vêem duas bonecas juntas durante um tempo, depois aparece uma tela e as tapa, depois vem uma mão que é colocada atrás da tela e leva uma das bonecas, os bebês não se surpreendem se ao retirar a tela aparece somente uma boneca, mas se surpreendem se aparecem de novo as duas bonecas originais; se inicialmente havia somente uma boneca, aparece a tela que a tapa, depois vem uma mão que deixa outra boneca atrás da tela e em seguida se retira a tela, se surpreendem se aparece somente uma boneca, mas não fazem o mesmo se aparecem duas). No que se refere ao espaço, outros dos conteúdos analisados por Piaget em relação à inteligência sensório-motora, bebês de nove meses que foram acostumados ao fato de que um objeto está em uma determinada posição em relação a seu corpo (por exemplo, à sua direita) são capazes de procurá-los na direção adequada (nesse caso, à sua esquerda) depois que seu corpo tenha sido girado 180 graus, mas somente quando podem utilizar algum ponto de referência externo muito claro (o objeto está pregado na porta do quarto); terá de esperar os 12 meses para que a referência egocêntrica (se estava à direita, procurará à direita depois de ter sido girado 180 graus) comece a ser superada, dando lugar a uma crescente objetivação do espaço.

No que se refere à *imitação diferida*, suas origens foram situadas em idades muito mais precoces do que as atribuídas por Piaget, que pensou que era uma das conquistas finais da inteligência sensório-motora. De fato, alguns autores informaram que até bebês de seis semanas são capazes de imitar alguns gestos de adultos presenciados no dia anterior (Meltzoff e Moore, 1994). Com condutas que não estão no repertório do bebê, diversas pesquisas perceberam imitação diferida em bebês com idade entre 6 e 12 meses, tanto com condutas muito simples (pôr uma toca em um boneco), como com condutas que envolvem vários passos (tirar uma luva de um boneco, sacudi-la e colocá-la novamente), e tanto com intervalos de um dia como de uma semana ou um mês.

Finalmente, no que se refere à *formação de categorias* nos bebês, os dados parecem bastante conclusivos. As evidências que se remontam a idades mais precoces implicam a utilização do já conhecido paradigma de habituação-desabituação, nesse caso com formas visuais; são pesquisas que mostram que crianças com idade entre três e seis meses são capazes de "reconhecer" formas visuais que, na realidade, não viram, mas que são bons protótipos das que realmente viram. Assim, por exemplo, podemos habituar um bebê a uma série de deformações de um triângulo equilátero (em um caso, um lado mais comprido do que os outros; em outro, um ângulo mais fechado do que os outros, etc.); uma vez produzida a habituação, se mostrarmos ao bebê um triângulo equilátero perfeito (que na realidade não viu), não ocorrerá a desabituação, o que significa que o bebê reconhece o triângulo novo e na realidade não visto antes como semelhante aos que já conhecia; de fato, o bebê pode tratar esse estímulo não visto como sendo mais familiar do que alguma das variantes mais extremas que realmente lhe foram mostradas. Baseando-se em alguns tantos exemplares distintos, o bebê é capaz de formar um protótipo do estímulo, que é como uma representação média das figuras às quais esteve exposto. Se o triângulo novo apresentasse uma grande deformação em relação a um triângulo, é provável que ocorresse a desabituação, isto é, que o bebê o reconhecesse como diferentes dos triângulos vistos e de seu protótipo, o que indica capacidade para diferenciar entre membros e não-membros de uma determinada categoria (Bomba e Siqueland, 1983).

Dados muito semelhantes foram obtidos com bebês que estão no segundo trimestre de vida, mas nesse caso usando para a habituação um determinado animal (fotos de gatos, por exemplo) e para a prova de reconhecimento um animal diferente (um cão): o fato de que ocorra habituação diante de mais fotos de gatos, mas desabituação diante da foto de um cão, evidencia que este último é visto como não fazendo parte da mesma categoria dos gatos. Com crianças um pouco maiores (entre 7 e 12 meses), pode ser usada uma versão manipulativa dessa situação: vai se apresentando ao bebê, um depois do outro, diferentes aviões de pelúcia, incentivando-o que pegue e manipule os aviões; quando ocorrer a habituações, e o bebê já não estiver interessado em pegar mais aviões, coloca-se diante dele um novo avião de pelúcia e um pássaro com as asas abertas: o fato de que prefira o pássaro evidencia que o reconhece como membro de uma categoria diferente daquela com a qual havia sido produzida a habituação; quando a habituação foi produzida com pássaros, a desabituação é produzida com aviões. Com bebês um pouco maiores (entre 11 e 14 meses), foram feitos experimentos que fazem uso de suas capacidades de imitação: mostra-se aos bebês um animalzinho de brinquedo (um coelho, por exemplo) e se simula a ação de dar de beber a ele água de uma xícara enquanto se diz "beba, beba"; em seguida, coloca-se diante do bebê a xícara, um animal diferente (um cão, por exemplo) e um objeto que não pertence à categoria animal (um carrinho de brinquedo, por exemplo), enquanto se diz à criança "beba, beba": como os bebês oferecem então a xícara ao animal e não ao veículo, entende-se que estão mostrando sua distinção entre animal e não-animal. O mesmo ocorre se usarmos uma cama de brinquedo em vez da xícara e se utilizarmos a expressão "vá dormir, vá dormir": os carros não são deitados sobre a cama, mas os animais sim. Claro que se a ação que se executa inicialmente diante do bebê for com um veículo e com uma chave de brinquedo, simulando que se faz o carrinho andar ao mesmo tempo em que se diz "brrrum, brrrrum", quando se oferecer à criança a chave, um ursinho e um carrinho, e for estimulado com o barulho do motor, o bebê realizará a ação de fazer o carrinho andar, e não o animal (ver Mandler, 1998, para uma revisão dessas pesquisas, muitas das quais são de seu laboratório).

Todas as evidências anteriores nos falam de uma capacidade de representação manifestada ao longo do primeiro ano de vida, capacidade que consiste não só em se representar mentalmente um objeto ou uma situação determinada, mas que também envolve a formação de categorias mentais. Visto que essas capacidades representacionais estão se desenvolvendo ao mesmo tempo em que são realizados progressos na inteligência sensório-motora, não parece que seja a culminação deste tipo de inteligência, mas sim que se desenvolva em paralelo com ela. Conforme diz Mandler (1998), Piaget nos havia acostumado a pensar que somente se chegava à inteligência do tipo declarativo ou conceitual após um árduo processo de construção na inteligência do tipo procedimental ou sensório-motora, em uma seqüência em que o formato de pensamento do tipo sensório-motor era trocado aos 18-24 meses pelo formato conceitual. De fato, muitas das pesquisas revistas nesse item evidenciam que, ao longo de seus dois primeiros anos, os bebês se servem dos dois tipos de formatos. Essa visão implica uma maior ênfase na continuidade entre a primeira infância e os anos posteriores do que a defendida por Piaget, que ressaltava, sobretudo, uma clara descontinuidade entre o sensório-motor e o simbólico. Isso não pode nos deixar esquecer, no entanto, de que as capacidades de representação dos bebês ainda não têm o alcance, a versatilidade e a capacidade reflexiva que se encontrarão em crianças um pouco maiores. Sem dúvida alguma, muitas das capacidades que vimos os bebês manifestar se baseiam em imagens mentais e, indubitavelmente, têm um caráter fundamentalmente implícito (que o bebê trate de forma diferente um cachorro e um carro não quer dizer que tenha elaborada uma categoria explícita “animal” frente a uma categoria implícita “automóvel”). Ainda resta um longo caminho a ser percorrido pelas capacidades de representação precoces que analisamos e, para comprovar, resta apenas seguir o trajeto da viagem oferecida no Capítulo 7.

As chamativas capacidades mostradas pelos bebês nos modernos laboratórios de pesquisa motivaram alguns pesquisadores a afirmar que muitas delas têm uma origem inata contida em módulos específicos “pré-cabeados” no cérebro (ver, por exemplo, Mehler e Dupoux, 1990). Aqui não há espaço para entrar nos detalhes dessa polêmica, já mencionada no Capítulo 1, mas basta dizer que a opinião da maioria parece ir contra essa visão modularista-inatista, que, por outro lado, se choca com todos os dados de que dispomos sobre o cérebro como um órgão particularmente plástico e aberto à experiência, e não-povoado de conteúdos fechados e prefigurados (ver o item “Crescimento do cérebro” do Capítulo 2). O que parece fora de dúvida é que, dentro dessa plasticidade, o cérebro humano tem algumas capacidades, algumas predisposições e algumas ferramentas que tornam possíveis os desenvolvimentos precoces da complexidade sobre os quais se tratou neste capítulo.

Além disso, não devemos nos esquecer de que os bebês também são sensório-motores, que precisam manipular objetos, ensaiar condutas, construir esquemas na base de esforços de acomodação frente à resistência da realidade a ser assimilada a esquemas mais simples, processos que exigem tempo, maturação e experiência com objetos e situações. Como também não podemos nos esquecer de que os bebês são, sobretudo, seres sociais orientados para a interação com outros seres humanos; como mostraremos no próximo capítulo, é precisamente nesses processos de interação que serão lavrados alguns dos mais importantes mecanismos que contribuem para a emergência da comunicação, da representação e da linguagem.

DESENVOLVIMENTO DA MEMÓRIA NOS DOIS PRIMEIROS ANOS

Para quem teve a paciência de ler até aqui não faltam muitos argumentos adicionais para se convencer de que os bebês têm memória e fazem uso dela desde os primeiros dias de sua vida. No final das contas, tanto a técnica da habituação como a da preferência pela novidade e as técnicas que se baseiam no condicionamento de conduta são, todas elas, técnicas que implicam fazer uso de capacidades de memória. O fato de que algumas dessas técnicas tenham sido utilizadas com sucesso com recém-nascidos mostra que, desde seus primeiros dias, os bebês são capazes de registrar em sua memória alguns acontecimentos, embora, sem dúvida, sejam estímulos ou situações muito simples e de um vestígio mnêmico breve e frágil.

Em condições experimentais muito especiais, foram observadas provas da existência de memória em neonatos e em bebês de algumas poucas semanas, mas a partir dos dois e três meses foram encontradas evidências que provam que o vestígio mnêmico se estende a períodos de mais de duas semanas, prolongando-se até mais de seis semanas com bebês de seis meses. Um dos paradigmas de pesquisa típico consiste em pôr sobre o berço do bebê um móbile cujos elementos têm uma característica determinada (por exemplo, têm todos uma letra "L" bem visível); o móbile está unido à criança por meio de uma fita presa em seu tornozelo, de forma que, cada vez que mexa sua perna, agita o móbile, o que chama sua atenção. Não passa muito tempo antes que o bebê descubra que pode se entreter vendo como o móbile cheio de letras "L" gira e se mexe apenas com o bater das pernas. Se forem substituídas as peças com um "L" por peças com um sinal "+" e suprimida a fita que une o móbile ao tornozelo, o bebê logo descobrirá que, por mais que bata as pernas, os sinais "+" não se agitam, nem dão voltas sobre sua cabeça. No final de um certo tempo (duas semanas para bebês de dois meses, seis semanas para bebês de seis meses), volta-se a prender móbiles com "L" ou com "+", observando-se um aumento do bater das pernas diante dos primeiros, mas não dos segundos (Rovee-Collier e Shyi, 1992). Notem que esse também é um bom exemplo da formação precoce de categorias (coisas "L" em relação a coisas "+") da qual falamos há pouco.

Todos os dados vistos anteriomente sobre a imitação diferida também são provas claras da manutenção de vestígios mnêmicos de determinados acontecimentos e experiências. Como pudemos ver, situações muito simples e intervalos de tempo curtos (um dia entre a conduta modelo e a imitação) dão lugar a imitações diferidas com bebês de poucos menos de dois meses. Como também se indicou, com bebês de 6 a 12 meses se obteve a imitação diferida de condutas mais complexas com intervalos que oscilam de vários dias a várias semanas.

Finalmente, outra prova dos progressos da memória ao longo do segundo semestre de vida vem de pesquisas que utilizaram o paradigma do "erro do subestágio 4". Como se pode lembrar, trata-se de ocultar repetidamente o objeto sob um obstáculo X para, uma vez produzida a conduta sistemática de procurá-lo ali, escondê-lo sob um obstáculo diferente Y. Vamos supor agora que, uma vez escondido o objeto sob Y, impedimos que o bebê estenda seu braço imediatamente, permitindo a ele a conduta de procurar alguns segundos depois. Pois bem, se o intervalo entre esconder sob Y e permitir que o bebê procure é de 10 segundos, os bebês de sete meses deixam de produzir o erro típico, como se já fossem capazes de ignorar, ou como se tivessem esquecido, que o objeto havia estado sob X; no entanto, com intervalos de dois segundos, esses bebês procuram sob X. Ao contrário, bebês de 8 a 12 meses continuam levantando o obstáculo X depois de 10 segundos do objeto ter sido escondido sob Y (Diamond, 1995).

Sem dúvida alguma, os bebês têm memória. Mas, conforme foi dito no início deste capítulo, a idéia não é voltar ao século XIII e vestir crianças de um ano com roupas de adulto, como se suas capacidades já estivessem plenamente desenvolvidas. A memória dos bebês é frágil, refere-se a acontecimentos e situações muito simples, e a duração do vestígio mnêmico está longe de ser comparada com a que terá somente alguns anos depois. Além disso, vimos antes a propósito de outras capacidades cognitivas que o funcionamento desses mecanismos é totalmente implícito, o que significa que o bebê ainda está longe de poder se lembrar de algo e poder escolher, para isso, alguns procedimentos melhores do que outros. Como para muitos outros conteúdos revisados neste capítulo, uma das mensagens fundamentais é que a trajetória evolutiva, cujas capacidades cognitivas são analisadas nos Capítulos 7, 12,

17 e 21, não é descontínua em relação à analisada nas páginas precedentes. Não existe, assim, um bebê puramente sensório-motor cujas capacidades estariam, durante alguns meses, mais próximas das dos chimpanzés e de sua inteligência prática, até entrar depois no funcionamento representativo e simbólico mais típico dos humanos. Embora de forma rudimentar e incipiente, os bebês dispõem de um repertório cognitivo precoce que contém, de forma organizada, os elementos e as ferramentas fundamentais da inteligência humana, incluindo as habilidades iniciais de comunicação e de linguagem de que se fala no próximo capítulo. Sobre o uso que os bebês fazem desse repertório e de sua evolução ao longo dos dois primeiros anos, procuramos dar suficiente testemunho ao longo de uma viagem cujo próximo percurso continua no Capítulo 7. De nossa parte, resta somente fazer uma incursão em um âmbito de conhecimento bem diferente aos até agora analisados, tal como havíamos anunciado no início do capítulo.

UM OBJETO DE CONHECIMENTO MUITO ESPECIAL: O EU

Wallon (1932) tinha razão quando, há muito tempo, escreveu que a consciência de si mesmo é algo que existe em nós desde o início; embora comece a se formar muito cedo, precisa de um longo processo para se consolidar; mas nunca é uma consolidação definitiva, vai sofrendo mudanças e transformações que refletem, por um lado, as capacidades que mudam com a idade e, por outro, as experiências vitais acumuladas. Nesta parte, abordamos a evolução do conceito de si mesmo a partir do nascimento até os dois anos; a evolução posterior desse conhecimento muito peculiar é mostrada nos Capítulos 9 e 13. Uma descrição mais detalhada dessa evolução pode ser encontrada em Palacios (1999a).

Se as pessoas que rodeiam as crianças não marcaram sua presença em todo o capítulo, não será surpresa que entrem em cena quando falarmos de um conteúdo como a consciência de si mesmo, que dificilmente poderia se desenvolver fora do âmbito das interações sociais. De fato, a consciência de si mesmo surge como um processo de progressiva desagregação da simbiose inicial em que o bebê se encontra em relação a quem cuida e o protege. Simbiose, em primeiro lugar, biológica e, posteriormente, existencial, dada a absoluta dependência que o bebê tem dos cuidados que outros lhe proporcionam. Se um bebê isolado nos parece inimaginável (simplesmente não poderia sobreviver), o ponto de partida é, sem dúvida, essa situação de intersubjetividade a que Vygotsky (1932-1934/1996) se referiu como uma "consciência primária de comunidade psíquica"; segundo ele (p. 306), o ponto de partida da consciência do eu seria o "proto-nós", do qual alguns meses mais tarde acabarão se diferenciando um "eu" e um "você" graças à "bipartição íntima" a que Wallon (1932) se referia.

Nesse processo de desagregação ou bipartição, as emoções têm um papel importante. Dada a recorrência das situações em que seu incômodo ou sua fome, expressas através do pranto, encontram alívio com os cuidados habituais, associados também a seus momentos de maior tranqüilidade e relaxamento, o bebê vai, pouco a pouco, construindo uma relação afetiva intensa em que se sucedem estados emocionais de tensão e angústia, quando as necessidades não estão satisfeitas e aqueles que o satisfazem não estão presentes, e com estados emocionais de relaxamento e satisfação, quando as pessoas que o cuidam estão disponíveis. Além disso, as relações afetivas não estão somente vinculadas às necessidades e às tensões fisiológicas, porque aqueles que cuidam também são fonte de estimulação, de brincadeira, de diversão (as cócegas na barriga, os sons divertidos, os gestos exagerados, os movimentos rítmicos, etc.). Com o passar dos meses, essas relações vão ganhando em intensidade, mas também em diferenciação. Por um lado, entre diferentes cuidadores, cada um tem sua própria forma de agir, de estimular, de satisfazer necessidades; por outro lado, diferenciação entre o eu e os demais, porque a satisfação das necessidades não é imediata, porque quem cuida nem sempre está presente, nem é a única fonte de estimulação e também porque, ao mesmo tempo em que esses avanços no domínio afetivo vão sendo produzi dos, outros surgem no campo cognitivo e irão contribuir muito para essa diferenciação.

Como os cuidadores do bebê respondem às suas chamadas, ao seu choro e ao seu sorriso, os objetos respondem a suas ações e a seus movimentos, e como isso também ocorre algumas vezes durante o dia (e, como sabem os pais, freqüentemente na metade da noite), pouco a pouco vai se definindo no bebê um sentimento de eficácia pessoal, o que alguns chamaram de um sentimento de "efectância", entendido como a capacidade para produzir respostas contingentes do ambiente. As primeiras manifestações desse sentimento aparecem no período que vai dos quatro aos dez meses, intensificando-se e sofisticando-se a partir daí.

As relações interpessoais se tornam mais complexas a partir do estabelecimento do apego no início do segundo semestre do primeiro ano de vida, com a distinção entre diferentes figuras de apego, com a hierarquia entre elas e com a diferenciação entre pessoas conhecidas e desconhecidas. Todos esses aspectos serão analisados mais detalhadamente no Capítulo 5. Paralelamente, vão ocorrendo todos os progressos a que fizemos referência anteriormente sobre o conhecimento do ambiente. No contexto desses avanços, e um pouco antes de seu primeiro ano (desde os 8 a 9 meses), os bebês começam a mostrar sinais de auto-reconhecimento quando vêem sua imagem refletida em um espelho ou na tela do televisor. Esses sinais consistem, por exemplo, em mostrar maior interesse por sua própria imagem do que pela dos outros. Mas, para que isso ocorra, é necessário que a criança esteja se vendo diretamente, de maneira que, por exemplo, o movimento que está fazendo nesse momento com seu braço seja o que vê refletido na tela ou no espelho. Começam, também, a ser conscientes de que seus traços físicos refletidos nas imagens são diferentes dos traços físicos de outras pessoas, embora, por hora, seja somente uma capacidade emergente. Aqui há, certamente, mais uma prova do funcionamento precoce de categorias básicas, nesse caso referente à distinção eu/não-eu e em idades muito semelhantes às que vimos antes a propósito da categorização dos objetos da realidade.

Quando tiverem em torno de 18 meses, as crianças estarão longe do magma de simbiose sincrética do qual pouco a pouco seu eu foi se diferenciando. E se as relações de apego já deixaram no bebê o conjunto de experiências, ao qual nos referimos nos parágrafos precedentes, para dar lugar ao "modelo interno de relações interpessoais", a que faremos referência no Capítulo 5, já assentaram suas bases para a formação de um "modelo interno de si mesmo", ao qual chamamos de autoconceito.

Embora alguns sejam capazes de fazer isso já aos 15 meses, a maior parte dos bebês de 18 meses resolve com êxito o "teste da mancha": de forma sub-reptícia, faz-se uma mancha de batom vermelho na testa do bebê e, depois de um tempo, leva-se o bebê diante de um espelho: se a reação consiste em mostrar de forma divertida a imagem refletida, supomos que ainda não há auto-reconhecimento (como se a criança estivesse dizendo: "Nossa, que pinta puseram *nessa* criança do espelho!"); ao contrário, se o bebê surpreso leva a mão diretamente à sua testa, tocando a mancha de batom, podemos concluir que está reconhecendo sua imagem e detectando a anomalia vermelha sobre suas sobrancelhas (como se perguntasse: "O que é isso que tenho em *minha* testa?"). O fato de que nessas idades se reconheça também em fotografias ou em vídeos em que aparece fazendo algo que não coincide com o que está fazendo agora (ou com outras roupas, ou em uma idade inferior a de agora, etc.), evidencia que o bebê reconhece seus traços e os distingue dos traços dos demais. Surgiu, assim, o que alguns chamaram de "eu existencial", isto é, a consciência de que uma pessoa é diferente das demais (Lewis e Brooks-Gunn, 1979).

Entre os 18 e os 24 meses (um pouco mais tarde em algumas crianças, sem que a demora na cronologia tenha, em princípio e por si mesma, nenhuma implicação especial), aparecem outras evidências que provam que a consciência de si mesmo que vinha surgindo nos meses anteriores já está assegurada. Estão, por um lado, os avanços na linguagem, com o aparecimento de pronomes pessoais com os quais a criança se refere a si mesma como "eu", "o nenê" ou "a menina" e aos demais como "você", "mamãe" ou "papai". Apesar da complexidade que tem esse tipo de pronomes ("eu" sou eu para mim, mas "você" para quem se dirige a mim ou "ele" se a mim se refere uma pessoa que fala com outra), crianças que estão aprendendo a falar não os confundem, o que entre outras coisas significa que têm claras as diferenças e as fronteiras entre as pessoas a que se referem, incluindo, naturalmente, a si mesmas.

Por outro lado, entre os 18 e os 24 meses aparecem algumas manifestações de conduta que testemunham a consolidação da consciência de si mesmo e da diferenciação entre o eu e os outros; referimo-nos a condutas ligadas a dois tipos de situações: algumas que envolvem sentimentos de competência ou incompetência e outras que envolvem consciência do respeito ou da violação de normas, sentimentos aos quais nos Capítulos 5 e 9 se dá o nome de emoções autoconscientes e sociomorais. As primeiras estão ligadas ao sorriso e à satisfação que os bebês experimentam quando conseguem algo a que se haviam proposto (o prazer derivado do sentimento de competência), assim como com sua zanga e frustração quando fracassam; os sentimentos de competência ou de incompetência a que essas condutas remetem já são uma prova clara de um eu em luta com as resistências que a realidade oferece a seus propósitos. As segundas estão ligadas à precoce interiorização de normas impostas pelos adultos e se relacionam com a conduta paladina associada a um comportamento que entendem como correto, ou com o agir dissimulado que é conseqüência da transgressão de alguma norma. Tudo o que foi dito implica que meninos e meninas dispõem não só do "eu existencial", que faz com que se sintam diferentes dos demais, mas também de um "eu categorial", definido pelas capacidades, atitudes e valores que vão se formando em torno da consciência de si mesmos e como parte dela (Lewis e Brooks-Gunn, 1979).

Finalmente, como se ainda fosse preciso mais provas da afirmação da consciência do eu, entre os dois e os três anos é muito freqüente que as crianças passem por uma fase que a literatura anglo-saxã se refere como "os terríveis dois anos" e que Wallon classificou como de teimosia ou oposicionismo: "Uma fase combativa em que o eu se conquista ao mesmo tempo em que se opõe" (Wallon, 1946, p. 115, ed. cast.). A criança não só já conquistou a noção de si mesma como também quer intensificá-la pela oposição e quer que os demais sejam tão conscientes quanto ela mesma de que dentro daquele pequeno corpo já se esconde todo um indivíduo, todo um sujeito, toda uma personalidade.

Todos esses progressos seriam impossíveis sem a base de desenvolvimento cognitivo que analisamos a fundo neste capítulo. Mas seriam igualmente impossíveis sem adultos, sem interações e relações. Nos dois capítulos seguintes, o protagonismo será todo para crianças no contexto desses adultos, dessas interações e dessas relações.

4

O início da comunicação, da representação e da linguagem

IGNASI VILA

A comunicação e a representação são duas capacidades intimamente relacionadas no ser humano. De fato, o instrumento mais importante que as pessoas empregam para se comunicar é a linguagem, sistema de natureza simbólica que, entre outras coisas, permite "representar" a realidade (voltar a torná-la presente quando não está). A estreita relação da linguagem com a comunicação e a representação não implica que a origem e o desenvolvimento desses processos respondam ao mesmo tipo de mecanismos psicológicos. Assim, ao longo da história da psicologia evolutiva sucederam-se diferentes posições: algumas, como a teoria operatória de Jean Piaget, invocam origens e mecanismos comuns, enquanto outras proclamam origens distintas, como os chamados "teóricos da mente", que distinguem entre mente social e mente física. Hoje é difícil manter a posição piagetiana sobre sua origem comum, teoria segundo a qual a ação solipsista do bebê sobre seu ambiente o leva a construir a função simbólica ou semiótica que traduz ou permite tanto a comunicação como a representação. Mas a alternativa não tem por que ser a dicotomia entre mente física e mente social; assim, desde posições mais próximas da teoria sociocultural de Vygotsky defende-se que a atividade comunicativa se encontra na gênese da representação e vice-versa (Rodríguez e Moro, 1999). Neste capítulo, abordaremos a descrição e a explicação do início de ambas as capacidades e, para isso, começaremos com uma breve descrição das posições que, durante anos, animaram o debate.

O capítulo foi escrito partindo de uma concepção sobre a construção do ser humano que fixa suas raízes na crença de que, em última instância, a consciência humana é contato social consigo mesmo, de que não é possível dissociar o desenvolvimento cognitivo do desenvolvimento comunicativo, de modo que ambos têm sua origem em atividades socialmente organizadas nas quais se envolvem adultos e crianças pequenas.

PIAGET E VYGOTSKY: DUAS REFERÊNCIAS IMPRESCINDÍVEIS

Conforme foi visto no Capítulo 1, na década de 1960, uma boa parte da psicologia – e, mais concretamente, da psicologia evolutiva – adotou um rumo claramente diferente do dos anos anteriores. Deixou-se de pensar no bebê como um "livro em branco" em que o meio escreve e modela seu futuro e, partindo de diferentes posições, afirmou-se a importância da própria atividade infantil e, como conseqüência, do sujeito em seu vir a ser futuro. Uma das teorias que mais influenciou essa mudança de perspectiva foi a concepção de Chomsky sobre a linguagem humana e seu processo de aquisição. Concretamente, esse autor proclama que a linguagem é um "órgão mental" com uma determinação semibiológica e que, portanto, seu aparecimento corresponde à maturação de especificações inatas que constituem a essência da espécie humana (Chomsky, 1975). Para ele, o entendimento ou a cognição não tem nenhum papel no aparecimento da linguagem, controlada, segundo seu ponto de vista, por mecanismos específicos de natureza inata.

Essa posição, novamente no auge hoje em dia em determinados círculos lingüísticos e psicológicos, teve um importante fracasso empírico em relação às hipóteses derivadas de suas primeiras formulações, e isso fez voltar os olhos para outras posições que, embora tivessem sido formuladas muitos anos atrás, começam a estar presentes na atividade científica dos psicólogos graças ao desmoronamento da posição watsoniana que via o recém-nascido como um livro em branco. Concretamente, a teoria operatória de Jean Piaget foi o referencial mais importante.

Esse autor, diferentemente de Chomsky, afirma a primazia do cognitivo sobre o desenvolvimento da comunicação e da linguagem. Para ele, a linguagem, entendida como representação, aparece, junto com outras condutas, como tradução ou expressão da função simbólica. Conforme foi mostrado no Capítulo 3, Piaget acredita que, no final do estágio sensório-motor, a criança, por meio da coordenação e da diferenciação dos esquemas sensório-motores, constrói a capacidade de representar objetos, acontecimentos, pessoas, etc., e de agir de um modo diferente à inteligência prática, com uma inteligência agora baseada em processos mentais internos que se manifestam em forma de símbolos (Piaget e Inhelder, 1969). De fato, a posição de Piaget sobre o aparecimento da linguagem é coerente com o conjunto de sua obra, segundo a qual existe uma continuidade funcional entre a vida e a lógica, continuidade que vem dada por sua definição adaptativa da inteligência e de seus mecanismos de funcionamento. Em último caso, Piaget vê em tal funcionamento a origem de todas as capacidades humanas, incluindo as que, no final do segundo ano de vida, terminam na função simbólica.

Essa posição teve uma grande importância, já que significou abordar o estudo da aquisição da linguagem a partir de seus "pré-requisitos" cognitivos; assim, desenvolveu-se uma grande pesquisa para conhecer aquilo que era "anterior" ao aparecimento da linguagem e que, de uma forma ou de outra, era condição para sua emergência. Certamente, e de acordo com a tese piagetiana, o anterior remetia ao desenvolvimento cognitivo e, mais concretamente, às diferentes construções que os bebês realizam ao longo de seus dois primeiros anos de vida (noção de objeto permanente, coordenação de meios-fins, noção de causalidade, etc.).

No entanto, a busca do "anterior" à linguagem não se limitou à tese piagetiana dos marcos cognitivos, e um bom número de pesquisadores se lançou na busca dos "pré-requisitos" comunicativos. Nessa concepção de natureza extremamente sociogenética, sustenta-se que, desde o início de sua existência, os bebês se envolvem em rotinas sociais com as pessoas que cuidam deles, de modo que sua atividade não ocorre no vazio, mas se produz em um contexto que está socialmente organizado pela cultura e pelas pessoas do ambiente. Em outras palavras, a cultura e as pessoas que a representam (nesse caso, aqueles com quem os bebês se relacionam) apresentam permanentemente pautas e procedimentos para organizar a atividade infantil em seu ambiente físico e social. Essa proposta implica a existência de um desenvolvimento comunicativo prévio ao aparecimento da linguagem, desenvolvimento que é específico e não depende do desenvolvimento cognitivo, em que a contribuição dos cuidados é tão importante como a da própria criança.

A tese, porém, não se limita a negar a primazia do cognitivo sobre o lingüístico; ela vai além e afirma a solidariedade em ambos os desenvolvimentos. Desenvolvimento cognitivo e desenvolvimento lingüístico, cada um com seus mecanismos próprios e específicos, formam uma unidade, de modo que um depende do outro e vice-versa. Essas idéias, formuladas por Vygotsky (1934) no início do século XX, indicam que o individual – a representação – e o coletivo – a comunicação – não podem ser separados na explicação da ontogênese. De nossa perspectiva, esse é o ponto de vista que traz mais luz para compreender o aparecimento e o desenvolvimento de ambas as capacidades.

O INÍCIO DA COMUNICAÇÃO E DA CONSCIÊNCIA

Ao longo da década de 1970, as pesquisas centradas no primeiro ano de vida dos bebês mostraram que estes possuem um certo grau de pré-adaptação para se incorporar a rotinas de intercâmbio social com seus cuidadores, como foi mostrado no Capítulo 3. Hoje sabemos que os recém-nascidos são seres ativos, com um amplo repertório de condutas que lhes permite estabelecer uma relação primária com outros seres humanos, buscá-la, iniciá-la e, ao mesmo tempo, regular o grau de estimulação social. Muitas dessas condutas possuem, em pouco tempo, uma função objetiva – regular e controlar a ação e a atenção conjunta no âmbito da interação social –, embora, evidentemente, em seu uso inicial não cumpram tal função, de modo que seu domínio por parte dos bebês se realiza no âmbito de práticas socioculturais iniciadas e controladas pelo adulto. Nessa perspectiva, os bebês não são "livros em branco" sobre os quais se escreve e se molda com base em contingências e repetições. A compreensão atual do desenvolvimento consiste, sobretudo, em conhecer como os adultos coordenam e sincronizam suas condutas já utilizadas pelo bebê, dando lugar, assim, a rotinas e práticas interativas em que a comunicação tem um papel-chave.

Aos três meses de vida, não existe habilidade comparável à comunicação. A vida social do bebê, relacionada fundamentalmente com seu cuidado – higiene, alimentação, etc. –, implica uma simbiose afetiva com seus cuidadores, da qual surgem alguns significados rudimentares que são utilizados para regulá-la, mas que, ao mesmo tempo, estão na base do início da consciência ou, em outras palavras, da subjetividade. Trevarthen (1979) utiliza o termo de "intersubjetividade primária" para designar a acomodação que os bebês fazem de seu controle subjetivo à subjetividade dos outros, entendendo-se que nessa subjetividade está o início da consciência e da intencionalidade individual.

Em relação à intersubjetividade primária à qual acabamos de nos referir, devemos destacar dois aspectos: primeiro, as características das práticas em que se inscrevem as interações adulto-criança; segundo, a intencionalidade implícita nos primeiros intercâmbios adulto-bebê.

As características das práticas interativas bebê-adulto

Desde o início da vida, adultos e bebês participam conjuntamente em práticas em que o mais surpreendente é a habilidade que mostram os adultos para sintonizar suas condutas com as do bebê em uma espécie de "toma lá dá cá" que lembra o diálogo entre o falante e o ouvinte. Em rotinas cotidianas de alimentação, de limpeza, de expressão de emoções, o adulto procura situações do tipo "agora é a minha vez, agora é a sua", em que cada participante pega sua vez ("agora eu me mexo, agora você", "agora eu canto, agora você, etc."). Esse tipo de atividades possibilita que o bebê reconheça a pertinência e a adequação de suas condutas em relação às condutas dos cuidadores, condição *sine qua non* para a existência de intercâmbios comunicativos. Na medida em que as interações se baseiam na ação e na interação mútua, sem referência a objetos ou situações externas, fala-se de intersubjetividade primária.

O adulto acomoda sua conduta às pautas inatas infantis e sincroniza seus movimentos, gestos e vocalizações em uma espécie de "diálogo" que Bateson (1971) denomina de "protoconversação". Por exemplo, no âmbito da atenção conjunta, Fogel (1977) assinala que, durante os três primeiros meses de vida, o bebê e o adulto vivenciam numerosas situações diádicas nos momentos de afeto positivo, situações em que ambos se olham de maneira mantida e mútua. A análise dessas situações mostra o caráter simétrico da interação e, ao mesmo tempo, o papel assimétrico dos participantes. Assim, o bebê não pode manter o olhar para e com o adulto até o infinito, já que está limitado por constrições biológicas que o obrigam a virar o rosto, enquanto o adulto passa quase todo o tempo olhando para a criança e aproveitando os momentos de atenção desta para com ele a fim de realizar uma série de condutas – exagero facial, vocalizações, etc. – que conseguem prolongar o período de atenção. Assim, não é descabido pensar no adulto como o principal responsável pela acomodação mútua, de modo que este procura a todo momento coordenar sua conduta com a da criança, encontrando brechas na atividade infantil para introduzir seus próprios movimentos em uma tentativa não só de promover a interação social, mas também de prolongá-la.

A impressão é que os adultos têm um plano de atuação com suas crianças (Kaye, 1979), baseado na "leitura" imediata da criança, na percepção da interação em andamento e na experiência de interações prévias. O adulto costuma fixar o marco seqüencial e seus limites, ao mesmo tempo em que repete os elementos básicos da seqüência sempre da mesma forma, de modo que, cada vez que está em estado de alerta, o bebê encontra um ambiente estável e previsível que lhe permite "negociar" procedimentos comunicativos para acomodar sua conduta à do adulto.

Além disso, os adultos não só estabelecem algumas situações rotineiras, relativamente previsíveis pelos bebês e que são regidas por regras semelhantes às empregadas no âmbito do diálogo, como também tratam os recém-nascidos como se já fossem seres humanos com intenções, desejos e sentimentos semelhantes aos seus (Newson, 1974); assim, se o bebê emite um som qualquer, o adulto responde com um "o que você está dizendo, que tem fome?", tratando como intencional e cheia de conteúdo comunicativo a conduta do bebê. Todas as condutas do bebê são interpretadas segundo o contexto e são dotadas de significado e de sentido para poder fazer coisas com elas que vão além de sua simples realização, o que nos leva ao próximo ponto de nossa discussão.

A intenção comunicativa: inata ou construída?

Uma das questões centrais na compreensão das primeiras interações sociais se refere à questão da intencionalidade. Alguns autores (Piaget, 1937; Bates et al, 1975; Harding e Golinkoff, 1979; Harding, 1982) adotam uma posição construtivista e proclamam (Piaget) que a intenção – nesse caso, a intenção comunicativa – aparece ao longo do estágio sensório-motor, quando o bebê é capaz de coordenar seqüências de condutas dirigidas a uma meta, isto é, quando pode tomar consciência de um objetivo e estabelecer um plano para atingi-lo. Nessa posição, está subjacente a idéia, antes explicada, de que o desenvolvimento cognitivo guia as condutas comunicativas das crianças de modo que é um pré-requisito para seu aparecimento.

Essa posição foi apoiada empiricamente ao se demonstrar que, no final do primeiro ano de vida, a criança era capaz de usar o adulto como um meio de obter um objeto (por exemplo, pegar a mão do adulto e levá-la diante de uma torneira para obter água) e, ao mesmo tempo, podia usar um objeto como meio pra atrair a atenção do adulto (por exemplo, pegar uma boneca e girá-la diante do adulto para que este olhe e faça comentários). As primeiras condutas foram classificadas como protoimperativas ("me dá água") e as segundas como protodeclarativas ("olha a minha boneca") (Camaioni, Volterra e Bates, 1976).

Essas condutas apareciam ao mesmo tempo em que a capacidade dos bebês de usar um objeto para obter outro objeto (por exemplo, arrastar um travesseiro para conseguir um brinquedo que está sobre ele). Em último caso, os três tipos de conduta respondiam à noção de causalidade elaborada pelo bebê durante o estágio sensório-motor. Invocava-se, então, a existência de um mecanismo cognitivo, construído ao longo do primeiro ano de vida, mediante o qual a criança podia utilizar, de forma apropriada, diferentes meios para conseguir um fim desejado. No âmbito da comunicação, o uso de um adulto como agente de uma ação determinada e o uso de um objeto para exigir a atenção do adulto eram considerados indícios claros da existência de intenção comunicativa. Na terminologia de Trevarthen (1979), estamos agora diante de uma situação de "intersubjetividade secundária", em que a comunicação entre o bebê e o adulto gira não em torno da relação entre ambos, mas em torno de objetos e situações externas.

No entanto, nem todos os autores estiveram de acordo com essa posição, e, por exemplo, Jerome S. Bruner, já em 1973, pensava que a intencionalidade era muito anterior. Concretamente, esse autor afirma que, desde o nascimento, o bebê é capaz de realizar as diferentes condutas subjacentes a um ato intencionalmente comunicativo, mas é incapaz de seqüenciá-la adequadamente em relação a um objetivo. Nessa perspectiva, acredita-se que o bebê tem desde muito cedo preferência por um tipo de estímulo e mostra condutas apropriadas para sua consecução, de modo que, quando observa os efeitos de sua conduta sobre tais estímulos ou objetivos, sua conduta se torna intencional. Bruner não se arrisca a caracterizar a intencionalidade como inata, mas aposta que o decisivo no estabelecimento da intenção comunicativa é, definitivamente, o fato de que os adultos tratam todas as condutas infantis como se já fossem intencionais, de modo que, em pouco tempo, o bebê começa a usá-las de acordo com o uso no contexto humano, social e cultural em que se desenvolve.

Essa posição foi desenvolvida por Trevarthen (1979), que acredita na existência de diferentes "motivos" – não-influenciados pelo mundo exterior – nos bebês para tratar com os objetos e para tratar com as pessoas, de modo que diante de uns e de outros mostra seqüências de condutas específicas (gestos, vocalizações, etc.) que, pouco a pouco, são controladas subjetivamente e se tornam claramente intencionais em um contexto cultural determinado.

SOBRE AS ORIGENS DA INTENÇÃO COMUNICATIVA, DA AÇÃO E DA ATENÇÃO CONJUNTAS

Nos últimos anos, retomou-se novamente a discussão sobre as origens da intencionalidade comunicativa a partir dos postulados que incorporam a "teoria da mente". Assim, existem dados que colocam em dúvida a existência de uma associação, do ponto de vista do desenvolvimento, entre as condutas em que um objeto é usado para obter outro objeto, as produções proto-imperativas e as protodeclarativas. Sarriá e Rivére (1991, p. 50) hipotetizam "a diferenciação dos domínios sociocomunicativo e físico no período de aparecimento da intenção comunicativa". Outros trabalhos realizados com gorilas e com crianças autistas também mostram a incongruência de manter a existência de algumas estruturas cognitivas comuns para explicar as capacidades referentes ao domínio do mundo físico e da adaptação ao meio social. Gómez (1990) mostra que uma gorila, cuidada em um meio humano, pode utilizar um ser humano como um objeto para obter outro objeto e, ao mesmo tempo, também pode pedir a seus cuidadores que realizem uma ação em seu benefício. Esse autor distingue ambas as atuações como "atos de manipulação intencional" e "atos de comunicação intencional" e mostra que, entre uns e outros, existe uma distância temporal de uns 10 meses. Assim, o uso instrumental do adulto e a produção de uma proto-imperativa não podem responder ao mesmo mecanismo cognitivo, já que existe uma separação importante no aparecimento de ambas as condutas. Se o mecanismo fosse exatamente o mesmo, não apareceria uma distância tão importante entre o aparecimento de uma e de outra conduta. Além disso, não foram observadas produções protodeclarativas, que são abundantes na dissociação dos três tipos de condutas do ponto de vista dos mecanismos que as tornam possíveis.

As pesquisas realizadas por Baron-Cohen (1989) com crianças autistas mostram resultados semelhantes. Ele mostra que essas crianças não têm dificuldades em compreender e usar gesto indicativo proto-imperativo e, em compensação, têm enormes dificuldades para fazer o mesmo com as indicações protodeclarativas. Essas pesquisas revelam mais uma vez que as produções proto-imperativas e as protodeclarativas respondem a mecanismos diferentes, já que não é impossível explicar por que as crianças autistas não têm problemas no uso das primeiras e encontram enormes dificuldades no uso das segundas.

Camaioni (1993) diferencia as produções proto-imperativas e as protodeclarativas no sentido de considerar que umas ("quero X") modificam o ambiente e as outras ("olhe X") influem no estado interno do adulto; as primeiras fazem parte do âmbito da solicitação de um objeto ou de uma ação, e, portanto, para sua realização o importante é que a criança tenha uma compreensão prática das relações entre a ação e a atenção. Ao contrário, no caso das protodeclarativas ou solicitações de atenção, a criança, além de controlar as relações anteriores, deve poder se representar ao adulto como alguém que pode representar-se como algo interessante. De fato, essa autora acredita que as produções proto-imperativas não evidenciam, em sentido estrito, intenções comunicativas, mas estas devem estar relacionadas com produções protodeclarativas. Ela concretamente afirma que as produções proto-imperativas precisam de três habilidades: coordenar a orientação para um objeto ou evento com a orientação para outra pessoa; perceber os seres humanos como agentes autônomos e, ao mesmo tempo, antecipar as ações que podem realizar em relação com certos objetos, e, por último, utilizar modos distais de interação – vocalizações, gestos, etc. – para influenciar a conduta dos outros. Desse ponto de vista, nenhuma dessas condições, nem de suas combinações, mostra a existência de intenções comunicativas, já que não envolvem uma representação dos demais como capazes de ter intenções e de compreender as intenções do outro. A intenção comunicativa requer uma nova habilidade: a construção do outro como uma pessoa capaz de atender seletivamente e de possuir estados psicológicos independentes como, por exemplo, mostrar interesse por objetos ou acontecimentos. Esta é a habilidade que está presente nas produções protodeclarativas. No fundo, Camaioni assume uma concepção sobre a linguagem semelhante a de Werner e Kaplan (1963), segundo os quais a linguagem é, fundamentalmente, uma ferramenta do conhecimento que permite contemplar e compartilhar a realidade com os demais, antes que uma ferramenta que permite influenciar na conduta dos demais.

Baron-Cohen (1994) adota uma posição semelhante e relaciona o aparecimento da intenção comunicativa com a atenção conjunta e as protodeclarativas ou exigências de atenção. Concretamente, propõe a existência no sistema neurocognitivo de um componente modular denominado MAC – Mecanismo de Atenção Conjunta –, que tem como função "ler a mente" dos demais e, portanto, funcionaria como precursor do que, a partir dos quatro anos, as crianças são capazes de fazer: entender e usar o poder das representações mentais. Por isso, os autistas não teriam uma "teoria da mente", pois tal mecanismo seria inexistente neles, e isso explicaria o não-aparecimento neles de produções protodeclarativas. Esse mecanismo serviria para representar se o sujeito e outro agente estão simultaneamente prestando atenção no mesmo objeto ou acontecimento e, evidentemente, seria inato, além de cumprir outras das condições propostas por Fodor sobre a organização modular da mente e do cérebro. Desse modo, a intenção comunicativa, relacionada exclusivamente com a atenção conjunta, apareceria de forma desligada do uso instrumental de um adulto para obter um objeto ou realizar uma ação, e sua explicação residiria em mecanismos inatos que, cognitivamente, permitem a atenção conjunta a objetos ou acontecimentos.

No entanto, existem outros pontos de vista. Tomasello (1995), por exemplo, aborda o estudo das diferentes capacidades requeridas para poder "entrar" na linguagem e na comunicação e afirma que, por volta dos 12 meses de vida, ocorre uma autêntica revolução nas capacidades cognitivo-sociais dos bebês, semelhante à que ocorre posteriormente aos quatro anos. Concretamente, ele propõe que os bebês nessa idade não só se percebem como seres intencionais, como são capazes também de perceber os demais como pessoas que têm intenções. Mas, diferentemente dos defensores da teoria da mente e da existência de um mecanismo inato que permite a atenção conjunta como origem da comunicação, Tomasello (1995) considera que tanto a comunicação como a representação se originam dos intercâmbios sociais nos quais o bebê constrói a si mesmo e também ao "outro" como agentes intencionais, de modo que ambos podem ter pontos de vista diferentes sobre um foco de atenção compartilhado.

Esse autor argumenta que, em torno dos 12-14 meses, as crianças são capazes de compreender e de usar signos lingüísticos, o que é determinante para justificar que são capazes de conhecer o outro como um agente intencional. O uso de um símbolo implica uma perspectiva particular do falante em referência ao objeto referido. Assim, quando um adulto e uma criança se compromentem juntos na construção de uma torre, podem se referir a seus elementos como "vermelho", "grande", "quadrado", etc. A possibilidade de que a criança se envolva ativamente comporta obrigatoriamente que seja capaz de especificar algo do foco de atenção do adulto. O surpreendente é que, nessas idades, a criança mostra tal capacidade e responde de forma adequada ao símbolo empregado pelo adulto e, inclusive, é capaz de "reproduzi-lo em circunstâncias novas apropriadas" (Tomasello, 1995, p. 112), mostrando, assim, que também pode adotar uma perspectiva particular sobre o referente no qual ambos, adulto e bebê, compartilham sua atenção.

Nesse sentido, Tomasello (1995) não aceita a dicotomia de Camaioni (1993) sobre a ação conjunta e a atenção conjunta e, mesmo aceitando a mesma explicação para as protodeclarativas, acredita que as proto-imperativas podem ser explicadas como "uma tentativa da criança não só para obter o objeto, mas também para mudar as intenções do adulto" (Tomasello, 1995, p. 111). Esse autor acredita que o determinante no progresso da comunicação é, portanto, a construção de uma nova habilidade sociocognitiva pelos bebês, segundo a qual podem perceber os demais como seres intencionais, e isso se expressa tanto nos procedimentos imperativos – exigências de objeto – como nos declarativos – exigências de atenção.

Definitivamente, esse autor se mostra mais interessado pelo estudo das modalidades por meio das quais os adultos guiam e conduzem a tarefa comunicativa dos bebês do que pela invocação de mecanismos inatos que a tornam possível. A questão é conhecer os mecanismos e os procedimentos mediante os quais as crianças progridem em algumas capacidades cognitivo-sociais que lhes permitem reconhecer a si mesmas e construir o "outro" como um ser intencional com crenças, pensamentos e sentimentos. A seguir, analisaremos esses mecanismos e processos.

JEROME S. BRUNER: OS FORMATOS DE ATENÇÃO E AÇÃO CONJUNTA

Ao longo do primeiro ano de vida, as consecuções infantis significam uma autêntica revolução. É verdade que, conforme foi mostrado amplamente no Capítulo 3, o bebê chega a este mundo equipado com um conjunto de condutas quc, dc uma perspectiva etológica, permite a ele se reconhecer em sua espécie e, ao mesmo tempo, permite que a espécie o trate de modo que se incorpore às suas características mais específicas – a linguagem e o entendimento. No início deste capítulo, assinalamos que a comunicação e a representação formam uma unidade, de modo que é na atividade socialmente organizada que o bebê se constrói como pessoa e constrói aos demais. Provavelmente tenha sido Jerome S. Bruner quem melhor mostrou esse processo.

No início da vida, o interesse infantil está quase que exclusivamente centrado na interação eu-você do tipo intersubjetividade primária, mas logo se interessa também pelos objetos. Assim, por volta dos seis meses, o foco de atenção da díade adulto-criança diversifica-se enormemente, e, além da própria díade, o mundo exterior – o dos objetos – exige um grande interesse e se incorpora à relação com os demais em interações eu-você-objeto do tipo intersubjetividade secundária: nessa idade, o bebê é capaz de seguir o olhar da mãe – olhar para onde ela olha – e de utilizar o olhar como um índice díctico ("aquilo", "isso") para mostrar que compartilha um tema. É o momento em que o adulto e o bebê se envolvem conjuntamente em uma série de brincadeiras que adotam a forma de rotinas, cujas variações são previsíveis por parte dos bebês. Bruner (1975, 1982, 1983) estudou esse período e utilizou o termo de *formato* para descrever as características desse tipo de interação social.

Ratner e Bruner (1978), após estudarem a brincadeira de esconde-esconde (por exemplo, o adulto pergunta "onde está o bebê?", ocultando o rosto e convidando a criança a imitá-lo) em duas díades adulto-criança, propõem que essas brincadeiras apresentem as seguintes características:

1. Limitam e tornam muito familiar o domínio semântico em que são empregadas as diferentes produções do adulto.
2. Oferecem uma estrutura da tarefa altamente previsível com claros momentos de corte ou "brechas", nas quais um e outro podem introduzir funcionalmente suas vocalizações.
3. Permitem papéis reversíveis aos participantes, de modo que, nesse caso, por exemplo, alguém pode esconder um objeto e o outro fazê-lo reaparecer ou vice-versa.
4. As tarefas envolvidas são muito versáteis, podendo incorporar elementos e conteúdos diferentes.
5. O clima da brincadeira evita qualquer referência ao "castigo", aos erros ou aos enganos infantis; enganar-se pode ser até divertido, por isso a situação comporta sempre uma atitude positiva para a inovação.

Inicialmente, Bruner aborda o estudo dessas situações, ou formatos, para compreender seu papel no processo de aquisição da linguagem e, no final, no progresso das habilidades comunicativas. Concretamente, o autor se interessa por elas, porque, do seu ponto de vista, nesses formatos ou "microcosmos" da cultura, as relações sociais estão em consonância com os usos da linguagem no discurso. No entanto, seu próprio ponto de vista foi se modificando, e, ainda mantendo essa posição, acrescenta que, além disso, os formatos servem para construir conjuntamente um "fundo de conhecimento" entre o adulto e a criança, que permite a esta operar em uma cultura determinada (Bruner, 1998).

Intersubjetividade e suporte*

As idéias que subjazem à noção de formato se referem à intersubjetividade e ao suporte. Sobre a primeira, já dissemos alguma coisa que analisaremos um pouco mais a seguir; a segunda está relacionada com o conceito vygotskiano de zona de desenvolvimento proximal introduzido no Capítulo 1. Bruner acredita que um adulto e um bebê podem se envolver conjuntamente em uma atividade – isto é, fazer algo juntos –, porque entre ambos existe intersubjetividade ou, em outras palavras, porque ambos são capazes de reconhecer suas próprias subjetividades e, portanto, "ler" mutuamente suas intenções. Se isso não fosse dessa maneira, seria impossível que ambos participassem em situações rotineiras, pautadas e seqüenciadas em que cada um faz o que lhe cabe em relação ao outro para que a interação se mantenha. Por exemplo, em uma situação de "dar-e-pegar" (um passar uma bola ao outro), basta simplesmente que um dos dois estenda a mão para o objeto que está com o outro, ao mesmo tempo em que olha, para que se inicie o jogo de passá-la mutuamente. A intenção de "querer brincar de passar um objeto" não se pode ver, não é translúcida, faz parte da subjetividade de um dos participantes. No entanto, basta simplesmente um gesto, acompanhado do olhar e de uma vocalização (por exemplo, um "venha" ou "me dá" do adulto) para que o bebê reconheça a intenção, e vice-versa. Além disso, não só há um reconhecimento intersubjetivo das intenções mútuas, como também, dadas as características dessas situações – repetitivas, seqüenciadas, reversíveis, etc. –, ambos sabem "tudo" o que acontecerá posteriormente e, portanto, "como devem agir" para que a situação progrida e não seja interrompida.

Da mesma forma que disse Tomasello (1995), adulto e bebê podem se envolver con-

*N. de R.T. *Andamiaje* no original, que também significa andaime.

juntamente nessas atividades, porque o bebê não só construiu sua própria subjetividade e, portanto, já é um ser com intenções, como também construiu o outro como um ser subjetivo e, portanto, com intenções. O mais notável é que por volta de 12 meses, além de se conhecerem mutuamente assim, ambos são capazes de "ler" intersubjetivamente suas intenções e de agir de acordo com ela.

Isso nos leva ao nosso segundo ponto de discussão: o suporte. Se pegarmos novamente o exemplo de "dar-e-pegar" e estudarmos sua origem e evolução, observamos que em torno de seis meses, quando o bebê começa a se interessar pelos objetos, os adultos iniciam um ritual que consiste em "ensinar" ao bebê que pode ser um receptor de objetos. Concretamente, mostram-lhe um objeto, o agitam diante dele e o estendem, ao mesmo tempo em que fazem produções como "pegue-o", "é seu" e outras semelhantes, que normalmente acabam com o adulto colocando o objeto na mão do bebê. Essa situação se repete inúmeras vezes, de forma que, dois ou três meses depois, basta que o adulto estenda o objeto ao bebê para que este estenda o braço e pegue-o. É o momento em que o adulto faz com que seu *partenaire* saiba que também pode ser um agente da ação, e, portanto, seus esforços se dirigem para conseguir que, uma vez que o bebê tenha o objeto em sua mão, o passe a ele. As produções mudam e se transformam em "me dá", "passe-me", "é meu" e semelhantes, além de estender a mão aberta e olhar diretamente para o bebê. Inicialmente, a situação costuma terminar com o adulto pegando o objeto da mão do bebê. Esse ritual, repetido inúmeras vezes, termina próximo dos 12 meses, quando aparece o "dar-e-pegar" no sentido estrito, de modo que ambos brincam de passar um objeto de um para o outro. Nesse momento, o adulto já pode retirar o "andaime" que havia montado para dar suporte à aprendizagem do bebê: ele já não precisa pegar a bola da mão do bebê, nem sequer precisa pedi-la verbalmente. Interiorizada a situação pelo bebê graças a todos os apoios iniciais do adulto, tais apoios já não são necessários; terminada a construção, o andaime é retirado. O adulto criou, controlou e dirigiu uma situação, sempre a mesma, que o bebê, depois de participar dela inúmeras vezes, já é capaz de "reconhecer" de forma global, de modo que, como já dissemos, conhece seus diferentes segmentos, sua seqüência – o que vai primeiro, o que vai depois e assim sucessivamente –, suas brechas e, portanto, os momentos em que pode agir, etc. Isso significa que, em relação ao exemplo proposto, em um período de seis meses, o adulto e o bebê se envolvem conjuntamente em uma profunda negociação de procedimentos para realizar juntos uma atividade – nesse caso, o "dar-e-pegar". Procedimentos arbitrários e convencionais e, portanto, culturais, que além da comunicação permitem que o bebê tenha acesso à subjetividade do adulto, que, de forma mais inconsciente do que consciente, tem um plano para incorporá-lo à comunidade cultural à qual pertence.

Intersubjetividade e suporte são duas faces da mesma moeda. Graças a ambas as noções e ao veículo que as concretiza, o formato, o bebê aprende a se comportar de forma situada, que é, definitivamente, a característica mais importante do comportamento cultural. Bruner (1998, p. 125), dessa perspectiva, estende a noção de formato para além das brincadeiras e fala da hora de comer, de ir para a cama, das situações de boas-vindas ou de despedida, etc.

> Esses formatos oferecem facilmente à mãe e à criança oportunidades para tornar explícito o que têm em suas "mentes". Em um sentido de futuro, também oferecem à mãe um veículo (tanto utilizando-o como não) para tornar explícito aquilo que a cultura pede. Mais tarde, definitivamente, o que as pessoas acabam fazendo em um escritório do correio é se comportar e pensar no escritório do correio. O escritório do correio também é um formato.

A citação ilustra o pensamento desse autor, que, sem dúvida alguma, considera que, além das capacidades iniciais do bebê no momento do nascimento, o que se constrói, graças à maneira como o adulto dá suporte aos comportamentos no âmbito da interação social, é uma aprendizagem sobre como se comportar de forma adaptada em um contexto situado culturalmente.

O fundo de conhecimento cultural

Não resta dúvida de que tudo o que já sabemos sobre os formatos nos leva a pensar que são um espaço privilegiado para o progresso da comunicação e da representação e, de maneira concreta, para o aparecimento da linguagem, que emerge no âmbito da comunicação por meio de um processo de substituição de procedimentos, processo no qual a linguagem será reconhecida como a mais eficaz e econômica para anunciar e cumprir as intenções infantis. No entanto, como acabamos de ver, Bruner (1983, 1998) vai mais longe e propõe que, por meio dos formatos, o bebê constrói também uma interpretação da comunidade cultural à qual pertence, compartilhada com as pessoas adultas, graças ao estabelecimento de um "fundo de conhecimento" comum que o habilita para se adaptar e se comportar socialmente.

Seguidor de uma boa parte das idéias e intuições de Vygostky, Bruner postula que o bebê se constrói como pessoa graças ao fato de os adultos o tratarem como tal desde o início de sua vida. Isso significa que o adulto, os demais e a sociedade se envolvem com o bebê em um processo de negociação ativa para que construa um mundo compartilhado com a comunidade. Conforme vimos, os adultos incentivam os bebês a fazerem um determinado tipo de coisas com os objetos, a repetirem as condutas que antes eles fizeram, a experimentarem um determinado tipo de emoções em função da situação ou daquilo que acaba de acontecer ou a compartilharem pontos de vista sobre o mundo físico e social. Nas palavras de Bruner, adultos e bebês constroem conjuntamente, assim, uma microcultura. Em outros termos, o formato não serve só para ser incorporado à linguagem – algo muito importante e decisivo para a adaptação cultural –, mas também para "institucionalizar" uma visão compartilhada do mundo.

Por exemplo, um dos formatos mais estudados é o que se conhece como "leitura de livros". Esse formato consiste em que, conjuntamente, adulto e criança prestem atenção em um grupo de imagens que, em nossa cultura, costuma ser comercializado em forma de livro com grandes ilustrações coloridas nas quais aparecem cenas de nossa vida cotidiana ou uma coleção de objetos como animais, brinquedos, pessoas, etc. A "leitura de livros" é um formato que consiste em um vocativo de atenção ("Ei, olhe, olhe...!") para atrair a atenção do *partenaire* para uma imagem ou desenho e, após a olhada, uma pergunta do tipo "o que" ("o que é isto?"), seguido de uma vocalização da criança (desde um "mmm", até um "tato" ou até um mais acabado "gato", conforme a idade) e um *feedback* do tipo: "Muito bem; sim, sim, é um gato" ou algo semelhante. Ninio e Bruner (1978) estudaram essa situação e a relacionaram com a incorporação da designação, isto é, dos rótulos com que nomeamos a realidade e suas características (nomes, adjetivos, verbos, etc.). O mesmo Bruner (1998, p. 126) diz que:

> [...] no plano superficial, a negociação era sobre como se devia rotular uma coisa. Mais profundamente, a negociação foi sobre como as coisas denominadas devem ser *situadas*, em qual fundo de conhecimento estabelecido e compartilhado.

Concretamente, Bruner exemplifica essa afirmação dizendo que, uma vez que a criança é capaz de rotular corretamente após uma pergunta do tipo "o que é isto?", o adulto diversifica suas perguntas e passa a fazer perguntas como "o que faz?", "onde está?", "o que tem?", etc. Isto é, uma vez compartilhado o foco de atenção e estabelecido o fundo de conhecimento, o adulto o amplia na forma de comentários para introduzir características ou propriedades e compartilhar outros contextos. Os adultos, diz Bruner (1998), chegam até a imaginar um sistema para determinar o que já é conhecido por ambos, o que faz parte de seu fundo de conhecimento compartilhado, e aquilo que é novo e, portanto, desconhecido para a criança. Por exemplo, usam perguntas "o que é isto?" em tom descendente quando sabem que seu filho conhece a resposta e em tom ascendente quando querem que ele entenda o novo rótulo.

As idéias de Jerome Bruner sobre os formatos mostram como os adultos agem em relação às capacidades infantis e as estendem, de modo que possibilitam que as crianças se incorporem à comunidade cultural à qual pertencem e se adaptem a ela. Provavelmente, como diz Tomasello (1995), o estudo dos modos de interação adulto-criança traz mais luz para compreender como, pouco a pouco, o bebê se constrói como um ser intencional e, ao mesmo tempo, constrói o outro também como intencional, do que invocar mecanismos inatos que permitem em um momento do desenvolvimento "ler" a mente dos demais.

O APARECIMENTO DA LINGUAGEM

Comunicação e representação se consolidam na linguagem. Ao longo do capítulo, vimos como alguns autores (Bruner, 1983; Tomasello, 1995, 1996) que se interessam por ambas as capacidades consideram que o aparecimento da linguagem representa um marco no desenvolvimento de ambas. De fato, historicamente também foi assim, e Piaget, por exemplo, entende o aparecimento da linguagem como a expressão da função simbólica ou semiótica (Piaget e Inhelder, 1969). Para este autor, a linguagem é representação, da mesma forma que outras condutas – imitação diferida, jogo simbólico, imagem e desenho –, e aparece, junto com as outras, no final do estágio sensório-motor, quando a criança consegue separar a forma geral de um esquema de ação de seu conteúdo particular, surgindo, então, a função simbólica como capacidade cognitiva que permite todas essas condutas simbólicas (ver sobre isso a exposição feita no Capítulo 3). Para Piaget, o aparecimento da linguagem tem pouco a ver com a comunicação, refletindo exclusivamente o desenvolvimento cognitivo da criança, por mais que seu aparecimento melhore notavelmente as capacidades cognitivas e comunicativas do bebê. Os dados empíricos disponíveis não apóiam esse ponto de vista, pois, muito antes que a hipotética função simbólica apareça, as crianças realizam usos lingüísticos que, evidentemente, não funcionam como símbolos, embora funcionem como signos. Uma posição que explique o aparecimento da linguagem em uma linha de continuidade com o desenvolvimento comunicativo parece mais plausível do que a hipótese cognitiva.

Vimos como o adulto e a criança se envolvem conjuntamente em atividades desde o ínicio da vida e como, nessas atividades, ambos se comprometem em uma negociação profunda e ativa de procedimentos que permitem levar a interação para um bom caminho. Como já sabemos, o que negociam é como mostrar suas intenções, como saber até que ponto são reconhecidas pelo outro, etc. Inicialmente, o bebê emprega o repertório de condutas com o qual chega a este mundo (choro, sorriso, olhar, etc.), mas pouco a pouco vai incorporando gestos mais arbitrários e, portanto, mais culturais, como, por exemplo, a sinalização. Isso é possível porque, como vimos, o adulto apresenta situações pautadas, segmentadas, seqüenciadas, etc., que se repetem várias vezes, de modo que o bebê tem centenas de oportunidades para observar tanto as conseqüências de seus atos como as dos demais e sempre em relação com o mesmo pano de fundo.

O aparecimento da sinalização é um bom exemplo. Perto dos seis meses, o bebê se interessa pelos objetos e, entre outras coisas, pretende pegá-los. Para isso, utiliza o "gesto de alcançar", que consiste em, estando sentado, esticar-se na direção do objeto, com o olhar fixo nele, os dois braços estendidos e as mãos abertas. Se não alcança o objeto, e o adulto considera que pode tê-lo, a seqüência continua com o adulto aproximando o objeto do bebê. Mas para isso tratou o "gesto de alcançar" como se fosse intencional: o adulto pressupõe que o bebê quer o objeto e que tal gesto é um sinal, dizendo coisas como, "claro, vou dá-lo a você", ao mesmo tempo em que o mostra e em seguida, pega-o e o entrega. Passam-se poucos meses, e o bebê estiliza seu "gesto de alcançar": mantém as costas retas, um braço ele mantém estendido, enquanto o outro fica mais retraído, e, além disso, aparece uma mudança definitiva em relação à situação anterior: agora, o bebê alterna seu olhar entre o objeto e o adulto; seu gesto se tornou intencional. A questão não é mais tentar alcançar diretamente o objeto, mas comunicar ao adulto que o quer ter. Poucos meses depois, próximo dos 11-12 meses, o "gesto de alcançar" desaparece e é substituído pela sinalização, usada também como uma forma de solicitação. Evidentemente, a sinalização é um procedimento mais cultural do que o "gesto de alcançar" e, portanto, permite novas possibilidades ao bebê, de modo que, poucos dias depois de seu primeiro aparecimento, o bebê aponta para um ponto distante do quarto, e o adulto pega o objeto e passa-o para ele. Existem algumas ocasiões em que o bebê pega o objeto que queria e outras em que o bebê despreza o objeto, porque o que queria não era pegá-lo, mas chamar a atenção do adulto sobre tal objeto por alguma razão. Em outras palavras, se o "gesto de alcançar" somente permitia "quero X", a sinalização, procedimento mais cultural e evoluído, permite tanto "quero X" como "olhe X".

Do mesmo modo que mostra o exemplo anterior, o que o bebê aprende sobre a linguagem nessas situações são as "condições de felicidade" que tornam possíveis que suas solicitações, suas indicações, seus sinais e suas perguntas sejam compreendidas e atendidas pelos demais. Definitivamente, aprende as condições para "fazer coisas" com a linguagem. Essa aprendizagem é anterior ao aparecimento da linguagem propriamente dita e se cumpre mediante gestos, vocalizações, olhares, etc., mas é imprescindível para o aparecimento da linguagem. Uma criança que tem sede pode fazer uma solicitação a partir de pegar a mão do adulto, levá-lo à cozinha e apontar para a torneira ao mesmo tempo em que vocaliza. É provável que o adulto entenda, sem muitos problemas, que está sedenta e lhe dê um copo de água. A palavra "água" aparecerá também como uma solicitação e expressa o mesmo "fundo de conhecimento" que os gestos anteriores; só que agora a criança compreende que tal procedimento (a palavra) é mais eficaz e mais econômico do que executar uma longa seqüência de gestos e de ações.

As primeiras palavras aparecem como um processo de "substituição funcional" em que os procedimentos arcaicos são substituídos por procedimentos mais culturais, cuja eficácia e economia se é capaz de reconhecer. É evidente que o progresso na linguagem é mais complicado do que esse simples mecanismo, como veremos mais detalhadamente no Capítulo 8, mas é importante mostrá-lo para compreender que quando aparecem as primeiras palavras, a criança já sabe várias coisas sobre a linguagem: a mais importante de todas é que sabe como usá-la.

Mas junto com esse processo de "substituição funcional" em que estão envolvidas as capacidades cognitivo-sociais, deve-se invocar também outra capacidade do bebê. Estamos nos referindo às capacidades fonológicas que os bebês desenvolvem ao longo de seu primeiro ano de vida (ver os detalhes do desenvolvimento no Capítulo 8). Entre a realização de um gesto e seu equivalente fonológico para cumprir a mesma função, existe uma diferença qualitativa muito importante. De fato, de uma perspectiva evolutiva, as coisas parecem ser relativamente fáceis para os bebês, que, desde muito cedo, combinam gestos e vocalizações, de modo que, junto ao desenvolvimento comunicativo descrito, existe um desenvolvimento fonológico que leva o bebê a realizar produções vocálicas semelhantes às produzidas pelos adultos.

Como se ressaltou no Capítulo 3, os bebês são extremamente sensíveis à voz humana. Por exemplo, após sete meses no útero materno, já são capazes de distinguir a voz humana de outro tipo de sons ou ruídos, de forma que, quando nascem, mostram habilidades surpreendentes sobre ela. Mais concretamente, discriminam produções de sua comunidade lingüística das de outras comunidades lingüísticas; também são capazes de discriminar todos os fonemas das línguas do mundo, capacidade que se perde posteriormente. Como se vê, os bebês possuem notáveis capacidades psicoacústicas, algumas das quais vão se perdendo na ausência de experiências lingüísticas apropriadas.

Do mesmo modo que em relação à percepção da fala aparecem habilidades notáveis, os bebês também têm capacidades para produzir sons. Assim, no início, choram e gritam; a partir dos três meses, começam os gorjeios, que são sons guturais; aos seis meses, produzem os primeiros balbuceios, que são combinações de sons vocálicos e consonânticos que se repetem de forma melódica e entonativa. Posteriormente, próximo aos nove meses, aparecem as primeiras formas foneticamente estáveis ou "protopalavras", que são empregadas em combinação com gestos tanto no âmbito da atenção como da ação conjunta. Finalmente, em torno de 12 meses, aparecem as primeiras palavras no sentido estrito. Como já dissemos, todo esse desenvolvimento aparece comentado no Capítulo 8, no qual se faz uma exposição detalhada e integrada do desenvolvimento lingüístico. Neste capítulo, ficam anotados os principais marcos desse desenvolvimento no primeiro ano cuja ênfase esteve mais nos aspectos comunicativos e nos fundamentos das conexões evolutivas entre a comunicação, a representação e a linguagem.

Termina aqui nossa viagem. Partimos de um bebê com um bom número de condutas que, além disso, é tratado pelo adulto como se já tivesse o repertório de intenções, expectativas e capacidades típicas dos humanos de mais idade. Nesse comportamento que dá como certo nos bebês capacidades comunicativas e representativas que, na realidade, ainda não têm completamente desenvolvidas, encontra-se provavelmente a chave do desenvolvimento da comunicação e da representação e, como conseqüência, a chave do aparecimento da linguagem.

5 Desenvolvimento socioafetivo na primeira infância

MARÍA JOSÉ ORTIZ, MARÍA JESÚS FUENTES E FÉLIX LÓPEZ

Neste capítulo, são analisadas as origens da vida social e emocional, as diferenças individuais nos diversos processos socioafetivos e os fatores individuais e contextuais que explicam tais diferenças. Um tema central, portanto, será o desenvolvimento do vínculo afetivo da criança com os cuidadores principais e a análise dos variados fatores que intervêm no estabelecimento de um laço afetivo seguro ou inseguro. O desenvolvimento dos diversos aspectos da vida emocional e o modo como fatores temperamentais e relacionais marcam diferenças em todos esses campos será objeto de uma revisão geral. Finalmente, são analisadas as primeiras relações com os iguais e o papel dos pais e educadores na aquisição e no desenvolvimento precoce da competência social infantil.

O APEGO

O que é o apego e quais suas funções

Conforme vimos no Capítulo 3, quando nascem, as crianças estão muito indefesas e necessitadas da ajuda dos demais, mas estão bem-dotadas perceptivamente, têm uma grande capacidade de aprender e estão pré-programadas para se interessar por estímulos sociais e acabar se vinculando a algumas pessoas. O vínculo emocional mais importante, ao menos na primeira infância, é o apego, o vínculo afetivo que a criança estabelece com uma ou várias pessoas do sistema familiar. Embora esse vínculo forme um todo, podem se distinguir nele três componentes básicos: condutas de apego (de proximidade e interação privilegiada com essas pessoas, por exemplo), representação mental (as crianças constroem uma idéia de como são essas pessoas, o que podem esperar delas, etc.) e sentimentos (de bem-estar com sua presença ou ansiedade por sua ausência, por exemplo).

O apego tem uma função adaptativa para a criança, para os pais, para o sistema familiar e, em último caso, para a espécie. Do ponto de vista objetivo, seu sentido último é favorecer a sobrevivência, mantendo próximos e em contato os bebês e os progenitores (ou quem cumprir essa função), que são os que protegem e oferecem os cuidados durante a infância. Do ponto de vista subjetivo, a função do apego é proporcionar segurança emocional; o sujeito quer as figuras de apego, porque com elas se sente seguro, aceito incondicionalmente, protegido e com os recursos emocionais e sociais necessários para seu bem-estar. A ausência ou perda das figuras de apego é percebida como ameaçadora, como perda irreparável, como situação de desproteção e desamparo, como situação de risco. Para cumprir essas funções básicas (sobrevivência e segurança emocional), o vínculo de apego tem quatro manifestações fundamentais:

a) buscar e manter a proximidade;
b) resistir à separação e protestar se esta se consuma;
c) usar a figura de apego como base de segurança a partir da qual se explora o mundo físico e social;

d) sentir-se seguro buscando na figura de apego o bem-estar e o apoio emocional (Feeney e Noller, 1996).

Talvez o mais importante é compreender que os membros da espécie humana são mamíferos muito sociais que, para sobreviver e se desenvolver adequadamente, dependem do estabelecimento de relações adequadas com os demais. Estas supõem vínculos afetivos e sociais como o apego e a amizade. O apego tem um papel muito importante ao longo do ciclo vital e, desde os três ou quatro anos até a adolescência, a rede de amizades vai adquirindo uma importância cada vez maior. Por isso, estabelecer vínculos de apego adequados com pessoas adultas que cuidam de nós e nos educam, assim como vínculos de amizade com aqueles com quem compartilhamos experiências e brincadeiras, é fundamental para o desenvolvimento.

O apego durante os primeiros anos de vida: um sistema de interação com outros

Para entender o desenvolvimento do apego nos primeiros anos, convém considerar quatro sistemas relacionais, dois dos quais estão presentes desde o momento do nascimento (o sistema exploratório e o afiliativo), enquanto os outros dois aparecem a partir dos seis meses (sistemas de apego e de medo ou cautela diante de estranhos). O Quadro 5.1 apresenta o conteúdo e o significado de cada um desses importantes sistemas relacionais.

Uma vez estabelecidos os quatro sistemas descritos no Quadro 5.1, o vínculo de apego regula, em boa medida, a exploração e as relações de afiliação ou medo das pessoas. A presença das figuras de apego ou a aquisição de um estilo de apego seguro, conforme veremos, prevê relações mais confiantes e eficazes com

QUADRO 5.1 Sistemas relacionais no primeiro ano de vida

Sistemas relacionais presentes desde o nascimento

- *Sistema exploratório* ou tendência a se interessar pelo mundo físico e social e a conhecê-lo. Como está presente desde o nascimento, os bebês agem em seus primeiros meses sem nenhum medo ou temor: tocam, chupam e examinam tudo o que está a seu alcance; ao mesmo tempo, estão em estado de alerta diante de tudo que é novo que possam ver, ouvir, cheirar, etc. São, definitivamente, verdadeiros exploradores do mundo, que é para eles inteiramente novo.
- *Sistema afiliativo* ou tendência a se interessar pelas pessoas e a estabelecer relações amigáveis com elas. Presente desde o nascimento, mantém-se ativo durante toda a vida. Nos primeiros meses, a criança não manifesta preferência por algumas pessoas ou outras, e as pessoas desconhecidas também não lhe produzem nenhum temor. Por isso, nos primeiros meses, são os adultos que devem cuidar totalmente das crianças, mantendo-as em lugares seguros e evitando que delas se aproximem pessoas ou animais perigosos.

Sistemas relacionais que aparecem próximo da primeira metade do primeiro ano de vida

- *Vínculo de apego* com uma ou várias pessoas com as quais o bebê procura manter a proximidade e uma interação privilegiada. É o sistema relacional básico, que, uma vez formado, irá regular em boa parte os demais e, sobretudo, irá determinar o tipo de relação que a criança estabelecerá com as pessoas e, até certo ponto, com as coisas e as situações.
- *Medo diante dos desconhecidos* ou tendência a se relacionar com cautela ou até mesmo repelir as pessoas desconhecidas. Que as crianças acabem ou não dando uma resposta de medo depende, fundamentalmente, da "avaliação" que elas mesmas fazem em função de fatores, tais como o grau de controle que têm da relação com o desconhecido, o grau de intrusão do desconhecido, a presença ou ausência da figura de apego, etc. Esse sistema permite à criança identificar perigos potenciais para, assim, pedir ajuda.

o mundo social e físico. Por outro lado, conforme veremos mais adiante, as crianças acabam tendo um estilo de apego que é todo um jeito de estar no mundo e de se relacionar com as pessoas, especialmente nas relações que requerem intimidade.

A evolução do apego segue uma seqüência típica em que cabe destacar quatro fases fundamentais: a primeira ocupa o primeiro trimestre de vida, a segunda ocupa o segundo, a terceira ocorre tipicamente durante o segundo semestre e a quarta, a partir do primeiro ano. Vejamos com detalhe o conteúdo de cada uma dessas etapas.

Quando a criança nasce, manifesta *preferência pelos membros da própria espécie* sem estabelecer diferenças entre aqueles que interagem com ela. Conforme vimos no Capítulo 3, as crianças demonstram claras preferências pelos estímulos sociais (rosto humano, voz humana, temperatura humana, etc.) e logo estabelecem associações entre eles. Mas é o reconhecimento da recorrência de algum elemento do estímulo (postura que se adota para mamar, traços do rosto da mãe, etc.) ou da mera associação entre eles, sem que a criança tenha um reconhecimento global da pessoa. Durante esse período, a atividade da criança está, fundamentalmente, regulada por ritmos biológicos aos quais se adaptam os adultos. A maior parte dos autores prolonga essa fase *até o terceiro mês* de vida da criança.

Pouco a pouco, vai aparecendo no bebê uma *preferência pela interação com os adultos que normalmente cuidam dele,* mas sem repelir os desconhecidos. As crianças discriminam com clareza entre algumas pessoas e outras (não só alguns traços isolados) e manifestam clara preferência por interagir com aqueles que normalmente cuidam delas. Essa habilidade para reconhecer perceptivamente as figuras de apego e diferenciar entre próprios e estranhos, expressa claramente em condutas, eles adquirem *entre os três e os cinco meses*. A interação se torna mais flexível (menos dependente de ritmos biológicos e de respostas reflexas), extensa e adaptada aos oferecimentos e respostas do adulto na interação cara a cara. Nesse período, no entanto, a criança não rejeita ainda os cuidados oferecidos pelos desconhecidos.

O passo seguinte é a formação dos sistemas relacionais de *apego e de medo de estranhos*. Na *segunda metade do primeiro ano* de vida, os bebês manifestam uma clara preferência pelas figuras de apego, ao mesmo tempo em que repelem os desconhecidos. As figuras de apego não só são reconhecidas, como podem ser evocadas graças às capacidades de representação, de permanência da pessoa e de memória. A separação provoca reações de protesto e ansiedade, e o reencontro produz alegria e tranqüilidade. O sistema de apego está claramente formado: as condutas para procurar ou manter a proximidade das figuras de apego, a reação ante as separações breves, o sofrimento pela perda dessas figuras e a recusa ou desconfiança ante os desconhecidos e o uso da figura de apego como base a partir da qual se explora o mundo físico e social não deixam lugar para dúvidas.

A partir do *primeiro ano de vida*, uma vez estabelecido o vínculo de apego, a criança vai conquistando um *certo grau de independência* das figuras de apego graças a suas novas capacidades de locomoção, verbais e intelectuais. Esse processo é sempre conflitivo, pois exige readaptações contínuas com ganhos e perdas de certos privilégios, por isso é acompanhado por desejos ambivalentes de avançar e retroceder. Sem dúvida, ocorrem mudanças lentas, porém contínuas: as novas capacidades mentais e a própria experiência do retorno das figuras de apego permitem à criança aceitar melhor as separações breves; o contato físico não precisa ser tão estreito e contínuo; a conduta exploratória não precisa tanto da presença física das figuras de apego. Mas os momentos de aflição (doenças, por exemplo) ou de separações que podem ser percebidas como ameaçadoras (hospitalizações, ingresso na escola infantil, etc.) ativam sobremaneira as condutas de apego, reagindo de forma similar a como se fazia nos primeiros anos de vida. Os conflitos afetivos mais importantes durante esse período são os produzidos pelas situações de separação, pelo desejo de participar da intimidade dos pais e pelas rivalidades fraternas. As crianças desejam participar da intimidade dos pais que lhes é proibida: dormir com eles, interpor-se quando se acariciam, etc. Descobrem que existem determinadas situações que não conseguem entender, em que não podem estar e das quais são excluídas.

Se durante esse período nasce um novo irmão, as crianças podem se sentir deslocadas nas atenções, enquanto assistem perplexos ao cuidado contínuo que seus pais oferecem ao recém-nascido. Essa situação costuma provocar rivalidade e regressões na conduta. Demonstrar-lhes incondicionalidade e disponibilidade para continuar atendendo-as em tudo de que necessitam é a melhor forma de ajudá-las a superar o ciúme.

As separações breves, hospitalizações, ingressos na escola infantil, viagens dos pais, etc., não são facilmente entendidas nessa idade, porque as crianças exigem a presença, disponibilidade e acessibilidade das figuras de apego e têm muitas dificuldades para entender o sentido das separações, para compreender que quem foi voltará em um tempo determinado, etc. Manter a disponibilidade e a acessibilidade das figuras de apego nas separações (demonstrando-lhes que, se estão aflitas, socorrerão logo) é muito importante durante esse período.

O conjunto de experiências de apego da primeira infância dá lugar à formação de um *modelo interno de relações afetivas*, que é uma representação das características da relação estabelecida com as figuras de apego. Trata-se de uma representação de natureza não-consciente que tende a ser muito estável a partir do primeiro ano, embora possa ser afetada e modificada por experiências posteriores. A função desse modelo é servir de base para as relações afetivas posteriores, guiando a interpretação das condutas de outros e a forma de organizar a própria conduta com eles.

Diferenças individuais na segurança do apego

Tipos de apego

Um dos desenvolvimentos mais importantes da teoria do apego foi a análise dos diferentes padrões ou estilos de apego e a origem de tais diferenças. Ainsworth, Blehar, Waters e Wall (1978) desenvolveram um procedimento rápido e sistemático denominado "a situação estranha" ("situação do estranho", segundo outra tradução) e destinado a avaliar a segurança do vínculo na primeira infância. O procedimento é observar como a criança organiza sua conduta em relação à figura materna ao longo de oito episódios rápidos mais ou menos estressantes, descritos rapidamente no Quadro 5.2. Se analisarmos esses episódios, podemos detectar as três principais fontes de ansiedade: um ambiente desconhecido, a presença de uma pessoa estranha e a separação da mãe.

Baseando-se em critérios como a ansiedade pela separação da figura de apego, a reação no reencontro e a utilização da figura de apego como base de exploração, Ainsworth e seus colaboradores identificaram três grandes padrões de apego, aos quais foi acrescentado, recentemente, um quarto padrão:

- O padrão mais freqüente (que afeta 65-70% das amostras estudadas por Ainsworth), definido como *apego seguro*, caracteriza-se por uma exploração ativa em presença da figura de apego, ansiedade (não necessariamente intensa) nos episódios de separação, reencontro com a mãe caracterizado por busca de contato e proximidade e facilidade para ser reconfortada por ela.
- O estilo de *apego ansioso-ambivalente* agrupa uma porcentagem menor de crianças (10-15%), cuja conduta se caracteriza pela exploração mínima ou

QUADRO 5.2 Descrição dos oito episódios utilizados para avaliar os estilos de apego

Episódio	Participantes	Duração	Descrição do episódio
1	Mãe, criança e observador	30 segundos	O observador leva a mãe e a criança até a sala (mobiliada com duas cadeiras e brinquedos pelo chão) e sai.
2	Mãe e criança	3 minutos	A criança e a mãe permanecem na sala. A mãe, sentada na cadeira, responde aos sinais da criança, mas não inicia interações. Se no final de dois minutos ela permanece passiva, a mãe a incentiva a brincar.
3	Mãe, criança e desconhecida	3 minutos	Uma mulher desconhecida entra na sala, senta-se na cadeira e, durante o primeiro minuto, permanece em silêncio. Durante o segundo minuto, conversa com a mãe. No terceiro minuto, se aproxima da criança e inicia uma interação amistosa com ela. Passado o terceiro minuto, enquanto a estranha está falando com a criança, a mãe sai discretamente.
4	Criança e desconhecida	3 minutos ou menos	Primeiro episódio de separação. A desconhecida responde às iniciativas e aos sinais da criança e tenta consolá-la ou distrai-la se demonstra angústia. Se a angústia for intensa, a duração do episódio pode ser reduzida.
5	Mãe e criança	3 minutos ou mais	Primeiro episódio de reencontro. A mãe entra na sala e a desconhecida sai. A mãe responde aos sinais da criança, tenta consolá-la se precisar e procura fazer com que volte a explorar. No final de três minutos, quando a criança está calma, se despede e abandona a sala.
6	Criança	3 minutos ou menos	Segundo episódio de separação. Se a angústia for intensa, a duração do episódio pode ser reduzida.
7	Criança e desconhecida	3 minutos ou menos	Terceiro episódio de separação. A desconhecida entra na sala, responde às iniciativas e aos sinais da criança e tenta consolá-la ou distrai-la se demonstra angústia. Se a angústia for intensa, a duração do episódio pode ser reduzida.
8	Mãe e criança	3 minutos	Segundo episódio de reencontro. A mãe entra, saúda a criança e pega-a no colo, enquanto a desconhecida abandona a sala. A mãe responde aos sinais da criança, tenta consolá-la se for preciso e procura fazer com que volte a explorar.

nula em presença da mãe, uma reação muito intensa de ansiedade pela separação, comportamentos ambivalentes no reencontro (busca de proximidade combinada com oposição e cólera) e grande dificuldade para ser consolada pela figura de apego.

- O terceiro padrão, em que estão aproximadamente 20% das crianças, é definido como *apego ansioso-evitativo* e se caracteriza por uma escassa ou nula ansiedade diante da separação, pela ausência de uma clara preferência pela mãe frente aos estranhos e pela evitação da mesma no reencontro (distanciando-se dela, passando longe ou evitando o contato visual).
- Recentemente, descreveu-se outro padrão, denominado *apego ansioso-desorganizado*, em que se agrupam as crianças que nessa situação se mostram desorientadas; aproximam-se da figura de apego evitando o olhar, no reencontro podem mostrar busca de proximidade para, repentinamente, fugir e evitar a interação, manifestando movimentos incompletos ou não-dirigidos a nenhuma meta e condutas estereotipadas. Quando os dados de estudos prévios em que se havia utilizado a classificação clássica voltaram a ser analisados incluindo esse estilo, as porcentagens de crianças que manifestam esse padrão oscilam entre 10 e 12%.

Antecedentes da segurança do apego

Para a teoria do apego, o principal determinante da segurança do vínculo afetivo é a sensibilidade da figura de apego, entendida como a disposição de prestar atenção aos sinais da criança, interpretá-los adequadamente e responder a eles rápida e apropriadamente, disposição muito relacionada com a empatia. Em geral, a pesquisa sobre o tema avaliza essa proposta, embora também existam discrepâncias. Uma recente meta-análise realizada por De Wolff e Van Ijzendoorn (1997), com 66 estudos sobre os antecedentes parentais na qualidade do apego infantil, corroborou a importância da *sensibilidade materna*. No entanto, sua influência parece um pouco menor do que a encontrada inicialmente, e outras dimensões, como a *sincronia* e a *mutualidade* na relação, mostram uma capacidade preditiva similar. Isso nos leva a pensar que a segurança do apego não só depende da sensibilidade materna entendida como um traço de personalidade, mas também da sensibilidade como padrão de conduta no contexto da relação, ou, se quiserem, do tipo de relação mãe-filho ou pai-filho que for estabelecida.

Nas crianças com apego seguro é possível constatar um tipo de interação mãe-filho recíproca, mutuamente reforçadora, em que a figura de apego é eficaz na hora de regular a ativação emocional da criança, interpretar seus sinais, responder de modo contingente, sem intrusividade, e manter intercâmbios de atenção conjunta freqüentes, o que se traduz por parte da criança em expressão de afeto positivo e manutenção da interação. Nesse tipo de história interativa, a criança forma um modelo interno que permite a ela antecipar e confiar na disponibilidade e na eficácia materna, assim como em sua própria capacidade para promover e para controlar os intercâmbios socioafetivos. Essas crianças sentem prazer na interação com a figura de apego, mas não precisam de um contato contínuo, pois a segurança da relação potencializa a exploração confiante do ambiente e da atividade independente.

As mães cujos filhos são qualificados como ansiosos-ambivalente são afetuosas e se interessam pela criança, mas têm dificuldades para interpretar os sinais dos bebês e para estabelecer sincronias interativas com eles, e são incoerentes – às vezes, reagem de maneira muito positiva e, outras, mostram-se insensíveis. Nesse tipo de relação, a criança não desenvolve expectativas de proteção, não sabe em que medida conta com a figura de apego, fato que gera uma ansiedade persistente sobre o enfraquecimento ou sobre a perda da relação, ansiedade que ativa intensamente o sistema de apego e inibe a exploração. Por sua vez, a raiva diante da frustração pela reiterada falta de disponibilidade materna também é intensa e persistente e se integra no modelo interno como uma raiva antecipada que "colore" a relação.

Quanto às mães das crianças evitativas, seu estilo interativo se caracteriza pela irresponsividade, pela impaciência e pela rejeição. Essas pessoas são pouco pacientes e tolerantes com os sinais de necessidade de seus filhos, chegando até a bloquear seu acesso e a impedir que se aproximem delas. Com a evitação e a inibição dos sinais e das condutas de apego, a criança previne a rejeição, a cólera ou um maior distanciamento da mãe. Esse tipo de apego também foi associado a um estilo de interação materno caracterizado por altos níveis de intrusividade, assim como a uma estimulação excessiva com pouca relação com o estado e com as necessidades da criança.

Por último, trabalhos recentes sobre o padrão de apego desorganizado na infância sugerem que esse é um padrão freqüente em crianças que foram vítimas de episódios de negligência e maus-tratos físicos. Nessa situação, a criança experimenta ciclos de proteção e ao mesmo tempo de rejeição e agressão, sente-se vinculada à sua figura de apego e ao mesmo tempo a teme, o que explica a combinação de aproximação/evitação. Esse tipo de apego foi encontrado também em crianças cujas figuras de apego não resolveram o luto pela morte de um ente querido e expressam um grau de ansiedade que gera temor na criança. Em ambas as condições, a base de segurança também é uma fonte de alarme e de inquietação, gerando aproximações à figura de apego interrompidas por condutas desorganizadas.

Diante dessa hipótese, que enfatiza a influência da relação entre a criança e a figura de apego, alguns autores defenderam que os padrões observados na situação estranha são manifestações de tipos temperamentais. As crianças de temperamento "difícil" serão suscetíveis de experimentar ansiedade na situação estranha e mais difícies de consolar, por isso tenderão a ser classificadas como ambivalentes; as crianças "fáceis", como seguras, e as crianças de "aquecimento lento", como evitativas. Como se costuma aceitar que o temperamento tem uma certa determinação genética, poder-se-ia pensar que aceitar o papel do temperamento da criança na dinâmica de interação mãe-filho levaria a considerar uma possível base genética nos tipos de apego; no entanto, as coisas não parecem ser dessa maneira, pois os estudos com gêmeos idênticos encontraram pouca congruência em seus estilos de apego, e os trabalhos comparativos constataram que o tipo de interação exerce uma influência mais poderosa do que o temperamento (Belsky, Rovine e Taylor, 1984).

O fato de que a segurança do apego dependa do tipo de relação mãe-filho nos leva a considerar aqueles fatores que podem incidir sobre essa relação, fatores entre os quais analisaremos as características do cuidador, as características individuais do bebê e os fatores do contexto em que a interação é produzida.

No que se refere às *características da figura de apego*, o adulto que se relaciona com o bebê é uma pessoa com uma determinada história afetiva, com uma personalidade formada e com determinadas expectativas e crenças sobre as capacidades e necessidades infantis, sobre a criação e a disciplina, etc. Quando se analisou a influência dos modelos internos dos pais sobre a segurança do apego de seus filhos, foi encontrada uma considerável coincidência. O apego seguro é muito freqüente entre crianças cujas mães avaliam positivamente suas relações de apego infantis, lembram-se de uma grande aceitação por parte de seus pais, são conscientes tanto das experiências positivas como das negativas de sua infância, não sentem rancor de seus pais, nem os idealizam. As mães das crianças evitativas não avaliam a importância de suas relações de apego, mostram dificuldades para se lembrar de sua infância ou, quando a lembram, minimizam as experiências negativas e idealizam suas mães, mas têm dificuldades para fazer referência a episódios reais que apóiem essa imagem positiva. O apego ambivalente infantil se associa a um modelo interno materno caracterizado por uma grande preocupação por sua infância, descrita de maneira incoerente e com grande conflito emocional, e por sentimentos de cólera ou rancor para com seus pais (Main e Goldwyn, 1984; Van Ijzendoorn, 1992). Quanto à influência de uma história de abandono ou de maus-tratos, muitos pais que sofreram maus-tratos enfrentam a maternidade-paternidade com o firme propósito de tratar adequada e afetuosamente seus filhos, mas, algumas vezes, sua história de rejeição e de maus-tratos pode gerar dificuldades para ter empatia com as emoções negativas de seus filhos, interpretando-as como desprezo, e podem reagir bloqueando seu afeto e, às vezes, maltratando seus filhos. No entanto, somente 30% dos pais que viveram uma história de maus-tratos maltratam seus filhos.

Como esse tipo de informação é obtida de maneira retrospectiva, é mais que possível que na representação dos pais de sua própria história de apego tenham influido outras experiências afetivas posteriores, e que o modelo interno atual seja uma reconstrução. De qualquer maneira, seja uma representação fiel de apego precoce ou o produto de experiências, reflexões ou reelaborações posteriores, o verdadeiramente importante é que essa representação dos pais influi decisivamente no tipo de relação que estabelecem com seus filhos.

Os estudos sobre variáveis de personalidade dos cuidadores confirmam que traços como a empatia, a estabilidade emocional, a capacidade para se colocar no lugar do outro e a auto-estima estão significativamente correlacionados com a segurança do apego de seus filhos. No que concerne à psicopatologia, a pesquisa coincide em considerar a depressão materna como um dos fatores que gera mais dificuldades na hora de estabelecer uma interação adequada com a criança. Em geral, as mães depressivas são pouco sensíveis aos sinais do bebê, interpretam-os mais negativamente e têm dificuldades para estabelecer sincronias interativas.

Dada a assimetria que caracteriza essas relações precoces, o papel da criança não parece ser equiparável ao da figura de apego; no entanto, é preciso analisar aquelas *características do bebê* que podem incidir direta ou indiretamente na interação. Embora os tipos temperamentais não pareçam permitir previsões relevantes dos tipos de apego, não podemos negar sua intervenção. Efetivamente, é mais difícil estabelecer sincronia interativa com uma criança irritadiça ou sobre a qual o adulto tem dificuldade para influir. No entanto, a maioria das crianças de "risco" por um temperamento difícil estabelece vínculos seguros se a figura de apego é paciente e se adapta às características do bebê (Belsky, Rovine e Taylor, 1984; Lieberman, Weston e Pawl, 1991).

Quanto às crianças prematuras, menos atraentes, espertas e manejáveis do que os recém-nascidos no tempo normal, os dados apontam na mesma direção. Claro que as características da criança prematura podem dificultar a interação durante os primeiros meses de vida, mas a maioria estabelece vínculos seguros.

O temperamento e o ser prematuros são fatores de risco cuja influência na segurança do apego depende de sua relação com outros fatores de estresse (dificuldades na relação de casal, falta de apoio social, etc.) e de proteção. Em amostras clínicas de maior gravidade (crianças com fissura lábio-palatal, surdas, autistas, etc.), a capacidade de previsão das variáveis maternas sobre o apego infantil é reduzida. É possível que a sensibilidade potencial das figuras de apego seja seriamente afetada pelo estresse ou pelas dificuldades que apresenta o cuidado dessas crianças.

A interação mãe-filho não ocorre no vazio, mas dentro de um complexo *contexto social*. Começando pelo âmbito familiar, a criança é afetada pela mãe e pelo pai e pela relação de casal, ao mesmo tempo em que ela afeta ambos e a relação matrimonial. Embora as mães se envolvam mais com a criação dos filhos, muitas crianças estabelecem vínculos seguros com seus pais quando estes lhes dedicam tempo e respondem sensivelmente aos seus sinais e às necessidades. O apego seguro com o pai e com a mãe está associado com maior sociabilidade e organização emocional. Quando o grau de ajuste matrimonial é alto, as crianças tendem a estabelecer apegos seguros com ambos os progenitores (Goldberg e Easterbrooks, 1984). Ao contrário, as dificuldades na relação de casal tendem a diminuir a sensibilidade e as atitudes positivas para com a criança. No entanto, a influência é bidirecional, pois a criança também afeta a relação entre o casal.

A transição para a paternidade é uma experiência estressante, e a maioria dos pais relata uma queda no grau de satisfação nas relações com o parceiro. Pensou-se com freqüência que o modo como essa transição era realizada e a subseqüente relação com a criança dependiam muito do grau de ajuste entre o casal antes do nascimento. No entanto, como descobriram Belsky e Isabella (1988), a segurança do apego das crianças está mais relacionada com as mudanças na satisfação do casal na fase de transição do que com o seu ajuste pré-natal. As mães das crianças classificadas como seguras e inseguras aos 12 meses não apresentaram diferenças no nível de satisfação prévio ao nascimento, e, em ambos os grupos, foi constatada uma queda similar durante os três primeiros meses de vida da criança. No entanto, a partir desse momento a insatisfação continuou aumentando nas mães das crianças inseguras, enquanto nas mães de crianças seguras o nível de satisfação se estabilizou, percebendo-se que essa mudança na relação do casal estava muito associada às variáveis de personalidade materna, como a empatia e a estabilidade emocional.

Quanto à classe social, a associação entre a sensibilidade materna e o tipo de apego da criança é menor nas amostras de classes sociais muito desfavorecidas. Isso não significa que a segurança-insegurança do apego seja distribuída em função da classe social, mas podemos supor que o acúmulo de estresse que é fruto das condições de pobreza gere dificuldades na hora de manter a sensibilidade e a interação positiva, principalmente quando a criança é irritadiça.

Não podemos terminar este item sem considerar a influência do contexto cultural, cujos efeitos no apego infantil foram evidenciados em inúmeros estudos. Como uma espécie de resumo, apresentamos alguns dos resultados obtidos por Van Ijzendoorn e Kroonenberg (1988), após analisarem a distribuição das classificações de apego em 32 estudos de diferentes países. As porcentagens apresentadas na Tabela 5.1 se referem à soma das amostras de cada país. Como podemos observar, o apego seguro é maioria em todos os países, embora sua incidência oscile desde 75% na Suécia e na Grã-Bretanha até 50% na China. Se nos centrarmos nos padrões de apego inseguro, comprovaremos que o estilo evitativo é mais freqüente na cultura ocidental, destacando a Alemanha, enquanto as porcentagens mais altas de apego ambivalente estão no Japão, na China e em Israel. É preciso assinalar, no entanto, que as diferenças intraculturais foram maiores do que as diferenças interculturais, especialmente na Alemanha e nos Estados Unidos.

Quanto à interpretação dessas diferenças, podemos apresentar razões relacionadas com o procedimento ou com as diferenças culturais no tipo de relação pais-criança. Considerando que a situação estranha foi elaborada para gerar um certo nível de ansiedade nos bebês americanos, podemos pensar que esse procedimento ameaçador é mais para as crianças japonesas e para as crianças israelenses do que para as outras; para as primeiras, os episódios de separação podem ser muito mais estressantes, porque, na cultura japonesa, as crianças de um ano não viveram experiências de separação de suas mães; para as crianças israelenses, cria-

TABELA 5.1 Porcentagens agregadas de distribuição de tipos de apego em diferentes países

Países	Número de estudos	Evitativo	Seguro	Ambivalente
Alemanha	3	35%	57%	8%
Grã-Bretanha	1	22%	75%	3%
Suécia	1	22%	75%	4%
Holanda	4	26%	68%	6%
Israel	2	6%	64%	28%
Japão	2	5%	68%	27%
China	1	25%	50%	25%
Estados Unidos	18	21%	65%	14%

das em *Kibutz*, onde raramente aparece um estranho, a entrada da desconhecida é um fator que pode gerar maiores níveis de ansiedade. A outra possibilidade é que as diferentes culturas e subculturas determinem distintas formas de relação com as crianças. A pouca ansiedade e a independência das crianças alemãs pode ser explicada pela tendência dos pais alemães de incentivar a autonomia e o autocontrole, enquanto os pais japoneses valorizam e promovem mais a união e a intimidade com as crianças. De qualquer maneira, impõe-se uma reflexão sobre o valor normativo dos dados da pesquisa européia e norte-americana, ao mesmo tempo em que se torna evidente a necessidade de adaptar os procedimentos de pesquisa aos diferentes contextos. No entanto, conscientes da variação intra e intercultural, não devemos nos esquecer de que os três tipos de apego são constatados na maioria das culturas estudadas, e que a maioria das crianças é classificada como segura.

Como é possível deduzir da revisão de fatores relacionados com a segurança do apego, embora pareça claro o papel determinante da figura de apego sobre a criança, também é evidente que essa experiência de interação e o subseqüente nível de segurança infantil recebe influências múltiplas. Contudo, ainda desconhecemos o peso exato que exerce cada um desses fatores e sua interação. Como forma de resumo, apresentamos na Figura 5.1 uma adaptação do modelo proposto por Belsky e Isabella (1988).

DESENVOLVIMENTO EMOCIONAL NA PRIMEIRA INFÂNCIA

Depois de muito tempo esquecido, devido à uma concepção das emoções como perturbadoras do raciocínio e de uma aproximação essencialmente cognitiva à realidade humana, hoje podemos observar um renovado interesse pelo desenvolvimento emocional, interesse impulsionado pelo enfoque funcionalista que enfatiza o papel adaptativo das emoções em todos os aspectos da atividade humana. Nos próximos itens, são analisados os diversos aspectos que configuram o desenvolvimento emocional na primeira infância.

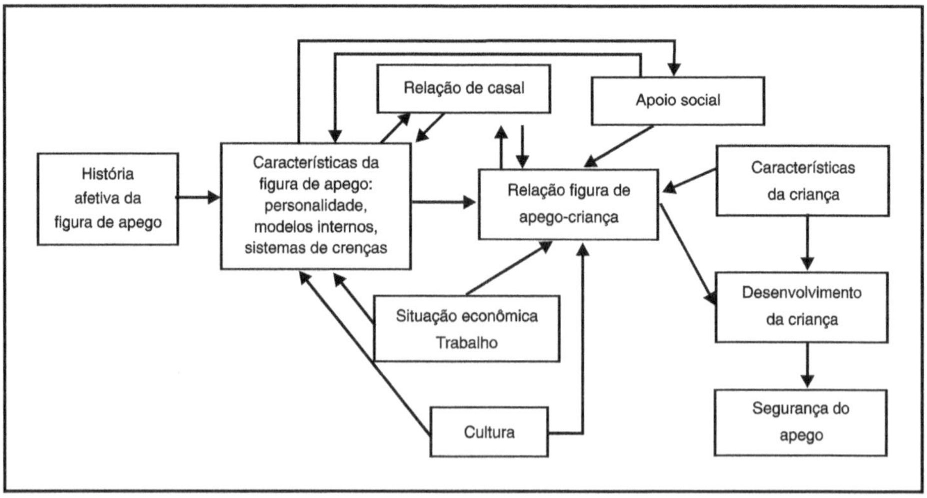

FIGURA 5.1 Antecedentes da segurança do apego. Fonte: Adaptado de Belsky e Isabella, 1988.

Desenvolvimento da expressão emocional

Entre os grandes recursos que os bebês dispõem para se comunicar com os cuidadores, destacam-se os sinais emocionais. Desde os primeiros dias de sua vida, as crianças mostram expressões faciais de interesse, asco e mal-estar e, ocasionalmente, sorriem quando estão dormindo ou em certos estados fisiológicos. No final do primeiro mês, é possível observar os primeiros sorrisos diante da voz e do rosto humano. As expressões faciais de aborrecimento, de tristeza e de surpresa começam a ser evidenciadas próximo ao segundo mês, mas ainda não existe um nexo claro entre o sinal emocional e o estado interno. Assim, as crianças mostram surpresa diante do novo, mas também diante dos estímulos familiares; do mesmo modo, podem reagir com expressão de raiva ou de tristeza diante de um estímulo que provoque aborrecimento. Observando a expressão emocional de sua filha, Camras (1994) comprovou que é a partir do terceiro mês que se produz esse ajuste sistemático entre a situação desencadeante, a expressão facial e os movimentos relacionados instrumentalmente com cada emoção, como empurrar um obstáculo no caso da cólera ou a diminuição de movimentos na tristeza, o que permite supor que a expressão emocional do bebê revela seu estado interno. Quanto ao medo, embora se tenha observado expressões faciais dessa emoção em recém-nascidos, as reações de temor são raras durante os primeiros seis meses de vida.

O valor dessas expressões emocionais é inquestionável, posto que são sinais muito potentes que regulam a conduta dos cuidadores. As expressões de alegria e interesse mostram aos pais que a criança tem boa disposição para manter a relação e que eles estão fazendo bem a ela, motivando-os a prolongar a interação. O choro e a expressão de mal-estar atraem as figuras de apego para que a alimentem, para que eliminem o que provoca dor ou para que lhe façam companhia; a expressão de aborrecimento lhes motiva a parar a atividade que altera o bebê, e os sinais de medo e tristeza lhes informam que a criança precisa de proteção e consolo.

Ao longo dos três primeiros anos, as expressões emocionais vão se tornando cada vez mais seletivas, aumentam sua rapidez e duração e, claro, vão se socializando na interação com as figuras de apego. Durante o primeiro ano, as mães mostram sobretudo emoções positivas a seus filhos, evitando expressar cólera, tristeza ou medo, e tendem a reforçar e imitar as expressões positivas da criança, como a alegria ou o interesse, enquanto evitam as negativas, como a cólera, o que pode explicar o aumento de expressões positivas nas crianças e a diminuição das negativas. Aos dois anos, aparecem duas expressões faciais que indicam claramente o controle infantil da expressão emocional: morder o lábio inferior para controlar a expressão de ansiedade e a compressão dos lábios como controle da expressão de cólera. Por último, o acesso à linguagem determina uma grande mudança nesse aspecto da vida emocional, já que proporciona às crianças um novo modo de expressão de seus sentimentos, contribuindo para uma sensível diminuição das expressões abertas de cólera e de choro.

Nesse processo de socialização da expressão emocional, já são evidentes as diferenças ligadas ao gênero. As mães sorriem mais e mostram maior expressividade para as meninas, o que explicaria a maior sociabilidade destas, sua superioridade nas provas de reconhecimento afetivo e sua tendência a sorrir mais. Efetivamente, as mães imitam mais as expressões das crianças, enquanto respondem às meninas com expressões diferentes e mais variadas. Uma possível razão para isso é a maior labilidade e irritabilidade dos bebês homens, de forma que, com seus filhos, as mães evitam jogar com a variabilidade emocional a fim de manter o tom positivo. Por outro lado, em geral, devido à repressão da cólera na mulher em nossa sociedade, as mães aceitam melhor a cólera nos meninos, enquanto tentam reduzi-la ou eliminá-la nas meninas. Com bebês de três e seis meses, as mães expressam mais desaprovação e evitação diante da cólera das meninas, o que vai indicando a estas que tal emoção põe em risco as relações afetivas. Por último, enquanto nas meninas se tolera a tristeza e se procura saber as causas, nos meninos se minimiza sua expressão com táticas de distração e se fala menos dela em contos ou narrações.

Se realizarmos algumas tantas visitas a uma creche podemos comprovar que, além das relacionadas com o gênero, existem importantes diferenças na expressão emocional das crianças. Na origem dessas diferenças, estão fatores temperamentais ou de socialização no contexto familiar. Entre os teóricos do temperamento, existe consenso em defender a existência de diferenças individuais relativamente estáveis na intensidade emocional, na tendência por experimentar e expressar estados de ânimo positivos ou negativos e na disposição ao medo e à timidez diante da desinibição, para as quais se propõe uma origem constitucional ou genética. Quanto ao papel da socialização, as vias de influência são variadas. O contexto familiar intervém, por um lado, ao proporcionar e regular as oportunidades para experimentar e compartilhar emoções; alguns pais procuram estruturar o ambiente e seu próprio comportamento para evitar que seus filhos experimentem o mínimo nível possível de ansiedade, de frustração ou de medo, enquanto outros pensam que enfrentar esse tipo de situações é positivo para desenvolver o autocontrole e a tolerância à frustração. Em segundo lugar, a expressão emocional das crianças depende muito do nível de expressividade emocional dos pais e da exposição a diferentes emoções e intensidades emocionais no contexto familiar. A expressão de alegria nas crianças está muito relacionada à freqüência e à intensidade com que os cuidadores expressam alegria, e isso também acontece com a tristeza e com a cólera. Por último, os pais intervêm diretamente com o ensino das regras de expressão, que ditam quando, como e com que intensidade devem expressar as emoções, um tipo de educação emocional muito ligada aos valores da cultura ou subcultura em que a família vive.

Reconhecimento de emoções e empatia

Os bebês começam a diferenciar as expressões das outras pessoas quando são capazes de centrar sua atenção nas partes internas dos rostos humanos, conforme foi mostrado no Capítulo 3, no final do segundo mês; mas o verdadeiro reconhecimento dos diferentes significados das expressões emocionais de seus cuidadores ocorre um pouco mais tarde. Haviland e Lelwica (1987) comprovaram que as expressões de alegria, cólera ou tristeza dos cuidadores têm um impacto bem diferente em crianças de três ou quatro meses: diante da alegria, reagem com expressão de alegria e movimento; diante da cólera, mostram expressão de cólera e permanecem quietas, e a tristeza expressa pela mãe gera choro, sucção e movimento de mastigação. A imobilidade diante da expressão de cólera materna e a busca de conforto diante da tristeza sugerem que nessa idade precoce reajam seletiva e apropriadamente à emoção materna, uma resposta mais complexa do que o simples contágio.

A capacidade de interpretar as emoções de seus cuidadores é claramente evidenciada com o aparecimento, entre os 8 e os 10 meses, da chamada referência social. Diante de uma situação ambígua ou nova, as crianças olham seu cuidador e utilizam a informação de sua expressão para avaliar o objeto ou o acontecimento em questão e para regular sua conduta. A expressão positiva dos familiares indica que é um objeto agradável; as de medo, asco ou dor, que deve ser evitado. A maioria das crianças se atreve a atravessar o abismo visual quando a expressão materna reflete alegria ou interesse, mas não atravessam se manifestar temor, tristeza ou cólera. O mesmo acontece com a reação de medo diante de estranhos, que decresce sensivelmente em função da expressão positiva da figura de apego para com a pessoa desconhecida.

Entre o segundo e o terceiro ano, graças à linguagem e ao jogo simbólico, começa a se produzir um interessante avanço na compreensão das emoções. As crianças se interessam pelos estados afetivos dos demais, e os pais começam a explicar as causas das emoções da criança e de outras pessoas. Essas conversas com as figuras de apego sobre as emoções próprias e alheias, sobre suas causas e conseqüências, contribuem de maneira incontestável para o desenvolvimento da compreensão emocional. Quanto ao jogo simbólico, entre o segundo e o terceiro ano da vida, grande parte de seus conteúdos está ligado aos estados afetivos. No jogo, as crianças adotam estados emocionais diferentes dos seus, atribuem estados afetivos fictícios aos outros e compartilham com o outro essa atribuição de emoções fictícias, favorecendo a adoção de perspectiva emocional, de modo que as crianças que mais jogaram simbolicamente aos dois anos são as que, na idade pré-escolar, mostram mais capacidade para compreender as emoções dos demais.

Além de reconhecer as emoções alheias, as crianças são capazes de criar empatia, de compartilhar os estados afetivos dos demais. Essa disposição humana é um recurso fundamental das relações socioafetivas, motivadora da conduta amigável e da culpa empática e poderosa inibidora da agressão. Em recém-nascidos, podemos observar um choro reativo ao choro de outros bebês, que, no entanto, não ocorre diante de uma gravação de seu próprio choro. É um mal-estar empático de base constitucional. Conforme as crianças são progressivamente capazes de interpretar as expressões emocionais dos demais, respondem vicariamente às mesmas com uma imitação mimética de expressões faciais, mas ainda é um mal-estar empático global, já que os bebês não são capazes de diferenciar os sentimentos do outro dos seus próprios. É quase no início do segundo ano que, graças à diferenciação de seu próprio eu do dos demais, a ressonância emocional global dá lugar a verdadeiras respostas empáticas acompanhadas das primeiras iniciativas de consolo para com a vítima. Sem desconsiderar a importância dos processos perceptivos e cognitivos na empatia, é a relação de apego que oferece a principal oportunidade para seu desenvolvimento. É nesse contexto privilegiado (de olhar mútuo, de interação rítmica, de contato corporal, em que as figuras de apego sentem com a criança, interpretam e imitam suas emoções, modulam seus estados afetivos e transmitem a ela seus sentimentos por meio de sons, tato e expressões emocionais) que as crianças aprendem a expressar, a interpretar e a compartilhar as emoções.

As emoções sociomorais

As emoções morais como a vergonha, a culpa e o orgulho aparecem no decorrer do segundo ano, uma vez que se tenha desenvolvido o conceito de si mesmo. Tradicionalmente se pensou que o desenvolvimento moral seria derivado de capacidades próprias de etapas posteriores do desenvolvimento; no entanto, também contamos com evidências do papel que tem a emoção na formação precoce do sentido moral.

Em crianças de 27 meses, já é possível observar expressões emocionais de orgulho (elevação dos olhos, olhar triunfante, incorporação corporal e elevação dos braços) e vergonha (corpo encolhido, cabeça baixa, olhos e mãos sem movimento) diante do sucesso ou do fracasso, respectivamente, na resolução de uma tarefa. O fato comprovado de que o orgulho diante do sucesso seja mais intenso quando a tarefa for difícil e que a vergonha diante do fracasso seja maior diante de uma tarefa fácil indica que não são simples manifestações de alegria e de tristeza, pois estas acompanham a conquista e o fracasso independentemente da dificuldade e do esforço. Também entre o segundo e o terceiro ano aparecem as primeiras reações de culpa com tentativas de reparar o dano.

Quanto às bases evolutivas dessas emoções morais precoces, o desenvolvimento do eu é requisito necessário, embora não suficiente. De fato, conforme veremos no Capítulo 9, as emoções que aqui chamamos de sociomorais também recebem o nome de autoconscientes, pois evidenciam e exigem uma consciência do eu relativamente evoluida. Na gênese dessas emoções, intervêm a aprovação-desaprovação do cuidador, a referência social e a empatia. A partir do segundo ano, as crianças observam o sinal afetivo do progenitor depois – ou antes – do ato proibido. Quando a criança se porta mal, as mães mostram vergonha, tristeza ou cólera, e, através da referência social, ocorre uma indução mimética na criança com uma ativação emocional de acordo com a expressão materna. Instaurada a ativação na criança, a mãe expressa a atitude corretiva no sentido de induzir um autêntico – não só mimético – sentimento de culpa ou vergonha.

A terceira fonte de motivação para as emoções morais é a empatia, a reação afetiva vicária com os sentimentos do outro. Quando a criança sente dor empática com a vítima e se atribui a responsabilidade por ela, a reação emocional conseqüente é a culpa. Essas reações de empatia e culpa serão potentes inibidores da agressão. Por outro lado, a culpa empática é a que pode explicar a capacidade das crianças, já aos três anos, para julgar mais graves as violações morais (quebrar as coisas do outro) do que as convencionais (não agradecer um favor recebido), conforme veremos no Capítulo 10. Como vítimas, as crianças expressam de forma verbal ou não-verbal a dor ou a perda, e com certa freqüência as crianças que agridem ou tentam se apropriar de um brinquedo param diante dos sinais de tristeza da vítima. Aqui é essencial o modo como as vítimas reagem, pois ele indica ao agressor que as transgressões morais são mais graves do que as convencionais. Essa reação empática à aflição da vítima está na base da compreensão moral e das emoções morais; a falta de sentimentos precoces de culpa ou arrependimento tende a ser associada com conduta anti-social.

A partir de sua gênese, entre o segundo e o terceiro ano, essas emoções morais e autoconscientes regulam o comportamento social de acordo com os padrões convencionais e morais, e sua função não é só corretiva, mas também preventiva. Antecipar os sentimentos de vergonha ou culpa regula a conduta antes que seja realizada.

Não podemos finalizar esta parte sobre as emoções morais sem mencionar as diferenças de gênero. Já desde os dois ou três anos é possível constatar que se os níveis de realização da tarefa forem semelhantes, as meninas mostram mais vergonha diante do fracasso do que os meninos. Embora as causas dessa diferença não sejam claras, é possível que as práticas de socialização com as meninas focalizem nelas mesmas, com mais freqüência do que nos meninos, a responsabilidade das transgressões e dos fracassos. Em relação à culpa, desde os dois anos, tanto em laboratório como no lar, a relação entre agressão e reparação se encontra em meninas, sendo pouco freqüente em meninos. Conforme é mostrado no Capítulo 11 mais detalhadamente, aos dois anos, a cólera mostra um pico e declina posteriormente, sendo o declive mais abrupto nas meninas. É provável que a culpa precoce pelo dano interpessoal seja o que modere a agressão nas meninas e promova a reparação. As diferenças em empatia e culpa entre meninos e meninas podem ser explicadas pelas diferentes técnicas disciplinares: os pais utilizam mais a indução, a explicação e a atenção voltada para as vítimas com as meninas e a afirmação de poder com os meninos. Embora, aos dois anos, meninos e meninas não sejam diferentes em suas transgressões morais, as mães promovem a culpa nas meninas, focalizando a atenção destas nas conseqüências de seus atos nos demais e sensibilizando-as sobre os estados e as experiências internas dos outros no período em que a agressão interpessoal é muito comum em todas as crianças.

A regulação emocional

As emoções permitiram nossa sobrevivência e continuam favorecendo a adaptação humana; mas para que o funcionamento seja adaptativo, é preciso que sejam flexíveis acordes com a situação e que o nível de ativação emocional seja suficiente para motivar a ação, mas, ao mesmo tempo, manejável e tolerável. Por isso, uma das grandes tarefas evolutivas é o desenvolvimento da regulação emocional. Durante a primeira infância, são os cuidadores aqueles que fundamentalmente modulam as emoções infantis, embora as crianças também adquiram progressivamente um maior controle sobre sua vida emocional.

Os bebês vêm equipados com mecanismos que aliviam o mal-estar (fechar os olhos, sucção, fricções corporais), mas essas capacidades são muito limitadas. Ao longo do primeiro ano, a maturação do sistema nervoso, especialmente a do córtex, permite que as crianças desenvolvam progressivamente maiores capacidades para inibir ou minimizar a intensidade das reações emocionais. Também poderíamos citar as mudanças na percepção visual, com a passagem da atenção cativa para a atenção voluntária, que permite ao bebê "se livrar" de uma estimulação emocionalmente desagradável ou intensa. No entanto, tão importante quanto os processos cognitivos e maturativos no desenvolvimento da regulação emocional é a intervenção dos cuidadores.

A resposta moduladora materna não só regula o estado emocional das crianças como também ajuda a tolerar e a enfrentar níveis de tensão cada vez mais elevados, promove nelas a sensação de controle dos próprios estados emocionais e ensina-lhes estratégias de regulação. As mães utilizam a distração (direcionam e mantêm a atenção das crianças para diversos objetos) para favorecer estados emocionais positivos e reduzir os negativos, e essa regulação se interioriza como estratégia autorreguladora que as crianças podem utilizar individualmente em situações de estresse moderado.

Estabelecido o vínculo afetivo, meninos e meninas se voltam seletivamente para a figura de apego como porto de refúgio nos momentos de ansiedade, medo ou tristeza e desenvolvem expectativas sobre a resposta reguladora materna. O papel dos pais no desenvolvimento da regulação emocional é evidenciado quando analisamos os processos emocionais subjacentes nos tipos de apego. Nas crianças seguras, a expressão de medo, tristeza ou cólera é percebida como útil para alertar os pais nos momentos de ansiedade e está associada a uma resposta materna de empatia e regulação; essa associação com expectativas de modulação faz com que a mesma experiência de afeto negativo seja menos ameaçadora ou perigosa; além disso, essas crianças ficam menos tempo em estados de ansiedade, e a sensação de segurança potencializa uma progressiva capacidade para tolerar temporalmente os afetos negativos nas situações frustrantes. Nas crianças ambivalentes, a falta de sensibilidade e a incoerência da resposta do cuidador geram impulsividade e desamparo, assim como altos níveis de emocionalidade negativa que representam uma estratégia para chamar a atenção e ativar uma conduta protetora em uma figura de apego incoerente; as crianças ambivalentes se mostram sobreexcitadas pelas emoções negativas, que não sabem regular, e muito preocupados com elas. Finalmente, a rejeição da figura de apego em resposta às expressões negativas das crianças provoca uma supressão ou minimização das mesmas para evitar um maior distanciamento materno, conduta própria do apego evitativo, embora os indicadores fisiológicos revelem que se trata de um mascaramento, isto é, que as crianças estão escondendo as emoções que experimentam; de qualquer modo, a negação ou a supressão emocional bloqueia o desenvolvimento de estratégias de regulação saudáveis, como a solução do problema ou o apoio social.

Entre o segundo e o terceiro ano, as competências infantis aumentam muito. A linguagem permite às crianças um modo de expressão emocional mais eficaz e regulado, elas têm mais capacidade para modificar as situações que provocam a emoção, podem utilizar o jogo e a exploração como estratégia deliberada de distração para controlar a intensidade ou a duração de seus estados afetivos, e, além disso, a regulação está mais flexível e adaptada às circunstâncias (por exemplo, em uma queda ou em um conflito com outra criança, choram ou protestam intensamente se há um adulto presente, mas não fazem o mesmo em sua ausência). Apesar desses avanços, continuam sendo as figuras de apego que modulam a experiência e a expressão emocional das crianças. Por sua vez, os pais começam a intervir mais diretamente na educação emocional de seus filhos e seus estilos de intervenção; a partir desse momento e nos anos posteriores, exercem uma grande influência na regulação infantil da experiência e da expressão emocional. No modo como os pais educam emocionalmente seus filhos, está implícita sua própria filosofia sobre as emoções e sua expressão. Os pais que consideram que as crianças não têm motivos para sentir tristeza, cólera ou medo e que essas emoções são um modo de chamar a atenção ou de manipulação, ou que refletem mau-caráter ou fraqueza, tendem a ridicularizar, minimizar ou castigar sua expressão, bloqueando o desenvolvimento de estratégias de regulação. Também não contribui com o desenvolvimento da regulação emocional a intervenção daqueles pais que aceitam incondicionalmente as emoções da criança e que pensam que há pouco ou nada a fazer com as emoções negativas, salvo liberá-las, mantendo uma atitude de *laissez-faire* sem demarcar limites para a expressão emocional. Finalmente, os pais que valorizam as emoções da criança têm empatia, colocam-se em seu lugar, ajudam a identificar e a nomear suas emoções, demarcam limites; ao mesmo tempo ensinam formas mais aceitáveis de expressão das mesmas e ajudam as crianças a descobrirem estratégias para solucionar o problema ou para modular seu estado interno, contribuem decisivamente para uma boa educação emocional.

AS RELAÇÕES COM OS IGUAIS

Os pais não são os únicos agentes de socialização das crianças pequenas. Cada vez mais cedo, as crianças são expostas ao contato com amigos no contexto das situações extrafamiliares em que participam assiduamente. Por isso, faz sentido terminar este capítulo submetendo à análise as relações que os bebês mantêm com seus iguais, refletindo sobre sua dinâmica evolutiva, sobre seu significado e sobre suas conseqüências.

Evolução e características das interações entre iguais

As crianças se tornam ativas na presença de outras crianças e manifestam interesse pelos estímulos sociais desde os primeiros meses de vida, mas as interações entre eles dependem totalmente de que os adultos os ponham em contato e facilitem a interação, já que suas óbvias limitações de deslocamento impedem que procurem por si mesmos a companhia dos outros.

Ao longo dos dois primeiros anos, é possível observar uma série de importantes avanços nas interações entre iguais. Desde pelo menos os seis meses, as crianças procuram ativamente chamar a atenção e iniciar a comunicação com os iguais por meio de condutas, como tocar, vocalizar, olhar, sorrir e oferecer brinquedos a outras crianças. Essas expressões, no início, são curtas e pouco freqüentes, mas, à medida que passam os meses, as seqüências de interação se tornam cada vez mais longas, são incorporadas novas ações e coordenadas com outras que já estavam dc forma isolada no repertório comportamental da criança.

A partir dos nove meses, aumentam a freqüência e a intencionalidade das condutas comunicativas entre iguais: meninos e meninas iniciam voluntariamente interações, respondem às iniciativas lúdicas de seus companheiros, observam-se e sorriem mutuamente, imitam as ações do outro e mostram aborrecimento. As interações entre iguais costumam girar em torno de objetos e de brinquedos que as crianças manipulam, oferecem umas às outras ou trocam. É precisamente a posse de objetos o motivo principal dos conflitos nessa etapa. Outra característica das interações nessa idade é a brincadeira paralela, denominada assim porque as crianças brincam umas próximas das outras, realizando atividades de caráter exploratório em torno de objetos ou de brinquedos, mas permanecendo cada uma centrada em sua própria atividade, sem que ocorra ainda uma autêntica cooperação entre elas. Ficou comprovado que, nessa etapa, as brincadeiras costumam ser mais elaboradas e de maior nível cognitivo quando outras crianças estão presentes do que quando a criança brinca sozinha, o que evidencia a importância dos companheiros mesmo desde o primeiro ano de vida. As crianças que possuem maior experiência prévia de interação com os iguais tendem a iniciar mais contatos lúdicos com novos companheiros do que as que tiveram menor experiência de interação com os iguais (Rubin, Bukowski e Parker,

1998). Essas questões serão retomadas com mais detalhes no Capítulo 11.

Próximo dos 18 meses, aparece o jogo simbólico ou de ficção, que consiste em utilizar um objeto ou pessoa para representar algo que não é, como, por exemplo, utilizar um pedaço de madeira como se fosse uma colher, ou uma caixa de sapatos como se fosse um carro. Esse tipo de jogo gera situações imaginárias em que as crianças ensaiam novas condutas, modificam atividades e adotam diferentes papéis, em um contexto lúdico protegido, sem correr os riscos, nem sofrer as conseqüências de realizar essas atividades em contextos reais. O desenvolvimento da capacidade simbólica permite às crianças simular situações e compartilhar o significado das atividades que realizam, dando lugar ao jogo sociodramático (como brincar de médico), em que os intercâmbios gestuais, comunicativos e lingüísticos são cada vez mais sofisticados (imitações, desempenho de papéis, explicações).

A brincadeira solitária vai diminuindo a partir dos dois anos, sendo progressivamente substituída pelo jogo sociodramático e o cooperativo, embora os diferentes tipos de jogo convivam, em diferente medida, durante toda a infância. O jogo sociodramático e o cooperativo irão sendo consolidados na etapa posterior, facilitados por importantes avanços cognitivos, como a capacidade de se colocar no lugar do outro e de coordenar outros pontos de vista com o próprio, o domínio da comunicação verbal e o manejo de atividades descontextualizadas em substituição das reais.

Conforme já vimos, nos dois primeiros anos as crianças se envolvem em diferentes atividades lúdicas com seus iguais, observam a brincadeira dos outros, realizam jogos solitários, jogos paralelos, jogo sociodramático e algumas atividades cooperativas em pequeno grupo. Essa seqüência de tipos de jogo foi justificada pela progressiva maturidade da criança para se envolver em formas lúdicas cada vez mais complexas, mas também pode ser que observar outras crianças e brincar próxima a elas não signifique necessariamente uma conduta mais imatura do que o jogo cooperativo. O desenvolvimento da capacidade para observar e para manter a atenção sobre o que fazem os demais pode facilitar o aparecimento do jogo cooperativo, porque, por exemplo, observar o que fazem outras crianças para se integrar em um grupo pode ser muito útil para conhecer diferentes estratégias para iniciar interações, conversações ou atividades conjuntas.

Antes dos dois anos, as crianças se relacionam em grupos muito pequenos, geralmente em duplas, não mostrando preferência de gênero na escolha de seus companheiros de brincadeira; mas, a partir dessa idade, começam a brincar em grupos mais numerosos e a expressar claras preferências em brincar com companheiros do mesmo sexo. A divisão tão precoce entre meninos e meninas está baseada nos diferentes interesses lúdicos de cada gênero; enquanto os meninos, em geral, preferem jogos motores e rudes, as meninas se inclinam, com mais freqüência, por atividades mais tranqüilas e sedentárias. Os pesquisadores concordam em interpretar essa separação entre meninos e meninas como fruto da orientação que recebem da família e da cultura para diferentes tipos de atividades, interesses e estilos de comportamento em função de seu sexo. Esses estereótipos de gênero, atribuídos pela família e pela cultura desde os primeiros momentos da vida, influem nas atividades, nas condutas e nas interações de meninos e meninas com seus iguais.

Em resumo, pode-se dizer que as interações entre crianças bem pequenas progridem desde um primeiro momento em que estão centradas nos objetos (os meninos brincam uns ao lado dos outros, mas prestando tanta ou mais atenção nos brinquedos como nos companheiros) a uma etapa intermediária denominada interação simples, em que as crianças reagem claramente às condutas intencionais dos iguais e tentam regular a conduta dos outros com episódios de ação-reação para chegarem, a partir dos 18 meses, a realizar interações complementares de autênticos intercâmbios sociais em que procuram influir em seus companheiros, esperam obter reciprocidade, respeitam a vez e adotam papéis complementares nas brincadeiras.

É possível falar de amizade entre bebês?

Na etapa que estamos analisando, as crianças concebem os amigos como companheiros de brincadeira. Suas relações se caracterizam por serem instáveis (se formam e se desfazem com certa facilidade quando aparecem conflitos interpessoais), menos duradouras e mais mutáveis do que nas etapas posteriores. Elas podem realmente ser consideradas relações de amizade?

Sabemos que desde seu um ano de idade, as crianças iniciam mais brincadeiras, direcionam mais afeto positivo e se envolvem em interações mais complexas quando tratam com iguais conhecidos do que quando tratam com desconhecidos; além disso, comportam-se de forma diferente se as experiências prévias que tiveram com esses companheiros foram positivas do que se geraram conflitos. Isto é, mantêm condutas diferenciais com os iguais em função de como tenham sido suas experiências prévias com eles. Considerando isso, alguns autores (Howes, 1987, 1988) defendem que, nessa idade, as crianças já têm amigos, porque escolhem, entre seus companheiros, os que gostam mais e os que preferem para brincar, escolhem segundo suas experiências de interação prévias e com eles mantêm intercâmbios recíprocos ou complementares, manifestando para com eles afeto positivo.

Será, sobretudo, depois dos dois anos que as crianças irão se sentir atraídas por e preferirão interagir com companheiros semelhantes a elas em idade, sexo, raça e comportamento (Hartup, 1992). Escolhem como amigos crianças que realizam condutas pró-sociais (ajudam, compartilham, cooperam) e são melhores companheiras de brincadeira, rejeitando aquelas que se comportam de forma desagradável com elas, que brigam ou tiram seus brinquedos. Nas relações, ocorrem freqüentes conflitos motivados por discussões ou brigas pelos objetos e pelas dificuldades de comunicação que as crianças ainda têm devido a seu egocentrismo e a suas limitadas habilidades para esperar a vez, buscar acordos sobre brincadeiras e resolver os conflitos de forma competente. Outras vezes, o fim da relação ocorre pela perda de contato com os amigos (por mudança de escola ou de residência), já que os adultos são os responsáveis por facilitar os encontros entre iguais.

Relações com os pais e competência social com os iguais

A relação com os pais, por ser o primeiro contexto relacional da criança, pode contribuir para desenvolver nos filhos capacidades e formas de interação que permitam a eles estabelecer, mais tarde, relações competentes com os iguais. O tipo de apego, as crenças dos pais sobre o desenvolvimento e a educação e seu estilo educativo podem, entre outras variáveis, facilitar o êxito das crianças nas interações com os iguais (Rubin, Bukowski e Parker, 1998).

O tipo de apego e o modelo interno construído pela criança em interação com suas figuras de apego influem na sua competência social com seus companheiros. Isso ocorre devido à, pelo menos, três razões. Em primeiro lugar, as relações de apego seguras com os cuidadores promovem expectativas sociais positivas na criança em relação a sua aceitação e êxito nas relações sociais; essas expectativas favoráveis incentivam a criança a se envolver ativamente nas interações com os iguais. Além disso, os pais empáticos e sensíveis às necessidades da criança desenvolvem em seus filhos as capacidades de empatia e reciprocidade nas relações que serão posteriormente muito úteis para estabelecer relações competentes com os iguais. Em terceiro lugar, o apego seguro gera um sentimento de autovalorização e auto-eficácia nas relações que ajudam a criança a explorar ativamente o entorno físico e social e a iniciar interações com os iguais. As crianças com apego inseguro e evitativo, ao desenvolver expectativas de rejeição paterna, também as generalizam em suas relações com os iguais, percebendo-os como rejeitadores e hostis, fazendo com que se comportem agressivamente com eles. Por outro lado, as crianças com apego inseguro ambivalente geram expectativas de temor à rejeição de seus pais, produzindo ansiedade e podendo levá-los a evitar a rejeição dos iguais mediante o isolamento, a passividade, a inibição social e o comportamento dependente do adulto (Renken, Egeland, Marvinney, Sroufe e Mangelsdorf, 1989).

Também os conhecimentos, as crenças e as expectativas dos pais sobre o desenvolvimento e a educação dos filhos, assim como a própria capacidade que se atribuem para influir no desenvolvimento infantil, podem facilitar a sociabilidade das crianças, dado que, com freqüência, esses aspectos são traduzidos em práticas de criação e estilos educativos (Palacios, 1987; Triana, 1993). Os pais que consideram saudável para o desenvolvimento de seus filhos o fato de terem contato e brincarem com outras crianças, organizam e supervisionam os encontros entre iguais, selecionam os contextos adequados para que tais encontros ocorram (por exemplo, saindo com amigos que tenham filhos de idades similares, indo a parques infantis, convidando outras crianças a irem em sua casa, levando seu filho para a escola, etc.), ensinam seus filhos a respeitar os outros, guiam-nos e os animam a se relacionar e a se comportar amigavelmente com os companheiros, etc.

Os estilos educativos dos pais também estão relacionados à competência social, às habilidades sociais e à orientação social das crianças com seus companheiros (Cassidy, Parke, Bukowksi e Braungart, 1992). Uma das formas que os pais têm de influir no futuro êxito das relações de seus filhos com os iguais consiste em estimular nas próprias relações paterno-filiais as características necessárias para o bom funcionamento das relações interpessoais e servir de modelos de aprendizagem adequados (carinhosos, dispostos ao diálogo, coerentes e firmes). Assim, os pais que desenvolvem essas características relacionais com seus filhos contribuem para que estes adquiram habilidades sociais do tipo competente e para que sejam aceitos pelo grupo de iguais. Ao contrário, os pais autoritários ou permissivos, ao não favorecerem a interiorização das normas, nem ensinar seus filhos a regular os impulsos agressivos, contribuem para que estes tenham dificuldades nas relações com os iguais e para que sejam rejeitados pelos companheiros por sua agressividade e falta de habilidades para resolver os conflitos interpessoais, tal como é mostrado com mais detalhe nos Capítulos 9 e 11.

TERCEIRA PARTE

Desenvolvimento Psicológico entre os Dois e os Seis Anos

6 Desenvolvimento físico e psicomotor depois dos dois anos

JESÚS PALACIOS, ROSARIO CUBERO, ALFONSO LUQUE E JOAQUÍN MORA

No Capítulo 2, expusemos as características e leis do processo de crescimento, os traços mais marcantes desse processo ao longo dos dois primeiros anos da vida humana e também o conceito de psicomotricidade; aproveitamos para analisarmos alguns pormenores do desenvolvimento psicomotor nos dois primeiros anos. Agora continuaremos com os processos de crescimento e de desenvolvimento psicomotor exatamente como ocorrem após os dois anos até o início do ensino fundamental, momento a partir do qual as mudanças são cada vez menos significativas até a chegada da puberdade. Na faixa etária que trataremos agora, o aspecto mais relevante está ligado à extensão e ao refinamento do controle sobre o corpo e seus movimentos; podemos, por isso, afirmar que estamos diante de uma etapa de grande importância para o desenvolvimento psicomotor, na qual ocorrem notáveis transformações tanto no âmbito prático (da ação) quanto no simbólico (da representação).

Começaremos analisando os dados básicos do crescimento em peso e altura, tal como fizemos no Capítulo 2, ressaltando a seguir os principais progressos produzidos no controle e na utilização do próprio corpo nas diversas atividades em que se envolvem as crianças nessa faixa etária. Vamos nos deter por um momento no estabelecimento da preferência lateral para analisarmos, depois, mais detalhadamente, tudo o que se refere aos aspectos envolvidos na elaboração do esquema corporal. Finalmente, concluiremos com uma análise sobre a utilização que as crianças fazem de suas crescentes habilidades motoras para a realização de duas produções gráficas de grande relevância, como são o desenho e a escrita. É claro que tanto o desenho quanto a escrita envolvem muito mais do que controle do movimento; não resta dúvida de que os fatores de desenvolvimento cognitivo são importantes em ambas as atividades, assim como de que o desenho também é uma expressão de estados emocionais e de estilos de personalidade. Mas em função de tanto o desenho quanto a escrita terem um componente de controle motor de primeira magnitude, aproveitaremos para fazer, nessa parte do capítulo, uma exposição de alguns de seus componentes evolutivos.

A CURVA DO CRESCIMENTO DEPOIS DOS DOIS ANOS

Durante os anos pré-escolares, as crianças não deixam de aumentar regularmente sua altura e seu peso, embora a velocidade do crescimento seja mais lenta do que nos primeiros anos. Em média, a partir dos três anos, as crianças crescem de 5 a 6 cm por ano e aumentam seu peso de 2 a 3 kg por ano, de forma muito regular e estável. Com a chegada da puberdade, a velocidade do crescimento aumenta um pouco, tornando-se lenta a partir daí até sua parada definitiva pouco depois. A Figura 6.1 apresenta as curvas de crescimento estaturo-

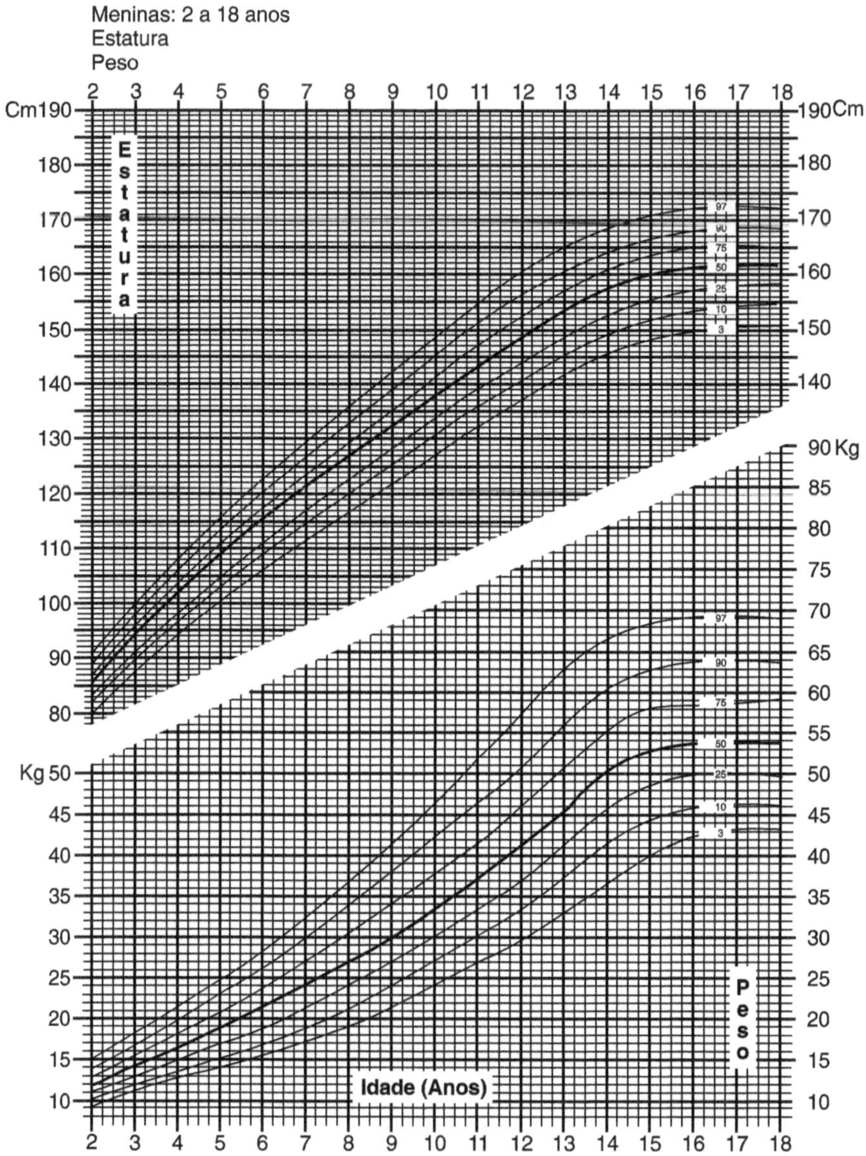

FIGURA 6.1 Curvas de crescimento em altura e aumento de peso em meninas e meninos de 2 a 18 anos. Fonte: Hernández et al., 1988.

ponderal dos 2 aos 18 anos, com dados percentilados que ilustram muito claramente a magnitude das diferenças interindividuais.

Conforme ocorria nos dois primeiros anos, mas com mais razão agora, é necessário fazer referência ao *dimorfismo sexual*, isto é, ao perfil diverso que as curvas de crescimento têm no caso das meninas e dos meninos. Até os sete anos, aproximadamente, os meninos mantêm em relação às meninas a ligeira vantagem, já citada a respeito dos dois primeiros anos: os meninos medem alguns centímetros a mais do que as meninas. A altura e o peso médios se igualam nesse período (aos sete anos, 120 cm e 23-24 kg), mas as meninas começam a ter no peso uma ligeira vantagem de

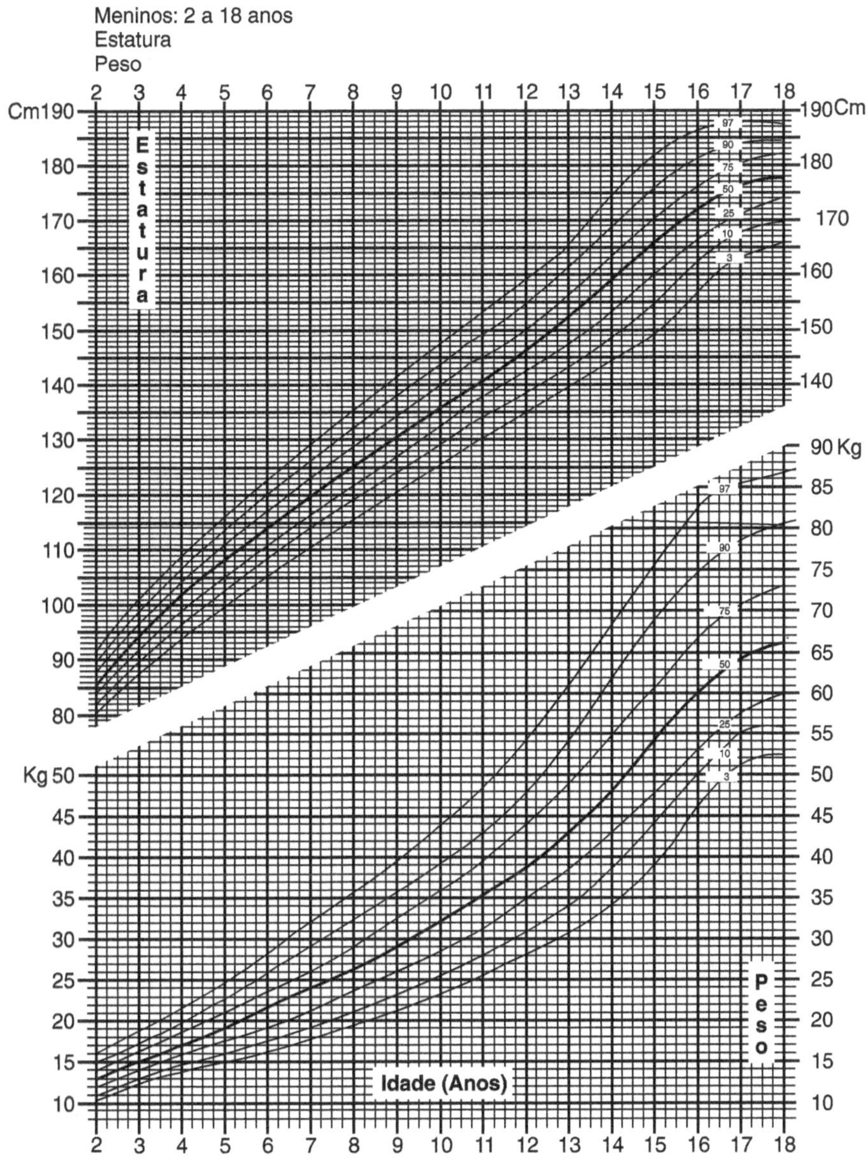

FIGURA 6.1 (*Continuação*)

1 ou 2 quilos. A partir dos nove anos, a média das meninas é superior à dos meninos tanto em altura quanto em peso; assim, aos 11 anos, elas estão na frente deles nos dois aspectos. Aos 13 anos, no entanto, a altura média volta a ser a mesma (152 cm), embora as meninas conservem uma ligeira vantagem no peso. Aos 15 anos, os meninos começaçam a ter uma vantagem média definitiva: a altura média delas é de 160 cm e seu peso 53 kg, enquanto eles alcançam 165 cm e 56 kg. Se analisarmos os dados aos 18 anos, podemos constatar que elas tiveram mudanças apenas a partir dos 15 anos (média: 161 cm e 54 kg), enquanto eles

continuaram crescendo e aumentando de peso (média: 176 cm e 67 kg). Em resumo, partindo de uma ligeira vantagem estaturo-ponderal por parte dos meninos, nessas idades, podemos observar que a meninas tomam a dianteira durante um ou dois anos para, logo depois, serem claramente superadas pelos meninos, pois eles continuam aumentando seu tamanho e seu peso enquanto elas apenas sofrem pequenas mudanças.

Contudo, não podemos nos esquecer de que estamos falando de valores médios; naturalmente, sempre poderemos encontrar uma menina de 16 anos mais alta do que um menino da mesma idade. Os dados médios, no entanto, nos falam de alguns perfis de estatura e de peso que se tornam diferentes antes da chegada da puberdade e se acentuam com as mudanças corporais a elas associadas.

É claro que as mudanças corporais que ocorrem na puberdade vão muito além do aumento de peso e de altura. A puberdade significa uma revolução corporal sobretudo no que se refere aos caracteres sexuais, tanto os primários (órgãos sexuais) como os secundários (pêlos, voz, formas corporais, etc.). Essas mudanças e suas implicações psicológicas são abordadas detalhadamente no Capítulo 16.

O CONTROLE DO CORPO E DA ATIVIDADE PSICOMOTORA

Conforme foi comentado no Capítulo 2, embora uma parte importante do crescimento do cérebro ocorra na etapa pré-natal e depois nos dois primeiros anos de vida, nas idades sobre as quais falaremos (e, em alguns aspectos, em idades posteriores) continuam ocorrendo mudanças no cérebro, algumas das quais têm importantes repercussões para a psicomotricidade e para outras funções psicológicas, como os processos cognitivos de que se falarará no capítulo seguinte. No mais, os progressos que são observados nessas idades obedecem a leis gerais semelhantes às já analisadas para os dois primeiros anos, mas aparecem novas realidades como conseqüência da maturação. Analisaremos primeiro esses diversos aspectos para, posterioremente, considerarmos os progressos concretos que ocorrem no controle da atividade psicomotora.

Bases e características gerais do progresso psicomotor

Para não repetirmos argumentos já mencionados no Capítulo 2 sobre o crescimento do cérebro, basta nos lembrarmos de que o processo de formação e posterior "poda" de sinapse, que nas regiões visuais do cérebro ficou estabilizada em valores adultos na primeira infância, funciona com uma lentidão muito mais notável no caso do córtex pré-frontal, que tão crucial importância tem em aspectos tão básicos e críticos para os humanos, como o planejamento e o controle das condutas complexas e o comando da maquinaria cognitiva. Vamos pensar, por exemplo, no que ocorre no caso da atenção. Inicialmente controlada por estruturas cerebrais subcorticais, ao longo de todo esse período irá ficando cada vez mais sob o controle pré-frontal, com o que vai se tornando mais voluntária, mais mantida, menos instável, mais consciente: cada vez se presta mais atenção no que se quer prestar e, o que é mais importante, se pode mudar de foco de atenção quando assim se quiser; no entanto, um domínio completo dos processos de atenção não ocorrerá até alguns anos depois. Vamos pensar em capacidades cognitivas finas ligadas ao controle do próprio pensamento, da manutenção de metas, da elaboração de planos e da comprovação da eficácia de sua execução; nesse caso, embora durante os anos dos quais estamos falando ocorram importantes avanços (conforme será mostrado no capítulo seguinte), muitos dos mais destacados irão ocorrer nos anos em que se seguem ao começo do ensino fundamental, e alguns ocorrerão mais tarde, dando suporte para melhorias nos processos cognitivos observados na adolescência.

As mudanças nesses anos afetam também os processos de mielinização, conforme foi indicado no Capítulo 2. A rapidez com que ocorre a maturação para as capacidades visuais contrasta novamente com a maior lentidão em relação com outras funções; assim, a mielinização dos neurônios motores continuará ocorrendo até os quatro ou cinco anos, e a das regiões do sistema nervoso relacionadas à atenção e ao resto dos processos cognitivos continuará ocorrendo até a puberdade. Já que o processo de mielinização é de grande importância para a eficácia na transmissão e na circulação da informação no interior do cérebro, os avanços que ocorrerem em sua maturação serão traduzidos em melhorias no controle motor (sobretudo nas idades que agora consideramos) e na eficácia do funcionamento cognitivo (sobretudo nas idades posteriores).

No mais, os progressos sobre os quais falaremos seguem as já conhecidas leis céfalo-caudal e próximo-distal. O bom controle que antes existia para os braços será aperfeiçoado e levado agora para as pernas (lei céfalo-caudal). Além disso, o controle irá pouco a pouco alcançando as partes mais distantes do eixo corporal, tornando possível um manejo fino dos músculos que controlam o movimento do punho e dos dedos (lei próximo-distal). Portanto, os progressos afetarão tanto a motricidade grossa (grandes músculos do corpo) como a motricidade fina (pequenos músculos da mão).

Boa parte das mais importantes mudanças que ocorrem durante esses anos no desenvolvimento psicomotor está relacionada ao progresso em duas frentes aparentemente contraditórias entre si: a independência e a coordenação motora. A *independência* é a capacidade para controlar separadamente cada segmento motor; assim, conseguir fazer um movimento relativamente complexo com uma mão sem mover a outra, ou sem colocar ao mesmo tempo a língua para fora ou fazer caretas é um exemplo de independência. Segurar um lápis entre os dedos indicador, polegar e médio, enquanto os dois dedos restantes se adaptam à superfície do papel e a outra mão segura relaxadamente o papel quando se escreve é outro exemplo. Esse processo de segmentação e independência não é conseguido por completo na maioria das crianças até os sete ou oito anos.

A *coordenação* supõe um processo aparentemente oposto. Padrões motores originalmente independentes se encadeiam e se associam, formando movimentos compostos muito mais complexos do que os originais. Mas o mais destacável da coordenação é que a seqüência se automatiza, permitindo sua execução sem que o sujeito tenha de estar gastando nela recursos de atenção. Subir e descer escadas apoiando uma mão no corrimão e segurando com a outra um copo de água, abotoar a camisa enquanto se verifica se estamos ou não penteados, pular corda prestando mais atenção na música que se canta do que na execução dos pulos são exemplos de coordenação de atividades e de sua crescente automatização. Podemos encontrar um bom exemplo do benefício dessa capacidade depois dos seis anos, quando já se é capaz de escrever, prestando muita atenção ao *que* se escreve e não em *como* se escreve (no item "A escrita", deste mesmo capítulo, esse aspecto é analisado mais detalhadamente).

A caminho do domínio psicomotor

No que se refere ao controle da atividade corporal, algumas das mudanças mais importantes nessas idades afetam o que poderíamos denominar "psicomotricidade invisível"; são aspectos difíceis de serem obsevados à primeira vista na maior parte dos casos, mas que afetam aspectos cruciais do desenvolvimento psicomotor. Referiremos-nos brevemente à estruturação do espaço e do tempo e ao controle do tônus, do equilíbrio e da respiração. Posteriormente, iremos nos centrar nas manifestações do controle psicomotor, que, em geral, são mais visíveis nessas idades.

Vimos, no Capítulo 2, o interesse e a importância da *tonicidade muscular* e o grau de tensão existente em cada momento no interior de nossos músculos. Parte do controle tônico é involuntário e está ligado à atividade intramuscular espontânea e a seu controle neurológico, e outra parte dessa tonicidade é suscetível de controle voluntário, como pode provar o fato de que podemos relaxar ou tensionar os músculos espontaneamente. As crianças vão aprendendo, mediante suas experiências com os objetos com os quais se relacionam, a ajustar seu tônus muscular às exigências de cada situação, de maneira que a tensão muscular utilizada para tentar mover sua cama não é a mesma para levantar uma bexiga que acaba de cair de sua mão. Esse ajuste é importante, pois não só garante uma maior adequação da ação a seu objetivo, como também tem uma vertente de representação e de controle voluntário do próprio corpo.

Na medida em que afeta grandes grupos musculares, o tônus repercute no controle postural e na maior ou menor extensibilidade das extremidades. O controle da tonicidade muscular também é importante, porque, através de complexos mecanismos neurológicos, o tônus se relaciona, por um lado, com a manutenção da atenção e, por outro, com o mundo das emoções e da personalidade. No que se refere à relação com a atenção, a hipertonia muscular dificulta a manutenção da atenção, enquanto o relaxamento tende a facilitá-la. Um certo fundo tônico, no entanto, é preciso para manter um estado de alerta e de ativação. Aprender a controlar a tonicidade muscular é, portanto, facilitar a aprendizagem do controle da atenção. No que se refere à conexão emoções-tônus, é uma relação bem conhecida por meio da qual as tensões emocionais são traduzidas em tensões musculares. A aprendizagem do relaxamento também é importante nesse terreno.

Sobre o *equilíbrio*, dizemos que ele é facilitado no primeiro ano pelo crescimento do cerebelo e que, além disso, é condição de nosso movimento e de nossas ações. Graças ao fato de sermos capazes de manter nosso corpo em equilíbrio, podemos liberar para a ação partes do corpo que, de outra maneira, estariam continuamente comprometidas na manutenção de uma postura estável. Imaginemos simplesmente o incômodo que seria ter de escrever e, ao mesmo tempo, investir energia e atenção (e braços e mãos!) na manutenção do equilíbrio, ou ter de caminhar e, ao mesmo tempo, esforçar-se para recuperar o equilíbrio após cada mudança de posição. Nossas autonomia funcional e independência motora dependem da manutenção de um equilíbrio que, como ocorre com os diversos componentes psicomotores que estamos considerando, está sob o controle de mecanismos neurológicos, mas sem que isso implique impossibilidade de controle consciente. Se habitualmente não somos conscientes de que esse controle existe, é porque o adquirimos cedo e sem dificuldades.

Sobre o *controle respiratório* podemos dizer algumas coisas parecidas com as que acabamos de mencionar para os dois aspectos já analisados: é uma importante função corporal sujeita a um controle automático por parte do sistema nervoso, o que não implica que a respiração não possa também ser submetida a um controle voluntário. Tal controle é importante, porque, como no caso do tônus muscular, a respiração está relacionada aos processos da atenção e das emoções. O controle respiratório implica conhecer como se respira e controlar conscientemente (até onde isso for possível) o ritmo e a profundidade da respiração.

A *estruturação do espaço* está relacionada com a consciência das coordenadas nas quais nosso corpo se move e nas quais transcorre nossa ação (Rossel, 1967). Desde os planos espaciais mais elementares (para cima-para baixo, para frente-para trás) até os mais complexos de aprender (direita-esquerda), as crianças têm de ir representando seu corpo no contexto do cenário espacial em que transcorre sua vida, sendo capazes de organizar sua ação em função de parâmetros como perto-longe, dentro-fora, curto-longo, etc. Quando são capazes de utilizar essas noções na ação, estão em condições de iniciar sua aprendizagem de noções espaciais, o que significa que o espaço é dominado antes no nível de ação do que de representação. Para tomar consciência da importância de uma correta estruturação do espaço, basta ir ao Item "A escrita", deste mesmo capítulo, para ver o que é dito a esse respeito. Algo semelhante ocorre com a *estruturação do tempo*. A criança situa sua ação e suas rotinas em alguns ciclos de sono-vigília, de antes-depois, de manhã-tarde-noite, de ontem-hoje-amanhã, de dias da semana-dias do fim de semana e é capaz de fazer isso em sua atividade muito antes de representar simbolicamente essas noções. Por outro lado, as noções temporais são ainda mais difíceis de dominar do que as espaciais, pois enquanto as relações espaciais são perceptivamente evidentes, as relações temporais somente existem pelas conexões que se estabelecem mentalmente entre elas, por isso o desenvolvimento dos conceitos temporais é mais tardio do que o dos espaciais.

Depois vem o que poderíamos denominar "psicomotricidade visível", isto é, aquelas conquistas psicomotoras que observamos na atividade motora, que não envolvem tanto substrato para a realização de ações, como ocorre com os aspectos que acabamos de analisar, mas as próprias ações e sua correta realização. O Quadro 6.1 traz alguns dos principais avanços concretos que ocorrem entre os dois e os seis anos, embora seja conveniente voltar a chamar a atenção sobre o fato de que o calendário de aquisições e de avanços que aparece em tal quadro não representa senão as idades médias em que as conquistas mencionadas tendem a ocorrer.

Nas destrezas descritas, podemos observar os avanços que ocorrem tanto na aquisição de destrezas motoras globais, que afetam a motricidade grossa e o controle postural (ver, por exemplo, os progressos na corrida e seu controle), como na aquisição de destrezas segmentadas, que afetam a motricidade fina e o controle óculo-manual (ver, por exemplo, o progresso no uso de instrumentos). Também podemos observar a tendência a uma progressiva independência e diferenciação dos movimentos, assim como a um controle e uma coordenação cada vez mais afinados (ver, por exemplo, a passagem de andar em um triciclo a andar de bicicleta, ou os progressos no grafismo, sobre os quais falaremos mais adiante). Também devemos chamar a atenção para o fato de que muitos dos progressos nessa parte mais visível da psicomotricidade estão baseados nas conquistas às quais havíamos feito referência um pouco antes: o progressivo controle do equilíbrio fica testemunhado, por exemplo, na passagem que vai de se manter durante alguns segundos sobre um pé só (dois a três anos), a dar dois

QUADRO 6.1 Aquisição de destrezas motoras no período de dois a seis anos

2-3 anos

- Correr, em contraposição ao andar rápido do segundo ano.
- Manter-se durante alguns segundos sobre um pé só.
- Jogar uma bola com a mão sem mover os pés do lugar.
- Utilizar a colher para comer.
- Fazer garatujas.

3-4 anos

- Subir escadas sem apoio, colocando um só pé em cada degrau.
- Andar alguns passos mancando.
- Pular entre 40 e 50 cm de distância.
- Andar de triciclo.
- Usar tesouras para recortar papel.
- Escovar os dentes.
- Vestir uma camisa.
- Abotoar e desabotoar botões.
- Desenhar linhas e fazer desenhos com contornos.
- Copiar um círculo.

4-5 anos

- Descer escadas com desenvoltura e sem apoio, colocando um pé em cada degrau.
- Correr mancando (cinco pulos, aproximadamente).
- Saltar entre 60 e 80 cm de distância.
- Maior controle para começar a correr, parar e girar.
- Cortar uma linha com tesouras.
- Dobrar papel, usar punção para furar, colorir formas simples.
- Utilizar o garfo para comer.
- Vestir-se sem ajuda.
- Copiar um quadrado.

5-6 anos

- Andar sobre uma barra de equilíbrio.
- Bom controle da corrida: arrancar, parar e girar.
- Saltar uns 30 cm em altura e cerca de 1 m de distância.
- Lançar e pegar bolas como crianças mais velhas.
- Aprender a andar de bicicleta e a patinar.
- Marchar ao ritmo de sons.
- Usar faca, martelo, chave de fenda.
- Escrever alguns números e letras.
- Copiar um triângulo e, posteriormente, um losango.

ou três pulos mancando (três a quatro anos), a ampliar o número de pulos (quatro a cinco anos) e a ser capaz de caminhar sobre uma barra de equilíbrio e a aprender a andar de bicicleta (cinco a seis anos).

Embora não tenha a ver com o desenvolvimento psicomotor, vale a pena mencionar rapidamente outro fato que atesta o crescente controle que as crianças conseguem sobre o corpo nessas idades: o controle dos esfíncteres. As crianças têm acesso a esse controle habitualmente entre dois e três anos, controlando as fezes antes da urina e se controlando de dia (um ano e meio a dois anos) antes de passar a se controlar durante a noite (dois e três anos, como fica dito). Mas as variações entre umas crianças e outras são muito marcadas (em conjunto, parece que as meninas são capazes de se controlar um pouco antes do que os meninos), assim como entre os pais na forma de introduzir o controle. Como princípio geral, parece preferível não introduzir o treinamento precocemente, pois a criança pode não possuir o controle necessário, e as relações com os adultos podem tornar-se desnecessariamente tensas. Sem dúvida, treinar a criança quando ela está chegando à maturidade fisiológica para controlar os esfíncteres não é o mesmo que treiná-la quando ainda falta muito para consegui-la, assim como fazer esse treinamento a partir de um clima lúdico e relaxado não é o mesmo do que fazê-lo a partir de um clima carregado de pressão emocional.

ESTABELECIMENTO DO DOMÍNIO LATERAL DIREITO-ESQUERDO

Embora o corpo humano seja morfologicamente simétrico, com a metade esquerda simétrica à direita, do ponto de vista funcional é claramente assimétrico, de maneira que a maior parte das pessoas utiliza o braço e a perna direitos do corpo muito mais do que os mesmos membros simétricos do hemicorpo esquerdo; algo parecido, mas menos evidente e menos conhecido, ocorre com os olhos, dos quais um é dominante sobre o outro. As preferências laterais a que estamos nos referindo podem ser homogêneas (e se é destro de olho, de braço e perna, ou canhoto de olho, braço e perna), ou cruzadas (e se é, por exemplo, canhoto de olho e destro de braço e perna). Quando ocorre a lateralidade cruzada, o mais freqüente é que braço e perna estejam homogeneamente lateralizados (destros ou canhotos), e que o olho esteja cruzado em relação a eles. Cerca de 10% das pessoas são canhotas, e a predominância é dos homens em relação às mulheres. As pessoas ambidestras, com semelhante capacidade funcional em ambos hemicorpos, são casos excepcionais.

Na maior parte das pessoas, o hemisfério dominante é o esquerdo, já que o controle do cérebro sobre o movimento é contralateral (o hemisfério esquerdo controla os movimentos no hemicorpo direito, e o hemisfério direito controla o hemicorpo esquerdo); essa é a razão pela qual ser destro é o mais habitual. Por que, então, 10% das pessoas são canhotas? Porque nelas o hemisfério dominante é o direito, seja por razões hereditárias, seja por fatores relacionados à vida fetal; entre esses últimos, foram mencionadas a exposição pré-natal a hormônios que afetam a maturação do feto, assim como a postura do próprio feto no útero materno (Orlebeke, Knol, Koopmans e Boomsma, 1996). Portanto, é se canhoto porque o cérebro apresenta uma dominância hemisférica direita desde o início de sua conformação, ou ainda porque essa dominância é adquirida posteriormente. De qualquer maneira, modificar a preferência lateral da criança é uma violência que não afeta um simples hábito ou mania, mas que entra em contradição com a organização estrutural básica de seu cérebro.

No caso de algumas crianças, a preferência lateral aparece claramente diferenciada já na primeira infância. Outras crianças, no entanto, continuam com um certo nível de indefinição durante os anos pré-escolares. Geralmente, a lateralização é produzida entre os três e os seis anos. Se não houve uma definição espontânea, convém lateralizar a criança em um ou outro lado em torno dos cinco anos, e naturalmente antes que esteja envolvida na aprendizagem da escrita. Para isso, o melhor é partir de um diagnóstico que oriente para que lado é preciso lateralizar (ver, por exemplo, o teste de Auzias, 1975). No caso de parecer dar no mesmo, porque a criança tem boas possibilidades tanto com um como com outro lado, talvez seja mais aconselhável lateralizar para a direita, pois existem muitos aspectos instrumentais que em nossa cultura estão organizados em função dos destros, entre os quais podemos destacar a própria escrita e sua orientação da esquerda para a direita. No entanto, deve ficar claro que o fato de ser canhoto não está associado a nenhum problema, e não há nenhuma razão pela qual isso deva ser evitado. Felizmente, em nossa cultura, os preconceitos contra o fato de ser canhoto que impunham o destro como norma, com a sinonímia entre destro e hábil, em contraposição a sinonímia esquerda (canhoto) e inábil, já foram superados.

Como norma geral em relação à lateralidade, se a criança não apresenta nenhum problema, o melhor é não intervir. Quando tiver de fazê-lo, essa intervenção deve ser cuidadosa, estar guiada pelo conhecimento das características da criança, e não ocorrer, se possível, nem antes dos quatro anos nem depois dos cinco anos e meio.

O ESQUEMA CORPORAL: SEUS COMPONENTES E SUA CONSTRUÇÃO

Até aqui insistimos, sobretudo, nos aspectos práxicos da motricidade. Convém agora dar atenção aos aspectos mais simbólicos, mas entendendo bem que são indissociáveis e que não podemos falar de representação do corpo sem nos referirmos às atividades que com ele são realizadas e ao contexto espacial e temporal em que essas atividades ocorrem.

O conceito de esquema corporal se refere à representação que temos de nosso corpo, dos diferentes segmentos corporais, de suas possibilidades de movimento e de ação, assim como de suas diversas limitações. Essa complexa representação vai sendo construída lentamente como conseqüência das experiências que realizamos com o corpo e das vivências que dele temos; graças a tal representação, conhecemos nosso corpo e somos capazes de ajustar em cada momento nossa ação motora a nossos propósitos (Mora e Palacios, 1990).

Imagine-se nessas diversas situações: um amigo diz que você tem uma mancha bem debaixo do queixo; estando sentado, o lápis cai entre seus pés, e, sem mover a cadeira, procura alcançá-lo, guiando-se pelo som que o lápis produz ao cair ou pela visão que teve da posição do lápis antes de se abaixar; o despertador toca estridente de manhã cedo e você precisa desligá-lo urgentemente; você quer jogar um papel dentro de uma lixeira que está a uma certa distância e tem de decidir no ato se vai se aproximar da lixeira ou se vai atirá-lo do lugar em que está. Nessas situações, e em outras muito semelhantes que poderíamos utilizar como exemplos, são produzidos comportamentos rápidos e não-meditados em resposta às demandas da situação: levar a mão exatamente debaixo do queixo, flexionar o tronco e dirigir a mão ao lugar em que o lápis está (enquanto se mantém o olhar fixo no interlocutor), levar diretamente o dedo indicador ao interruptor do despertador, aproximar-se um pouco da lixeira e jogar o papel dentro dela. Como é evidente, estamos nos aproveitando continuamente de ter uma representação bem articulada de nosso corpo e de suas relações com o ambiente. Se não fosse assim, a realização de nossa atividade motora iria se ver continuamente entorpecida, e estaríamos sempre envolvidos em penosas tentativas e erros motores.

Como se chega a possuir uma representação do esquema corporal e das relações corpo-meio tão refinada e complexa? Através de um longo processo de tentativas e de erros, de ajuste progressivo da ação do corpo aos estímulos do meio e aos propósitos da ação; um processo em que a imagem corporal inicial, embrionária e pouco precisa, vai ajustando-se e refinando-se em função das experiências pelas quais se vai passando. O que isso significa é, entre outras coisas, que o esquema corporal não é uma questão de tudo ou nada, mas de uma construção progressiva em que novos elementos vão sendo acrescentados como conseqüência da maturação e das aprendizagens que vão sendo realizadas.

Esses elementos com os quais se constrói o esquema corporal são de naturezas distintas: perceptivas, motoras, cognitivas e lingüísticas. A percepção nos oferece evidências sobre os diferentes segmentos corporais, tanto os referentes a nosso próprio corpo como ao corpo de outros; também nos oferece toda a informação sobre o meio em que estamos imersos e sobre o ajuste de nossa ação às distâncias, direções, etc. O movimento nos oferece informações sobre nossas possibilidades de ação, sobre o alcance e as limitações de nosso corpo e de sua atividade e sobre as possibilidades concretas de diferentes partes de nosso corpo. O desenvolvimento cognitivo nos permite integrar todas essas informações em uma representação coerente e integrada, dando lugar a uma consciência de nós mesmos, no princípio, mais indiferenciada e sincrética e, posteriormente mais refinada e individualizada, tal como foi mostrado no final do Capítulo 3 na análise da seqüência que leva à aquisição da consciência de si mesmo; conseguida em torno de um ano e meio, será necessário acrescentar ainda a essa consciência de si que ainda não é outra coisa senão "eu sou essa pessoa, diferente das demais pessoas", muitos matizes e perfis concretos, parte dos quais se relacionam com a estrutura do corpo e suas possibilidades de ação sobre o meio. A linguagem, por fim, é uma poderosa ferramenta que ajuda a individualizar as diferentes partes do corpo com seus rótulos verbais; atrás das palavras (olhos, mãos, dedos, cotovelo, etc.) se escondem conceitos que informam sobre o corpo e o organizam em torno de uma identidade cada vez mais diferenciada.

Na raiz do esquema corporal se encontram todos os elementos anteriores e mais um de grande relevância para sua construção: a experiência social. As mãos que acariciam o corpo do bebê, os braços que o ninam, as palavras que nomeiam as partes de seu corpo, os pedidos para ele que indique a cabeça, os olhos, etc., os jogos com que se estimula que ele lance e pegue, as interações diante do espelho, a incitação à imitação, o ver com seus pais fotos ou vídeos em que a criança se vê de diferentes ângulos e de costas, a observação dos adultos e de outras crianças, etc., tudo isso são componentes essenciais da experiência social que é tão relevante para a construção do esquema corporal, tal como Wallon insistiu já há muitos anos (Wallon, 1946).

Com os vimes anteriores é feito o cesto do esquema corporal. Se para precisar mais o conceito temos de destacar algum componente dos citados, temos de dizer que o esquema corporal é, sobretudo, um conjunto de representações simbólicas. A trama de percepções, de movimentos e de conceitos verbais é arquivada como representação do corpo em relação ao espaço circundante e nos eixos de simetria que definem o mesmo corpo dentro desse espaço. Um esquema corporal bem estabelecido supõe conhecer a imagem do próprio corpo, saber que esse corpo faz parte da identidade de uma pessoa; perceber cada parte, mas sem perder a sensação de unidade; conhecer as diferentes posições que o corpo vai adotando e, finalmente, antecipar (trabalhando com representações) todas as novas posições que podem ser adotadas, assim como as conseqüências que essas posições e seqüências de movimentos podem ter sobre o mesmo corpo ou sobre o ambiente. Tudo isso será preciso para levar com êxito até o interior da lixeira a bola de papel que começávamos a atirar alguns parágrafos antes.

Falar de como entender o conceito de esquema corporal não nos deve deixar esquecer de algo de suma importância: que sua construção não é feita de uma vez, mas por um processo de melhoria gradual e de integração de experiências que é necessariamente lento. Dos dois aos seis anos, a construção do esquema corporal está em plena elaboração: as crianças aumentam a qualidade e a discriminação perceptiva em relação a seu corpo e enriquecem o repertório de elementos conhecidos e de articulação entre eles; o desenvolvimento das habilidades motoras a que antes fizemos referência facilita a exploração do ambiente e a ação nele e sobre ele. Contudo, uma verdadeira construção do eu-corporal não ocorre, aproximadamente, até os cinco anos, quando os diversos elementos se articulam e se integram conscientemente no todo, o movimento começa a se "refletir", e o processo de lateralização proporciona referentes estáveis. Os eixos corporais começam a ser sentidos, e o mundo pode ser organizado com referência à posição do corpo: o que fica em frente e o que fica atrás, à direita e à esquerda, em cima e embaixo.

O processo de construção do esquema corporal culminará dos 7 aos 12 anos, com a potencialização das representações mentais sobre o espaço e o tempo. Já se integram plenamente sensação e movimento, o corpo pode ser descrito com precisão e eficácia tanto com a palavra como com o desenho. Para chegar aqui, foi preciso percorrer um longo caminho com três grandes etapas: a primeira, de exploração de si mesmo e observação dos demais; a segunda, de tomada de consciência do próprio corpo e suas possibilidades e limitações; a terceira, de coordenação, estruturação e integração em uma representação global e coerente.

A EVOLUÇÃO DO GESTO GRÁFICO E O DESENVOLVIMENTO DA GRAFOMOTRICIDADE

Do ponto de vista psicomotor, o domínio progressivo do gesto gráfico obedece à dupla influência de fatores maturativos e sociais. Realmente, tal e como se mostra no Quadro 6.1 e nos comentários que fizemos sobre seu conteúdo, a grafomotricidade é uma das habilidades cujo controle vai refinando-se ao longo desses anos no sentido dos avanços maturativos que permitem ganhar destrezas tanto globais (o controle postural, por exemplo), como segmentares (motricidade fina, coordenação óculo-manual). Mas, por outro lado, a partir do momento em que as crianças são capazes de realizar suas primeiras produções gráficas, o entorno social exerce uma enorme influência na modelagem das destrezas grafomotoras: dando ou não oportunidades para praticá-las, incentivando mais ou menos a produção ou a reprodução de desenhos ou de letras, treinando no manejo dos instrumentos de desenho e de escrita, interpretando o significado das produções gráficas, etc. Como resultado dessa instrução mais ou menos explícita, as crianças vão adquirindo um amplo repertório de destrezas especializadas, inequivocamente culturais, de alto valor instrumental por seu caráter representacional. Será no exercício dessas destrezas que aprenderão a diferenciar suas produções como "desenho" ou "escrita". A seguir, abordamos separadamente essas questões, mas sendo bem conscientes de que tanto uma como a outra não se esgotam na consideração desses aspectos.

O desenho

Embora, como assinalam Thomas e Silk (1990), seja difícil precisar limites temporais, é normalmente a partir dos 18 meses que as crianças descobrem que podem *traçar "pegadas"* sobre superfícies, utilizando instrumentos, como o lápis. Tão logo como descobrem a relação causa-efeito existente entre seus gestos e os traços que ficam, mostram tendência em pintar pelo prazer de mover seus braços e suas mãos e de observar o resultado de sua atividade. Esses primeiros traços são linhas retas feitas com todo o braço em movimento, sendo a articulação do ombro o ponto de partida. Como um bom exemplo do progresso próximo-distal, aparecerão depois traços "em varredura", uma espécie de ziguezague que já mostra a intervenção da articulação do cotovelo, mas com o punho e os dedos ainda rígidos. Um pouco antes dos dois anos, começarão a aparecer formas circulares que já implicam a articulação do punho. Esses primeiros traços não têm intenção representativa e não obedecem a um planejamento prévio; são, fundamentalmente, um ato motor.

Próximo dos dois anos e meio e três anos, ao mesmo tempo em que progrediram na execução de seus traços e na combinação de formas retas e circulares, as crianças começam a relacionar suas produções gráficas com objetos e pessoas: são as *garatujas*. Embora, algumas vezes, as crianças possam anunciar que vão desenhar algo determinado, freqüentemente não existe um planejamento prévio à realização do desenho, mas uma interpretação, uma vez que o tenham completado e em um contexto em que os adultos se interessem por eles. Freeman (1980, 1987) se referiu à flexibilidade com que as crianças interpretam seus desenhos nesses momentos de seu desenvolvimento e assinalou como, em algumas ocasiões, mudam a interpretação no decorrer da elaboração da garatuja ou como, passado alguns momentos, podem atribuir-lhe um novo significado.

Em torno dos três anos, os progressos no controle óculo-manual, no uso da articulação do punho e no controle um pouco maior dos movimentos dos dedos serão traduzidos em um melhor controle do traço; crianças entre três e quatro anos, realmente, já se tornam capazes de controlar o ponto de partida e de chegada do traço, de combinar diversos traços para obter uma figura ou reproduzir um objeto (combinar círculo e retas para desenhar um sol, por exemplo). Além disso, aparece a consciência de estar desenhando, e a garatuja começa a adquirir uma função intencionalmente representativa, razões pelas quais já é possível falar de *desenhos* até mesmo se o número de traços ainda for limitado e a repetição e sobreposição de formas forem freqüentes. Surgem nessa idade as primeiras representações da figura humana, chamadas às vezes de "girinos", representações constituídas por um círculo do qual saem alguns riscos; embora o círculo adquira os traços do rosto pelo esboço de olhos, nariz e boca desenhados em seu interior, vale também para o corpo inteiro, já que dele saem as linhas que representam braços e pernas (ver o primeiro desenho da Figura 6.2). Enquanto isso, progridem o controle e a coordenação dos movimentos, obtendo-se formas cada vez mais bem resolvidas em orientação, tamanho, amplitude e curvatura.

Os progressos que ocorrem no desenho ficam bem evidentes pelos avanços no desenho da figura humana (Barrett e Eames, 1996; Goodnow, 1977). O "girino" inicial começa a se diferenciar: aparece o corpo, representado por um círculo adicional sob a cabeça ou por um triângulo, como no segundo desenho da Figura 6.2; diferenciam-se braços de mãos e pernas de pés, com os dedos desenhados, segundo o esquema de raios de sol. Logo, são acrescentados novos elementos; braços e pernas são representados com linhas parelelas, o corpo aparece realizando alguma ação ou relacionado com algum objeto (ver terceiro desenho da Figura 6.2). Nessa etapa, são freqüentes os desenhos cujo estilo foi qualificado por Luquet (1927), há muitos anos, como "realismo intelectual". São imagens nas quais as crianças mostram coisas ou cenas de acordo com o que sabem ou conhecem delas, mais do que como nos ofereceria uma fotografia. Podem, por exemplo, pintar o corpo de uma pessoa visto através de suas roupas, o que se conhece como desenhos "transparentes" ou de "raio X". Isso não quer dizer que quem desenha veja as coisas dessa maneira, obviamente; apenas buscam mais a expressividade do que o realismo.

No desenvolvimento do desenho entre os cinco e os oito anos, as crianças têm de resolver outros desafios como a elaboração de um maior número de detalhes, a coordenação de diferentes partes ou componentes de seus desenhos e o desenvolvimento de imagens progressivamente mais realistas (o denominado "realismo visual") e com um maior grau de complexidade. Progressivamente, ao longo dessa evolução, os desenhos vão incorporando mais detalhes tanto relativos ao rosto (sobrancelhas, orelhas, cílios) como ao resto do corpo e da roupa, assim como de outros complementos. O progresso é bem ilustrado no quarto e no quinto desenho contido na Figura 6.2, que, em seu conjunto, ilustra os progressos que estivemos comentando através do desenho da pessoa humana realizado pela mesma menina desde os três até os sete anos.

Naturalmente, os desenhos das crianças não se limitam à figura humana. Em primeiro lugar, porque a partir dos quatro ou cinco anos a figura humana não aparece sozinha, mas acompanhada de objetos, de animais ou de outras pessoas; posteriormente, as coisas desenhadas deixam de ser estáticas e são representadas realizando ações ou interações. As figuras também podem aparecer em uma paisagem, marcada primeiro por uma linha de chão ou algo que indica o céu (nuvens, sol, etc.), paisagem que, com o passar do tempo, vai sendo preenchida de elementos, transformando-se em um verdadeiro fundo sobre o qual se destacam as figuras centrais. Em segundo lugar, porque as crianças desenham também objetos e situações que para elas são familiares e que se prestam às capacidades representativas de que dispõem em cada momento; em princípio, é típico, por exemplo, o desenho de um carro composto de um par de círculos que representa rodas e uma linha ovalada que repre-

FIGURA 6.2 O desenho da figura humana por Paula aos 3, 4, 5, 6 e 7 anos.

senta o resto do veículo. Entretanto, em relação a esses objetos e às situações em que aparecem representados, a lógica evolutiva é similar à descrita sobre o desenho da figura humana: esquematismo inicial, realismo intelectual, realismo visual, desenhos em contextos e representando ações ou interações, cada vez com mais detalhes e melhor técnica.

Além das considerações evolutivas anteriores, devemos acrescentar que a informação que aparece representada em um desenho depende tanto do conhecimento e dos sentimentos que as crianças têm sobre um tema determinado como da interpretação e da seleção que fazem sobre quais aspectos aparecem em seus desenhos, assim como de suas capacidades para realizar uma representação em que se mostra uma visão determinada (Thomas e Silk, 1990). Essa é a razão pela qual os desenhos infantis têm sido considerados importantes por seu valor como indicadores do desenvolvimento intelectual e evolutivo das crianças e como elementos para a avaliação da personalidade e do estado emocional. No trabalho clínico, os desenhos, além de serem utilizados para o diagnóstico de transtornos psicológicos, são considerados importantes por seus fins terapêuticos, de acordo com a hipótese de que a expressão das emoções traz benefícios para a saúde mental. A idéia subjacente em todas essas propostas é de que os desenhos das crianças são uma expressão da inteligência infantil, dos conceitos infantis e da forma como se interpreta e se conhece o mundo nessas idades, assim como também são a expressão ou projeção dos estados emocionais e psíquicos. A despeito do anterior, e no que se refere ao uso do desenho com fins diagnósticos, é preciso ser cauteloso e não utilizar o desenho como medida única (e, naturalmente, não utilizar somente um desenho); para se perceber as cautelas que se deve ter ao usar essa ferramenta gráfica tão útil e expressiva, basta pensar que uma mesma criança pode fazer produções muito diferentes ao longo de um mesmo dia (Goodnow, 1977).

Finalmente, não podemos deixar de mencionar as possibilidades educativas que tem o desenho, dado seu papel como manifestação das capacidades criativas das crianças. Com o intuito de tirar do desenho um partido educativo, devemos aproveitar ao máximo a etapa da educação infantil, pois, a partir dos seis ou sete anos, as crianças começam a ser menos produtivas e seus desenhos estão cada vez mais dominados por um afã realista, o que, por outro lado, não impede que continue sendo possível e desejável a educação artística a partir dessa idade.

A escrita

Apesar da importância da alfabetização na aquisição do saber cultural e apesar da atenção que a escola presta à aquisição da escrita, é muito pouco o que se pesquisou sobre os aspectos motores da escrita e os fatores que favorecem ou dificultam uma escrita manual eficiente. A grande quantidade de literatura sobre aquisição, ensino e avaliação da escrita dá atenção primordial aos aspectos funcionais da composição escrita e não a suas destrezas instrumentais.

Condemarín e Chadwick (1990) distingem três etapas no desenvolvimento da escrita manuscrita: a *etapa pré-caligráfica*, que abrange todo o período de aquisição de destrezas gráficas especializadas, desde que a garatuja tenta ser uma letra até o domínio da caligrafia; com freqüência, o traço é trêmulo ou inseguro, falta regularidade no tamanho e na inclinação, as linhas apresentam ondulações e a ligação das letras é imprecisa. Alcança-se a *etapa caligráfica infantil* quando o aprendiz domina as destrezas motoras necessárias para produzir uma escrita ordenada e clara; nessa etapa, as formas são muito convencionais, e a letra não está personalizada. A etapa *pós-caligráfica* se consegue depois da adolescência, quando se define um estilo caligráfico pessoal e quando os aspectos instrumentais da escrita estão claramente subordinados à funcionalidade da composição escrita.

No início da etapa pré-caligráfica, as primeiras letras que tipicamente as crianças tentam desenhar costumam ser do tipo "círculo", "risco" ou "pente", formas que só vagamente remetem a modelos que possam ter visto, mas que revelam que a criança analisou a forma das letras e extraiu um de seus principais traços: que as letras são construídas combinando traços curtos, sejam uma reta e um círculo, sejam várias retas (ver a primeira amostra da escrita na Figura 6.3). Nessa garatuja inicial, que "brinca de ser como" escrita, influi o tipo de experiência que as crianças tenham com os modelos de escrita; aquelas que tiverem oportunidade de observar a escrita manual dos adultos tenderão à garatuja linear, um traço mais ou menos ondulado, talvez com alguma espiral ou algum ângulo, enquanto aquelas familiarizadas com a letra impressa ou para aquelas a quem os adultos mostraram a escrita com maiúsculas começarão desenhando letras soltas, em princípio não-alinhadas e depois juntas, como que formando palavras. As oportunidades de prática e de ação dos adultos determinam o ritmo em que esses traços iniciais evoluem para formas mais convencionais de escrita.

Ainda dentro dessa etapa pré-caligráfica, devem ser consideradas as produções escritas que já têm uma maior semelhança com os traços da escrita e com a forma das letras, mas que ainda remetem a uma situação em que se desenha letras muito mais do que se escreve; assim ocorre com a segunda e a terceira amostra de escrita da Figura 6.3, em que Paula desenhou seu nome (que está acostumada a ver escrito, que às vezes se pede para que ela mesma escreva e que ela costuma fazer como uma parte a mais de seus desenhos).

O progressivo domínio no controle, na coordenação e na precisão dos movimentos implicados no traço das diferentes letras ajuda o aprendiz a diferenciar, a memorizar e a automatizar o padrão motor correspondente a cada uma delas. Esse padrão, que recebe o nome de "alógrafo", inclui a seqüência de movimentos, a direção desses movimentos, o tamanho proporcional dos diversos elementos e sua posição no resultado final. O alógrafo contém a informação sobre as características essenciais do traçado de cada letra e suas possíveis variações (minúscula-maiúscula). Cada

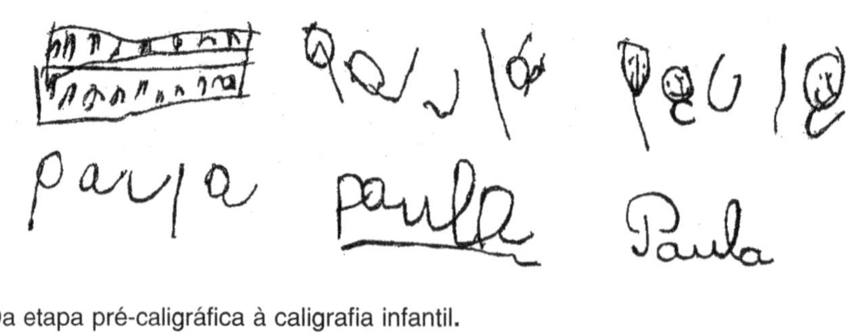

FIGURA 6.3 Da etapa pré-caligráfica à caligrafia infantil.

alógrafo se adapta também às condições físicas da escrita, que vêm dadas pelas características do instrumento de escrita e do suporte; os movimentos não são os mesmos, por exemplo, se escrevermos com lápis em um papel, com giz em um quadro-negro, com um pedaço de madeira na areia ou com pincel atômico em uma superfície curva. O repertório de alógrafos nos permite desenvolver, de maneira continuada, fluida e automática, as grafias, os movimentos da escrita que resultam no traço, permitindo ao escritor centrar sua atenção na composição do texto e não nos movimentos que deve executar.

Quando as letras começam a ser formas estáveis, diferenciadas e reconhecíveis, o repertório de alógrafos da criança costuma ser ainda muito limitado, com apenas algumas poucas letras que se repetem sobre o papel. Essas primeiras letras freqüentemente são provenientes de seu nome, já que teve muitas oportunidades de ver sua forma escrita e pode também ter visto como um adulto a escrevia para elas (Garton e Pratt, 1989). À medida que se aproxima a idade escolar, os adultos vão dando mais ênfase à precisão e qualidade dos traços, e as crianças vão sendo capazes de responder a essas maiores exigências, como podemos ver na evolução da escrita do nome de Paula (Figura 6.3). A ênfase na caligrafia se intensifica quando as crianças iniciam o ensino fundamental.

A escrita caligráfica se caracteriza pela regularidade e pela fluidez. Toro e Cervera (1980) propõem dez indicadores para avaliar a qualidade da grafia: ajuste do tamanho da letra, regularidade no tamanho, oscilação ou tremor no traço, horizontalidade das linhas, regularidade no interalinhamento, proporção entre zonas (corpo central X extremos superiores ou inferiores), sobreposição de letras, ligação natural ou união entre letras consecutivas, distorções nos traços curvos das letras e regularidade na direção dos traçados verticais. Mas, embora o domínio eficiente das habilidades gráficas seja imprescindível para o acesso à escrita, é importante assinalar que alcançar essa caligrafia regular e fluida não equivale a saber escrever. Escrever também é uma destreza funcional-comunicativa e uma destreza lingüística. Portanto, a aprendizagem da escrita não é uma simples aprendizagem motora: supõe, por um lado, a aquisição de um código, de um sistema de sinais gráficos convencionais que permite a comunicação, porque representam significados precisos e, por outro, a capacidade (e a vontade) para compôr textos coerentes com esse código. Isto é, além dos requisitos motores, na aprendizagem da escrita pesam significativamente os componentes cognitivos e motivacionais.

O fato de que aos cinco ou seis anos, as crianças possam, em geral, ter acesso aos traços da escrita não significa que até essa idade não se possa fazer nada em relação ao treinamento para a escrita, nem que tal treinamento tenha de ser iniciado necessariamente nessa idade, porque o controle fino ainda não está bem-estabelecido em muitas crianças, e porque escrever não significa somente fazer traços de uma forma determinada, mas também construir a capacidade para estabelecer relações entre o traço gráfico e o significado, que podem exigir mais tempo do que a aquisição da habilidade motora. Estudos citados por Garton e Pratt (1989) indicam que se as crianças que ainda não adquiriram as destrezas perceptivo-motoras necessárias para produzir as formas das letras com a qualidade que se costuma esperar delas forem submetidas a penosos exercícios de cópia para os quais não dispõem de habilidade nem de controle motor, estarão sendo expostas a uma tensão que, em muitos casos, irá se traduzir em sentimentos de incompetência e em atitudes de rejeição para tudo o que representa a escola.

Embora seja arriscado fazer afirmações gerais em função da grande variabilidade que existe entre algumas crianças e outras, tanto nos aspectos motores como nos cognitivos e na motivação, podemos dizer que, em geral, é preferível introduzir o ensino da escrita propriamente dita um pouco mais tarde e que, em caso de dúvida, parece mais aconselhável esperar do que correr, sobretudo considerando que essa espera pode ser bastante aproveitada construtivamente para consolidar as bases motoras, cognitivas e motivacionais da escrita.

7

Desenvolvimento intelectual e processos cognitivos entre os dois e os seis anos

MARÍA JOSÉ RODRIGO

DA CRIANÇA PRÉ-LÓGICA À CRIANÇA QUE PROCESSA INFORMAÇÃO

O objetivo deste capítulo é familiarizar o leitor com o repertório de capacidades cognitivas com que contam as crianças de dois a seis anos. Começaremos utilizando o guia autorizado de Piaget para percorrer esses anos que correspondem à chamada *etapa pré-operatória*. Nela se desenvolvem alguns conteúdos importantes, como, por exemplo, a função simbólica. No entanto, nessas idades, o pensamento infantil descrito por Piaget é caracterizado como se estivesse à espera das grandes transformações operatórias que ocorrerão em etapas posteriores. De fato, as revisões críticas da obra de Piaget alertaram sobre o perigo dessa estratégia comparativa ao avaliar a competência das crianças dessas idades.

Neste capítulo, a descrição "negativa" das capacidades da criança pré-lógica se completa com uma descrição "positiva" que procura conhecer o que as crianças sabem e o que fazem nessas idades. Isso é muito necessário se queremos fazer justiça a suas verdadeiras capacidades e às possibilidades de educação que essas sugerem. Por isso, após o próximo item, mudaremos o tom do discurso para entrarmos em uma análise mais pormenorizada de suas capacidades de processamento. O objetivo deste tipo de análise é descobrir como crianças nessa faixa etária codificam, transformam e organizam os diferentes tipos de informação. Concretamente, revisaremos seus processos de atenção, seu nível de conhecimento sobre o mundo e suas capacidades de memória e raciocínio. Conforme veremos, a presença de um entorno social de pessoas com as quais a criança coopera e participa em cenários práticos de atividades cotidianas contribui de maneira especial para potencializar o desenvolvimento dessas capacidades cognitivas.

A INTELIGÊNCIA PRÉ-OPERATÓRIA

O período pré-operacional, também chamado de inteligência verbal ou intuitiva, estende-se dos dois aos sete anos, aproximadamente. Piaget o descreve em várias ocasiões, mas especialmente em duas de suas obras: *La formation du symbole chez l'enfant (1946)* e *La psychologie de l'intelligence* (1947). Logo no início desse período, a criança se vê imersa em uma realidade existencial que abrange vários planos: um mundo físico de objetos e de relações entre estes que, essencialmente, ela conseguiu dominar no estágio anterior; um meio social constituído por esses "objetos com mente" (Riviére, 1991), os quais denominamos pessoas, dotadas de intenções, de metas e de desejos, com as quais também se relacionam, e, por último, um mundo interior de representações que, a partir dos desenvolvimentos iniciais descritos no Capítulo 3, será o acontecimento mais destacado de seu desenvolvimento nos anos seguintes. A *função simbólica* é a encarregada de possibilitar a formação de símbolos mentais que representam objetos, pessoas ou acontecimentos ausentes. Graças a ela, o pensamento da criança pode libertar-se: da seqüencialidade imposta pela ação prática para poder antecipar um resultado, da ancoragem no "aqui e agora" própria da inteligência prática e sensório-motora e da busca do êxito imediato da ação em favor da busca do conhecimento que esta encerra, e tudo isso para lançá-la em um mundo de representações que utilizam signos, símbolos, imagens e conceitos como substitutos da realidade não-presente. Assim se inicia uma longa viagem que levará a criança desde a ação prática isolada do estágio sensório-motor até a ação interiorizada deste estágio, ainda muito próxima à anterior. A meta final da viagem, que será alcançada no estágio das operações concretas, será a ação interiorizada reversível e descentrada, organizada em sistemas de conjunto, e que já constitui uma verdadeira operação mental.

Não devemos inferir disso tudo que a capacidade de usar símbolos seja alcançada bruscamente no início do estágio pré-operacional. A compreensão da natureza do símbolo (desde os símbolos icônicos, como os desenhos, até os arbitrários, como as letras e os números, passando pelos modelos e pelos mapas) não é simples nem automática. Requer não pegar o objeto como o que ele é em si mesmo, mas em termos do que representa, algo que é especialmente difícil quando as crianças contam com um longo histórico de interações com esses objetos como tais. Conforme assinalam De Loache, Uttal e Pierroutsakos (1998), quanto mais familiar é o objeto e mais foi manipulado, menor é sua aptidão para servir de veículo simbólico. Assim, por exemplo, não é uma boa idéia utilizar personagens de desenhos animados para representar os números, porque têm tal peso em si mesmos que não "representam" bem os números. Isso vem questionar um bom número de decisões pedagógicas que foram tomadas sobre a intuição errônea de que os melhores símbolos são sempre aqueles que são familiares e conhecidos pelas crianças.

A capacidade de outorgar símbolos não se esgota na compreensão do símbolo, mas se manifesta em sua produção de uma maneira muito especial. Assim, o desenho, a imitação, o jogo e até a linguagem são, todos eles, modos de expressão simbólica. Abordaremos a linguagem, o fruto mais evidente da função simbólica, mais detalhadamente no Capítulo 8. Mediante o *desenho*, a criança confere às suas produções gráficas um sentido de que representam objetos, pessoas, etc. Muito antes de suas habilidades motoras lhes permitam a aproximação de uma cópia do original, as crianças, com meros traços curvos e fechados, já "vêem" pessoas realizando determinadas ações. Realmente, as crianças não desenham o que vêem, mas o que sentem e o que sabem, e isso faz do desenho um instrumento diagnóstico da inteligência e da personalidade da criança, como vimos no capítulo anterior. A imitação e o jogo simbólico também são manifestações características da função simbólica. Segundo Piaget, a *imitação interiorizada* é um mecanismo básico para a construção dos significantes. Mas, além disso, hoje sabemos que supõe uma forma de expressão intersubjetiva que estabelece as bases para o desenvolvimento social e comunicativo (Trevarthen e Logotheti, 1989). Enquanto a imitação na ausência do modelo é uma atividade de acomodação à realidade, o *jogo simbólico* com sua criação de símbolos inventados supõe uma atividade assimiladora e deformadora da realidade. No jogo, a criança se liberta das pressões e das exigências da acomodação do presente para representar por puro prazer funcional. Essa vocação de distanciamento do imediato pode ser observada na própria evolução dos símbolos, que deixam de ser símbolos "colados" aos objetos e às ações rotineiras (simular comer em pratos vazios, dormir quando vê o travesseiro, etc.) para ser símbolos que vão se "perdendo de vista" (comer e beber sem ter nada na mão). O poder gerador do jogo foi amplamente reconhecido por todos. Em sua vertente mais individual, o jogo estimula uma grande variedade de atividades mentais, como a linguagem, a memória, o raciocínio, a imaginação, a criatividade e o planejamento. Em sua vertente mais social, o jogo de dramatização e o jogo de papéis contribuem para desenvolver as habilidades sociocognitivas das crianças, assim como para ampliar seu conhecimento do mundo social. Abordaremos o desenvolvimento do jogo no Capítulo 11.

Características do pensamento pré-operacional

Piaget concebia o período pré-operacional como uma etapa de preparação para o desenvolvimento das operações concretas. Por isso, descreveu de forma negativa as capacidades da criança dessas idades, ressaltando suas limitações. No Quadro 7.1, estão resumidas as mais importantes. O pensamento pré-operatório se define, segundo Piaget, pelo primeiro dos pólos de cada uma das características mencionadas (aparência perceptiva, centração, etc.). Conforme será analisado no Capítulo 12, o pensamento operacional concreto se define pelo segundo pólo (traços não-observáveis, descentração, etc.).

Talvez possamos entender melhor a importância dessas limitações ao considerar como elas afetam o rendimento das crianças em uma série de tarefas idealizadas expressamente por Piaget para evidenciá-las, que são as tarefas de *conservação*. Elas se baseiam em compreender que certas características físicas dos objetos (seu número de elementos, sua longitude, sua área, sua massa, seu peso ou seu volume) se mantêm invariáveis apesar de certas mudanças perceptivas (ver Capítulo 12). Um exemplo típico é o da *conservação do líquido*, que consiste em apresentar dois copos altos e estreitos que contêm a mesma quantidade de água, entornando a seguir o conteúdo de um deles para outro copo mais baixo e largo. Ao se perguntar se a quantidade de água continua sendo a mesma, a criança pré-operacional costuma responder negativamente. Nesse tipo de resultados, são observadas algumas das limitações de seu pensamento, resumidas no Quadro 7.1: o pensamento da criança se baseia nas aparências perceptivas, está centrado na altura dos copos mas não em sua largura, não observou as transformações que sofreu a água ao ser passada de um copo para outro e não pode voltar a preencher mentalmente o copo longo e largo para comprovar que continua havendo a mesma quantidade.

QUADRO 7.1 Limitações do pensamento no estágio pré-operatório

Aparência perceptiva/traços não-observáveis: dominado pelos aspectos perceptivos dos objetos, a criança não realiza inferências a partir de propriedades não-observáveis diretamente.

Centração/descentração: o foco está em um só aspecto da situação ou um só ponto de vista (o próprio), evitando outras possíveis dimensões ou pontos de vista diferentes.

Estados/transformações: não relaciona os estados iniciais e finais de um processo, ao ignorar as transformações dinâmicas intermediárias.

Irreversibilidade/reversibilidade: não pode refazer mentalmente o processo seguido até voltar ao estágio inicial.

Raciocínio transdutivo/pensamento lógico: estabelece conexões associativas imediatas entre as coisas ao raciocinar do particular ao particular.

Piaget deu grande importância ao fenômeno da centração, analisando-o em outras tarefas muito diferentes. Em seus primeiros trabalhos na década de 1920: *Le langage et la pensée chez l'enfant* (1923), *Le représentacion du monde chez l'enfant* (1926) ou *Le jugement et le raisonnement chez l'enfant* (1924), Piaget utiliza o termo *egocentrismo* para se referir a um pensamento realista centrado no ponto de vista da criança. Ela não conhece outras perspectivas diferentes das suas e acredita que todo mundo percebe, sente e pensa da mesma maneira. Observando seu rendimento na tarefa das três montanhas, Piaget percebe que até os seis ou sete anos as crianças são incapazes de adotar um ponto de vista espacial que não seja o seu. Por isso, selecionam a foto que apresenta a paisagem das montanhas a partir de seu ponto de vista e não tal como se veria da perspectiva espacial de outra pessoa que, estando

FIGURA 7.1 O problema das três montanhas.

em frente a elas, também observa a cena (Figura 7.1).

O egocentrismo também se manifesta nas entrevistas clínicas em que Piaget interrogava as crianças sobre as relações causa-efeito que estabelecem entre fenômenos naturais do mundo físico. Por meio de suas respostas, Piaget observou nas crianças um pensamento *animista* baseado na crença de que os objetos inanimados estão vivos e dotados de intenções, de desejos, de sentimentos e de pensamentos. Ao perguntar a uma criança de três anos por que as nuvens se movem, a criança explicou que "o sol estava chateado com elas e por isso elas se moviam, porque o sol as perseguia". Outra forma de animismo consiste em materializar os processos psíquicos: "O pensamento é uma 'vozinha' dentro da cabeça". A partir de um *corpus* muito rico de verbalizações e explicações infantis sobre os fenômenos naturais, Piaget descreveu outras manifestações bastante interessantes do egocentrismo, como são o *fenomenismo* (estabelecer um laço causal entre fenômenos que ocorrem próximos: pensar que a vontade de dormir basta para que a noite chegue), o *finalismo* (pensar que deve haver uma causa para tudo: "As nuvens se deslocam para que chova em outros lugares") e o *artificialismo* (acreditar que as coisas foram construídas de modo artificial pelo homem ou por um Ser Supremo: "As montanhas foram construídas com pedra colocada sobre pedra"). Em todos esses casos, é possível observar uma incapacidade básica de diferenciar com clareza o próprio mundo interior do mundo exterior.

Por último, o egocentrismo também se manifesta na própria linguagem infantil. Isso demonstra o caráter subordinado que Piaget dava à linguagem em relação ao pensamento. Para ele, a linguagem egocêntrica (que se manifesta por meio de repetições e monólogos) tem como única finalidade estimular o próprio pensamento e é antecedente à linguagem socializada (para trocar informação, criticar, ordenar, perguntar e responder), cuja missão é fundamentalmente comunicativa. As posições piagetianas sobre o caráter subordinado da linguagem em relação ao pensamento deram origem a uma longa polêmica com Vygotsky (1978). Vygotsky não nega a existência de uma linguagem egocêntrica, com a qual a criança fala para si mesma quando resolve um problema. Ele a considera posterior à linguagem socializada, que, desde o início, é a que liga a criança ao mundo que a rodeia, apesar de considerar a linguagem egocêntrica o início de formas de linguagem mais maduras, como a linguagem interna. Esta tem um caráter auto-regulador, já que precede à ação e a controla, chegando a substituí-la (a criança pensa e planeja sua ação antes de executá-la).

Revisão crítica da competência pré-operacional

Sem sair do próprio âmbito conceitual piagetiano, são muitos os dados acumulados nessas duas décadas que demonstram uma certa subvalorização das competências da criança nessa etapa por parte de Piaget. Pensa-se que uma boa parte das tarefas ou dos problemas imaginados para avaliar as habilidades cognitivas das crianças nessas idades contribuiu de maneira muito especial para desenhar o perfil pouco competente destas. Concretamente, essas tarefas costumam demandar certas habilidades extras (lingüísticas, mnêmicas, motivacionais, por exemplo) que impedem que as capacidades cognitivas das crianças dessas idades se manifestem em sua totalidade. Além disso, os conteúdos das tarefas costumam ser pouco familiares e parcamente respeitosos com os interesses das crianças. Tudo isso faz com que, quando se minimiza o impacto dessas variáveis, se obtenham indícios de capacidades cognitivas em idades mais precoces do que se havia suposto. Ilustraremos essas afirmações com alguns exemplos.

Vamos pegar as distintas facetas do egocentrismo tal como o estudava Piaget. Em relação à falta de perspectivismo espacial que manifestavam as crianças na tarefa das três montanhas (Figura 7.1), comprovou-se que, quando se incluem objetos familiares na paisagem e se usam outros métodos que não se baseiam na escolha da foto correta, as crianças de quatro anos podem se colocar em outros pontos de vista (Newcombe e Huttenlocher, 1992). Assim, quando se permite que elas "entrem" na paisagem real que as rodeia, em vez de "ver a partir de fora" um modelo em escala, as crianças dessa idade são capazes de imaginar dinamicamente as novas posições dos elementos da paisagem à medida que vão mudando a posição de seu corpo. Por exemplo, as crianças de cinco anos são capazes de recalcular as posições dos objetos familiares localizados ao redor de seu corpo em um espaço egocentrado, um desenvolvimento timidamente antecipado já nos bebês, em situações muito mais simples, como se mostrou no Capítulo 3. Uma vez memorizadas as posições dos objetos localizados na frente, atrás, a sua direita e a sua esquerda, eles são escondidos e pede-se a elas que, à medida que giram sobre si mesmas, indiquem gestualmente a nova direção das posições dos objetos. As crianças conseguem um rendimento muito bom, comparável ao dos adultos, apesar de todas as posições dos objetos mudarem ao girar seu corpo (Rodrigo e De Vega, 1996). Notem que essas crianças não têm dificuldade com as direções de direita e esquerda, que são tradicionalmente difíceis de avaliar, porque o modo de localização espacial é gestual e não verbal.

A ausência de intencionalidade comunicativa (linguagem egocêntrica, segundo Piaget) nas interações da criança com os outros também está sendo muito questionada. Conforme se mostrou no Capítulo 4, hoje sabemos que a intenção comunicativa precede a linguagem e está presente em todas suas manifestações. Desde muito pequenas, as crianças realizam determinadas entonações e modulações de voz com a expectativa de alcançar um determinado resultado comunicativo. Aos quatro anos, adaptam sua linguagem às necessidades dos ouvintes (Gelman e Shatz, 1978), de forma que o emprego de uma linguagem mais ou menos complicada dependerá do fato de elas se dirigirem a crianças de sua idade ou menores (frases curtas e mais simples) ou aos adultos. Quanto a sua dificuldade para manter um verdadeiro diálogo com adultos, esta vai depender de que o assunto da conversa seja familiar e conhecido para as crianças. As crianças pequenas são capazes de dialogar com adultos com base em roteiros compartilhados por ambos: comidas, brincadeiras, passeios, etc. (Nelson, 1985).

As descobertas sobre o pensamento animista das crianças também estão sendo muito destacadas atualmente. De um lado, assinala-se que em uma entrevista clínica as crianças vão modulando suas respostas em função do entrevistador, já que seguem uma pragmática conversacional que dá a razão aos adultos ou faz com que mudem suas afirmações quando se pergunta de novo para continuar indagando. De outro lado, não se deve confundir a existência de crenças nas crianças sobre inúmeros aspectos da realidade natural com o suposto caráter egocêntrico de sua forma de pensar. As crianças de três anos raramente pensam que objetos tão familiares como as pedras e os lápis estão vivos; podem ter dúvidas sobre os veículos, que também se movem e parecem ter olhos (Richards e Siegler, 1984). Além disso, o animismo não parece ser superado até os seis anos; de fato, até mesmo as crianças de oito e dez anos podem manter proposições animistas quando se trata de objetos que não podem manipular, chamados de ultracoisas (sol, neve, vento, etc.) (Arnay, 1993). Alguns adultos também dão respostas animistas quando se referem a objetos que não são familiares a eles, como, por exemplo, os computadores. Por último, o fato de que as crianças acreditam em personagens imaginários e fictícios não significa que não distingam entre realidade e fantasia (Flavell, Green e Flavell, 1986). Elas sabem que esses seres não podem alterar sua realidade cotidiana, mas "funcionam" em outro mundo parecido ao que criam no jogo simbólico, no qual brincam de "como se" suas idéias fossem realidade.

Outro tanto se poderia dizer sobre o caráter pré-lógico de seu raciocínio. Nas tarefas de conservação ou de classificação, a modificação do número de elementos, sua familiaridade ou a demanda concreta da tarefa oferecem imagens bem diferentes do rendimento das crianças. Por exemplo, as crianças de três anos conservam o número de elementos apesar de sua diferente aparência perceptiva quando se trata de três elementos (Gelman e Gallistel, 1978). As crianças de quatro e cinco anos realizam as tarefas de classificação quando contêm poucos elementos, são familiares; o critério para classificá-los é do tipo perceptivo e quando apresentam alguns elementos já classificados (Rodrigo, 1982). Além disso, as crianças se beneficiam claramente com o entretenimento nessas tarefas.

Não queremos negar, com esses rápidos exemplos, a existência de limitações nas crianças dessas idades. Apenas afirmamos que algumas capacidades lógicas começam a emergir nesse estágio pré-lógico mais cedo do que Piaget supôs. O fato de que somente se manifestem diante de determinadas condições das tarefas e não em outras também indica que devemos penetrar mais na natureza dos processos cognitivos implicados em sua realização (por exemplo, o número de elementos da tarefa pode estar relacionado com limitações em sua atenção e memória). Nesse sentido, uma análise "positiva" das capacidades de processamento das crianças nessas idades pode ser de muita utilidade para nós, e é sobre isso que falaremos nos próximos itens.

DESENVOLVIMENTO DA ATENÇÃO

Como vimos no Capítulo 3, o primeiro processo cognitivo que ajuda o bebê a ir ao encontro dos estímulos que o circundam é a percepção. Muito relacionada com os primeiros registros sensoriais voltados para o processamento da informação aparece também a atenção. De fato, poderíamos dizer que a atenção é um mecanismo de *seleção perceptiva* que garante a eficácia com a qual tal processamento se realiza, já que o guia para onde este deve se dirigir preferencialmente. Essa capacidade, que, sem dúvida, é muito importante para todos os animais, adquire algumas peculiaridades muito singulares quando nos referimos aos humanos. Assim, a atenção tipicamente humana é *focal, mantida* e *conjunta* desde muito cedo. Conforme vimos no Capítulo 3, poucos meses depois de nascer, o olhar dos bebês se centra, de todo o conjunto de estímulos que os rodeia, no rosto das pessoas. A partir daí, os bebês reproduzem seus gestos faciais e mantêm "turnos" semi-conversacionais por meio desses olhares. Durante vários meses, essa atenção focal, mantida e conjunta do bebê com seus cuidadores será um canal aberto graças ao qual começarão a se formar os primeiros laços afetivos. Como vimos no Capítulo 4, próximo dos nove meses, esse olhar mútuo que liga os bebês e seus cuidadores começa a se dirigir ao mundo de pessoas e de objetos que rodeiam a díade comunicativa. Inaugura-se, assim, a tríade comunicativa, em que os bebês *acompanham* o olhar e os gestos indicativos dos adultos para os objetos de seu ambiente (Carpenter, Nagel e Tomasello, 1998). Até um ano, são os próprios bebês que *dirigem* a atenção dos adultos para esse mundo exterior com o objetivo de mostrá-lo por meio de gestos de indicação (com propósito declarativo) ou também pedir a eles gestualmente que façam algo com os objetos (com propósito imperativo). O suporte gestual continuará sendo muito importante nos próximos anos como ajuda externa para se assegurar, manter e guiar a atenção da criança para os objetos. De fato, poderíamos considerá-lo como um conjunto de sinais para que a criança abra uma janela de atenção durante um certo tempo e se disponha a aprender algo interessante sobre seu ambiente. Essas janelas temporais, conforme indica Rovee-Collier (1995), permitem que a criança integre melhor em sua memória as informações que recebe dentro desse período temporal.

Apesar das notáveis capacidades dos bebês para prestar atenção nos objetos de seu ambiente em companhia dos adultos e aprender sobre eles coisas interessantes, ainda resta a eles um longo caminho a percorrer. Concretamente, a partir dos dois anos, a atenção de das crianças vai ganhando em *controlabilidade, adaptabilidade e capacidade de planejamento.* Logo de início, a abertura das janelas temporais às quais aludimos antes vai tornando-se vez mais duradoura, o que indica que a atenção da criança vai se tornando cada vez mais sustentada. As crianças de dois anos costumam mudar rapidamente de atividades, passando de umas a outras com certa pressa. No entanto, calculou-se que próximo dos cinco ou seis anos podem manter-se realizando uma mesma atividade, preferencialmente um jogo, até sete minutos em média. Devemos considerar que a realização de longas seqüências de ações, mantendo um mesmo propósito, permite prever um adequado desenvolvimento das capacidades cognitivas das crianças, já que garante uma boa plataforma para realizar as aprendizagens. Alguns transtornos de déficit de atenção associados à hiperatividade se caracterizam precisamente por uma impossibilidade de controlar os impulsos e se manter realizando uma tarefa.

À medida que as crianças persistem em uma atividade, vão tendo mais oportunidades para se focalizar voluntariamente em um aspecto determinado dessa atividade, ignorando outros. Isso requer um *controle de atenção* para se dirigir aos aspectos relevantes da situação e desconsiderar os irrelevantes. Para isso, devem considerar suas próprias metas e intenções quando interagem com os objetos. Esse tipo de controle de atenção, que é chave para a resolução de problemas, não alcança seu ponto máximo nessas idades, e será necessário esperar até os oito ou nove anos para observar avanços realmente destacados, conforme veremos no Capítulo 12.

Junto a um maior controle, a atenção vai ganhando em *adaptabilidade e flexibilidade* na presença de determinadas situações ou tarefas (Pearson e Lane, 1990). Isso é fundamental, já que permite otimizar as capacidades cognitivas ao empregá-las de acordo com as necessidades, com os propósitos e com as metas. Assim, por exemplo, as crianças nessa faixa etária aprendem progressivamente a mudar o critério de semelhança que empregam para julgar em que medida dois estímulos são similares, passando de julgá-los segundo seu tamanho a julgá-los por sua cor segundo sua conveniência na tarefa. Também naquelas tarefas que requerem uma mudança de atenção de uma parte do campo visual a outra, demonstra-se que as crianças vão sendo cada vez mais rápidas e precisas em detectar os estímulos, sobretudo se contam com alguma ajuda externa, por exemplo, uma flecha que dirige sua atenção para a área da tela do computador onde aparecerá o estímulo.

A existência de um controle cada vez mais voluntário e flexível sobre a atenção fez com que se pesquisasse o desenvolvimento de *estratégias de atenção* (ver Quadro 7.2). Patricia Miller e colaboradores mostraram a crianças de três a nove anos uma caixa grande que continha uma série de portas: a metade dessas portas tinha desenhos de jaulas, indicando que continham animais; a outra metade tinha desenhos de casas, indicando que continham objetos domésticos. A tarefa consistia em lembrar a localização precisa de cada um dos objetos domésticos ou de cada um dos animais dentro das diferentes casinhas fechadas pelas portas com desenhos de jaulas e de casas (DeMarie-Dreblow e Miller, 1988).

Os resultados indicam que as crianças menores não utilizam estratégias de atenção, pois se pedirmos a elas que procurem se lembrar da posição exata de cada um dos animais e dermos um tempo para que façam do jeito que acharem melhor, durante essa fase de "estudo" vão abrindo as portas ao acaso, sem considerar os desenhos exteriores que indicam se nela há um animal ou um objeto doméstico (*deficiência de produção*). Mais adiante, as crianças começam a utilizar uma estratégia mais seletiva, mas a seguem de modo incoerente: vão abrindo as portas com o desenho da casa, mas

QUADRO 7.2 Tipos de deficiência no desenvolvimento das estratégias de atenção

1. *Deficiência de produção*: crianças não utilizam estratégias em situações nas quais seriam muito úteis.
2. *Deficiência de controle*: manifesta-se na incapacidade de manejar uma estratégia de modo eficaz.
3. *Deficiência de utilização*: consiste no fato de as crianças não poderem se beneficiar do uso da estratégia, embora a empreguem convenientemente.

ainda abrem muitas portas com o desenho das jaulas (*deficiência de controle*). As crianças maiores já são capazes de manejar a estratégia de modo mais coerente, mas, no entanto, sua lembrança da localização dos objetos caseiros não melhora drasticamente (*deficiência de utilização*). A razão de as crianças maiores abrirem somente as portas adequadas, apesar de sua memória de objetos não melhorar sensivelmente, está no grande esforço de atenção que a tarefa ainda requer, que deixa poucos recursos mentais livres para reforçar a memória da posição dos objetos.

O terceiro tipo de mudança na capacidade de atenção é seu progressivo caráter *planejador*. Sem dúvida, com a idade se pode pensar antecipadamente na seqüência de ações que serão executadas, o que exige dirigir uma atenção sucessiva para alcançar determinadas metas. Embora seja verdade que os bebês mostram certa compreensão dos denominados "processos orientados para o futuro", estes ainda têm a forma de simples expectativas que permite a eles antecipar a ocorrência de determinados acontecimentos e assegurar a efetividade da resposta diante deles, tal como se mostrou no Capítulo 3. Mas isso não significa que nessas idades precoces os bebês tracem uma meta e dirijam ações estratégicas para consegui-la. Aos quatro anos, no entanto, a atenção já começa a ter essas características estratégicas, pois, por exemplo, as crianças buscam de modo sistemático os brinquedos que perderam em seu quarto, olhando nos lugares onde os viram pela última vez.

Fica claro que, a partir dessas idades, as crianças vão sendo mais capazes de realizar tarefas mais complexas que requerem planejamento (Lacasa, 1995). Uma dessas tarefas consiste em planejar a rota mais rápida a ser seguida, percorrendo as estantes em uma maquete de brinquedo que representa uma loja, para encontrar determinados artigos de uma lista (Gauvain e Rogoff, 1989). Em outra tarefa, as crianças têm de traçar a rota mais rápida em um mapa de um povoado imaginário para fazer uma lista de recados com o objetivo de preparar uma festa (Radziszewska e Rogoff, 1988). Nas duas tarefas, foi possível perceber que as crianças de oito e nove anos, em relação às de cinco, dedicam mais tempo para planejar previamente a tarefa antes de começar, com a finalidade de repassar a localização dos artigos ou os recados e experimentar várias rotas alternativas. Também se detêm em vários pontos do trajeto para revisar o que foi realizado até aquele momento, para verificar se estão conseguindo as submetas propostas e para mudar a estratégia, caso não dê resultado. Nesse tipo de tarefas, os pesquisadores observaram que o fato de interagir com outras crianças ou com adultos era positivo para melhorar o planejamento em ambos os grupos de idades. O planejamento em colaboração marca um dos pontos altos do desenvolvimento da atenção, já que requer coordenar todos os recursos de atenção próprios levando em conta os dos demais, colocando-se todos a serviço de uma definição conjunta da tarefa e das metas (Rodrigo e Batista, 1995).

Para terminar, seguem duas reflexões importantes. Por um lado, que a atenção chega a se coordenar com outros processos cognitivos como a memória, o raciocínio e a resolução de problemas, e isso contribui decisivamente para otimizar o processamento da informação. Por outro, que as capacidades de atenção podem ser treinadas e potencializadas graças à interação com adultos ou com outras crianças. Concluímos, assim, este item tal como o começamos, isto é, reconhecendo a importância da interação social nas origens e no desenvolvimento da atenção.

DESENVOLVIMENTO DO CONHECIMENTO TEMÁTICO

Acabamos de descrever como os processos de atenção controlam e dirigem o processamento da informação, orientando-o para o futuro ao criar um conjunto de expectativas sobre as pessoas, os objetos e os acontecimentos que serão processados. Essas expectativas já guardam um certo nível de conhecimento (os bebês *sabem* que chorando virá alguém, que a porta da rua aberta vem seguida de um passeio, que a água correndo da torneira precede o banho, etc.). Os processos de atenção permitem, portanto, regular a entrada daquelas informações que serão a base da construção dos primeiros conhecimentos sobre o mundo. Com a exposição continuada às pessoas, aos objetos e aos acontecimentos, assegurada pela rotinização das atividades cotidianas, não só se criam expectativas, como também se começa a abstrair certas regularidades das situações a partir da variedade de experiências de contato com o mundo. A captação dessas regularidades situacionais pelas crianças permite a construção dos primeiros protótipos semânticos do conhecimento, que são de dois tipos: os *esquemas* e as *categorias*. Os esquemas organizam o chamado conhecimento temático, enquanto as categorias organizam o conhecimento categorial ou taxionômico (ver Quadro 7.3). A seguir, falaremos sobre o conhecimento temático, deixando para o próximo item a análise do conhecimento categorial.

Um esquema é um tipo de representação mental que organiza conjuntos gerais de conhecimento que as pessoas possuem sobre a realidade, conjuntos armazenados na memória semântica. Parte desse conhecimento costuma se referir a situações, a personagens ou a ações que se repetem muitas vezes e do mesmo modo na vida cotidiana, por isso, não é fácil elaborar as representações estáveis correspondentes. Aqui descreveremos três tipos de esquemas que articulam a maior parte do conhecimento infantil: os esquemas de cenas, de acontecimentos e de histórias (nos Capítulo 10 e no 14, são examinados outros esquemas relativos ao conhecimento das pessoas e da sociedade).

Um esquema de *cena* integra conhecimento de vários tipos:

a) sobre as relações físicas dos objetos (a maneira como se relacionam, seu tamanho, solidez e opacidade);
b) sobre os tipos de objetos que se costuma ver em determinados lugares (panelas nas cozinhas, pente no banheiro, etc.);
c) sobre as relações dos objetos entre si (cadeiras na frente de mesas, quadros nas paredes, etc.).

Esse tipo de conhecimento guia o que a criança espera perceber em uma determinada cena. Isso é muito econômico para o processamento do ambiente, já que permite inferir a presença de determinadas relações espaciais entre objetos antes de percebê-las.

Os esquemas de cenas são adquiridos desde muito cedo, à medida que nosso conhecimento sobre o mundo aumenta. Assim, Ratner e Myers (1981) verificaram que até mesmo crianças de dois anos são capazes de identificar objetos que normalmente se encontram em lugares familiares, como a cozinha e o banheiro, desprezando com bastante precisão os que não são tão freqüentes. No entanto, até os cinco ou seis anos não são capazes de realizar essa mesma tarefa com cenas menos familiares, porque, até então, não possuem esquemas articulados sobre tais ambientes.

O mais notável de tudo isso é que a organização em esquemas desse tipo é relativamente precoce, e, embora sofra certas mudanças com a idade, o conhecimento do adulto mantém a mesma estrutura organizativa baseada em esquemas. É evidente que os adultos são mais rápidos e precisos quando reconhecem objetos apropriados ou inapropriados em uma cena. Também é certo que memorizam muito melhor os detalhes sobre as cenas. Além disso, seus esquemas estão mais ar-

QUADRO 7.3 Organização do conhecimento cotidiano

1. *Conhecimento temático*: agrupa elementos que ocorrem juntos ou interagem em um acontecimento ou seqüências de ações (por exemplo, um bebê e uma mamadeira). Aparece a partir de relações de co-variação nas pautas situacionais recorrentes (esquemas de cenas, de acontecimentos e de histórias).
2. *Conhecimento taxionômico*: agrupa como membros de uma categoria elementos por sua semelhança familiar (por exemplo, um bebê e um adulto; uma mamadeira e uma garrafa). Aparece a partir das relações de semelhança entre elementos (categorias básicas, supra-ordenadas e subordinadas).

ticulados e são aplicados de modo mais flexível às diversas situações. No entanto, os princípios organizativos de tal conhecimento permanecem inalteráveis com a idade.

As crianças dessas idades não só captam as relações espaciais entre objetos, como são capazes de representar *seqüências temporais* de acontecimentos. São os chamados roteiros, que consistem em representações genéricas sobre o que ocorre e quando ocorre em uma determinada situação. Os roteiros incluem informação prototípica sobre situações convencionais, tais como ir a um restaurante, viajar de trem, ir ao médico, visitar um museu, etc. Os elementos do roteiro incluem objetos (mesas, cardápio, comida, etc.), papéis (garçom, cliente, etc.), condições desencadeantes (estar faminto, etc.), resultados (estar saciado, ter menos dinheiro, etc.) e, sobretudo, um conjunto seqüencialmente ordenado de ações ou de acontecimentos característicos do roteiro (entrar, sentar-se, pedir o cardápio, etc.). A ordenação de acontecimentos costuma ser bastante rígida e invariável, dado que existe uma dependência causal entre eles (o cliente pede o cardápio antes de comer e, necessariamente, paga depois de haver consumido).

Bower, Black e Turner (1979) foram os primeiros a estudar os roteiros nos adultos. Observaram que, ao escrever a lista ordenada das ações convencionais realizadas em uma série de situações como ir à aula, visitar o médico, comprar em um açougue e ir a um restaurante, os adultos mostravam uma grande convergência em suas respostas, o que indica uma grande quantidade de pontos comuns intraculturais nos roteiros. Em pesquisas posteriores, foi possível comprovar a funcionalidade dos roteiros na compreensão e na lembrança de histórias construídas a partir de roteiros. Assim, por exemplo, os adultos eram capazes de inferir em sua lembrança seqüências de ações pertencentes a roteiros que não estavam incluídas na história que lhes havia sido apresentada. De fato, os adultos tendiam a confundir as ações que haviam sido mencionadas na história com aquelas que pertenciam ao roteiro, mas que estavam ausentes na história. Tudo isso indica que os roteiros geram inferências temáticas na compreensão da linguagem e na lembrança.

Baseando-se nos estudos realizados com adultos, Nelson (1985) começou a explorar esse tipo de representações nas crianças para comprovar se estas também eram capazes de estruturar e de organizar as seqüências que compõem os roteiros. Nas crianças de quatro a seis anos entrevistadas sobre os roteiros "comer em casa", "comer na escola" e "comer em um restaurante", observou uma enorme coincidência com os roteiros adultos nos acontecimentos e em sua ordenação temporal. As crianças também coincidem em abstrair os acontecimentos centrais e em eliminar os detalhes irrelevantes. A única diferença com os adultos é que as metas das ações do roteiro e alguns episódios são totalmente ausentes nas crianças. Por exemplo, enquanto para uma criança de três anos o roteiro do restaurante inclui: "entrar, pedir a comida, comer e sair", para outra de cinco anos já inclui: "entrar, sentar-se ao balcão ou à mesa, pedir ao garçom o que deseja para comer, comer, pedir a sobremesa, pagar e sair".

Também na criança, os roteiros têm um papel similar ao que desempenham no sistema cognitivo do adulto. Em primeiro lugar, proporcionam um conhecimento compartilhado com o ouvinte que facilita a compreensão e a comunicação em geral. Em segundo lugar, os roteiros favorecem a lembrança ordenada de acontecimentos, embora seja narrado para a criança de forma desordenada. De fato, a lembrança dos pequenos está muito mais guiada por tais representações do que a dos adultos. Costumam-se "lembrar" falsamente daqueles elementos que não estavam em uma história que foi contada a eles, mas que faziam parte do roteiro prototípico.

Nem todas as seqüências de acontecimentos são temporais. Existem outras cujos elementos estão ligados por relações causais: as chamadas *histórias* ou *contos*. As crianças utilizam esse tipo de conhecimento quando lembram ou compreendem peças narrativas (Marchesi, 1984). Diferentemente das limitações detectadas por Piaget nas crianças para se lembrar da seqüência correta de uma história, até mesmo as crianças de quatro anos mostram poucas inversões ou distorções na lembrança, sempre que forem histórias bem construídas em que podem detectar claras relações causais. Desde cedo, em comparação com os adultos, as crianças costumam omitir os estados motivacionais e as metas dos personagens. Mas quando podem inferi-las, ao se reduzir a complexidade da trama, ou ao se introduzir personagens infantis com motivações mais próximas das suas, as crianças também se lembram de tais aspectos. Por último, são capazes de resumir uma história familiar com uma estrutura simples. No entanto, tais resumos mostram que as crianças resumem mais pela eliminação de partes do relato do que por sua condensação e integração em um nível superior de abstração, como fazem os adultos.

Para termos uma idéia mais completa da importância do conhecimento esquemático, basta mencionar sua contribuição para a aprendizagem da leitura. Uma habilidade cognitiva tão complexa como esta requer, sem dúvida alguma, o encontro de várias capacidades, como a atenção focalizada, a compreensão de símbolos arbitrários (letras e números) e um bom nível de desenvolvimento da linguagem oral. Mas, como atividade cultural que é, a leitura requer ter experiência com um meio "letrado" em que haja muito material escrito e requer também poder contar com uma base ampla de conhecimento do mundo. Ambos os aspectos estão presentes em algumas atividades cotidianas que as crianças realizam espontaneamente com seus pais, como, por exemplo, a leitura de contos e a descrição de desenhos ou de cenas (Daiute, 1993).

É preciso acrescentar duas idéias ao que foi dito anteriormente. A primeira é que os esquemas aparecem muito cedo e são o resultado do funcionamento automático da maquinaria indutiva que, provavelmente, se baseia em um processamento paralelo com o que se simula nas redes conexionistas. A segunda é que, embora a organização em esquema não varie com a idade, algumas mudanças otimizam seu funcionamento. Assim, os esquemas se articulam à medida que se amplia a base de conhecimento e se aplicam de modo mais flexível como resultado de uma avaliação mais precisa das demandas das tarefas. Além disso, produz-se um maior acesso consciente aos mesmos (metaconhecimento), o que potencializará extraordinariamente as possibilidades do sistema cognitivo a partir dos seis ou sete anos.

DESENVOLVIMENTO DO CONHECIMENTO CATEGORIAL OU TAXIONÔMICO

A categorização da realidade é uma capacidade básica que permite à criança associar conjuntos de coisas aparentemente díspares mediante relações de semelhança ou equivalência, formando, assim, sistemas classificatórios. Conforme se mostrou no Capítulo 3, os bebês já categorizam as expressões faciais, as cores, os sons da voz humana e os objetos. A partir dos 12 meses, as crianças tratam os utensílios de cozinha, os objetos de banho, os animais, os veículos, as plantas e até os móveis como partes de categorias diferentes. Isso se manifesta em suas condutas de reconhecimento e de surpresa, de interação social e em estabelecimento de programas motores específicos para interagir com cada categoria.

A partir dos dois ou três anos, começa a se formar uma estrutura categorial que se articula em três níveis: as categorias básicas, as categorias supra-ordenadas e as subordinadas (Rosch, et al.,1976). As *categorias básicas* são diferenciações dentro das categorias globais a que antes fizemos referência: cadeira, mesa, cavalo, árvore, cama, colher, carro, etc. Diferentemente do que Piaget acreditava, essas categorias são construídas muito antes de aparecer a lógica de classes típicas do pensamento concreto de que se fala no Capítulo 12. Além disso, diferentemente da tese do relativismo lingüístico de Whorf, não é a linguagem que molda a organização categorial básica. Se fosse assim, existiriam profundas divergências entre as crianças de diversas culturas na categorização básica da realidade, em função de suas características lingüísticas, o que não parece ser o caso, dado que, por exemplo, as crianças esquimós constroem e utilizam uma categoria básica de neve apesar da existência de vários termos diferentes para se referir à neve em seu ambiente lingüístico. Mas o que ocorre é o contrário: o rótulo lexical é construído sobre essas primeiras categorias básicas.

Quanto às *categorias supra-ordenadas* (por exemplo, móvel) e *subordinadas*, (por exemplo, cadeira de balanço), as relações que se estabelecem entre seus membros são mais abstratas e não tão observáveis (não há nenhum móvel na realidade que inclua cadeira, mesa, cabide, mas o que existe é a palavra "móvel"). É muito provável que nesses casos a linguagem tenha um papel importante na hora de segmentar e dissociar a experiência. No entanto, segundo Nelson (1988), é a *interação* entre a linguagem e as representações não-lingüísticas de acontecimentos (concretamente os roteiros) que irá determinar as categorias supra-ordenadas. É evidente que as mesas e as cadeiras estão funcionalmente relacionadas no roteiro de comer, de modo que compartilham papéis intercambiáveis, junto com outros exemplos de móveis que o adulto utiliza em tais situações.

Em suma, a elaboração de categorias supra-ordenadas depende não só de fatores lingüísticos, mas também do conhecimento temático. Esse fenômeno é muito interessante, porque, até pouco tempo, pensava-se que as crianças formavam, primeiro, o conhecimento temático e, depois, o taxionômico. O certo é que a progressão parece mais ir do nível mais elementar do conhecimento taxionômico (categorias básicas) ao conhecimento temático e, por último, ao nível mais complexo de conhecimento taxionômico (categorias supra-ordenadas e subordinadas), que já requerem um *plus* lingüístico que complica tal aquisição (Gelman, et al., 1998).

Nem todas as categorias do nível básico recebem a mesma atenção preferencial por parte das crianças. Por exemplo, a categoria "cão" é mais chamativa do que a categoria "cesta". Algumas categorias estão mais centralmente ligadas ao conhecimento de domínios e ajudam a assentar os primeiros pilares conceituais das teorias do sentido comum relativas ao mundo das pessoas, dos animais, das plantas e dos objetos (Gelman et al., 1998). Essas categorias têm um rico potencial indutivo para estabelecer inferências sobre como serão outros exemplares da categoria e captam propriedades não-óbvias que não podem ser observadas perceptivamente. Gelman e Markman (1986) apresentaram a crianças de quatro a seis anos desenhos e informações de um flamingo ("alimenta seu filho com comida mastigada"), um morcego ("dá ao filho leite materno") e um corvo ("o que ele dá ao filho: comida mastigada ou leite?"). As crianças responderam que o corvo, apesar de se parecer com o morcego, dá aos filhos comida mastigada, como o flamingo (os dois são aves). É surpreendente que, sendo ainda pequenas, as crianças sejam capazes de estabelecer esse tipo de categorizações tão vitais para a construção de seu conhecimento de domínios, sobretudo quando se diz que o fazem a partir de uma estimulação relativamente simples e pobre. Mas isso acontece assim? Na pesquisa de Gelman e seus colaboradores (1998), foi analisado expressamente o tipo de estimulação relativo às categorias que as mães de classe média alta e com um bom nível educativo proporcionavam a seus filhos de 20 meses de idade enquanto contavam histórias a eles. A informação lingüística e gestual que as crianças recebiam de suas mães ia além do rótulo lexical e do gesto de apontar, já que incluía: a) enunciados que relacionavam dois membros de uma categoria mediante um atributo comum não visível diretamente ("estas são cobras especiais que nadam debaixo da água"); b) enunciados genéricos sobre a categoria e sobre indivíduos em particular ("os golfinhos vivem no mar; este golfinho brinca de pular ondas"), e c) indicações gestuais ligando um objeto a outro ("este golfinho é maior do que este peixinho"). Parece, então, que, apoiadas pela informação perceptiva e pela informação lingüística e gestual regulada pela interação social, as crianças vão contando com um "mapa de estradas" para começar a explorar e a categorizar a realidade.

MEMÓRIA E UTILIZAÇÃO DE ESTRATÉGIAS

Uma boa parte das atividades de aprendizagem que as crianças realizam está baseada na utilização de estratégias de memorização.

Essa afirmação pode parecer exagerada para aqueles que acreditam que a tarefa de memorizar, além de ser um tanto acadêmica, é um exercício inútil e estéril que as crianças nunca empreendem espontaneamente. No entanto, se considerarmos que os mecanismos de retenção e de recuperação de informação são definitivamente o meio de que nos valemos para compreender e adquirir conhecimento, é plenamente justificado seu estudo nessas idades.

Nas décadas de 1960 e 1970, um certo número de pesquisas estudou o desenvolvimento das *estratégias de memória*, concretamente as de repetição, que consistem em repetir o material verbalmente ou por outros meios, e as de organização, que consistem em ordenar e categorizar o material para poder lembrar-se dele melhor. Assim, por exemplo, Flavell, Beach e Chinsky (1966) analisaram em crianças de cinco, sete e dez anos o uso da estratégia de *repetição* verbal após apresentarem a elas desenhos de objetos comuns dos quais deviam se lembrar. Observando a presença de movimentos labiais ou o murmúrio de palavras em voz baixa enquanto estudavam o material, notaram que somente a partir dos sete anos as crianças utilizavam ativamente a estratégia de repetir os nomes. As crianças de cinco anos tendiam a não produzir estratégias mnêmicas eficazes, embora, desde cedo, se fossem treinadas, eram capazes de se beneficiar de seu uso. Outro tanto se pode concluir a partir dos estudos sobre a estratégia de *organização* (Myers e Perlmutter, 1978): as crianças de cinco anos apenas mostram tendências eficazes para organizar a informação, e é a partir dos sete anos que, sob instrução, podem realizar atividades preparatórias para se lembrar de como agrupar os itens em categorias. Em resumo, os diferentes autores coincidem em detectar uma mudança drástica no uso de estratégias de repetição e de organização. Aos cinco anos, as crianças são, em geral, passivas, não utilizam estratégias, ou as que usam são ineficazes, e não planejam as ações a serem realizadas. Em compensação, aos sete ou oito anos, as crianças vão sendo ativas, eficazes e planejadoras. Essas mudanças são abordadas mais detalhadamente no Capítulo 12.

Contudo, desde a década de 1980 se vem questionando a existência de mudanças tão bruscas desde um estado não-estratégico a um estratégico, já que o que parece existir é uma progressão gradual no uso de estratégias. Bastam dois exemplos para avalizar essa afirmação. O primeiro deles nos proporciona a pesquisa de Istomina (1975) sobre memória voluntária realizada no ano de 1943 na União Soviética, que demonstra que a *meta da atividade* de memorizar é um fator que modula a produção de estratégias nas crianças pequenas. Em seu estudo, as crianças de três a seis anos tinham de memorizar em uma situação de jogo de papéis (recebendo o encargo, dentro do jogo, de ir à loja para comprar uma lista de artigos sem se esquecer de nenhum) e em uma situação de laboratório (reproduzir o mais fielmente possível uma lista de palavras que iam escutar). Os resultados indicaram que a lembrança é mais deficiente na situação de laboratório do que na de jogo, e que é neste último caso que as crianças empregaram melhores estratégias para memorizar. Isso se deve ao fato de que no contexto de jogo, o interesse e a motivação da criança coincidem com o objetivo de memorizar o material. Mais recentemente, Rogoff e Mistry (1985) obtiveram resultados similares ao propor a situação de memorização dentro do contexto natural das atividades cotidianas das crianças de quatro e cinco anos: em uma situação de jogo na qual se pedia a elas que se lembrassem dos objetos, produziam espontaneamente uma grande quantidade de estratégias muito eficazes para a lembrança, além de tocarem os objetos e nomeá-los; assim, realizavam atividades funcionais com eles, como simular que comiam uma banana, etc., ou narravam tais atividades.

O segundo exemplo a favor da existência de mudanças graduais no uso de estratégias vem de DeLoache e Brown (1983). Essas autoras demonstraram que antes dos cinco anos é possível observar atividades que podem ser consideradas verdadeiras precursoras no uso de estratégias. Assim, diante de um brinquedo que é escondido diante delas com instruções de se lembrar durante um certo tempo de sua localização, as crianças de três anos já apresentam uma série de estratégias, como olhar fixamente o lugar onde supõem que está, mover afirmativamente a cabeça quando o olham e negativamente indicando outro diferente, tocar o lugar com a mão, etc. As crianças que realizavam essas atividades como antecipação e prática da futura lembrança lembravam-se muito bem da localização do objeto, mesmo depois de um certo tempo.

Junto com esses fatores mais motivacionais e contextuais, alguns autores insistem na influência que o conhecimento prévio que a criança possui tem sobre a lembrança, por meio do qual organiza e compreende a informação. Assim, é comum observar que os materiais familiares são mais bem lembrados do que os não-familiares, eliminando até mesmo algumas diferenças devido à idade. Nesse sentido, são muito reveladores os estudos de Chi e Ceci (1987), nos quais se compara o rendimento de crianças peritas em xadrez em relação a adultos leigos nesse jogo, em provas de memória de posições de fichas de xadrez. Enquanto os adultos mostraram uma maior capacidade de lembrança do que as crianças em uma prova de memória de números, o resultado foi inverso na prova de memória de posições de jogo, o que indica que ser perito em um domínio melhora a qualidade da lembrança dos materiais relativos a tal domínio, como analisaremos melhor no Capítulo 12.

Se em algum domínio somos especialmente *experts*, este é o relativo a nossa própria biografia. Por isso, a lembrança de material autobiográfico é especialmente ilustrativa da facilitação mnêmica que se produz pela confluência de fatores motivacionais, contextuais e de amplitude de conhecimento. A *memória autobiográfica* é muito precoce (de dois a quatro anos, as crianças são capazes de descrever suas lembranças), e, no entanto, praticamente nenhum adulto é capaz de lembrar acontecimentos pessoais que ocorreram antes dos três anos de idade. Esse é o fenômeno denominado de amnésia infantil. Sua explicação está relacionada com o próprio processo de desenvolvimento da memória nessas idades tão precoces.

Em primeiro lugar, a memória autobiográfica requer o desenvolvimento de um "eu psicológico" que organize os acontecimentos em torno dele, cujo aparecimento ocorre próximo dos três anos. Notem que, embora a construção do "eu" comece antes, como se mostra no Capítulo 9, aos três anos aparece a consciência de um "eu" protagonista de acontecimentos. Esse "eu" precisa se apoiar em uma "narrativa pessoal" que permita comunicar com efetividade os acontecimentos passados, isto é, saber comunicar o "quem, o que, quando e onde" (Fivush e Hamond, 1990). A aquisição de um formato narrativo está muito ligada aos importantes avanços dos três anos no campo lingüístico. As crianças pequenas dependem muito de suas conversações com os adultos para aprender as chaves de memorização mais efetivas (Quadro 7.4). Nos estudos realizados por esses autores, é possível observar que as meninas estão na frente dos meninos nesse processo, talvez porque os pais costumem falar mais com suas filhas do que com seus filhos sobre suas lembranças infantis, embora seja preciso comprovar se essa é a explicação correta.

Por último, um terceiro ingrediente que possibilita a memória autobiográfica é a capa-

QUADRO 7.4 Fragmento de conversação entre mãe (M) e filha (F) de 24 meses

M: Você gostou do apartamento da praia?
F: Sim. E me diverti na água.
M: Você se divertiu na água?
F: Sim. Eu entrei no mar.
M: Você brincou no mar?
F: E sem sandálias.
M: Você tirou as sandálias?
F: E sem pijama.
M: E o que você usava na praia?
F: Minha camiseta de coqueiros.
M: Oh, sua camiseta de coqueiros! E o seu biquini?
F: Sim. E minha camiseta de coqueiros.
M: Quem foi à praia?
F: Mamãe e papai.
M: Você brincou na areia?
F: Sim.
M: O que você fez com a areia?
F: Fiz castelos de areia.
M: Quem entrou na água com você?
F: Papai e mamãe.
M: Bom. Aquelas ondas tão grandes molharam você?
F: Sim.

Fonte: Hudson, 1990, p. 198.

cidade de destacar o que há de diferente em um acontecimento sobre um fundo de acontecimentos rotineiros. Antes dos três anos, as crianças estão configurando seus esquemas e, portanto, são mais sensíveis à informação que se repete de alguns acontecimentos a outros. A partir dessa idade, começam também a se centrar na novidade e, portanto, criam chaves mais distintas para as lembranças infantis. Assim, os adultos podem ter acesso às lembranças infantis dos três anos em diante, porque os processos de codificação de informação começam a ser efetivos nessas idades.

RACIOCÍNIO E UTILIZAÇÃO DE REGRAS

Segundo a teoria de Piaget, uma das notas mais distintivas do pensamento pré-operatório em relação ao operatório é seu funcionamento assistemático (não utiliza regras) e baseado em indícios perceptivos (intuitivo). O primeiro supõe uma grande desvantagem para as crianças dessas idades, já que, quando se deparam com um problema, sua conduta é errante e conduzida ao acaso, guiada somente por princípios de tentativa e erro. Se a isso acrescentarmos que sua atenção tende a se focalizar em algum traço perceptivo que tenha especial atrativo diante dos demais, podemos compreender as enormes limitações de seu funcionamento cognitivo. No entanto, uma vez mais ao longo deste capítulo, veremos que essa imagem das capacidades cognitivas está longe de corresponder à realidade. Dois campos de estudo são idôneos para ilustrar a afirmação anterior: o raciocínio preditivo e o raciocínio aritmético.

O raciocínio preditivo ou probabilístico é uma área do raciocínio indutivo que, junto com o dedutivo, monopolizaram a atenção dos pesquisadores durante muito tempo. Como em tantos campos, o trabalho pioneiro de Piaget e Inhelder (1951) estabeleceu as bases de uma concepção logicista, segundo a qual é preciso esperar até a adolescência para encontrar exemplos de raciocínio probabilístico. Assim, quando apresentavam a crianças de cinco anos diversas tarefas como, por exemplo, tirar ao acaso bolinhas de gude de uma bolsa que continha várias de cores diferentes e se pedia que fizessem uma previsão sobre a possível cor da bolinha tirada, as crianças invariavelmente se baseavam em suas preferências por uma cor ou em seus desejos pessoais para realizar as previsões, sem considerar a proporção relativa de bolinhas de cada cor. No melhor dos casos, as crianças parecem seguir uma regra errônea que consiste em escolher como mais provável a cor que está representada pelo maior número de bolinhas, independentemente de sua proporção relativa em relação a outra cor (não é o mesmo a proporção 9/2 do que 9/8, já que embora em ambos os casos haja 9 bolinhas vermelhas, a probabilidade de que a bolinha tirada seja vermelha é maior no primeiro caso do que no segundo).

Estudos posteriores demonstraram que quando as tarefas permitem o embasamento no conhecimento prévio para fazer previsões, o raciocínio das crianças segue algumas pautas muito similares ao das crianças maiores e dos adolescentes (Jacobs e Potenza, 1991; Rodrigo, Castañeda e Camacho, no prelo). A estrutura da tarefa preditiva utilizada nesses estudos é complexa (ver Figura 7.2), já que segue um esquema bayesiano com duas fontes de informação:

a) a probabilidade prévia das rosas que foram cortadas no passado, e
b) a probabilidade condicional de que cortando uma rosa, o jardineiro se machuque.

As crianças devem predizer qual seria a flor cortada em uma situação de incerteza, já que nenhuma das duas informações é totalmente decisiva (embora possa parecer que "rosa" seja a opção mais provável, porque as rosas têm espinhos que machucam, poderia ser uma margarida, já que algumas também foram cortadas, e o jardineiro pode ter se cortado com a tesoura); além disso, elas têm de assinalar a segurança com a qual responderam e expor a razão da escolha da flor. A tarefa se complicava mais quando, em alguma versão, eram cortadas mais margaridas do que rosas, mas o jardineiro se

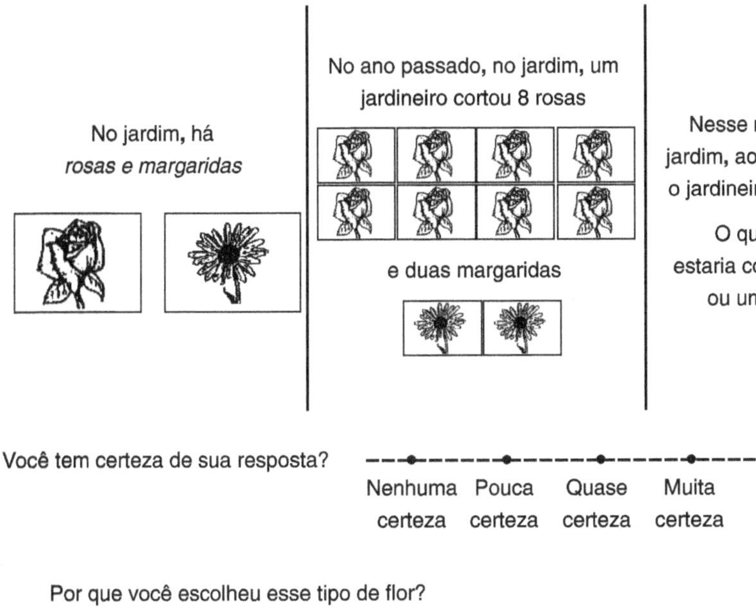

FIGURA 7.2 Rosas e margaridas em uma tarefa de raciocínio preditivo.

machucava ao cortar a flor. Outras versões eram mais simples, pois somente se apresentava a elas a informação da probabilidade prévia.

Os resultados indicam que não há um salto brusco de um pensamento assistemático para outro baseado em regras, já que todos os participantes deram muito mais peso para a fonte informativa sustentada no conhecimento prévio. Chegaram até a menosprezar a probabilidade prévia naqueles casos em que, conforme vimos, entrava em conflito com os dados da probabilidade condicional (uma opção que os adultos também seguem). Todos parecem seguir um heurístico de representatividade, segundo o qual "machucar-se quando cortam flores" é representativo da categoria "rosa". As diferenças no rendimento, embora importantes, estavam relacionadas com as limitações na capacidade operativa da memória das crianças de cinco anos e na dificuldade de representar conceitos mais complexos (Halford e McCredden, 1998). Assim, as crianças de cinco anos resolviam muito bem a tarefa simples de uma só fonte, mas não eram capazes de manejar as duas fontes simultaneamente, como faziam as maiores. Além disso, quando o conteúdo da tarefa era menos perceptivo e imaginável e fazia referência a um conceito mais complexo e abstrato como "crianças boas e crianças más", as crianças de cinco anos não podiam resolver a tarefa simples. Para elas, é difícil processar todos os casos em que uma criança pode se portar bem ou mal, porque isso exigiria que elas se apoiassem em representações semânticas por meio de proposições ou em representações analógicas mediante imagens mentais que sobrecarregariam sua memória operativa. Por último, diferentemente dos maiores, as crianças de cinco anos não eram capazes de verbalizar a fonte em que haviam baseado seu julgamento e davam explicações baseadas em desejos e preferências pessoais (um resultado semelhante ao de Piaget), o que deve ser interpretado como um problema de metacognição. Assim, são outros fatores alheios à lógica operatória que limitam o rendimento das crianças pequenas.

O outro exemplo tiraremos do raciocínio aritmético. Nas pesquisas piagetianas, costuma se questionar que a criança dessas idades saiba contar, embora muitas conheçam os números de memória. No entanto, outros autores argumentam que os princípios que regem a quantificação fazem parte da bagagem de conhecimento cotidiano, embora as crianças não sejam capazes de verbalizá-los por limitações metacognitivas (Gelman e Gallistel, 1978; Hartnett e Gelman, 1998). Assim, por exemplo, observaram que as crianças de dois anos atribuem um número para cada objeto, o que indica que "conhecem" o princípio de correspondência um a um (como vimos no Capítulo 3, já no primeiro ano há uma noção rudimentar de número). Contudo, aplicam os rótulos numéricos de forma salteada, o que indica que não seguem ainda o princípio de ordenação estável. Aos três anos, já utilizam tal princípio e conhecem também o de abstração, já que aplicam o procedimento de contar seus brinquedos, suas balas, etc. Entre quatro e cinco anos, aplicam o princípio de irrelevância da ordem, que estabelece o caráter arbitrário da associação entre um objeto e um número; aplicam também o princípio cardinal que estabelece que o último número de uma seqüência estabelece o valor cardinal do conjunto. A partir dos cinco anos, começam a induzir o princípio de sucessão, segundo o qual todo número natural tem seu sucessor.

Todos esses princípios implícitos constituem uma boa parte da bagagem da matemática cotidiana que as crianças empregam nessas idades e que facilitam, extraordinariamente, suas primeiras aprendizagens no domínio numérico. De fato, parece que facilitam a aprendizagem de operações aritméticas simples, como a adição e a subtração, sobretudo quando o tamanho das coleções de objetos é limitado, assim como a quantidade de elementos que se introduzem ou se eliminam (um indício de suas limitações na capacidade mental operativa, conforme assinalamos anteriormente). Assim, as crianças de dois ou três anos somente percebem mudanças de número quando é para acrescentar ou tirar um ou dois elementos em uma coleção de um ou dois objetos; as crianças de quatro anos, quando se acrescentam ou eliminam um ou dois elementos em uma coleção de até quatro ou cinco objetos; por último, as de cinco anos acrescentam ou eliminam de um a quatro elementos em coleções de até seis ou sete objetos. No entanto, mais adiante, surgirão problemas quando a criança aplicar os princípios de quantificação "naturais" na aprendizagem de algumas áreas da matemática escolar, sobretudo naquela que é responsável pelas operações de contar com números racionais fracionários. Entre os erros que as crianças cometem, está o de considerar que "1/4 é maior de que 1/2", porque "4 é maior do que 2".

CONCLUSÕES

Ao longo deste capítulo, fizemos um percurso desde as reduzidas capacidades lógicas das crianças de dois a seis anos até suas destacadas capacidades de processamento e a enorme bagagem de conhecimento com o qual contam. Talvez, de nossa perspectiva de adulto, essa bagagem não nos seja tão impressionante. Mas se pensarmos que, em tão poucos anos de experiência e sem treinamentos especiais, as crianças conseguiram desfazer a complexa trama de relações espaciais, temporais, causais e até motivacionais sobre a qual se tece a experiência cotidiana, com toda certeza, estaremos de acordo sobre os qualificativos empregados.

Esse conhecimento de mundo se adquire muito cedo, em contato com as rotinas diárias de atividades e na interação permanente com as pessoas e com os objetos. Vimos como a ajuda prestada pelas pessoas adultas, especialmente os pais, contribui para esse desenvolvimento ao proporcionar para a criança um meio experiencial mais ou menos enriquecido. O conhecimento temático e categorial assim adquirido influi muito positivamente na aprendizagem ao melhorar a eficácia do funcionamento cognitivo. Assim, da mesma maneira como ocorre com os adultos, nas crianças dessa faixa etária, todos os processos cognitivos se beneficiam de uma ampla base de conhecimentos e da familiaridade com os materiais das tarefas.

Quanto ao uso de estratégias, de heurísticos ou de princípios, crianças dessas idades são ativas elaboradoras de um bom número delas, que aplicam com muita regularidade em seus processos de memória ou de raciocínio. É evidente que elas têm muito o que aprender, mas, de modo algum, seu raciocínio pode ser considerado intuitivo ou conduzido pelo acaso. É verdade que o conhecimento de tais estratégias ainda é implícito, por isso, não podem exercer sobre elas nenhum tipo de autoregulação. Mas vão conseguindo com elas importantes êxitos adaptativos para o contexto de atividades cotidianas ao qual estão expostos. Resta somente que o cenário de atividades escolares que elabora a educação infantil não subestime o potencial de aprendizagem dessas crianças e continue favorecendo uma ampla demonstração de suas capacidades.

8 Desenvolvimento da linguagem

MIGUEL PÉREZ PEREIRA

A linguagem provavelmente é uma das faculdades mais típicas da espécie humana, se não a mais típica. Não se conhece nenhuma outra espécie que tenha desenvolvido por si mesma um sistema de comunicação e simbólico tão complexo como a linguagem humana. Também não parece que as espécies mais próximas a nós, os macacos antropóides, tenham-no desenvolvido com a mesma plenitude e da mesma forma que os humanos em situações de contato com eles, e isso apesar de, às vezes, terem sido submetidos a programas muito estritos de instrução no uso de sinais manuais ou de símbolos (fichas de plástico). E mais, não foi possível observar se podem transmitir isso que aprenderam com os humanos a seus filhotes. No entanto, qualquer humano que não tenha suas faculdades danificadas é capaz de aprender a falar simplesmente pelo fato de estar em interação com outros seres humanos e sem necessidade de um treinamento específico. Dessa potencialidade humana, dão testemunho as milhares de línguas humanas existentes hoje em dia. Por mais isolado que esteja, não existe grupo social humano sem linguagem (Miller, 1981).

Saber que as coisas são assim, porém, não nos diz muito sobre como ocorrem. Mais do que isso, a assustadora capacidade dos bebês humanos para adquirir a linguagem nos deixa um tanto atônitos e nos leva a pensar que seu processo de aquisição é algo mágico, inexplicável. No entanto, e apesar dos muitos aspectos obscuros que ainda existem em nosso conhecimento, sabemos hoje muito mais do que há 30 anos sobre como as crianças aprendem a falar e sobre o processo evolutivo que seguem nessa aprendizagem.

Para facilitar a exposição sobre como as crianças aprendem a falar, é necessário esmiuçar a linguagem, esta complexa capacidade humana, em seus diferentes componentes e ver como ocorre a aquisição de cada um deles. Habitualmente se tem separado vários componentes ou dimensões da linguagem. Algumas parecem estar mais diretamente relacionadas com a categorização da realidade, com a formação de conceitos e com o conhecimento do mundo; esse é o campo da semântica, que estuda o significado das palavras e das orações. Outras, como a fonologia ou a sintaxe, estudam aspectos que não têm tanta relação com nosso conhecimento ou, no plano evolutivo, com o desenvolvimento de outras capacidades; são dimensões mais especificamente lingüísticas. A fonologia e a sintaxe estudam, respectivamente, o material sonoro da linguagem humana (fonemas, combinações de fonemas, entonação, sotaque, etc.) e a ordem e as relações de dependência que devem existir entre os elementos da oração. Outros aspectos estão sobrepostos entre o mais especificamente lingüístico e nosso conhecimento da realidade. Por exemplo, a morfologia se ocupa do estudo das unidades mínimas ou morfemas, que servem para expressar significados ou matizes de significados e que também cumprem um papel essencial na organização da oração e no estabelecimento de relações entre os elementos da oração. Finalmente, a pragmática se ocupa do estudo do uso da linguagem; por exemplo, de como utilizamos a linguagem para expressarmos intenções, de como introduzimos modificações em nossa forma de falar dependendo das circunstâncias sociais, ou de como escolhemos a informação que expressamos em função da informação que supomos que o interlocutor já possui; assim, a pragmática parece ter relação com nosso conhecimento social. Portanto, o desenvolvimento de certas dimensões da linguagem parece ter uma certa relação com o desenvolvimento de outros domínios, como o desenvolvimento cognitivo ou social, enquanto outras parecem seguir um curso independente de outros domínios. Seja como for, para que a criança comece a falar, deve ser capaz de reunir em suas expressões todas as dimensões da linguagem às quais nos referimos. Alguns autores (Bloom e Lahey, 1978) simplificaram essas dimensões em três: conteúdo (semântica), forma (fonologia e morfossintaxe) e uso (pragmática), e propuseram que aprender a falar exige da criança a capacidade de expressar conteúdos em formas lingüísticas convencionais e de maneira apropriada ao contexto. A criança que aprende a falar será, progressivamente, capaz de expressar conteúdos cada vez mais complexos em formas também mais complexas e variadas e de uma maneira mais apropriada às convenções sociais de uso da linguagem.

A seguir, veremos a evolução da linguagem em cada uma das dimensões que especificamos: desenvolvimento fonológico, desenvolvimento semântico, desenvolvimento morfológico e sintático e desenvolvimento pragmático. É importante destacar que, mesmo quando tivermos de separar esses componentes da linguagem por necessidade analítica, o domínio de cada uma dessas dimensões é realizado pelas crianças em contextos conversacionais e de maneira indiferenciada. Uma anotação final é que, ao longo da exposição, não se fará referência às diferenças entre meninos e meninas. A base empírica para sustentar tais diferenças é frágil, e, por outro lado, as diferenças individuais, independentemente do gênero, são tão grandes que é difícil reunir meninos e meninas em grupos homogêneos.

DESENVOLVIMENTO FONOLÓGICO

Dentro do desenvolvimento fonológico, costuma-se fazer uma diferenciação entre a percepção da fala e a produção da fala. A capacidade de perceber a fala, de discriminar os fonemas que integram o fluido de nossa fala, de reconhecer unidades maiores, como palavras e, mais tarde, orações, parece, de um ponto de vista lógico, prévia à capacidade de produzir as primeiras palavras, parecendo, assim, ocorrer evolutivamente. Como vimos no Capítulo 3, desde as primeiras semanas de vida, os bebês mostram uma clara predileção por atender a fala humana, frente a outro tipo de estímulos acústicos. Essa predileção pela voz humana faz com que os bebês prestem uma atenção especial a suas características e que sejam capazes de perceber e discriminar cada vez mais traços. Uma das mais precoces discriminações que os bebês de apenas um mês realizam está ligada à melodia e à entonação da fala. Assim, foi possível comprovar (Mehler et al., 1988) que bebês franceses podiam diferenciar emissões produzidas em francês de emissões produzidas em russo. Obviamente, isso não significa que os bebês podem captar diferenças em fonemas e palavras, mas que, em parte devido a sua exposição intra-uterina à fala materna e a sua experiência pós-natal, por mais reduzida que esta seja, podem perceber diferenças na prosódia (estrutura rítmica, melodia, entonação, etc.).

Desde muito cedo, os bebês também começam a captar as diferenças existentes entre os diferentes fonemas da língua. Eimas e colaboradores (Eimas et al., 1971) realizaram um estudo pioneiro em que, mediante a técnica de habituação, conseguiram demonstrar que bebês de dois meses podem diferenciar entre os fonemas /p/ e /b/. Aplicando essa mesma técnica ou variantes dela, muitas outras pesquisas foram realizadas e evidenciaram que bebês de seis meses podem discriminar todos os fonemas da língua e não só da sua, mas de qualquer língua humana. Essa capacidade psicoacústica, realmente assombrosa, parece que se perde posteriormente, de maneira que todos os seres humanos, depois de um tempo, se não estiverem expostos a certos contrastes fonéticos, perdem a capacidade de discriminá-los. Por exemplo, os adultos japoneses não podem discriminar entre o /l/ e o /r/ (contraste inexistente em sua língua), mas os bebês japoneses de alguns poucos meses podem fazê-lo. Contudo, essa perda de sensibilidade para captar contrastes entre fonemas inexistentes na língua nativa parece ser progressiva e ter um começo que se remonta, inclusive, a antes dos 12 meses (Jusczyk, 1997). Esses resultados indicam que a capacidade psicoacústica especial com que viemos dotados ao mundo pode ir se perdendo na ausência de experiência. Portanto, antes que as crianças comecem a produzir as primeiras palavras, parece que já podem captar diferenças no material sonoro da fala e diferenças na entonação, na melodia e no ritmo da linguagem.

As crianças não começarão a produzir as primeiras palavras reconhecíveis como tais pelos adultos até aproximadamente os 12 meses, mas isso não significa que anteriormente não haja avanços importantes em suas capacidades de produção de sons. Desde o momento do nascimento, as crianças produzem ruídos com seu aparelho bucofonador e gritam, choram, etc. Obviamente, essas habilidades nada têm a ver com as necessárias para produzir linguagem, mas são o início de um tipo de atividades que deixará "no ponto" o aparelho bucofonador (laringe, faringe, boca) para poder produzir posteriormente combinações de sons semelhantes aos da fala adulta. Aos três meses, as crianças costumam produzir sons do tipo gutural, chamados de gorjeios, e próximo dos seis meses, começam a produzir o balbucio. Este consiste em combinações de sons semelhantes a vogais e a consoantes, que se repetem de forma rítmica e com variações na entonação (tatatata...). Próximo dos oito ou nove meses, os bebês começam a produzir o que alguns autores denominaram de "formas foneticamente consistentes" e outros de "protopalavras". São formas com certa estabilidade fonética, mas, diferentemente do balbucio, diferentes protopalavras começam a ser produzidas em circunstâncias diversas; uma forma quando a criança quer que o adulto lhe dê algo, outra diferente quando quer atrair a atenção do adulto para algo de seu interesse, outras como expressão de afeto, etc. Diferentemente das palavras, que são convencionais, essas produções são de caráter idiossincrásico, cada criança emprega as suas. Mesmo quando são um primeiro passo no estabelecimento de relações entre forma e significado, não têm a precisão referencial das palavras (Pérez Pereira e Castro, 1988). No entanto, algumas delas são as primeiras produções sonoras que a criança emite com clara intenção comunicativa. Por isso, geralmente vão acompanhadas de outros recursos comunicativos dos quais a criança já dispõe (gestos, ações).

A existência desse tipo de produções questionou seriamente a velha idéia inatista da descontinuidade entre as produções pré-lingüísticas (balbucio) e as que já são lingüísticas (palavras). Hoje se considera que existe uma transição gradual entre esse tipo de produções, e que as protopalavras são uma expressão dessa transição entre ambas (Stoel-Gammon e Menn, 1997).

As primeiras palavras que os bebês pronunciam não são, do ponto de vista de sua forma acústica, exatamente iguais a suas correspondentes formas adultas, como é fácil de observar. As primeiras palavras começam a aparecer aos 12 meses, aproximadamente, mesmo quando existe uma grande variação, com crianças que não começam a produzi-las até os 24 meses, sem que, por isso, seu desenvolvimento posterior seja afetado. Nas primeiras 50 palavras que os bebês produzem, entre os 12 e os 18 meses, que é quando se alcança esse número, é possível ver certas *estratégias fonológicas* que as crianças usam sistematicamente, o que confere regularidade a suas produções.

Uma primeira estratégia utilizada pelas crianças, e que dá como resultado uma evidente *simplificação* das palavras adultas, é a clara existência de preferências por certos sons. Os bebês dessas idades empregam somente alguns poucos sons nas palavras que produzem. Seu repertório de fonemas é muito limitado, o que resulta, em muitos casos, em uma clara transformação da palavra-modelo adulta. Em geral, dentro do repertório das primeiras 50 palavras dos bebês, são freqüentes certos fonemas como p, b, t, m, n, d, b, l, k, a, i, o, e, como em *mamá* [mamãe], *papá* [papai], *pete* [chupete] [chupeta], *lela* [abuela] [avó], *nene* [nenê], *papa* [papa, comida] [batata, comida], *pato* [plátano] [banana], *teta* [galleta] [bolacha], *pipi* [pájaro] [pássaro], *keka* [muñeca] [boneca], *popó* [coche] [carro], *caca* [cocô], *malo* [mau], *da* [dar, dame] [dar, me dá], *ta* [toma, trae] [pegue, traga], *no* [não], ou *awa* [água]. Esse fenômeno tem como seu reverso a evitação de certos sons que compõem as palavras adultas, ainda de difícil pronunciação para o bebê.

Também é muito freqüente nesse período o uso de *reduplicações*, como se pode ver nos exemplos anteriores. Também são produzidas *assimilações* de um som a outro, isto é, transformações de um som que aparece na palavra-modelo em outro som, como *ti*, em vez de *sí* [sim] (linguodental oclusiva sonora por linguoalveolar fricativa sonora). Em muitos casos, as crianças produzem formas canônicas, ou padrões de som determinados, para várias palavras. Assim, uma mesma criança pode produzir *teté* para se referir a *leche* [leite], *peine* [pente], *tele* [televisão], *puerta* [porta] e *techo* [teto] (Hernández-Pina, 1984). Existe até quem propôs que, nesse período inicial, o vocabulário da criança está composto de algumas poucas formas canônicas mais algumas poucas palavras, geralmente modismos fonológicos (Stoel-Gammonn e Menn, 1997).

O desenvolvimento fonológico das crianças, contudo, não é homogêneo, e nas produções infantis já se pode ver diferenças individuais. Alguns bebês parecem adotar uma estratégia conservadora, evitando produzir palavras cujos sons iniciais (especialmente) não são capazes de pronunciar nem de uma maneira aproximada. Ao contrário, outras crianças são muito mais ousadas e podem produzir palavras cujos sons não dominam em absoluto. Obviamente, as produções das crianças conservadoras e das ousadas diferem em seu grau de aproximação ao modelo adulto. Também foram encontradas diferenças na forma de se aproximar do modelo adulto. Enquanto algumas crianças tentam produzir uma palavra de cada vez, outras adotam um estilo mais global, tentando produzir frases inteiras como um todo, com uma pronunciação menos clara que as anteriores. Um e outro estilo foram denominados como referencial e gestáltico, respectivamente.

Depois que o repertório léxico das crianças supera as 50 palavras, aos 18 meses, e até aproximadamente os quatro anos, suas produções se tornam mais complexas. O repertório fonológico que empregam é muito mais rico, de maneira que, no final desse período, já são capazes de produzir a quase totalidade das consoantes e das combinações de consoantes e vogais, com exceção de algumas poucas consoantes isoladas (r, z), e alguns grupos de consoantes (como em "transbordante") e ditongos. Mesmo assim, é possível verificar processos de simplificação fonológica, que são mais importantes quanto mais cedo estivermos nesse período. Constatou-se que os processos de simplificação descendem significativamente entre um ano e oito meses (68%) e os quatro anos e quatro meses (12%) (com uma queda espetacular aos dois anos para 33%), tendo desaparecido praticamente aos seis anos (Albalá, Marrero e Cappelli, 1996). Entre esses processos de simplificação, destacam-se os seguintes (Bosch, 1983):

- Substituição de um som por outro (*wojo* por rojo [vermelho]), *Dafa* por Rafa, *tambol* por tambor).
- Assimilação de um som a outro próximo: *bobo* (globo)[bexiga].
- Simplificação da estrutura silábica, que pode ocorrer em diferentes casos. Um deles é a redução de grupos de consoantes (como em *ten* por *tren* [trem]), outro é a redução do ditongo a um elemento [*diente* por dente], outro, especialmente freqüente em crianças anglofalantes, é a perda da consoante ou do segmento final da palavra (*lapi* por lápiz [lápis]) e a omissão de sílabas iniciais átonas (*melo* por caramelo; *fante* por elefante), que é um fenômeno muito característico da fala das crianças que aprendem línguas românicas, como o espanhol, o galego e o catalão.

A partir dos quatro anos, ocorrem avanços importantes no que se chama de ajuste morfofonológico, como na necessária modificação das raízes das palavras ao conjugar os verbos (*durmiendo* em vez do incorreto *dormiendo* [dormindo]).

Próximo dos cinco ou seis anos, as crianças começam o desenvolvimento *metafono-*

lógico ou conhecimento consciente sobre a fonologia, que tão direta relação terá com as habilidades de leitura e de escrita. A partir desse momento, as crianças começam a ser conscientes das diferenças que supõem as mudanças em certos sons (pato/gato) e a ser conscientes da estrutura fonológica das palavras (sílabas e fonemas que as compõem), etc. Tais habilidades são essenciais para a aprendizagem da língua escrita. Por sua vez, a consciência fonológica se vê muito estimulada por todas as atividades relacionadas com a aprendizagem da leitura e da escrita, de tal maneira que se pode dizer que o desenvolvimento metafonológico e a aprendizagem da língua escrita se reforçam mutuamente. A relação entre ambos os processos é evidenciada também na alta correlação que se encontrou entre a existência de dificuldades na leitura e as dificuldades em tarefas de consciência fonológica.

Próximo dos 10 anos, parece que ainda ocorrem avanços importantes na compreensão das variações na entonação e outros traços prosódicos e do significado que tais variações comportam (por exemplo, ironia, decepção, entusiasmo, etc.).

DESENVOLVIMENTO SEMÂNTICO

Neste item, veremos como as crianças adquirem o significado das palavras. Ao longo da exposição, será possível observar que essa dimensão do desenvolvimento da linguagem está em estreita relação com o desenvolvimento conceitual, em particular, e cognitivo, em geral.

As primeiras palavras que as crianças produzem não só se diferenciam das adultas quanto a sua pronunciação; também se diferenciam das correspondentes adultas por seu significado subjacente. No desenvolvimento léxico inicial das crianças é possível ver vários momentos que apresentam características qualitativamente distintas (Barrett, 1986; Barrett, 1995): 1) o período em que o vocabulário das crianças não excede as 10 palavras; 2) o período subseqüente, desde que o repertório léxico de palavras diferentes exceda as 10 palavras, até que chegue a 50, e 3) o período posterior às 50 palavras. A simples análise do aumento do vocabulário já indica que o ritmo de aquisição é marcadamente diferente em cada um desses períodos, como se pode ver na Tabela 8.1.

Os dados da Tabela 8.1 representam tendências médias; mas é preciso ter presente que existem enormes diferenças individuais quanto ao ritmo de aquisição de novas palavras e ao momento de aparecimento das primeiras palavras: existem crianças que as produzem antes dos 12 meses, e outras, em compensação, o fazem próximo dos 24, sem que isso signifique que estes últimos terão, necessariamente, problemas em seu desenvolvimento. Também é importante indicar que a Tabela 8.1 recolhe o vocabulário produzido e observado, que provavelmente não é tudo o que usa uma criança. Estima-se que o vocabulário compreendido é sensivelmente superior, podendo alcançar em uma criança de seis anos aproximadamente oito mil palavras diferentes, excluindo variações de flexão e de derivação. No período inicial, as crianças adquirem pouquíssimas palavras e com uma grande lentidão: entre os 11 e os 15 meses, produzem apenas dez palavras diferentes. No período posterior, entre os 15 e os 19 meses, continuam adquirindo o vocabulário lentamente, mas em um ritmo maior. Finalmente, próximo dos 20 meses, ocorre o que alguns chamaram de "explosão de vocabulário", adquirindo novas palavras em uma velocidade que é seis vezes superior a do período intermediário. A partir desse momento, as crianças adquirem uma média entre cinco e nove pala-

TABELA 8.1 Aumento médio do vocabulário produzido até os seis anos de idade

Idade (em anos)	Número de palavras diferentes	Aumento
0,11	1	1
1,3	10	9
1,7	50	40
2,0	450	400
2,6	950	500
4,0	2.450	1.500
6,0	4.500	2.050

vras novas por dia até os seis anos. As diferenças entre esses períodos, no entanto, ocorrem não só na quantidade de vocabulário, como também no uso que as crianças fazem das palavras e o significado subjacente.

A maior parte das primeiras 10 palavras que as crianças produzem aparece em contextos bem determinados criados pelos adultos, que são situações habituais muito rotineiras e regulares, tais como a situação de banho; de comer; de saudar e se despedir; de jogar certos jogos com seus pais, como fazer uma bola rolar pelo chão, dar objetos de uma caixa, construir torres ou ler contos. Conforme vimos no Capítulo 4, essas situações tão rotineiras constituem o que é chamado de formatos de jogo ou de ação conjunta. Por exemplo, próximo dos 14 meses, uma criança pode dizer a palavra *awa* (água) quando seu pai vai colocá-la na banheira e já estão no banheiro, ou *pumba* (algo parecido a caiu) quando joga os cubos de uma torre que sua mãe acabou de construir em uma situação de jogo conjunto, ou *qua-qua* quando realiza determinada ação ao brincar com o pato em sua banheira. No entanto, essa criança não dirá *awa* quando quiser beber, ou quando vir um tanque enquanto passeia com seus pais no parque, também não dirá *pumba* quando atirar um brinquedo ao chão, ou quando alguém atire ou derrube algo, por exemplo, nem dirá *qua-qua* quando vir um pato na televisão, em um livro, ou passeando com os pais. O que revela esse uso contextualizado das primeiras palavras é que as crianças ainda não são capazes de generalizar o uso das palavras aos referentes apropriados. Não usam, por exemplo, *qua-qua* para designar esse tipo de animal independentemente do contexto em que os vejam nem se os vêem na realidade ou em uma representação pictórica. Isso se deve ao fato de as crianças ainda não serem capazes de formar representações conceituais da realidade. Ao não ter uma representação de determinados tipos de objetos, de seres, de ações ou de acontecimentos, as crianças não podem generalizar seu uso a qualquer instância dessa categoria. O uso contextualizado das primeiras palavras revela que ainda não há uma representação conceitual subjacente ao significado destas.

Conforme foi exposto no Capítulo 7, vários autores (Nelson, 1985, 1996; Barrett, 1986) propuseram que, nessas situações familiares tão rotineiras, as crianças formam um tipo de representação que se chama *representação de eventos* ou de episódios, ou roteiro, que é uma forma de representação anterior à representação conceitual, mesmo quando os adultos também as utilizam. De alguma maneira, as crianças sabem como as coisas acontecem nessas situações, o que cada participante irá fazer em cada momento, etc. Formam uma espécie de roteiro da situação. Nessas situações, empregam as primeiras palavras, porque estas fazem parte da seqüência de ações e acontecimentos que ocorrem nesses contextos determinados. A palavra dita em um momento determinado da situação interativa é como se fosse um elo a mais da cadeia de eventos que ocorrem nessa situação rotineira. Por exemplo, uma criança não dirá *pumba* quando sua mãe começar a colocar um cubo em cima do outro e ele cair, mas quando ela tiver acabado de colocá-los todos e ele empurrar com sua mão a torre recém-construída. A palavra somente tem sentido nesse momento determinado, porque está relacionada com a seqüência típica de ações que ocorrem nesse contexto. Essas primeiras palavras, mesmo quando não têm um *status* de representação conceitual, têm um significado compartilhado com o adulto em virtude de seu uso repetido em situações familiares de interação.

O estudo de crianças bilíngües é especialmente relevante para ver a aprendizagem contextualizada das palavras. Existem exemplos de crianças bilíngües que aprendem uma palavra de uma língua em um contexto determinado e seu correspondente na outra língua em outro diferente, e não as põem em relação. Uma menina de 21 meses, estudada por Vila, produzia a palavra *manzana* (maçã) diante do desenho de uma maçã em um contexto de leitura de contos com sua mãe, falante do espanhol, mas a palavra *poma* (maçã em catalão) diante de uma maçã real em uma situação de estar comendo. A menina havia aprendido cada palavra em um contexto de interação diferente e não admitia o uso da palavra equivalente no outro idioma (Vila, Boada e Siguán, 1982).

Depois que seu repertório chegar a umas 10 ou 12 palavras, as crianças irão empregando cada vez mais palavras, mesmo quando o progresso de seu vocabulário for lento, até chegar às 50. Durante esse período, a maior parte das palavras novas que as crianças incorporam já tem um caráter descontextualizado, isto é, podem empregá-las em circunstâncias diversas; seu uso não se reduz a um ou alguns poucos contextos particulares. Esse fato revela que as crianças começam a formar representações conceituais que subjazem às palavras, só que o processo pelo qual se formam conceitos não é instantâneo nem fácil. A existência de certos erros que as crianças produzem no uso dessas palavras nos permite conhecer interessantes processos que ocorrem durante a formação de conceitos. Um tipo de erro que pode aparecer no uso de algumas dessas palavras é o erro de *infra-extensão*. Esse erro aparece quando as crianças limitam o uso de uma palavra, referindo-se somente a certos exemplares da classe à qual se refere o uso adulto. Por exemplo, a criança pode dizer a palavra mesa somente para se referir a um determinado tipo de mesa, como as quadradas de madeira, que são familiares a ela, mas não para se referir a outras que para ela são mais estranhas, como, por exemplo, uma mesa de forma triangular feita de metal e de cristal. Isso ocorre, porque, no processo de formação de conceitos ou de categorias naturais, as crianças começam a formar esse conceito em torno de um exemplar prototípico que é aquele que reúne mais características dessa classe de objetos. Posteriormente, irão estendendo essa classe a outros exemplares que são menos característicos e mais periféricos, até configurarem uma categoria semelhante à adulta. Por isso, quando as crianças estão em uma fase inicial de formação de um conceito podem aplicar o rótulo verbal que o designa aos exemplares mais característicos, mas não a outros, e produzir, então, uma limitação na aplicação da palavra. É precisamente daí que vem o nome do erro: infra-extensão. Esse erro será superado depois com a experiência, à medida que a categoria se amplia a outros exemplares menos centrais.

O outro erro é o de sobregeneralização ou *sobreextensão*, que ocorre quando as crianças empregam uma palavra com referentes que são inapropriados, mas que, conforme veremos, têm algum nexo com o conceito que subjaz à palavra adulta. Por exemplo, uma criança pode empregar a palavra *guau-guau* (au-au) para se referir não só a um cão, mas também a uma ovelha, a um leão ou a uma vaca. Clark (1973) indicou a existência desse fenômeno em crianças falantes de muitas línguas diferentes do mundo e propôs uma teoria para explicá-lo. Segundo ela, o significado das palavras está composto de vários traços semânticos ou elementos de significado; assim, os traços de [ANIMADO + QUADRÚPEDE + COM PELE + CARNÍVORO + MASCULINO, etc.] formariam o significado da palavra "cão". No entanto, ocorre que as crianças não adquirem de uma vez todos os traços semânticos de uma palavra, mas vão fazendo pouco a pouco. Dessa maneira, pode ocorrer que em um dado momento do processo de aquisição do significado da palavra "cão", a criança somente tenha adquirido alguns de seus traços ou atributos semânticos, mas não todos. Se, nesse momento, os traços que integram seu significado são [ANIMAL + QUADRÚPEDE + COM PELE], a criança denominará de *guau-guau* (au-au)não só os cães, como também outros animais que compartilham esses traços semânticos, como gato, leão ou vaca, produzindo, então, o erro de sobreextensão ou sobregeneralização. Barrett (1995) sugeriu que esse erro aparece quando as crianças começam a identificar os traços principais característicos dos protótipos. Assim, esse erro apareceria depois do de infra-extensão (ver também Dromi, 1987). A porcentagem de sobregeneralização encontrada por diferentes autores nas crianças desse período (repertório de vocabulário entre 10 e 50 palavras) oscila entre 7 e 33%, dependendo de variações entre as crianças estudadas e de diferenças na metodologia empregada. Uma estimativa realista poderia estar em torno de 25 ou 30% do total de palavras, que é parecido com a porcentagem de infra-extensões encontrada (Dromi, 1987).

À medida que a criança vai adquirindo novos atributos semânticos, vai estabelecendo diferenciações. Assim, saberá que a vaca é sensivelmente maior, que pasta, que tem chifres, etc., enquanto o cão é carnívoro, de menor tamanho, etc., e diferenciará a vaca do cão, aprendendo um novo rótulo verbal. Esse processo indica, por sua vez, que a aprendizagem de novas palavras não se realiza de maneira isolada, mas que as crianças vão formando o que se chamam de *campos semânticos* ou conjuntos de palavras que têm alguma relação semântica entre si. No caso do exemplo apresentado de vaca e cão, ambos compartilham uma boa quantidade de atributos: são animais domésticos, quadrúpedes, etc. Se não fosse assim, a aprendizagem do significado das palavras seria tremendamente penosa. Mais adiante voltaremos a esse ponto.

Durante esse período em que o repertório léxico das crianças alcança as 50 palavras, aquilo do que falam é parecido. A maior parte de suas palavras se refere a pessoas e a animais (papai, mamãe, nenê, cão, gato, etc.), alimentos (leite, pão, bolacha), partes do corpo (boca, mão, nariz), vestimentas (sapatos, calça), veículos (carro, trem), brinquedos (bola, boneca) e objetos da casa (copo, colher, telefone). Também se referem ao espaço (aqui), a ações (dar, comer, correr, abrir, atirar), usam algumas poucas rotinas (por favor, tchau, oi) e se referem a algumas qualidades dos objetos (mau, bonito, sujo, grande, meu) (Clark, 1993; Serra e Serrat, 1996).

Quando o repertório de palavras diferentes chega a 50, ou, dito de outra maneira, quando o total de palavras diferentes que uma determinada criança produziu desde que começou a falar chega a 50, ocorre um salto qualitativo no processo de aquisição de novas palavras. A partir daí, a velocidade de aquisição se acelera de uma maneira surpreendente. Conforme dissemos, alguns autores se referiram a esse salto com denominações como a descoberta da designação ou a explosão do vocabulário e relacionaram esse salto qualitativo com o avanço no desenvolvimento conceitual e a descoberta de que as palavras representam conceitos ou classes de objetos, de ações, de qualidades, de acontecimentos e de relações.

De qualquer maneira, nem todas as crianças seguem a mesma rota no processo de aquisição do léxico (Barrett, 1995). Algumas podem seguir a rota indicada: palavras vinculadas ao contexto e à representação de eventos – significados prototípicos e aparecimento da infra-extensão –, à identificação dos traços semânticos principais dos protótipos e, eventualmente, ao aparecimento da sobreextensão – formação de campos semânticos. No entanto, outras crianças podem não passar, necessariamente, pela fase de uso contextualizado das palavras e podem começar formando significados prototípicos desde o início, e outras até podem passar por uma fase intermediária entre o uso contextualizado e a fase das palavras que se correspondem com protótipos, que se caracteriza por modificações do uso contextualizado original devido a modificações na representação de eventos inicial.

Anteriormente, Nelson (1973) também havia observado diferenças no tipo de vocabulário empregado pelas crianças até que seu repertório cheguasse às 50 palavras. Algumas crianças, as do tipo *referencial*, tendiam a usar mais nomes comuns e menos palavras com função gramatical (preposições, pronomes interrogativos, etc.) e de uso pessoal-social (para expressar estados afetivos e para as relações sociais: "por favor", "oi", "tchau", "obrigada", "não", "sim", "quero") do que as crianças de estilo *expressivo*. Um detalhe importante é que as crianças expressivas também empregavam com maior freqüência pronomes demonstrativos (isto, esse), o que lhes permitia fazer referência a objetos, fazendo-se entender pelo interlocutor que estava no contexto, suprindo a escassez de nomes comuns. Essa diferença parece indicar que enquanto algumas crianças empregam a linguagem com uma maior precisão referencial, outras a empregam para expressar seus sentimentos e suas necessidades e para se relacionar socialmente. Tanto a descrição de Barrett (1995), que dá mais atenção ao uso das palavras, como a de Nelson (1973) parecem indicar que as diferenças individuais existem desde o mesmo começo do desenvolvimento lingüístico.

Mesmo quando a descrição do desenvolvimento léxico inicial se ajustou ao que vimos até aqui, alguns autores realizaram algumas propostas interessantes para entender o processo de aquisição do significado. A primeira delas é a de que a aquisição do significado das palavras não é um processo tão simples como poderia parecer e que, necessariamente, deve haver algum tipo de capacidades ou predisposições que guiam esse processo. Vamos supor uma situação em que uma menina de 18 meses está passeando com sua mãe, vêem um pato nadando em um tanque, e a mãe diz a ela: "Olhe, um pato". Nessa situação, há uma grande quantidade de estímulos (as árvores, um parquinho, outros animais, a água, a ação do pato, alguma característica dele, etc.) que tornam difícil apreender a que se refere a palavra pato, algo que, para um falante adulto, é bem simples. Markman (1994) e Clark (1993) sugeriram que as crianças com idade em torno de 18-24 meses dispõem de uma série de *restrições* ou princípios que guiam o processo de estabelecimento dos referentes das palavras. Essas restrições limitam o número de hipóteses possíveis que as crianças podem formar para estabelecer o significado de uma palavra, eliminando hipóteses não-plausíveis, e, portanto, facilitam o processo de aquisição do léxico. Uma das formulações que teve maior impacto foi a de Markman (1994). Essa autora propôs a existência de três restrições: a do objeto completo, a taxionômica e a da mútua exclusividade. De acordo com a restrição do *objeto completo*, quando uma criança ouve uma palavra desconhecida para ela, tende a referi-la não a uma qualidade ou a uma parte do objeto (seja este um objeto em sentido estrito, como um carro, ou um animal, por exemplo), mas a sua totalidade. Assim, na situação em que a criança ouve a palavra "pato", ela a associa ao animal inteiro, não a uma qualidade nem a uma parte dele (por isso, excluirá que a palavra se refira a sua cor ou a seu bico, por exemplo). Graças à restrição taxionômica, as crianças tendem a referir os novos termos a entidades da mesma classe. Um termo de objeto a objetos da mesma classe e um termo de cor a cores da mesma classe e um termo que designa uma ação a ações do mesmo tipo; no exemplo citado, a criança associará a palavra "pato" a outros animais semelhantes que vir, mas não, por exemplo, a sua localização espacial ou à atividade que realizava nesse momento. Finalmente, a restrição da *mútua exclusividade* faz com que, quando uma criança escute uma nova palavra em um contexto em que já possui uma para designar um objeto, atribua essa palavra não ao objeto, mas a uma qualidade, parte ou ação; para a criança, não cabe a sinonímia: não pode haver dois nomes iguais para o mesmo referente.

Houve críticas dizendo que essas restrições não permitiam uma explicação completa sobre o desenvolvimento semântico, pois somente podiam ser aplicadas a um determinado tipo de palavras (essencialmente nomes comuns), durante um período de tempo curto no desenvolvimento da criança, e, além disso, somente eram aplicadas a um aspecto do significado das palavras (a referência) (Nelson, 1996). Sem dúvida alguma, é difícil explicar como as crianças adquirem o significado das palavras, pois é um processo interno complexo. No entanto, não se pode negar que elas empregam algum tipo de estratégias ou de princípios, como algumas das restrições propostas, que guiam seu processo de descoberta dos referentes das palavras.

Apesar de tudo, as ajudas de que a criança dispõe nesse processo não são somente internas a ele. Não resta dúvida de que a aprendizagem do significado das palavras ocorre em contextos discursivos que ajudam a interpretar seu significado (Nelson, 1996). O contexto, tanto lingüístico como social, em que uma palavra é usada permite à criança realizar inferências sobre a intenção do falante quando produz essa palavra. As crianças voltarão a empregar essa palavra em contextos relevantes. Ao mesmo tempo, os adultos, especialmente durante os primeiros anos, estabelecem situações de interação com as crianças que facilitam o processo de inferência que devem realizar e empregam uma forma de falar (fala dirigida a crianças) que facilita a compreensão, conforme veremos no próximo item. Por isso, além da existência de determinados guias nas crianças, baseados em disposições cognitivas para processar informação (sejam elas chamadas de princípios, de estratégias ou de restrições), é preciso ver que a aquisição do significado das palavras depende também do contexto social e discursivo em que ocorrem.

Na tentativa de determinar como as crianças adquirem o significado das palavras, outros autores defenderam que a informação que proporciona a localização da palavra dentro da oração também é útil (Landau e Gleitman, 1985; Gleitman, 1990). Estudando como uma menina cega aprendia o significado de verbos como "olhar" *(to look)* e "ver" *(to see)*, esses autores comprovaram que a menina os diferenciava. "Olhar" para ela era como explorar algo com a mão; "ver" era uma atividade que exigia que nenhuma barreira se interpusesse entre a pessoa que realizava a ação e o objeto, que também deveria estar na frente dela. Por exemplo, sabia fazer com que alguém não pudesse ver um objeto pequeno, guardando-o em um bolso ou colocando-o atrás dela. O realmente surpreendente é que uma menina cega chegasse a obter um conhecimento tão relativamente sofisticado do significado desses verbos sem nenhuma experiência sensorial. A explicação que Landau e Gleitman deram era baseada essencialmente nos contextos gramaticais (âmbitos de subcategorização) em que aparecem ambos os verbos, que são diferentes. "Ver" e "olhar" não aparecem no mesmo tipo de combinações gramaticais. Por exemplo, "olhar" aparece em âmbitos do tipo "olha como faço a comidinha", mas não "ver"; enquanto "ver" aparece em marcos do tipo "venham ver o trem", mas não "olhar". O mesmo ocorre com os termos para designar cores. As crianças cegas sabem que existe uma qualidade dos objetos que elas não podem perceber, mas os outros sim, e fazem perguntas como "de que cor é isto?" (Pérez Pereira e Conti-Ramsden, no prelo). Sem dúvida, a posição que os termos de cor ocupam é a mesma que a de outros adjetivos que descrevem qualidades dos objetos que as crianças cegas podem, sim, discriminar. Assim, "mole" e "azul" podem ocupar a mesma posição em "eu tenho uma boneca mole/azul" e em "minha boneca é mole/azul". As crianças são capazes de captar esse tipo de regularidades distribucionais das palavras e extrair parte de seu significado do contexto sintático em que aparecem. Essa concepção sobre a aquisição do significado das palavras se chamou de "facilitação sintática". De qualquer maneira, os autores que defendem essa postura não negam que uma parte do significado das palavras seja obtida por meio de nossa experiência da realidade extralingüística.

Como podemos ver, a aquisição do significado das palavras é um processo complexo, sobre o qual foram realizadas diversas propostas explicativas. Possivelmente nenhuma delas pode dar uma explicação completa do processo, mas também é verdade que todas as que aqui descrevemos sinteticamente ajudam a compreendê-lo melhor.

Depois dos dois anos, a aquisição de novas palavras adquire um ritmo vertiginoso, que parece estar relacionado com as capacidades cognitivas de categorização e conceituação da realidade. As crianças vão formando campos semânticos cada vez mais complexos. Um exemplo deles é o dos *adjetivos dimensionais* ou adjetivos que empregamos para descrever mudanças nas dimensões. No processo de aquisição, as crianças empregam em primeiro lugar os adjetivos de uso mais geral (grande/pequeno), que podem ser aplicados a múltiplas dimensões e a objetos que se diferenciam em várias delas simultaneamente (um lápis pode ser grande ou pequeno, do mesmo modo que um rio, uma bola ou um edifício). Posteriormente irão utilizando os de uso mais específico para se referir a dimensões como a longitude (longo/curto), a altura (alto/baixo), a gordura (gordo/magro) e a largura (largo/estreito), que somente podem ser utilizados com objetos que variam nessa específica dimensão (Galeote, Peraita e Méndez, 1997). Por exemplo, não se pode dizer de uma bola que é longa ou curta, nem de um rio que é alto ou baixo. Isso parece indicar que as crianças adquirem primeiro aqueles traços do significado mais gerais e comuns, depois os mais particulares, que são adquiridos antes dos cinco anos, mais cedo ou mais tarde dependendo de sua complexidade semântica e de sua familiaridade.

Algo parecido pôde ser visto na aquisição do significado dos verbos que são empregados para descrever a mudança de posse de um objeto. Aqueles verbos mais gerais e que têm menor complexidade semântica, como "dar" e "tomar" ou "pegar", que somente expressam mudança de posse (quem "dá" deixa de ter e quem "pega" algo passa a possuir esse objeto), são compreendidos antes dos verbos mais particulares e de maior complexidade semântica, como "comprar" e "vender". Estes últimos não indicam somente mudança de posse, mas também que tal mudança é produto do acordo entre as partes e se realiza mediante o uso de dinheiro (Gentner, 1975).

À medida que a capacidade de categorização das crianças vai se desenvolvendo, estas vão organizando estruturas semânticas hierárquicas. Isso ocorre relativamente tarde, próximo dos cinco anos, e é, então, que aparecem termos supra-ordenados e subordinados, como "animal" e "pastor alemão", em relação ao termo básico "cão". Tal como se viu no Capítulo7, em geral, as crianças começam utilizando termos de nível *básico* e, depois, adquirem os mais inclusivos e os menos inclusivos. Próximo dessa idade ou um pouco mais tarde, começam a aparecer as relações de sinonímia e antonímia entre palavras. Tudo isso permitirá estabelecer redes hierárquicas de significados muito complexas, como a que aparece no Quadro 8.1. Também é nesses momentos que o significado das palavras pode ser obtido graças às relações de sentido que algumas palavras têm com outras. Por exemplo, termos contrastivos, sinônimos, antônimos ou supra-ordenados e subordinados tomam parte de seu significado daquelas palavras com as quais se relacionam dentro do sistema léxico e não somente por referência à realidade. A aquisição do significado das palavras também se beneficia muito desse fato, como já vimos ao falarmos da formação dos campos semânticos. Quando estes se tornam complexos e se desenvolvem, chegam a formar estruturas como a do Quadro 8.1. Como é fácil compreender, o desenvolvimento dessas redes de significados se relaciona com o avanço dos conhecimentos das crianças.

DESENVOLVIMENTO MORFOLÓGICO E SINTÁTICO

As crianças parecem ser muito sensíveis à informação que os elementos morfológicos e a sintaxe proporcionam. Aos dois anos, já podem saber que uma palavra artificial desconhecida (*zav*) é um nome comum ou próprio segundo venha precedida ou não por um artigo (Katz et

QUADRO 8.1 Estrutura semântica hierárquica

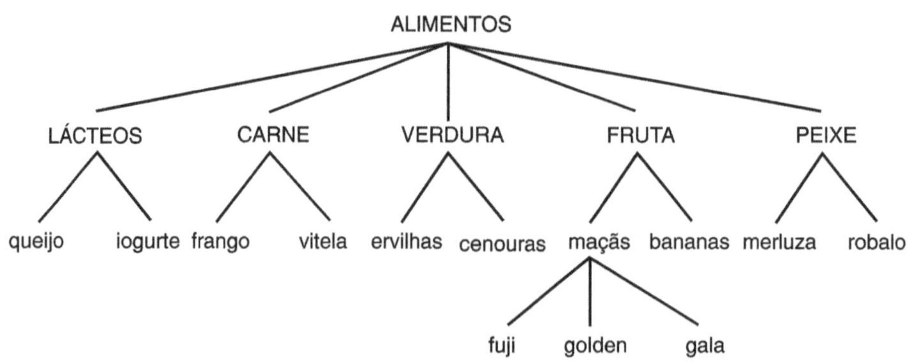

al., 1974). Até mesmo antes, entre um e dois anos, as crianças tratam os pronomes pessoais (ele, ela) e os nomes próprios como se fossem predicados nominais (PN: determinante + nome) completos e não como se fossem nomes comuns, embora somente constem de um elemento como os nomes comuns. Por exemplo, nas emissões produzidas por 14 crianças falantes do inglês dessas idades, existiam apenas combinações adjetivo+pronome ou nome próprio, que é agramatical em inglês (como em *white she*) (Bloom, 1990). Embora o autor da pesquisa, Paul Bloom, ofereça uma explicação inatista para esse fenômeno (as crianças dispõem de um conhecimento inato dessas categorias), não se pode esquecer que os bebês dessas idades tiveram uma experiência nada desprezível com a linguagem e podem ter captado regularidades e padrões combinatórios em seu uso. Esses dados falam sobre a extraordinária sensibilidade das crianças pequenas aos fenômenos sintáticos.

A simples observação da linguagem produzida por crianças de dois anos falantes do espanhol também nos revela a prematura capacidade que têm para captar regularidades no uso dos morfemas. Quando as crianças começam a fazer uso dos primeiros morfemas ligados, não aplicam os morfemas flexionais (marca de gênero, plural, etc.) e derivacionais (aumentativos e diminutivos, sufixo-ero, etc.) dos substantivos aos verbos, nem tampouco os sufixos verbais (marca de tempo, pessoa, etc.) aos substantivos. Também não colocarão um artigo antes de um verbo. Novamente, esses fatos evidenciam a atenção que as crianças prestam à linguagem como âmbito de experiência e de esforço intelectual e a surpreendente capacidade que têm para analisar os fenômenos lingüísticos, levando em conta as regularidades de uso das diferentes formas lingüísticas. As crianças são processadoras ativas da linguagem; portanto, não deve causar surpresa a rápida evolução que se verifica em seu desenvolvimento morfológico e sintático.

Mesmo quando essa separação é um tanto artificial, pois o emprego dos morfemas está intimamente relacionado aos fenômenos sintáticos, como no caso da concordância de gênero e número, começaremos analisando o processo de aquisição dos morfemas. No Quadro 8.2 está esquematizada a seqüência evolutiva que as crianças falantes do espanhol seguem no uso de vários morfemas. Não é necessário se deter muito em alguns dos pontos assinalados, pois sua compreensão é fácil, mas vale a pena comentar alguns deles.

Em primeiro lugar, próximo aos 18 meses, algumas crianças costumam produzir uma forma prévia (como a), genérica e não-convencional dos artigos. Isso quer dizer que as crianças não diferenciam entre artigos indeterminados e determinados, nem formas masculinas e femininas, nem singular e plural. Peters e Menn (1993) chamaram de "recheios" essas produções, que, às vezes, precedem algumas palavras em uma antecipação do que serão as primeiras combinações de palavras; o nome de "recheio" indica que ocupam uma posição que depois ocuparão as formas adultas dos artigos.

Um aspecto importante na evolução do uso dos morfemas é que o aparecimento inicial de um deles na fala das crianças, como, por exemplo, o sufixo de plural (-s, -es), não supõe que tal forma esteja dominada. Essa forma se produz em ocasiões em que não corresponderia fazê-lo e outras vezes não se produz quando seria necessária. Esse uso não-sistemático pode durar várias semanas até que as crianças o empreguem sistematicamente. Por exemplo, uma criança pode dizer a palavra *patos* [sapatos], mas não *coches* [carros], mas *coche*, quando se refere a vários carros, ou, com uma mesma palavra, marcar o plural em certas ocasiões, mas não em outras. Também é muito freqüente que os primeiros usos de certas formas (pronomes, possessivos, algumas preposições, etc.) ocorram em fórmulas ou em rotinas verbais ("esta por mamãe", "agora eu!", "até amanhã").

Por outro lado, as crianças produzem certos morfemas, como o pronome e o adjetivo possessivos da primeira pessoa do singular ("meu"/"minha"), no princípio com algumas funções muito limitadas, e, progressivamente, irão incorporando seu uso com outras funções. Ao redor dos 20 meses, as crianças começam utilizando o pronome e os adjetivos possessivos ("meu"/"minha"); no início, somente em situações de reivindicação da posse de algo em situações conflituosas com outras crianças ou

QUADRO 8.2 Aquisição dos primeiros morfemas

18-24 meses

Formas, às vezes, não-diferenciadas dos primeiros artigos (a).
Primeiras formas de plural usadas de forma não-sistemática.
Primeiras formas de artigo determinado e indeterminado (nem todas).
Uso de algumas preposições (a, de, em, por).
Uso não-diferenciado dos diminutivos.
Uso episódico de pronomes possessivos e pessoais (meu!, para mim, etc.).

24-36 meses

Uso sistemático dos plurais em nomes, determinantes, adjetivos, etc.
Variação adequada nos determinantes (artigos, demonstrativos, etc.).
Primeiras variações dos tempos e das pessoas verbais.
Variação de gênero nos substantivos, nos adjetivos e nos artigos.
Maior variedade de preposições e de advérbios (desde, com, para, sem, ali, como, agora, etc.).
Uso diferenciado (próximo/distante) dos demonstrativos e dos advérbios de lugar.
Uso de auxiliares (ser, estar).
Uso sistemático de pronomes pessoais e possessivos.
Aparecimento das primeiras variações de modo (subjuntivo, por exemplo, venha).
Aparecimento dos tempos compostos.
Erros de sobrerregularização.

36-48 meses

Uso sistemático dos tempos, das pessoas e dos modos verbais.
Uso produtivo dos aumentativos e dos diminutivos.
Uso freqüente de advérbios, de preposições; aparecem antes, então, depois, etc.
Erros de sobrerregularização que serão dominados depois dos 6 anos.

Fonte: Baseado em Aparici, Díaz e Cortés, 1996; Fernández Pina, 1984; Pérez Pereira, no prelo; Serrat e Serra, 1996.

com adultos que as provocam, ou quando reclamam algo para elas ("meu", "para mim"). No final de um mês, mais ou menos, começam a utilizá-los com novas funções: com um uso descritivo ("esse carro é meu", "olha minha cozinha") e com um uso narrativo ("... e fui para a casa de minha avó") (Pérez Pereira, Forján e García, 1996). Do mesmo modo como uma forma que já existia pode ir assumindo novas funções, algumas vezes, existem funções que são encobertas não pela forma típica adulta, mas por recursos mais primitivos. Por exemplo, uns dois meses antes de que as crianças possam expressar mediante um pronome ou adjetivo possessivo a posse que reivindicam ou reclamam (aos 18 meses), utilizam outros recursos, como o nome próprio, que são chamados de construções verticais, em que a criança produz uma palavra de cada vez, porém, seguidas: primeiro o objeto e depois o nome ("eca Ana": "a boneca de Ana"). Essas formas primitivas de expressar a posse desaparecerão próximo dos 26 meses. Ao redor dos 19 a 20 meses, as crianças usam seu nome precedido da proposição *de*, um recurso que depois será empregado somente para indicar a posse de uma terceira pessoa (Pérez Pereira et al., 1996).

Outra consideração que convém fazer sobre o desenvolvimento dos morfemas é que o aparecimento de uma forma de subsistema, como, por exemplo, a primeira e a segunda pessoa do singular do pronome e do adjetivo possessivos, não significa que se domine todo o subsistema dos termos possessivos. Algumas formas, como as de plural, aparecem bem mais tarde na fala das crianças.

No processo de aquisição de morfemas, o que ocorre com a produção das formas irregulares tem uma relevância especial. Todas as línguas apresentam essas irregularidades em seu sistema. Por exemplo, em espanhol, existem algumas formas do passado de alguns verbos que são excepcionais ao sistema regular de produção de tais formas. As formas errôneas de "vinió" [vino], "andó" [anduvo], "rompido" [roto], "poní" [puse], "cabo [cupe]" são exemplos característicos de sobrerregularização. Assim, a forma "andó" não é mais do que o resultado da aplicação dos morfemas regulares de tempo e pessoa utilizados no pretérito indefinido dos verbos da primeira conjugação (como em amar é am-ó, em andar é and-ó). Os erros de sobrerregularização aparecem na linguagem das crianças vários meses depois dos dois anos, em média, e são absolutamente pertinazes e muito persistentes, podendo durar até depois dos sete anos. Toda tentativa de correção é infrutífera: a criança pode imitar a forma correta sugerida pelo adulto, mas dois minutos depois volta a produzir espontaneamente a forma sobrerregularizada. O desaparecimento desses erros não ocorre com todas as formas de maneira igual; algumas o fazem antes do que outras, dependendo de fatores, como a freqüência de uso. O curioso é que as crianças, no início de seu desenvolvimento lingüístico, próximo dos dois anos, produzem algumas dessas formas corretamente. Mas essas produções são muito ocasionais e sempre em frases curtas ou por imitação de uma expressão adulta imediatamente anterior. Portanto, a evolução da produção de formas irregulares segue uma curva evolutiva em U (corretas no início, embora sejam formas isoladas, incorretas na etapa intermediária e corretas outra vez no final) e evidencia processos de reorganização interna do conhecimento lingüístico das crianças (Karmiloff-Smith, 1992). Não existe modelo externo do qual elas copiem as formas sobrerregularizadas; a extração do padrão de formação regular é produto do trabalho interno das crianças sobre a experiência lingüística (busca de regularidades), e, o que é mais importante, o reaparecimento final das formas corretas não pode ser provocado do exterior, pela correção paterna, mas aparece uma vez que as crianças, a partir da teoria que formaram, podem perceber que existem exceções a essa teoria ou padrão de produção regular.

A comparação translingüística evidencia que quanto mais claro e transparente é o sistema, mais fácil é sua aquisição (Slobin, 1985). Assim, as crianças falantes do espanhol aprendem muito cedo a usar o morfema para marcar o plural (ver Quadro 8.2), porque existem poucas variantes (somente duas: -s. -es) e seu emprego é muito regular. No caso contrário, é fácil encontrar erros no uso das formas do plural em crianças falantes do alemão mesmo aos cinco e até a aos sete anos. Isso se deve à grande quantidade de alomorfes ou variantes do morfema de plural em alemão (oito), à pouca regularidade de seu emprego e à existência de múltiplas exceções. Quanto mais se aproxima o sistema ao princípio de que uma forma expressa uma função ou conteúdo, mais fácil é sua aquisição. No caso do alemão, existem múltiplas formas que servem para a mesma função (pluralização), o que dificulta sua aquisição, e, além disso, seu emprego não segue um padrão muito regular, produzindo várias exceções.

É evidente que as crianças não adquirem os morfemas de maneira isolada. A marca morfológica é um elemento essencial no desenvolvimento sintático (concordância), sobre a qual falaremos a seguir. O Quadro 8.3 resume a seqüência evolutiva seguida pelas crianças em seu desenvolvimento sintático. De novo, é preciso lembrar-se das grandes diferenças individuais que podem existir, especialmente nas primeiras etapas.

As primeiras produções das crianças ainda não revelam conhecimento gramatical. São produções de uma única palavra ou frases feitas ou "congeladas", utilizadas como rotina ou fórmula em determinados contextos (*se cayó [caiu], está rico [está gostoso]*). Esse tipo de frases feitas não pode ser considerado como linguagem combinatória propriamente dita (Pine e Lieven, 1993; Lieven, Pine e Baldwin, 1997). Isso suporia que essas formas são independentes e podem ser empregadas em outras combinações com outras palavras. No entanto, nenhuma delas aparece em outras combinações diferentes, nem aparece anteriormente sozinha. Por exemplo, a criança não produz *está* com outras palavras, como *está roto* [está quebrado], *está caliente* [está quente], etc. Somente aparece nessa combinação particular *está rico* [está gostoso] que para a criança é como se fosse uma unidade não-analisada em seus com-

QUADRO 8.3 Desenvolvimento sintático em crianças falantes do espanhol: esquema geral

Etapa e idades (em anos)	Características
1ª: 1,0-1,6	Não mostram conhecimento sintático. Emissões de uma só palavra ou frases feitas.
2ª: 1,6-2,2	Começam as primeiras combinações de palavras em frases incompletas. As primeiras realizações sintáticas estão restritas a certos elementos léxicos. Sensibilidade aos fenômenos de concordância de número e gênero.
3ª: 2,2-2,6	Primeiras orações simples completas. Categoria nominal. Domínio da concordância de número. Orações negativas e interrogativas simples. Primeiras orações no subjuntivo.
4ª: 2,6-3,2	Categoria verbal. Orações interrogativas com pronome. Uso das primeiras orações coordenadas e subordinadas. Domínio da concordância de gênero. Domínio da morfologia verbal e nominal básica.
5ª: 3,2-4,6	Utilização de toda a variedade de orações subordinadas. Controle da correção gramatical. Domínio da seleção de modo (subjuntivo/indicativo).
6ª: 4,6-9,0	Compreensão de orações passivas irreversíveis e, mais tarde, reversíveis. Correta compreensão de orações que transgridem a ordem padrão e outras orações complexas. Mecanismos básicos de elaboração do discurso conectado (diferenciação do primeiro plano e o fundo narrativo).

Fonte: Baseado em Aguirre, 1995; Aparici e outros, 1996; Hernández Pina, 1984; Mariscal, 1997; Pérez-Leroux, 1998; Pérez Pereira e Castro, no prelo.

ponentes. Por isso, são chamadas de "congeladas", frases feitas, fórmulas ou rotinas verbais.

Próximo dos 18 meses, aparecem as primeiras combinações de duas palavras (e às vezes mais) em orações incompletas. Essas frases de duas palavras são empregadas pelas crianças para expressar, quase que exclusivamente, três operações de referência a algumas poucas relações semânticas (Brown, 1973) que aparecem no Quadro 8.4.

Posteriormente, nas emissões de três palavras, o que as crianças farão será combinar relações semânticas que já produzem em suas combinações de duas palavras, como, por exemplo, AGENTE-AÇÃO-OBJETO ("papai dá bolacha"). Durante essa segunda etapa (um ano e seis meses e dois anos e dois meses), as crianças começam a formar a categoria nominal. Em um primeiro momento, as crianças produzem um nome precedido de uma produção, geralmente uma vogal, que não se pode identificar com nenhuma forma precisa de artigo, mas que ocupa sua posição de antecedente do nome (López Ornat, 1997; Mariscal, 1997). Esses elementos de "recheio" darão lugar às primeiras formas adultas de artigos definidos e indefinidos com variação de gênero e número. As vogais que antecedem um determinado nome variam em sua forma (a, e, u), podendo a criança dizer, por exemplo, "e pé" "a pé" [o peixe]. As crianças empregam esses sons vocálicos antepostos a um reduzido número de elementos léxicos particulares, atuando estes como contextos privilegiados de uso. Por outro lado, não respeitam a concordância de gênero ["u buja" = a bruxa]. Quase no final dessa etapa, já podem aparecer usos diferenciados de artigos definidos e indefinidos, embora costumem aparecer com certas palavras, enquanto com outras estão ausentes. Foi precisamente essa idéia de que a linguagem se desenvolve inicialmente a partir de um número limitado de ilhas de organização que gradualmente se conectam a que Tomasello (1992) desenvolveu para a aprendizagem dos verbos e sua estrutura argumentativa, e Lieven, Pine e Baldwin (1997), para outros elementos léxicos (palavras e frases congeladas). Com esses segmentos (elemen-

QUADRO 8.4 Relações semânticas e operações de referência expressadas nas primeiras combinações de duas palavras

Relações semânticas	Exemplos
AGENTE-AÇÃO	nenê pega
AÇÃO-OBJETO	empurra trem
AGENTE-OBJETO	papai bola
AÇÃO-LOCATIVO	sentar cadeira
ENTIDADE-LOCATIVO	copo mesa
POSSUIDOR-POSSE	casaco mamãe
ENTIDADE-ATRIBUTO	bola vermelha
DEMONSTRATIVO-ENTIDADE	este carro
Operações de referência	**Exemplos**
DENOMINAÇÃO	este trem, olha boneca, aí nenê
RECORRÊNCIA	outro carro, mais suco
INEXISTÊNCIA	acabou, não tem

Fonte: Brown, 1973.

tos léxicos) já identificados, as crianças começam a analisar as posições que ocupam outros elementos que os antecedem ou seguem (ou vão no meio). No entanto, a aprendizagem da sintaxe baseada em elementos léxicos particulares não é o único recurso que as crianças empregam para adquirir a linguagem.

Mesmo quando as crianças ainda não adquiriram a concordância de gênero e de número, aparecem produções que indicam a sensibilidade a esse fenômeno e que prestam atenção nele. Por exemplo, Hernández Pina (1984) apresenta exemplos observados com seu filho Rafael entre um ano e onze meses e dois anos e um mês anos que dão suporte a essa idéia. O menino produzia *mota rota* [mota quebrada] e *tierra azula* [terra azula], que são formas errôneas em que se pode observar uma modificação do final de uma palavra (moto e azul, respectivamente) para marcar a concordância entre sujeito e adjetivo. Esse erro de sobremarca revela a sensibilidade do menino ao fenômeno, mesmo quando ainda não o domina. Da mesma forma, próximo do um ano e onze meses, Rafael adotou sucessivamente duas estratégias contrárias que perseguiam o mesmo fim: buscar regras para estabelecer a concordância entre determinante (artigo) e nome. Em nomes de terminação morfofonológica ambígua (não prototipicamente femininos nem masculinos) Rafael antepunha primeiro um artigo masculino ("um casa", "um chave") e depois um artigo feminino ("uma caminhão", "uma peixe").

Na terceira etapa (dois anos e dois meses e dois anos e seis meses), as crianças já conseguem estabelecer claramente o predicado nominal (PN) como categoria gramatical. No período entre dois anos e dois meses e dois anos e seis meses já aparecem as combinações determinante+nome. As crianças usam nesses momentos as formas diferenciadas dos artigos, dos possessivos, dos demonstrativos e dos outros elementos, como o indefinido "outro/outra" em suas combinações com os nomes. Além disso, combinam os PN, como sujeitos e complementos, com verbos em estruturas argumento-predicado. Ao mesmo tempo, também já empregam os pronomes pessoais com funções de sujeito e complemento dos verbos. Tudo isso indica que a categoria nominal está formada. A concordância já é conseguida claramente nesse período, sendo os erros (*uno coches* [um carros]) absolutamente incomuns.

Nessa etapa também aparecem orações negativas simples ("não quero o leite", "não escreva no papel") e interrogativas simples ("Você quer uma bala?"). Também aparecerão as primeiras orações no subjuntivo (variação modal), essencialmente para fazer demandas diretas ou indiretas ("não vá", "quero que você venha").

Na quarta etapa (dois anos e seis meses e três anos e dois meses), as crianças começam a produzir orações interrogativas com pronomes ("Quem é esse senhor?", "O que são os velhos?"). A variação na morfologia verbal aumenta sensivelmente no início desse período quanto ao tempo, ao aspecto e ao modo (presente, pretérito perfeito, pretérito imperfeito, futuro, pretérito mais-que-perfeito, subjuntivo) e a pessoas verbais. Por outro lado, aparece a concordância de número e pessoa entre sujeito e verbo. Esses dados, juntamente com o aparecimento das interrogativas com pronome interrogativo ("De quem é esse brinquedo?") e as orações complexas (coordenadas e subordinadas: "a avó me deu de presente um carro, e Maria me deu um quebra-cabeça", "quero que você me traga o cubo") parecem assinalar que, em torno dos 30 meses, as crianças adquirem a categoria verbal (Serrat e Serra, 1996).

As crianças falantes do espanhol de dois anos e seis meses mostram uma tendência semelhante à observada em crianças falantes do inglês (Bloom et al., 1980) no uso dos tempos verbais. Os presentes progressivos tendem a ser usados com verbos de atividade (*está comendo*), os perfeitos compostos tendem a ser usados com verbos de mudança momentânea de estado (*se ha caído la abuela* [a avó caiu]) e o particípio passado para indicar uma ação recém-terminada (*el trisiclo está rompido* [o triciclo está quebrado]). Isso indica um uso inicial especializado de certos morfemas verbais com certo tipo de verbos (Cortés e Vila, 1991; Aguado, 1995).

Contra tudo que foi afirmado até aqui, as primeiras orações compostas aparecem muito cedo nas crianças falantes do espanhol ou falantes de outras línguas românicas do estado espanhol (catalão e galego). No entanto, os estudos longitudinais realizados (Hernández Pina, 1984; Aguirre, 1995; Aparici et al., 1996; Pérez Pereira e Castro, no prelo) coincidem em destacar um aparecimento muito mais precoce. As cláusulas coordenadas fazem sua aparição em torno dos dois anos e seis meses, aproximadamente ao mesmo tempo em que as primeiras orações subordinadas, que podem até aparecer um pouco antes dos dois anos e seis meses. Portanto, as coordenadas, apesar de sua aparente menor complexidade, não são mais precoces na linguagem da criança, nem tampouco mais freqüentes do que as subordinadas (Aguirre, 1995; Pérez Pereira e Castro, no prelo). As primeiras orações coordenadas costumam ir com a conjunção *e* ("você quebrou a bobina *e* quebrou o filme"), aparecendo depois "ou", "nem", "mas" ("você vai por bem *ou* por mal"). As primeiras orações subordinadas costumam ser subordinadas substantivas do infinitivo, utilizadas, sobretudo, para expressar desejos ("quero pôr o bebê", "eu quero ir até a porta", "não quero brincar"). Antes dos três anos, vão aparecendo vários tipos de subordinadas: substantivas com "que" ("olhe o que eu desenhei", "olhe o que eu fiz", "mamãe me disse que fechasse a boca"), relativas ou adjetivas ("é um carro que acende") e subordinadas adverbiais causais, finais, de modo, condicionais e comparativas ("acenda-o você, que você sabe", "vá para a rua se quiser"). No entanto, isso não significa que não cometam alguns erros ao produzi-las, nem que sejam muito freqüentes (entre 1,5 e 7% segundo as estimativas).

Em torno dos três anos, as crianças também conseguem a concordância de gênero entre substantivo e determinante, primeiro, e substantivo e adjetivo, pouco tempo depois. Para estabelecer a concordância, as crianças prestam atenção e processam a informação morfofonológica (terminação da palavra em morfema típico do masculino ou feminino) e sintática (gênero do artigo precedente) (Pérez Pereira, 1991). Esse fato revela, uma vez mais, a sensibilidade das crianças diante das regularidades na marcação morfológica das palavras e nos padrões posicionais destas na oração, da qual não se esquecem.

Na quinta etapa (três anos e dois meses e quatro anos e seis meses), as crianças vão refinando seu conhecimento sintático. Próximo dos três anos e seis meses já produzem toda a variedade de orações subordinadas, incorporando as subordinadas de tempo e lugar. Também conseguem o domínio do subjuntivo em cláusulas de relativo ("uma galinha que ponha ovos") para fazer referência ao não-real e/ou não-presente (Pérez-Leroux, 1998).

Contudo, ainda existem certas orações que são difíceis de adquirir antes dos quatro anos e seis meses. Entre estas estão as passivas, que, geralmente, são utilizadas apenas pelas crianças pré-escolares, e não são freqüentes na fala dos adultos que as rodeiam. O uso das passivas está muito relacionado com as atividades escolares. As crianças compreendem primeiro as passivas irreversíveis, em que somente um PN pode ser o sujeito da oração ("as flores foram regadas por Maria"), porque seu conhecimento sobre como ocorrem as coisas no mundo as ajuda a interpretá-las. Um pouco mais tarde, próximo dos cinco anos, as crianças conseguem compreender corretamente as passivas reversíveis ("o carro é empurrado pelo trator"), embora, dependendo da semântica do verbo da oração, possam ser compreendidas antes ou depois. As passivas com verbos com resultado manifesto (atar, amordaçar, atirar) são adquiridas antes que as que levam verbos sem resultado final evidente (perseguir, desafiar) ou verbos de estado mental (querer, amar, odiar), que podem demorar a ser compreendidos até os sete anos.

Outras orações que transgridem a ordem-padrão ou habitual são difíceis de compreender. Por exemplo, até os sete ou oito anos, as crianças podem interpretar ao contrário orações como "A boneca é fácil ou difícil de ver?" (diante de uma boneca com os olhos vendados) ou "Juan prometeu a Pedro lhe dar uma bala". Essas orações transgridem o princípio de distância mínima (Chomsky, 1969), que funciona nas orações-padrão e segundo a qual o PN mais próximo do verbo é seu sujeito. No entanto, as crianças continuam aplicando-o também nessas orações. No primeiro caso, as crianças de seis anos tendem a dizer que é difícil ver a boneca e, no segundo, a pensar que quem vai dar a bala é Pedro, não Juan.

Durante essa sexta etapa, as crianças também terão de aprender a usar seus recursos lingüísticos para elaborar o discurso conectado. Geralmente, quando falamos, não produzimos somente orações, mas utilizamos nosso conhecimento lingüístico para conversar, realizar um relato ou narração, argumentar, dar explicações, etc. De maneira genérica, denomina-se de *gêneros discursivos* esse tipo de organizações da fala que seguem um determinado esquema. Para realizar um relato, por exemplo, temos de saber estabelecer com clareza um personagem e uma trama argumental em torno dos acontecimentos que ocorrem a esse personagem principal, seguindo um determinado esquema (apresentação do personagem, acontecimento que inicia a história, etc., até chegar à resolução e às conseqüências). Mas, para poder narrar (seja um conto ou um relato do que aconteceu a alguém), é necessário saber desenvolver a trama, e isso exige o manejo de recursos lingüísticos, como estabelecer um fundo narrativo sobre o qual avançam os acontecimentos, manejar, portanto, o tempo narrativo e a marca de aspectos dos acontecimentos, estabelecer coesão lingüística ao longo de todo o texto de maneira que não haja ambigüidades referenciais; etc. Essas conquistas vão além dos nove anos, mas, entre aproximadamente os cinco e os nove anos, as crianças conseguem aprender aspectos básicos da elaboração de uma narração sobre as quais não podemos comentar aqui (Berman e Slobin, 1994; García Soto, 1996).

Para finalizar com esta epígrafe, não convém dar a impressão de que todas as crianças seguem um mesmo curso em seu desenvolvimento morfossintático. Hoje sabemos que existem diferentes formas de encarar sua aquisição. Algumas crianças mostram um *estilo analítico*, enquanto outras utilizam um *estilo gestáltico* (Pine e Lieven, 1993; Pérez Pereira, 1994; Pérez Pereira e Conti-Ramsden, no prelo; Peters, 1993). As primeiras têm uma tendência a utilizar elementos lingüísticos que analisaram previamente e só os usam uma vez que os tenham analisado. Essas crianças costumam fazer sua entrada no mundo da linguagem empregando palavras isoladas que pronunciam com relativa clareza e, posteriormente, vão tornando mais complexa sua linguagem, combinando elementos, cada vez mais, mas que analisaram previamente; essas crianças costumam ser referenciais no início. No caso contrário, outras crianças começam produzindo emissões que têm mais de uma palavra, reproduzindo com boa entonação o que são frases adultas ("me dê a mão", "até amanhã", "por favor"), mas com pouca clareza na pronúncia de seus elementos componentes. Para essas crianças, no entanto, essas emissões maiores do que uma palavra são como unidades não-analisadas ou todos (*gestalt*). Não existe independência de seus elementos, tal como anteriormente indicamos. Contudo, posteriormente, as crianças começarão a analisar essas frases congeladas ou rotinas empregando diferentes mecanismos e chegarão a empregar os elementos integrantes dessas rotinas verbais de uma maneira criativa. Essas crianças, cujo estilo se chamou de *gestáltico*, empregam uma estratégia que consiste em usar primeiro e analisar depois. Ambos os estilos são simplesmente maneiras diferentes de encarar o processo de aquisição, que desembocam em um mesmo resultado final: seres humanos que dominam a língua de sua comunidade.

Recentemente, Pine e Lieven (1997) encontraram indícios de que as crianças que empregam muitas frases não-analisadas ou congeladas entre suas primeiras palavras costumam ter mães que não marcam claramente os limites das palavras em sua fala, o que indica a existência de uma certa influência da fala materna no estilo de aprendizagem da criança. A forma materna de pronunciar não ajudaria, ao que parece, as crianças a captar os elementos de que suas emissões estão formadas, mas sim o aspecto global desta e seu uso funcional.

DESENVOLVIMENTO PRAGMÁTICO

Aprender a falar não se reduz à aprendizagem de uma série de elementos e de regras lingüísticas. Também é preciso saber usá-las para algo, pois a linguagem nos permite muitas coisas: podemos perguntar, responder, fazer pedidos, dar informação, ordenar, argumentar uma proposta, relatar, etc. As crianças pequenas conseguem fazer com a linguagem apenas o que faziam antes com outros recursos comunicativos pré-lingüísticos: fazer pedidos a seus pais, atrair a atenção para algo que lhes interessa, buscar sua presença. Pouco a pouco, irão aprendendo a expressar intenções mais complicadas com sua linguagem: estabelecem contato comunicativo, expressam seus sentimentos, fazem perguntas, dão informação, descrevem, respondem, etc. Isso ocorre em um curto período de tempo, até aproximadamente os dois anos ou um pouco mais. Outras conquistas, como utilizar a linguagem para fazer comparações, para narrar, para explicar, para justificar e argumentar, para manter uma conversação, etc., levarão muito mais tempo, e sua consecução está muito relacionada com a adaptação e com o êxito escolar. Algumas delas são o que se denominam funções intelectuais da linguagem, cujo emprego no meio familiar depende muito de variáveis socioculturais. De fato, as crianças que vêm de um ambiente familiar socioculturalmente baixo costumam dominar mais tarde, e farão com menor perícia, o emprego da linguagem com essas funções intelectuais; por isso é que podem apresentar mais dificuldades de adaptação à escola, que se caracteriza pelo emprego desse tipo de linguagem, e tenham também mais probabilidades de fracasso escolar. Por isso, a escolarização precoce pode atuar como um mecanismo compensador de possíveis carências de certos usos da linguagem no meio familiar. Junto com a amplitude e a riqueza de vocabulário, o emprego da linguagem com funções intelectuais é um dos aspectos mais sensíveis às diferenças socioculturais.

Entre os dois e os quatro anos, as crianças desenvolvem a habilidade básica para conversar (Garvey, 1984). Uma situação típica que nos permite ver os recursos estritamente lingüísticos das crianças, pois os gestos e as expressões faciais são inúteis, é a de conversar pelo telefone. Aos dois anos, as crianças apenas sabem dizer "oi" e "tchau", mas não existe capacidade de estabelecer um tema de conversação, a menos que o interlocutor adulto as envolva na conversação. Ao contrário, aos quatro anos as crianças já sabem não apenas abrir a conversação e se despedir, como sabem também falar de algo (tema), podendo até antecipar a despedida ("... bom, tenho de ir..."). Obviamente, isso não significa que as crianças de dois anos e seis meses ou três anos não possam conversar. Quando o fazem com um adulto que guia a conversação, que estabelece o tema, que faz perguntas a elas, que comprova se o segue, etc., as crianças dessas idades também podem participar de conversações. Além disso, em situações cara a cara, podem ser empregados muitos gestos e expressões que ajudam. Ninio (Ninio e Snow, 1996) comprovou que as crianças entre 12 e 32 meses de idade aumentam desde 4 até 25, em uma progressão mais ou menos mantida, o número de diferentes atos de fala (perguntas, respostas, chamadas, afirmações, mostras de atenção, etc.) que empregam em uma situação de interação conversacional com adultos, o que indica que nessas idades se produz um aumento importante de sua capacidade para participar em uma conversação. Mas outra questão é a capacidade para conversar com outras crianças de sua idade, e especialmente quando essa conversa-

QUADRO 8.5 Estratégias comunicativas dos pais

Criam contextos em que são usadas rotinas comunicativas que as crianças reconhecem e que facilitam sua participação.

São especialmente sensíveis às tentativas comunicativas das crianças. Antecipam e detectam sinais comunicativos de seus filhos que, às vezes, são tênues.

Dão mais tempo de espera para a participação (turno) de seus filhos.

Utilizam mais mecanismos que permitem reparar incompreensões:

- Pedidos de esclarecimento ("Como?", "Um o quê?").
- Imitação interrogativa.

Interpretam de forma enriquecida e apropriada as emissões verbais das crianças.

Oferecem um modelo lingüístico apropriado ao mesmo tempo em que prolongam ou continuam o tema:

- Extensões. (Menino: toso. Mãe: Está gostoso).
- Reformulações. (Menina: Vovó doentinha. Mãe: Sim, a vovó estava doentinha na cama).

Favorecem a participação de seus filhos na conversação e o contato social produzindo:

- Mais perguntas para que as crianças respondam.
- Mais diretivas para guiar sua atividade e conseguir a participação.

Dão mais respostas à participação das crianças (sinais de compreensão), reforçando sua participação na conversação.

ção não se desenvolve em relação a uma atividade que estão realizando juntas. É nesse momento que as crianças pequenas têm grandes dificuldades. Sem dúvida, esse comportamento diferente, dependendo se conversem com crianças ou com adultos, deve-se a que os adultos empregam uma série de estratégias comunicativas que facilitam a participação da criança (Ninio e Snow, 1996; Del Río e Gracia, 1996). O Quadro 8.5 resume as estratégias mais destacadas que os adultos empregam para conversar com crianças.

Um aspecto essencial de nossa capacidade pragmática é o de saber variar nossa forma de falar dependendo de variáveis contextuais como número de falantes, idade do interlocutor, grau de familiaridade deste, etc. Contrário à idéia da mente egocêntrica das crianças de idade pré-escolar, foi possível verificar que já aos quatro anos as crianças são capazes de realizar uma série de ajustes em sua forma de falar quando se dirigem a crianças menores de, por exemplo, um ano e meio. Esses ajustes são muito parecidos com os que os adultos empregam quando se dirigem a crianças pequenas (*fala dirigida a crianças*, antes denominada "fala maternal"): entonação mais marcada, tom de voz mais elevado, frases simples, emissões mais curtas, emprego de palavras infantis, mais repetições, referência ao que está acontecendo no momento presente, etc.

Também foram estudadas as variações que as crianças empregam para se dirigir a pessoas mais velhas. Bates (1976) pediu a crianças italianas com idade entre três e seis anos que pedissem uma bala a uma senhora mais velha que gostava que se dirigissem a ela com muita educação. Nessa situação, observou que as crianças de três anos não modificavam sua fala, pouco depois empregavam a expressão mágica ("por favor"), mas não introduziam mais modificações na estrutura de suas petições do que a entonação ascendente. Finalmente, isso já próximo dos seis anos, eram capazes de empregar a forma condicional ou potencial do verbo ("Por favor, a senhora me daria uma bala?", "Por favor, a senhora poderia me dar uma bala?").

Precisamente, a forma como as crianças realizam um pedido a seus pais, utilizando uma fala coloquial, também foi muito estudada. Nós podemos fazer pedidos de diferentes maneiras. Podemos pedir diretamente o que queremos ("Me dá um bombom?") ou indiretamente ("Você tem bombons?" ou "Que bombons mais deliciosos...!"). No caso do pedido indireto não pedimos o que queremos, mas o interlocutor interpreta nossa intenção (curiosamente, os autistas têm dificuldades para fazer isso). Geralmente, entende-se que o pedido indireto é menos intrusivo e mais cortês. Pois bem, as crianças pequenas de até dois anos e seis meses quase que exclusivamente empregam formas de pedido direto. A partir desse momento, começam a empregar as formas indiretas que, próximo dos três e quatro anos, são muito mais freqüentes (Solé, 1996).

A capacidade para realizar *pressuposições* é um componente essencial da capacidade para usar a linguagem. Ao falar, procuramos economizar a linguagem, escolhendo a informação mais relevante para que o interlocutor nos compreenda e evitando expressar aquilo que ele já conhece. Mas isso exige fazer suposições prévias (pressuposições) sobre o que o outro já sabe. Pois bem, parece que os bebês já manifestam uma rudimentar, mas surpreendente, capacidade para escolher aquilo que expressam lingüisticamente de maneira que sejam entendidos. Próximo dos 15 ou 18 meses, quando as emissões lingüísticas das crianças são de uma só palavra (holofrase), a palavra que escolhem é justamente a mais informativa para o contexto em que se encontram. Por exemplo, se uma menino vê da janela que seu pai abre o portão e vai entrar na casa dirá "papai", mas não "abra" ou "vem". Nessa situação, a palavra escolhida será facilmente compreendida por sua mãe, que também tem uma habilidade especial para interpretar as intenções de seu filho.

Próximo dos três anos, as crianças mostram uma habilidade mais desenvolvida. Já podem alterar a ordem dos elementos da oração com a intenção de destacar algo ao colocá-lo em uma ordem que não é a mais comum. Por exemplo, uma criança pode dizer *o hago yo* (faço isso eu) para marcar que é ela que quer pôr as rodas em um carrinho, e não seu pai. Isso fala muito sobre sua capacidade para interpretar como o interlocutor interpretará sua emissão. De todas as formas, até os sete anos, as crianças continuam manifestando dificuldades na comunicação *referencial* quando têm de explicar, por exemplo, como é preciso fazer para encontrar um brinquedo em um lugar que o outro não conhece. As indicações que dão não consideram que o outro não tem a mesma informação que elas.

Existem muitos outros aspectos de uso da linguagem que as crianças deverão aprender. Mas, para terminar, destacaremos algo que é importante para entender a evolução do ser humano, pois, ao mesmo tempo em que as crianças adquirem a linguagem, também se apropriam da cultura, dos valores e das formas de agir e de falar adequados a determinadas circunstâncias. As crianças também aprenderão muitas coisas das relações sociais e das características dos contextos sociais, não só porque os pais premeditadamente as instruíram mediante a linguagem, mas também porque observam como os adultos empregam a linguagem. Ver seu pai falar de uma determinada forma (uso de *senhor*, etc.) quando um estranho lhe faz uma pergunta na rua (como onde fica um endereço) lhe dá as chaves para entender como tem de falar em determinadas circunstâncias, mas também para saber que essa é uma circunstância que exige um comportamento social diferenciado.

A aquisição da linguagem se realiza em um contexto social que facilita a tarefa. Além disso, os pais adaptam sua forma de falar de maneira que favorecem a participação de seus filhos na conversação, facilitando a compreensão e o trabalho de análise lingüística que estes devem realizar. No entanto, sem as capacidades para analisar a linguagem que os humanos possuem e desenvolvem, todo esforço facilitador seria em vão. Ao longo de seu desenvolvimento, as crianças dão mostras de um interesse especial pela linguagem e por suas características (não somente pela informação que se transmite mediante ela), servindo-se de todos os mecanismos a seu alcance (sejam especificamente lingüísticos, sejam cognitivos mais gerais) para descobri-la. O resultado final do processo é simplesmente espantoso. A aparente facilidade com que as crianças adquirem o sistema lingüístico, e o usam, e a facilidade com a qual falamos quanto adultos fazem com que o processo de aquisição da linguagem ainda nos pareça algo mágico.

9 Desenvolvimento da personalidade entre os dois e os sete anos

VICTORIA HIDALGO E JESÚS PALACIOS

As pessoas se parecem muito umas com as outras, porque compartilham influências genéticas como membros da mesma espécie e influências ambientais como membros de um determinado grupo sociocultural. Mas por essas mesmas razões, as pessoas diferem notavelmente umas das outras: cada qual tem uma herança particular, e cada uma vive em uma série de contextos e recebe uma série de influências ambientais que têm também muito de pessoal. A conjunção dessas influências, junto ao fato de que, à medida que crescemos, vamos participando de contextos mais numerosos, mais variados e mais pessoais, faz com que, pouco a pouco, vá se configurando uma trajetória de vida própria e única para cada pessoa. Muito do caráter próprio e particular que a realidade psicológica de cada pessoa tem está ligado ao âmbito da personalidade, uma faceta crucial do desenvolvimento que não tem uma definição simples, que, às vezes, é entendida como o conjunto de todos os traços psicológicos (todos eles participam na configuração de nossa individualidade) e outras vezes se limita aos aspectos afetivos e emocionais. Partindo de uma perspectiva pouco restritiva, neste capítulo e no Capítulo 13 entraremos nesse âmbito evolutivo a partir de um marco conceitual que defende o estudo do desenvolvimento da personalidade não de forma isolada, como conjunto de propriedades intrínsecas que evolui nas crianças independentemente de outros aspectos de seu desenvolvimento e à margem do mundo que os rodeia e no qual estão imersos, mas a partir de uma visão integral do desenvolvimento das crianças e entendendo estas como participantes ativos desse mundo social, um mundo que termina, em princípio, no ambiente familiar imediato e que depois se amplia progressivamente para a escola e para outros cenários sociais. Nessa diversidade de contextos e através das interações que mantêm com as outras pessoas, as crianças irão obtendo as experiências e as informações necessárias para elaborar suas representações tanto delas mesmas como do mundo que as rodeia.

Começaremos com uma olhada histórica que nos fará abordar, muito rapidamente, as proposições psicanalíticas de Freud e Erikson, assim como a descrição realizada por Wallon. Em seguida, iremos nos centrar nos conteúdos que nos parecem mais relevantes, relacionados com o desenvolvimento da personalidade durante os anos pré-escolares: o conhecimento e a valoração de si mesmo e o desenvolvimento emocional. De acordo com o marco conceitual proposto, iremos nos referir depois ao sistema familiar como principal contexto de socialização durante esses anos, contexto em que as crianças interagem e participam de forma cotidiana e de onde recebem as principais influências para avançar na construção de seu desenvolvimento social e pessoal. Finalmente, analisaremos as diferenças ligadas ao gênero, que fazem parte tão essencial de nosso ser pessoal e de nossa conduta social.

Alguns dos conteúdos abordados neste capítulo, e depois no Capítulo 13, são típicos do estudo do desenvolvimento da personalidade. Outros estão na fronteira com o desenvolvimento cognitivo (o autoconceito, a identidade de gênero) e com o desenvolvimento social (algumas das influências familiares, os papéis de gênero). Seja ele abordado em um ou outro lugar, em função de uma distribuição de conteúdos que sempre tem muito de arbitrária, o importante é reter a idéia de que a criança em desenvolvimento não funciona por parcelas ou conteúdos estanques, mas como uma realidade integrada em que se entrecruzam os aspectos cognitivos, afetivos e sociais. Rótulos como "conhecimento social" e "desenvolvimento sociopessoal" trazem à luz essa realidade de entrecruzamento de dimensões que todos levamos dentro desde o início de nosso desenvolvimento.

DESCRIÇÕES CLÁSSICAS DO DESENVOLVIMENTO DA PERSONALIDADE

No estudo do desenvolvimento da personalidade ocorreu o que no Capítulo 1 se descreveu de maneira mais geral para os diferentes âmbitos estudados pela psicologia evolutiva: passamos de modelos teóricos gerais do desenvolvimento para uma maior ênfase na acumulação de dados de pesquisas e, talvez, para a elaboração de teorias de âmbito muito mais restrito e limitado. Poucos pesquisadores considerarão vigentes hoje os grandes modelos que estudaram o desenvolvimento da personalidade, entre outras coisas, pela acumulação de dados de pesquisa que, freqüentemente, não puderam confirmá-los; no entanto, vale a pena lembrar rapidamente alguns dos mais destacados não só para prestar-lhes uma homenagem histórica, mas também para destacar algumas das coincidências existentes entre eles, apesar de terem sido suas divergências o que mais habitualmente chamaram atenção.

Descrições psicanalíticas: Freud e Erikson

Sem dúvida alguma, a teoria psicanalítica de Freud constitui uma das contribuições que mais peso teve durante muito tempo no âmbito do desenvolvimento da personalidade. Tal qual se descreve no Capítulo 1, para Freud, o desenvolvimento da personalidade está ligado ao curso das pulsões sexuais ao longo de uma sucessão de estágios invariáveis que vão desde a sexualidade pré-genital infantil até a sexualidade genital adulta. Os diferentes estágios do desenvolvimento psicossexual descritos por Freud (ver o Quadro 1.1 do Capítulo 1) supõem o aparecimento de sucessivas zonas erógenas (boca, ânus, pênis) nas quais irá se centrando o auto-erotismo infantil. As fases oral, anal e fálica não se sucedem simplesmente umas a outras, mas se integram e coexistem. A forma como se resolve os conflitos que devem ser enfrentados em cada fase entre as pulsões libidinais da criança e as expectativas e normas sociais implicará o aparecimento e a fixação de determinados traços de personalidade que acompanharão o sujeito até sua etapa adulta.

Na descrição de Freud (1938), os dois ou três anos anteriores ao início do ensino fundamental correspondem à *fase fálica*, etapa na qual a zona erógena predominante são os genitais externos. As crianças obtêm prazer mediante uma exploração e manipulação de seus genitais, que leva, entre outras coisas, à descoberta das diferenças entre os genitais de meninos e meninas. No plano psíquico, essa descoberta provoca sentimentos de angústia e medo da castração no caso dos meninos e o complexo de castração no caso das meninas. Mas o conteúdo psicológico mais importante associado à etapa fálica é, sem dúvida, o *complexo de Édipo*, no caso dos meninos, e o de *Electra*, no caso das meninas. Em essência, esses conflitos se desencadeiam devido ao desejo sexual que as crianças experimentam pelo progenitor do outro gênero, desejos que procuram conseguir uma relação privilegiada com o progenitor envolvido e que, com freqüência, provocam tensões e hostilidade nas relações com o outro progenitor. O medo do castigo e o princípio de realidade põem fim a esses conflitos, e os desejos edipianos são substituídos pela identificação com o progenitor do mesmo gênero, do qual se adotam as características e os valores predominantes. Esse resultado é possível, porque, nesse momento, forma-se o *superego*, que supõe a interiorização das normas e dos valores sociais predominantes no ambiente.

A partir daí, as relações que forem estabelecidas entre o id, o ego e o superego determinarão a personalidade de cada sujeito.

Dos muitos seguidores de Freud, Erikson se destaca por suas contribuições no campo do desenvolvimento sociopessoal. Embora compartilhe os pressupostos psicanalíticos básicos da teoria de Freud, a *teoria psicossocial* de Erikson dá mais atenção aos aspectos sociais do que aos biológicos, ressaltando a importância das experiências sociais vividas nas diferentes etapas do desenvolvimento. Como foi indicado no Capítulo 1, em cada uma das etapas descritas por Erikson (1963, 1980), que vão desde o nascimento até a morte, existe um conflito psicossocial básico que deve ser resolvido entre dois pólos opostos; se a resolução dos sucessivos conflitos é positiva, a criança irá adquirindo as atitudes, as destrezas e as competências que a transformará em membro ativo de seu grupo social.

Segundo Erikson, entre os três e seis anos, a tensão evolutiva está entre o pólo da *iniciativa* em contraposição com o da *culpabilidade*. A autonomia obtida na etapa anterior leva a experimentar novas capacidades e destrezas; as crianças se dedicam a explorar o mundo que as rodeia, provando a si mesmas e constatando os limites que o ambiente social põe a suas condutas. Quando os pais, mesmo dentro de certos limites, favorecem essas iniciativas, as crianças podem desenvolver um verdadeiro sentimento de autonomia (o pólo da iniciativa). No caso contrário, quando as restrições e as exigências de autocontrole são excessivas, as crianças desenvolvem um sentimento de culpabilidade relacionado à transgressão das normas estabelecidas.

A descrição de Wallon

Na descrição de Wallon (1934), a etapa compreendida entre os três e seis anos está voltada para a construção do eu; é uma fase de importância crucial para a definição da personalidade infantil; na terminologia walloniana, estamos no *estágio do personalismo*. Esse estágio se inicia com a *crise de oposição ou teimosia*, por volta de dois e três anos, que, conforme assinalamos no Capítulo 3, é interpretada por Wallon como uma forma de fortalecer e consolidar uma identidade recém-descoberta no final da primeira infância. As crianças tentam afirmar seu eu, opondo-se aos demais e procurando fazer prevalecer sempre sua vontade.

Com essa atitude constante de oposição e negativismo, contudo, as crianças não conseguem o carinho e a aceitação dos demais, algo de que necessitam e buscam acima de tudo durante esses anos. Esse conflito de interesses obriga as crianças, uma vez que contam com um eu mais fortalecido, a se esforçarem por encontrar estratégias que lhes permitam assegurar esse afeto e aprovação dos demais de que tanto necessitam. Em um primeiro momento, em torno dos quatro anos, durante o denominado *período da graça*, as crianças tentam atrair a atenção dos demais e ganhar seu aplauso e reconhecimento, mostrando todas as suas habilidades e destrezas, principalmente aquelas que parecem ser mais admiradas pelos outros.

Essa ostentação das próprias habilidades, porém, nem sempre consegue os resultados pretendidos; chega um momento em que as "graças" já não chamam a atenção ou não recebem o reconhecimento que antes obtinham. Assim, entre os quatro ou cinco anos, as crianças descobrem a estratégia mais eficaz para garantir a aprovação e o afeto incondicional: *a imitação dos demais*. Imitando os adultos mais próximos e significativos, cada criança garante a aprovação dessas pessoas. É um processo de imitação que começa nos traços mais externos (a menina quer se vestir como sua mãe, o menino imita os gestos de seu pai), mas que termina afetando os aspectos mais psicológicos e internos, até terminar em um verdadeiro processo de *identificação* com os adultos mais próximos.

Coincidências descritivas

As três descrições anteriores estão, à primeira vista, falando de coisas diferentes. E a diversidade poderia parecer maior se tivéssemos incluído descrições procedentes da pesquisa transcultural ou da teoria da aprendizagem social, ambas coincidentes em assinalar que as condutas que as crianças dessas idades manifestam não são senão um reflexo de padrões de reforço social diferentes, de maneira que, por exemplo, quando observamos que existe uma maior tendência de uma menina em buscar a companhia de seu pai, isso não obedece a impulsos sexuais, mas ao simples fato de que os pais são mais restritivos com os filhos do mesmo sexo e mais permissivos com os do outro sexo, e o mesmo se pode dizer do filho em relação à mãe.

Mas, além das divergências descritivas e explicativas, vale a pena destacar as coincidências que existem entre os diferentes modelos de desenvolvimento da personalidade nessas idades. Para começar, porque em todos eles há uma coincidência unânime em assinalar os pais e o contexto familiar como modeladores do desenvolvimento da personalidade infantil. A forma como os pais manejam a satisfação ou a restrição dos desejos de seus filhos (Freud), a forma como respondem a suas condutas exploratórias e a suas iniciativas (Erikson), a forma como agem diante de sua teimosia ou suas graças (Wallon), a forma como moldam com reforços diferenciais as condutas sociais de seus filhos (aprendizagem social) são consideradas essenciais no desenvolvimento de um caráter mais acanhado ou mais onipotente, mais seguro de si mesmo ou mais cauteloso, com mais confiança ou mais inseguro.

Além disso, nas descrições clássicas antes resumidas, observa-se que a etapa compreendida entre três e seis anos é considerada crucial para a estruturação da personalidade infantil. É uma etapa que implica certo conflito nas relações cotidianas, conflito que está ligado, em grande parte, ao desenvolvimento da própria identidade, do desejo de ser ele mesmo e de pôr em prática uma autonomia recém-adquirida. A imitação dos modelos adultos, a interiorização de normas e de valores e a identificação com os outros significativos parecem ser a forma de resolver os conflitos e as tensões dessas idades.

A formação da consciência moral também está presente, com uma ou outra formulação, nas diferentes descrições: o que está certo, o que é incorreto, o que posso fazer, o que é proibido, etc. Podemos chamar isso de superego, identificação com normas e valores, interiorização das práticas de socialização, etc., e estaremos falando de conteúdos muito similares.

Como foi indicado, nenhuma das descrições clássicas analisadas pode ser considerada em pleno vigor hoje em dia. Se as incluímos, é porque estudam conteúdos não-analisados em muitas das perspectivas atuais e porque (além das divergências entre umas e outras) tanto a temática a que se referem quanto a linha evolutiva geral que traçam, e que procuramos resumir neste item, conservam uma pertinência que transcende sua não-atualidade.

O CONHECIMENTO DE SI MESMO

Historicamente, dispomos em psicologia de uma rica tradição de abordagens da problemática do eu. Da América, as primeiras formulações se remontam ao início do século e chegam a James e a sua distinção entre o "eu" (o sujeito, aquele que conhece) e o "mim/me" (o eu como objeto, como o conhecido); também levam às primeiras propostas do interacionismo simbólico por intermédio de autores como Cooley, Mead ou Baldwin, que insistiram no eu como uma construção social, enfoque paradigmaticamente refletido na fórmula de Cooley de "o eu como espelho" (isto é, as pessoas significativas para a criança constituem o espelho em que ela se olha para tomar consciência da visão que os demais têm dela, visão que depois ela incorporará como sua própria forma de se ver).

Mas as propostas do outro lado do Atlântico não são menos ricas. Historicamente, as primeiras correspondem aos pontos de vista de Freud, para quem o eu era a instância psíquica encarregada de resolver os conflitos entre os desejos internos profundos e as imposições externas, uma instância sujeita a um longo processo de desenvolvimento. Também estão os pontos de vista nitidamente sociogenéticos propostos por Wallon (1932) na França (o eu como "bipartição íntima" das relações com o outro, com o qual no início se confunde em uma simbiose de "sociabilidade sincrética") e por Vygotsky (1932-34/1996) na União Soviética (a individualidade "se refrata através do prisma das relações com outras pessoas").

Na abordagem evolutiva mais atual sobre o conhecimento de si mesmo, podemos encontrar muitas dessas formulações precoces retomadas. Assim, a postura dualista em relação ao eu defendida por James é claramente reconhecível na distinção realizada por Lewis e Brooks-Gunn (1997) entre o "eu existencial" (a consciência de si mesmo como diferente dos demais) e o "eu categorial" (o eu como objeto, constituído pelas capacidades, atitudes e valores que compõem o próprio conceito de si mesmo) para se referir ao surgimento do conhecimento de si mesmo durante a primeira infância, distinção já analisada no Capítulo 3. Da mesma forma, os pressupostos interacionistas e construtivistas presentes tanto nas proposições de Mead e Cooley como nas de Wallon e Vygotsky foram amplamente retomados nas análises evolutivas mais recentes, entre as quais predomina uma forma de entender o desenvolvimento do conhecimento de si mesmo como um processo de construção social, intimamente relacionado com o conhecimento que elaboramos sobre outras pessoas e sobre o mundo social em que se destaca a importância das interações sociais e no qual, desde os primeiros momentos da vida, atribui-se um papel ativo à pessoa.

Embora grande parte da pesquisa que vamos abordar tenha sido dirigida para apresentar, sobretudo, dados descritivos e normativos referentes tanto ao aspecto mais cognitivo do eu (autoconceito) quanto a seu aspecto mais valorativo (auto-estima), o pano de fundo conceitual em um e em outro caso tem muito a ver com os marcos conceituais aos quais nos referimos.

Desenvolvimento do autoconceito entre os dois e os seis anos

O autoconceito está ligado à imagem que temos de nós mesmos e se refere ao conjunto de características ou de atributos que utilizamos para nos definir como indivíduos e para nos diferenciar dos demais. O autoconceito se relaciona com os aspectos cognitivos do sistema do eu e integra o conhecimento que cada pessoa tem de si mesma como ser único. É um conhecimento que não está presente no momento do nascimento, mas é o resultado de um processo ativo de construção pelo sujeito ao longo de seu desenvolvimento.

Como vimos no Capítulo 3, o autoconceito começa a ser definido durante a primeira infância, embora sejam os anos restantes da infância e da adolescência as etapas em que acontece uma maior elaboração. Ao longo da infância, a forma como as crianças concebem e expressam seu autoconceito varia notavelmente de uma idade a outra em função tanto do nível de desenvolvimento cognitivo alcançado em cada momento como das experiências sociais. A visão de si mesmas que as crianças oferecem entre os dois ou três anos e os seis anos pode ser resumida com os traços analisados a seguir, resumidos no Quadro 9.1.

QUADRO 9.1 O autoconceito no período de dois a seis anos

Estrutura, organização	Conteúdos mais destacados	Exemplos	Valoração e exatidão
Representações isoladas, faltas de coerência e de coordenação.	Características concretas e observáveis; atributos categoriais relativos, sobretudo, a atividades, traços físicos, coisas que se têm, etc.	"Eu me visto sozinha", "Brinco de bola", "Tenho dois irmãos", "Tenho o cabelo comprido".	Valoração idealizada, com dificuldades para diferenciar o eu ideal do real.

Fonte: Palacios, 1999a, adaptado de Harter, 1998, p. 568.

Inicialmente, as descrições que as crianças de três e quatro anos realizam de si mesmas costumam estar baseadas em *termos simples e globais* do tipo "bom" ou "mau", "grande" ou "pequena", não sendo habitual que, nessas idades, sejam realizadas discriminações mais finas. Pouco a pouco, e mesmo antes dos seis anos, o autoconceito se torna cada vez mais complexo, mais diferenciado, articulado e integrador de diferentes dimensões e conteúdos, de forma que, por exemplo, uma menina pode se descrever como "boa" para algumas coisas e como "má" para outras.

Durante muito tempo, a característica que mais costumava se destacar do autoconceito das crianças pré-escolares era a tendência a *se descrever baseando-se em características concretas e observáveis*. No entanto, os dados mais recentes (Damon e Hart, 1992; Eder, 1990) tornam necessário observar a afirmação anterior, porque, embora seja certo que nas descrições que fazem de si mesmas as crianças dessas idades usam muito os atributos pessoais externos e observáveis, especialmente as características relacionadas com o *aspecto físico* ("tenho o cabelo comprido") e com as *atividades* que realizam habitualmente ("brinco muito de bola"), também é possível encontrar certas características de caráter psicológico nas autodescrições de crianças de até três anos ("eu gosto de brincar com outras crianças", "quase sempre faço o que meus pais dizem"), sobretudo quando se utiliza uma metodologia menos baseada na produção espontânea e mais no reconhecimento de afirmações.

Quanto menor são as crianças, menos sistemáticas elas são em suas auto-avaliações. Assim, inicialmente, o autoconceito costuma estar baseado na informação que se consegue de experiências concretas ocorridas em momentos determinados (por exemplo, um menino pode nos dizer que é "mau", porque um dia se irritou e bateu em outro menino), fundamentando-se, assim, em evidências externas e mutáveis. Isso faz com que o autoconceito costume ser durante esses anos *pouco coerente, arbitrário e mutável*.

Em suas autodescrições, as crianças menores costumam se referir exclusivamente a si mesmas, definindo-se também em *termos absolutos* ("sou alta", "sou forte"), sem tender a matizar tais afirmações ("sou alta para a minha idade"), nem fazer uso das comparações sociais ("sou o mais forte de meus amigos"). À medida que crescem, irão fazendo um uso cada vez maior das comparações sociais para preencher de conteúdo seu autoconceito.

A auto-estima: dimensões e determinantes

O conhecimento de si mesmo do qual acabamos de falar se completa com uma dimensão valorativa e julgadora do eu: em que medida avalio minhas características e competências, como satisfeito ou insatisfeito, contente ou descontente; como me sinto em relação a como eu sou. Essa visão que cada pessoa tem de seu próprio valor e competência, o aspecto avaliativo do eu, é o que conhecemos como auto-estima.

A auto-estima não pode ser compreendida a não ser em relação com as metas que uma pessoa se propõe e a importância que dá a determinados conteúdos em relação a outros (Palacios, 1999a). Assim, o aluno que aspira tirar a nota mais alta pode se sentir muito infeliz ao ser "somente" o segundo da classe; mas o aluno que estava certo de que ia repetir de ano, ficará feliz simplesmente por ter sido aprovado. Em sentido parecido, aquele para quem uma atividade esportiva é muito importante irá se sentir muito mal se não conseguir dominá-la, enquanto suas dificuldades com a aprendizagem de idiomas estrangeiros não têm muita importância para ele. A auto-estima é um produto psicológico que, algumas vezes, é acompanhada por um sinal positivo e, outras, por um negativo; quando a distância entre os dados da realidade e nossas aspirações e desejos é curta ou inexistente, o sinal é positivo; ao contrário, quando percebemos que o que conseguimos ou o que somos capazes de fazer está distante de nossas metas e anseios, o sinal tem um valor negativo. Obviamente, que nossa subjetividade determina não só as metas e aspirações que são significativas para nós, mas, também, a valoração da distância entre o sonhado e o alcançado, porque, para alguns, uma pequena distância pode ser martirizante, enquanto para outros uma distância muito maior pode ser indiferente.

Uma das questões que mais foi debatida sobre a auto-estima é se ela é uma entidade global, que pode ser resumida em uma única pontuação, ou se, ao contrário, tem um caráter mais específico, sendo possível diferenciar entre diferentes domínios de conduta caracterizados por diferentes avaliações. Os dados acumulados nas revisões mais recentes (Harter, 1998; Schaffer, 1996) permitem afirmar que a auto-estima tem um caráter essencialmente multidimensional, sendo formada por um conjunto de facetas que mostram muita independência entre si. Assim, uma menina pode ter uma auto-estima "física" alta quando se sente orgulhosa de suas destrezas e habilidades corporais (aspecto que valoriza e em que é competente), ao mesmo tempo em que tem uma auto-estima "escolar" não tão boa se suas conquistas acadêmicas não estão de acordo com suas aspirações nesse campo.

As dimensões relevantes na auto-estima das crianças vão mudando com a idade, e, da mesma forma como ocorre com o autoconceito, o perfil evolutivo habitual mostra uma maior diversificação e complexidade da auto-estima com a idade. Centrando-nos na etapa sobre a qual nos cabe abordar e tendo como referência o instrumento elaborado por Harter e Pike (1984), e utilizado em profusão para avaliar a auto-estima entre os quatro e sete anos, podemos falar de pelo menos quatro domínios distintos e relevantes nessas idades: competência física, competência cognitivo-acadêmica, aceitação por parte dos iguais e aceitação por parte dos pais. A partir dos anos pré-escolares, as crianças parecem ser capazes de descrever como são competentes ou hábeis em cada uma das dimensões anteriores, podendo variar sua auto-estima de forma considerável de alguns domínios a outros. Assim, conhecer a avaliação que uma criança faz de si mesma em uma dessas facetas não garante que possamos saber o que sente em relação às outras. No entanto, ao mesmo tempo em que as crianças podem se auto-avaliar em uma série de facetas diferentes, vão desenvolvendo uma avaliação geral de si mesmas, não-ligada a nenhuma área de competência específica. Conforme assinala Schaffer (1996), o que é mais interessante é que, contrário ao que acontece com a auto-estima referente a áreas específicas, essa auto-estima global não parece se desenvolver até os sete ou oito anos, momento em que as crianças parecem começar a ser capazes de se auto-avaliar de forma mais desligada e independente de sua atuação em situações concretas. Momento também em que as avaliações de si mesmas começam a ser mais objetivas, pois, conforme se mostra na última coluna do Quadro 9.1, a auto-estima no período que agora nos concerne, entre os dois e seis anos, tende a ser mais idealizada, adotando um rumo geralmente positivo e com uma certa confusão entre o eu real e o eu ideal.

Em função de se ter constatado empiricamente sua relação com aspectos como o êxito escolar, a competência social ou o equilíbrio emocional, a auto-estima se transformou em um traço psicológico de grande interesse. Essa é a razão pela qual muitos pesquisadores se detiveram em explorar os fatores associados com uma alta ou baixa auto-estima. Referência obrigatória é o trabalho pioneiro realizado por Coopersmith (1967), que mostrou que o grau de aceitação das pessoas mais significativas e próximas, assim como o tipo e a qualidade das relações que com elas se estabelecem, parecem se destacar entre os fatores mais determinantes da auto-estima. Assim, é comum que meninos e meninas de auto-estima alta se sintam queridos e aceitos pelas pessoas que os rodeiam, com as quais também mantêm algumas relações acolhedoras e positivas. Aqui aparece de novo a metáfora do "eu como espelho", pois para que uma criança se valorize ela precisa se sentir valorizada pelas pessoas que a rodeiam. Durante os anos que agora analisamos, as pessoas mais próximas e significativas para as crianças costumam ser os membros de sua família mais imediata, especialmente seus pais. Isso faz com que a reflexão sobre os determinantes da auto-estima durante esses anos remeta, em grande parte, aos estilos de educação familiar sobre os quais falaremos um pouco mais adiante.

DESENVOLVIMENTO EMOCIONAL

Durante muito tempo esquecidas pelo valor dado à cognição, as emoções constituem um dos elementos centrais de todas as atividades humanas e, sem dúvida, são essenciais para a compreensão do funcionamento da personalidade. O estudo do desenvolvimento emocional inclui a evolução das expressões emocionais, a compreensão e o controle das próprias emoções, assim como a compreensão e a resposta às emoções dos demais. Enquanto os conteúdos referentes à compreensão das emoções dos outros são abordados no próximo capítulo (e depois no Capítulo 14) dentro do âmbito do conhecimento social, neste capítulo e no Capítulo 13 abordaremos os conteúdos do desenvolvimento emocional ligados à expressão, à compreensão e à regulação das emoções próprias.

A expressão das emoções

Desde muito pequenos, os bebês experimentam e expressam emoções de natureza diferente, conforme se mostrou no Capítulo 5. Um bebê de poucos meses sorri com prazer quando é acariciado nos braços de seu pai ou de sua mãe e, pouco tempo depois, pode mostrar aborrecimento quando é deitado ou deixado sozinho em seu berço para que durma. Na realidade, desde o próprio nascimento é possível observar nos bebês claras reações de agrado ou desagrado diante de situações distintas (agrado ao serem alimentados ou acariciados, mal-estar quando têm fome ou sono) com um importante valor comunicativo. Mas essas reações globais dão passagem, desde muito cedo, para emoções específicas que vão aparecendo progressivamente (primeiro a alegria e o mal-estar, mais tarde a cólera e a surpresa e, finalmente, o medo e a tristeza), na maioria dos casos, ao longo da primeira metade do primeiro ano de vida. Assim, a alegria, o aborrecimento, a surpresa, a ansiedade, o medo e a tristeza são emoções básicas que podemos observar em todos os meninos e meninas durante a primeira infância (Harris, 1989).

No final da primeira infância (entre o segundo e o terceiro ano de vida), ocorre uma conquista importante em relação ao desenvolvimento emocional. Além das emoções básicas que estavam presentes durante o primeiro ano, as crianças serão capazes de experimentar um conjunto de emoções mais complexas das quais alguns autores destacaram o que têm de descoberta de si mesmo (falando então de emoções autoconscientes) e outros, o que têm de manifestação da relação com os demais (falando, então, de emoções sociomorais). Como foi analisado no Capítulo 5, as mais importantes dessas emoções são a vergonha, o orgulho e a culpa. Como é mostrado no Quadro 9.2, a análise detalhada das características dessas emoções evidencia que seu aparecimento está tão ligado ao desenvolvimento do eu e da autoconsciência como à relação com outros e à adaptação às normas. Para que uma criança possa sentir vergonha ou orgulho, é necessário um processo que implica, pelo menos, três aspectos: o conhecimento das normas e dos valores sociais, a avaliação da própria conduta em relação às normas e aos valores e a atribuição de responsabilidade a si mesmo diante do êxito ou do fracasso para se ajustar ou não a tais normas e valores. O sentimento de culpa, por sua vez, está muito ligado ao desenvolvimento sociomoral e tem uma estreita relação com o aparecimento das condutas altruístas (Saarni, Mumme e Campos, 1998).

O maior domínio da linguagem que ocorre próximo dos três ou quatro anos terá uma importante influência sobre o desenvolvimento emocional. A linguagem é um instrumento preciso para expressar e comunicar os próprios estados emocionais: "estou triste", "tenho medo"; do mesmo modo, rotular os diferentes sentimentos e estados emocionais ajuda a transformar as emoções globais em emoções específicas. Em conjunto, conforme o desenvolvimento avança ao longo dos anos que agora analisamos, as

QUADRO 9.2 Características das emoções autoconscientes ou sociomorais

Emoção	Objetivo	Percepção de si mesmo	Percepção em relação aos demais	Tendência de ação	Função adaptativa	Manifestações fisiológicas
Vergonha	Manter o afeto dos outros, preservar a auto-estima.	Não sou digno (a auto-estima se debilita).	Alguém/todos percebem o pouco que valho.	Retraimento, evitação dos demais.	Comportar-se adequadamente; submissão aos outros e às regras sociais.	O ritmo cardíaco se torna lento; rubor, voz baixa.
Orgulho	Manter a aceitação da própria pessoa e dos demais.	Sou competente (a auto-estima se fortalece).	Alguém/todos percebem o muito que valho.	Condutas de exibição das próprias conquistas.	Comportar-se adequadamente; capacidade para se adaptar às regras.	O ritmo cardíaco se acelera; certa tensão; o tom de voz se eleva.
Culpa	Ajustar-se aos próprios valores e normas interiorizadas.	Fiz algo que vai contra as minhas normas.	Alguém sofreu por minha conduta.	Aproximar-se dos outros para reparar o dano; autocastigo.	Comportar-se de maneira pró-social; ter boas intenções.	Ritmo cardíaco acelerado e respiração irregular; tensão.

Fonte: Adaptado de Saarni, Mumme e Campos, 1998.

emoções se tornam cada vez mais diferentes entre si, mudam as situações que provocam certas emoções, há uma maior discriminação na hora de relacionar as diferentes situações com determinadas emoções, e estas se expressam com maior intensidade e rapidez. Assim, embora a cólera e o aborrecimento estivessem presentes desde o primeiro ano de vida (por exemplo, quando se tirava do bebê um objeto que atraía sua atenção ou se impedia certos movimentos), entre os dois e seis anos, as situações que costumam provocar esse tipo de emoções estão principalmente ligadas aos conflitos com os iguais, acontecimentos muito freqüentes durante esses anos, e em que é possível observar reações emocionais de grande intensidade. Outra emoção que adquire grande protagonismo nessas idades é o medo: são muitas as crianças dessas idades que sentem medo do escuro ou de monstros imaginários, que, muitas vezes, tomam forma quase real em freqüentes pesadelos. No entanto, as mudanças mais importantes a partir dos três ou quatro anos no desenvolvimento emocional não estão ligadas somente às manifestações externas, mas, também, à compreensão e ao controle dos estados emocionais, aspectos que analisamos a seguir.

A compreensão e o controle das próprias emoções

A expressão e a compreensão das emoções têm ritmos evolutivos diferentes. Que um bebê experimente e expresse uma ampla variedade de emoções não significa, necessariamente, que compreenda seu significado. Assim, embora emoções básicas como alegria ou aborrecimento sejam experimentadas e expressas desde os primeiros meses de vida, não é até vários anos depois que as crianças começam a compreender essas emoções em termos de estados mentais. Desde os três ou quatro anos, as crianças sabem que certas emoções provocam determinados estados emocionais; a regularidade de muitas experiências cotidianas permite que se elabore uma espécie de roteiros que ajudam as crianças a compreender os estados emocionais (receber um presente: alegria; ser castigado: tristeza). No entanto, para crianças dessa idade, a utilidade desses roteiros que relacionam situações concretas com emoções específicas é relativa, já que o estado emocional que um determinado acontecimento provoca implica um processo avaliativo pessoal, em geral ainda não-acessível nessas idades; nessa avaliação, se faz um balanço entre os desejos e o resultado obtido, de maneira que, por exemplo, embora o roteiro genérico seja castigo-tristeza, o impacto emocional de um castigo concreto para uma menina depende, em grande medida, de o castigo consistir em retirar um privilégio que desejava ardentemente, ou em prescindir de algo que é indiferente para ela. É a partir dos quatro ou cinco anos que esse processo de avaliação costuma aparecer, permitindo que as emoções comecem a se contextualizar, possibilitando às crianças compreender e explicar os estados emocionais em termos do ajuste que ocorre em cada situação entre o que se deseja e o que se consegue, entre a importância da meta e o resultado finalmente alcançado.

Um âmbito que permitiu explorar a evolução da compreensão e do controle emocional é o relativo à capacidade que as crianças desenvolvem para esconder suas emoções, aprendendo a diferenciar entre o estado emocional interno e a expressão externa da conduta. Como é bem-conhecido, entre as normas sociais figuram certas regras referentes à expressão emocional; assim, é preciso se mostrar agradecido quando se recebe um presente, gostando ou não; não se deve rir quando alguém tropeça e cai, embora a cena nos pareça engraçada. Conforme diz Harris (1989), as crianças parecem passar por duas etapas diferentes na adoção e na compreensão das normas de expressão. Em um primeiro momento, a partir dos três ou quatro anos, as crianças começam a poder esconder suas emoções em determinadas situações (por exemplo, ao receber um presente que não lhes agrada, podem esconder sua decepção e até emitir um sorriso de cumplicidade), mas não são de todo eficazes, porque estão agindo mais conforme o que seus pais ensinaram do que de acordo com uma estratégia de dissimulação bem-compreendida. É em um segundo momento, a partir dos cinco ou seis anos, que as crianças parecem compreender realmente a diferença entre uma emoção real e uma emoção expressa; nessa idade, já são conscientes de que os demais podem conhecer os próprios estados emocionais, começando, então, a esconder deliberadamente muitos sentimentos com o objetivo de confundi-los e não só para se ajustar às normas sociais.

A FAMÍLIA COMO PRINCIPAL CONTEXTO DE SOCIALIZAÇÃO

Tanto nas descrições mais clássicas como nos diferentes conteúdos que abordamos ao longo das páginas anteriores, ficou claramente evidenciado que o desenvolvimento da personalidade e das emoções entre os dois e os seis anos estão intimamente relacionados com os processos educativos e socializadores. Assim, a maior ou menor auto-estima de uma criança depende, fundamentalmente, de como ela se sente valorizada pelas pessoas mais significativas para ela; a intensidade de determinadas emoções e a aprendizagem de sua regulação dependerão de processos de socialização e de trocas afetivas que ocorrem no interior da família. Durante os primeiros anos da infância, o contexto mais habitual em que as crianças crescem e se desenvolvem é, sem dúvida alguma, a família, por isso, é necessário referir-se a ela e a sua diversidade na hora de procurar entender tanto o desenvolvimento normativo da personalidade quanto seus aspectos diferenciais.

Há muito tempo, existe, entre os pesquisadores, um amplo consenso em analisar a família como totalidade, superando a antiga ênfase exclusiva nas relações entre mãe e filho; em analisar as influências na família não como um processo unidirecional do adulto para com a criança, mas como um conjunto de influências bi e multidirecionais; em analisar as relações entre pais e filhos no contexto de outras relações que ocorrem dentro e fora da família (a relação de um pai com sua filha depende, em parte, de como vão as coisas com o casal pai-mãe, assim como nas relações entre a menina e suas colegas de classe). Por tudo isso, para estudar as influências da família no desenvolvimento, é inadequado se limitar à análise das relações diádicas que ocorrem dentro dela; a análise deve partir de uma concepção sistêmica e ecológica na qual se entende a família como um sistema de relações interpessoais recíprocas; um sistema que, além disso, não está isolado do ambiente que o rodeia, mas que mantém relações com outros contextos importantes para o desenvolvimento de seus membros (o trabalho dos pais, as experiências escolares dos filhos) ao mesmo tempo em que uns e outros se encontram enquadrados dentro de contextos de influência superiores (como o contexto cultural), submetidos a mudanças sociais e históricas (Palacios e Rodrigo, 1998; Rodrigo e Palacios, 1998).

Os estilos educativos familiares

As muitas e contínuas tentativas de explicar a influência dos processos de socialização familiar no desenvolvimento das crianças deram lugar, durante quatro décadas, a uma vasta produção literária sobre os diferentes estilos com que pais e mães abordam as tarefas de criação e de educação de seus filhos. Apesar de procederem, em muitos casos, de perspectivas diferentes, Maccoby e Martin (1983) encontraram, na maioria desses estudos, uma importante coincidência ao ressaltar duas dimensões básicas do comportamento de pais e mães:

- *Afeto e comunicação*: é possível diferenciar alguns pais de outros em função do tom emocional que norteia as relações entre pais e filhos, da maior ou menor sintonia que ocorre entre eles e do nível de trocas e comunicação existentes em sua relação. Assim, existem pais e mães que mantêm relações acolhedoras e estreitas com seus filhos, mostrando uma grande sensibilidade diante das necessidades das crianças, e também as incentivam a expressar e a verbalizar essas necessidades. No outro extremo estão as relações em que a falta de expressões de afeto, a frieza, a hostilidade (até chegar à rejeição) e a falta de trocas comunicativas seriam as características dominantes.
- *Controle e exigências*: a outra dimensão posta em jogo nas relações entre pais e filhos está ligada, fundamentalmente, às exigências e à disciplina; por um lado, se os pais são mais ou menos exigentes na hora de propor situações que suponham um desafio para as crianças e requeiram uma certa dose de esforço; por outro, se os pais controlam em maior ou menor medida a conduta da criança, se estabelecem ou não normas, se exigem seu cumprimento de forma firme e coerente.

Evidentemente, essas dimensões devem ser entendidas, de acordo com Ceballos e Rodrigo (1998), no contexto de algumas diferenças tanto quantitativas como qualitativas que se apresentam na forma de um *continuum* entre ambos os pólos. É nessa perspectiva que deve ser entendida a tipologia de estilos educativos em que ocorre a combinação dessas duas dimensões (ver Quadro 9.3), tipologia muito similar à descrita inicialmente por Baumrind (1971):

- *Estilo democrático*: caracteriza-se por níveis elevados tanto de afeto e comunicação como de controle e exigência. Possuem este estilo pais e mães que mantêm uma relação acolhedora, afetuosa e comunicativa com seus filhos, mas que, ao mesmo tempo, são firmes e exigentes com eles. Com diálogo e sensibilidade em relação às possibilidades de cada criança, esses pais costumam estabelecer normas que são mantidas de forma coerente, embora não-rígida; na hora de exercer o controle, preferem as técnicas indutivas, baseadas no bom senso e na explicação. Esses pais também incentivam os filhos para que se superem continuamente, estimulando-os a enfrentar situações que exigem deles um certo nível de esforço, mas que estão dentro de suas capacidades.

QUADRO 9.3 Tipologia de estilos educativos familiares

	AFETO E COMUNICAÇÃO	
CONTROLE E EXIGÊNCIAS	ALTO ←→ BAIXO Afeto e apoio explícito; aceitação e interesse pelas coisas das crianças; sensibilidade com suas necessidades.	Afeto controlado, implícito; distanciamento; frieza nas relações; hostilidade e/ou rejeição.
ALTO Existência de normas e disciplina; controle e restrições de conduta; exigências elevadas.	**DEMOCRÁTICO**	**AUTORITÁRIO**
↕ BAIXO Ausência de controle e disciplina; ausência de desafios e poucas exigências.	**PERMISSIVO**	**INDIFERENTE**

Fonte: Baseado em Palacios, 1999c.

- *Estilo autoritário*: caracteriza-se por valores elevados em controle e exigência, mas baixos em afeto e comunicação. Pais com este estilo autoritário não costumam expressar abertamente seu afeto a seus filhos e não consideram muito seus interesses e necessidades. Seu excessivo controle pode manifestar-se em algumas ocasiões como uma afirmação de poder, pois as normas costumam ser impostas sem que haja nenhuma explicação. São pais exigentes e propensos a utilizar práticas coercivas (baseadas no castigo ou na ameaça) para eliminar as condutas que não toleram em seus filhos.
- *Estilo permissivo*: caracteriza-se por elevados níveis de afeto e comunicação, unidos à ausência de controle e de exigências de maturidade. Nesse caso, são os interesses e os desejos da criança que parecem dirigir as interações adulto-criança, pois os pais são pouco propensos a estabelecer normas, fazer exigências ou exercer controle sobre a conduta das crianças; procuram se adaptar a suas necessidades, intervindo o menos possível com atuações que suponham exigências e pedido de esforços.
- *Estilo indiferente ou negligente*: caracteriza-se pelos níveis mais baixos em ambas as dimensões, dando lugar a pais com pouco envolvimento nas tarefas de criação e educação. Suas relações com os filhos se caracterizam pela frieza e pelo distanciamento, mostram pouca sensibilidade com as necessidades das crianças, algumas vezes não atendendo sequer às questões básicas. Geralmente esses pais apresentam uma ausência de normas e de exigências, mas algumas vezes exercem um controle excessivo, não-justificado e incoerente.

Além de estabelecer a tipologia descrita, os estudos sobre estilos educativos descreveram as conseqüências de as crianças crescerem em famílias caracterizadas por um ou outro estilo. De forma sintética (Moreno e Cubero,

1990; Palacios e Moreno, 1994), podemos dizer que os *filhos de pais democráticos* são aqueles que apresentam as características que nossa cultura atual considera mais desejáveis: costumam ter uma elevada auto-estima, enfrentam novas situações com confiança e são persistentes nas tarefas que empreendem. Também costumam se destacar por sua competência social, seu autocontrole e pela interiorização de valores sociais e morais. Os *filhos de pais autoritários* costumam ter uma baixa auto-estima e pouco autocontrole, embora se mostrem obedientes e submissos quando o controle é externo; são pouco hábeis nas relações sociais e podem apresentar condutas agressivas na ausência de controle externo. Os *filhos de pais permissivos* se mostram, à primeira vista, como os mais alegres e vitais; no entanto, também são imaturos, incapazes de controlar seus impulsos e pouco persistentes nas tarefas. Por último, os *filhos de pais negligentes* têm problemas de identidade e de baixa auto-estima; não costumam acatar as normas e são pouco sensíveis às necessidades dos demais; em geral, são crianças especialmente vulneráveis e propensas a experimentar conflitos pessoais e sociais.

Esse é o quadro de influências habitualmente descrito na literatura de pesquisa nas últimas décadas. No entanto, conforme argumentaram amplamente Ceballos e Rodrigo (1998) e Palacios (1999b), esse modelo de socialização peca por ser muito rígido e simplista. Por um lado, porque descreve as influências familiares como um processo simples e unidirecional, em que as práticas dos pais são as únicas que produzem direta e irreversivelmente uma série de características em seus filhos. Conforme foi dito antes, a concepção atual da família insiste no papel ativo que a própria criança desempenha; em termos de estilos educativos, isso quer dizer que as mesmas práticas educativas podem produzir distintos efeitos em crianças de características distintas, ao mesmo tempo em que a individualidade psicológica de cada criança influi com toda probabilidade nas práticas educativas que seus pais utilizam. Assim, por exemplo, o controle e as exigências que funcionam muito bem com determinadas crianças talvez não sejam os mais adequados com outras (por exemplo, crianças tímidas com muita tendência à insegurança); também haverá situações que se prestarão a um estilo mais sensato, parcimonioso e indutivo, e outras que exigirão uma atuação mais imperiosa e rápida. Além disso, e como acertadamente assinalam Parke e Buriel (1998), a realidade familiar e as influências que ocorrem em seu seio são muito mais complexas do que durante muito tempo supusemos; a influência familiar sobre o desenvolvimento é multicausal, e para compreendê-la em toda sua amplitude é necessário conhecer não só as relações bidirecionais que se estabelecem entre pais e filhos, como também as que se mantêm entre os diferentes irmãos, entre pai e mãe, entre a família e outros sistemas sociais, etc. Todas essas relações não são independentes entre si, mas são totalmente interdependentes.

Por outro lado, segundo o modelo mais clássico de socialização familiar, os pais agem sempre da mesma maneira, isto é, que quando o pai é classificado como autoritário, por exemplo, seu controle impositivo o acompanha ao longo do tempo e em qualquer circunstância. Embora uma certa estabilidade costume acompanhar o estilo educativo de cada adulto, suas práticas podem mudar na medida em que os adultos também experimentam processos de mudança e de desenvolvimento (por exemplo, não se enfrenta da mesma maneira o processo de se tornar mãe aos 18 e aos 38 anos). E, por outro lado, essas práticas não têm por que serem idênticas nem com os diferentes filhos, nem, conforme se assinalou, em diferentes situações com o mesmo filho.

Em conjunto, esses argumentos nos fazem afirmar que tudo que ocorre dentro da família não é tão simples nem tão linear como o modelo tradicional de socialização familiar defendia. As práticas educativas realizadas pelos pais se encontram sob a influência de diversas fontes de determinação, tanto intra como extrafamiliares, e dificilmente podem ser compreendidas sem considerar, em cada caso, as características específicas da situação e dos participantes. O estilo democrático, hipotetizado como o estilo educativo mais desejável em qualquer caso e situação, contém incontestáveis vantagens e aspectos positivos, mas pode ser que não seja igualmente apropriado para crianças com características diferentes nem para todas as situações educativas; em todo caso, não parece que a forma como se resolve nesse estilo a combinação exigências-controle/afeto-comunicação seja a única e saudável fórmula de socialização familiar. É certo que a expressão de afeto e a comunicação são inquestionavelmente positivas e psicologicamente saudáveis, assim como é certo que um determinado nível de exigências e de controle tem efeitos positivos; porém, que esses "ingredientes" tenham de estar presentes não necessariamente significa que tenham de se combinar sempre de uma determinada maneira, de acordo com a fórmula magistral do estilo democrático.

Em síntese, parece que a tendência atual caminha no sentido de entender os processos de socialização produzidos dentro do contexto familiar como um processo de construção conjunta, como um compromisso entre as características de todos os integrantes do sistema familiar e das diversas situações pelas quais uns e outros passam, e não apenas como uma simples transferência do tipo de conduta manifestada pelos pais a uma série de características psicológicas inevitáveis nos filhos (Palacios, 1999b).

Influências familiares sobre diferentes âmbitos do desenvolvimento pessoal

O fato de os processos de socialização dentro do contexto familiar serem mais complexos do que inclui a conhecida tipologia de estilos educativos não deve ser entendido, em todo caso, como uma impossibilidade de analisar esses processos e suas conseqüências no desenvolvimento infantil. Prova disso é que é possível identificar e concretizar as influências familiares que ajudam a configurar alguns aspectos do desenvolvimento da personalidade que abordamos anteriormente, tal como mostramos a seguir.

Como vimos, entre os determinantes da auto-estima estão, em lugar de destaque, as práticas educativas que os pais realizam com seus filhos. A maioria dos estudos coincide em assinalar que as crianças com elevada auto-estima têm pais que se ajustam, em grande medida, ao padrão que define os pais democráticos: são pais que mostram explicitamente ao filho seu afeto e aceitação, que se interessam por suas pequenas coisas e que são sensíveis e receptivos com suas necessidades e opiniões. Ao mesmo tempo, são pais firmes e exigentes com seus filhos, com os quais costumam utilizar estratégias de disciplina não-coercitivas.

No que se refere ao controle e à regulação emocional, também nesse âmbito as práticas educativas familiares exercem sua influência. Desde muito cedo, pais e mães procuram promover em seus bebês as emoções positivas ao mesmo tempo em que procuram inibir as negativas (incitam os bebês a rir, fazendo-lhes cócegas; procuram distraí-los para que deixem de chorar). Conforme vão crescendo, as crianças recebem instruções diretas em relação às normas de expressão emocional, e, o que é mais importante, os pais exercem um controle externo do estado emocional da criança, controle que ela terminará interiorizando. Os pais sensíveis com as necessidades da criança costumam "preparar" seus filhos para enfrentar situações de grande intensidade emocional (a internação em um hospital; o nascimento de um irmão; a entrada na escola). Quando os pais são capazes de oferecer às crianças estratégias que lhes permitam enfrentar suas emoções e controlá-las, elas terminarão sendo competentes para a auto-regulação emocional.

No mais, embora seja evidente que as práticas educativas familiares influem de forma decisiva no desenvolvimento pessoal das crianças, é evidente que tais influências não são simples, nem são as únicas que contribuem para a construção do desenvolvimento infantil. As bases do desenvolvimento da personalidade estão, em grande medida, nos processos de socialização que ocorrem dentro da família, mas sua configuração final poderá ser igualmente influenciada pelo que ocorre em outros contextos e interações extrafamiliares, por exemplo, nas interações com os iguais sobre as quais se fala extensivamente no Capítulo 11.

O GÊNERO E SEU PAPEL NO DESENVOLVIMENTO PESSOAL

Terminaremos o capítulo analisando o desenvolvimento do gênero e as diferenças ligadas a ele, conteúdos que poderiam estar em muitas partes deste livro, pois envolvem conteúdos relacionados ao cognitivo, ao emocional e ao social. Ao incluí-lo neste capítulo, queremos ressaltar o fato de que essa temática está profundamente imbricada no autoconceito, fazendo parte essencial da visão de nós mesmos e das reações que temos ante os demais e que suscitamos neles.

Realmente, o gênero é um dos traços que mais nos identifica e nos define, seja qual for nossa idade. Desde muito cedo, meninos e meninas aprendem a descrever tanto a si mesmo como aos demais em função do gênero, sendo o fato de pertencer ao grupo dos meninos ou das meninas um dos primeiros conteúdos que aparece para fazer parte do autoconceito infantil. Mas o papel do gênero no desenvolvimento não termina quando o fato de pertencer ao grupo masculino ou feminino se transforma em um dos elementos centrais de nossa identidade pessoal; aos rótulos de menino ou menina, homem ou mulher e de acordo com os valores e estereótipos predominantes em cada grupo social e cultural, costuma-se acrescentar todo um conjunto de expectativas e atribuições referentes a como devem ser e se comportar um menino e uma menina, um homem e uma mulher. Quando nos referimos ao aspecto mais conceitual do desenvolvimento do gênero, falamos de *identidade de gênero*. O progressivo conhecimento do que se espera e se considera adequado para os membros de cada grupo sexual dá lugar à aquisição dos *papéis de gênero*. As influências biológicas e educativas e, como conseqüência da interação entre ambas, o desenvolvimento da identidade e dos papéis de gênero ao longo da infância fazem com que, realmente, se encontrem importantes diferenças em distintos âmbitos de conduta na comparação entre grupos de meninas e de meninos. Começando por este último, a seguir abordamos a análise evolutiva dos conteúdos mencionados, sempre dentro do desenvolvimento entre os dois e seis anos.

Diferenças ligadas ao gênero

Desde os primeiros meses de vida, é possível observar certas diferenças entre os meninos e as meninas. Assim, e conforme se descreveu no Capítulo 2, os processos maturativos apresentam diferenças entre ambos os sexos que levaram a falar de dimorfismo sexual. As meninas costumam mostrar um perfil maturativo ligeiramente mais elevado do que os meninos, embora seja importante dizer que, tanto nos aspectos físicos como nos psicológicos, as diferenças dentro de um grupo sexual costumam ser maiores que as diferenças entre um grupo e outro; em outras palavras, entre um menino e outro, por exemplo, podemos encontrar mais diferenças do que entre a média dos meninos e a média das meninas.

É polêmica a questão de se a vantagem maturativa que as meninas apresentam sobre os meninos se traduz em uma vantagem psicológica generalizada delas sobre eles. Em conjunto, as semelhanças predominam sobre as diferenças na maior parte dos âmbitos estudados. No entanto, não são incomuns as pesquisas (por exemplo, Feingold, 1992) que encontram uma ligeira vantagem lingüística nas meninas (que costumam emitir mais vocalizações do que os meninos, que aprendem antes a dizer suas primeiras palavras e que têm um desenvolvimento gramatical e lexical um pouco mais avançado do que os meninos), nem aquelas outras nas quais se encontra uma ligeira vantagem dos meninos nas habilidades espaciais e matemáticas (Feingold, 1993; Kerns e Berenbaum, 1991).

Mais evidentes do que certas diferenças ligadas ao gênero no âmbito cognitivo-lingüístico são as diferenças no desenvolvimento social e da personalidade. Basta passar alguns minutos observando o pátio de uma escola infantil para comprovar as diferenças entre os meninos e as meninas em aspectos como o grau de atividade, o tipo de brincadeira ou a escolha dos colegas, conforme analisaremos no Capítulo 11. Desde os primeiros anos, os meninos costumam ser mais ativos do que as meninas e se envolvem em brincadeiras mais vigorosas; as diferenças na escolha de brinquedos são bem conhecidas (meninos: jogos de construção, de bola, carros e caminhões; meninas: boneca, cozinha, fantasias e, em geral, atividades mais sedentárias, como ver contos ou desenhar). Também aparece a tendência de escolher como companheiros de brincadeira outras crianças do mesmo sexo, para cuja análise remetemos ao Capítulo 11.

Junto às diferenças nas preferências de brincadeira e escolha de companheiros, também se acumulou uma certa evidência empírica sobre as diferenças de gênero no âmbito da personalidade. Desde os dois ou três anos, as meninas se mostram mais sensíveis emocionalmente do que os meninos, diferença que se manterá até a idade adulta (Saarni, 1993). Assim, com exceção da ira, as meninas expressam mais aberta e intensamente suas emoções e sentimentos, ao mesmo tempo em que parecem mostrar mais capacidade na compreensão das emoções alheias. Também desde cedo é possível observar certas diferenças no âmbito da agressividade; em conjunto, os meninos mostram níveis mais altos de agressividade, tanto física como verbal, do que as meninas, (Hyde, 1984). Outras diferenças habitualmente associadas ao gênero, como a submissão e a dependência das mulheres diante da independência e da maior motivação de conquista dos homens, não contam com um apoio empírico coerente e podem ser mais diferenças nos estereótipos culturais do que nos padrões de conduta reais dos membros de um e de outro gênero (Maccoby e Jacklin, 1974).

Embora o debate e as pesquisas que permitam lançar luz sobre os fatores determinantes das diferenças ligadas ao gênero continuem até hoje, parece claro que, em diferente grau, segundo o âmbito e o momento evolutivo, essas diferenças obedecem tanto a influências biológicas como a processos de socialização. Em todo caso, o que é certo é que muitas dessas diferenças vão se tornando mais marcantes conforme os meninos e as meninas vão tomando consciência do gênero ao qual pertencem e das características e condutas que a sociedade espera e atribui aos membros de seu grupo sexual.

Identidade, estabilidade e constância do gênero

O gênero ao qual se pertence constitui um dos primeiros aspectos que integram tanto o autoconceito como o conhecimento que meninas e meninos têm das outras pessoas. Essa tomada de consciência sobre o gênero se desenvolve gradualmente ao longo da infância, sendo possível diferenciar três marcos importantes.

Quase no final da primeira infância, as meninas e os meninos começam a ser capazes de se identificar como pertencentes a um ou outro gênero, ao mesmo tempo em que também reconhecem e rotulam corretamente o gênero das outras pessoas. É o que se conhece como a *identidade de gênero*. Próximo de dois a dois anos e meio, a maioria dos meninos e das meninas já utiliza adequadamente o rótulo verbal que corresponde a seu gênero (menino/menina), aplicando-o corretamente quando se pergunta a eles coisas do tipo "Você é um menino ou uma menina?", assim como ao se referir aos demais. Essa primeira identidade de gênero se baseia nos aspectos mais externos e visíveis, como o tipo de penteado, a roupa e os adornos.

Depois do processo de identificação que implica a identidade de gênero, meninos e meninas têm de descobrir a chamada *estabilidade do gênero*, que consiste em compreender que o gênero é um traço que permanece estável ao longo do tempo. Em torno dos três a quatro anos, meninos e meninas já sabem que nasceram sendo um menino ou uma menina e que, quando forem mais velhos, se transformarão, respectivamente, em um homem ou uma mulher. No entanto, ainda podem atribuir o fato de pertencerem a um ou a outro gênero aos atributos externos e, como conseqüência, pensarem que tal gênero pode ser mudado se mudarem esses atributos (por exemplo, que um menino poderia se transformar em uma menina se deixasse o cabelo comprido e usasse vestido).

Finalmente, próximo do início das séries iniciais (seis a sete anos), aparece a chamada *constância do gênero*: meninos e meninas tomam consciência de que o gênero é um traço invariável das pessoas e que não se modifica por mais que se mudem aspectos externos, como o tipo de roupa ou o comprimento do cabelo. A aquisição da constância do gênero está relacionada tanto aos avanços no desenvolvimento cognitivo como à experiência social. Algumas crianças descobrem essa constância na mesma época que adquirem as noções de conservação descritas por Piaget como típicas dos seis ou sete anos. Mas outras crianças, mais familiarizadas desde pequenas com as diferenças anatômicas entre homens e mulheres, dão mostras dessa conquista desde os três ou quatro anos (Ruble e Martín, 1998).

Os papéis de gênero

Os papéis de gênero fazem referência às atribuições e aos estereótipos relacionados ao que um menino e uma menina, um homem e uma mulher devem fazer, como devem se comportar e, em conjunto, a tudo o que deles e delas se espera pelo fato de pertencerem a um ou a outro gênero. Os papéis determinados para cada gênero não são estáticos, e foram mudando ao longo da evolução histórica, variando também de uma cultura a outra. Em nosso contexto cultural, os papéis de gênero foram sendo atenuados cada vez mais, de forma que um homem pode trabalhar de parteiro em uma maternidade ou pode usar um brinco ou ter o cabelo comprido, e uma mulher pode ser árbitro em um campo de futebol ou tomar a iniciativa nos encontros e nas relações de casal. Apesar desse igualitarismo crescente, continuam existindo muitos estereótipos ligados ao gênero, estereótipos dos quais algumas vezes é mais fácil ser consciente do que outros e que são transmitidos a meninos e meninas no processo de socialização.

Desde muito cedo, meninos e meninas começam a tomar consciência desses estereótipos, de forma que já aos dois anos reconhecem como pertencentes a um ou a outro grupo as coisas (roupas e acessórios) que se relacionam com cada gênero. No entanto, embora vão adquirindo certa consciência dos papéis de gênero, os meninos e as meninas de três a quatro anos não costumam mostrar condutas muito tipificadas e, de fato, nessas idades admitem que se possam realizar condutas que não estão de acordo com os estereótipos predominantes (por exemplo, um menino pode brincar de boneca se ele gostar). Um conhecimento muito mais preciso dos papéis de gênero se encontra a partir dos quatro ou cinco anos, idade em que a conduta de meninos e meninas se torna especialmente tipificada em função do gênero (Martin, 1993), adquirindo os papéis de gênero a categoria de normas invioláveis, de maneira que não se toleram as transgressões a essas regras (se considera tão ruim que um menino use saia como que machuque uma criança pequena). Conforme mostraremos no Capítulo 13, a forte tipificação que começa nessas idades irá se prolongar nas idades posteriores. Em geral, desde idades precoces, os meninos apresentam estereótipos muito mais rígidos do que as meninas (é mais surpreendente e menos tolerável o fato de que um menino brinque de bonecas do que o fato de que uma menina jogue futebol).

Existe um amplo acordo em considerar que a rigidez com que meninos e meninas dessas idades adotam os papéis de gênero obedece, entre outras coisas, a um propósito cognitivo: o fato de serem muito estereotipados os ajuda a definir sua identidade de gênero; assim, os atributos diferenciais externos se transformam em imprescindíveis, porque permitem construir e fortalecer os esquemas cognitivos que sustentam a própria identidade. Quando essa identidade estiver bem consolidada, os estereótipos serão menos úteis como chaves para a identificação, e, conseqüentemente, será possível uma maior flexibilidade e tolerância (Palacios e Hidalgo, 1990).

O papel determinante dos processos educativos na aquisição dos papéis de gênero é evidente. A associação de um e de outro gênero com determinadas cores, atividades, vestimentas, adornos, etc., não responde senão a determinados costumes e crenças culturais que as crianças interiorizam no processo de socialização junto a muitos outros valores, hábitos e conhecimentos próprios de seu ambiente sociocultural. Da mesma forma, a importância dos processos educativos se torna patente quando se constata o diferente grau de tipificação entre meninos e meninas, com muita probabilidade devido aos padrões diferenciais de socialização que habitualmente se põe em andamento no processo de criação e educação. Ao menos em boa parte, essas diferenças estão relacionadas à socialização recebida no contexto familiar, começando o tratamento diferencial desde muito cedo e se intensificando depois, de maneira que a maioria dos pais escolhem os utensílios, a roupa e os brinquedos em função do gênero de seus filhos. Durante essa etapa, mães e, talvez em maior medida, pais se envolvem mais freqüentemente em e reagem mais favoravelmente diante de atividades e brincadeiras "adequadas" ao gênero, especialmente no caso dos meninos (o que talvez explique que os meninos se mostrem em geral mais estereotipados do que as meninas), ao mesmo tempo em que promovem valores diferentes para seus filhos e filhas, como maior independência e capacidade de enfrentar situações que suponham um desafio para os meninos do que para as meninas. Quanto mais estereótipos de gênero estejam implícitos nas práticas educativas de alguns pais, mais tipificada em função do gênero costuma ser a conduta de seus filhos (Ruble e Martin, 1998).

É evidente que todas essas diferenças não ficam da pele para fora, afetando somente a conduta externa, mas também estão ligadas aos diferentes aspectos da personalidade dos quais se falou anteriormente. Por um lado, vimos que o gênero faz parte desde muito cedo da definição da própria identidade. Além disso, se as meninas dão mais importância a seu aspecto físico, e os meninos mostram mais ambições atléticas e esportivas, ou se umas e outros vão perceber uma ênfase diferente na importância que se dá a sua conquista acadêmica em função do gênero, tudo isso tem a ver com influências educativas que irão incidir sobre a auto-estima que desenvolvem, pois as diferenças em aspirações e expectativas serão traduzidas em diferenças na auto-avaliação. E se a elas se expressam mais emoções, ou se nelas se tolera mais a expressão de certas emoções, isso irá repercutir também em sua afetividade e em sua capacidade para expressar e controlar suas emoções. Além disso, os pais podem, por um lado, variar seus níveis de afeto e de comunicação e, por outro, de controle e de disciplina em função do gênero de seus filhos. Falar de gênero não é, portanto, referir-se simplesmente a condutas e estereótipos; é também abordar um dos aspectos mais nucleares da personalidade.

10 Conhecimento social e desenvolvimento de normas e valores entre os dois e os seis anos

JESÚS PALACIOS, MARÍA DEL MAR GONZÁLEZ
E MARÍA LUISA PADILLA

Neste capítulo, procuramos assentar as bases para compreender boa parte das condutas descritas no Capítulo 11 (no qual será analisado como evoluem a conduta social e as relações com os demais ao longo dos anos que antecedem o ingresso nas séries iniciais): a maneira como nos relacionamos com os demais depende de determinadas idéias que temos sobre o que eles esperam de nós, sobretudo sobre seus sentimentos, sobre suas necessidades e sobre seu ponto de vista; do mesmo modo, boa parte de nossa conduta está condicionada pelo fato de considerarmos determinados comportamentos bons e aceitáveis, enquanto outros são vistos como inadequados e inaceitáveis. Ao primeiro desses dois âmbitos (como são os demais, como se sentem, o que pensam, o que esperam de nós, mas também como está organizada a sociedade em que vivemos, como funciona a rede social), habitualmente se dá o nome de conhecimento social, que se costuma diferenciar em dois grandes âmbitos: por um lado, o conhecimento dos demais e das relações com eles e, por outro, o das instituições e da maquinaria social. Ao segundo, referente às idéias sobre o que é aceitável, bom e justo, dá-se o nome de desenvolvimento moral, que, por sua vez, se refere também a vários conteúdos, se estivermos falando de normas morais, de valores sociais ou de regras convencionais.

Este capítulo aborda todos esses conteúdos no que corresponde ao período entre dois e seis anos. As mesmas questões referentes a idades posteriores serão analisadas no Capítulo 14. A primeira parte deste capítulo está centrada no conhecimento social, a propósito do qual são analisadas muito rapidamente as teorias explicativas de maior interesse, a evolução do conhecimento dos demais e das relações com eles e a do conhecimento dos sistemas e das instituições sociais. A segunda parte aborda a temática do desenvolvimento moral e dos valores, começando também com a análise de algumas teorias explicativas relevantes, passando depois para a descrição dos processos de desenvolvimento desses conteúdos, analisando no final as fontes de influência sobre tal desenvolvimento.

Parece-nos necessário, antes de entrarmos em todos esses temas, mencionar que tanto o conhecimento social como o desenvolvimento moral segue uma lógica e um curso evolutivo que nem sempre coincidem com o do conhecimento das realidades físicas, dos objetos ou das situações, cujo desenvolvimento se expôs no Capítulo 7. Os conteúdos que abordamos neste capítulo possuem características que em alguns casos facilitam e em outros dificultam o processo de aquisição e sua posterior evolução. Por um lado, são conteúdos muito impregnados de componentes interativos e empáticos, baseados em experiências e em sentimentos compartilhados, e, por essa razão, sua aquisição é facilitada. Mas, por outro lado, as realidades interpessoais, sociais e morais estão sujeitas a uma maior flutuação, a uma menor previsibilidade e estabilidade do que as realidades físicas. Basta pensar, por exemplo, na diferença que há entre, por um lado, decidir se há a mesma ou diferente quantidade de massa de modelar em duas bolas inicialmente iguais sobre as quais houve alguma transformação (conhecimento da realidade física) e, por outro, tomar uma decisão sobre se devemos ajudar uma criança que está em apuros mesmo à custa de perder uma sessão de circo para a qual se tem as entradas. Dessa forma, os conteúdos deste capítulo não podem ser simplesmente assimilados aos que foram analisados a respeito de outros de natureza muito diferente, mas requerem sua própria abordagem. Naturalmente, isso não significa que os processos de formação e de desenvolvimento de uns e de outros conteúdos tenham de ser necessariamente diferentes, porque, conforme diz Flavell (1977), no fim das contas a cabeça que raciocina sobre o mundo social é a mesma que raciocina sobre o mundo físico.

CONHECIMENTO SOCIAL

A evolução dos estudos sobre o desenvolvimento do conhecimento social seguiu uma trajetória muito paralela à de outros âmbitos do desenvolvimento cognitivo. Enquanto, na Europa, Piaget acumulava observações e evidências nas quais os conteúdos de caráter interpessoal e social passavam a fazer parte de seu modelo de estágios, que ia das concepções mais pré-lógicas e egocêntricas às mais lógicas e socializadas, a psicologia anglo-saxã seguia um empenho mais marcadamente ateórico e descritivo, em que as concepções infantis eram analisadas empiricamente em relação a variáveis contextuais, tais como a classe social dos pais, seu nível educativo ou suas crenças e atitudes. Depois, com o grande alcance da teoria piagetiana ao outro lado do Atlântico, começou a ser produzida uma grande quantidade de trabalhos que procuravam verificar e ampliar as observações de Piaget; assim, por exemplo, houve uma enorme produção empírica em torno da adoção por meninos e meninas da perspectiva dos demais, produção inspirada no teste das três montanhas de Piaget descrito no Capítulo 7 (ver a Figura 7.1).

Essa e outras linhas de pesquisa que foram surgindo ganharam destaque com a chegada da onda cognitivista da década de 1970, em que os processos evolutivos começaram a ser interpretados em termos de esquemas e de roteiros, de acordo com o que foi explicado no Capítulo 7; a formação desses esquemas e roteiros como conseqüência da participação em situações cotidianas dá lugar a âmbitos interpretativos a partir dos quais as crianças dão explicações, criam expectativas e adquirem novos conhecimentos. As duas últimas décadas do século XX significaram a acumulação de novas evidências e sua interpretação a partir de novas perspectivas teóricas, distanciadas já em sua maior parte dos conceitos piagetianos iniciais. Todos os trabalhos em torno da chamada teoria da mente formada pelas crianças são um bom exemplo desses desenvolvimentos.

Nesta primeira parte do capítulo, dedicada ao conhecimento social, analisamos em primeiro lugar a evolução do conhecimento dos demais, de suas intenções, seus estados mentais e afetivos; a seguir, descobriremos a evolução das idéias que as crianças das idades que agora nos interessam formam em torno das relações interpessoais; como para o primeiro desses dois conteúdos foram produzidas muito mais novidades nos últimos anos, sua abordagem será um pouco mais extensa. Finalmente, falaremos sobre a evolução da compreensão dos sistemas sociais.

Desenvolvimento da compreensão dos demais

Conforme acabamos de indicar, Piaget foi pioneiro em sua abordagem da capacidade das crianças para conhecer e compreender as experiências e perspectivas de outras pessoas. Suas apreciações se basearam, fundamentalmente, nos resultados de um estudo em que se usava o recém-mencionado procedimento das três montanhas. A partir das respostas de crianças nessa situação, Piaget concluiu que as crianças menores de sete anos mostravam uma clara indiferenciação entre seu próprio ponto de vista e o das outras pessoas (egocentrismo), visto que sistematicamente supunham que os demais viam as coisas como eles. Hoje sabemos que a própria complexidade do procedimento experimental favorecia esse tipo de respostas, pois a situação de exame requeria não só que a criança percebesse que a perspectiva dos demais era diferente, como também pudesse identificar a correta perspectiva espacial que tinham, o que é uma conquista muito mais complexa.

Desde aquele estudo pioneiro, não só transcorreu muito tempo, mas também ocorreram importantes avanços no modo como contemplamos o conhecimento interpessoal que as crianças vão construindo nesses anos. Em primeiro lugar, temos certeza de que as capacidades das crianças de sete anos são muito mais avançadas do que Piaget inicialmente supôs; essas maiores capacidades são particularmente evidenciadas quando as situações de estudo são naturais (em relação a experiências reais, realizadas em situações cotidianas) mais do que de laboratório (Donaldson, 1978; Dunn, 1988; Flavell, 1977). Em segundo lugar, na medida em que se conheceu melhor as capacidades de conhecimento interpessoal nesses anos, foi se superando a visão homogênea que tínhamos deles, pois, durante muito tempo, considerou-se esse período como um tempo uniforme dentro do qual não se apreciavam avanços notáveis; assim, pesquisas recentes constataram que existem importantes diferenças na compreensão interpessoal que as crianças de dois a três anos têm em comparação com as de quatro a seis anos.

Para abordarmos de maneira resumida os progressos que ocorrem no conhecimento interpessoal nos anteriormente considerados homogêneos "anos pré-escolares", bastará repassar alguns dos fatos evolutivos que já estão suficientemente documentados e que têm seus antecedentes em algumas conquistas examinadas a propósito da primeira infância, como a distinção eu/não-eu (Capítulo 3) ou como a capacidade para influir sobre a conduta de outros por meio de proto-imperativos (gesto de apontar que significa "me dá a boneca"), ou sobre seus processos mentais por meio de protodeclarativas (olhar para a mãe e depois olhar para o objeto que significa: "Você viu que eu tirei a roupa da boneca?") (Capítulo 4).

Aos dois anos, as crianças já incluem em sua linguagem espontânea todo um conjunto de termos relativos a diferentes características e estados delas mesmas e de outras pessoas. Assim, aparecem referências a emoções próprias e alheias ("papai triste, carro quebrado"), intenções ("quero ir ao banheiro") ou desejos ("Paula quer dormir"). A consciência de algumas emoções que lhes são muito conhecidas (a dor produzida por uma batida forte ao cair) levará as crianças a mostrarem reações empáticas quando a outro ocorrer algo parecido, embora ainda não sejam capazes de apresentar condutas eficazes de ajuda ou de consolo.

Entre os dois e três anos, as crianças já demonstram ser capazes de associar diferentes situações com diversas experiências pessoais; assim, antecipam que emoção (alegria ou medo) pode provocar uma determinada situação (celebrar a festa de aniversário ou se perder no bosque, respectivamente). Podem distinguir entre situações intencionais e acidentais sempre que possam associar intenção e resultados (encontrar o brinquedo que procuram é intencional; errar quando repetem um trava-línguas é acidental). Na linguagem infantil começam a aparecer termos relativos a conhecimentos ou crenças ("Pedro não sabe fazer isso"). Por outro lado, os jogos simbólicos e de ficção dessas idades refletem um amplo conhecimento das características de outras pessoas e suas circunstâncias e experiências, pois os protagonistas de tais jogos têm desejos, alegrias, planos, frustrações e aborrecimentos; essas simulações não só demonstram conhecimento de outras pessoas, como também contribuem para consolidar esse conhecimento; ao brincar, as crianças experimentam e tornam seu todo um conjunto de experiências e estados pessoais; conforme diz Harris (1989), a brincadeira é a chave que abre para a criança a mente dos demais e permite a ela se introduzir de forma temporal em seus planos, medos e esperanças. No que se refere à adoção do ponto de vista ou da perspectiva de outras pessoas, crianças de dois a três anos já sabem que o outro tem um ponto de vista diferente do seu, embora não saibam ainda colocar-se nele em todos os casos, mostrando especiais dificuldades diante de pessoas e de situações que são pouco familiares a elas.

Em torno dos quatro anos, as crianças continuam progredindo em sua carreira de psicólogos intuitivos. Um dos mais destacados avanços que se observa nessa idade é o aparecimento da chamada *teoria da mente*, isto é, a capacidade para perceber que os demais têm estados mentais (percepções, desejos, crenças, pensamentos, intenções) que não coincidem com os seus e para entender qual o conteúdo desses estados mentais (Astington, 1993; Perner, 1991; Wellman, 1990). É uma capacidade que procede dos avanços já referidos entre dois e três anos ("papai triste, carro quebrado"), mas que aos quatro anos se transforma em um conjunto organizado de conhecimentos (por isso o nome de "teoria") sobre o fato de que diferentes pessoas podem ter diferentes experiências em uma mesma situação dependendo de seus estados mentais prévios, assim como sobre as relações existentes entre alguns conteúdos mentais (por exemplo, expectativas e desejos) e outros (emoções, por exemplo). O Quadro 10.1 resume alguns dados sobre a forma de analisar a teoria da mente infantil e sobre as controvérsias em torno desse conceito.

Realmente, em torno dos quatro anos, as crianças mostram capacidade para entender

QUADRO 10.1 Teoria da mente. Procedimento e controvérsias

Um dos procedimentos mais utilizados para o estudo da teoria da mente que as crianças desenvolvem é o que se conhece como situação da falsa crença, em que se propõem às crianças situações como estas:

- Tati e Lola estão juntas. Tati tem uma bala que guarda em sua mochila e depois sai do quarto. Então, Lola pega a bala da mochila de Tati e a põe na sua. Algum tempo depois, Tati volta: Onde irá procurar a bala?
- Mostra-se a Alberto um tubo de papelão de uma conhecida marca de balas; o tubo está recoberto por uma foto dessas balas. Agita-se o tubo e se pergunta a Alberto o que há dentro, e ele diz que há balas, mas, ao abri-lo, vê-se que na realidade há dois pequenos lápis de cor. Em seguida, diz-se a Alberto que a experiência será repetida com sua irmã Alícia; segundo Alberto, o que Alícia achará que há dentro do tubo depois de ouvir o barulho ao agitá-lo?

Visto que há uma diferença entre o estado mental do menino entrevistado (sabe quem tem a bala e o que há dentro do tubo, porque o entrevistador contou ou o menino viu) e o dos protagonistas das histórias (Tati inicialmente acha que a bala está em sua mochila, e Alberto acha que o tubo contém balas), a questão é saber se as crianças entrevistadas responderão em função do que elas já sabem, ou do que realmente sabem os protagonistas. A tarefa é resolvida satisfatoriamente aos quatro anos, quando aparece uma clara distinção entre os conteúdos dos estados mentais próprios e dos alheios. Antes dessa idade, as crianças acham que Tati irá procurar a bala na mochila de Lola e que Alberto irá supor que Alícia sabe que o que há dentro do tubo de balas são dois lápis de cor. Avis e Harris (1991) mostraram que essa seqüência de aquisição se encontra em crianças de culturas bem diferentes, postulando que é uma seqüência evolutiva do tipo universal.

Alguns pesquisadores acreditam que as capacidades de teoria da mente procedem de um módulo cerebral especializado de caráter inato, mas que é ativado maturativamente em torno dos quatro anos; interpretam que o fato de que os autistas não têm a teoria da mente e que os chimpanzés mostrem algumas habilidades representacionais dessa natureza, mas sem chegar à sofisticação das crianças de quatro anos, deve ser entendido como conseqüência de limitações inatas no cérebro de uns e outros. Aqueles que adotam essa posição afirmam que a teoria da mente é uma habilidade específica dependente de um módulo especializado e não-relacionado com as capacidades cognitivas gerais. Ao contrário, outros muitos pesquisadores entendem que as habilidades para representar os estados mentais de outros não são senão a manifestação de algumas capacidades mais gerais que se originam como conseqüência da maturação, do desenvolvimento cognitivo, das relações interpessoais e das experiências educativas que ocorrem na vida cotidiana, sendo possível rastrear sua sociogênese já naquelas relações precoces analisadas no Capítulo 4 em que as crianças aprendiam a modificar a conduta dos demais por meio de proto-imperativos e depois a modificar o conteúdo da mente dos demais por meio de protodeclarativos.

Ver em espanhol, sobre a teoria da mente infantil e seu desenvolvimento, Astington, 1993, e Martí, 1997.

que uma mesma situação pode ter diferentes significados para diversas pessoas, dependendo de suas expectativas, de seus conhecimentos ou de seus desejos de partida. Nessa idade, mas não antes, parecem entender que tais processos mentais determinam nosso comportamento e nossas experiências, pois atuam como filtro interpretativo e como guia da ação. Assim, compreendem que as emoções de diferentes pessoas irão variar diante de uma mesma situação, dependendo de suas expectativas prévias (encontrar-se com sua mãe ao chegar em casa, ou encontrá-la casualmente na rua quando a criança está com outra pessoa), ou que seu comportamento dependerá de seu conhecimento prévio, acertado ou errôneo (irá procurar o pão onde costuma estar na cozinha). No mesmo sentido, a partir das metas do protagonista, serão capazes de interpretar de modo diferente um comportamento intencional e outro acidental que levam ao mesmo resultado (não é o mesmo os pássaros comerem as migalhas do pão que é comido no pátio e comerem as migalhas de pão que lhes são jogadas pela porta da cozinha.).

Uma das evidências mais características dos avanços que estamos analisando é a nova capacidade que as crianças adquirem para *enganar intencionalmente* a outras pessoas. Antes dos quatro e cinco anos, puderam enganar outras pessoas sem se propor a isso, ou por mera associação entre ações e conseqüências (um bebê de 18 meses que, ao ser surpreendido, esconde atrás das costas um objeto com o qual estava proibido de brincar). A partir dos quatro anos, no entanto, ao serem conscientes de que as crenças e os conhecimentos de partida afetam o comportamento, as crianças podem não só antecipar a conduta errônea de uma pessoa, motivada por uma crença falsa, como até mesmo induzi-la voluntaria e conscientemente (oferecer de brincadeira a alguém um chocolate que tem somente a embalagem intencionalmente arrumada como se tivesse algo dentro).

Em torno dos quatro a cinco anos, também são observados avanços na capacidade para imaginar e simular, capacidade que, entre outras coisas, irá permitir à criança sair de si mesma e entrar temporariamente na mente dos outros. Encontraremos a chave da compreensão interpessoal na capacidade de imaginar ou simular a si mesmo na situação em que está a pessoa cujas experiências queremos compreender ou antecipar. Nessa capacidade, Harris (1991) distingue um primeiro momento, em torno dos dois a três anos, em que a imaginação e a simulação aparecem mais ligadas ao contexto presente, e um segundo, a partir de quatro ou cinco anos, em que a capacidade de imaginar e simular torna-se mais flexível, podendo até mesmo a criança imaginar e simular o contrário do que está percebendo ou ocorrendo (vê uma boneca de sua amiga e imagina a sua própria boneca; está triste, mas simula estar alegre).

A linguagem das crianças de quatro a cinco anos também reflete sua compreensão das outras pessoas como agentes ativos, cujas crenças e interpretações podem diferir das próprias ("meu pai disse que os *hamsters* são desagradáveis, mas eu acho que são muito bons e graciosos"). Além disso, começam a usar expressões lingüísticas relacionadas com o conhecimento (saber, conhecer) e sua aquisição ("Como você sabe isso?"). No entanto, quando crianças dessas idades têm de descrever as outras pessoas, é muito comum que suas caracterizações se limitem a características externas e aparentes (atributos corporais, coisas que possuem, relação familiar que se tem com eles, etc.); mais raramente incluem atributos psicológicos nessas descrições, e quando estes aparecem, costumam ser em forma de apreciações globais e pouco precisas, tais como "bom" ou "mau" (Shantz, 1983).

Todos esses avanços se traduzem em um aumento das condutas empáticas que permitem às crianças se colocarem na experiência emocional de outra criança, assim como, nessas idades, serem capazes de articular respostas eficazes diante das situações que provocam essas emoções, na condição de que são familiares por elas mesmas terem-nas experimentado. Para alguns autores (Hobson, 1991; Trevarthen, 1982), o desenvolvimento do conhecimento interpessoal está intimamente ligado às experiências de relação com outras pessoas, com toda sua carga de elementos intersubjetivos e emocionais. Nessa ótica, emoções e afetos constituiriam a via de acesso primordial ao conhecimento de outras pessoas, de forma que mais do que construir uma "teoria" da mente de outros, as crianças *sentiriam com* eles, sendo essas experiências intersubjetivas a fonte principal de aprendizagem sobre os demais.

Muito provavelmente, a compreensão interpessoal é fruto da confluência de todos esses processos descritos, alguns de caráter mais cognitivo e outros de caráter mais emocional e afetivo; parece difícil afirmar que algum deles possa explicar por si mesmo uma conquista tão complexa e cheia de matizes. Realmente, ao analisar como se estimula a compreensão interpessoal nos lares, podemos perceber que as mães utilizam toda uma série de recursos de diverso caráter; assim, quando uma criança causa a aflição de outra, sua mãe o incentiva a identificar o mal-estar que provocou, a reconhecer qual foi sua causa e a compartilhar os sentimentos da vítima (entre outras estratégias sobre as quais voltaremos mais adiante). De acordo com os postulados vygotskianos, se em sua gênese social aparecem juntos processos cognitivos e afetivos de compreensão emocional, é razoável esperar sua posterior intervenção conjunta quando a função de compreensão interpessoal for desenvolvida pelas próprias crianças sem a intervenção de outros.

Fica, então, claro o quanto estão distantes crianças com menos de seis anos de serem incapazes de adotar o ponto de vista de outros, de sair de seu próprio egocentrismo e de serem pouco sensíveis com o que os outros pensam e sentem. No entanto, sendo notáveis, os avanços examinados não esgotam uma evolução que terá de ser continuada depois dos sete anos com capacidades como a de entender emoções ambivalentes ou a de imaginar o que alguém pensa sobre o que outra pessoa pensa, conquistas das quais falaremos no Capítulo 14.

Desenvolvimento da compreensão das relações interpessoais

O psicólogo intuitivo "em formação", cujo desenvolvimento estamos analisando, tem uma tarefa adicional à de compreender os demais: a de entender as relações entre as pessoas. Esse tipo de conhecimento social foi analisado a propósito de conteúdos diversos, tais como a evolução do conceito de amizade, das relações de autoridade, de liderança e de relações familiares. Limitaremos nossa exposição a alguns dados referentes aos dois primeiros conteúdos mencionados para dar uma idéia do progresso evolutivo na faixa etária com que agora estamos trabalhando.

No que se refere às *relações de amizade*, algumas das evidências disponíveis procedem do trabalho de Selman (1981), que propõe um modelo de desenvolvimento do conceito de amizade em estágios, dois dos quais começam antes dos seis anos. O primeiro desses estágios começa próximo aos três anos de idade, prolongando-se no caso de algumas crianças três ou quatro anos mais; a amizade se concebe e se define em termos de proximidade física: um amigo é alguém que mora perto ou com quem se brinca habitualmente. Conforme mostraram outras pesquisas que exploraram o conceito de amizade de crianças dessas idades, antes dos seis anos qualquer interação divertida com um igual disponível servirá para rotular este como amigo: durante esses anos, um amigo é um companheiro de brincadeiras, alguém que está disponível e com quem se está habitualmente em contato (porque se compartilha um mesmo espaço físico e está à disposição no parque, na rua, na sala de aula). É assim que a idéia de amizade nessa etapa se circunscreve ao "aqui e agora", de forma que pode ser reconhecido como amigo alguém que se acaba de conhecer e com quem se esteve brincando de forma divertida apenas alguns minutos. Nesse período, a idéia de amizade não é entendida como um processo (algo que se gera e se consolida com o tempo), mas como algo que aparece de forma súbita (dizendo "oi") e que subitamente pode terminar ("Guilherme não é meu amigo, porque não quer jogar bola comigo"). A noção de amizade também não inclui referência a semelhanças ou diferenças nos traços da personalidade entre aqueles que se dizem amigos.

Próximo dos quatro ou cinco anos, começa, em algumas crianças, o segundo dos estágios descritos por Selman (1981), que freqüentemente coexiste com o anterior e irá se prolongar até os oito ou nove anos: os amigos são agora definidos como quem ajuda, quem empresta coisas, quem diverte. Assim, ao traço da proximidade e da disponibilidade se acrescenta posteriormente o da função que o amigo cumpre, embora nessas idades seja uma função unidirecionalmente definida: meu amigo é aquele que *me* ajuda. As relações de reciprocidade e ajuda mútua passarão a fazer parte do conceito de amizade no próximo estágio descrito por Selman, que, em algumas crianças, começa a partir dos seis anos aproximadamente e que coexiste com o que se acaba de descrever.

A compreensão das *relações de autoridade* se mostra também em suas primeiras fases antes dos seis anos. É claro, como Piaget nos acostumou a pensar durante muito tempo, que nessas idades as relações de autoridade estão muito ligadas à idéia de ser adulto, de ter poder, de mandar (Berti e Bombi, 1988). No entanto, parece que até mesmo aos três ou quatro anos as crianças já são capazes de fazer algumas matizações à idéia geral de que as autoridades são aquelas que estabelecem as normas, porque têm poder e conhecimentos para fazê-lo, e de que as crianças não podem fazer nada a não ser submeter-se aos ditames da autoridade, sejam eles quais forem. Por exemplo, nessas idades, já podem dar sua opinião se algumas condutas são incorretas, até mesmo se uma autoridade as aceita como corretas; isso acontece, por exemplo, no caso de machucar outras pessoas ou pôr em perigo a segurança dos demais. Um pouco mais tarde, a partir dos quatro ou cinco anos, as crianças já entendem que as pessoas com autoridade têm um poder limitado àquelas circunstâncias ou contextos em que lhes cabem exercê-la, mas esse poder não se estende *urbi et orbe*: assim, o diretor da escola tem autoridade sobre o que ocorre no recinto escolar e pode até impor sua autoridade às crianças que estão fazendo alguma travessura no parque, mas não tem poder para decidir as normas que devem reger a vida nas casas dos alunos (Laupa e Turiel, 1993).

As crianças dessas idades vão, portanto, elaborando seu conhecimento das relações interpessoais e fazem isso com as ferramentas cognitivas de que dispõem, em parte marcadas por um certo egocentrismo ("meu amigo é aquele que brinca comigo e me ajuda"), mas em parte também capazes, ao menos parcialmente, de superar uma perspectiva puramente centrada em um traço ou aspecto da realidade (uma figura de autoridade tem poder, mas quebrar os brinquedos de outra criança não é bom, embora a autoridade permita). É interessante, nesse último exemplo, como as crianças são capazes de recorrer às suas próprias experiências e emoções (seus sentimentos quando quebram seus brinquedos) para modular sua compreensão das situações de interação social.

Gênese da compreensão dos sistemas sociais

À medida que crescem, as crianças se vêem destinadas a se desenvolverem não só como psicólogas intuitivas, mas também como sociólogas intuitivas. Desde o início, vêem-se imersas em situações e interações nas quais estão envolvidos fatos, processos e instituições sociais: vão ao hospital, vêem os policiais regulando o tráfego, vão a lojas, fazem parte de centros educativos onde há diretor e professores, ouvem falar mal do governo, vêem autoridades em fotos e moedas, percebem que existem pessoas pobres e pessoas ricas, vêem seus pais sacar dinheiro de uma máquina utilizando um cartão plástico, etc. Por isso, é natural que comecem a elaborar idéias sobre a sociedade e sua organização, sobre as profissões, sobre as relações de compra e venda, sobre a estratificação social, etc. Algumas dessas realidades são muito complexas e contêm muitos aspectos que escapam da percepção e da experiência direta de uma criança pequena: "Quem confere autoridade ao policial, e de onde emana o poder do presidente? Quem decide se podemos estacionar o carro em um determinado lugar ou o sistema de sanções pelas infrações de tráfego? Por que, quando vamos comprar, damos dinheiro e em troca nos dão os produtos comprados e mais algum dinheiro? Como uns passam a ser pobres e outros ricos?". Muitas perguntas exigem, para sua resposta, um nível de raciocínio muito complexo, pois se referem a realidades muito intangíveis e muito implícitas.

Foram muitos os conteúdos explorados pelos estudiosos do conhecimento social interessados na evolução da representação social, das relações e das instituições sociais, como se pode ver na revisão efetuada por Delval (1994). Para dar uma idéia do progresso que ocorre nessa parcela do conhecimento social, referiremo-nos aqui a dois conteúdos que são muito representativos desse âmbito de estudo: a evolução das idéias econômicas e das idéias sobre a estratificação social. Descreveremos agora rapidamente o desenvolvimento até os seis anos, reservando para o Capítulo 14 a análise do que ocorre depois dessa idade.

Nem que seja como espectadores, as crianças têm uma certa experiência com as *noções econômicas* e, muito particularmente, com as situações de compra e venda que ocorrem nas lojas. Outras experiências que envolvem fatos econômicos, como o salário que seus pais recebem por seu trabalho ou a conta-corrente que têm no banco, sem dúvida, são desconhecidas para eles, pois lhes falta experiência pessoal a esse respeito. As coisas são diferentes no que se refere às lojas, até o ponto de que, às vezes, são eles mesmos que compram guloseimas e que, a pedido do adulto que os acompanham, pagam no caixa do supermercado. Vêem, então, que existe dinheiro em papel e dinheiro em moedas, que há vezes em que recebem troco e outras vezes em que não, que, às vezes, se paga com uma moeda e se recebe várias moedas como troco. Além disso, em seus jogos simbólicos, as crianças (principalmente as meninas) brincam de loja e pagam com moedas ou cartão de crédito fictícios.

Antes dos seis anos, as idéias das crianças a respeito do dinheiro e das situações de compra e venda parecem ser muito limitadas. Conforme indicou Delval (1994), para crianças dessas idades, o dinheiro é um elemento ritual que se precisa para comprar. Não entendem o ato de pagar e de receber dinheiro em troca, a tal ponto que acham que uma das formas que os adultos têm de conseguir dinheiro é por meio do troco que recebem em suas compras. E, claro, para eles é um mistério saber como o dono da loja consegue as coisas que vende ou o que faz com o dinheiro que recebe; por isso, podem pensar que ser dono de loja é um grande negócio, porque todo mundo que passa por ali deixa moedas ou cédulas.

Algo parecido acontece com as noções que crianças dessas idades formam a respeito da *estratificação social*, isto é, das diferenças entre pobres e ricos, assim como da forma em que se pode deixar de ser pobre ou como é possível transformar-se em rico. No nível mais elementar de conhecimento social, que é o que agora estamos analisando, as crianças mostram uma tendência a considerar que ser rico ou pobre é uma questão decidida de antemão, porque uma pessoa nasce rica ou nasce pobre. Para passar de pobre a rico, as crianças dessas idades vêem duas possibilidades: ou um acontecimento repentino, como encontrar uma bolsa com muito dinheiro, ou, então, um notável aumento nas horas de trabalho, pois consideram que ganha mais dinheiro aquele que trabalha mais horas, de forma que, para se tornar mais rico, basta acrescentar mais tempo de trabalho. Em um dos exemplos citados por Delval (1994), um menino afirma que se um engenheiro ganha mais do que um pedreiro, é simplesmente porque começa a trabalhar algumas horas antes e continua trabalhando algumas horas depois.

DESENVOLVIMENTO DE NORMAS E VALORES

Os psicólogos intuitivos que procuram entender a conduta dos demais e as relações interpessoais, os sociólogos intuitivos que procuram dar sentido às instituições e às práticas sociais de seu ambiente e também os moralistas intuitivos que irão desenvolvendo toda uma visão do que está certo e do que está errado, o que é permitido e o que é proibido, o que é aceitável e o que é inaceitável, assim como de por que algumas coisas pertencem a um desses grupos e outras pertencem ao outro. Talvez pela grande importância que têm tanto o desenvolvimento dessas noções como a aprendizagem do que em uma determinada sociedade é considerado permitido e proibido, todas as grandes teorias evolutivas procuraram dar sua interpretação sobre a construção do raciocínio moral. O Quadro 10.2 mostra, resumidamente, a forma como cada uma dessas teorias responde à pergunta de por que os humanos se desenvolvem como seres morais.

Desenvolvimento de normas e valores antes dos seis anos

No Capítulo 5, analisamos como as crianças, no decorrer do segundo ano de vida, já são capazes de manifestar algumas emoções sociomorais como as de orgulho, vergonha e culpa. É muito mais complexo conhecer como podem começar a compreender o sentido das normas e dos valores que se pode atribuir a essas expressões sociomorais. Além disso, essa compreensão virá fundamentalmente determinada por um dos pontos de vista resumidos no Quadro 10.2. Das diferentes perspectivas teóricas incluídas nesse resumo, sem dúvida foi na tradição piagetiana, e posteriormente na conhecida genericamente como cognitivo-evolutiva, que mais dados e evidências se acumularam.

De acordo com a descrição mais clássica, a característica mais generalizada da moralidade das crianças até os seis anos é a *heteronímia moral*, segundo a denominação de Piaget (1932). Em seus trabalhos, propunha-se às crianças questões sobre o respeito e a transgressão das regras dos adultos, sobre o respei-

QUADRO 10.2 As causas do desenvolvimento moral segundo as diferentes teorias evolutivas

Nenhuma das grandes teorias evolutivas desenvolvidas durante o século XX deixaram de se perguntar por que e como as pessoas desenvolvem uma consciência moral. De maneira bem esquemática, estas foram suas respostas:

Psicanálise

As crianças pequenas são amorais: não têm inibições e seu id está orientado para a obtenção do prazer. Por processos que foram explicados no Capítulo 1, logo aparece o ego como instância encarregada de canalizar os desejos de forma socialmente aceitável ou de adiar sua satisfação. Entre os três e seis anos, desenvolve-se o superego, consciência moral interiorizada uma vez aceita a primazia do princípio de realidade sobre o princípio do prazer.

Teorias da aprendizagem

Também neste caso, o desenvolvimento da consciência e o comportamento moral são explicados como um processo de interiorização, embora os mecanismos envolvidos sejam sensivelmente diferentes aos da psicanálise. A ênfase aqui está, por um lado, nos processos de condicionamento e de aprendizagem via reforço de condutas e normas, por outro, na aprendizagem que se realiza por meio da observação de modelos, principalmente daqueles que a criança percebe como dotada de autoridade e prestígio.

Teoria piagetiana

Em vez de explicar o desenvolvimento moral como um processo de fora para dentro, como as duas teorias anteriores, a explicação piagetiana o entende mais como um processo de dentro para fora. Neste caso, o desenvolvimento do raciocínio moral é um derivado do desenvolvimento do pensamento lógico, não sendo observadas mudanças importantes na forma de raciocinar moralmente enquanto não se produzir avanços no raciocínio lógico mais geral. Autores que, como Kohlberg, desenvolveram as proposições piagetianas iniciais compartilham o postulado básico de que o desenvolvimento moral tem um componente básico de desenvolvimento cognitivo, assim como a crença na universalidade da seqüência de estágios proposta.

Teoria vygotskiana

Como todos os processos psicológicos superiores, o raciocínio moral está mediado por instrumentos simbólicos, como a linguagem e as formas de discurso. Como conseqüência da comunicação social e do diálogo com aqueles que os rodeiam, as crianças vão sendo capazes de um diálogo moral interno que não é senão a transposição intrapsicológica das conversações e dos diálogos mantidos com outros. Por isso, o desenvolvimento moral é entendido aqui como uma construção sociocultural (e, portanto, referente ao contexto em que se origina) e não como um processo de construção individual elaborado em relação ao desenvolvimento cognitivo.

to às regras dos jogos infantis, sobre a responsabilidade dos atos, sobre o castigo, etc. A moral heterônoma é a do respeito unilateral e a da obediência aos adultos. De acordo com a interpretação de Piaget, a criança respeita as regras impostas pelo adulto, acreditando que são absolutas, inflexíveis e imodificáveis. Na moral heterônoma, a bondade de um ato se mede não em função da intenção que a originou, mas de sua conformidade material com as regras estabelecidas. Isso leva a um realismo moral em que as crianças consideram que se uma regra for desobedecida, deve-se sofrer um castigo; outro indicador do realismo moral é a crença na justiça imanente: os acidentes e os percalços não ocorrem por acaso, mas sempre são merecidos, freqüentemente acontecendo porque antes se desobedeceu a uma norma. As crianças dessas idades são extremamente objetivas em sua avaliação das condutas morais: as regras são obedecidas ou não, e elas não sentem a necessidade de fazer julgamentos subjetivos dos motivos ou das intenções da pessoa que realiza a ação; para determinar se um ato está certo ou errado, a única coisa que é preciso fazer é analisar suas conseqüências e sua conformidade com as normas.

Os trabalhos de Kohlberg (1976) estão na mesma linha que os de Piaget. Kohlberg analisou o raciocínio de crianças diante de dilemas morais, como o descrito no Quadro 10.3. A partir das respostas obtidas, ele propôs uma seqüência evolutiva em três estágios dependentes do desenvolvimento cognitivo geral. Desses três estágios (pré-convencional, convencional e pós-convencional), somente o *pré-convencional* se corresponde com as idades que estamos analisando neste capítulo. É um estágio muito relacionado com o conceito de heteronomia moral descrito por Piaget: os julgamentos que a criança emite estão baseados na opinião daqueles que para ela são fonte de autoridade, isto é, os pais e, no caso, os professores. Em consonância com a tendência da criança pré-operatória piagetiana em se centrar no externo e visível, também coerente com a tendência dessas idades em basear o conhecimento dos demais no observável, os critérios para determinar o que está certo e o que está errado também são mais externos do que internos. O fundamental é comprovar as conseqüências de um ato: se coincidem com as normas estabelecidas pelos adultos, o ato é aceitável, e o castigo não se justifica; se transgridem essas normas, é uma conduta inaceitável que deve ser castigada. Como reflexo do egocentrismo atribuído pela teoria piagetiana a essas idades, também são encontradas respostas hedonistas do tipo "o bom é aquilo que eu gosto e o que eu quero". Em um nível mais avançado desse mesmo estágio pré-convencional (um nível situado mais acima das idades

QUADRO 10.3 O dilema de Heinz

A utilização de situações hipotéticas para pedir às crianças julgamentos morais foi iniciada por Piaget em seu trabalho pioneiro sobre desenvolvimento moral (Piaget, 1932), no qual pedia a sujeitos de diferentes idades suas opiniões sobre o respeito às regras dos jogos, sobre a responsabilidade dos atos e sobre o castigo. Kohlberg (1976) seguiu uma estratégia parecida, sendo o dilema de Heinz um clássico no estudo do raciocínio moral:

Na Europa, uma mulher estava à beira da morte devido a um tipo especial de câncer. Segundo a opinião dos médicos, existia um medicamento que talvez pudesse salvá-la: era um derivado do rádio que um farmacêutico da mesma cidade havia descoberto. A produção do medicamento era cara, mas, na hora de fixar seu preço, o farmacêutico também multiplicava por 10 o custo da produção, de forma que se custava para ele 200, o preço que fixava era de 2 mil. Heinz, o marido da doente, não tinha essa quantidade de dinheiro e, depois de pedir emprestado a todos os seus conhecidos, dispunha somente da metade do necessário para comprá-lo. Foi então até o farmacêutico, explicou-lhe a gravidade do caso e lhe pediu que vendesse o medicamento por um preço mais baixo ou que lhe permitisse pagar depois. Mas o farmacêutico disse que não, que era descoberta sua e que queria tirar dela um bom rendimento. Desesperado, uma noite Heinz quebrou a porta da farmácia e roubou o medicamento para sua mulher.

Fonte: Kohlberg, 1976.

que agora consideramos), começarão a se observar argumentações do tipo instrumental (posso fazer aquilo que não é castigado; não posso fazer o que mereceria um castigo se o fizesse), e começam a aparecer raciocínios que levam em conta as outras pessoas, mas somente no contexto de relações recíprocas ("faço isso por você se você fizer aquilo por mim").

Nesse, como em tantos outros conteúdos, é possível observar o conhecido tropismo das posições piagetianas para a consideração dos conteúdos cognitivos prévios aos seis anos como caracteristicamente limitados e carentes de uma adequada compreensão da realidade; é quase inevitável nessas posições que se tenha de esperar os seis ou sete anos para encontrar julgamentos não-egocêntricos, não-episódicos, não-impressionistas. Como vimos no Capítulo 7, existe nas descrições *à la* Piaget uma irrefreável tendência de caracterizar todo esse período pelo que ainda não é, uma espécie de escuridão lógica à espera da luminosa racionalidade que iluminará tudo a partir dos seis ou sete anos. No entanto, já existem evidências suficientes para dizer que as limitações estão mais nessa teoria do que na mente das crianças, e isso também é certo sobre o julgamento moral, conforme mostram os dados apresentados a seguir.

Começando pelo mais simples e precoce, as observações que Dunn (1988) efetuou com bebês de quase dois anos interagindo em casa com seus familiares evidenciam que, até mesmo nessa idade tão precoce, as crianças demonstram já ter muito conhecimento sobre as condutas que são proibidas em casa ou que podem incomodar os outros, tal e como se pode deduzir do fato de que se escondam após realizar essas ações ou de que as taxem de "más". Essas observações também recolheram evidências sobre a capacidade de crianças dessas idades para consolar seus irmãos quando sofrem, ou para repreendê-los e lembrá-los de maneira muito simples as normas de convivência quando as transgridem ("não se pode quebrar os brinquedos", "os sapatos devem ser guardados no armário"). Os dados de Snow (1987) abundam nesse sentido e acrescentam a informação sobre o fato de que, entre os dois e seis anos, as crianças aumentam em suas conversações diárias as referências ao que está certo ou errado, ao que se deve ou não fazer, ao mesmo tempo em que apresentam justificativas progressivamente sofisticadas para esses julgamentos morais.

Não só parece documentado que as crianças vão ganhando em compreensão sobre as normas que regem a convivência em seu mundo social, mas, além disso, parecem diferenciar entre *normas morais e convencionais*. Conforme mostrou Turiel (1983), no âmbito dos temas sobre os quais estamos falando, é preciso distinguir entre moralidade e convenção; enquanto o primeiro conceito faz referência a conceitos morais e de justiça, o segundo se refere à organização social e às normas convencionais, estabelecendo, assim, uma distinção entre o moral (referente a conteúdos tais como que não se deve roubar, não se deve machucar os demais, etc.) e o convencional (referente a normas de cortesia, uso de senhor ou de você, comportamento à mesa na hora da refeição, etc.). Pois bem, os estudos de Smetana (1981) confirmaram que crianças de três a quatro anos distinguem entre ambos os tipos de normas, argumentando que é "muito errado" bater em outra criança e só "um pouco errado" guardar os brinquedos em outro lugar. É importante ressaltar que, já nessa idade, as crianças afirmam que cometer transgressões morais é errado, até mesmo se hipoteticamente não houvesse regras concretas que as proibissem, e ao mesmo tempo mostram uma maior permissividade diante da transgressão de normas convencionais, havendo ou não normas que as regulem.

A idéia do respeito absoluto e reverencial às normas dos adultos em crianças dessas idades também não parece receber apoio suficiente nas evidências empíricas. Assim, por exemplo, Corsaro (1990) descreveu toda uma "vida subterrânea" nas creches e nas escolas de educação infantil, uma cultura dos iguais em que as normas são transgredidas às costas dos professores; assim, contra a proibição de levar brinquedos de casa para a escola, tanto as crianças americanas como as italianas observadas levavam pequenos brinquedos (carrinhos, bonecas pequenas, etc.) que escondiam em seus bolsos e que somente tiravam para brincar quando não se sentiam observadas pelos adultos. Alguns comportamentos habitualmente proibidos, como a agressão ou o deboche, eram realizados muito mais freqüentemente na ausência do professor ou a suas costas (e muito particularmente quando o próprio professor era objeto de deboche ou de caretas).

Não só se estudou o modo como as crianças se colocam diante de normas e de proibições, como também o modo como vão construindo o lado mais positivo da moralidade, que está ligado aos valores que devem orientar seu comportamento (solidariedade, justiça, respeito, etc.). A maior parte desses estudos foi realizada em entrevistas em que se propunha situações mais conhecidas e familiares para as próprias crianças do que as usadas nos trabalhos clássicos de Piaget e Kohlberg; assim, os problemas propostos não têm nada a ver com as contrariedades de Heinz diante do farmacêutico mesquinho (tão distante das experiências, das preocupações e dos interesses das crianças dessas idades), mas se referem a coisas muito mais apaixonantes nessas idades, como a divisão de balas, a decisão sobre se deve ajudar um colega caído e machucado ou continuar brincando com algo de que gosta muito, e coisas desse tipo.

Assim, estudou-se a evolução dos raciocínios de *justiça distributiva* nas crianças, referente à divisão justa e a compartilhar com outros (Damon, 1988). As primeiras condutas de compartilhar com outros aparecem muito cedo, provavelmente sem estarem ainda dotadas de um significado estritamente moral: em seu segundo ou terceiro ano, as crianças compartilham posses (doces, brinquedos) como parte de um ritual social incentivado pelos adultos ou imitado de outros. No entanto, no quarto ano, a conduta de compartilhar começa a ser preenchida com valor moral, em um processo estimulado pela conjunção de sua compreensão empática dos sentimentos de outros, e dos raciocínios ouvidos dos adultos e que dotam de sentido moral a ação. Realmente, a partir dos três ou quatro anos, as crianças parecem aceitar que têm o dever de compartilhar, tornando-se, de fato, mais inclinadas a fazê-lo mesmo sem a presença e a pressão dos adultos. No entanto, isso não significa que suponham que precisem ser tão generosas com os demais como são consigo mesmas. De fato, as crianças dessas idades não costumam ser eqüitativas na hora de tomar decisões sobre a divisão justa, apresentando raciocínios em que ou se confunde o próprio desejo com o que é honrado ("para mim mais, porque eu gosto muito"), ou se faz referência a uma reciprocidade claramente auto-interessada ("eu divido com meu amigo, porque senão ele não me dará outras vezes"), ou se disfarça o próprio interesse com justificativas aparentemente "objetivas" ("tem de dar para nós, porque somos mais altos"). Estas últimas justificativas são evidentemente auto-interessadas, mas, ao estarem baseadas em dados externos, de alguma maneira elas são uma evidência de que o raciocínio está saindo da própria perspectiva para considerar a dos outros.

Também se estudou o *raciocínio moral pró-social*, isto é, os julgamentos das crianças sobre o que é preciso fazer quando outra pessoa se encontra em apuros e precisa de ajuda, como no exemplo que aparece no Quadro 10.4; tenta-se, assim, conhecer as razões que os levam a decidir consolar, ajudar, proteger ou compartilhar com alguém que tem uma dificuldade evidente, sem que haja normas ou leis externas que condicionem a atuação do protagonista (Eisenberg, 1989b). Pelo que sabemos, crianças entre quatro e seis anos decidem, na maioria das vezes, agir pró-socialmente, apelando para as necessidades físicas ou psicológicas da pessoa em dificuldade ("eu ficaria para ajudar essa menina, porque estão batendo nela", "eu brincaria com esse menino, porque está sozinho e chorando"). No mais, esses dados de raciocínio concordam com as observações naturais efetuadas nos lares, tanto em relação à crescente compreensão emocional das crianças, como em relação a sua disposição para consolar ou ajudar outras em apuros (Dunn, 1988; Zahn-Waxler et al., 1992). No entanto, se aparece um claro conflito de interesses entre os protagonistas de situações que pedem uma tomada de decisão pró-social ou não, como no caso da menina do Quadro 10.4, é comum que crianças dessas idades decidam não agir pró-socialmente e raciocinem de forma hedonista, isto é, voltada para o próprio

QUADRO 10.4 Exemplo dos dilemas utilizados para estudar o raciocínio pró-social

Uma tarde, Ana passava pela rua quando, ao chegar a uma esquina, viu como duas meninas estavam batendo em outra, porque queriam tirar seu *skate*. O que você acha que Ana faria? Por quê?... Mas acontece que Ana ia ao circo essa tarde. O que levava em sua mão era uma entrada para o circo que ganhou de seus tios; se ela ficasse para defender a menina, perderia a sessão. O que você acha que ela fez: ficou para defender a menina ou foi ao circo? Por quê?

Fonte: Gonzáles e Padilla, 1984.

benefício ("eu iria ao circo para não perder os palhaços e os leões"). Esse hedonismo provavelmente evidencie a pouca solidez dos raciocínios morais pró-sociais, nos quais ainda não aparecem referências a princípios abstratos na forma de valores morais que guiem e sustentem a atuação pró-social em situações difíceis e que requerem esforço e, talvez, alguma perda por parte de quem a realiza.

Todos esses dados nos levam para muito longe da heteronomia moral e do pré-convencionalismo das teorias mais tradicionais. Eles nos colocam diante de crianças que mostram um precoce discernimento do que é aceitável e inaceitável em seu ambiente, do que são normas de cumprimento obrigatório e costumes que habitualmente é aconselhável considerar, do que é justo e injusto. É claro que, nessas idades prévias aos seis anos, muitas dessas idéias procedem diretamente da construção social da mente infantil, isto é, da influência adulta, e que há, portanto, um considerável nível de heteronomia. É claro que crianças dessas idades ainda não são capazes de elaborar códigos morais originais e alheios à influência adulta, embora trabalhos como o de Corsaro (1990) mostrem que, já na escola infantil, o grupo de iguais desenvolve uma certa cultura de infração de normas. É certo também que os raciocínios sobre justiça distributiva e sobre situações pró-sociais evidenciam tendências egocêntricas e hedonistas ("mais para mim, porque eu gosto muito"). Mas, conforme já se viu em tantos âmbitos, o desenvolvimento do raciocínio moral não parece ir das carências generalizadas prévias aos seis anos para a competência generalizada posterior a essa idade, mas apresenta uma progressão muito mais contínua e homogênea, em um processo lento e gradual em que a partir dessas idades muito precoces as crianças mostram competências e capacidades que vão sendo progressivamente elaboradas; também em um processo em que acima dos seis anos nem sempre se raciocina com uma lógica sem dificuldades e limitações. Mas o que acontece a partir dessa idade será analisado no Capítulo 14.

Fontes do desenvolvimento moral

O que as pesquisas às quais acabamos de nos referir questionam não é somente a visão das competências infantis em matéria de raciocínio moral como caracterizadas por limitações e incompetência lógica, mas também as causas às quais se atribui o progresso que se observa nesses raciocínios nas idades que estamos analisando neste capítulo. Na visão piagetiana clássica, o peso das estruturas lógicas disponíveis em cada momento inclinava a balança do lado dos raciocínios heterônomos ou do lado dos autônomos (sobre os quais se falará no Capítulo 14). Naturalmente, Piaget não podia ignorar a influência dos adultos, mas não é por acaso que a transição de um nível evolutivo ao seguinte ocorresse no rastro da poderosa corrente que arrasta o pensamento da intuição para a lógica. Nessa perspectiva, como posteriormente acentuou Kohlberg, o desenvolvimento cognitivo é condição necessária para o desenvolvimento do raciocínio moral, embora não seja condição suficiente; isso se evidencia no fato de os estágios descritos por Kohlberg não terem sua data de início marcada por uma transição nas capacidades lógicas, havendo um *décalage* em que, habitualmente, as mudanças no desenvolvimento cognitivo (da intuição para a lógica; da lógica concreta para a formal) ocorrem muito antes do que as mudanças no raciocínio moral (a transição do nível pré-convencional para o convencional, e deste para o pós-convencional).

Não resta dúvida de que a capacidade de raciocínio geral que uma criança tenha irá influir em sua capacidade de raciocínio em assuntos ligados ao âmbito da moral; dificilmente poderia ser de outra maneira. No entanto, nem os progressos no âmbito das capacidades lógicas gerais têm por que se traduzir em progressos no raciocínio moral, como afirma Kohlberg, nem o raciocínio é o único envolvido na tomada de decisões morais, em que, com muita freqüência, intervêm fatores não-cognitivos como as emoções, e muito particularmente, a empatia. Uma menina de dois anos não tem em geral uma grande competência lógica, mas sabe o que é cair, machucar-se e sangrar, de maneira que, quando vê uma amiga em circunstâncias parecidas, não tem de fazer grandes apelos à lógica para saber que essa criança está sofrendo e que precisa de ajuda. Uma criança de três anos não tem idéias muito complexas a respeito das normas e de sua racionalidade, mas sabe muito bem que não pode bater em seu irmão pequeno, que não deve quebrar suas coisas nem as dos outros e que existem muitas outras coisas que não são permitidas e que, se fizer, o resultado será reprimendas e castigos.

Além das capacidades de raciocínio, as vivências emocionais do tipo empático e a participação social nas interações com adultos e companheiros são uma fonte de aprendizagem e de desenvolvimento moral. Sobre o papel dessa participação social, basta se referir aos resultados do estudo realizado por Eisenberg, Lennon e Roth (1983) em que se avaliou o raciocínio pró-social de crianças e ao mesmo tempo as práticas educativas de suas mães. Os dados mostraram que as crianças entre quatro e seis anos que mostravam um raciocínio pró-social mais voltado para as necessidades de outros tinham mães que, em suas interações, expressavam com freqüência princípios morais, e que estimulavam neles a empatia e a adoção da perspectiva dos demais. Resultados parecidos foram encontrados nos estudos que avaliaram as respostas que as crianças recebiam de suas mães em casa (Smetana, 1989b) ou de seus professores na escola (Nucci e Turiel, 1978) após cometerem uma transgressão moral; em ambas as situações, as crianças eram convidadas a avaliar o que era inadequado em sua ação, fazendo referência a princípios morais, incentivando-as a se porem no lugar das vítimas e a perceberem o dano causado, assim como a terem empatia com seus sentimentos. Mães e professores respondiam de outra maneira às transgressões de normas convencionais, que eram seguidas de instruções de cessar a conduta e de referências a regras e sanções. Segundo Grusec e Goodnow (1994), existe uma certa correspondência entre o tipo de problema ou situação e a forma típica de reagir dos pais; assim, enquanto a transgressão de normas convencionais (não ter bons modos, por exemplo) dá lugar a julgamentos por parte dos pais, as condutas que envolvem machucar ou incomodar os outros dão lugar a uma combinação de julgamentos e de atuações impositivas (do tipo conhecido como afirmação de poder), e aquelas em que se quebra coisas ou se estraga os objetos dos outros dão lugar à imposição de castigos (afirmação de poder punitiva). Também no já citado trabalho de Corsaro (1990) se observou uma reação diferente dos professores diante das transgressões morais e das convencionais, adotando, em geral, uma atitude muito mais permissiva com as segundas do que com as primeiras.

Alguns autores (Zahn-Waxler e Radke-Yarrow, 1982; Dunn, 1987; Snow, 1987) descreveram os procedimentos por meio dos quais pais e mães contribuem para alicerçar a base da futura compreensão moral de seus filhos: por um lado, negociar com eles o sentido moral dos comportamentos, explicando-lhes por que determinadas atitudes são boas ou más, tanto por suas conseqüências como pela intenção com que são realizadas; com isso, conforme propõe o paradigma sociocultural, constrói-se a narração que transforma um ato neutro em um de caráter moral, gerando na interação o raciocínio moral que depois as crianças utilizarão individualmente. Por outro lado, incentivá-los a levar em consideração e a ter empatia com os sentimentos das outras pessoas às quais causaram algum dano ou às quais poderiam fazer felizes com uma atuação pró-social; desse modo, potencializam os componentes emocionais que favorecem a compreensão interpessoal e a atuação moral.

De qualquer modo, estamos longe de acreditar que a pressão socializadora dos adultos irá levar as crianças, invariavelmente, a se apropriarem de normas e de valores. Grusec e Goodnow (1994) mostraram que as coisas são mais complexas e propuseram um modelo em que a interiorização virá determinada por três componentes. Em primeiro lugar, pela percepção que a criança tiver das intenções de seus pais; tal percepção dependerá de fatores tais como a clareza das mensagens (o que Ceballos e Rodrigo, [1998] denominaram muito apropriadamente de "legibilidade" das mensagens e das condutas parentais), a capacidade de interpretação das mensagens que a criança tiver (capacidade muito determinada por seu nível evolutivo), sua direção na hora de interpretar as coisas e seu estado emocional. Em segundo lugar, a interiorização das mensagens educativas virá determinada pelo grau de aceitação de tais mensagens, que, por sua vez, dependerá da afetividade das relações entre pais e filhos e de até que ponto a atuação dos pais é ou não considerada justa e proporcionada pela criança a que se dirige. Em terceiro lugar, a interiorização das mensagens dependerá de até que ponto seu destinatário sente que participou em sua elaboração, ou as vive como uma mera imposição por parte dos pais (Palacios, 1999c).

No mais, a influência socializadora procede não só dos pais e dos professores, mas também dos próprios companheiros. Os mesmos estudos que mencionamos um pouco antes mostraram que as crianças respondiam às transgressões morais de seus companheiros ou seus irmãos defendendo as vítimas, ordenando ou pedindo aos agressores que cessassem seu comportamento, fazendo com que eles vissem as conseqüências das próprias ações, enquanto as transgressões de normas convencionais freqüentemente ficavam sem resposta. Essa atitude diferente diante de uma transgressão e de outra provavelmente se deve a seu diferente efeito sobre os demais: as transgressões morais provocam aflição e dano aos outros, o que não ocorre com as convencionais. A observação dos diferentes acontecimentos, a reação emocional das vítimas, as respostas de outras testemunhas, suas experiências pessoais com a situação e certamente suas capacidades de raciocínio ajudam as crianças a discriminar as transgressões que são realmente relevantes daquelas outras que têm uma importância menor.

Como dissemos antes, as crianças são sensíveis não só à moral adulta, mas também à cultura moral que é gerada no grupo de iguais. Uma cultura que já em idades precoces mostra a capacidade da interação social para gerar desenvolvimento psicológico, como se evidencia no fato de que, às vezes, a cultura moral dos iguais não coincide com a dos adultos, dando lugar a cumplicidades e normas internas do grupo em que os pequenos encontram oportunidade de se permitir o prazer de agir de maneira diferente ao que lhes indicam as muito razoáveis e severas advertências adultas.

11 Desenvolvimento e conduta sociais dos dois aos seis anos

MARÍA DEL CARMEN MORENO

Este capítulo trata de um dos temas que hoje em dia desperta mais interesse entre os pesquisadores: o estudo do desenvolvimento social, que permaneceu, durante décadas, escondido pela ênfase dada aos diferentes processos de natureza cognitiva. Além disso, até a década de 1980, os conhecimentos sobre o desenvolvimento social estiveram vinculados ao estudo do desempenho das figuras de socialização paternas, especialmente a mãe, a partir de então se produziu um avanço espetacular na pesquisa centrada nos processos próprios do desenvolvimento social e especialmente em torno do que mais adiante definiremos como relações horizontais.

Tanto este capítulo como o Capítulo 15, que serve como sua continuação, estão dedicados à análise dessas relações horizontais entre os dois e seis anos e entre seis e doze anos, respectivamente; essa análise já foi feita sobre os dois primeiros anos no Capítulo 5. Nas páginas seguintes, após analisarmos o significado da conduta e da experiência social, iremos nos deter em um primeiro momento nas relações entre irmãos; depois, passaremos a esmiuçar as características da experiência social com iguais e, para isso, seguiremos as recomendações que diferentes autores vêm fazendo de diferenciar entre as interações, as relações e o grupo (por exemplo, Rubin, Bukowski e Parker, 1998). Assim, selecionamos como exemplos de condutas interativas as lúdicas, as agressivas e as pró-sociais; como um tipo especial de relação, a amizade, e como típico da dinâmica grupal, as hierarquias de domínio. A última parte do capítulo é dedicada a uma reflexão sobre os determinantes da experiência social nessas idades; nela, adotaremos uma visão evolutiva sensível aos elementos do mesossistema (conexões entre as influências da família e dos iguais) e o macrossistema (influência de fatores culturais).

OS IGUAIS: UMA NOVA EXPERIÊNCIA SOCIAL?

Nas últimas décadas, ficou sendo lugar comum dizer que a pessoa em desenvolvimento é concebida não como um ser passivo que se limita a receber influências externas, mas como um sujeito ativo com capacidades e atividades que o transformam em co-protagonista de seu próprio desenvolvimento; não como a conseqüência de influências verticais mãe-filho, mas como resultado de processos bidirecionais e multidirecionais nos quais intervêm todos os membros da família ou do contexto que se analisa; não como uma realidade parcelada em conteúdos estanques, mas como uma totalidade integrada na qual não é possível distinguir claramente entre sujeito pensante em contraposição ao sujeito afetivo. Além disso, a análise dos processos de desenvolvimento experimentou uma renovação conceitual e metodológica, já abordada no Capítulo 1, com uma maior ênfase na multiplicidade de contextos e de agentes de socialização e estimulação.

Embora ao longo deste capítulo, assim como do Capítulo 15, aparecerão muitos exemplos que ilustram essa nova mentalidade, agora iremos nos centrar em um deles, relacionado com os agentes de socialização; concretamente, na definição das relações verticais e horizontais (Hartup, 1989). A experiência social das crianças antes dos dois anos gira, fundamentalmente, em torno das relações com adultos; a esse tipo de relações damos o nome de *verticais*, e estão definidas pela assimetria entre os protagonistas (por exemplo, entre a mãe e o filho); são relações baseadas na complementaridade entre pessoas que têm *status* e competências claramente diferentes. A partir dos dois anos, e na medida em que a criança participe de ambientes de cuidado ou educação extrafamiliar, as *relações horizontais* começam a ter uma presença estável e crescente em sua vida; são relações simétricas (criança-criança) baseadas na igualdade, na reciprocidade e na cooperação entre pessoas com *status* e destrezas semelhantes ou parecidas.

As crianças se deparam, nessa etapa, com um novo horizonte social. Colocando-se em sua perspectiva, é possível detectar muitas chaves de continuidade entre as experiências de socialização vertical, predominantes em sua vida familiar, e as horizontais, mas com caráter de novidade desde o momento em que aparece a relação estável com iguais. Assim, por exemplo, as duas utilizam as mesmas técnicas (o reforço, o castigo, o modelo, etc.) e com objetivos de socialização muito parecidos (em geral, família e iguais tendem a socializar na mesma direção). Também é possível encontrar coincidências nas funções que cumprem: os dois tipos de relações influem praticamente sobre a totalidade dos processos psicológicos (identidade de gênero, conduta pró-social, agressividade, auto-regulação, auto-estima, etc.). Vamos pegar como exemplo uma função prototípica da família: a de servir de cenário para o estabelecimento dos vínculos de apego analisados no Capítulo 5. Pois bem, os iguais também podem chegar a funcionar como objetos de apego para as crianças, principalmente em momentos de estresse ou de novidade. Lembremos o caso extremo, relatado por Anna Freud e pela freira Sophie Dann quando, ao final da Segunda Guerra Mundial, tiveram oportunidade de estudar um grupo de crianças que havia chegado a um centro de acolhimento britânico depois de passar por sucessivos campos de concentração; eram crianças que haviam crescido sem seus progenitores e sem nenhuma figura adulta estável, mas juntas; o que essas duas mulheres observaram é que aquelas crianças haviam conseguido construir entre elas laços afetivos muito estreitos: preocupavam-se muito umas com as outras, cuidavam-se, toleravam mal as separações, procuravam estar muito próximas umas das outras, especialmente quando alguém alheio ao grupo se aproximava, etc. Em conjunto, mostravam um curioso paralelismo com as condutas do grupo de pequenos macacos *rhesus* que os Harlow criaram sem mães (Suomi e Harlow, 1978), com sólidos vínculos de apego que davam a eles proteção e segurança que, em situações normais, lhes haveriam propiciado os cuidadores adultos estáveis.

No entanto, embora seja evidente que é possível encontrar paralelismos entre as duas experiências (verticais e horizontais), também é evidente que existem notáveis diferenças. Assim, enquanto no ambiente familiar a criança tem um lugar garantido, um conjunto de afetos e de atitudes incondicionais, no grupo de iguais deverá buscar um lugar por méritos próprios. Por outro lado, existem competências promovidas especialmente no contexto das relações verticais (tipicamente, o apego), enquanto em outras se promovem melhor no das horizontais (por exemplo, a aprendizagem na resolução de conflitos). Da mesma maneira, existem processos de influência especialmente relevantes na experiência de interação vertical, como é o caso, por exemplo, do ensino direto em que o adulto explica para a criança como se faz algo, enquanto outros, como a imitação e a comparação social, estão especialmente presentes na interação com o grupo de iguais.

AS RELAÇÕES ENTRE IRMÃOS DE DOIS A SEIS ANOS

Embora os índices de natalidade nos países ocidentais, e especialmente na Espanha, estejam situados em cifras muito baixas, a experiência de ter um irmão é uma realidade para muitas crianças. Provavelmente, o primeiro que há que se destacar é que as relações entre irmãos constituem um tipo especial de vínculo a meio caminho entre as relações horizontais e as verticais que acabo de definir, com elementos de umas e de outras, de complementaridade e de reciprocidade. Apesar de, por um lado, a literatura universal ter dedicado páginas memoráveis a essas relações (ver, por exemplo, *Os irmãos Karamazov*, de F. Dostoiévski, ou *O príncipe destronado*, de M. Delibes), e apesar também de que todos os adultos que tiveram irmãos serem capazes de reconhecer essas figuras como marcos importantes em suas histórias de vida, o certo é que a pesquisa evolutiva dedicou pouca atenção a eles. As primeiras referências em que aparecem sua influência vêm das mãos de autores psicanalíticos, que centram seu interesse nos sentimentos de rivalidade que provocam e em como, por meio das relações com irmãos, as crianças têm a oportunidade de aprender a encontrar uma expressão legítima para o ódio. Mas as relações entre irmãos são muito mais do que rivalidade e ciúme (Arranz e Olabarrieta, 1998). Sem dúvida, outro dos traços que as caracteriza é o enorme leque de emoções e sentimentos que provocam; apesar de entre as duplas de irmãos existirem diferenças no sentido de que algumas são mais calorosas e positivas do que outras, são uma das figuras socializadoras para as quais se costuma dirigir as emoções mais intensas e variadas, tanto as mais positivas como as mais negativas, assim como as manifestações de ambivalência mais sofisticadas.

Depois da psicanálise, uma segunda aproximação ao estudo das relações entre irmãos procurou ver nas variáveis de constelação familiar (número de irmãos, diferença de idade entre eles, ordem de nascimento, composição sexual dos irmãos) a chave de sua influência sobre o desenvolvimento. Foram recolhidos dados de mostras numerosas, observando-se que os filhos primogênitos tendiam a ter melhores conquistas acadêmicas e profissionais, assim como melhores pontuações em testes de inteligência. Quando os dados foram revisados anos mais tarde, foi possível comprovar que neles havia um importante desvio de classe social, já que as famílias de classe média alta tendiam a ter menos filhos do que as de classe baixa, por isso as menores pontuações dos filhos não-primogênitos não eram necessariamente conseqüência dessa condição, mas sim de crescer em ambientes menos estimuladores desses aspectos do desenvolvimento. Mesmo assim, parece que a posição ordinal poderia, sim, exercer certa influência, embora muito menor do que a que se supunha em um primeiro momento; a experiência de ser primogênito parece ser algo em si mesmo diferente à de ser segundo, terceiro, etc., e, portanto, cada uma das posições deixaria uma determinada marca diferencial na psicologia do indivíduo. Alguns trabalhos procuraram analisar essas diferenças com melhores controles metodológicos e observaram como, realmente, os primogênitos enfrentam progenitores mais inseguros e ansiosos, mais exigentes, que costumam dedicar-lhes mais tempo, que supervisionam mais de perto suas atividades e conquistas. Tudo isso poderia ajudar a entender a tendência que parece ser encontrada entre eles de estarem mais voltados para a conquista e a ser um pouco mais ansiosos.

Mas essa também não é a linha de pesquisa que hoje em dia se considera mais promissora, mas aquela que, combinada com acompanhamentos longitudinais, procura ver com exaustividade e em campo (isto é, observando os protagonistas em seus lares) o significado que tem para uma criança o nascimento de um irmão, que presta atenção nas mudanças de diferente natureza e grau que acompanham essa experiência, que registra como é a gênese dessas relações, como evoluem e quais variáveis ajudam a entender a diversidade entre umas duplas e outras.

Muitas crianças entre dois e seis anos vivem a experiência do nascimento de um irmão. Provavelmente, muitos anos depois se lembrem desse momento como um marco na autoconsciência e, sem dúvida, como um ponto de inflexão em suas vidas. É lógico que a experiência deixe essa marca, porque o nascimento de um irmão costuma chegar acompanhado de mudanças importantes nas rotinas de vida dos pequenos dessas idades e significa o início de uma vida em comum com alguém com quem se irá compartilhar quase tudo: objetos, espaços, rotinas e, sobretudo, figuras de apego. As mudanças iniciais que a criança mais velha experimenta após a chegada do irmão ao lar são de natureza muito variada, mas somente vamos mencionar as que estão ligadas com suas relações com quem, até esse momento, foi sua figura de apego central, em torno da qual giraram boa parte de suas experiências e emoções: sua mãe.

Os trabalhos de Dunn e Kendrick (1982) são muito reveladores das mudanças às quais fazemos referência: o número de enfrentamentos entre a mãe e o primogênito antes e depois do nascimento do irmão aumenta significativamente; diminui de forma evidente o tempo de interação conjunta entre ambos; ocorre uma mudança em quem toma a iniciativa na hora de começar os episódios de interação (antes do nascimento do irmão, costumava ser a mãe quem os começava; depois, são os filhos mais velhos que passam a adotar um papel mais protagonista, salvo quando é um episódio de natureza proibitiva, em que a mãe não deixa de ter a iniciativa); finalmente, outra das mudanças encontradas está ligada aos temas de conversação entre a mãe e o mais velho: antes do nascimento do irmão, as conversações giravam muito freqüentemente em torno da própria criança (seus desejos, seus interesses), enquanto após o nascimento do irmão se discute amplamente sobre os desejos e interesses de outro que não é a criança ("acho que chora porque tem fome"), algo que alguns autores coincidem em destacar como uma transformação importante no mundo egocêntrico do mais velho. Não é raro que, especialmente nas primeiras semanas após a chegada do novo membro à casa, a criança mais velha experimente um período de ajuste até se adaptar a essas mudanças, semanas em que habitualmente aumentam os caprichos, as travessuras (muitas vezes como uma forma de resgatar a atenção que vê diminuída, especialmente com sua mãe), as dificuldades para comer ou dormir, pequenas regressões ocasionais (querer usar a chupeta de novo, urinar na cama), etc. Pais e mães devem saber que, com isso, essa criança está tentando buscar seu lugar em um novo espaço de relações, definido por algumas regras e uma lógica que está procurando entender.

Quando foi dito que as relações entre irmãos dão lugar a um extenso leque de emoções e de possibilidades de aprendizagem, que vão muito além da rivalidade e do ciúme, estava-se considerando as observações que destacam como, após o nascimento de um irmão, os filhos mais velhos enriquecem seu autoconceito, utilizando novas dimensões ("sou mais velho", "eu como sozinho", "não uso fralda", etc.); aumentam sua capacidade para se comunicar e se fazer entender; melhoram sensivelmente suas competências na adoção de perspectivas e, em geral, em tudo o que é a compreensão social (Dunn, 1988). Vamos observar, por exemplo, o seguinte episódio na interação entre irmãos:

> Lenn, de 15 meses, era um menino rechonchudo com uma grande barriga, que nesse momento estava brincando com seus pais uma determinada brincadeira que sempre os fazia rir. A brincadeira consistia em ir até eles, andando de um jeito engraçado, levantar a camiseta e mostrar sua barriga. Um dia, seu irmão mais velho caiu das barras do parque e começou a chorar com muita vontade. Lenn o observou solenemente. Então, se aproximou dele, levantou a camiseta e mostrou sua barriga, sem deixar de vocalizar e olhar para seu irmão (Dunn e Kendrick, 1982, p. 94, ed. cast.).

Para interpretar corretamente esse episódio é preciso levar em conta que estamos apenas diante de um bebê, e que o trabalho realizado antes de levantar a camiseta foi muito complexo. Como passos prévios à emissão da conduta – pró-social – de consolar seu irmão teve de ser capaz, em primeiro lugar, de reconhecer nele e em seu irmão estados emocionais diferentes; em segundo lugar, saber que esses estados de ânimo são modificáveis a partir de fora; terceiro, que algo do que entra dentro de suas competências de conduta pode servir como agente de mudança dessas emoções e, finalmente, selecionar o comportamento em questão. É verdade que o último passo – a seleção da conduta pró-social – não está muito afinado, mas também é certo que os três anteriores põem claramente em questão a suposta incapacidade dos menores de seis anos para adotar a perspectiva do outro. Como veremos mais adiante, relações como as que se estabelecem com irmãos são cenários idôneos para o treinamento precoce desse tipo de habilidades (e, igualmente, das contrárias, como, por exemplo, como aprender a aborrecer persistentemente o outro), que costumam aparecer em primeiro lugar e mais freqüentemente associadas entre os mais novos a pessoas e situações que são familiares e que têm para eles um significado emocional especial.

Como já foi dito, existem diferenças entre as duplas de irmãos no sentido de que, em algumas, tendem a predominar o pólo da hostilidade e o conflito, e, em outras, o da proximidade e da afetividade. Aqueles que procuraram analisar os determinantes dessa diversidade chegaram a algumas conclusões. Por exemplo, a influência das diferenças em idade não está clara (parece que essa variável segue um perfil evolutivo diferente à medida que as crianças crescem, de maneira que os espaçamentos curtos estreitariam as relações entre os mais novos, mas já na idade escolar poderia contribuir para haver mais rivalidade e, algumas vezes, hostilidade), no entanto, a composição sexual da dupla parece contribuir verdadeiramente para favorecê-las, assim como, sem dúvida, o comportamento das mães. Sabe-se que existem comportamentos e atitudes das mães que favorecem claramente, e desde muito cedo, as relações entre irmãos; também dos pais, embora seja menos freqüente eles fazerem parte das amostras que são estudadas. Um desses comportamentos, quando as duplas de irmãos ainda são muito pequenas e o mais novo é bebê, consiste em estimular a adoção de perspectivas, apresentando o mais novo aos olhos do mais velho "como uma pessoa", isto é, alguém que expressa sentimentos e emoções, que tem desejos e intenções, envolvendo, assim, o mais velho nas responsabilidades no cuidado do menor (Dunn e Kendrick, 1982; Howe e Ross, 1990). Mas pais e mães podem contribuir para a afetividade das relações entre seus filhos de outras maneiras, e nem sempre essa influência é positiva, como quando comparam as competências e as habilidades de um com as do outro, especialmente se isso é feito diante de estranhos e se o resultado da comparação é nitidamente desigual para ambos, ficando um sistematicamente em situação ruim diante do outro (ver, por exemplo, o trabalho realizado por McHale, et al., 1995). Em relação a esse último, alguns autores afirmam que as diferenças observadas entre irmãos podem ser encontradas precisamente no que eles chamam de "ambientes não-compartilhados", isto é, as experiências e os processos intrafamiliares que são diferentes para cada irmão (Dunn e Plomin, 1990).

Seja como for, os irmãos são figuras socializadoras muito significativas. Entre outras razões, porque promovem o conhecimento interpessoal, porque entre eles se estabelecem relações de apego, porque servem como modelos sociais e porque aprendem juntos. Mas isso não significa que os filhos únicos possam ser necessariamente caracterizados por todo tipo de incompetência e desajuste social, ou que pelo simples fato de ter irmãos, uma criança esteja vacinada contra tais desajustes. Às vezes, a experiência com um irmão pode transformar-se em um sério obstáculo no desenvolvimento e, na maior parte dos casos, é uma vantagem evolutiva que pode ser compensada com ambientes nos quais pais e mães promovam contatos sociais de boa qualidade para seus filhos.

AS INTERAÇÕES SOCIAIS NA BRINCADEIRA, NA AGRESSIVIDADE E NA PRÓ-SOCIABILIDADE

Durante esses anos que antecedem ao ensino fundamental, é possível observar uma orientação e uma preferência clara das crianças para com os iguais, preferência que se manifesta, entre outras coisas, em um aumento das interações e de sua complexidade. Iremos nos centrar nas condutas de brincadeira, nas agressivas e nas pró-sociais, por serem três conteúdos-chave que mostram a competência social nessas idades, mas é importante destacar que o repertório de competências nesse terreno se complica notavelmente em relação às analisadas no Capítulo 5, de maneira que as interações coordenadas, a imitação e a complementaridade de papéis que se começava a vislumbrar antes dos dois anos são uma realidade constantemente visível nesse período. As crianças dessas idades recorrem mais à linguagem como recurso comunicativo e são mais hábeis na combinação de ferramentas expressivas (gestos e fala, por exemplo), em fazer entender suas intenções e desejos (tanto por meio de pedidos diretos como de pedidos indiretos), em adaptar suas estratégias de comunicação em função das características do outro (idade, gênero), em compartilhar significados com o outro e em saber encaixar a própria conduta ao ritmo marcado pela interação, tudo isso em contradição com a velha idéia do egocentrismo pré-operatório.

A brincadeira

É muito difícil dar uma definição do que é a brincadeira, visto a variedade de atividades, de destrezas, de situações e de protagonistas envolvidos; por isso, muitas vezes se opta por descrever suas características mais comuns. Por exemplo, Linaza (1997) assinala como típico da brincadeira o fato de estar regida por uma evidente motivação intrínseca (ninguém melhor do que o próprio sujeito sabe se o que está fazendo é brincando ou, por exemplo, trabalhando), é espontânea e voluntária, é uma atividade que produz prazer e na qual há um predomínio dos meios sobre os fins, de maneira que brincar se transforma em uma meta em si mesma na qual a criança experimenta condutas complexas sem a pressão de ter de alcançar um objetivo. Além de sua definição, outra tarefa complexa com que se deparam os estudiosos da brincadeira é sua classificação. Também não é fácil encontrar um critério, pois a diversidade de condutas a se considerar é tal que é difícil encontrar um que seja completo. No Quadro 11.1 são mostrados os diferentes sistemas de classificação, um baseado no tema, e o outro centrado na maturidade social das destrezas envolvidas.

Os teóricos da brincadeira não deixaram de destacar as enormes potencialidades e funções que cumprem esses diferentes tipos de brincadeira no desenvolvimento. Selecionamos três tipos de brincadeira: a sensorial, a rude-desordenada e a sociodramática. Por meio da brincadeira sensorial-manipulativa, as crianças aprendem as propriedades que caracterizam os objetos e as leis que os governam, ao mesmo tempo em que se estimula sua criatividade e se afirma um sentimento de segurança, de confiança e de domínio sobre o ambiente. Por outro lado, a brincadeira rude e desordenada ajuda as crianças a descarregarem energia, o que, para alguns – sobretudo se têm um elevado nível de atividade –, é uma necessidade; além disso, por meio

QUADRO 11.1 Tipos de brincadeira infantil

Classificação em função dos temas da brincadeira

- Brincadeira sensorial (manipular objetos, bater, chapinhar)
- Brincadeira com movimento (correr, pular)
- Brincadeira simbólica (usar a mão como se fosse um prato do qual se pega a comida)
- Brincadeira rude-desordenada (simular lutas)
- Brincadeira verbal (jogos de palavras, ritmos, cadências)
- Brincadeira sociodramática (brincar de médico, casinha)
- Brincadeira construtiva (construir torres com blocos, quebra-cabeça, desenhar)
- Brincadeira de regras (xadrez, futebol)

Classificação em função da maturidade social (Parten, 1932)

- Brincadeira solitária (brincar sozinho, muitas vezes com brinquedos, mas sem esforço para se relacionar com os outros).
- Brincadeira de espectador (ver outros brincarem sem participar da atividade)
- Brincadeira paralela (brincar *junto a*, mas não *com* outros, embora se imite sua conduta)
- Brincadeira associativa (interagir compartilhando brinquedos, trocando materiais e cada um seguindo a iniciativa do outro, mas sem adotar diferentes papéis nem cooperar para conseguir uma meta)
- Brincadeira cooperativa (coordenar esforços para conseguir metas comuns, dividindo papéis e colaborando para o objetivo final)

dessa modalidade lúdica, aprendem a controlar sentimentos e impulsos, a diferenciar entre o real e o que aparenta ser (a brincadeira deve parecer uma luta, mas *sem ser* uma luta) e a consolidar o sentimento de filiação social e de cooperação. Por último, com a brincadeira sociodramática, as crianças exercitam a simulação e se projetam em outras personalidades, o que enriquece seu conhecimento social e permite a elas atuar e experimentar no mundo dos adultos, imitando seus papéis sem necessidade de se expor às conseqüências físicas, sociais, emocionais ou econômicas que aconteceriam se o realizassem na realidade; ao mesmo tempo, esta brincadeira ajuda-as a expressar sentimentos intensos, a resolver conflitos e a integrá-los entre as coisas que já sabem (por exemplo, é típico dessas idades ficarem assustadas com as injeções; pois bem, se uma criança passou um dia por essa experiência, não é raro que, ao voltar para casa, se divirta durante horas, dando sem parar injeções em todos os seus bonecos e em sua mãe). Esse último aspecto transforma a brincadeira, em algumas ocasiões, em uma ferramenta valiosa de diagnóstico e de tratamento psicológico das crianças pequenas.

No que se refere à classificação das brincadeiras em função das destrezas sociais envolvidas, insistiu-se desde Parten (1932) em que a tendência evolutiva leva a uma diminuição progressiva das atividades não-sociais (da brincadeira solitária e de espectador, em um primeiro momento, e da brincadeira paralela depois) e a um aumento também progressivo das atividades propriamente sociais (as associativas e as cooperativas).

Esses resultados permaneceram sem serem questionados durante décadas, mas agora são analisados em um conjunto um pouco mais complexo de conclusões. Nelas se pode fazer algumas afirmações: por um lado, que as condutas aparentemente mais imaturas continuam estando presentes no repertório das crianças maiores; por outro, que não basta dar atenção ao caráter mais ou menos social da brincadeira, mas é preciso considerar a complexidade cognitiva das atividades que se realizam, assim como a seqüencialidade na qual se produzem esses padrões de brincadeira (ver, por exemplo, Hartup, 1983, e Howes e Matheson, 1992). Assim, embora seja certo que a atividade social ao longo desses anos está cada vez mais repleta de atividades associativas e cooperativas, apesar disso, a atividade solitária, a de espectador e a brincadeira em paralelo permanecem em níveis relativamente altos (Hartup, 1992b).

Provavelmente, o que se acaba de dizer ocorra por várias razões. Primeiro, porque embora à primeira vista pareça o mesmo tipo de brincadeira, na realidade estão sendo feitas coisas diferentes; segundo, porque são condutas que continuam sendo ótimos recursos de aprendizagem e, por último, porque funcionalmente têm um significado diferente em uma e outra idade. Assim, quanto à complexidade presente nessas diferentes brincadeiras, se observarmos os *tipos de condutas* que as crianças dessas idades apresentam enquanto brincam sozinhas ou em paralelo, tornar-se-á evidente que já não estão, por exemplo, batendo objetos (atividade sensório-motora), mas desenhando, construindo (brincadeira de construção), simulando um papel na ficção (brincadeira sociodramática), formas da brincadeira caracterizadas por uma maior complexidade cognitiva. Mas, além disso, a brincadeira de espectador é nessas idades uma ferramenta muito útil na hora de aprender sobre o que os outros fazem, de compreender a situação social e de servir como passo prévio para se incorporar à atividade dos outros. De fato, as pesquisas em que foram realizadas análises seqüenciais mostram como o processo que leva uma criança a participar de forma competente na atividade de um grupo muitas vezes se inicia observando o que os outros estão fazendo (atividade de espectador), aproxima-se depois, brinca perto do grupo (brincadeira paralela) e, finalmente, envolve-se nas atividades associativas ou cooperativas. Por isso, observar e brincar em paralelo não são condutas necessariamente imaturas, mas que, seqüenciadas com outras de uma determinada maneira, podem significar uma maneira competente de ter acesso a situações complexas. Em resumo, a evolução do jogo nessas idades não fica bem retratada se nos limitarmos a assinalar a freqüência com que ocorrem diferentes atividades, sendo necessário complementar essas considerações quantitativas com a atenção ao *significado funcional* que as condutas têm em cada momento.

Como agora analisaremos a conduta agressiva, é importante introduzirmos aqui uma afirmação relacionada com a brincadeira rude e desordenada (atividade motora que inclui corridas, perseguições e lutas, mas "com jeito de brincadeira"). É uma brincadeira da qual sabemos, por exemplo, que se encontra sistematicamente em todas as culturas em que se estudou o comportamento lúdico, que é muito característica dos meninos (as meninas também brincam de prender e fugir, mas com muito menos contato físico) e dos anos que antecedem à educação infantil (embora sejam encontradas também entre pré-adolescentes e adolescentes, tipicamente integradas em outro tipo de brincadeiras – polícia e ladrão, competições esportivas, etc.). Pois bem, apesar de alguns autores terem falado de "agressividade lúdica" (Manning, 1983) para se referir à hostilidade que pode aparecer nessas situações, não parece razoável enquadrar essas condutas como agressivas, mas é procedente considerá-las lúdicas. Que é uma brincadeira, podemos ver no fato de que aqueles que participam dela o fazem de maneira voluntária e, além disso, experimentando prazer (por isso o "jeito de brincadeira"). Mas, além disso, conforme evidenciaram alguns trabalhos (por exemplo, Humphreys e Smith, 1987), uma porcentagem mínima dos encontros (menos de 4% no estudo citado) produz machucados, e, quando isso acontece, na maioria dos casos, não é raro que quem os causa console aquele que se machucou. Somente raríssimas vezes essa brincadeira resulta em atos agressivos e costuma ocorrer como conseqüência das ações de meninos com pouca competência social, a quem seus companheiros costumam recusar para esse tipo de brincadeiras. São, por último, atividades que as crianças dizem que realizam "com seus amigos" (Durkin, 1995).

A agressividade

A agressividade é um dos problemas que mais afeta as crianças durante a infância e uma das questões que mais preocupa seus progenitores e educadores. Também foi motivo de preocupação para estudiosos da conduta humana que formularam hipóteses explicativas tão diferentes, como as mostradas no Quadro 11.2.

Essas diferentes interpretações, logicamente, deram lugar a outras tantas críticas sobre suas limitações. Como as teorias baseadas na agressividade como instinto humano básico explicam o fato de que existam culturas muito mais cooperativas e menos agressivas do que outras? Como as teorias baseadas no reforço explicam o surgimento primeiro desse tipo de conduta? Como é natural, os modelos mais recentes (como o de Bandura ou o do processamento da informação) foram incorporando uma maior complexidade e suscitando um maior consenso; alguns desses modelos serão analisados mais detalhadamente no Capítulo 15.

Quanto às características das condutas agressivas e sua evolução durante esses anos, os estudos mais significativos realizados com crianças dessas idades permitem chegar às seguintes conclusões (Shaffer, 1994): em primeiro lugar, as birras vão diminuindo durante esse período e são pouco freqüentes depois dos quatro anos. Segundo, a tendência de se vingar como resposta a um ataque ou frustração aumenta significativamente a partir dos três anos e, como veremos no Capítulo 15, está muito presente nos episódios agressivos das crianças de mais de seis anos. Em terceiro lugar, também mudam os protagonistas que originam a agressão: enquanto aos dois e três anos as crianças costumam manifestar agressão em situações de frustração ou aborrecimento quando os pais fazem uso de sua autoridade, a agressividade dos mais velhos costuma ocorrer no contexto das relações horizontais com irmãos ou iguais.

Em quarto lugar, é preciso destacar principalmente uma mudança muito contrastada na pesquisa e que está ligada com a forma que vai adotando a agressão. Sobre isso, é habitual diferenciar entre a *agressividade hostil*, em que a meta é causar dano ou prejudicar a vítima, seja física ou verbalmente, ou destruir seus bens e privá-la desses ou outros benefícios, e a *agressividade instrumental*, em que se causa dano ao outro como meio para conseguir um fim não-agressivo: a forma do ato é hostil, mas

QUADRO 11.2 Teorias explicativas da conduta agressiva

Psicanálise

Existe um instinto inato de morte (Tânatos) habitualmente orientado para fora, mas ocasionalmente para si mesmo. A energia agressiva vai acumulando-se no sujeito, que a expressa por meios aceitáveis (atividades esportivas) ou de condutas violentas e destrutivas.

Etologia

Há um instinto agressivo vinculado à herança genética e a serviço da sobrevivência do indivíduo e da espécie. Também há reguladores instintivos da conduta agressiva que evitam a destruição quando ela não é necessária.

Hipótese frustração/agressão

A agressividade surge quando se bloqueia a consecução de uma meta, dando lugar primeiro à frustração e, posteriormente, à agressão para com a fonte de bloqueio ou a um objeto ou pessoa que recebe, então, uma agressão deslocada. Em uma versão revisada dessa hipótese, defende-se que só o que se associa à frustração é a ira, e que esta se traduz em agressão somente se a pessoa já tem hábitos agressivos adquiridos e se aparecem sinais ou situações que antes foram associados com a agressão.

Aprendizagem

A agressividade se aprende quando é reforçada, isto é, quando leva a conseguir metas desejáveis. Na versão da aprendizagem social, a aprendizagem pode ser direta (por meio de reforços) ou vicária (por meio da imitação de modelos).

Processamento da informação

A ênfase está na interpretação da situação pelo sujeito, em função de suas experiências passadas; de suas metas; de suas habilidades para decodificar situações, para analisar seu significado, para buscar uma resposta adequada, para tomar a decisão sobre como agir e para executar a resposta.

a motivação não, como quando se bate no braço de um companheiro para lhe tirar a bola. No início dos anos que agora analisamos, observa-se um predomínio da agressividade de caráter instrumental dirigida a tirar brinquedos ou outras posses. À medida que as crianças se aproximam do final desse período, pode-se ver um aumento progressivo da agressividade hostil, manifestada por meio da agressão física, mas também do deboche, deixar o outro irritado, etc., tendência que, conforme veremos, aumenta nos anos posteriores; como conseqüência do anterior, à medida que as crianças crescem, a agressão física direta será menos freqüente, mas a verbal (debochar, importunar, insultar, pôr apelidos) e a de vingança irão se tornando mais comuns.

Um quinto aspecto, em torno do qual o acordo é menor, refere-se à freqüência com que aparecem as condutas agressivas ao longo do desenvolvimento. Aparentemente, o volume de interações desse tipo decresce com a idade, ao menos em suas manifestações mais visíveis, de maneira que as brigas aos cinco anos costumam ser menos freqüentes e menos duradouras do que em anos anteriores. Essa queda se relaciona com uma diversidade de fatores (Coie e Dodge, 1998): por um lado, o progressivo desenvolvimento da linguagem, que pode ajudar a inibir as condutas agressivas de tipo físico em favor da expressão verbal de necessidades e desejos; por outro, a crescente capacidade para retardar as gratificações, de maneira que se é mais capaz de controlar, por exemplo, o impulso de arrancar objetos dos outros; o desenvolvimento das hierarquias de domínio no grupo, que mais adiante analisaremos, também pode contribuir com essa queda, assim como os importantes avanços que nessas idades experimentam todo um conjunto de competências cognitivas que, como a adoção de perspectivas ou a empatia, tornam possível que a criança deixe de depender dos controles que vêm de fora (por exemplo, por parte dos pais) para passar a uma maior auto-regulação.

Finalmente, outro dado amplamente contrastado sobre a agressividade nessas idades está ligado às diferenças de gênero. Em geral, os meninos se envolvem mais do que as meninas em conflitos e em atos agressivos mais enérgicos, tanto físicos como verbais e tanto de natureza instrumental como hostil. Essas diferenças se mantêm em todos os níveis socioeconômicos e na ampla variedade de culturas, sendo seu aparecimento tão precoce (em torno de dois a dois anos e meio) que, logicamente, levaram a pesquisar o papel dos androgênios e a da testosterona na diferente ativação da conduta agressiva das crianças. Os dados a esse respeito mostram a existência de uma relação, mas não concluem se, por exemplo, os valores elevados de testosterona são a causa da conduta agressiva ou se é a conduta agressiva o que provoca um aumento nos níveis de algumas dessas substâncias. De qualquer maneira, existem mais pesquisas que se detiveram a analisar a influência de fatores de caráter social que, desde muito cedo, introduzem o componente da agressividade entre os atributos que definem o gênero masculino. Teríamos, então, de voltar ao que foi dito no Capítulo 9 sobre o processo de tipificação dos gêneros para encontrar ali parte da explicação. De nossa parte, no final do capítulo, faremos uma rápida referência a diferentes fatores presentes na socialização que contribuem para aumentar ou diminuir essas condutas.

A pró-sociabilidade

Outro conjunto de condutas muito característico dessas idades é o que conhecemos como comportamentos pró-sociais: atos que se emitem de maneira voluntária e que servem para ajudar, compartilhar, consolar ou proteger os outros. Na execução dessas condutas, a pessoa pode agir por motivos egoístas, práticos ou por uma preocupação autêntica pelo bem-estar do outro. Quando esse último acontece, falamos de conduta altruísta, impulsionada por motivos e por valores internos mais do que pela expectativa de uma recompensa ou a evitação de um castigo (Eisenberg e Mussen, 1989). No entanto, como costuma ser muito difícil identificar os verdadeiros motivos ou interesses implícitos nessas condutas, pois até os atos aparentemente altruístas podem estar ocultando interesses de auto-satisfação e tentativas de evitar sentimentos de culpa, ao longo destas páginas adotaremos um critério estritamente de observação e falaremos de conduta pró-social.

Também em torno das origens do comportamento pró-social surgiram explicações de diferentes tipos (ver, por exemplo, a revisão de López, et al., 1994). Aparentemente, é mais fácil explicar a existência de condutas agressivas, ainda que seja somente pelos benefícios imediatos das ações para quem as executa, do que as pró-sociais. As perspectivas teóricas mais atuais em torno dessa conduta e do altruísmo vão desde as mais biologicistas (etologia e sociobiologia) até as da aprendizagem social e as cognitivas. Em relação aos aspectos evolutivos da conduta pró-social, desde muito cedo é possível observar nos bebês uma certa sensibilidade aos estados emocionais negativos dos outros. Como vimos no Capítulo 5, quando um bebê ouve um outro bebê chorar, ele mesmo começa a chorar em seguida; um pouco mais adiante, nas primeiras interações entre iguais, é possível observar condutas de oferecer e de compartilhar brinquedos, embora isso aconteça durante períodos curtos de tempo. Também se comprovou que as crianças de um e dois anos oferecem consolo aos irmãos – ou tentam, conforme vimos antes no caso apresentado por Dunn e Kendrick –, ou a iguais que manifestam um mal-estar ou pena evidentes (Zahn-Waxler, et al.,1992); também foi possível constatar uma certa sensibilidade para a reciprocidade a partir dos dois e três anos, de maneira que é mais provável que compartilhem objetos próprios com outras crianças que antes haviam compartilhado os seus (Levitt, Weber, Clarck e McDonell, 1985).

Enfim, a observação das condutas a que se dedicam as crianças entre si nessas idades nos revela um leque amplo e freqüente de comportamentos dirigidos a atender diferentes necessidades do outro. No entanto, e em conjunto, o que encontramos com mais dificuldade entre os bebês e as crianças mais novas são atos espontâneos de auto-sacrifício, isto é, sem a pressão dos pais ou dos iguais para realizá-los ("se não me/você deixa..."). Outra limitação característica dessas idades está relacionada à dificuldade para detectar as chaves sutis da aflição do outro, embora meninos e meninas sejam capazes de detectar e de responder a suas manifestações mais abertas e evidentes, como o choro. Pelo que sabemos, as condutas pró-sociais aparecem ligadas, em um primeiro momento, a pessoas e a situações que são familiares e evidentes e que não envolvem muito esforço de resposta nem de análise inferencial; na medida em que a criança vai amadurecendo, essas condutas vão tornando-se extensivas a outras pessoas e situações menos familiares e aumentando o componente de auto-sacrifício. As causas desses avanços podem ser encontradas em diferentes âmbitos, alguns relacionados com o desenvolvimento que o próprio sujeito vinha experimentando (fundamentalmente os que estão ligados a suas habilidades empáticas, de raciocínio e de adoção de perspectivas), mencionados no Capítulo 10 e aos quais daremos mais atenção no Capítulo 15, e outros relacionados com os efeitos que vão deixando a ação socializadora da família, a escola e os iguais, assunto sobre o qual falaremos no final deste capítulo.

AS RELAÇÕES ENTRE IGUAIS: A AMIZADE

A amizade é uma dessas realidades que também está presente ao longo de todo o ciclo evolutivo dos humanos, mas cujo conteúdo e manifestações experimentam notáveis mudanças ao longo do desenvolvimento. A despeito dessas diferenças evolutivas, existe um conjunto de traços típicos da amizade e comuns em todas as idades: assim, sempre estamos falando de uma relação baseada na reciprocidade, é uma relação voluntária e não-obrigatória, baseada no prazer de estar juntos, uma relação em que o balanço custo-benefício costuma ser sempre positivo. Como manifestação de sua importância, em todas as culturas a palavra "amigo" se encontra no primeiro vocabulário das crianças para rotular esse tipo peculiar de relações (Krappman, 1996). Segundo números citados por Hartup (1992b), aos quatro e cinco anos, três de cada quatro crianças têm alguma relação estreita com outro, e três em cada dez têm mais de um amigo. A exposição feita a seguir está centrada em responder duas perguntas centrais: por um lado, quem são os amigos e quais os critérios na formação das relações de amizade; por outro, como é a interação entre amigos.

Quem são os amigos?

Existe, entre os estudiosos das relações entre iguais, uma certa polêmica que procura buscar explicação para um fato distintivo das relações de amizade em todas as idades: o que é parecido entre seus protagonistas. Há um certo acordo na hora de reconhecer que se parte de uma situação inicial de semelhança baseada em critérios puramente demográficos: por razões que escapam ao seu controle, as crianças costumam ter contato com um grupo muito homogêneo de iguais, de maneira que as relações se estabelecem, em um primeiro momento, com aqueles que se encontram fisicamente próximos; as razões socioculturais-econômicas que fazem com que as famílias morem em um determinado bairro ou com que escolham uma determinada escola para seus filhos determinam a oferta de potenciais amigos com que uma criança se encontra. A partir daí, alguns estudiosos se inclinam por um processo de seleção ativa, enquanto outros enfatizam mais o processo de socialização, e ainda outros que acreditam que as duas posições são mais complementares do que alternativas, conforme se mostra no Quadro 11.3.

No caso das amizades entre os três e os seis anos, Rubine e colaboradores (1994) denominam a seleção ativa de "homofilia de conduta" e assim explicam como os pré-escolares se sentem atraídos por iguais com estilos comportamentais parecidos. Uma das variáveis que servem para dar uniformidade às relações e confirmar assim essa tendência é a seleção que nessas idades se estabelece em função do gênero. Assim, por exemplo, já aos dois anos as

QUADRO 11.3 As razões de escolha de amigos

Tese da seleção ativa

As crianças selecionam entre seus semelhantes aqueles que percebem como parecidos nos atributos que em cada idade são considerados relevantes (preferências por brinquedos, estilo de brincadeira, posição no grupo, etc.).

Tese da socialização recíproca

Aquilo que é parecido entre os amigos se acentua como conseqüência da interação reiterada entre ambos e da maior susceptibilidade à influência mútua.

Tese da complementaridade entre ambas

Talvez em um primeiro momento os critérios de semelhança predominem como catalisadores de atração pessoal; estabelecida a amizade, haveria um processo de socialização recíproca que acentuaria as características parecidas: quanto mais estreitas, recíprocas, estáveis e duradouras forem as relações de amizade, mais se acentua o que é parecido entre os amigos.

meninas preferem brincar com outras meninas (LaFreniere, Strayer e Gauthier, 1984); aos quatro anos, meninos e meninas investem três vezes mais tempo brincando com uma dupla do mesmo sexo do que do outro, e aos seis anos, a razão é de onze para um (Maccoby, 1988). Esse mesmo padrão de segregação progressiva em função do gênero é encontrado por Whiting e Edwards (1988) em seu estudo realizado em diversas culturas de partes bem diferentes do mundo, embora com diferenças quanto à idade de origem. No entanto, embora o gênero seja um fator importante no estabelecimento da amizade nessas idades, não devemos nos esquecer de que os pequenos sentem preferência por iguais com quem compartilham certos atributos temperamentais, ou preferência por realizar certo tipo de atividades ou brincadeiras.

Como os amigos se relacionam entre si?

Embora as relações entre amigos nessas idades não estejam tão diferenciadas como estarão em idades posteriores, já é possível observar nelas traços que as identificam com clareza. Assim, por exemplo, já aos dois ou três anos começamos a ver como as crianças dirigem comportamentos nitidamente diferentes aos iguais que consideram amigos e aos que considerem meros conhecidos. Em geral, as interações com um amigo costumam ser caracterizadas por um maior número de trocas sociais positivas (sorrisos, aprovações, afeto), mais cooperação, mais ajuda, mais consolo e, em geral, mais comportamento pró-social. Também se pode observar mais envolvimento: quando estão juntos, os amigos costumam exibir formas de brincadeira mais complexas, embora também com eles ocorram mais conflitos do que com outros companheiros mais neutros (provavelmente porque também com eles estão mais tempo), embora esses conflitos sejam menos intensos e, sobretudo, sejam resolvidos de forma diferente (com mais negociação) e com melhores resultados (procura-se que a solução não desequilibre as partes e que não haja um que saia claramente beneficiado e outro como perdedor) (Hartup, et al., 1988). Os acompanhamentos longitudinais mostram que, durante esses anos que antecedem ao ensino fundamental, a conduta social com um amigo estável geralmente é mais competente do que a conduta que se exibe com outro igual: é mais fácil entrar em um grupo, a brincadeira social é mais complementar e recíproca e também mais cooperativa e é mais fácil que se envolvam na brincadeira de ficção (Howes, 1989). Tal como Kerns (1996) afirma, manter a harmonia e permanecer envolvido na brincadeira são dois traços que identificam as amizades de qualidade nessas idades.

OS GRUPOS DE MENINOS E DE MENINAS E AS HIERARQUIAS DE DOMÍNIO

Ao longo dos anos que estamos analisando, assistimos ao surgimento do grupo de iguais. Conforme se pôde ver no Capítulo 5, as interações entre bebês são sempre diádicas, não sendo possível detectar "turmas de bebês", o que será possível entre os dois e os seis anos. Desde o momento em que as competências interativas das crianças vão se tornando mais complexas, permitindo a elas coordenar sua conduta com a de mais de um, as relações já não são exclusivamente diádicas. Os grupos dessas idades se estruturam em função do gênero e da preferência por atividades, sendo possível encontrar grupinhos de meninos e de meninas, ou grupos dedicados a brincadeiras motoras diante de outros voltados para atividades mais sedentárias.

Outras das novidades dos grupos dessas idades é a existência em seu interior de hierarquias de domínio. Os estudos etológicos mostram como nessas idades os grupos de brincadeira se estruturam em hierarquias de domínio elaboradas com base em quem domina ou se submete a quem em situações de conflito. A interpretação que se faz da existência dessas hierarquias é que cumprem um importante objetivo na dinâmica dos grupos: o de minimizar a agressão (Sackin e Thelen, 1984; Strayer, 1980). Assim, as crianças que são atacadas e que sabem que são menos fortes não respondem com outro ataque, mas se submetem, retrocedem e se distanciam do agressor, iniciando em alguns casos gestos de conciliação. Nessas idades é habitual que as hierarquias de domínio estejam definidas em certa medida com base em quem sai vitorioso nas disputas por objetos.

Naturalmente, os grupos de crianças, além de hierarquias de domínio, incluem redes afiliativas, de maneira que cada criança ocupa um lugar em relação ao resto dos membros do grupo em função da aceitação ou não que recebe dos demais. Como dedicamos atenção especial no Capítulo 15 ao assunto da posição no grupo de iguais ou *status* sociométrico, basta dizer agora que já nesses anos começam a se esboçar diferentes níveis de aceitação ou de isolamento dentro do grupo, embora seja um fenômeno que nos anos seguintes vai tomando corpo, definindo-se, preenchendo de conteúdo e tornando-se mais estável.

OS DETERMINANTES DA EXPERIÊNCIA SOCIAL

Estamos acostumados a estudar a criança em sua família *ou* em sua escola *ou* em seu grupo de iguais, como se fossem três pessoas diferentes. Finalmente, a pesquisa, graças em grande parte à insistência do modelo ecológico, começou a encarar o desafio de analisar as conexões entre os diferentes cenários em que a pessoa em desenvolvimento participa diretamente. Dentro do tema que nos cabe abordar neste capítulo, vamos procurar analisar as conexões entre as experiências dentro da família e o tipo de relações que a criança consegue estabelecer no grupo de iguais, mostrando algumas das que ocorrem entre as relações verticais e as horizontais.

Existem diferentes maneiras de interpretar essas relações, e as evidências vêm de marcos conceituais e domínios diferentes (ver a revisão de Putallaz e Heflin, 1990). A Figura 11.1 apresenta os grandes temas nos quais vamos nos centrar aqui para mostrar que a experiência com os iguais que até agora analisamos é conseqüência de um conjunto de atributos da criança relacionado com sua competência social, atributos cujas raízes se encontram, em grande parte, na história das relações e de experiências presentes no ambiente familiar. Para isso, selecionamos três conjuntos bem diferentes dessas variáveis do ambiente familiar que têm incidência nas relações da criança com os iguais: as relações de apego, as práticas educativas e os estilos de interação dos pais com seus filhos e, finalmente, as atitudes que os pais têm perante as relações sociais e a promoção do desenvolvimento social.

Um princípio-chave da teoria do apego é que a relação segura estabelecida com a mãe ou com outro cuidador tem uma estreita relação com a qualidade de outros apegos que a criança estabelece. As razões que ajudam a compreender essas conexões são fáceis de entender: o apego seguro facilita a exploração

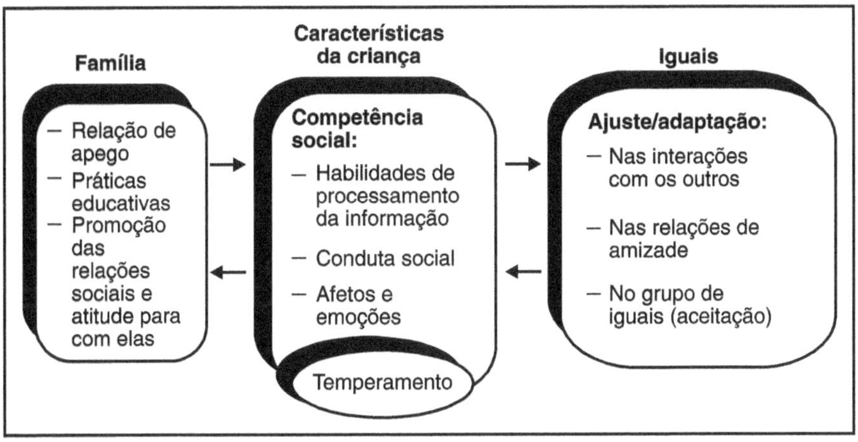

FIGURA 11.1 Conexões família-iguais.

do ambiente, incluindo o ambiente social e, em conseqüência, as interações com iguais; além disso, as crianças transferem para as relações com seus iguais o tipo de estilo de conduta desenvolvido com suas figuras de apego iniciais: no caso da relação de apego seguro, o que se transfere é a reciprocidade, a compreensão e a empatia; por outro lado, por intermédio dessas relações, acaba-se interiorizando uma idéia sobre si mesmo, uma auto-estima, uma capacidade de iniciativa, de curiosidade e de entusiasmo que depois são muito valorizadas pelos iguais. Realmente, a pesquisa foi mostrando como as crianças de apego seguro são as que em diferentes idades (desde os dois ou três anos até a pré-adolescência) mostram comportamentos mais competentes e adaptativos nas interações com iguais, enquanto as dos outros tipos de apego tendem a manifestar um repertório de incompetência variado, que vai desde a conduta colérica e agressiva das de apego inseguro-evitativo até o comportamento queixoso, facilmente frustrável e inibido que tendem a mostrar as de apego inseguro-ambivalente. Também não é raro que as interações entre dois "melhores amigos" com idade entre dois e seis anos sejam mais harmoniosas, sincronizadas e menos conflituosas na medida em que ambos estabeleceram relações de apego seguro com suas mães (Park e Waters, 1989).

Os estudos clássicos de Baumrind e os que depois continuaram sendo feitos sobre as práticas educativas dos pais, analisadas no Capítulo 9, revelaram uma certa relação com alguns atributos da competência social das crianças. Assim, por exemplo, o estilo democrático está associado com bons níveis de competência social; como conseqüência da freqüente utilização da avaliação e das explicações em torno das normas e dos afetos da própria conduta sobre os demais, são essas crianças que mostram um desenvolvimento de conceitos morais mais avançados, que manifestam mais conduta pró-social, que iniciam com menos freqüência episódios agressivos e que evidenciam uma auto-estima mais positiva. Por sua vez, acostumados com o controle externo de sua conduta e com a pouca expressão de afetos, como o incentivo da dependência, etc., os filhos e as filhas de pais autoritários têm mais tendência a serem agressivos quando a figura de controle não está presente, expressando também pouco afeto a seus companheiros, tendo pouca iniciativa em seus encontros sociais e sendo menos alegres e espontâneos, características que, como analisaremos melhor no Capítulo 15, não propiciam um ajuste perfeito no grupo de companheiros. Talvez como conseqüência da tolerância que seus pais tiveram com as manifestações agressivas e do pouco que foram exigidos, também os filhos de progenitores permissivos têm dificuldades no controle da conduta agressiva e não é fácil que se envolvam em condutas pró-sociais; costumam ser mais imaturos, embora também, às vezes, sejam descritos como alegres e vitais. Por último, são as crianças que vêm de ambientes familiares indiferentes as que apresentam mais dificuldades em quase todos os campos da competência social: agressivas, pouco pró-sociais, inseguras, com baixa autoestima, etc., características que tornarão difícil sua integração e aceitação social.

A análise da influência das relações familiares na competência social serviu, por exemplo, para entender melhor o que ocorre no caso das crianças mais agressivas. Segundo o trabalho de Patterson (ver Patterson, DeBaryshe e Ramsey, 1989), nos lares dessas crianças é comum encontrar ciclos coercitivos que muitas vezes são produzidos na seguinte seqüência:

1. a criança age de maneira provocativa (por exemplo, um menino desobedece o pedido de sua mãe de que recolha os brinquedos);
2. a mãe responde com alguma manifestação hostil (xinga ou o ameaça de alguma maneira);
3. o menino reage aumentando sua própria hostilidade (grita);
4. a mãe também aumenta sua própria agressividade (castigando fisicamente) e assim sucessivamente.

Da perspectiva dos dois protagonistas, poderia ser entendido que cada comportamento parece ser uma tentativa de controlar a conduta incômoda do outro, mas o certo é que contribui para o efeito oposto, aumentando-a. Às vezes, os pequenos podem ter aprendido que a conduta agressiva ou incômoda é a única maneira de conseguir a atenção dos mais velhos; algumas vezes, pais e mães caem na armadilha de responder somente a essas condutas de seus filhos – ignorando as positivas e também as neutras – e, por isso, estão reforçando-as, porque os pequenos preferem qualquer resposta dos pais, mesmo que seja o castigo, em vez de sua indiferença. Muitas vezes, a intervenção dos profissionais nesses ambientes consiste precisamente em ensinar pais e mães a romper esses ciclos de coerção, a aplicar a extinção e ignorar os comportamentos agressivos e a reforçar diferencialmente qualquer conduta que não seja agressiva.

Finalmente, há todo um conjunto de atuações dos adultos que são críticas para a competência social de seus filhos e que derivam de seu sistema de valores, de sua concepção da infância e do desenvolvimento, da importância que dão à experiência social. Como conseqüência dessas idéias, os adultos tomam decisões relacionadas com seus filhos na vida cotidiana que determinam muito do que eles fazem e com quem o fazem; às vezes, facilitam e promovem que tenham encontros sociais, mas outras os limitam; alguns pais e mães decidem levá-los logo para escolas de educação infantil, outros demoram mais; alguns incentivam seus filhos a participar em atividades extra-escolares, outros os desanimam; alguns escolhem uma escola com algumas características e outros de outra, às vezes utilizando como critério decisivo a composição social da escola; alguns incentivam seus filhos a levar seus amigos para casa, outros não, etc. Ladd e Golter (1988), por exemplo, observaram que os meninos de três a seis anos, cujos pais facilitavam com freqüência contatos com iguais, tinham depois mais companheiros de brincadeira, eram mais queridos e com menos tendência a serem rejeitados. Por outro lado, o trabalho de Rubin, Mills e Rose-Krasnor (1989) evidencia que as idéias dos adultos têm uma estreita relação, entre outras coisas, com as habilidades sociocognitivas de seus filhos; em seus resultados mostraram que as mães que se percebiam mais capazes e mais protagonistas na socialização de habilidades sociais de seus filhos, que atribuíam o desenvolvimento de tais habilidades sociais a fatores ambientais e educativos e não a processos inatos, que não apoiaram o uso de práticas educativas muito diretivas e de afirmação de poder ou punitivas, tiveram filhos que demonstraram habilidades de resolução de problemas interpessoais mais desenvolvidas do que as crianças cujas mães defendiam idéias opostas.

Mas a influência dos adultos sobre seus filhos está condicionada por muitas variáveis, algumas mais próximas do contexto familiar e outras aparentemente mais distantes, como a cultura. Realmente, as sociedades diferem umas das outras no grau em que valorizam ou condenam a agressividade, a pró-sociabilidade, a dependência, a rede social, os papéis de gênero, etc., tudo isso com um reflexo nos diferentes contextos de desenvolvimento, especialmente na família. As pesquisas transculturais dos Whiting (Whiting e Whiting, 1975) realizadas com uma mostra ampla de crianças com idades compreendidas entre os três e os dez anos, pertencentes a culturas muito diferentes, ilustram claramente essa influência. Era em lugares como Quênia, Filipinas e México, onde, por exemplo, a promoção de comportamentos pró-sociais era mais intensa e precoce, em comparação com os Estados Unidos, onde a socialização tinha um tom mais individualista. O fato de pertencerem a famílias numerosas, em que as crianças tivessem tarefas determinadas dentro do lar, especialmente em relação ao cuidado de irmãos pequenos, e o fato de que as mães tivessem responsabilidades de trabalho que as obrigavam a estar muito tempo fora de casa foram aspectos nos quais coincidiam os três países mencionados em primeiro lugar e que parecem contribuir para orientar as crianças para metas dirigidas ao benefício dos demais e da coletividade. Desde muito cedo, as crianças desses países adquirem a consciência de pertencer a um grupo, assim como de que seu trabalho para o bem comum é evidente e necessário. Os Whiting concluem que o altruísmo é mais elevado nas sociedades onde mais o necessitam, e é ali que as práticas de socialização se encarregam de promovê-lo desde muito cedo.

Grande parte dos conteúdos que foram aparecendo ao longo destas páginas é complementado com o que se expõe no Capítulo 15, que está centrado nos anos do ensino fundamental. Lá veremos como evoluem essas condutas e relações e que repercussões vão tendo na definição das trajetórias de vida de nossas crianças.

QUARTA PARTE

Desenvolvimento Psicológico entre os 6 e os 12 Anos

12 Processos cognitivos básicos e desenvolvimento intelectual entre os seis anos e a adolescência

EDUARDO MARTÍ

Como vimos no Capítulo 7, as crianças menores de seis anos adquirem uma série de novas habilidades cognitivas que lhes permite entender e organizar o mundo de uma maneira muito mais ampla e precisa do que os bebês. Apesar desses avanços, a competência cognitiva das crianças de dois a seis anos apresenta algumas limitações se comparada com a das crianças do ensino fundamental. Poderíamos dizer que, durante essa nova etapa, as crianças raciocinam de forma mais lógica, que são menos dependentes da aparência perceptiva dos estímulos, que possuem uma atenção mais seletiva e uma memória mais segura e estratégica e que ampliam de maneira espetacular a qualidade e a quantidade de conhecimentos sobre diversos aspectos da realidade. Essas conquistas são traduzidas em habilidades cotidianas claramente identificáveis: são crianças que, diferentemente das menores, sabem orientar-se em um percurso espacial complexo, conseguem entender e se lembrar das pontuações exatas de suas equipes favoritas de futebol, podem dar testemunhos fiéis de acontecimentos passados, são capazes de captar o humor e a ironia ou sabem corrigir os erros de um texto que acabaram de escrever. Não é de estranhar que a educação formal, na maioria das culturas, comece nessa etapa, caracterizada por uma nova maneira de pensar, mais lógica e mais estratégica, e por uma ampliação e melhor organização dos conhecimentos, aspectos essenciais nas aprendizagens escolares.

O objetivo deste capítulo é apresentar de forma sintética as principais conquistas cognitivas das crianças de 6 a 12 anos e entender por que ocorre um avanço tão espetacular. Quando for oportuno, a descrição dessas conquistas será ilustrada com as pesquisas que os psicólogos evolutivos elaboraram para se aproximar do modo de pensar característico dessas idades.

DESENVOLVIMENTO DA ATENÇÃO, DA MEMÓRIA E DO CONHECIMENTO

As crianças do ensino fundamental não só sabem mais do que as crianças da etapa precedente, como também têm mais recursos para planejar e utilizar, de forma eficiente, suas aptidões quando se deparam com um problema, quando devem se lembrar de informações ou quando devem ampliar seu nível de conhecimento sobre um tema específico. Sabem que para pensar bem é preciso considerar todos os dados, que é preciso desconsiderar as informações pouco relevantes, que é preciso controlar as idéias alternativas e que se pode melhorar ou corrigir o próprio raciocínio com um esforço suplementar. Além disso, durante esses anos, as crianças adquirem maior consciência de seus pontos intelectuais fortes e fracos. Naturalmente, esses recursos nem sempre se aplicam de forma adequada, e são muitas as pesquisas que nos mostram a baixa qualidade do pensamento das crianças maiores, e até dos jovens e dos adultos, em situações complexas. Mas, de forma geral, é possível afirmar que, diferentemente das de dois a seis anos, as crianças de 6 a 12 anos captam em quê consiste pensar e que diferença há entre pensar bem e pensar mal (Flavell, 1993, p. 174), o que é uma conquista cognitiva importantíssima.

Os pesquisadores situados na óptica do processamento da informação defendem que essas conquistas se devem a mudanças básicas na maneira de selecionar e de processar a informação. Devemos nos lembrar de que uma das descobertas essenciais dessa perspectiva é a de ter assinalado que o sistema cognitivo humano tem uma série de limitações quando processa informação: cada passo do processamento (seja codificar, comparar, guardar ou recuperar informação) requer um certo tempo; tais operações têm normalmente de ser feitas em série e somente podem manter ativas ao mesmo tempo um pequeno número de unidades de informação na memória de trabalho. A idéia essencial é a de que a capacidade de processamento aumenta com a idade ou, dito de outra maneira, que as limitações de processamento diminuem com a idade, o que gera processos cognitivos mais complexos. Assim, com a idade, aumenta a possibilidade de prestar atenção e de relacionar simultaneamente mais unidades de informação, e isso permite às crianças se dedicarem a atividades cognitivas mais complexas (Klahr, 1992). Essas novas possibilidades, conforme veremos a seguir, estão diretamente relacionadas ao aumento da velocidade e da capacidade de processamento, desenvolvimento da atenção e da memória e ao desenvolvimento dos conhecimentos e da metacognição.

Maior velocidade e mais capacidade de processamento

Parece que a velocidade de processamento melhora desde os dois ou três anos até a vida adulta (Kail, 1991). Nesse sentido, as crianças do ensino fundamental pensam mais rapidamente do que as crianças da escola infantil. Aumentar a velocidade de processamento é importante, pois não afeta somente o tempo que dura o processo; afeta também a capacidade de processamento (ou amplitude de processamento), pois é possível manter mais unidades de informação ativas e ao mesmo tempo na memória de trabalho. Diferentemente das crianças de dois a seis anos, que podem se confundir facilmente se têm de enfrentar uma situação complexa ou exigências simultâneas, as crianças maiores podem coordenar ao mesmo tempo diferentes informações, idéias ou conceitos. São capazes de acompanhar a conversação de seus pais e ao mesmo tempo vigiar seus irmãos pequenos e não se esquecer de que têm de acabar os deveres antes de irem para a cama. Podem prever melhor qual será a reação de um amigo diante de uma brincadeira de mau gosto, imaginando diferentes possibilidades segundo suas reações anteriores, o jeito de ser do amigo, suas preferências e outros fatores que acharem pertinentes.

Essa maior capacidade de processamento pode também explicar o êxito na resolução de tarefas mais formais que exigem a consideração de vários aspectos da realidade, como no caso de numerosas tarefas escolares que precisam de uma abordagem complexa em que devem considerar várias dimensões ao mesmo tempo. Também se poderia aplicar o mesmo raciocínio para explicar por que as crianças dessas idades são capazes de resolver as famosas tarefas de conservação popularizadas por Piaget (ver mais adiante na Figura 12.1). Realmente, o que diferencia uma criança menor de seis anos de outra maior é que a primeira se centra em uma só dimensão da tarefa (a altura do líquido, a maior superfície da massa de modelar, a distância da linha de fichas) e desconsidera outras que são essenciais (a largura do líquido, a espessura da bola de massa de modelar, a separação entre as fichas). Os maiores podem considerar duas dimensões ao mesmo tempo e relacioná-las, o que lhes permite inferir que, apesar das aparências, continua havendo o mesmo líquido, a mesma massa de modelar ou o mesmo número de fichas.

Por que a velocidade e a capacidade de processamento aumentam durante as idades que agora consideramos? Os pesquisadores deram duas respostas, não necessariamente excludentes entre si. O aumento da capacidade de processamento pode ser explicado por uma mudança estrutural, básica: o que aumentaria nesse caso seria a quantidade de energia de atenção que a criança dispõe para processar a informação durante um lapso de tempo rápido; essa mudança estrutural (do *hardware*, poderíamos dizer comparando com o computador) estaria intimamente ligada à maturação neurológica (mielinização das vias nervosas e maturação do córtex frontal). Mas também cabe a possibilidade de que as crianças dessas idades sejam mais hábeis e utilizem a capacidade de processamento de forma mais eficaz; estaríamos, então, diante de uma mudança funcional da capacidade de processamento: as crianças aprenderiam a usar melhor a capacidade básica que possuem. Como veremos mais adiante, isso pode ser conseguido centrando a atenção na informação relevante da tarefa e desconsiderando o que não é importante (atenção seletiva).

Na hipótese da mudança funcional, a prática e a experiência são fatores que podem ajudar a explicar o aumento da velocidade e da capacidade de processamento. As operações mentais podem ser realizadas mais rapidamente e com menos gasto de atenção depois de se ter praticado várias vezes. A informação se torna, então, mais familiar, e as operações são executadas mais depressa. E chega um ponto em que uma parte dos processos cognitivos pode ser realizada de forma automática, o que requer menos esforço mental e libera recursos para prestar atenção e processar uma nova informação. Nós todos já pudemos comprovar a diferença entre a realização de uma tarefa nova e a da mesma tarefa após um longo período de prática (vamos pensar, por exemplo, na orientação em um espaço urbano, em uma tarefa de leitura ou em um cálculo aritmético). À medida que crescem e adquirem experiência, as crianças aumentam as possibilidades de automatização dos processos mentais, o que lhes permite melhorar de forma notável sua forma de pensar.

Também é possível aumentar a capacidade funcional mediante o uso de estratégias de processamento da informação. Nesse caso, as crianças utilizam seus recursos de forma mais adaptada e efetiva, podendo, dessa maneira, aumentar sua capacidade. São manobras que lhes permitem melhorar sua competência. A atenção seletiva, que citamos há pouco e que abordaremos no parágrafo seguinte, pode ser um exemplo. Repassar as informações de que devemos nos lembrar, aproveitando o tempo entre um ensaio e outro, seria outro exemplo. Também seria um exemplo o fato de adaptar o tipo de operação aritmética realizada (por exemplo, soma ou multiplicação) ao tipo de dados que o problema apresenta. Em todos esses casos, o objetivo é ser mais eficaz utilizando os recursos existentes. Como veremos mais adiante, essas capacidades estratégicas estão muito ligadas ao desenvolvimento da metacognição.

Por fim, existe outra maneira de ampliar a capacidade funcional sem modificar a capacidade estrutural. Consiste em utilizar ajudas externas: sistemas de notações (linguagem escrita, notação matemática, diagramas, mapas), computadores ou as próprias mentes de outras pessoas. É claro que essas ajudas estão desde o início da vida à disposição das crianças. E também é claro que o papel dos adultos no desenvolvimento e na aprendizagem dos bebês e das crianças pequenas é essencial para conseguir seus progressos. Mas o que é novo nessa etapa é a utilização autônoma, adaptada e eficaz de muitas dessas ajudas, algumas das quais não deixam de ser sistemas simbólicos complexos de grande relevância cultural (Gardner, 1993). Um exemplo, entre muitos outros, bastará para destacar esse tipo de habilidade. Todos aprendemos a utilizar a escrita com fins mnemotécnicos: anotamos em nossa agenda dia e hora de encontros e de reuniões ou elaboramos uma lista para não nos esquecermos de nada ao irmos às compras. As crianças menores costumam ter muitas dificuldades para fazer isso, mesmo quando a situação é tão simples como na seguinte pesquisa. Apresenta-se uma tarefa em que as crianças (de quatro a oito anos) devem prestar atenção em uma série de informações (tipo e número de objetos que se encontram em três caixas) para depois poder recolocá-las exatamente em seu lugar anterior após as caixas terem sido fechadas e mudadas de posição. Embora se ofereça a elas a possibilidade de irem marcando o que quiserem à medida que prestam atenção nas diferentes informações quando as caixas estão abertas, as crianças menores de sete anos costumam produzir notações muito pouco funcionais: prestam atenção em somente um tipo de informação e a desenham, ou escrevem o número de vezes que uma coisa se repete, mas não marcam o que é, ou escrevem o nome de somente um objeto, etc. O que é difícil para elas é perceber o que irão precisar como informação no momento em que as caixas estiverem fechadas e relacionar essa necessidade com a utilização de uma ajuda externa. A partir dos sete anos, as estratégias notacionais são muito mais adequadas e facilitam a resolução do problema (Martí, Teberosky e Garcia-Milà, 1999). A possibilidade que as crianças do ensino fundamental têm de utilizar ajudas externas de forma funcional e autônoma é um elemento muito importante em seu desenvolvimento cognitivo e com claras repercussões na vida cotidiana e nas aprendizagens escolares.

Uma atenção mais seletiva

Basta pensar em atividades cotidianas (de brincadeira, sala de aula, nas refeições) realizadas por crianças com idades prévias e posteriores aos seis e sete anos para percebermos uma das diferenças mais marcantes entre eles. Enquanto os pequenos se distraem com facilidade, passam de um tema de interesse a outro, não respeitam as regras de um jogo, mudam de atividade e sua concentração em uma mesma tarefa é muito limitada, as crianças maiores trabalham com mais facilidade de forma independente, podem acompanhar uma ou várias conversações e se concentram com mais precisão nos aspectos relevantes de um jogo ou de uma tarefa. Essa diferença está muito ligada ao desenvolvimento da atenção seletiva: a capacidade para filtrar as distrações e se concentrar na informação relevante. É claro que, durante a etapa que vai dos dois aos seis anos, essa capacidade também se desenvolve, e as crianças pequenas são capazes de prestar atenção de forma seletiva em algumas dimensões de ambiente e não prestar em outras (ver o item "Desenvolvimento da atenção" do Capítulo 7). Mas, em termos gerais, os pequenos precisam de muito mais ajuda e esforços externos (instruções precisas e contínuas, estímulos destacados, reforço motivacional) do que os maiores para controlar sua atenção. Além disso, também se evidenciou que a premência perceptiva (o caráter marcado de alguma dimensão perceptiva) tem um papel especialmente importante na aplicação da atenção das crianças mais jovens (Flavell, 1993, p. 292).

O fato de dar atenção mais seletiva para as informações supõe uma maior capacidade de controle. Realmente, à medida que crescem, as crianças costumam ser cada vez mais capazes de dirigir e de controlar voluntariamente a aplicação de sua própria atenção. Isso não significa tão-somente centrar-se nos dados relevantes para os objetivos da tarefa; também significa (e isto, às vezes, é mais difícil) deixar de lado os dados irrelevantes, o que, às vezes, requer um esforço consciente para não dar atenção a estímulos destacados que não são pertinentes. Esse controle tem um papel importante em processos perceptivos, de memória e de pensamento, traduzindo-se muitas vezes em melhor planejamento da ação. Vejamos dois exemplos.

Um estudo clássico de Vurpillot (1968) apresentou a crianças de diferentes idades a tarefa de comparar e decidir quais pares de desenhos de casas eram iguais. Cada casa tinha seis janelas, em cada uma das quais havia algum objeto; algumas casas eram idênticas, enquanto outras mostravam diferenças no mínimo em um par de janelas. A partir dos seis anos, as crianças maiores examinavam de forma mais sistemática e planejada as janelas correspondentes, par a par, assegurando-se de não se esquecerem nenhuma. Em idades abaixo dessa, a exploração das janelas era menos sistemática e estava guiada por elementos aleatórios da situação.

Em outro estudo já citado no Capítulo 7 (Miller, 1990), apresentou-se a crianças com idade entre sete e dez anos uma caixa grande com 12 portas dispostas em duas fileiras. Atrás de cada porta se encontrava a imagem de um animal ou de um objeto doméstico. Na porta havia um anagrama que indicava o tipo de imagem que se escondia atrás da porta (animal ou objeto). Pediu-se para a metade das crianças que lembrassem que animal concreto se escondia atrás de cada porta; para a outra metade se pediu o mesmo para objetos domésticos. Para ambas foi permitido durante um tempo abrir as portas que desejassem com a finalidade de poder memorizar o objeto concreto que se escondia. Nessa fase do estudo, as crianças menores não eram seletivas: abriam todas as portas, tanto se tinham de lembrar de animais como de objetos domésticos. As crianças maiores abriam tão somente aquelas portas que apresentavam um anagrama correspondente aos objetos que tinham de memorizar. Graças a essa estratégia mais adaptada às demandas da tarefa, sua lembrança foi melhor.

Em todos esses casos, o controle e a seleção da atenção fazem com que os processos cognitivos ganhem em adaptabilidade. Comparado com o das menores, o sistema de atenção das crianças maiores (principalmente a partir dos oito ou nove anos) se ajusta de um modo mais flexível, mais eficiente e de forma mais econômica às exigências de cada situação. E isso não acontece tão-somente quando consideramos tarefas isoladas em que se dá atenção de forma adaptada para uma informação e se descarta a outra; as crianças maiores também são capazes, diferentemente das pequenas, de estender seu controle de atenção ao longo do tempo. Além disso, manterão e aplicarão uma estratégia enquanto for frutífera, mas estarão dispostos a abandoná-la se descobrirem que ela deixou de ser adequada aos objetivos da tarefa; da mesma forma, essas crianças evitarão tomar decisões precipitadas baseadas em uma seleção insuficiente de informação e também poderão retomar ou examinar de novo elementos da informação já selecionados se acharem que esqueceram ou não interpretaram bem algum aspecto. Todas essas capacidades, que naturalmente podem melhorar nos anos posteriores, inclusive em casos complexos, durante a adolescência, oferecem-nos a imagem de um sistema de processamento mais seletivo, mais flexível e mais controlado do que o das crianças menores de seis anos.

Uma memória mais estratégica

Os pesquisadores do processamento da informação sempre deram ao processo de memória um lugar privilegiado. Para um sistema que tem de processar um fluxo incessante de informação, o armazenamento e a recuperação dessa informação são, realmente, dois momentos cruciais. Além disso, as melhorias na capacidade de processar informação estão relacionadas muitas vezes aos avanços na capacidade de memória. Isso já ocorria nas etapas anteriores (como vimos nos Capítulos 3 e 7) e continua ocorrendo na etapa que agora estamos analisando. O que muda nessa etapa não é tanto a memória básica, estrutural, mas seu uso. É certo que uma criança de quatro anos terá uma capacidade de memória de três ou quatro unidades de informação, enquanto a de uma criança de 12 anos será de seis ou sete unidades. Mas essa maneira simples de descrever a diferença na capacidade de memória esconde as razões que a explicam. O interessante é se perguntar o que ocorre em um e em outro caso no tempo transcorrido entre a entrada da informação e a saída (lembrança); ou dito de outra maneira, o importante é explicar as atividades cognitivas implícitas nos diferentes produtos de memória quando se comparam crianças de diferentes idades. Na etapa que nos cabe abordar, foram assinalados três fenômenos que nos aproximam desse tipo de explicação: as estratégias de memória, o efeito dos conhecimentos sobre a memória e a metacognição (que, no caso da memória, poderia ser denominada de metamemória).

Diferentemente das crianças menores, crianças a partir de seis anos mostram, de forma muito mais clara, uma série de procedimentos para reter novas informações e para recuperá-las. As primeiras são denominadas *estratégias de armazenamento*; as segundas, de recuperação (ver o Quadro 12.1). A *revisão* é a estratégia de armazenamento mais simples, cuja utilização aumenta nitidamente com a idade,

QUADRO 12.1 Principais estratégias de memória

Estratégias de armazenamento	
Revisão:	repetir o material a ser recordado.
Organização:	agrupar ou categorizar semanticamente o material antes de estudá-lo para sua memorização.
Elaboração:	identificar um referente comum ou um significado compartilhado entre as coisas que devem ser recordadas.
Estratégias de recuperação	
Procedimentos para recuperar informação armazenada, seja de forma intencional (quando o sujeito sabe com antecedência que terá se de lembrar de algo) ou incidental (quando não sabe).	

conforme mostra um estudo clássico de Flavell, Beach e Chinsky (1966). Crianças de diferentes idades (grupos de cinco, sete e dez anos) deviam apontar, na mesma ordem que fazia o experimentador, três desenhos familiares escolhidos entre uma fileira de sete. O intervalo entre o momento em que o adulto apontava as figuras e a lembrança da criança era de 15 segundos. Durante esse intervalo, o sujeito não podia ver nem os estímulos, nem o experimentador, pois tinha os olhos cobertos com uma viseira. O experimentador, que havia sido treinado para ler nos lábios as verbalizações das crianças, anotava os nomes dos desenhos pronunciados de forma semi-encoberta. Dos 20 sujeitos incluídos em cada grupo de idade, duas das crianças de cinco anos, 12 de sete anos e 17 de 11 anos mostraram a estratégia de revisão verbal.

Embora possa ser complexa e se tornar muito elaborada, a estratégia de revisão é um procedimento muito simples baseado na repetição. As outras estratégias vão além da pura associação entre estímulos e introduzem novas relações entre os elementos a serem memorizados. Na estratégia de *organização*, as crianças, diante de um conjunto desorganizado de elementos a serem memorizados, os agrupam por categorias (objetos relacionados com o transporte – bicicleta, carro, ônibus –, artigos de vestir – camisa, avental, sapatos –, utensílios – martelo, pente, colher). Esse agrupamento, ativamente buscado, facilita a lembrança, que costuma ser organizada segundo as diferentes categorias utilizadas no momento do armazenamento. Naturalmente, tal agrupamento não costuma ser completo e pode variar muito segundo a capacidade de categorização das crianças. O que parece claro é que existe uma tendência evolutiva para o uso intencional da estratégia de organização; apesar de que desde muito cedo (desde os dois anos) a lembrança de um item pode servir como chave para a lembrança de outros itens semanticamente relacionados a ele (Flavell, 1993, p. 326), o emprego espontâneo da estratégia de organização será ampliado à medida que se avança no ensino fundamental, sendo pouco utilizada no início e tendo um uso mais freqüente próximo dos 10 ou 11 anos. Se forem instruídas para isso, as crianças podem se servir dessa estratégia desde o início do ensino fundamental, embora de forma incipiente.

A estratégia de *elaboração* está estreitamente relacionada com a anterior, embora suponha um procedimento um pouco diferente: os sujeitos também acrescentam novas relações entre os elementos a serem memorizados, mas nesse caso tais relações não se reduzem a agrupar elementos em categorias. O que se faz nesse caso é relacionar dois ou mais elementos, criando uma relação ou um significado novos (graças a uma imagem mental, uma história, uma cena, uma frase; assim, por exemplo, se é preciso lembrar do par de palavras cão-chapéu, imaginar um cão usando um grande chapéu ajuda a reter o par na memória). Esse tipo de estratégia é muito efetivo para unir solidamente na memória pares de itens sem uma clara relação entre si, algo que pode ocorrer quando aprendemos o significado de novas palavras em nossa linguagem ou em uma língua estrangeira. Da mesma forma como ocorre com as demais estratégias, a elaboração será aperfeiçoada e mostrada com mais freqüência a partir dos seis anos, embora o uso espontâneo dessa estratégia não seja comum antes da adolescência, a não ser que se ensine a usá-las.

Assim como as estratégias de armazenamento, as *estratégias de recuperação* variam muito em complexidade. Vamos pensar no ato de procurar um objeto perdido. Está claro que uma criança pequena é capaz de procurar em seu quarto um brinquedo que não está em seu lugar, mas os recursos que utilizará para melhorar o processo de recuperação em sua memória são muito mais simples do que os de uma criança maior. Esta poderia incluir em sua procura elementos diversos de sua memória (onde viu o brinquedo pela última vez), conhecimentos sobre o ambiente (dia em que sua mãe e seu pai organizam de forma exaustiva o quarto) e até inferências (deduz que tem de estar no andar de baixo, pois nunca leva brinquedos para o primeiro andar). Diferentes estudos assinalam que as crianças pequenas têm muitas dificuldades para melhorar o processo de recuperação quando é preciso fazer um esforço de procura interna, embora sejam muito capazes de explorar e de reconhecer elementos do mundo externo (Kail, 1990). Com a idade, melhora a capacidade de "procurar algo na memória" de forma eficaz e flexível. Isso, naturalmente, tem repercussões quando se tenta avaliar até que ponto as crianças podem agir como testemunhas confiáveis em causas legais (ver Quadro 12.2).

O avanço nos procedimentos estratégicos de memória de que estamos falando se apóia seguramente em ajudas, instruções e maneiras de fazer que são aprendidas na escola. As tarefas escolares exigem processos de memória complexos, e a utilização de estratégias seguramente é favorecida pelas ajudas que outros companheiros, professores e pais dão às crianças. Mas, como assinala Flavell (1993, p. 319), o desenvolvimento das estratégias de memória passa por três etapas: na primeira delas (a que é denominada de "estratégia não-disponível" ou deficiência de mediação), qualquer esforço para induzir a estratégia se mostra inútil. Por exemplo, quando se trata da estratégia de revisão verbal, em um primeiro momento as destrezas necessárias para que a criança revise (habilidade de reconhecer e subvocalizar nomes de estímulos, habilidade de repetir para si mesma palavras de maneira controlada, habilidade para saber o que foi repetido e o que falta repetir) podem estar totalmente ausentes, e, por isso, qualquer ajuda se mostra infrutífera. O segundo momento evolutivo (deficiência de produção) é interessante: ocorre quando a criança não usa espontaneamente a estratégia, mas possui uma boa potencialidade de base para aplicá-la; nesses casos, as tentativas de induzir a estratégia, de ensiná-la, são eficazes. No último momento (uso maduro da estratégia), as crianças utilizam espontaneamente a estratégia, que já não precisa ser induzida. De todas as formas, e independentemente do peso que se dê para a aprendizagem na aplicação de estratégias de memória durante esses anos, está claro que já existe a capacidade de elaborar, de forma consciente e intencional, uma série de recursos de memória muito mais complexos e flexíveis do que os das crianças menores de seis anos.

Esse avanço se deve, em parte, às novas capacidades metacognitivas das crianças dessas idades, capacidades que, aplicadas à memória, permitem que conheçam melhor e sejam mais conscientes de seus próprios processos mnêmicos. Como a metacognição não se reduz tão somente à memória, nós iremos abordá-la mais adiante como um dos mecanismos que explicam a diferença entre a cognição das crianças mais jovens e a das mais velhas (item "Maior consciência reflexiva e melhor controle"). Da mesma maneira, os conhecimentos mais organizados e complexos que as crianças dessa etapa elaboram sobre o mundo repercutem, sem dúvida alguma, em suas capacidades de memória. É evidente que o que já se sabe tem um grande efeito sobre o que a mente aprende e lembra, a tal ponto que uma criança que conhecesse melhor do que um adulto um campo determinado de conhecimento, provavelmente lembraria muito melhor do que ele os conteúdos correspondentes. No mais, os conhecimentos que se possui constituem um fator que, como a metacognição, repercute em outros muitos

QUADRO 12.2 Quando o testemunho é de uma criança

Muitas são as crianças cujo testemunho é essencial em casos legais como o de maus-tratos, divórcio, violência familiar, tratamentos médicos abusivos ou outras causas em que se vêem direta ou indiretamente envolvidas. A memória testemunhal é um caso particular de memória episódica, que tem relação com uma série de acontecimentos ordenados no espaço e no tempo, com a particularidade de que as crianças costumam ser interrogadas partindo de perguntas gerais ("Conte-me o que aconteceu ontem a tarde em sua casa.") seguidas de perguntas mais concretas ("O que seu pai fez quando chegou do trabalho?").

De forma geral, e apesar dos níveis baixos de lembrança livre, a lembrança das crianças menores de seis anos costuma ser muito precisa. O que aumenta a partir dessa idade é a capacidade de lembrar questões gerais, sem ajuda, e também a possibilidade de melhorar a lembrança por meio de perguntas gerais que requerem maior informação. Quanto à estabilidade das lembranças falsas das crianças, parece que quando os lapsos de tempo são breves entre uma primeira e uma segunda lembrança, as crianças que lembram de algo de forma incorreta tendem a lembrá-lo incorretamente em uma segunda tentativa. E, embora pareça surpreendente, quando o lapso de tempo é maior, as lembranças falsas são igualmente persistentes no tempo que as lembranças verdadeiras.

Os conhecimentos têm um papel central no grau de exatidão das lembranças: quanto mais conhecimentos tiverem as crianças sobre o tema em questão (por exemplo, no caso de procedimentos médicos nocivos), melhor será sua lembrança, e menos sugestionáveis serão. Do mesmo modo, as maiores capacidades de controle que as crianças com mais de seis anos têm para orientar sua busca na memória fazem com que suas lembranças sejam mais confiáveis. Por exemplo, as crianças pequenas podem ter dificuldades para distinguir uma ação realizada por elas de uma simplesmente imaginada, ou podem pensar que uma ação realizada por outra pessoa em uma atividade conjunta foi realizada por elas. Por último, parece que as crianças com mais de seis anos, de maneira geral, são menos sugestionáveis (por meio de informações errôneas ou de perguntas enganosas) do que as crianças mais novas.

Todas essas considerações, muito de acordo com o desenvolvimento das capacidades de memória durante os anos do ensino fundamental, devem situar-se no contexto particular de um testemunho legal, em que aparecem fatores afetivos e sociais de grande importância que podem ser decisivos na hora de considerar o testemunho de crianças que estão nos primeiros anos do ensino fundamental (para mais detalhes, ver Ceci e Bruck, 1993).

processos (pensamento, raciocínio, resolução de problemas) além da memória. É por isso que falaremos sobre seu papel a seguir.

Mais e melhores conhecimentos

Chi (1978) foi quem demonstrou precisamente esse fato em seu estudo clássico, o qual mencionamos nos Capítulos 1 e 7. Essa pesquisadora comparou a memória de um grupo de crianças entre 8 e 13 anos, peritas em xadrez, em relação à posição das peças em um tabuleiro segundo determinadas jogadas clássicas, com a de um grupo de adultos que não eram peritos nesse jogo. As crianças se lembraram, com uma exatidão muito maior do que a dos adultos, da posição das peças. Além disso, eram mais eficientes em sua organização mental das peças em blocos lógicos de memória relacionados entre si. Em compensação, quando era para se lembrarem de números aleatórios, os adultos superavam claramente as crianças. Esse fato, corroborado por outros tantos estudos realizados em diferentes domínios de conhecimento, sugere que as crianças do ensino fundamental são capazes de adquirir e de organizar, de forma elaborada, seus conhecimentos a tal ponto que estes podem superar em alguns casos os dos adultos. Mostra também que a organização dos conhecimentos em domínios específicos, ao constituir sistemas de relações semânticas melhor elaboradas e mais familiares, facilita o armazenamento e a recuperação de informações (ver Quadro 12.3). É comum encontrar crianças em idade escolar que, apaixonadas por algum tema específico (esportes, desenhos animados, informática, astronomia ou publicidade televisiva), superem, e muito, o que sabe um adulto menos hábil nesses temas.

As crianças dessa etapa desenvolvem conhecimentos amplos e organizados em diferentes domínios específicos (domínio físico, numérico, biológico, psicológico, social). Todos sabemos a ênfase que sempre foi dada pela escola

QUADRO 12.3 Memória construtiva

O fato de que as crianças com mais de seis anos ampliem sua memória graças ao acúmulo e à organização de conhecimentos mostra-nos que os processos de memória estão ultimamente relacionados com os processos de elaboração de conhecimento, e não nos deixarão esquecer que a maior parte das coisas de que nos lembramos na vida diária é composta de fatos ou de corpos de informação organizados e significativos. Nesse sentido, contrário ao que se poderia supor, considerando muitas das pesquisas clássicas de laboratório, memorizar não consiste em armazenar e recuperar itens isolados, quase sem sentido, seguindo uma dupla seqüência de impressão-cópia e de recuperação literal. Ao contrário, é um processo duplamente construtivo que começa com uma representação, uma interpretação e um armazenamento das informações segundo certas pautas cognitivas e que acaba com uma reconstrução ativa e interpretativa do armazenado na memória. Essas construções e reconstruções podem ser, em parte, processos automáticos e inconscientes, embora em parte também possam ser processos conscientes e deliberados (estratégicos), à medida que as capacidades de planejamento e de controle do processamento da informação se desenvolvam.

Assim, não é de estranhar que os progressos da memória a partir dos seis anos se devam, em grande parte, a uma maior capacidade para elaborar representações mentais (esquemas de conhecimentos como roteiros, cenas ou histórias, ou conhecimentos categoriais) mais precisas, mais bem organizadas e mais significativas do que a das crianças mais novas, como vimos no Capítulo 7. Também não é de estranhar que os avanços na capacidade de memória estejam diretamente ligados a avanços cognitivos mais estruturais (ver adiante o item "O pensamento operacional concreto") que permitem uma série de inferências e de raciocínios difíceis de serem elaborados pelas crianças mais novas. Tal e como Piaget e Inhelder sustentaram (1972), o que uma criança é capaz de lembrar pode depender de suas capacidades lógicas até o ponto que poderá, conforme os casos, introduzir nas informações de partida uma organização que estará diretamente ligada aos princípios lógicos que regem sua compreensão do mundo e a organização de suas lembranças. Esses autores mostraram, por exemplo, que a lembrança de uma série de formações de varetas de diferentes comprimentos estava intimamente relacionada com a capacidade operatória das crianças maiores (etapa das operações concretas), e que estas organizavam os estímulos segundo as novas competências operatórias de ordenar de modo completo o material em questão.

Esses e outros dados (ver, por exemplo, o estado da questão proposta por Schneider e Bjorklund, 1998) revelam-nos que o processo de memória depende em grande medida da capacidade de interpretação e de organização que as crianças têm das informações a serem memorizadas, a tal ponto que a memória pode introduzir relações e novas informações em detrimento da fidelidade aos dados se o sentido de coerência e de significado introduzido pelo sujeito assim o exigir.

para a aquisição e organização de diferentes conhecimentos (lingüísticos, matemáticos, geográficos, físicos, sociais) nessa etapa de escolaridade. E inúmeros estudos psicológicos e didáticos exploraram a aquisição de conhecimentos específicos, como podem ser a forma da terra, a gravidade, o movimento, a digestão, a doença, a proporção ou o caráter vivo das plantas. Mas o certo é que o estudo sistemático do desenvolvimento dos conhecimentos infantis é relativamente recente. Esse atraso se deve, entre outras coisas, a que o enfoque predominante durante muitos anos em psicologia evolutiva foi o estudo de diferentes temas (como os anteriormente citados) como um caminho para entender aspectos gerais e estruturais do conhecimento e de seu processamento (os esquemas de conhecimento, a categorização, as operações mentais). O conteúdo do pensamento (os conhecimentos) era relegado, nesses casos, a um segundo plano.[1] O renovado interesse pelo estudo dos conhecimentos específicos (sua organização, sua mudança ao longo do desenvolvimento) se deve, por um lado, à convicção de que o conhecimento especializado tem uma influência decisiva na cognição; alguns aspectos dessa influência do conhecimento sobre a capacidade e a velocidade de processamento, ou sobre a memória, foram assinalados anteriormente. Por outro lado, a idéia de que o pensamento pode estar organizado em diferentes domínios (ou "módulos"), e que esses diferentes sistemas processam certos tipos de informação e não outros, é uma idéia que readquiriu interesse há alguns anos em psicologia evolutiva e que pode explicar em parte o auge dos estudos da aquisição e do desenvolvimento dos conhecimentos em domínios específicos.[2] Sem querer entrar em debate sobre essa questão nem sobre a própria definição de "domínio específico" (ver Gómez e Núñez, 1998; Hirschfeld e Gelman, 1994; Karmiloff-Smith, 1992), nossa intenção consiste simplesmente em indicar a importância que, a partir do ensino fundamental, tem o desenvolvimento de conhecimentos em domínios específicos.

Domínios importantíssimos na interação das crianças com seu ambiente e que são vitais para sua adaptação em nossa cultura (como o domínio da física, da biologia, da linguagem, do número, do psicológico, do social, da moralidade e da notação) são conhecidos e representados por crianças do ensino fundamental de uma maneira muito mais precisa e inter-relacionada do que a das mais novas. Seria difícil, no entanto, resumir em poucas linhas as tendências evolutivas sem mostrar o que ocorre em cada domínio.

O desenvolvimento de conhecimentos específicos nas crianças em idade escolar, sem dúvida, está relacionado com a transmissão de informações em geral e com a escolarização em particular. Poderíamos pensar, como fazem alguns autores, que o avanço dos conhecimentos ao longo dessa etapa se deve ao fato de as crianças receberem cada vez mais informações e mais instruções diretas sobre esses conhecimentos. Mas esse fator, embora essencial, não explica a existência de padrões de aquisição e de tempo diferentes segundo o momento em que os sujeitos recebem a informação, nem dá conta da elaboração por parte das crianças de idéias radicalmente diferentes das informações que recebem, nem explica os erros que são fruto de uma construção própria das crianças e alheia ao ensino, nem explica a dificuldade para mudar algumas dessas idéias por outros conhecimentos mais elaborados. Um dos exemplos dessas resistências no domínio da biologia é a dificuldade que as crianças têm de aceitar a teoria da evolução. Em um estudo, foi mostrada a predominância de explicações criacionistas nas crianças mais novas da amostra (que compreendia crianças de 5 a 13 anos), explicações que surgiam ao responder a perguntas abertas (como, por exemplo, "Como você acha que o primeiro humano apareceu na Terra?"), ou ao escolher opções pertencentes a diferentes categorias explicativas ("Deus o fez", "veio do chão", "os humanos o fizeram", "veio de outro animal"). Somente as crianças maiores optaram por uma explicação do tipo evolucionista/ adaptativa, sempre e quando não fizessem parte de ambientes cristãos fundamentalistas (um grupo que participou da pesquisa). A maioria das crianças desse último grupo e das crianças mais novas continuou dando explicações do tipo criacionista. Outro exemplo no campo da biologia é a dificuldade que as crianças têm para aceitar que os humanos são um tipo de animal, junto a outras muitas espécies. A tendência é considerar os humanos como algo à parte, radicalmente diferentes dos animais. Esses dados apareceram em diferentes tarefas de classificação em que eram apresentados três cartões e que se pedia ao sujeito que selecionasse os dois que iam juntos. Até em opções extremas (humano, chimpanzé, guindaste), a proposta de muitas crianças consistia em deixar à parte o humano (estudos citados em Wellman e Gelman, 1998).

Esse tipo de resultados corrobora a idéia de que as crianças elaboram sólidas crenças sobre diferentes aspectos da realidade, crenças que entram em claro conflito com muitas das idéias transmitidas em seu ambiente. Todas essas exceções a uma aquisição direta indicam que o desenvolvimento de conhecimentos segue modalidades de construções próprias de cada domínio, seguramente apoiadas por estruturas conceituais precoces que dirigem a representação e a compreensão de informações relevantes para cada caso.

Maior consciência reflexiva e melhor controle

Embora o conceito de metacognição seja complexo e não tenham sido poucas as confusões provocadas por sua causa (ver, por exemplo, Martí, 1995), é inegável que permitiu impulsionar uma série de estudos que contribuíram para melhorar nossa visão sobre a cognição humana. Hoje, sabemos que um dos mais importantes mecanismos de mudança é, precisamente, a metacognição, que explica que a memória, a resolução de problemas, a categorização, o raciocínio ou a elaboração de conhecimentos sejam processos cognitivos mais sólidos e eficazes depois dos seis anos do que antes dessa idade. Falar de um progresso na metacognição a partir dos seis anos remete, no entanto, a dois sentidos um pouco diferentes. Significa, por um lado, que estas crianças são mais conscientes de seus próprios processos cognitivos do que as crianças menores: percebem mais como pensam e o que pensam, são mais capazes de avaliar uma tarefa cognitiva (seu grau de dificuldade, por exemplo) e de adaptar melhor as estratégias pertinentes, avaliam melhor seu próprio rendimento e são mais conscientes daquilo que aprenderam e de seus próprios conhecimentos. Poderíamos denominar esse primeiro sentido, diretamente ligado a uma maior capacidade de refletir e de tomar consciência das próprias ações cognitivas, de "metaconhecimento". Mas, por outro lado, o conceito de metacognição também remete à capacidade de regular e controlar a própria conduta cognitiva. Nesse sentido, as crianças do ensino fundamental sabem melhor o que devem e como devem fazer do que as crianças da educação infantil: planejarão melhor suas ações antes de abordar um problema, farão um acompanhamento mais preciso de suas ações e poderão avaliá-las e corrigi-las se for necessário, ou controlarão e adaptarão melhor suas estratégias de acordo com o tipo de tarefa. A tendência dominante que surge quando se comparam as atuações das crianças menores e das maiores é que estas últimas são mais reflexivas, mais estratégicas e mais planejadoras.

Essa tendência foi evidenciada em muitos aspectos da cognição. Por exemplo, em tarefas de memória, os trabalhos de Flavell e outros pesquisadores (Flavell, 1993) mostraram quão complexas podem ser algumas estratégias de memória das crianças com mais de seis anos, quando requerem claras competências metacognitivas. As crianças dessas idades, ao serem questionadas sobre o que fariam em tarefas de armazenamento e de recuperação (por exemplo, o que fariam para ter certeza de não esquecer os patins ao irem à escola na manhã seguinte) adotavam um enfoque mais estratégico e planejado do que as crianças mais novas. Algumas dessas estratégias não remetiam somente a procedimentos internos ("na cabeça"), como o de revisar algumas vezes o fato a ser memorizado, mas supunham o recurso de ajudas externas, como pôr os patins em um lugar visível na manhã seguinte (perto da porta), pedir a sua mãe que a lembrasse ou elas mesmas anotarem em um papel. Embora algumas dessas estratégias possam aparecer em crianças mais novas, o que muda com a idade é o grau de perfeição e planejamento dos procedimentos sugeridos, muitos deles baseados nos conhecimentos que as crianças desenvolvem sobre o que significa memorizar e sobre as variáveis mais importantes que devem considerar em tarefas de memória.

Do mesmo modo, em situações de resolução de problemas, diferentes estudos assinalaram que, embora possam existir ações planejadas e um processo de regulação e correção por parte de crianças mais jovens quando são tarefas simples e familiares, essas competências são mais freqüentes a partir dos seis anos (ver alguns exemplos em DeLoache, Miller e Pierroutsakos, 1998). Em um desses estudos, crianças de diferentes idades tinham de recolher diversos objetos que estavam nas estantes de um supermercado. Enquanto as crianças de cinco anos realizavam uma busca pouco organizada e pegavam um produto após o outro, as crianças de nove anos consideravam o espaço global do supermercado e seu conhecimento da localização dos diferentes produtos para aplicar uma estratégia de busca mais eficiente e pensada (Gauvain e Rogoff, 1989). Em todos esses exemplos, uma das tendências evolutivas consiste na maior capacidade das crianças maiores para irem introduzindo mudanças e correções, fruto de uma melhor avaliação da conduta posta em andamento e das demandas da tarefa.

Como indicamos anteriormente, essas novas capacidades se desdobram em íntima relação com a educação formal. Por um lado, está demonstrado que as crianças do ensino fundamental são muito sensíveis às ajudas de outras pessoas que lhes permitem melhorar suas estratégias cognitivas e seus conhecimentos sobre as tarefas e suas demandas. Nesse sentido, não há dúvida de que a educação formal tem um papel fundamental no desenvolvimento de estratégias eficientes. Mas não podemos nos esquecer de que essas ajudas são eficazes nessa etapa, porque as crianças alcançaram um grau de competência metacognitiva que lhes permite refletir sobre suas próprias ações e controlá-las de forma muito mais eficiente. Não é, pois, de estranhar que habilidades importantes e complexas ensinadas durante o ensino fundamental, como a leitura, a escrita e a matemática, sejam adquiridas de forma espetacular ao longo desses anos.

O PENSAMENTO OPERACIONAL CONCRETO

Seguindo uma distinção um pouco simples, mas útil, poderíamos dizer que a perspectiva do processamento da informação que acabamos de apresentar enfatiza mais o processo e o conteúdo do pensamento do que sua estrutura. É certo que alguns dos psicólogos que adotam tal perspectiva se interessam pelo formato do pensamento e propõem diferentes padrões ou formas de conhecimento como podem ser os roteiros, as cenas, as histórias ou os modelos mentais. Mas, na perspectiva do processamento da informação, a estrutura ou formato do pensamento muda pouco ao longo do desenvolvimento: é possível encontrar as mesmas pautas cognitivas em crianças pequenas e maiores, embora entre umas e outras mudem, naturalmente, a capacidade e a velocidade de processamento, a acumulação e a organização dos conhecimentos e as capacidades metacognitivas.

A proposta de Piaget, ao contrário, enfatiza a forma de pensar das crianças pequenas (antes dos seis anos) e das maiores (de 6 a 12 anos) e ressalta suas diferenças estruturais. Nesse sentido, as crianças em idade escolar aplicam algumas estratégias lógicas e racionais que estão ausentes nas crianças menores. Aquelas são capazes de elaborar explicações racionais, generalizáveis, com coerência interna, mais objetivas, enquanto estas se deixam guiar muito mais pela intuição e pelas observações subjetivas. Por isso, os argumentos das crianças com mais de seis anos costumam ser mais arrazoados e justificados do que o das crianças menores. Não é estranho, então, que as crianças maiores se envolvam mais em discussões complexas e argumentadas sobre algum tema de interesse, enquanto as pequenas irão se basear em julgamentos mais radicais, mas menos elaborados logicamente. Segundo essa visão, as crianças do ensino fundamental entrariam no que poderíamos chamar de "idade da razão", uma idade que as distancia da forma de pensar mais intuitiva e mais subjetiva das crianças menores.

Do pensamento pré-operatório ao pensamento operatório

Sem querer retomar a descrição já feita no Capítulo 7 sobre o pensamento pré-operatório, a seguir são indicadas as grandes tendências evolutivas que diferenciam a forma de pensar antes e depois dos seis e sete anos e que permitem entender o contraste pré-operações-operações concretas. Enfatiza-se especialmente as novas capacidades cognitivas e se ilustra tais tendências com algum exemplo prototípico de pesquisa (ver Flavell, 1993; Piaget e Inhelder, 1969).

- *Descentração* frente à *centração*: para fazer frente à complexidade de qualquer situação, as crianças com mais de seis anos são capazes de considerar várias dimensões, várias perspectivas, em vez de se centrarem em uma delas, a mais dominante, como fazem as crianças menores. Essa capacidade de dar atenção a diferentes aspectos do estímulo e de relativizar o ponto de atenção é crucial para conseguir um pensamento mais objetivo, menos egocêntrico. E isso é essencial em qualquer tipo de tarefas e situações da vida cotidiana. Uma criança pequena, por exemplo, pode protestar por que sua mãe está cortando um pedaço de torrone "ao comprido" (e vê que as duas partes resultantes são muito estreitas) e propõe que ela o corte "na largura", pois assim ela acha que ficará com mais quantidade; outra pode preferir um copo estreito e alto de suco do que um copo largo e baixo, pois pensa que no primeiro tem mais. Essas histórias reais da vida cotidiana se parecem muito com as tarefas que Piaget propôs em suas famosas tarefas de conservação que analisaremos mais adiante. Também em muitas outras circunstâncias aparece o fenômeno da centração.

Piaget e Inhelder mostraram a capacidade que as crianças com mais de seis anos têm para relativizar seu ponto de vista e resolver o problema da famosa tarefa das "três montanhas" (Piaget e Inhelder, 1948). Como vimos na Figura 7.1 (Capítulo 7), a tarefa para as crianças consistia em poder imaginar como um personagem veria o conjunto das três montanhas em uma maquete e situado em cima da mesa quando esse personagem estivesse em uma posição diferente a do sujeito (em frente, lateral à esquerda, lateral à direita). As crianças menores da amostra (em sua maioria, menores de seis anos) tendiam a pensar que o que o outro personagem via era o mesmo que elas mesmas estavam vendo de sua posição. As crianças maiores eram capazes de se descentrar, de considerar o ponto de vista de outra pessoa e de fazer o esforço de reconstruir mentalmente sua visão das montanhas.

- *Realidade inferida* frente à *aparência:* o ditado "as aparências enganam" nos ajuda a entender o avanço do pensamento das crianças com mais de seis anos em relação ao das menores. Ao abordar uma tarefa, enquanto essas últimas se deixam guiar de forma mais decisiva pelos dados perceptivos, pela aparência das coisas, as maiores partem dos dados, naturalmente, mas vão além da informação imediata. São capazes de situar em um contexto mais amplo o diretamente perceptivo e de inferir conclusões que vão além dos dados observáveis. Essa maior facilidade para questionar o diretamente perceptível se torna possível pelo maior peso que têm o raciocínio e as deduções lógicas nas crianças maiores. É como se estas tivessem mais confiança em suas deduções e julgamentos e dessem menos créditos aos dados, ao contrário das pequenas, que são muito mais dependentes das características externas das informações ("se não posso ver – dizem muitas vezes as crianças pequenas – não posso sabê-lo"). Mas seria um erro pensar que as crianças com menos de seis anos não são capazes de pensar sobre coisas não-percebidas nem de raciocinar, enquanto as crianças maiores nunca se baseiam nas aparências para emitir seus julgamentos. O que estamos descrevendo é uma tendência evolutiva geral.

Dois exemplos ajudarão a entender essa tendência. Se apresentarmos a crianças de diferentes idades um quadrado de cartolina que repousa sobre um de seus lados e um quadrado idêntico repousado sobre um de seus vértices e perguntarmos se o segundo também é um quadrado, as crianças menores negam que o segundo o seja. Baseiam-se na aparência (dizem que tem pontas, que se parece com uma bandeira, que é uma espécie de triângulo). As maiores são capazes de resistir à tentação de se deixar levar pelas aparências e raciocinam e justificam que o objeto continua sendo um quadrado (porque continua tendo os lados iguais, porque só foi girado e mudado de posição) (Piaget, Sinclair e Bang, 1968). O segundo exemplo consiste em apresentar para as crianças seis varetas ordenadas por seu comprimento ("em escada"). Pede-se a elas que contem quantas varetas são maiores do que a menor de todas. Elas contam e dizem que são cinco. Então se tapa com uma cartolina todas as varetas salvo a maior, e se pergunta quantas varetas há menores do que ela. As crianças menores de seis anos costumam ficar perplexas diante da pergunta e dizem que não sabem, que teriam de ver e de contar, como fizeram antes. As crianças maiores param um momento para pensar e concluem que há, necessariamente, as mesmas varetas que antes, cinco, nem uma a mais, nem uma a menos (Piaget e Szeminska, 1971).

- *Reversibilidade* frente à *irreversibilidade*: as crianças vão percebendo progressivamente que, diante de um determinado fenômeno, existem algumas ações que compensam outras e que levam ao mesmo ponto de partida. Sabem que se acrescentarem um punhado de balas a um monte, podem reconstruir o monte inicial tirando o que acabaram de acrescentar; percebem que, se fazem um trajeto a pé pelas ruas de uma cidade a partir de sua casa, podem "desfazer" o caminho percorrido para encontrar sua casa de novo; são conscientes de que um objeto muito longo, mas estreito, pode pesar o mesmo que um objeto mais curto se for mais largo. O alcance dessa nova maneira de entender as coisas é grande e tem claras repercussões em muitas das aprendizagens escolares realizadas durante essa etapa. Mas não é que as crianças "descubram" esses fenômenos, como se a reversibilidade estivesse na natureza; ao contrário, é graças ao fato de terem um pensamento variável, reversível, que conseguem representar dessa maneira mais complexa e relacionada fenômenos que as crianças pequenas aprenderiam de forma mais estática (irreversível). O fato de o pensamento (ou as operações intelectuais, para ser mais preciso) ser reversível pode ser entendido de duas maneiras, como mostra o exemplo seguinte.

Quando se propõe para as crianças tarefas clássicas de conservação (como as da Figura 12.1), somente a partir de um determinado momento evolutivo é que elas são capazes de entender que nada variou na situação (que se conserva), apesar das mudanças perceptivas aparentes. Na conservação da quantidade discreta (ou do número), por exemplo, por mais que se separem ou se juntem as fichas de uma das fileiras, as crianças com mais de seis anos afirmam que o número de fichas é idêntico. Os argumentos costumam ser de dois tipos, e ambos indicam a reversibilidade do pensamento. Um deles consiste em dizer que o número de fichas é o mesmo, porque a transformação da fileira (alongar-se ou encurtar-se, segundo o caso) pode ser invertida pela transformação inversa (reversibilidade por inversão ou negação); as crianças maiores não têm problemas para imaginar essa ação inversa que anula a

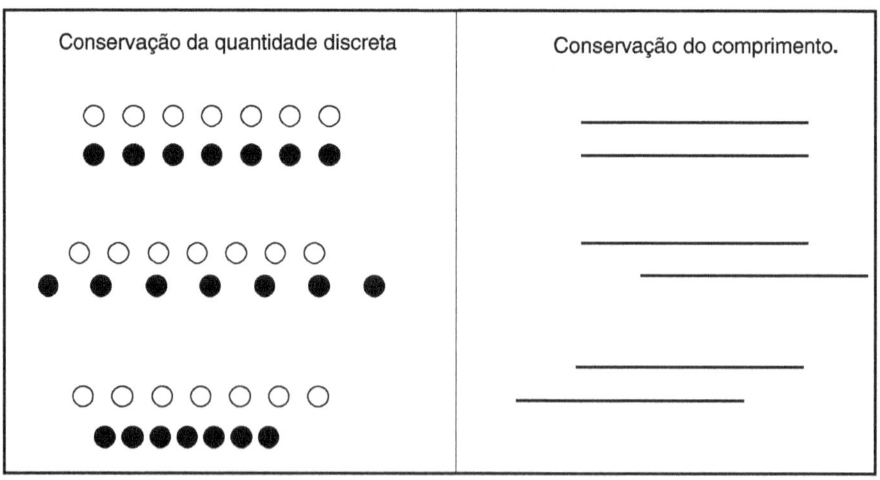

FIGURA 12.1 Conservação da quantidade discreta (número) e do comprimento.

que o experimentador acaba de fazer realmente, por isso concluem, com muita segurança, que a quantidade de fichas continua sendo a mesma. O outro argumento (reversibilidade por compensação ou reciprocidade) consiste em ver que um aspecto da situação (por exemplo, que as fichas pretas estão muito espaçadas) compensa outra (a maior densidade na fileira de fichas brancas que não foram tocadas); no caso da conservação do comprimento, tal argumento se concretiza na idéia de que a vareta ultrapassa por um lado a vareta modelo, mas por outro lado é ao contrário (a vareta modelo ultrapassa a que foi deslocada). O mesmo acontece nas tarefas de conservação da massa (a massa de modelar é mais longa, porém, mais estreita) ou do líquido (o nível do líquido é mais alto, mas o recipiente é mais estreito).

Todos esses exemplos evidenciam a importância de um pensamento mais flexível e mais reversível do que o das crianças pequenas. Essa reversibilidade permite que a criança relacione algumas ações com outras, embora estas sejam virtuais, imaginadas.

- *Transformações* frente a *estados*: os exemplos anteriores nos mostram também outra característica do pensamento operacional concreto: o fato de que esse pensamento seja capaz de acompanhar e de considerar as transformações, em vez de se fixar somente nos estados iniciais e finais de uma transformação. De maneira geral, a partir dos seis anos, as crianças são mais sensíveis do que as menores aos aspectos dinâmicos e mutáveis dos fenômenos, precisamente porque têm um pensamento mais flexível que lhes permite acompanhar e explicar tais transformações. Assim como as crianças maiores são capazes de descentrar sua atenção e considerar várias dimensões de um fenômeno, são capazes também de considerar os estados anteriores e os estados futuros ou potenciais, captando melhor o processo de mudança (uma espécie de descentração temporal). As crianças menores, ao contrário, fixam-se de forma predominante aos estímulos atuais sem colocá-los em relação com outros passados ou futuros e, por isso, captam menos as transformações.

Continuando com o exemplo da conservação da quantidade discreta, pode-se dizer que muitas crianças a partir dos seis anos não terão dificuldades em argumentar que continua havendo o mesmo número de fichas, porque, no início, as duas fileiras eram idênticas (estado anterior) e o experimentador não tirou nem acrescentou fichas e somente se limitou a separá-las (transformação efetuada). Para essas crianças, a tarefa de conservação se transforma em um problema conceitual mais do que perceptivo, porque são capazes de imaginar que, potencial ou realmente, existem estados e transformações relacionados entre si. É fácil imaginar que essa nova forma de pensar, atenta ao dinâmico e ao virtual, permite a compreensão mais profunda de um grande número de fenômenos e de conceitos complexos em diferentes domínios (biologia, física, matemática, moralidade, psicologia), conquista importante e favorecida pela escola nessa etapa do desenvolvimento.

Operações concretas

As razões dessas novas possibilidades de pensamento devem ser buscadas, segundo Piaget, na mudança de natureza dos esquemas de ação. Como vimos nos Capítulos 3 e 7, o enfoque de Piaget concebe o pensamento como uma série de ações sobre o mundo. No início, essas ações são efetivas, sensório-motoras e, com o advento da função simbólica, passam a ser ações semióticas, mentais. Mas o que diferencia as ações mentais das crianças menores das ações das crianças maiores de seis anos é que enquanto as primeiras são ações mentais isoladas, pouco conectadas entre si e muito dependentes dos dados perceptivos (Piaget as chama de "intuições"), as ações mentais das crianças maiores vão sendo cada vez mais coordenadas entre si e podem desligar-se mais facilmente da situação presente (espacial e temporal). Isso é que faz com que seu pensamento seja mais lógico, mais inferencial, menos dependente do aqui e agora. Em outras palavras, para Piaget, as ações mentais se tornam propriamente operações mentais.

O que caracteriza as operações[3] é que elas são ações mentais (ou seja, interiores), reversíveis e coordenadas entre si. São reversíveis, porque, conforme vimos em muito dos exemplos que acabamos de comentar, quando a criança dessas idades realiza uma operação (soma dois números, reúne vários objetos por sua semelhança, ou compara um objeto menor com outro maior), é capaz de utilizar a operação em sentido contrário (subtrai um número de outro, tira objetos, compara o maior com o menor). E estão coordenadas entre si, pois uma operação pode se combinar com outras e levar a uma nova operação; por exemplo, a operação de comparar uma vareta com uma maior (A < B), e de comparar esta última com outra maior (B < C), permite deduzir a relação entre A e C (A < C).

Sem querer entrar nos detalhes da proposta de Piaget, complexa e parcialmente defasada no que se refere a sua obsessão por descrever essas relações entre operações mediante um formalismo lógico e matemático, o importante é ressaltar o caráter coordenado das operações, coordenação que permite que as crianças dessa etapa possam realizar inferências e deduções muito mais complexas do que as crianças menores e que possam enfocar um problema de forma muito mais completa, articulando diferentes dimensões e considerando aspectos anteriores e virtuais que as ajudam a resolver problemas mais complexos.

A fecundidade da visão dessa etapa que nos oferece Piaget se torna patente quando pensamos em todos os aspectos do pensamento infantil estudados por ele e por seus colaboradores. Sem dúvida, as operações disponíveis nesse nível podem ser aplicadas a âmbitos essenciais como são a classificação; a seriação; o número; a medida; a compreensão do espaço, do tempo, do movimento, da geometria, da força, da causalidade, para citar os mais importantes. Em todas essas categorias essenciais do pensamento, o legado essencial de Piaget é o de nos mostrar uma maneira de pensar e de raciocinar qualitativamente diferente a das crianças da etapa anterior, uma maneira mais objetiva e sólida, conforme acabamos de ver. No mais, também é preciso assinalar que o pensamento operacional dessa etapa tem suas limitações. A principal é que as operações se referem a determinados "objetos concretos" (sejam "objetos" físicos, biológicos, morais ou afetivos) e ainda não a hipóteses ou enunciados formais desligados de qualquer conteúdo, como será o caso da etapa seguinte (ver o Capítulo 17). Essa subordinação das operações a uma realidade concreta limita o pensamento dessas crianças do ensino fundamental, que não compreendem a abstração e a potência do pensamento hipotético-dedutivo próprio dos adolescentes.

Essa explicação de Piaget, apesar de parecer muito coerente, leva a uma contradição. Apesar de as operações concretas não estarem totalmente desligadas do conteúdo ao qual se aplicam (como estarão as operações formais abordadas no Capítulo 17), Piaget não dá conta das restrições impostas por cada conteúdo, pois toda a ênfase está nas capacidades gerais que são suscetíveis de estruturar qualquer conteúdo. Dessa forma, ao descrever as operações concretas, Piaget dá como certo que a mesma estruturação é exercida em conteúdos diferentes (numéricos, físicos, biológicos, sociais, etc.). Numerosos estudos mostraram, contudo, que é difícil omitir a especificidade de cada conteúdo quando se analisa a aquisição de conhecimentos (ver item "Mais e melhores conhecimentos" deste mesmo capítulo). Parece, então, difícil sustentar o enfoque generalista de Piaget se não se retificar considerando variáveis que, como a especificidade do conteúdo, parecem ter um papel importante no desenvolvimento cognitivo.

Essa contradição se tornou evidente no próprio interior da teoria de Piaget quando evidenciou o fenômeno das defasagens horizontais: o fato de que aquisições que remetem a uma mesma estruturação cognitiva (por exemplo, a que permite entender o conceito de "conservação") aparecem muito distantes temporalmente (ver o Quadro 12.4). Se o que importa é a estrutura geral, como explicar que diferentes conteúdos necessitem de ritmos de estruturação tão diferentes?

QUADRO 12.4 Evolução da aquisição de diferentes conhecimentos relacionados com as operações concretas*

	0%	50%	100%
Correspondência termo a termo	3	6	8,6
Conservação do número	4	6	8,6
Conservação da substância	4	7,6	11
Conservação do peso	4	8	12
Conservação do comprimento	6	8	10
Coordenação espacial de pontos de vista	5	8,6	12,6

*São indicadas as idades, em anos, nas quais nenhum sujeito, a metade ou a totalidade adquirirem cada conhecimento.
Fonte: Vinh-Bang, 1959.

O problema das defasagens horizontais é um bom indicador de uma das limitações da teoria de Piaget, incapaz de explicar as interações que ocorrem entre os aspectos particulares do conteúdo e a capacidade cognitiva geral dos sujeitos.

O mesmo argumento pode ser aplicado a outro fenômeno desconsiderado pela teoria de Piaget: a influência da cultura no desenvolvimento cognitivo. É fácil adivinhar que a posição de Piaget consiste em assinalar a universalidade da seqüência evolutiva, aceitando, isso sim, que os tempos de aquisição dos conhecimentos podem diferir segundo a riqueza e a estimulação de cada contexto. Na descrição piagetiana, o que traz cada cultura é relegado, então, a uma variável global pouco pertinente para explicar as principais aquisições cognitivas do ser humano. A partir de outros enfoques teóricos, (como o da teoria sociocultural de Vygotsky) assinalam-se, ao contrário, as diferenças de construção que podem aparecer em culturas diferentes. As particularidades de cada cultura são tomadas como algo essencial no desenvolvimento cognitivo a tal ponto que muitos dos aspectos cognitivos pretensamente universais são, para esses outros autores, explicáveis por mecanismos de construção próprios de determinadas culturas (Rogoff, 1993). Naturalmente, pode haver aspectos comuns entre contextos culturais diferentes que expliquem semelhanças no desenvolvimento cognitivo. O importante é que a cultura, contrariamente ao que defende Piaget, é um fator essencial de desenvolvimento que modula e determina o que se desenvolve e quando se desenvolve.

Mas quais são os mecanismos que explicam que progressivamente as crianças cheguem a um pensamento operacional concreto? Naturalmente, é possível evocar os fatores clássicos (maturação, experiência com o mundo físico e experiência com o mundo social) que são candidatos certos para qualquer tentativa de explicação geral para dar conta do avanço cognitivo. Esses fatores gerais também são apontados por Piaget, embora sua argumentação consista em mostrar que são fatores necessários, mas não suficientes. Eles sozinhos não explicam realmente o processo de mudança e, de forma mais precisa, a passagem de um tipo de pensamento (o pré-operatório) a outro (o das operações concretas). Para explicar essa transição, Piaget acrescenta o fator de equilibração (Piaget, 1978). Esse processo é a tendência dinâmica de qualquer sujeito de buscar uma relação (cognitiva) mais estável, mais equilibrada com o mundo. É uma tendência inerente à atividade de qualquer sujeito; não é algo intencional e consciente (nesse sentido, é algo parecido com o equilíbrio dinâmico próprio de muitos sistemas físicos, químicos ou biológicos, equilíbrio que surge do próprio funcionamento do sistema e que não está pré-determinado ou planejado). Essa busca de um maior equilíbrio é o que melhor explicaria a passagem do pensamento pré-operatório ao pensamento concreto. O processo de equilibração se manifesta de forma efetiva por diferentes processos de auto-regulação da conduta: a criança vai sendo cada vez mais capaz de introduzir processos reguladores que permitem corrigir e compensar suas ações, alcançando uma forma de pensar mais completa e mais objetiva. Nesse sentido, para Piaget, o equilíbrio alcançado pelo pensamento operatório é melhor do que o alcançado pelo pensamento pré-operatório: é um equilíbrio que surge de combinações entre operações, de regulações e de compensações (vamos pensar na reversibilidade). Não é um equilíbrio frágil, como o do pensamento das crianças menores, dependente dos dados perceptivos e pouco capaz de compensar mentalmente dimensões aparentemente contraditórias (como vimos nos exemplos de conservação).

Essa explicação de Piaget, que na realidade é muito mais matizada do que a que pudemos expressar aqui, coincide com as explicações dos psicólogos do processamento da informação baseadas na importância dos processos de regulação e de controle dos processos cognitivos para dar conta de boa parte dos progressos que ocorrem durante essa etapa. Conforme já vimos no item anterior, esses psicólogos oferecem outras explicações alternativas à de Piaget sobre os avanços cognitivos dessa etapa. Esses psicólogos, por exemplo, dão conta da capacidade das crianças maiores para resolver tarefas de conservação baseando-se no fato de que as crianças em idade escolar, ao terem maiores capacidades de processamento (atenção, memória), são capazes de atender e de relacionar várias dimensões da situação e podem, assim, resolver com sucesso tarefas muito difíceis para as crianças mais novas. Os dados apresentados no Capítulo 7, que mostravam como algumas das tarefas clássicas de Piaget adequadamente simplificadas (com o que se diminui a carga de atenção e de processamento) são acessíveis às crianças menores de seis anos, corroborariam a importância explicativa dessas mudanças nas capacidades de processamento. Seja como for (e novos dados deverão mostrar a importância relativa dessas princípios explicativos), o enfoque de Piaget, embora questionável e superado pelos dados mais recentes em algum de seus aspectos, continua sendo um modelo teórico coerente e ambicioso que nos permite ver o que existe de radicalmente novo na maneira de pensar das crianças em idade escolar. Além disso, oferece-nos uma quantidade enorme de dados concretos sobre a maneira como as crianças nessas idades abordam problemas de física, de lógica, de matemática, de biologia, de psicologia e de moral.[4]

Com todos esses dados e essas explicações oferecidos pela psicologia evolutiva, entende-se melhor o que pais, educadores ou pessoas que têm contatos com as crianças sempre intuíram: que quando chegam aos seis ou sete anos, elas já não são tão crianças. Essa mudança, naturalmente, não é brusca e se consolida ao longo de toda a etapa escolar. É, entre outras coisas, uma mudança cognitiva, mas que repercute também nas atitudes e no comportamento em geral. As crianças entendem melhor o que se diz a elas, podem acompanhar conversações complexas, são menos ingênuas na hora de entender as intenções das outras pessoas, têm gostos mais claros, podem estar mais atentas ao que lhes interessa, conhecem melhor suas capacidades e limitações e podem se descrever de forma mais objetiva e variada. Em outros capítulos deste livro poderão ser vistos alguns aspectos desses avanços, intimamente relacionados com o desenvolvimento cognitivo. Assim, mesmo que neste capítulo a ênfase tenha estado nas diferenças, não podemos nos esquecer de que existe também um certo grau de continuidade entre as capacidades das crianças pequenas e das maiores, e que algumas das novas habilidades destas últimas já podem ser vislumbradas alguns anos antes. Mostramos alguns exemplos dessa continuidade nas páginas anteriores.

O desenvolvimento cognitivo, contudo, não termina aos 12 anos. Restaria indicar, então, o que falta aos pré-adolescentes em idade escolar para chegarem a um pensamento mais abstrato e rigoroso e a alguns conhecimentos mais bem organizados e mais amplos. A resposta a essa pergunta pode ser encontrada no Capítulo 17.

NOTAS

1. A teoria de Piaget (cujas propostas referentes à etapa que estamos analisando serão expostas na seção seguinte) é um bom exemplo de um enfoque que relega ao segundo plano o estudo dos conhecimentos (do "conteúdo" do pensamento). No entanto, a separação nítida entre estrutura (organização, forma) e conteúdo do conhecimento, embora útil, é simplificadora. O próprio Piaget combateu essa idéia e destacou sempre a relatividade de tal distinção (o que é forma em certo nível pode

se tornar conteúdo em outro) e os laços estreitos que são formados entre a forma e o conteúdo do pensamento.

2. Podemos indicar uma terceira razão que explique o auge desse tipo de estudos: a convicção (baseada em inúmeros estudos) de que todas as pessoas (crianças e adultos) desenvolvem idéias ou teorias implícitas sobre numerosos fenômenos do ambiente cotidiano, idéias que têm um papel decisivo no processo de aquisição de novos conhecimentos (ver, por exemplo, Cubero, 1989; Rodríguez, Rodríguez e Marrero, 1993).
3. Quando Piaget fala de operações, a ênfase está naquelas ações mais gerais que estão na base da maioria dos raciocínios e são próprias da cognição de todos os sujeitos: operações de reunião, de ordem, de correspondência, de adição. As mesmas ações já se encontram na cognição do bebê (que junta objetos, ordena-os, põe-nos em relação), mas o que muda ao longo do desenvolvimento é a natureza de tais ações (sensório-motoras ou simbólicas) e o entrelaçado de suas relações (faltas de ordem e relação ou coordenadas e relacionadas entre si).
4. Sob esse ponto de vista, Piaget e seus colaboradores foram pioneiros na pesquisa sistemática do pensamento infantil em diferentes domínios de conhecimento, um tema muito produtivo na psicologia atual, conforme víamos no item anterior. O que ocorre é que o âmbito interpretativo de Piaget (que remete a capacidades gerais, transdomínio) é radicalmente diferente da maioria dos estudos da psicologia cognitiva, que insiste nas particularidades de aquisição em cada domínio (ver Karmiloff-Smith, 1992, para uma discussão ampla desse tema).

13 Desenvolvimento da personalidade dos seis anos até a adolescência

JESÚS PALACIOS E VICTORIA HIDALGO

No Capítulo 9, referimo-nos à personalidade como um âmbito do desenvolvimento que é necessário abordar no contexto das relações interpessoais e não à margem delas. Durante esses primeiros anos da infância, o principal contexto no qual a grande maioria das crianças cresce e se desenvolve é a família. À medida que avançam no desenvolvimento, as crianças vão tendo acesso e participando de novos contextos, e, como conseqüência, vão aparecendo novas fontes de influência no desenvolvimento da personalidade. A escola e a família se transformam, então, nos dois contextos mais influentes voltados para a configuração da personalidade infantil; os pais, os professores e o grupo de iguais irão transformar-se nos agentes sociais mais importantes e decisivos durante esses anos. Por meio das interações que estabelecem com todas essas pessoas, as crianças irão diversificando suas relações e enriquecendo suas experiências sociais, obtendo novas informações e recebendo influências que lhes permitem consolidar ou modificar muitos dos aspectos do desenvolvimento social e pessoal que haviam começado a ser configurados nos anos anteriores.

Ao longo deste capítulo abordaremos os progressos que ocorrem no desenvolvimento da personalidade desde os seis anos até o início da adolescência. Após uma rápida referência às descrições clássicas, falaremos sobre o que ocorre do ponto de vista evolutivo nos âmbitos do autoconceito e da auto-estima, no desenvolvimento emocional e no desenvolvimento do gênero. Quanto às fontes de influência, iremos vendo em cada âmbito como influem os contextos e as pessoas que destacamos como mais importantes durante esses anos. A influência específica do grupo de iguais foi analisada mais detalhadamente no Capítulo 11 e o será depois no Capítulo 15.

DESCRIÇÕES CLÁSSICAS DO DESENVOLVIMENTO DA PERSONALIDADE

Assim como as descrições de diferentes autores apresentadas no Capítulo 9 coincidiam em desenhar os anos precedentes como uma etapa crucial na definição da personalidade infantil caracterizada pela conflituosidade afetiva e relacional, esses mesmos autores coincidem em descrever os anos que agora analisamos como uma etapa mais tranqüila e sossegada no plano afetivo; uma etapa em que as crianças continuam construindo sua personalidade, mas, após a agitação vivida nos anos prévios, a tarefa principal consiste agora em consolidar muitos dos aspectos do desenvolvimento social e pessoal que iam sendo definidos nos anos anteriores. Prova disso é que, na descrição de Wallon (1941), o estágio do personalismo que havia se estendido entre os três e seis anos e que estava voltado para a construção do eu é seguido pelo estágio do pensamento categorial, um estágio de preponderância intelectual que se prolongará até o início da adolescência.

Na descrição de Freud (1938), os anos escolares se correspondem com o *período de latência*, uma etapa de relativa tranqüilidade que está entre a sexualidade pré-genital infantil e a sexualidade genital que aparecerá na puberdade. O período de latência nasce do declínio da conflituosidade edipiana dos anos anteriores, declínio que é fruto da repressão dos desejos incestuosos e do fortalecimento do superego; as crianças intensificam os processos de identificação com os adultos e a interiorização das normas e dos valores presentes em seu meio social, já constituído tanto pela família como por outros adultos e companheiros. Embora, em termos gerais, o período de latência se caracterize por uma diminuição das pulsões sexuais e dos desejos hostis, as relações serão mais tranqüilas, acolhedoras e afetuosas quanto melhor tenham sido resolvidos os conflitos edipianos da etapa anterior, podendo ressurgir certos focos de tensão e de conflitos quando essa resolução não tiver sido de todo satisfatória. Finalmente, a chegada da puberdade marcará o fim dessa fase de relativa tranqüilidade, reaparecerão as pulsões sexuais da etapa fálica (agora com genitalidade heterossexual) e, com elas, uma nova etapa de conflitos, de tensão e de agitações no âmbito social e pessoal.

Na teoria psicossocial de Erikson (1980), a tensão desses anos ocorre entre a *laboriosidade* em contraposição à inferioridade. As crianças irão se dedicar nessa etapa a aprender tudo o que precisam para se incorporarem, alguns anos mais tarde, como membros adultos e ativos de seu grupo social. Em nossa sociedade, essa aprendizagem é realizada fundamentalmente na escola, que adquire especial relevância como contexto de influência no qual as crianças se relacionam com adultos diferentes de seus pais e com os companheiros, ponto de referência para os processos de comparação social. De acordo com Erikson, as experiências que as crianças vão tendo nos diferentes contextos de desenvolvimento farão com que o desenvolvimento da personalidade se incline para um dos pólos que definem essa etapa. Dessa forma, quando a criança vai ganhando habilidades e destrezas sociais, sente-se competente e produtiva; no pólo oposto, as experiências negativas e o fracasso escolar levam a sentimentos de incompetência e de inferioridade.

Em resumo, as descrições clássicas sobre o desenvolvimento da personalidade durante esses anos remetem a uma maior concentração de crianças no âmbito da adaptação social, de novas tarefas intelectuais e relacionais. É como se dessem como certo que as bases da personalidade já estão formadas em conseqüência das experiências dos anos anteriores, o que não deve ser entendido como se não pudesse haver modificações, mas como se as mudanças que forem produzidas partirão sempre dos alicerces já construídos. Como já se sabe, superada a velha compartimentalização do desenvolvimento em estágios, a psicologia evolutiva contemporânea tende a ressaltar mais a continuidade do que a descontinuidade, por isso nos parece difícil aceitar agora descrições que estabelecem fronteiras nítidas entre alguns conteúdos e outros, e entre umas etapas e outras. No entanto, talvez valesse a pena reter a ênfase dessas descrições clássicas no fato de que a construção da personalidade se abre agora para as realidades mais diversas e o faz incorporando a essas realidades e às relações correspondentes o produto psicológico de suas experiências prévias, que esboçam uma caracterização da personalidade com a qual deve contar mais adiante.

O CONHECIMENTO E A VALORAÇÃO DE SI MESMO

Entre 6 e 12 anos, as crianças continuam avançando na construção do conhecimento do próprio eu; paralelamente, também são produzidas importantes mudanças na valoração que fazem de si mesmas. Como continuação do processo evolutivo descrito no Capítulo 9 para essas duas dimensões (autoconceito e auto-estima), são analisados a seguir os principais desenvolvimentos desde os seis anos até a adolescência, enfatizando especialmente os aspectos evolutivos que são novidades em relação à etapa anterior.

O conhecimento de si mesmo

Como vimos ao nos referirmos aos anos precedentes, o autoconceito envolve um processo de construção e elaboração do conhecimento de si mesmo que se prolonga durante os anos da infância e da adolescência. Ao longo da faixa dos 6 aos 12 anos, é possível observar nas descrições que as crianças fazem delas mesmas um processo continuado de mudanças que, em termos gerais, estão voltadas na direção de uma complexidade crescente. Partindo das diferentes dimensões que já utilizamos para descrever as principais características do autoconceito durante os anos anteriores, as mudanças mais importantes que podem ser observadas no autoconceito entre três e seis e entre 6 e 12 anos estão resumidas no Quadro 13.1, que destaca a crescente complexidade a que acabamos de fazer referência, assim como outras mudanças que falam de uma coerência e estabilidade cada vez maiores, de uma abstração e relatividades crescentes e de uma progressiva irrupção dos elementos psicológicos ou internos como núcleos centrais do autoconceito. Esse conjunto de mudanças não ocorre por casualidade nem por sorte, mas está intimamente relacionado com os importantes progressos cognitivos que ocorrem em torno dos seis anos e que continuam nos anos imediatamente posteriores, como vimos no capítulo anterior.

No entanto, o desenvolvimento do autoconceito está longe de ser homogêneo dos 6 aos 12 anos, sendo possível distinguir dois seg-

QUADRO 13.1 Evolução do autoconceito ao longo da infância

De...	para...	Descrição da mudança
Simples e global	Diferenciado e articulado	No início, as crianças formam conceitos de si mesmas de caráter global. À medida que o desenvolvimento avança, tornam-se distinções mais precisas e articuladas.
Arbitrário e mutante	Coerente e estável	As crianças mais novas mudam freqüentemente sua auto-avaliação, que é feita baseando-se em evidências externas. Conforme crescem, as crianças começam a se basear em julgamentos próprios e na avaliação da evidência, ganhando seu autoconceito em coerência e estabilidade.
Concreto	Abstrato	As crianças mais novas, quando se descrevem, centram-se mais nos aspectos físicos, externos e visíveis. A tendência que se segue, conforme avança o desenvolvimento, é ir dando mais peso nas autodescrições aos aspectos não-visíveis, sobretudo às características sociais e psicológicas.
Absoluto	Relativo	No início, o autoconceito se define sem incluir nenhuma referência aos outros, em termos absolutos. Esse conceito de si mesmo vai dando lugar a outro mais relativo e comparativo, que se define baseando-se nas comparações com os outros.
Eu público ou externo	Eu privado ou interno	As crianças mais novas não distinguem entre os sentimentos privados e internos e a conduta externa e pública. As crianças mais velhas consideram seu eu privado ou interno como seu "autêntico eu", não acessível aos demais.

Fonte: Adaptado de Schaffer, 1996.

mentos evolutivos diferentes dentro dessas margens de idade:

- Entre seis e oito anos se assiste à consolidação de algo que já estava indicado antes dos seis anos: a tendência de fazer discriminações cada vez mais finas na descrição de si mesmo; essas discriminações implicam agora, em grande parte, comparações consigo mesmo em que freqüentemente são utilizados contraposições e contrastes do tipo tudo ou nada ("antes eu gostava muito de brincar de correr, mas agora não gosto nem um pouco") em que o próprio eu é o principal elemento de referência, só que explorando cada vez mais os conteúdos internos e de natureza psicológica ("eu fico muito feliz se minhas amigas vêm brincar comigo").
- A vertente social do autoconceito se tornará mais patente entre 8 e 12 anos, idade em que as relações interpessoais e as comparações com outras crianças irão tornando-se predominantes, reaparecendo o eu como espelho da imagem que obtemos de nós mesmos na vida e nas trocas sociais (Cooley); nesse segmento de idade é possível observar também generalizações que integram condutas diversas e conceitos opostos, aumentando também a ênfase nas descrições referentes a conteúdos e a traços internos ("eu gosto de brincar com minhas amigas em casa e não gosto de brincadeiras na rua").

Portanto, as mudanças dentro das idades que estamos considerando ocorrem tanto nos aspectos estruturais do autoconceito (das primeiras conexões entre conteúdos entre seis a oito anos às generalizações e à integração entre 8 e 12 anos) quanto em seus conteúdos (de utilizar a si mesmo como referente dos seis aos oito anos a usar as relações interpessoais e as comparações com outros como o critério de definição). O Quadro 13.2 resume esse conjunto de mudanças e sua graduação por idades.

Conforme se assinalou anteriormente, a razão dessas mudanças está em boa medida nos progressos cognitivos que permitem, primeiro, pôr em relação conteúdos diversos (seis a oito anos) e, posteriormente, realizar abstrações de nível superior que já se beneficiam da capacidade de adotar perspectivas diferentes e para se ver a si mesmo de maneira menos fragmentada, mais global e integradora (8-12 anos), mudanças que ficam refletidas na primeira coluna do Quadro 13.2, em que são considerados os aspectos relacionados com a estrutura e a organização do autoconceito. No que se refere aos conteúdos, tal e como reflete a segunda coluna do quadro, de utilizar a si mesmo como elemento de referência e comparação em relação com outro momento ou com o tempo passado (seis a oito anos), passa-se a dar cada vez mais importância para as destrezas e as relações interpessoais; como acabamos de dizer, as comparações já não serão tanto consigo mesmo quanto com os demais, mudança que dá conta da importância que os iguais adquiriram como elemento de referência.

A auto-estima: dimensões, evolução e determinantes

Conforme já comentamos no Capítulo 9, a auto-estima se refere à avaliação de si mesmo, isto é, a como cada pessoa avalia suas próprias capacidades e competências. Também já assinalamos que a auto-estima é um conteúdo psicológico multidimensional, sendo possível diferenciar entre diferentes domínios de conduta que podem ter valorações diferentes por parte do mesmo sujeito. As dimensões que são relevantes para a auto-estima vão mudando com a idade e, em sentido parecido com o visto em relação com o autoconceito, pode-se dizer que, em termos gerais, a auto-estima está menos diferenciada nas idades mais precoces e que vai se tornando mais diversificada e complexa à medida que o desenvolvimento avança. Assim, por exemplo, embora durante os anos prévios as crianças já possam emitir um juízo sobre os aspectos físicos de seu eu, conforme

QUADRO 13.2 Mudanças no autoconceito desde seis anos até a adolescência

Primeiros anos do ensino fundamental (6 a 8 anos)

Estrutura, organização	*Conteúdos mais destacados*	*Exemplos*	*Valoração e exatidão*
Primeiras conexões entre diferentes traços ou aspectos; uso freqüente de características opostas do tipo tudo ou nada.	Comparação consigo mesmo em outro momento ou no passado. Inclusão de aspectos internos e psicológicos.	"Eu sei correr, saltar e jogar futebol muito bem", "Agora eu gosto de leite, antes não gostava", "Prefiro brincar a ver televisão".	Valoração tipicamente positiva, nem sempre coincidente com a realidade.

Últimos anos da infância (8 a 11)

Estrutura, organização	*Conteúdos mais destacados*	*Exemplos*	*Valoração e exatidão*
Generalizações que começam a integrar um conjunto de condutas; capacidade para integrar conceitos opostos.	Traços referentes a destrezas e a relações interpessoais; comparação com outras crianças. Aprofundamento nos traços internos.	"Eu me dou bem em matemática e em português, mas mal em inglês e música", "Eu me divirto no pátio, mas não na sala de aula", "Tenho muitos amigos, mas Juan tem mais do que eu".	Valoração de si mesmo que inclui tanto aspectos positivos como negativos. Maior exatidão nas autodescrições.

Fonte: Palacios, 1999a.

esse conhecimento se torna mais complexo e diversificado, também acontece o mesmo com sua valoração, de forma que, durante os anos que estamos considerando, é possível falar de duas dimensões da auto-estima em relação com essa faceta: a auto-estima em relação ao aspecto físico e a referente à competência ou às destrezas físicas (Harter, 1983). Além da auto-estima física, durante os anos escolares são igualmente importantes as dimensões relacionadas com a competência acadêmica (que se diversifica agora em função dos diferentes conteúdos escolares) e a competência social (que passa a incluir as relações com os pais, com outros adultos e com os iguais). Essa diversidade de conteúdos é apresentada na Figura 13.1.

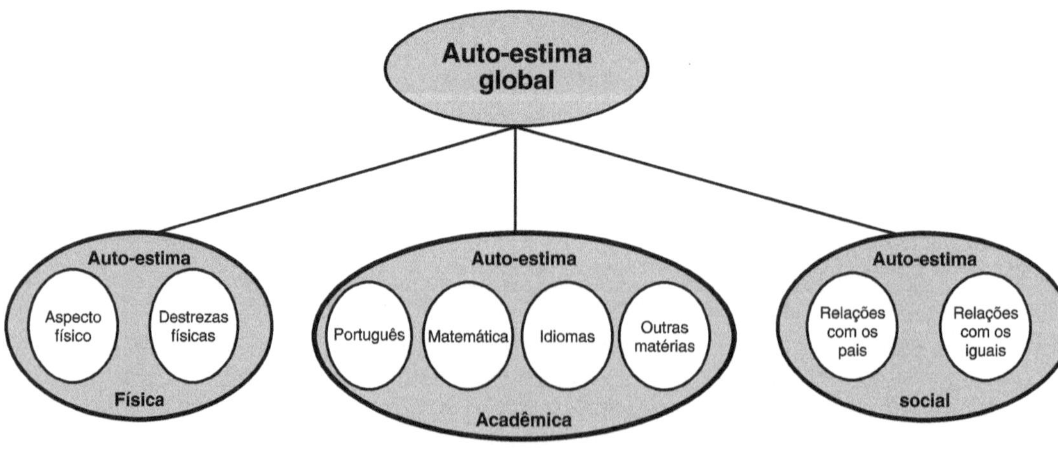

FIGURA 13.1 A auto-estima e suas diferentes dimensões nos anos escolares prévios à adolescência.

Ao mesmo tempo que a auto-estima se diversifica e aparecem novas dimensões, conforme se avança na idade, também vai se consolidando uma auto-estima global que reflete uma valoração geral do eu, não ligada a nenhuma faceta específica. Como já comentamos no Capítulo 9, essa auto-estima global não costuma ser encontrada até os sete ou oito anos, quando as crianças começam a deixar de basear suas auto-avaliações no que ocorre em situações concretas. Da mesma forma como vimos em relação ao autoconceito, parece que o que subjaz às mudanças que se observam no desenvolvimento da auto-estima está relacionada com a crescente capacidade para avançar de visões puramente concretas para concepções cada vez mais abstratas e generalizadoras.

Além das anteriores, também existem mudanças normativas que se relacionam com as oscilações no perfil da auto-estima com a idade, oscilações em que, ao longo do desenvolvimento, é comum encontrar alguns altos e baixos nos momentos de transições importantes. Conforme vimos até aqui, em torno dos seis anos coincidem duas dessas transições, uma relacionada com as mudanças cognitivas e a outra com a crescente importância dos iguais. Como conseqüência de ambas as transformações, a valoração de si mesmo estará cada vez mais influenciada pela comparação social e ganhará em objetividade, distanciando-se, pouco a pouco, das avaliações globalmente positivas e centradas exclusivamente em torno de si mesmo, características dos anos anteriores. O desaparecimento dessa autovaloração um pouco ingênua e o crescente uso das comparações sociais irão se traduzir em uma redução do otimismo anterior e em uma valoração cada vez mais objetiva e realista, particularmente a partir dos oito anos, conforme se mostra na última coluna do Quadro 13.2. Assim, então, em torno dos sete ou oito anos se observa uma diminuição nas pontuações de auto-estima, diminuição da qual sairá uma auto-estima mais objetiva que tenderá a se manter estável até a chegada das mudanças da puberdade, que darão lugar a um novo decréscimo que será analisado no Capítulo 18.

A descrição contida no parágrafo anterior faz referência às pontuações normativas, isto é, às pontuações médias de grandes grupos de sujeitos. Mas, como é óbvio, a essa reflexão sobre o normativo devemos acrescentar o plano do pessoal e da posição relativa de cada um dentro do grupo, posição na qual parece que a estabilidade é um traço freqüente. Vamos imaginar, por um momento, duas crianças, uma das quais tinha uma pontuação elevada de auto-estima global (digamos, para entender melhor, uma pontuação de 20) e outra que tinha uma pontuação baixa (para a conveniência do argumento, digamos que de 11). Quando essas duas crianças chegam à puberdade, têm uma descida de suas pontuações, de forma que a que tinha 20 passa para 16, e a que tinha 11 passa para 6; mas como o descenso é normativo (isto é, tende a afetar de forma similar todos os sujeitos que pertencem ao mesmo grupo), vemos que ambas as crianças mantêm suas posições relativas, de forma que podemos continuar nos referindo a uma como de auto-estima alta e a outra como de auto-estima baixa. As variações normativas são, portanto, compatíveis com a estabilidade das pontuações individuais.

Isso significa, na verdade, que as pontuações de auto-estima têm uma certa estabilidade uma vez que descontamos o fator derivado das oscilações normativas (Palacios, 1999a). É como se a partir do momento em que as pontuações começam a refletir a realidade, cada sujeito tivesse uma certa *auto-estima base* cujo valor está estreitamente relacionado com os determinantes a que vamos fazer referência um pouco mais adiante, determinantes que – como veremos em seguida – tendem a ser muito estáveis, o que torna compreensível a estabilidade das pontuações pessoais da auto-estima. Essa estabilidade não deve, contudo, ser entendida como imutabilidade, pois sabemos que, além das oscilações normativas a que antes aludimos, a auto-estima também está sujeita a oscilações circunstanciais, relacionadas com experiência concretas que para cada um forem significativas em um determinado momento. A existência da auto-estima-base não impede, então, que também tenhamos uma *auto-estima barométrica* (Demo e Savin-Willians, 1992; Harter, 1998), isto é, que sejamos sensíveis às diferentes situações e vivências que em cada momento e circunstância de nossa existência nos pareçam importantes.

Quanto aos *determinantes da auto-estima*, as práticas educativas familiares parecem ter uma influência decisiva no desenvolvimento de uma auto-estima mais ou menos positiva, conforme já indicamos ao nos referirmos aos anos precedentes. Em geral, são os pais e as mães com estilo educativo democrático, caracterizado por uma clara e argumentada delimitação das normas, por um nível de exigências alto, mas adequado às possibilidades de cada criança, e por manter relações acolhedoras e afetuosas, baseadas no diálogo constante, no respeito e na aceitação mútua, os que parecem promover uma auto-estima mais elevada em seus filhos.

No entanto, como já foi dito, é preciso evitar uma associação mecânica entre o estilo democrático e a auto-estima positiva, pois haverá crianças cujas características pessoais exigirão um comportamento diferente para dar lugar aos mesmos resultados, como pode ocorrer, por exemplo, com as que são tímidas, para as quais provavelmente não convém o mesmo nível de controle e de exigências que são convenientes para crianças mais seguras de si mesmas, de forma que para estimular em uma dessas crianças uma auto-estima positiva, provavelmente será preciso misturar os ingredientes educativos de forma diferente de como se faz no estilo democrático (utilizando com os tímidos, por exemplo, um controle menos estrito, e incentivando neles uma maior expressão de sua individualidade sem tantas restrições como talvez convenham a crianças com perfil psicológico muito diferente).

Embora a aceitação dos pais, assim como suas exigências de maturidade, constituam ingredientes básicos para uma auto-estima positiva em qualquer momento do curso evolutivo, o estilo educativo familiar não é, sem dúvida, a única fonte de influência sobre a auto-estima ao longo de toda a infância e adolescência. A abertura a novos e diversos contextos de desenvolvimento oferece a cada criança a oportunidade de enriquecer a imagem que haviam construído delas mesmas inicialmente no contexto familiar; no terreno específico da auto-estima, a participação em novos cenários sociais permite sua revisão e, conseqüentemente, sua consolidação ou sua modificação. Entre as pessoas com as quais as crianças vão consolidando novas relações, os companheiros e os professores adquirem um papel destacado, sendo acrescentados como claras fontes de influência na auto-estima infantil. De maneira concreta, conforme já vimos, a partir dos sete ou oito anos, o grupo de iguais se transforma em uma fonte de comparação constante e no espelho que permite a cada um contrastar e tomar consciência de suas próprias capacidades e limitações. A partir dessa idade e conforme nos aproximamos da adolescência, as opiniões e avaliações dos companheiros não fazem senão aumentar sua influência sobre o autoconceito e a auto-estima; no entanto, esse aumento não se faz à custa da influência exercida pelos pais, cujos julgamentos e opiniões continuam mantendo seu valor ao longo de toda a infância e adolescência.

Por outro lado, embora a influência das relações sociais sobre a auto-estima pareça inquestionável, principalmente a que procede das relações que se mantêm com as pessoas mais significativas nos diferentes contextos de desenvolvimento, a auto-estima também depende de aspectos e de características mais individuais. Nesse sentido, à medida que a criança adquire uma maior competência cognitiva, ela vai sendo capaz de conseguir dados sobre sua auto-estima a partir de suas próprias experiências, em função dos melhores ou dos piores resultados que obtém nos diferentes âmbitos de conduta. Assim, uma história pessoal marcada mais pelos êxitos ou pelos fracassos se transforma em aval apropriado para, respectivamente, uma auto-estima positiva ou negativa, de acordo com o maior realismo e a objetividade a que nos referimos anteriormente.

A contribuição pessoal de cada um a sua própria auto-estima não se limita, contudo, a tirar conclusões de seu próprio valor baseadas nos dados da realidade; conforme ficou ressaltado ao definir a auto-estima, esta tem um forte componente subjetivo em que cada um decide o que enfatiza e o que considera mais importante para si; uma criança pode ser pouco hábil no esporte, mas isso influirá pouco sobre sua auto-estima global se, para ela, as atividades esportivas não forem importantes. Assim, duas crianças podem ter pontuações idênticas nos diferentes âmbitos em que se costuma dividir a auto-estima, mas sua auto-estima global pode ser muito diferente, porque esta vem determinada não só pelas pontuações concretas, como também pelo valor relativo ou pela importância que cada criança outorga aos conteúdos em questão. O Quadro 13.3 ilustra essa idéia.

Relações entre a auto-estima e outros conteúdos psicológicos

São muitas as características pessoais que parecem ter uma importante relação com a auto-estima. Provavelmente, uma das relações sobre a que mais evidência empírica se acumulou é a que se observa entre a auto-estima e o denominado *locus de controle*, um conceito elaborado inicialmente por Rotter (1975) e que faz referência ao controle que a pessoa atribui sobre seus atos e sobre o que ocorre em sua vida. O *locus* de controle pode ser do tipo interno ou externo. Dizemos que uma pessoa tem um *locus* de controle interno quando pensa que é ela quem controla o curso de sua própria vida, que as coisas que acontecem são conseqüência de sua vontade e de suas próprias decisões. Ao contrário, uma pessoa de controle do tipo externo, é aquela com um *locus* que pensa que são as forças externas (como a sorte ou o destino) mais do que as próprias capacidades ou o esforço pessoal as responsáveis por como vai se delineando sua própria trajetória de vida.

Quando se analisam as relações entre a auto-estima e o *locus* de controle, geralmente se encontram altas correlações entre ambas as variáveis. De maneira concreta, a auto-estima positiva costuma estar relacionada com um *locus* de controle do tipo interno, enquanto a auto-estima negativa com um *locus* de controle externo. É importante ressaltar que a relação encontrada entre ambos os conteúdos é de natureza correlacional, por isso não é possível falar de relações em que um dos aspectos seja a causa, e o outro, o efeito. Do mesmo modo como expusemos em outra obra (Hidalgo e Palacios, 1990), parece mais adequado entender as relações entre auto-estima e *locus* de controle percebendo que ambos os aspectos estão influenciados pelos mesmos determinantes, em especial ao que se refere às práticas educativas. Assim, por exemplo, uma criança cujas opiniões são escutadas e consideradas por seus pais está recebendo, ao mesmo tempo, um apoio para sua auto-estima e um reforço para a idéia de que ela tem um certo poder de influência sobre o que acontece.

Além de compartilhar as mesmas influências educativas, as relações entre auto-estima e *locus* de controle parecem se alimentar de *estilos atributivos* bem diferentes diante dos êxitos e dos fracassos entre as crianças de baixa e alta auto-estima. Enquanto as crianças de alta auto-estima se atribuem mais responsabilidade pessoal adiante dos resultados exitosos do que dos fracassos, as crianças de baixa auto-estima costumam atribuir os êxitos a circunstâncias externas e arbitrárias e os fracassos a

QUADRO 13.3 Variações em auto-estima global em dois sujeitos com idênticas pontuações em diferentes dimensões de auto-estima

	Destrezas físicas		Aceitação pelos companheiros		Competência acadêmica		Auto-estima global
	Pontuação	Importância	Pontuação	Importância	Pontuação	Importância	
Sujeito 1	BAIXA	Muita	ALTA	Pouca	MÉDIA	Muita	BAIXA
Sujeito 2	BAIXA	Pouca	ALTA	Muita	MÉDIA	Intermediária	ALTA

sua falta de capacidade. Essas diferenças levam a ir definindo, em um e outro caso, dois estilos atributivos muito diferentes, que foram denominados de "com percepção de controle e competência" e "sem controle sobre a aprendizagem" (Cain e Dweck, 1995; Heyman, Dweck e Cain, 1992). Como se demonstra na representação desses estilos que aparece no Quadro 13.4, as crianças que desenvolvem o estilo atributivo com percepção de controle e de competência acreditam que seus êxitos se devem a suas capacidades (que estão em grande parte determinadas pelo próprio esforço), enquanto costumam atribuir os fracassos a fatores externos ou próprios que, em todo caso, podem ser controlados; em consonância com essas atribuições, essas crianças desenvolvem altas expectativas de êxito e adotam atitudes entusiastas e persistentes diante de novos desafios e tarefas desafiadoras. No caso contrário, as crianças que se percebem sem domínio sobre os processos de aprendizagem relacionam seus fracassos (mas não seus êxitos) com sua capacidade que, além disso, consideram uma característica fixa que não se pode modificar. Essas atribuições favorecem a percepção de perda de controle sobre os próprios processos de aprendizagem, percepção que, unida ao sentimento de incompetência que surge de atribuir a si mesmas a responsabilidade dos fracassos, mantém essas crianças no círculo vicioso da auto-estima negativa.

A temática dos estilos atributivos se relaciona estreitamente com um conteúdo que não é conceitualmente diferente da auto-estima, como ocorre com o *locus* de controle e os estilos atributivos, mas faz parte da própria auto-estima, principalmente a partir do começo do ensino fundamental: a valoração da competência acadêmica. Existem dados conclusivos sobre a relação entre a percepção de competência acadêmica e o rendimento escolar; muitas vezes, chegou-se a encontrar que tal percepção prediz melhor o êxito escolar do que diversas medidas do desenvolvimento intelectual (Stipek, 1992). Mas embora a relação entre ambos os conteúdos esteja amplamente demonstrada, o sentido da relação não está muito claro: é a elevada valoração das próprias capacidades o que facilita a aprendizagem e o

QUADRO 13.4 Diferentes estilos de atribuição

	Com percepção de controle e competência	**Sem controle sobre a aprendizagem**
Atribuições diante de êxitos e fracassos	Êxito ⇨ competência Fracasso ⇨ dificuldade da tarefa ⇨ Falta de esforço	Êxito ⇨ sorte Fracasso ⇨ falta de competência
	⇩	⇩
Perspectivas sobre a própria competência	É possível melhorar com esforço	Não se pode mudar
	⇩	⇩
Expectativa de êxito	ALTA	BAIXA

Fonte: Adaptado de Berk, 1998.

êxito escolar, ou, ao contrário, é a experiência dos êxitos conseguidos o que promove uma positiva valoração de competência acadêmica? Como ocorre com muitos outros processos psicológicos, é provável que não se trate de uma relação linear e causal, mas sim de uma relação em forma de caracol e com influências bidirecionais. Assim, as crianças que se sentem seguras de suas capacidades se encontram mais motivadas para enfrentar novas tarefas, têm maiores expectativas de êxito e são mais persistentes em seu trabalho, conforme aparece no Quadro 13.4. A confiança nas próprias capacidades e no esforço investido geralmente leva ao êxito na tarefa, êxito que, por sua vez, alimenta as valorações positivas sobre tais capacidades. Mas, como acabamos de analisar, não podemos nos esquecer de que existem diferentes estilos atributivos que envolvem interpretações muito diferentes dos êxitos e dos fracassos; com toda probabilidade, a valoração de competência acadêmica está tão influenciada pelos resultados obtidos na escola como pela forma como cada sujeito interpreta tais resultados.

Parece evidente que na interpretação que cada criança faz dos resultados obtidos na escola, não só intervêm variáveis do tipo pessoal como também o estilo atributivo; os processos de comparação social e, principalmente, o professor, constituem também claras fontes de influência. Por um lado, é comum que, a partir da entrada na escola primária, as crianças comparem seu próprio rendimento com o dos companheiros de sala de aula, utilizando-se da informação que obtêm dessas comparações para avaliar a própria competência em relação à dos demais. Por outro lado, a atitude e a conduta do professor com o aluno se revelam como um fator determinante para a valoração que este faz de sua competência acadêmica. Quando as mensagens que um professor transmite a um aluno são de altas expectativas em relação a suas capacidades, de uma boa valoração de suas ações e de seu rendimento, está aumentando nesse aluno a confiança em suas próprias capacidades e facilitando seu êxito escolar. Ao contrário, quando um professor mantém expectativas baixas ou uma atitude de desconfiança sobre as capacidades de um aluno, está reduzindo sua auto-estima e favorecendo os sentimentos de incompetência e de insegurança.

Mas a valoração de competência acadêmica não só recebe influências do próprio contexto escolar; as atitudes, as expectativas e as condutas dos pais são igualmente importantes para a configuração dessa faceta da valoração de si mesmo. Da mesma forma como ocorre com os professores, em suas interações cotidianas os pais deixam entrever a seus filhos o que esperam de suas capacidades e como julgam seus resultados escolares. Quanto melhores e mais ajustadas às possibilidades de cada criança forem as expectativas familiares e mais se valorize seu rendimento, é mais provável que ela valorize suas conquistas e se sinta segura de suas capacidades.

DESENVOLVIMENTO EMOCIONAL ENTRE OS SEIS ANOS E A ADOLESCÊNCIA

No Capítulo 9 vimos como, desde muito cedo, as crianças expressam e associam determinadas situações com emoções básicas, como a alegria e o aborrecimento. Um pouco mais tarde, no final da primeira infância e nos meses seguintes, as crianças começam a compreender e a experimentar emoções mais complexas, como o orgulho, a vergonha e a culpa, ao mesmo tempo em que, um pouco mais adiante, é possível observar os primeiros indícios de compreensão e de controle emocional. No entanto, ainda resta um longo caminho a percorrer no que se refere ao desenvolvimento emocional; ao longo do resto da infância e da adolescência, as crianças têm de compreender a existência de emoções contraditórias, conhecer e adotar as normas de expressão das emoções e aprender a controlá-las. Visto que sobre a segunda dessas conquistas já falamos quando abordamos a etapa anterior, a seguir vamos nos referir à compreensão da ambivalência emocional e ao desenvolvimento da auto-regulação emocional.

As emoções contraditórias e sua compreensão

Não são poucas as situações cotidianas que provocam em nós sentimentos positivos e negativos ao mesmo tempo. Sem que se ponha em perigo o carinho que uma mãe pode sentir por seu filho, não é estranho que em mais de uma ocasião esse carinho tenha de conviver com o aborrecimento provocado por certas condutas da criança. Quando vamos enfrentar uma situação nova, é quase irremediável que nosso entusiasmo seja acompanhado por um certo temor. Esses exemplos evidenciam que, embora haja certas situações que provocam reações emocionais muito claras e diferenciadas, outras situações podem provocar um estado emocional caracterizado pela combinação de sentimentos diversos que podem chegar a ser até mesmo contraditórios, dando lugar ao que se conhece como *ambivalência emocional*. Da mesma forma como aparece na revisão realizada por Harris (1989), o reconhecimento consciente da ambivalência emocional é uma conquista difícil para as crianças, e demora-se muito para consegui-lo. Assim, embora se possa observar a expressão de emoções contraditórias até em crianças de um ano de idade (por exemplo, é característico das crianças que mostram um padrão de apego inseguro-ambivalente na situação do estranho), o reconhecimento explícito dessa ambivalência não costuma ocorrer antes dos sete ou oito anos. Entre um e outro momento, Harter e Budding (1987) descreveram uma seqüência evolutiva que consta de vários passos:

- Em um primeiro momento, entre três e cinco anos, as crianças são incapazes de admitir que uma mesma situação possa provocar duas emoções diferentes, possibilidade que negam de forma categórica.
- Em seguida, ao redor de seis ou sete anos, observa-se uma fase intermediária em que as crianças começam a admitir que algumas situações podem provocar mais de uma emoção, mas sempre considerando que uma delas precede ou segue à outra ("Eu ficaria assustado se um dia ficasse sozinho em casa, mas me alegraria muito quando meu pai e minha mãe chegassem").
- É na terceira fase, próximo de seis ou sete anos, que as crianças começam a compreender que existem certos acontecimentos que provocam dois sentimentos ao mesmo tempo, aceitando primeiro a possibilidade de experimentar duas emoções parecidas ("se minha amiga quebrasse a minha boneca preferida, eu ficaria chateada com ela e triste por ficar sem a minha boneca") e admitindo, finalmente, o fato de que determinadas situações podem chegar a provocar emoções contraditórias ("eu fico com raiva de ter de limpar meu quarto, mas depois eu gosto de ver como ele fica arrumado").

Evidentemente, admitir a coexistência de emoções contraditórias faz parte dos avanços que ocorrem no campo da compreensão emocional e, portanto, está relacionado com as duas fontes de influência às quais fizemos reiteradas referências neste capítulo. Por um lado, a evolução da compreensão emocional depende muito dos progressos que vão ocorrendo no âmbito cognitivo e, nesse sentido, é necessário que a criança alcance um certo nível de complexidade cognitiva para que possa tomar consciência da ambivalência emocional. Por outro lado, a experiência social é igualmente necessária para a compreensão da ambivalência emocional; o contexto social é o encarregado de proporcionar para a criança a oportunidade de experimentar em si mesma as diversas emoções, assim como de observar essas emoções nos demais; na medida em que os adultos, no contexto das interações cotidianas, ajudem a criança a interpretar os diferentes estados emocionais e a conhecer suas causas, estarão promovendo novos avanços no desenvolvimento da compreensão emocional.

A auto-regulação emocional

Além de melhorar a compreensão emocional, o desenvolvimento emocional durante a infância implica avançar no controle e na regulação das próprias emoções. Algumas vezes, os estados emocionais alcançam tal intensidade que se tornam perturbadores e são pouco adaptativos. Durante os primeiros anos, os adultos procuram regular e modificar esses estados emocionais do bebê, fazendo com que saibam se adaptar e enfrentar as diferentes situações com implicações emocionais reguladas e manejáveis. À medida que as crianças se tornam maiores, esse controle externo das próprias emoções tem de ir se transformando em um processo de autocontrole, mediante o qual as crianças aprendem a avaliar, a regular e a modificar, quando necessário, seus próprios estados emocionais.

Conforme vimos no Capítulo 9, já antes dos seis anos existem certos indícios de controle emocional; a partir dessa idade, as crianças parecem diferenciar de forma clara entre a experiência emocional interior e a expressão externa das emoções, sendo capazes de esconder os próprios sentimentos dos demais mediante a modificação da expressão de conduta externa. Além disso, nessas idades, também são conscientes de que alterar a aparência externa não implica a modificação do estado emocional interno; se o que se quer é mudar esse estado, será necessário aplicar determinadas estratégias mais ativas que vão sendo desenvolvidas ao longo da infância. Desde os quatro ou cinco anos é possível observar a utilização de certas estratégias para modificar um estado emocional não-desejado; o procedimento mais utilizado consiste em procurar substituir a situação que provoca tal estado emocional por outra diferente que provoque um estado distinto, buscando, então, uma alternativa que traga associada uma emoção positiva (por exemplo, pegar um brinquedo e começar a brincar para mudar um estado emocional de tristeza). Essa estratégia de distração da conduta continuará sendo usada ao longo de toda a infância, só que de uma forma mais aperfeiçoada e, sobretudo, mais consciente, já que as crianças maiores podem compreender e explicar os processos cognitivos que permitem que, ao se distrair com uma atividade agradável, se possa "tirar da mente" uma emoção negativa (Harris, 1989).

Realmente, a progressiva tomada de consciência dos próprios processos cognitivos faz com que a partir dos seis ou sete anos se comece a observar uma importante evolução nas estratégias utilizadas para regular os estados emocionais, de forma que as crianças passarão de procurar mudar a situação externa (com a intenção de provocar um estado emocional alternativo e mais agradável) para tentar introduzir diretamente mudanças mentais internas (Saarni et al., 1998): as crianças começam a ser conscientes de que as emoções podem ser dissipadas se deixarem de pensar no acontecimento que as provocou ou se ocuparem a mente com pensamentos ou atividades alternativas. Essas estratégias de natureza cognitiva são especialmente eficazes para enfrentar e regular estados emocionais negativos em que não é possível mudar ou escapar da situação que os provoca.

Naturalmente, outra estratégia que as crianças utilizam com freqüência quando são abordadas por emoções negativas é pedir ajuda a outras pessoas. Até os seis ou sete anos, aproximadamente, os pais são a principal fonte de consolo e de apoio a que se recorre nessas situações; à medida que os anos vão passando, vai tornando-se mais provável que esses pedidos de ajuda, de consolo e de apoio sejam dirigidos a outras crianças. O papel dos amigos aqui é muito importante, como se vê nos Capítulos 11 e 15.

O DESENVOLVIMENTO DO GÊNERO DURANTE A IDADE ESCOLAR

À medida que as crianças continuam avançando na construção do conhecimento de si mesmas, uma das facetas centrais da própria identidade – o fato de pertencer ao grupo dos meninos ou ao das meninas – consolida-se durante as idades sobre as quais estamos abordando agora. No restante do capítulo, analisaremos essa faceta, referindo-nos primeiro a mudanças na identidade e nos papéis de gênero para, a seguir, centrarmo-nos no papel dos processos educativos como claros determinantes do desenvolvimento do gênero durante a infância.

A identidade e os papéis de gênero

Conforme vimos no Capítulo 9, a identidade de gênero se refere aos aspectos mais conceituais do desenvolvimento do gênero, enquanto a adoção dos papéis de gênero está ligada à adequação da própria conduta às expectativas e às funções que o contexto social espera de cada sujeito pelo fato de pertencer a um ou a outro gênero. Embora ambos os aspectos tenham começado a ser adquiridos muito cedo, seu desenvolvimento continua ao longo da infância.

No que se refere à identidade de gênero, desde muito cedo as crianças são capazes de se identificar como pertencentes a um ou a outro gênero e, durante os anos anteriores a esses que estamos abordando, já atribuem uma certa estabilidade a essa identificação. No entanto, o problema das crianças mais novas era que, com freqüência, atribuíam a traços externos (como a roupa ou o comprimento do cabelo) as razões para pertencer a um ou a outro gênero; na medida em que esses traços externos são facilmente modificáveis, também pode sê-lo o gênero das pessoas. Conforme antecipamos no Capítulo 9, coincidindo mais ou menos com o início do ensino fundamental (seis a sete anos) se conquista a *constância do gênero*, que implica a tomada de consciência definitiva sobre o gênero a que se pertence, entendendo que é um traço estável ao longo do tempo e que não se pode modificar facilmente. Esse progresso é possível, porque, em torno dessas idades, as crianças começam a atribuir a identidade de gênero às diferenças anatômicas básicas que existem entre ambos os grupos sexuais, relativizando o papel que, para definir a pertinência a um ou a outro gênero, outorga-se aos atributos externos facilmente modificáveis.

Uma vez que pertencer ao grupo das meninas ou dos meninos (e mais tarde ao das mulheres e ao dos homens) é considerado como um traço pessoal constante e imodificável, podemos dizer que a identidade de gênero ficou bem estabelecida e é previsível encontrar poucas mudanças nesse aspecto ao longo do resto da infância. Contudo, não podemos dizer o mesmo em relação aos *papéis e estereótipos de gênero*, que se apresentam como mais variáveis ao longo do desenvolvimento. Se prestarmos atenção ao perfil normativo dessas mudanças, podemos observar que, após uma etapa inicial de muita tolerância, conforme vimos, as crianças se tornam especialmente tipificadas a partir dos quatro ou cinco anos, não admitindo as transgressões de alguns estereótipos que para eles adquirem o caráter de normas de cumprimento obrigatório. Essa forte tipificação está presente durante alguns anos, sendo a partir dos oito ou nove anos que as crianças voltam a se mostrar mais flexíveis com esses estereótipos e mais tolerantes com os companheiros que não se ajustam a eles. As oscilações no grau de tipificação não terminam aqui, visto que com a entrada na adolescência parece que volta a aumentar o caráter estereotipado das condutas e das preferências que mostram meninos e meninas. A partir desse momento, coincidindo com a consolidação da identidade, começam a ser observadas maiores diferenças individuais (existem rapazes muito masculinos e outros nem tanto, assim como meninas mais e menos femininas), e é mais difícil encontrar grandes mudanças normativas nesse aspecto, embora ainda possa haver algumas oscilações ligadas a importantes transições evolutivas (por exemplo, nas mulheres costuma-se observar uma acentuação da tipificação de gênero após a transição para a maternidade).

O período de forte tipificação de gênero que situamos entre os quatro ou cinco e os oito ou nove anos não deve ser entendido, em nenhum caso, como uma etapa em que as crianças não progridem em relação ao conhecimento dos papéis de gênero. Muito pelo contrário, existem importantes diferenças entre as crianças no início e no final desse período; nos primeiros anos, os estereótipos que se conhecem estão fundamentalmente ligados aos aspectos mais externos e visíveis; assim, as características que uma criança considera apropriadas para um e outro gênero se referem, sobretudo, à aparência física, às atividades e às ocupações ("as meninas são as que usam laços no cabelo e gostam de brincar de bonecas", "as mães fazem a comida e cuidam dos irmãozinhos pequenos"). Conforme as crianças crescem, o conhecimento dos estereótipos de gênero se amplia, incluindo os traços de personalidade e as competências que habitualmente se atribuem aos membros de um ou de outro gênero ("as meninas são mais generosas e se preocupam mais com os outros", "os meninos brincam muito de competir e não falam tanto de suas coisas"). Provavelmente, esse maior e mais preciso conhecimento que as crianças vão adquirindo dos papéis de gênero, junto aos avanços no julgamento moral que permitem, por exemplo, diferenciar entre princípios morais e regras convencionais, ajudam-nas a tirar a rigidez dos estereótipos ligados ao gênero e adotar, próximo do final da infância, uma atitude mais flexível em relação ao que um menino ou uma menina pode fazer e como deve se comportar.

Além do perfil normativo que acabamos de descrever, é evidente que ao longo do curso evolutivo é possível observar importantes *diferenças individuais* na adoção de papéis de gênero. Assim, uma primeira diferença está muito relacionada com o próprio gênero: em geral, os meninos (e posteriormente os adolescentes homens) costumam se mostrar mais estereotipados do que as meninas, fato que habitualmente se relaciona com os diferentes padrões de socialização que são postos em prática com uns e com outras (Martin, 1993). Certamente, existem jogos e atividades que são estereotipadamente masculinos (jogar futebol) e outros que são femininos (brincar de bonecas), enquanto outros se prestam a uma maior variabilidade (brincar de esconde-esconde, jogos de mesa, ler). Pois bem, o fato de que os meninos estejam mais estereotipados do que as meninas significa que é muito mais provável encontrar meninas jogando futebol do que meninos que brinquem com bonecas.

O fato de que existam importantes diferenças individuais no grau de tipificação que apresentam os diferentes sujeitos fez com que a adoção de papéis de gênero se transformasse em um dos traços de personalidade mais avaliados durante as diferentes etapas evolutivas (ver, por exemplo, Bem, 1974; e Boldizar, 1991). Em função de que uma pessoa adote, em maior proporção, características tradicionalmente consideradas como femininas ou masculinas, podemos dizer que apresenta um papel essencialmente feminino ou masculino. No entanto, a progressiva atenuação dos estereótipos de gênero que nossa sociedade experimentou faz com que o grupo de homens e de mulheres com papéis tradicionalmente masculinos ou femininos vá sendo reduzido, ao mesmo tempo em que aumenta o grupo de sujeitos andrógenos, isto é, pessoas que apresentam atitudes e comportamentos tanto dos tradicionalmente designados aos homens como às mulheres. Nesse sentido, a *androgenia psicológica* deve ser entendida como o equilíbrio que pode ocorrer entre as características positivas tipicamente consideradas como privativas de cada gênero (por exemplo, a independência masculina e a sensibilidade feminina) e que podem ocorrer de forma conjunta em qualquer pessoa, seja ela de um ou de outro gênero. Embora os estereótipos de gênero tenham sido atenuados em nossa sociedade nos últimos anos, não são precisamente os anos sobre os quais estamos falando a etapa em que se observa maior flexibilidade, já que a rigidez dos estereótipos de gênero a que nos referimos anteriormente está em seu apogeu nesses momentos, provavelmente porque cumpre uma função evolutiva que consiste em completar uma parte importante do processo de socialização que ocorre na infância (nesse caso, socialização dos papéis de gênero). A despeito do anterior, até mesmo nessa etapa, já é possível encontrar diferentes graus de rigidez nos estereótipos entre as crianças, diferenças individuais que encontrarão sua máxima expressão em momentos posteriores do desenvolvimento.

Papéis de gênero e influências educativas

As diferenças intra-individuais a que estamos fazendo referência remetem para sua explicação fundamentalmente às influências educativas. Já nos referimos, em várias ocasiões, ao importante papel desempenhado pela família no desenvolvimento do gênero das crianças. Como comentamos no Capítulo 9, desde o início, pais e mães parecem ter percepções e expectativas diferentes de seus filhos e de suas filhas; freqüentemente interpretam e atribuem a conduta dos bebês de acordo com os estereótipos de gênero e, em uma proporção nada desprezível, mantêm algumas idéias sobre a criação e a educação das crianças, em que se concebe que, em certos aspectos, meninos e meninas devem receber um tratamento diferencial que promova neles e nelas os valores e as características apropriadas a seus respectivos gêneros. Esse tratamento diferencial dos filhos em função de seu gênero começa com a escolha de utensílios e de brinquedos diferentes para meninos e para meninas durante a primeira infância, continua com estímulo de atividades e de brincadeiras diferentes durante os anos anteriores ao ensino fundamental e se prolonga durante o resto da infância por meio da promoção de características diferentes (por exemplo, maior independência no caso dos filhos homens) e de algumas percepções e expectativas diferentes sobre as capacidades de meninos e meninas nas diferentes matérias escolares (maior competência dos meninos em matemática e esportes, e das meninas em português e outros idiomas). Em termos gerais, esse tratamento diferencial dos filhos em função do gênero é mais característico dos pais do que das mães, ao mesmo tempo em que as práticas estereotipadas são aplicadas com maior freqüência e rigidez para os meninos do que para as meninas (Lytton e Romney, 1991), o que talvez explique a menor flexibilidade dos homens quanto aos papéis de gênero.

Não são os pais, contudo, os únicos adultos que influem na adoção desses papéis. Uma vez produzida a incorporação ao contexto escolar (e essa incorporação tende a ser produzida em idades cada vez mais precoces), muitas das diferenças e dos estereótipos promovidos pelos pais podem ser agora mantidos e fortalecidos pela atitude e pela conduta dos professores. Assim, diversos estudos evidenciaram que muitos professores agem com as crianças em função dos estereótipos de gênero, de forma que, por exemplo, elogiam e valorizam nos meninos aspectos relacionados com suas conquistas e competências, enquanto nas meninas valorizam mais seu bom comportamento e pró-sociabilidade (Good e Brophy, 1994). A influência da escola nesse âmbito não se limita aos professores e professoras, mas se completa com o papel desempenhado pelos iguais, agentes sociais que contribuem para acentuar a tipificação de gênero. Como mostramos no Capítulo 11, desde muito cedo, as crianças escolhem os companheiros de seu próprio gênero na hora de estabelecer os grupos de brincadeira (fenômeno conhecido como *segregação de gênero)*; dentro desses grupos, meninos e meninas se reforçam aprovando e elogiando as condutas e atividades consideradas apropriadas para cada gênero; assim, o grupo de iguais favorece a adoção de características e de condutas tipificadas, ao mesmo tempo em que promove a conformidade com os estereótipos de gênero (Maccoby, 1990).

Os parágrafos anteriores ilustram como os processos educativos durante a infância são, em grande parte, responsáveis pela tipificação em função do gênero que se observa ao longo de todo o curso evolutivo. No entanto, vale a pena destacar também o argumento contrário: são os processos educativos os únicos que podem atenuar os estereótipos de gênero presentes ainda em nossa sociedade. Enquanto no contexto familiar predominarem práticas de socialização diferentes para meninos e para meninas, estaremos perpetuando os estereótipos ligados ao gênero; na medida em que pais e mães adotem práticas de criação igualitárias, promovendo atitudes e comportamentos não-sexistas, estarão contribuindo para a adoção mais flexível de papéis. Se, além disso, essas práticas pouco tipificadas da família encontram sua continuidade em uma atitude e em condutas similares por parte dos professores no contexto escolar, estaremos nos aproximando da atenuação dos estereótipos de gênero e iremos assistindo a um igualitarismo crescente entre ambos os gêneros.

Aqueles pais e professores que se esforçam por uma educação mais igualitária e menos estereotipada não devem se surpreender se, nas idades que abordamos neste capítulo, as crianças mostrarem condutas fortemente estereotipadas e acentuarem a segregação de gênero em suas brincadeiras, já que, conforme procuramos mostrar, essa acentuação cumpre uma certa função evolutiva nessas idades. Parte da semente não-sexista que tenham semeado com suas práticas educativas dará seus frutos nesses anos, mas as conseqüências mais evidentes e continuadas não serão colhidas senão mais adiante.

Parte da razão pela qual, apesar de certas práticas educativas, as crianças continuem se mostrando inflexivelmente estereotipadas está ligada ao fato de que a família e a escola não são os únicos agentes de socialização do gênero. Existem em nosso macrossistema toda uma série de influências – ostensivas em alguns casos, mais sutis em outros – que tendem a acentuar muito os papéis de gênero e a dar uma visão fortemente sexista e segregacionista. Algumas dessas influências, como ocorre no caso da televisão, exercem seu impacto de forma penetrante no conjunto da sociedade, incluindo meninos e meninas. No final das contas, o problema das diferenças de gênero tem uma importante determinação cultural, que é o que se esconde atrás das práticas educativas e do processo de socialização. Nas idades que abordamos neste capítulo, as crianças levam em conta essa determinação e tendem a agir em conseqüência, o que, além disso, cumpre a função evolutiva de acentuar os perfis do autoconceito em um de seus traços essenciais e em uma etapa essencial para sua conformação.

14 Conhecimento social e desenvolvimento de normas e de valores entre os seis anos e a adolescência

JESÚS PALACIOS, MARÍA DEL MAR GONZÁLEZ E MARÍA LUISA PADILLA

Como nos dois capítulos anteriores, os conteúdos abordados a seguir são um prolongamento de seus equivalentes para o segmento de idade de dois a seis anos. Em nosso caso, retomamos a trajetória evolutiva descrita no Capítulo 10 sobre o desenvolvimento do conhecimento social e dos raciocínios sobre normas e valores. Como já foi feito anteriormente no capítulo citado, analisaremos, em primeiro lugar, o domínio do conhecimento social nos três âmbitos da compreensão dos demais, das relações interpessoais e dos sistemas sociais. Em relação ao raciocínio sobre questões morais e de valores, faremos, em primeiro lugar, a inevitável referência às descrições clássicas, bem representadas por Piaget e por Kohlberg, e dedicaremos mais espaço aos conteúdos e às perspectivas mais recentes, incluindo, por exemplo, o raciocínio de valores sobre meio ambiente ou ecológicos. Finalmente, encerraremos o capítulo com algumas reflexões de caráter geral sobre o desenvolvimento moral; parte dessas reflexões diz respeito à relação entre o raciocínio moral e a conduta moral, procurando responder se um raciocínio moral mais avançado prevê uma conduta moral concordante, ou se são dois âmbitos diferentes sem muita relação entre si. A outra parte das reflexões finais se deterá na consideração dos contextos nos quais se forjam os conteúdos dos quais nos ocuparemos aqui, analisando mais detalhadamente algumas das questões que foram apenas mencionadas no Capítulo 10. Concluindo este périplo, os leitores conseguirão aprofundar-se mais facilmente nos conteúdos do capítulo seguinte, todo ele relacionado com essas questões, mas de uma perspectiva da conduta social e das relações com os outros.

CONHECIMENTO SOCIAL

São muitos os conteúdos com os quais poderiam ser ilustrados os avanços que ocorrem nessas idades para qualquer um dos três grandes âmbitos que iremos abordar: a compreensão dos demais, das relações interpessoais, da trama e dos sistemas sociais. A descrição que se segue toma o mesmo rumo da efetuada sobre as idades prévias, embora com alguns conteúdos novos em relação ao que ali foi tratado. Como veremos em seguida, os progressos que as crianças realizam em seu caminho como psicólogos intuitivos, que procuram compreender os demais e as causas de sua conduta, são muito notáveis, e outro tanto podemos dizer em relação aos sociólogos intuitivos que procuram entender o funcionamento da sociedade e de suas instituições.

Desenvolvimento da compreensão dos demais

Talvez a forma mais simples de começar a exposição do progresso que ocorre na compreensão de outras pessoas por crianças com mais de seis anos seja descrevendo como são suas *descrições dos demais* diante da simples pergunta: "você pode dizer como é... (seu melhor amigo, sua professora, seu pai, etc.)". A evolução que se detecta em relação aos anos precedentes é muito semelhante à descrita no Quadro 13.1 do capítulo anterior, em relação às descrições feitas sobre si mesmo. De acordo com Shantz (1983), o essencial dessa evolução pode ser resumido da seguinte forma:

- De descrições baseadas na aparência externa ou nas circunstâncias a outras que atendem a características psicológicas ou internas cada vez mais precisas e aperfeiçoadas ("tranqüilo" ou "mal-educado" em vez de "bom" ou "mau").
- De descrições baseadas em fatos concretos ("corre muito", "empresta seus brinquedos") a outras baseadas em abstrações que refletem uma crescente habilidade para extrair regularidades e constâncias através do tempo e das situações ("é uma boa esportista", "é generoso").
- De abordagens meramente descritivas a outras nas quais espontaneamente se tenta explicar e introduzir coerência nas descrições, buscando os motivos ou as causas últimas e não-evidentes dos comportamentos ("nunca chora diante de outros meninos para não se mostrar fraco, porém é mais sensível do que aparenta").
- De descrições expressas em termos absolutos a outras nas quais se introduzem observações em função das circunstâncias ("fora da aula é uma menina sociável e segura de si mesma, mas, na sala, fica muito calada e insegura").
- De descrições muito presas à relação com a pessoa que se descreve para a possibilidade de vê-la de uma perspectiva mais externa e independente ("comigo se comporta bem, mas é muito desagradável com a maior parte das pessoas").

Sem dúvida alguma, parte desses avanços se relaciona com o progresso observado nessas idades na capacidade para a *adoção de perspectivas*. Conforme ressaltamos no Capítulo 10, podemos afirmar que Piaget não tinha razão quando afirmava que as crianças pré-operatórias (isto é, com menos de seis ou sete anos), diante do modelo das três montanhas, não eram capazes de perceber que alguém que estava do outro lado tinha uma perspectiva diferente da sua. Mas, como foi indicado, uma coisa é saber que o outro vê as coisas de maneira diferente, e outra é adivinhar como ele as vê exatamente. Como dissemos, em tarefas que implicam raciocínio espacial e que são particularmente difíceis, as crianças com menos de seis anos sabem que existe outro ponto de vista, porém não podem concretizá-lo. Em tarefas mais simples, não só reconhecem a existência, mas também o conteúdo de pontos de vista diferentes do seu. A partir dos seis ou sete anos, essa capacidade vai concretizando-se também para conteúdos mais complexos, incluindo o problema das três montanhas representado na Figura 7.1, em que as crianças vão sendo cada vez mais capazes de especificar qual a visão que outra pessoa teria de ângulos diferentes.

Um dos trabalhos posteriores a Piaget mais citado é a pesquisa de Selman (1976) sobre a adoção de perspectivas, baseada nas respostas de crianças de diferentes idades a um dos dilemas que com tanta freqüência são usados para o estudo deste tipo de questões. A protagonista é uma menina que gosta muito de subir em árvores; depois de sofrer uma queda relativamente perigosa, o pai a faz prometer que não voltará a subir. Passado pouco tempo, a menina teve de decidir se deveria subir ou não em uma árvore para salvar um gatinho que havia ficado preso entre os galhos. A evolução descrita por Selman mostra como se parte de uma certa incapacidade para diferenciar as perspectivas da menina e do pai (ela estará feliz, porque salvou o gato, e o pai também, porque ele gosta muito de gatos), o que é típico nas crianças de seis anos, para a capacidade de poder considerar sucessivamente a perspectiva diferenciada de um e de outro (o pai entenderá a decisão tomada pela menina e não ficará bravo), o que é mais típico a partir dos sete anos.

É por volta de dez anos que se chega a uma visão na qual a duas perspectivas são levadas em consideração simultaneamente, sendo também possível imaginar a situação a partir do ponto de vista de uma terceira pessoa (a menina sabe o que prometeu, mas também sabe como seu pai reagirá quando compreender o que ocorreu; qualquer pessoa pode entender que quando algo está muito justificado, pode haver exceções às promessas feitas).

Estamos, pois, longe de acreditar que o problema da adoção de perspectivas limita-se às experiências visuais ou espaciais, sendo particularmente relevante a consideração de como evolui a compreensão dos pensamentos e das emoções dos outros. Para continuar brincando com nossa metáfora, e já fora das perspectivas piagetianas, o psicólogo intuitivo, a cuja formação estamos assistindo, não se dedica somente à psicologia da percepção: ele também tem de conseguir créditos em psicologia cognitiva e em psicologia das emoções.

A *representação dos processos mentais de outras pessoas* tem um importante avanço por volta dos quatro anos, quando as crianças desenvolvem a chamada teoria da mente, isto é, sua capacidade de perceber que os processos mentais de outra pessoa são diferentes dos seus (lembrem-se do conteúdo do Quadro 10.1: o menino para o qual a história é contada sabe que o doce está no lugar onde foi guardado por Lola e não onde Tati o deixou ao sair; sabe que, apesar de toda essa situação, ele e Lola compartilham um conteúdo mental que não coincide com o de Tati). Porém, como demonstraram Flavell e Miller (1998), as crianças com menos de seis anos demonstram dificuldade para determinar se outra pessoa está ou não pensando, assim como para imaginar qual é o conteúdo de seus pensamentos: não concebem o pensamento como um fluxo contínuo de atividade mental interna e não são capazes de fazer suposições verossímeis sobre o conteúdo mental de outra pessoa em um momento determinado, mesmo que na situação haja explicações suficientes para poder imaginá-lo. A partir dos sete anos, essas limitações começam a desaparecer, havendo uma consciência crescente tanto da existência de pensamentos em outras pessoas quanto de seus possíveis conteúdos em função das circunstâncias. De fato, a partir dessa idade, as crianças também são mais capazes de perceber seus próprios processos de pensamento, o que lhes parecia difícil em idades anteriores em circunstâncias simples, como quando lhes era perguntado o que estavam pensando justamente naquele momento, ou como quando era pedido que pensassem em algo determinado (por exemplo, que se lembrassem do que haviam feito na tarde anterior) e, ao final de um curto espaço de tempo, perguntado a elas no que haviam pensado: uma resposta típica de uma criança com cinco anos seria "em nada".

O que não parece ser dominado antes da adolescência, pelo menos segundo as evidências experimentais com as quais agora contamos, é a capacidade para raciocínios do tipo "penso que você está pensando que eu estou pensando...", pelo menos em suas formas mais complexas, que certamente podem chegar a ser bastante confusas. De acordo com os dados de Miller, Kessel e Flavell (1970), até os 12 anos, as crianças começam a entender raciocínios como os do exemplo anterior: "minha mãe pensa que eu estou pensando em fazer a lição, assim eu vou fingir que estou me preparando para fazê-la". Deveremos esperar a adolescência mais evoluída para encontrar raciocínios recursivos deste tipo: "penso que minha mãe está pensando no que o meu pai pensa a respeito de eu não querer fazer a lição de casa".

Obviamente, o conhecimento e a compreensão dos demais não se limita à esfera do cognitivo: também se estende aos conteúdos emocionais, como mostram as pesquisas que estudaram a *compreensão da emoção de outras pessoas*. Como vimos no Capítulo 10, as crianças da educação infantil já eram capazes de reconhecer as emoções mais simples de outros indivíduos, assim como identificar as circunstâncias que costumavam propiciá-las. Ao longo dos anos que agora estudamos, as crianças demonstram ser capazes de compreender e de reconhecer todo um conjunto de emoções complexas. Assim, aos sete ou oito anos já são capazes de indicar situações nas quais uma pessoa experimentará emoções como o orgulho, a gratidão, a preocupação, a culpa ou o entusiasmo, lista que será incrementada a partir dos 10 anos de idade para nela incluir emoções como o alívio ou a decepção. Esses resultados parecem ter uma certa universalidade, visto que foram obtidos tanto com crianças de grandes cidades européias, como com outras estudadas em pequenas aldeias agrícolas do Nepal (Harris, 1989). A diferença fundamental entre as crianças dessas duas amostras estava nas situações em que associavam às diferentes emoções: intimamente ligadas as inquietudes do trabalho agrícola, à possibilidade da pobreza ou das enfermidades das crianças nepalesas, diante do mundo protegido e seguro de escolas, jogos ou animais domésticos das européias.

Ao contrário do que acontecia com as emoções mais simples compreendidas nos anos anteriores (alegria, tristeza, etc.), as que as crianças com mais de seis ou sete anos podem compreender não podem ser identificadas habitualmente somente por meio da expressão facial: um rosto pode indicar felicidade, porém não há uma expressão facial inequívoca para o orgulho ou para culpa. Nas idades que são agora de nosso interesse, serão necessárias ferramentas mais complexas: a capacidade de inferência a partir de esquemas elaborados em torno de situações parecidas, capacidade crescente para se pôr no lugar das pessoas que passam por elas, habilidade para imaginá-las ou a si mesmo nas referidas situações e desenvolvimento das noções sociais. Assim, por exemplo, a compreensão do orgulho e da culpa somente acontecerá depois dos oito ou nove anos, quando essas emoções são entendidas como integradas no contexto da intencionalidade (uma pessoa pode se sentir muito mais orgulhosa por ter alcançado um objetivo planejado do que por algo que conseguiu casualmente) e da independência em relação à presença de testemunhas (uma pessoa pode se sentir orgulhosa ou culpada por uma ação que ninguém, exceto o protagonista, presenciou).

Uma boa prova do progresso que ocorre na compreensão das emoções pode ser encontrada nas emoções ambivalentes, como vimos no capítulo anterior (Harter e Whitesell, 1989):

- Sua existência era simplesmente negada antes dos seis anos com o argumento de que não era possível estar contente e triste ao mesmo tempo.
- Até os seis ou sete anos aceita-se que uma situação pode dar lugar a duas emoções diferentes desde que uma suceda a outra (primeiro se está contente por subir a montanha-russa e depois se sente medo pelas subidas e descidas).
- A partir dos oito ou nove anos aceita-se que as duas emoções podem ocorrer ao mesmo tempo desde que tenham causas diferentes (está bravo, porque o amigo quebrou o brinquedo, mas está triste, porque o amigo, como castigo, terá de ir para casa).
- A partir dos 10 anos se admite que são possíveis duas emoções diferentes simultâneas e causadas por um mesmo motivo (está contente por participar do concurso, mas preocupada pelo resultado).

Uma evolução parecida é observada em situações em que existem aspectos contraditórios, como a expressão facial (alegria) que não corresponde à situação (a bicicleta quebrada). Depois de idades em que somente levam em consideração um dos aspectos (até os seis anos, a criança raciocina somente a partir da expressão facial), elas começam a levar em conta ambas as referências até chegar a um ponto, aproximadamente a partir dos oito ou dez anos, em que serão integradas e explicadas por causas ou por motivos não-evidentes (o menino está com a bicicleta quebrada, mas pensa que será uma boa oportunidade para que comprem uma nova) (Hoffner e Badzinsky,1989).

A habilidade para distinguir entre a emoção real e a expressão facial aparente também evolui ao longo desses anos. As crianças parecem compreender melhor que, às vezes, é razoável e adaptativo ocultar a emoção que realmente sentem disfarçando sua expressão facial. Assim, é mais provável que uma criança de 10 anos sorria e pareça feliz ao perder um concurso, mesmo estando decepcionada, do que uma criança de seis anos (Flavell e Miller, 1998).

Como conseqüência de todos os progressos na compreensão emocional que estamos analisando, assim como também dos resultados de experiências pessoais cada vez mais ricas e variadas, é possível observar importantes avanços na *empatia*, isto é, na capacidade para perceber a emoção que alguém está experimentando e para participar de sua vivência. A empatia está situada no entrecruzamento da compreensão e do afeto, e começa a se desenvolver desde muito cedo. Mas, enquanto em suas idades iniciais a empatia adota formas tão simples como chorar quando um bebê escuta o pranto de outro, nos estados mais evoluídos que encontramos nas idades que agora estudamos, a empatia permitirá que as crianças entendam e simpatizem com a vivência de uma ampla gama de emoções, precisamente de todas aquelas cuja compreensão vimos desenvolver-se nos parágrafos anteriores, pois a empatia aumenta em boa parte como conseqüência da capacidade de perceber quais os sentimentos que uma pessoa experimenta e de se colocar dentro deles. No final da infância, na fronteira com a adolescência, começarão as manifestações empáticas não somente diante de situações concretas, mas também diante de fatos de maior alcance e de um nível de abstração maior ao ter, por exemplo, reações empáticas diante de um colega com uma doença complicada, diante de alguém que é pobre ou com quem se comete uma injustiça. Assim, pode ser que, em um determinado momento, uma criança veja rindo e divertindo-se um companheiro que padece de uma doença grave, mas que, no entanto, emaptize com a sua situação de doente.

Em resumo, a capacidade de compreender os demais progride notavelmente dos 6 aos 12 anos. Nessa faixa etária, melhoram as capacidades para pensar nos outros e para descrevê-los; para se pôr, simultaneamente, em vários pontos de vista ou perspectivas; para compreender as emoções dos demais (inclusive as contraditórias), e para experimentar uma vivência empática tanto diante de situações concretas referentes a emoções cada vez mais complexas quanto, já no final dessa etapa, diante de situações de caráter mais geral e mais abstratas.

Compreensão das relações interpessoais

No Capítulo 10, em vez de analisar um a um os diferentes conteúdos relativos às relações interpessoais que foram objeto de pesquisa, preferimos nos centrar em dois que ilustram a evolução de tais conteúdos. Para isso, escolhemos um âmbito, que no Capítulo 11, foi denominado relações horizontais (concretamente, a relação de amizade) e outro correspondente às denominadas relações verticais (concretamente, a autoridade). Cabe agora analisar a evolução desses conteúdos nos anos que antecedem a adolescência.

No que se refere à *noção de amizade*, no período entre 6 e 12 anos, ela costuma ser diferenciada em dois momentos. Ao primeiro deles já nos referimos no Capítulo 10: iniciado por volta dos cinco anos e com vigência até aproximadamente os oito anos, é caracterizado por uma concepção de amizade baseada na ajuda e no apoio unidirecional ("é meu amigo, porque brincamos juntos e me empresta seus brinquedos"). O segundo momento, a partir dos oito anos, é identificado pelo aparecimento da reciprocidade como componente essencial da amizade ("passamos bons momentos juntos", "nos ajudamos quando precisamos"). É também a partir dessa idade que, como ingredientes básicos das relações de amizade, começam a aparecer referências à compatibilidade psicológica (interesses em comum, por exemplo), à confiança, assim como ao afeto, à preocupação e à consideração de cada parte para com a outra. A amizade dura enquanto existe essa reciprocidade e pode acabar em função de discussões e de desencontros.

A reciprocidade ou bidirecionalidade como parte essencial do conceito de amizade aparece efetivamente aos oito anos, porém, em princípio, está muito vinculada ao intercâmbio de bens tangíveis ("somos amigos, porque gostamos de ficar juntos e porque emprestamos nossas coisas um para o outro") e de ajuda instrumental ("nós nos ajudamos quando temos de fazer a lição juntos"). A partir dos 10 ou 11 anos continuam presentes esses componentes de ajuda, de confiança e de compatibilidade psicológica que acabamos de comentar, mas a idéia de reciprocidade e de bidirecionalidade se estende agora à troca mútua de pensamentos, de sentimentos e de segredos íntimos; os amigos são agora aqueles que, além de se ajudarem e de se apoiarem diante dos problemas psicológicos (solidão, tristeza, etc.), demonstram lealdade, mantendo-se amigos apesar de eventuais disputas (Damon, 1977; Selman, 1980).

Com relação à *compreensão das relações de autoridade* e de acordo com os dados de Damon (1977), entre os seis e os nove anos a autoridade é concebida como uma conseqüência do maior poder físico e social de quem a ostenta, seja um adulto ("é muito mais forte", "sabe fazer muito mais coisas") ou um colega ("a professora o escolheu como o encarregado da ordem da sala quando ela não estiver presente"). Nessas idades, o conceito de autoridade – em direção muito parecida à que acabamos de ver no conceito de amizade – incorpora também as noções de troca e de reciprocidade ("se te pedem que arrume o seu quarto, tem de arrumá-lo, porque se você pedir para ir ao cinema, eles vão te levar"). É a partir dos nove ou dez anos que a autoridade depende, fundamentalmente, não da capacidade para se impor física ou socialmente, mas de qualidades pessoais tais como o maior conhecimento de um assunto concreto ("são os pais os que melhor sabem cuidar de seus filhos"), a capacidade de liderança ("é o melhor para organizar a equipe"), ou o fato de ter sido eleito pelos demais para uma determinada função ("a escolhemos como a representante da sala"). Naturalmente, em uma concepção desse tipo, a autoridade já perdeu o caráter de onipotência que pode ter tido nos anos prévios: o melhor para organizar a equipe talvez não seja o melhor para organizar um grupo de trabalho na sala de aula, aquele que sabe organizar o menu semanal da família não tem por que ser o mesmo que melhor saiba organizar as horas de lazer ou as férias, etc. Em resumo, a autoridade adquire um poder relativo e restrito, algo que já se podia detectar de forma incipiente nas crianças menores de seis anos e que agora já adquire uma elaboração mais convincente e complexa.

Um dos aspectos das relações interpessoais e de sua compreensão, ao qual aqui faremos somente uma breve referência, diz respeito à forma como as crianças entendem a *resolução dos conflitos* que surgem entre eles. Referiremo-nos brevemente a esse assunto, porque ele será analisado mais detalhadamente no capítulo seguinte (ver, por exemplo, o Quadro 15.2 sobre o processamento da informação social). Conforme será visto ali, uma das características que diferenciam as crianças socialmente competentes das que não o são é que aquelas são capazes de interpretar mais corretamente as situações conflituosas e de imaginar soluções adequadas e eficazes para resolvê-las, enquanto estas apresentam dificuldades tanto na hora de "ler" e interpretar os conflitos como na hora de buscar soluções adequadas. Aliás, esse é um bom exemplo de como o conhecimento social é um importante mediador das relações interpessoais e da conduta social, algo de que falaremos no final deste capítulo.

Devido à diversidade de conteúdos e de idades aos quais se fez referências anteriormente a propósito do conhecimento dos demais e das relações interpessoais, no Quadro 14.1 é apresentado um resumo que procura oferecer uma síntese esquemática sobre os conteúdos analisados e seu progresso evolutivo.

Compreensão dos sistemas sociais

Voltamos a nos encontrar agora com o sociólogo intuitivo que deixamos no Capítulo 10, tentando entender a sociedade e a trama social que o rodeiam. Para ilustrar os avanços que ocorrem nas idades que estamos analisando, voltaremos a tomar como exemplo a evo-

QUADRO 14.1 Conhecimento dos demais e das relações interpessoais. Síntese do progresso evolutivo

		Antes dos 6 anos	A partir de 6 ou 7 anos	A partir dos 10 anos
Conhecimento dos demais	*Adoção de perspectivas interpessoais*	Dificuldade para diferenciar as diferentes perspectivas.	Considera, sucessivamente, uma e outra perspectiva.	Consideração de perspectivas simultâneas e do ponto de vista de terceiros.
	Representação dos processos mentais de outras pessoas	Capacidade para diferenciar conteúdos mentais próprios e alheios. Dificuldade para determinar se o outro pensa e em quê.	Conhecimento crescente de que outros pensam e sobre o que pensam em função das circunstâncias.	A partir dos 12 anos, capacidade para raciocínios recursivos do tipo "penso que você pensa que estou pensando...".
	Compreensão das emoções dos outros	Reconhecimento nos demais de emoções simples (alegria, tristeza, etc.).	Reconhecimento de emoções complexas (orgulho, gratidão, culpa, etc.).	Ampliação da capacidade para reconhecer emoções complexas (alívio, decepção, etc.).
	Compreensão de emoções ambivalentes	Sua existência é negada.	São aceitas, mas como sucessivas.	São reconhecidas como possíveis simultaneamente e com uma mesma causa.
	Empatia	Capacidade empática com emoções simples e situações familiares.	Capacidade empática diante de emoções complexas e sem indícios externos.	No início da adolescência, capacidade empática diante de fatos mais abstratos (pobreza, doença, etc.).
Conhecimento das relações interpessoais	*Amizade*	Amizade como ajuda e apoio unidirecional.	A partir dos 8 anos, amizade como reciprocidade, confiança e afeto.	Reciprocidade e bidirecionalidade extensiva também a trocas de sentimentos, pensamentos, etc.
	Autoridade	Autoridade como poder, mas com algumas limitações.	Autoridade derivada do poder físico e social; implica troca e reciprocidade.	Autoridade derivada de qualidades pessoais e de capacidade de liderança ou de escolha pelos demais.

lução das noções econômicas e das idéias sobre a estratificação social. Os dados fornecidos por Delval (1994) voltarão a ser de grande utilidade.

Com relação às *noções econômicas*, a forma em que surge e evolui a idéia de lucro é uma boa aproximação ao seu desenvolvimento. Como ressalta Delval (1994), a idéia de lucro é muito simples para os adultos: é a diferença a favor do vendedor entre o preço de compra e o preço de venda. No entanto, e apesar de sua reiterada experiência em situações de compra e venda, a idéia de lucro parece ser de difícil acesso para crianças. De fato, as idéias predominantes até os 10 anos implicam que o lojista compra mercadorias em outra loja parecida com a sua ou em uma fábrica, pagando por elas um determinado preço e as vende pelo mesmo valor ou por um valor menor do que o seu custo..., combinando-as, assim, para (milagrosamente) manter sua loja, pagar seus empregados, comprar novas mercadorias, alimentar e vestir toda a sua família. O Quadro 14.2 apresenta algumas das respostas características desse modo de ver as coisas.

Conforme assinala Delval (1994), as dificuldades das crianças com até nove anos com a noção de lucro está ligada em parte com a aritmética da decomposição do preço de venda em preço de compra mais lucros, mas também tem um certo componente moral: seria injusto cobrar mais do que custa, algo assim como se aproveitar ou roubar.

Por volta dos 10 ou 11 anos, as dificuldades às quais nos referimos parecem ter sido superadas. As crianças já entendem que o preço de venda deve incluir o preço de custo e o lucro, por isso o preço final é sempre superior ao custo inicial. De novo, parte desse avanço está relacionada com a melhora na compreensão aritmética do problema, mas outra parte tem a ver com a compreensão de que as relações comerciais seguem uma lógica moral diferente das relações não-comerciais; assim, se um amigo pede a um menino que este compre um apontador especial em uma loja que está próxima a sua casa, o menino não deve cobrar de seu amigo um valor maior do que custou o apontador; mas é lógico que o comerciante cobre do comprador um valor maior pelo apontador do que o que foi pago por ele ao fornecedor.

A evolução das noções sobre a *estratificação social* segue uma lógica cronológica bastante parecida com a que acaba de ser exposta em relação às noções econômicas: concepções pouco complexas e realistas até os 10 anos, aproximadamente, e mais bem elaboradas a partir desse momento (Navarro e Peñaranda, 1998). Concretamente, até esta idade predomina o tipo de idéias às quais já fizemos referência no Capítulo 10: se é rico ou se é pobre em função de ter nascido em uma condição ou em outra, em função da sorte (encontrar mui-

QUADRO 14.2 Dificuldades para a compreensão da noção de lucro

Óscar (8,11 anos, Madri). "Você vende pelo mesmo preço que custou, por mais ou por menos? *Por menos; pode vendê-lo por mais, mas será mais compensador por menos, porque se a fábrica põe o preço em 25 e você vende por 50, venderá menos, mas se vender por 20 venderá mais.* Se eu vendo por 20 e me custou 25 ganho algo? *Não, bom, sim. Bom, você perderá dinheiro, mas comprarão mais. Você não economizará dinheiro".*

Guiomar (10,3 anos, Madri). "Você sabe o que são as liquidações? *Sim, se o preço normal de algo é de 100 pesetas**, *mas se está em liquidação ele custa menos. Esta caneta, por exemplo, se ela custa 25 pesetas, dizem que está em liquidação quando a vendem por 22.* Você acha que as pessoas que fazem liquidação ganham dinheiro? *Elas fazem a liquidação para que as pessoas comprem mais, então também ganham dependendo da quantidade de pessoas que compram. Se você compra 10 canetas e somente compram uma delas, você sai perdendo. Talvez nas liquidações paguem menos do que vale, mas, como vai mais gente, você também ganha.* Vai muita gente, mas ela continua ganhando com cada coisa que vende? *Claro, porque vai muita gente. Se uma coisa vale 20 e está em liquidação por 15, por exemplo, apesar de estar em liquidação, está perdendo 5 pesetas, mas como vai muita gente sai ganhando.* Ou seja, perde dinheiro. *Não, porque como o que vale é mais do que perde, porque vai muita gente...* Ou seja, o que para mim vendam por 20, eu ponho em liquidação e baixo o preço para 15 pesetas. Perco 5 pesetas, mas como vem muita gente para comprar... é isso o que você está dizendo? *Claro.*"

Paula (9,1 anos, México, D.F.). "Quanto você paga pelo lápis? *500 pesos***. E o senhor que vende os lápis, quanto ele tem de pagar? *1000 pesos; não, 500, igual.* Por que igual? *Porque ele os compra da fábrica.* E para você, por quanto ele vende? *Por 500.* Então, vende pelo mesmo valor que eles custaram, por mais ou por menos? *Igual.* Por que igual? *Não sei, acho que disseram para ele que esse preço está bom.* E para que você acha que o senhor da papelaria usa o dinheiro que recebe? *Para sustentar seus filhos, para comprar comida, para sua casa, mais ou menos."*

Fonte: Delval, 1994, p. 478.
*N. de R.T. Peseta = moeda da Espanha.
** N. de R.T. Peso = moeda do México.

to dinheiro, conseguir um prêmio em um concurso, etc.) ou das horas de trabalho. É por volta dos 10 anos que se começa a entender que ser pobre ou rico não depende tanto de uma determinada circunstância concreta, mas de um processo: para conseguir mais dinheiro é preciso ter um bom trabalho; os bons trabalhos são escassos e para se ter um bom trabalho é preciso freqüentar um bom colégio e estudar muito. Conforme ressalta Delval (1994), a principal limitação da visão que começa a surgir até os 10 anos é seu caráter mecânico: para chegarmos a ser ricos, tudo o que devemos fazer é seguir um bom caminho e se deixar levar. Será preciso esperar a adolescência para que essas idéias se compliquem um pouco e para que apareça a visão de um processo mais contínuo, e preservado no tempo: já que a questão não é somente se colocar desde cedo no caminho correto, será preciso continuar, portanto, tomando decisões e atuando de uma determinada maneira se se quiser chegar a ter uma boa situação econômica.

A maior parte das pesquisas científicas que estudaram tanto as noções econômicas como as relativas à estratificação social, assim como tantas outras, foi inspirada em um modelo piagetiano, de acordo com o qual os progressos que são observados no processo de desenvolvimento levam a um conhecimento final do tipo objetivo e universal; nesse modelo, supõe-se que todas as crianças, em uma seqüência muito parecida, reconstruam a trajetória que vai da ignorância inicial ao conhecimento final elaborado e complexo. São poucos os pesquisadores que saíram dessa lógica de análise, e, por isso, são poucas as evidências empíricas alternativas às que foram expostas. Apesar disso, alguns trabalhos servem para mostrar que o desenvolvimento cognitivo é somente um dos processos implicados na forma como são analisados os problemas dos quais estamos tratando. Assim, por exemplo, quando foram estudadas as idéias sobre a estratificação social, usando como sujeitos crianças de classes sociais muito diferentes, observou-se que o que intervém não é somente a capacidade de raciocínio, mas também a interiorização diferencial de certas crenças e de representações sociais que variam em função da classe social à qual se pertence. Assim, por exemplo, crianças de classes sociais mais baixas de diferentes países crêem que as diferenças salariais entre diferentes profissões não são muito acentuadas, enquanto as de classes mais privilegiadas acreditam que as diferenças salariais são muito mais marcadas e, além disso, justificam-nas com mais argumentos, com particular ênfase no papel dos estudos e das qualificações profissionais (Emler, Ohana e Dickinson, 1990).

O que esse tipo de pesquisas mais minoritárias nos diz é que o que está em jogo na compreensão dos sistemas sociais não é somente um certo nível de desenvolvimento cognitivo em uma seqüência universal e orientada para uma única maneira final de compreender os assuntos em questão (a estratificação social, por exemplo), mas também a possibilidade de que haja diferentes trajetórias, de uma diferente construção mental e uma diferente compreensão dos assuntos sociais em função do grau de participação que se tenha ou do lugar que se ocupa na pirâmide social. O que está em jogo, em uma palavra, não é estar no primeiro, no segundo ou no terceiro nível de uma determinada seqüência invariável, mas a existência de diferentes seqüências com distintos conteúdos em função de variáveis de experiência pessoal e, sobretudo, de participação social.

DESENVOLVIMENTO DE NORMAS E VALORES

Assim como fizemos no Capítulo 10, começaremos este item apresentando brevemente as clássicas descrições de Piaget e Kohlberg, dedicando, em seguida, mais espaço para as propostas desenvolvidas mais recentemente: começaremos pela diferenciação entre moralidade e convenção, seguiremos com o raciocínio moral pró-social e as idéias sobre justiça distributiva, e concluiremos com dados procedentes de conteúdos mais recentes, como o raciocínio moral sobre o meio ambiente. Analisaremos, em seguida, por um lado, a relação entre os valores e raciocínios morais e, por outro, a conduta moral. Finalmente, encerraremos o capítulo com uma reflexão sobre o papel do contexto no desenvolvimento dos valores.

O curso do desenvolvimento em relação aos diferentes conteúdos morais

As duas *descrições clássicas* dividem a idéia de uma construção do raciocínio moral do tipo universal e organizada em uma seqüência de estágios invariáveis. No caso de Piaget (1932), essa seqüência está marcada pela transição da moral heterônoma para a moral autônoma, trajeto que vem a coincidir com a passagem do pensamento pré-operatório ao operacional concreto. Conforme vimos, na descrição piagetiana, a moral heterônoma é a moral da obediência, da submissão e do respeito unilateral às normas impostas pelos adultos. Ao contrário, a *moral autônoma* é a moral da cooperação, do acordo mútuo, das regras estabelecidas por consenso. A atitude das crianças de diferentes idades diante das regras dos jogos é um bom exemplo da transição à qual estamos fazendo referência: entendidas como imodificáveis na etapa da heteronomia moral (as regra são como são e não podem ser mudadas; se são mudadas, o jogo não é o mesmo), são consideradas fruto do acordo mútuo na etapa da autonomia moral (a regra do jogo diz uma coisa, mas, se os que jogam estão de acordo, elas podem ser modificadas). Além disso, a heteronomia moral enfatiza a conseqüência das condutas na hora de avaliar o julgamento moral correspondente (assim, quebrar seis copos é sempre pior do que quebrar um), enquanto a moral autonomatiza as conseqüências em função das intenções, baseando-se nas últimas para determinar a necessidade de sanções e sua magnitude (quebrar um copo de propósito é sempre pior do que quebrar meia dúzia sem querer quando se estava tentando ajudar na limpeza da cozinha).

Na descrição de Kohlberg (1976), a transição é produzida entre a moral pré-convencional e a convencional e ocorre por volta dos 10 anos. As características de uma e de outra moral não variam tanto em seu conteúdo concreto quanto em suas justificativas. Assim, enquanto no nível pré-convencional as normas deveriam ser obedecidas porque haviam sido impostas pela autoridade e para evitar o castigo conseqüente à transgressão, no *estágio da moral convencional,* as normas devem ser obedecidas para manter as relações humanas harmoniosas e para assegurar o bom funcionamento social. As normas que são consideradas importantes são as mesmas, porém, no estágio convencional, encontramo-nas em um nível de interiorização e de apropriação por parte do indivíduo (tem de agir moralmente pela convicção de que as normas morais asseguram a convivência) que não existia no nível pré-convencional (tem de agir moralmente, porque, senão, será castigado).

A propósito da diferenciação entre *moralidade* e *convencionalismo* (Turiel, 1983), conforme foi visto no Capítulo 10, desde os três ou quatro anos as crianças parecem capazes de diferenciar entre ambos os domínios. A capacidade para distinguir entre um e outro tipo de conteúdos (o da moral, referente a condutas que podem causar dano físico ou psicológico, assim como a temas relacionados com o comportamento justo, e o do convencional, referente a normas ou regulamentos sociais que facilitam a convivência) e para diferenciar também deles o domínio pessoal (aquele que pertence à esfera da tomada de decisão individual, sem que haja norma ou convenção que o regule) continua aprimorando-se ao longo dos anos do ensino fundamental. Aos seis ou sete anos, as crianças são capazes de distinguir corretamente entre os diferentes conteúdos, desde que se trate de situações que lhes sejam familiares; isso já acontecia nos anos precedentes, ainda que a variedade de situações familiares agora seja maior. Aos nove ou dez anos, a diferenciação também pode ser feita corretamente em relação a situações e a conteúdos não-familiares (Turiel, 1998).

Não surpreende o fato de que a diferenciação entre o domínio da moral e do convencional tenha dado lugar a interessantes comparações transculturais: o que em uma cultura é considerado convencional ou simplesmente pertencente ao domínio pessoal, em outra pode ser considerado como inquestionavelmente pertencente ao domínio da moral. É ilustrativa, por exemplo, a comparação entre crianças, adolescentes e adultos educados em comunidades tradicionais da Índia e no ambiente da classe média americana (Shweder, Mahapatra e Miller, 1990); tanto em um grupo como no outro, os sujeitos tinham de classificar 39 condutas, dizendo se estava certo ou errado realizá-las, o quão grave eram consideradas as transgressões, etc. Entre uma amostra e outra existe um acordo em relação à importância de respeitar certas normas que são consideradas morais pelos sujeitos de ambas as amostras: ajudar as vítimas de um acidente, manter as promessas, não destruir as propriedades dos outros, não roubar e evitar o incesto. No entanto, há uma variedade muito grande de desacordos em relação à maior parte das condutas examinadas, assim como ao lugar que ocupam na escala de transgressão. O conteúdo do Quadro 14.3, no qual aparece uma seleção das condutas consideradas mais graves por crianças hindus ortodoxas (brâmanes), dá uma idéia da força da cultura na determinação do que se considera moral ou convencional; alguns conteúdos, que para os ocidentais ocupariam as primeiras posições na escala de gravidade das transgressões, ocupam lugares bem mais modestos na escala de gravidade das crianças brâmanes; assim, não prestar socorro à vítima de um acidente para eles ocupa o 15º de uma escala de 39; roubar, o 19º; repartir desigualmente a herança entre filhos e filhas, o 26º lugar; bater na esposa desobediente ocupa o 33º lugar.

Parece, então, difícil afirmar que o desenvolvimento moral seja a aplicação seqüencial de alguns conteúdos éticos do tipo universal. Mais ainda, os dados da pesquisa que acabamos de citar mostram que em diferentes culturas a direção do desenvolvimento moral é diferente. Assim, na mostra americana, à medida que as crianças vão crescendo e tornam-se adultas, é mais provável que construam uma moral na qual há uma forte ênfase no contextual e um peso menor no universal; em outras palavras, o relativismo moral aumenta, na amostra americana, com a idade. Exatamente ao contrário do que acontece entre crianças, adolescentes e adultos hindus estudados: à medida que crescem, é mais provável que seus raciocínios adotem a forma de universais morais e menos provável que raciocinem em termos contextuais ou de convencionalismo social; dito de outra maneira, o absolutismo moral aumenta com a idade na amostra hindu (Shweder et al., 1990). Conseqüentemente, o

QUADRO 14.3 Transgressões consideradas mais graves por crianças brâmanes da Índia entre 8 e 10 anos

Às crianças de diferentes idades e que cresceram em diferentes culturas são propostas 39 situações em que se supõe que haja algum tipo de transgressão. É pedido aos indivíduos que ordenem essas condutas em função da gravidade da transgressão, colocando em primeiro lugar as mais graves. A seguir, são reproduzidas algumas das condutas consideradas entre as dez mais reprováveis pelas crianças brâmanes entre oito e dez anos (o número que antecede a cada conduta é o número de ordem de gravidade assinalado pelas crianças, de maneira que a conduta com o número 1 é a considerada a mais grave de todas e assim sucessivamente. As condutas omitidas são repetitivas no tocante às anteriores ou posteriores).

1. No dia seguinte da morte do pai, o filho mais velho corta o cabelo e come frango.
2. Um dos seus familiares come novilha de vez em quando.
4. Uma mulher viúva de sua comunidade come peixe duas ou três vezes por semana.
5. Seis meses depois da morte de seu marido, uma mulher coloca jóias e veste roupas coloridas.
7. Uma mulher cozinha para sua família e dorme na mesma cama que seu marido durante o seu período menstrual.
8. Depois de defecar, uma mulher não troca de roupa antes de cozinhar.
10. A filha de um médico apaixonou-se por um varredor. O pai da moça se opôs ao casamento, porque o homem era somente um varredor. Apesar da oposição, a moça se casou com ele.

Fonte: Shweder, Mahapatra e Miller, 1990.

que varia de uma cultura para outra não é somente os conteúdos ou os ritmos da aquisição, mas a própria direção em que se orienta o processo de desenvolvimento.

No que diz respeito aos raciocínios de *justiça distributiva*, as mudanças que se observam são notáveis em relação às idades precedentes (Damon, 1980,1988). Como vimos no Capítulo 10, os raciocínios de crianças menores de seis anos sobre como repartir um conjunto de bens eram freqüentemente auto-interessados. No início da etapa que estamos analisando (seis e sete anos), no entanto, é freqüente que as crianças tomem decisões de divisão justa, baseadas em princípios de estrito igualitarismo ("não é justo que alguns tenham mais e outros tenham menos; temos de dar o mesmo para todos"), sem levar em consideração circunstância alguma que possa modular tal decisão. Um ou dois anos depois, as crianças começam a basear seus raciocínios de justiça distributiva em princípios que os irão afastando do igualitarismo para aproximá-los da eqüidade, entendendo esta como dispensar um tratamento especial às pessoas que o merecem; assim, começarão a utilizar critérios de "mérito" (dar mais às pessoas que se esforçaram mais ou o que fizeram algo melhor), incluindo depois, paulatinamente, critérios de "benevolência", que supõem contemplar as diferentes necessidades ou desejos de partida ("eu daria mais para o menino que não tem brinquedos, porque o fará sonhar"). A partir dos 10 anos, os raciocínios em relação às decisões de divisão justa levarão em consideração diferentes critérios simultaneamente, contemplando e coordenando assim os desejos, as necessidades, as capacidades ou os esforços dos diferentes envolvidos. Como conseqüência, o desenvolvimento neste âmbito evolui tanto no sentido de levar em consideração simultaneamente diferentes perspectivas como também no sentido de relativizar os critérios que definem uma atuação justa, cuja pertinência dependerá das circunstâncias concretas de cada caso.

Também em relação ao *raciocínio moral pró-social* é possível observar incontestáveis mudanças ao longo destes anos no raciocínio que subjaz às decisões de atuação pró-social das crianças (Eisenberg, 1989b; Eisenberg e Fabes, 1998). Com relação a situações como a descrita no Quadro 10.4 (uma menina devia optar entre ficar e ajudar a outra que estava sendo maltratada ou ir a um espetáculo de circo para o qual estava atrasada), entre 6 e 12 anos observa-se uma evolução que pode ser caracterizada da seguinte maneira:

- Quando se formulam para as crianças dilemas nos quais há um conflito claro de interesses entre a protagonista da história e a pessoa em apuros, observa-se que elas decidem atuar pró-socialmente com mais freqüência do que nas idades anteriores; estas decisões estão baseadas, inicialmente, em raciocínios que simplesmente levam em consideração as necessidades da pessoa em apuros ("irá ajudá-la, porque vão tirar dela o *skate*"). Paralelamente, e em sentido inverso, observa-se uma paulatina diminuição dos raciocínios hedonistas ou auto-interessados nos quais são baseadas as decisões de não-atuação pró-social.
- Nesses anos, aparecem também raciocínios novos que são típicos desta etapa e que descendem claramente nos anos posteriores. São raciocínios que apelam para aprovação por parte dos outros ("seus pais ficarão muito contentes por você ter ajudado essa menina"), que fazem com que a atuação pró-social dependa da relação que se tenha com a vítima ("irá ajudá-la se for sua amiga"), ou que expressam o desejo de atuar conforme os estereótipos de pessoas "boas" ou "más" ("acredito que a defenderá, porque é uma menina boa").
- No final dos anos que estamos analisando, irão aparecer dois tipos de raciocínios que terão uma presença maior nos anos posteriores e que marcam a passagem para um sistema de valores pró-sociais mais maduro. São, por um lado, os raciocínios que apelam para a adoção da perspectiva da vítima ("ela não gostaria de se ver em uma situação assim na qual ninguém a ajudasse") ou aos sentimentos empáticos que

provoca a cena em quem a vê ("eu acredito que a ajudará, porque deve sentir muita pena por vê-la sendo agredida"). Por outro lado, começam a aparecer raciocínios que apelam para princípios e valores morais próprios, sobre os quais se estabelece a decisão de atuação pró-social ("ficará para ajudá-la, porque eu acredito que ajudar uma pessoa é mais importante do que ir a um circo"). Contudo, ainda não será um sistema de valores fortemente consolidado e bem trabalhado, sistema que dificilmente aparecerá até o final do ensino médio.

Embora tudo o que descrevemos sejam os raciocínios mais característicos desses anos, e se possa observar neles uma certa progressão, é muito freqüente que em um mesmo momento e em função de uma série de variáveis (custo da ação, presença de testemunhas, características do receptor da ação pró-social, etc.) apareçam formas de raciocínio diferentes a desses mais característicos, formas de raciocínio que podem reportar-se a níveis menos evoluídos ou anunciar outros que serão mais próprios de idades posteriores (Eisenberg, 1989).

Na determinação do raciocínio pró-social influirão não só os fatores contextuais aos quais se acaba de fazer referência, mas também uma série de características pessoais (hierarquia geral de valores, sensibilidade empática, capacidade de adoção de perspectivas, auto-estima, etc.), que irão contribuir para a interpretação da situação. Assim, por exemplo, Eisenberg (1989b) mostra que existe relação entre a sensibilidade empática das crianças e seus raciocínios pró-sociais. O que os dados empíricos não avaliam é a crença generalizada segundo a qual as meninas são mais empáticas e, portanto, mais pró-sociais do que os meninos, e algo parecido pode-se dizer a respeito da comparação entre meninos e meninas adolescentes. Sobre as diferenças de gênero, falaremos mais no final do capítulo.

Por último, dentro da análise da gênese dos valores, queremos mostrar a evidência dos primeiros resultados de uma nova linha de estudos surgida no recente interesse de nossa sociedade pela natureza e por sua preservação: o *raciocínio moral sobre o meio ambiente*. O principal objetivo desse novo campo de estudo é analisar como e quando surge nas crianças a idéia de respeito ao meio ambiente como um imperativo moral, assim como evidenciar os raciocínios sobre os quais ele se estabelece. Algumas das pesquisas mais interessantes nesse âmbito foram realizadas por Kahn (1997; Kahn e Friedman, 1995) por meio de entrevistas feitas com crianças com idade entre 6 e 11 anos sobre o meio ambiente em geral e, mais particularmente, seu contexto mais próximo, perguntando a elas, por exemplo, se é permitido jogar lixo no rio que passa pela cidade delas.

Os dados desses estudos pioneiros são promissores. A primeira evidência de interesse é que já no ensino fundamental a grande maioria das crianças demonstra uma preocupação pelas questões ambientais: falam delas com sua família e executam alguma tarefa relacionada com a proteção do ambiente (separar papel e vidro de outros resíduos domésticos e depositá-los nos correspondentes contêineres para reciclagem, recolher o lixo depois de uma excursão, etc.), sendo estas atividades mais freqüentes entre os mais velhos do que entre os mais novos. Além disso, os dados das pesquisas que citamos mostram que a grande maioria das crianças estudadas considerava moralmente obrigatório não jogar lixo nos rios, mesmo que houvesse uma lei que permitisse ou que se encontrassem outro lugar do mundo com outros costumes. A porcentagem dos que consideravam este ato uma transgressão moral em qualquer caso subia com a idade: de 68% das crianças de seis e sete anos para 100% nas de 10 a 12 anos.

Quanto aos raciocínios em que se baseavam, eram em sua maioria antropocêntricos, pois faziam referência aos efeitos do meio ambiente sobre os humanos, apelando para os interesses pessoais ("porque os peixes morreriam, e eu me divirto com eles"), estéticos ("porque o rio é muito bonito, e eu gosto de mostrar ele para meus amigos e parentes que vêm visitar a gente") ou de bem-estar ("se a água está suja e contaminada, as pessoas beberão a água e ficarão doentes"). No entanto, também apareceram outros raciocínios que apelavam para as perdas da própria natureza; o primeiro deles apelava a este dano de forma pouco elaborada ("se o rio é contaminado, os peixes morrerão") e era relativamente freqüente; o segundo, que aparecia somente nas crianças maiores e com uma porcentagem relativamente marginal, era de tipo biocêntrico e se referia a uma comunidade ecológica na qual os seres humanos são somente uma parte, apelando ao valor intrínseco da natureza ou a seus direitos ("os peixes querem viver livres como a gente vive; os peixes merecem o mesmo respeito que a gente").

Com todas as reservas que impõem a escassez de estudos nos quais se apóiam essas descobertas, pode-se concluir que já no início do ensino fundamental muitas crianças parecem convencidas de que temos uma obrigação moral para com o meio ambiente, ainda que esteja baseada inicialmente em raciocínios antropocêntricos ou em uma visão pouco elaborada do prejuízo à natureza.

Como reflexão conjunta de todas as evidências às quais nos referimos em relação aos diferentes conteúdos analisados, pode-se dizer que ao longo do percurso de idade que vai dos 6 até os 12 anos, as crianças desenvolvem um importante conjunto de valores pelos quais se guiarão na vida e que tem a ver com a divisão justa, a solidariedade ou a ecologia. No que se refere pelo menos às crianças ocidentais e comparadas com os anos da educação infantil, os raciocínios irão se tornar agora mais autônomos, flexíveis e relativistas e, ao mesmo tempo, mais orientados ao bem-estar alheio, tanto de outras pessoas como da natureza. Esses valores deverão ainda conseguir a solidez, a estabilidade e o grau de escolha pessoal que farão com que acabem configurando um sistema de princípios pelos quais vão reger e orientar a própria vida. Porém, essa será mais uma conquista própria dos anos da adolescência do que dos anos que estamos analisando.

Raciocínio moral e conduta moral

Como todos os dados até agora analisados em relação ao desenvolvimento moral se referem ao juízo ou ao raciocínio diante de situações em que se deve fazer uma determinada escolha, é natural que os pesquisadores se tenham perguntado sobre a relação existente entre o raciocínio moral e a conduta moral. É mais provável uma atuação moral concreta quando uma pessoa defende valores morais que se relacionam especificamente com esta situação? Raciocinar pró-socialmente está relacionado com atuar pró-socialmente? Por mais evidentes que sejam essas perguntas, lamentavelmente não temos respostas inequívocas para respondê-las. As pesquisas que analisaram o vínculo questionado por nós apresentaram freqüentes e importantes problemas metodológicos (discutível escolha de condutas, formatos pobres de articulação entre raciocínios e condutas, escassez de estudos longitudinais, etc.). Apesar dessas dificuldades, a revisão dos estudos realizados (Blasi, 1980; Eisenberg e Fabes, 1998) evidencia que raciocínio e comportamento moral estão claramente relacionados, embora seja necessário efetuar algumas especificações:

- Parece que quanto mais vinculação conceitual houver entre raciocínio e comportamento moral, mais concordância haverá entre eles. Assim, por exemplo, encontrou-se uma clara relação da conduta pró-social com o raciocínio moral pró-social, porém não com as respostas diante do dilema de Kohlberg. Tais respostas, no entanto, foram associadas ao comportamento honesto em situações nas quais se pode enganar a outros. Da mesma forma, foi encontrada relação entre os raciocínios sobre dilemas de justiça distributiva e o comportamento real em situações nas quais estão implicados esses mesmos conteúdos.
- Essa relação parece se tornar mais evidente quanto mais alto for o custo das condutas morais reais. Assim, centrando-nos no âmbito pró-social, parece provado que esse raciocínio não está particularmente relacionado com os comportamentos que tentam beneficiar outros indivíduos quando não supõem um grande sacrifício para quem os realiza (repartir um sanduí-

che quando se tem pouca fome e muito para comer); pode ser que esses comportamentos sejam realizados sem uma particular reflexão, de um modo automático, como parte de um certo ritual social, pelo que poderiam aparecer em crianças com diferentes níveis de raciocínio pró-social. No entanto, as condutas de alto custo (repartir um sanduíche quando se tem muita fome e pouca comida) parecem estar claramente relacionadas ao raciocínio pró-social: são mais prováveis em meninos e meninas com raciocínios mais avançados e menos naqueles que apresentam um raciocínio mais auto-interessado.

- Na equação estabelecida pelas relações entre raciocínio e comportamento moral, provavelmente devam ser introduzidas outras variáveis, especialmente a empatia ou a competência social geral. Em etapas nas quais o raciocínio moral ainda não se configura como um sistema de valores sólido, os componentes empáticos pró-sociais podem favorecer o desenvolvimento de comportamentos pró-sociais em meninos com um raciocínio orientado para as necessidades dos outros. Da mesma maneira, provavelmente seja preciso considerar a disposição para a atuação pró-social no âmbito da competência social geral da criança, posto que a referida competência oferece ou reduz oportunidades de aprender quando e por que intervir em contextos pró-sociais.

Os dados que acabamos de expor fornecem as chaves que permitem entender como se relacionam raciocínio e comportamento moral. Assim, é muito sugestiva a proposta de Locke (1983), segundo a qual o desenvolvimento dos valores morais consegue aumentar a probabilidade de atuação de modo moral em situações difíceis, porque o raciocínio moral atuaria como força motivacional que sustentaria e estimularia o comportamento moral em situações particularmente penosos para seu protagonista, ou naquelas outras nas quais há pressão (por exemplo, do grupo) contra a atuação moral, ou naquelas nas quais falta a ajuda de chaves empáticas ou recompensa de algum tipo. Por outro lado, como diz Blasi (1983), o fato de que os valores morais se integram dentro da estrutura da própria identidade contribui para que haja maior coerência entre raciocínio e comportamento; assim, na medida em que as crianças incluem dentro de seu autoconceito sua disposição para a atuação moral, favorecem a coerência de comportamentos, posto que atuar conforme os próprios valores seria interpretado como ser fiel a si mesmo, enquanto deixar de fazê-lo suporia trair as próprias convicções e, definitivamente, a própria identidade.

Contexto e desenvolvimento de valores

Como dissemos no início do capítulo, a última parte de nossa exposição refere-se a contextos nos quais se forja o desenvolvimento moral. Nossa análise começa no nível mais macrossistêmico (a cultura) e passa, em seguida, a analisar o papel modelador exercido pelos contextos microssistêmicos (família e escola), concluindo com alguns comentários sobre o papel das características individuais.

Em relação ao nível macrossistêmico, parte da controvérsia está centrada em se o desenvolvimento moral está ligado aos universais humanos ou aos relativismos culturais (Salzstein, 1997). Resumindo a polêmica e, necessariamente, simplificando-a, opõem-se duas visões gerais do desenvolvimento nesse âmbito: a primeira, mais tradicional, considera a moral como um conjunto de princípios universais, livres dos condicionantes sociais e temporais que definiriam o âmbito do convencional; a segunda considera a moral como necessariamente relativa ao contexto cultural no qual surge, estando relacionada com a visão das pessoas e da sociedade que caracteriza cada grupo humano.

Os resultados obtidos nas diferentes pesquisas defendem como necessário levar em consideração uma certa universalidade e um certo relativismo. Assim, parece claro que grupos humanos culturalmente muito diferentes compartilham uma série de valores, ainda que, às vezes, expressos de diferentes maneiras em cada um deles. A valorização da solidariedade e do apoio mútuo está generalizada nas mais diversas culturas, porém nas do tipo mais individualista, nas quais se enfatiza a autonomia e a auto-suficiência individual (culturas das quais a americana costuma ser sempre o melhor exemplo), as crianças enfocam as responsabilidades interpessoais em termos mais voluntaristas, como uma questão de decisão pessoal. No entanto, em culturas de caráter mais coletivista, como as orientais, que priorizam de modo geral a interdependência e a harmonia, as crianças entendem as responsabilidades interpessoais como deveres de cumprimento obrigatório (Miller e Bersoff, 1992). No mesmo sentido, para crianças de "culturas orientadas para o eu", corresponder às expectativas sociais é interpretado como uma perda do controle e da autonomia, enquanto para os de "culturas orientadas para o nós", cooperar com outros não significa perder a individualidade, mas, sim, o modo apropriado de expressá-la e construí-la (White e Levine, 1986, citado em Miller, 1997; ver Stevenson, 1991, para a diferenciação entre culturas "eu" e culturas "nós" em relação à conduta pró-social; Triandis, 1991, desenvolve argumentos muito similares sobre culturas individualistas, que estimulam a afirmação individual, diante das coletivas, que dão mais importância aos valores do grupo).

Como vimos anteriormente na comparação das crianças hindus com as americanas, existem alguns princípios morais comuns nas duas culturas, ainda que o que mais chame a atenção da análise que fizemos é até que ponto as culturas diferem em seus imperativos e em suas crenças morais. Pensemos, por exemplo, que as condutas em relação a cuja gravidade se está de acordo em ambas as culturas (por exemplo, não socorrer a vítima de um acidente ou roubar as coisas de outras pessoas) ocupam lugares relativamente modestos na escala de transgressão das crianças hindus. O fato de que na pesquisa de Shweder e seus colaboradores (1990) sejam incluídos sujeitos que vão dos cinco anos até a idade adulta permite aos autores acrescentar um elemento a mais de importância na reflexão sobre a força da cultura no desenvolvimento da consciência moral: já aos cinco anos, as crianças hindus mostram-se muito hindus em suas crenças e as americanas muito americanas. "Aos cinco anos de idade, crianças de diversas partes do mundo não compartilham crenças sobre o que é moralmente correto ou incorreto" (Shweder et al., 1990, p.183). A partir daí, as diferenças se acentuarão mais com a idade.

As crianças aprendem a moral da cultura, em parte, por meio do ensino direto, seja um ensinamento baseado em explicações orais ou na utilização de prêmios diante de certas condutas e de sanções para outras. Mas, boa parte do aprendizado moral de base cultural é mais indireto e é forjado na participação em situações sociais em que está implicada uma tomada de decisão, uma avaliação, um ponto de vista, um *ethos**. A propósito de suas muito interessantes descrições antropológicas sobre o aprendizado da conduta pró-social em sociedades igualitárias pequenas, Goody (1991) fala de um "suporte situacional" para se referir a forma como as crianças, desde muito cedo, participam ativamente de atividades que inicialmente não compreendem (como reagir diante da agressividade dos demais, como agir diante de alguém que necessita de ajuda, ou o que fazer em situações em que têm de decidir se devem dividir ou não), mas que, pouco a pouco, vão transformando-se em um substrato intrapsicológico a partir do qual se vê o mundo e são tomadas decisões morais; esse resíduo intrapsicológico é o produto das trocas e das relações sociais ou interpsicológicas nas quais desde muito cedo as crianças participam, de forma que, sendo finalmente um traço individual, o mencionado substrato de crenças e convicções têm uma origem profunda e rigorosamente social e cultural.

E, para citar agora um elemento do macrossistema típico das chamadas sociedades avançadas, não se pode esquecer o importante papel que cumprem as mensagens morais e que são transmitidas pelos meios de comunicação,

*N. de R.T. Conjunto de crenças, regras e normas que constituem a ética própria de um indivíduo, cultura ou organização.

particularmente pela televisão, cuja influência abordaremos mais detalhadamente no próximo capítulo. Foi investigado, por exemplo, se as crianças aprendem a expressar condutas agressivas depois de observar centenas de cenas agressivas na televisão. Mas talvez a influência mais importante desse meio de comunicação não resida em se ele estimula uma atitude concreta ou não, mas na valorização de uma certa moral em que a violência é um recurso para resolver conflitos e a competitividade é norma e guia.

Conforme destacamos desde o princípio, a análise da influência do macrossistema deve ser completada com a influência dos microssistemas relevantes, particularmente o familiar e o escolar. Começando pelos *contextos familiares*, vimos, no Capítulo 10, como, já desde os primeiros anos de vida, as bases para o desenvolvimento dos valores são bem assentadas nos lares. Todos os dados indicam que esse trabalho continua ao longo dos anos do ensino fundamental através de um conjunto de estratégias e de atitudes cuja relevância foi demonstrada em vários tipos de estudos, alguns retrospectivos (lembranças infantis de pessoas de comprovado desenvolvimento moral), outros simultâneos (relações entre o nível de desenvolvimento de valores morais e estímulos de interação no lar) e outros ainda prospectivos (análise do poder de previsão de diversas estratégias no avanço moral posterior).

Quando são feitos estudos retrospectivos sobre as lembranças infantis de ativistas sociais na vida adulta, estes descrevem seus pais como pessoas que eram regidas claramente por princípios morais, os quais tornavam explícitos para que seus filhos atuassem em conformidade com eles, sendo não somente bons modelos de atuação honesta, solidária e justa, mas também pessoas ativamente envolvidas na defesa dessas causas. Esses pais também mantinham laços estreitos com seus filhos, baseados em afeto e respeito (Rosenhan,1969, citado em Radke-Yarrow, Zahn-Waxler e Chapman, 1983).

No que se refere aos estudos nos quais os estilos educativos familiares foram analisados simultaneamente com os valores morais, basta voltar ao conjunto de evidências revisadas no item "Fontes do desenvolvimento moral" do Capítulo 10 sobre as reações dos pais diante das diferentes situações de transgressão por parte dos filhos e a propósito da construção dos significados morais nas interações familiares. De acordo com a síntese de Miller e seus colaboradores (1991), a combinação nas relações familiares do calor afetivo com o emprego do raciocínio, a designação de responsabilidades e o conjunto de modelos pró-sociais parecem especialmente eficazes para estimular o desenvolvimento pró-social. Por outro lado, com o avanço da idade, alguns aspectos da educação moral adquirem mais importância do que outros, na medida em que as capacidades de compreensão e de decisão das crianças vão mudando. Isso parece indicar os dados do estudo de Eisenberg e seus colaboradores (1983), que relacionou práticas educativas e o desenvolvimento do raciocínio pró-social: se nos anos da educação infantil parecia ser particularmente relevante a promoção de componentes empáticos, como foi exposto no Capítulo 10, nos anos do ensino fundamental, eles parecem perder um pouco do protagonismo a favor de uma atitude menos restritiva, mais favorecedora da autonomia das crianças, e progressivamente mais respeitosa com suas opiniões ou expressões. Provavelmente essa atitude favoreça o desenvolvimento de valores morais mais autônomos como os que começam a aparecer no ensino fundamental. (A respeito da influência dos fatores de socialização familiar sobre o altruísmo, ver López et al., 1994.)

Os dados de um estudo prospectivo de Walker e Taylor (1991), no qual analisaram o nível de desenvolvimento moral de crianças do ensino fundamental e médio em resposta aos dilemas de Kohlberg, apontam em semelhante direção. Analisaram também o estilo de interação em sua família quando o pai, a mãe e o filho debatiam sobre dilemas morais, alguns hipotéticos e outros retirados de experiências próprias. Descobriram que, dois anos depois, as crianças que haviam avançado mais no raciocínio moral eram aquelas que haviam participado de situações de interação nas quais os pais e as mães lhes pediam que expressassem explicitamente suas opiniões, que as levavam em conta, parafraseavam suas idéias, pediam que as esclarecessem e se esforçavam para entendê-las, ao mesmo tempo em que expressavam afeto para com seus filhos. Curiosamente, estratégias que consistiam em instruir os filhos em relação aos princípios morais não conseguiram o mesmo efeito, e tampouco outras que incluíam demonstrar hostilidade em relação aos filhos ou desconsiderar suas opiniões.

Ressaltar o papel que pais e mães têm na configuração do perfil moral de seus filhos não pode, contudo, fazer-nos esquecer a contribuição que as crianças dão em todo o processo. Durante muito tempo mantivemos um modelo de socialização familiar no qual havíamos suposto que, para conseguir determinados resultados evolutivos, a única coisa que deveríamos fazer era colocar em funcionamento certas estratégias educativas (ver Palácios,1999c, para uma revisão crítica desse modelo). Mas, por um lado, a interiorização dos valores não é automática e, como demonstramos no Capítulo 10, depende de fatores tais como a clareza e a coerência das mensagens dos pais, a capacidade de sua interpretação por parte da criança, o grau de aceitação de tais mensagens (em função das relações afetivas pais-filhos e da percepção da atuação dos pais como justa ou injusta) e o grau de participação experimentado na elaboração de tais mensagens (Grusec e Goognow,1994). E, por outro lado, estão as características pessoais da criança, que vão se ajustando melhor ou pior a determinados estilos interativos. Assim, como demostrou Kochanska (1994), o uso de uma disciplina branda e amável, em que os elementos de afirmação de poder são reduzidos ao mínimo, dá bons resultados com crianças tímidas, ansiosas e medrosas, mas não funciona tão bem com as que não têm ansiedades e temores, com as quais parece dar melhores resultados a combinação de sensibilidade e afeto e de disciplina-controle que está na essência das descrições habituais de estilo democrático, que foi comentado no Capítulo 9.

Sobre a contribuição de fatores individuais, é inevitável a referência ao papel desempenhado pelas diferenças de gênero. Existe um certo estereótipo de acordo com o qual as meninas são mais propensas do que os meninos à empatia e à conduta pró-social. É certo que as meninas qualificam mais a si mesmas como altruístas e que, às vezes, os demais também as consideram assim. No entanto, essas qualificações não parecem estar relacionadas com diferenças reais em condutas de participação, cooperação, consolo ou ajuda. Se, por acaso, como ressaltam Miller e seus colaboradores (1991) e em coerência com a socialização dos outros papéis sexuais que já haviam sido comentados no capítulo anterior, as reações pró-sociais que implicam ações de cuidado e expressividade (por exemplo, condutas de consolo) tendem a favorecer as meninas, as que requerem respostas mais ativas e instrumentais (por exemplo, condutas de defesa) podem ser encontradas com mais freqüência entre os meninos. Além disso, as mulheres parecem pontuar mais alto em conduta pró-social quando parece ser socialmente adequado ajudar os outros, pois elas tendem a se comportar de maneira coerente com o estereótipo de gênero correspondente; no entanto, quando as situações são menos evidentes, quando não se é consciente de estar sendo observado ou quando são utilizados índices fisiológicos de sensibilidade para os demais, não são encontradas diferenças entre os gêneros.

Outros fatores que foram analisados em relação à conduta pró-social, como a classe social dos pais, não demonstraram uma relação clara e coerente, pois em algumas pesquisas são os meninos e as meninas de classes mais altas, e em outras são os de classes mais baixas que aparecem com maior propensão à conduta altruísta (López et al., 1994).

Voltando à consideração dos microssistemas e de sua influência sobre o desenvolvimento moral, devemos agora dirigir rapidamente nossa atenção para o *contexto escolar*, unanimemente considerando um lugar crucial para a formação e o desenvolvimento dos valores. Recuperados pela reforma educativa de 1990 (LOGSE) para o âmbito educativo formal*, os conteúdos referentes à educação em valores e à formação da pessoa, do cidadão e das relações interpessoais têm aparecido como uma necessidade educativa e têm dado lugar a uma série de valiosas propostas que são formuladas não somente com o objetivo da elaboração

*N. de R.T. Reforma no sistema educacional espanhol.

de juízos morais autônomos, mas também, como ressalta Borrego (1999), para a construção de uma visão crítica sobre o funcionamento da sociedade e o sentido das convenções sociais e uma visão madura sobre as condutas que dependem da livre decisão das pessoas. Algumas dessas propostas se referem globalmente ao âmbito do desenvolvimento sociopessoal (por exemplo, Borrego, 1992) e da educação moral (Puig, 1996), enquanto outras se centram em âmbitos específicos, como a educação da conduta altruísta (López et al., 1994), o desenvolvimento da tolerância (Díaz-Aguado, 1996; Ortega, Mínguez e Gil, 1996), a educação das emoções (ver, por exemplo, a coleção de artigos que começa com o de Darder, 1998) e dos valores (ver, por exemplo, Bolívar, 1998 e a coleção de artigos encabeçados pelo de Martínez e Buxarrais, 1998). Algumas das estratégias freqüentemente utilizadas nesses diversos programas têm a ver com:

- Promover grupos de discussão e debate sobre dilemas morais. Diversos estudos demonstraram que, efetivamente, a passagem por esses grupos de discussão sobre os dilemas morais promove o avanço no desenvolvimento de valores morais de diferentes tipos (pró-sociais, de justiça distributiva, etc.), avanço relacionado aos conflitos sociocognitivos e com o encontro na sala de aula de diversos discursos morais, cada um dos quais contribui com diferentes visões.
- Promover a aprendizagem cooperativa em que se resolvem tarefas escolares de modo conjunto, com objetivos e recompensas divididos; esse tipo de organização escolar promove a ajuda mútua, a solidariedade e o gosto pela cooperação entre os participantes da experiência, assim como disposições mais ou menos estáveis e generalizadas a outros contextos.
- Promover as escolas como comunidades morais onde as pessoas se respeitam e se preocupam umas com as outras em um contexto coletivo com dimensões morais nas quais se afirmam os próprios direitos e se respeitam os dos outros (Borrego,1999).

A colocação em prática desse tipo de programas tem objetivos que se relacionam com valores sociais e comunitários, mas que revertem também de forma importante no desenvolvimento pessoal e em uma série de aspectos intimamente ligados à competência social, com a qual se relacionam estreitamente os conteúdos que serão abordados no próximo capítulo.

15 Desenvolvimento e conduta social dos seis anos até a adolescência

MARÍA DEL CARMEN MORENO

A EXPERIÊNCIA SOCIAL DURANTE O PERÍODO ESCOLAR

Grande parte da experiência social que nossas crianças recebem é produzida por meio de um processo de segregação em função da idade; tanto a experiência escolar como muitas das atividades extra-escolares (equipes desportivas, aulas de música ou idiomas, etc.) estão estruturadas em função da data de nascimento. Por outro lado, e como conseqüência principalmente de duas mudanças sociais importantes, como são a incorporação da mulher-mãe ao trabalho extradoméstico e as reformas educativas que ampliaram a escolarização obrigatória, o certo é que a inserção no grupo de iguais ocorre antes mesmo do que ocorria há uma década e, ao mesmo tempo, permanece-se formalmente vinculado a ele durante mais anos.

Os contatos com iguais, especialmente com os amigos, servem a funções muito significativas no desenvolvimento (ver Asher e Parker, 1989; Hartup, 1992b), claramente diferentes das que cumprem, por exemplo, as relações de parentesco. É evidente que os amigos são importantes elementos de companhia, de diversão e também de informação; são fonte de intimidade e afeto, de segurança emocional em situações novas ou em momentos de estresse e transição (lembrem-se do que foi comentado no Capítulo 11 sobre como podem chegar a ter funções parecidas às das figuras de apego). Outro aspecto importante dos iguais é que contribuem para o conhecimento e a validação do eu e que, através das atividades que com eles se realizam (competitivas, cooperativas, resolução de conflitos, etc.), facilita-se a reflexão sobre si mesmo, a consideração do eu a partir da perspectiva dos outros. Em suma, promove-se a aprendizagem sobre si mesmo como sujeito e objeto, e sobre os outros também como indivíduos psicológicos. São também pessoas com as quais se compartilham experiências importantes; servem como confidentes; promovem o desenvolvimento de importantes competências sociais (dominar, proteger, assumir responsabilidades, devolver favores e cortesia, captar e adequar-se à perspectiva e às intenções do outro), especialmente as que estão ligadas ao manejo e à resolução de conflitos interpessoais, à assertividade (defender-se, pechinchar), à pró-socialidade (compartilhar, consolar, cooperar), assim como à construção de princípios morais relacionados com a benevolência, a justiça e a reciprocidade. Além do que foi comentado, como ressalta Hartup (1996), a influência dos iguais estende-se também ao terreno do desenvolvimento cognitivo e do ajustamento escolar. Por tudo isso, é fácil compreender que a experiência negativa com os iguais pode ter efeitos quase dramáticos para quem, pelas razões que analisaremos ao longo desse tema, sofrem isolamento ou rejeição por parte de seus companheiros.

Este capítulo se centra nas relações que as crianças estabelecem com seus iguais, isto é, com companheiros da mesma idade. Isso acontece, porque a maior parte dos estudos é realizada no contexto escolar, rigidamente estruturado em função da idade. Apesar disso, a interação com outras crianças de diferentes idades ocupa um lugar nada desprezível na experiência social de uma criança dessa etapa. De fato, o trabalho de Ellis, Rogoff e Cromer (1981) mostra como, embora a partir dos sete anos, aproximadamente, ocorra uma diminuição muito significativa dessas interações mistas em favor das interações com os da mesma idade, antes, nas idades prévias, os contatos mistos predominam em muitos casos sobre os que são estabelecidos com seus contemporâneos. Sabemos, além disso, que essas interações com companheiros mais velhos e mais novos possuem características específicas e sabemos disso em parte através da pesquisa transcultural, que evidenciou (Whiting e Edwards, 1988; Whiting e Whiting, 1975), por um lado, como a estrita segregação por idades que caracteriza a sociedade ocidental não é uma pauta universal, mas um fato recente da história da humanidade, caracterizada outrora sobretudo por grupos sociais compostos de indivíduos de diferentes idades. Quando a pesquisa transcultural estudou as interações nos grupos de idades mistas, encontrou padrões que se mantêm constantes nas diversas culturas. Assim, por exemplo, as observações dos Whitings com as crianças de culturas muito diferentes mostram, em primeiro lugar, que atos positivos do tipo conversar e cooperar, assim como o conflito e agressão, são produzidos com maior freqüência entre crianças da mesma idade (com aproximadamente um ano de diferença) do que entre crianças de diferentes idades; em segundo lugar, a proteção e a simpatia são mais freqüentes nas crianças menores do que nas de idade igual ou superior; finalmente, a busca de ajuda se dirige mais para as maiores do que para as de idade igual ou inferior.

CARACTERÍSTICAS DAS INTERAÇÕES, DAS RELAÇÕES E DOS GRUPOS DE IGUAIS

Conforme desenvolveremos a seguir, nos anos do ensino fundamental se consolida o protagonismo dos iguais como agentes socializadores. As crianças passam mais tempo juntas, com menos supervisão dos adultos, as relações de amizade se tornam mais intensas, os grupos costumam estar formados por mais membros, mais diversificados e coincidindo em contextos e situações mais diferentes. Vejamos algumas dessas características seguindo a diferenciação já estabelecida no Capítulo 11 entre as interações, as relações e o grupo.

As interações

Durante os anos do ensino fundamental, as crianças experimentam melhoras significativas em todo um repertório de habilidades sociais diretamente envolvidas nas interações com seus iguais. Tal como foi feito no Capítulo 11, iremos nos centrar, a seguir, em três grandes tipos de interações: as lúdicas, as agressivas e as pró-sociais. Visto que, no Capítulo 11, foram definidos os conceitos e feita uma rápida apresentação das teorias que explicam cada um desses processos, nas páginas seguintes somente nos deteremos nos aspectos evolutivos que caracterizam essa etapa e nas variáveis que ajudam a explicar as mudanças.

Em relação às *brincadeiras*, o mais chamativo nessas idades é que o jogo de regras e o investimento de tempo nas conversas se tornam cada vez mais presentes, principalmente a custa das brincadeiras de ficção e das rude-desordenadas, que tendem a diminuir progressivamente. Com relação ao jogo de regras, uma das questões que devem ser destacadas é que o desempenho que as crianças têm nesse tipo de brincadeira está estreitamente relacionado à compreensão que elas têm de alguns de seus componentes fundamentais, como são a compreensão, a competência e, sobretudo, a idéia de regra. Até aproximadamente os cinco anos, as crianças não têm consciência da existência de regras no jogo; envolvem-se nesses jogos pelo prazer de estarem correndo com as outras no caso do futebol, ou movimentando os dados no caso do ludo, e, além disso, acreditam, por exemplo, que todos podem ganhar. A partir dessa idade vão se iniciando nas regras, começando, logicamente, com as mais elementares e fazendo isso de maneira peculiar. Em um primeiro momento (até aproximadamente os oito anos), as crianças que vão jogar concebem as regras como verdades absolutas, como algo fixo, permanente (sempre foi assim) e imutável (não é possível modificá-las) de forma que seus jogos exigem uma adesão rígida ao seu cumprimento; isso é tão sério que se houver desacordos entre os membros do grupo na hora de interpretar uma regra, o andamento do jogo corre sério perigo, porque cada um dos envolvidos tentará defender sua interpretação como "a verdadeira". Mais adiante, por volta dos oito anos, as crianças já compreendem o sentido das regras ao considerá-las como prescrições que podem ser modificadas pelo consenso se todos que se vêem afetados por elas estiverem de acordo; nesse ponto, uma situação de discrepância como a que foi proposta anteriormente não significa nessas idades que o jogo necessariamente não siga adiante, mas que seus protagonistas terão de discutir como entrar em um acordo sobre como será a regra a partir desse momento.

Quanto às *interações agressivas*, as mudanças evolutivas desse período devem ser analisadas não somente em função de parâmetros quantitativos, mas fundamentalmente qualitativos. Com relação à quantidade, não é fácil afirmar se a freqüência total aumenta, diminui ou se mantém, já que as manifestações agressivas nas crianças menores de seis anos são claramente diferentes daquelas de idade maior. Alguns autores defendem que depois dos seis anos há um aumento global das condutas agressivas, ainda que, devido ao aumento paralelo de condutas sociais positivas, a proporção das agressivas frente às amistosas provocaria uma diminuição daquelas com a idade; outros afirmam que esse aumento caracterizaria somente os meninos, embora esse dado possa estar contaminado pela maneira como meninos e meninas manifestam a agressividade; os meninos tendem a manifestar mais o confronto aberto, e as meninas são mais inclinadas às formas de agressão mais sutis, como a de promover o isolamento, a difamação e o deboche centrado nos atributos negativos dos outros (Crick e Grotpeter, 1995);

As tendências de mudança, que já foram enunciadas no Capítulo 11, estão bem mais claras: a agressividade modifica sua forma de expressão ao se tornar menos física e mais verbal, assim como sua função, ao ficar mais hostil e dirigida à pessoa, e menos instrumental. Realmente, a agressão hostil agora passa a predominar de forma cada vez mais verbal do que física. Para que a evolução ocorra dessa maneira, o sujeito tem de passar por mudanças significativas. Assim, por exemplo, as crianças do ensino fundamental continuam evoluindo no controle cognitivo da conduta e, nesse mesmo sentido, são mais hábeis na hora de inibir os impulsos primitivos que antes levariam diretamente ao ato agressivo. Da mesma forma, à medida que foram desenvolvendo habilidades mais finas na adoção de perspectivas e no conhecimento interpessoal, também são mais habilidosas na hora de elaborar atos agressivos certeiros para prejudicar o outro, isto é, propriamente hostis. São também mais capazes de desvendar as intenções que inspiram os atos do outro, e é por isso que muitos dos episódios de agressão encontrados nessas idades são de desforra ou de vingança, a partir do momento em que o agressor os considera como uma resposta ao que captou como uma provocação, especialmente ao eu e à auto-estima. No entanto, outra característica dessas idades, e que diz muito sobre o envolvimento que a criança tem em seu grupo de iguais, é que, às vezes, os motivos das brigas não estão ligados somente à obtenção de metas ou de interesses individuais, mas também a interesses que afetam a turma ou o grupo a que pertence.

Visto que tratamos da influência da família e dos iguais sobre a agressividade em diferentes momentos tanto neste capítulo como no Capítulo 11, queremos fazer um breve parênteses para nos referir a outra influência socializadora sobre a qual freqüentemente se discute em relação à agressividade: a programação televisiva de temas violentos. É necessário pontuar que a pesquisa nesse terreno é muito complicada e cheia de dificuldades metodológicas que, constantemente, diante da impossibilidade de estabelecer os controles necessários, faz com que seja difícil chegar a conclusões taxativas. Destacamos cinco conclusões que nesse ponto nos parecem especialmente pertinentes. Em primeiro lugar, sabemos, por exemplo, através das pesquisas realizadas em laboratório, que é possível observar efeitos nas condutas das crianças imediatamente após assistirem a seqüências agressivas, ainda que não estejam tão claros os efeitos *a posteriori*. Em segundo lugar, sabe-se que a agressividade dos personagens humanos tem mais efeitos do que a dos personagens de desenho animado. Em terceiro lugar, foi possível saber que os efeitos são mais notáveis sobre as crianças que são mais agressivas, que são aquelas que, por outro lado, mais apreciam essa programação e a vêem mais. Em quarto lugar, uma razão pela qual os efeitos podem ser especialmente negativos nas crianças está no fato de que elas não dispõem de ferramentas cognitivas adequadas para interpretar corretamente a informação visual e auditiva do formato televisivo; assim, pode acontecer que o limiar de sensibilidade para esses assuntos diminua e a habituação aumente, de modo que a agressão pode chegar a ser percebida como uma forma legítima de conseguir metas, recursos ou de revolver problemas; por outro lado, os comerciais que constantemente se intercalam entre a apresentação da motivação do ato, a conduta e as conseqüências dificultam para os menores a compreensão do ato censurável. Mas, em quinto lugar, e apesar de tudo, não há por que demonizar totalmente esse eletrodoméstico (as crianças também aprendem vocabulário, modelos de conduta positivos, etc.), porque os efeitos mais perniciosos da televisão sobre as crianças não ocorrem pelo que elas podem aprender de ruim nela (provavelmente está longe de exercer um papel tão crucial como às vezes lhe é atribuído), mas pelo que deixam de aprender enquanto a assistem em outros contextos de socialização (na interação com os adultos, com os irmãos, com os iguais) ou realizando outras atividades (lendo ou dedicando-se a outras ocupações de lazer).

Provavelmente, quando se fala da agressividade entre as crianças em idade escolar, um dos assuntos que mais desperta interesse e preocupação é o da estabilidade e o significado dos comportamentos muito agressivos em certos tipos de crianças. A conclusão que se tira das pesquisas é que, enquanto as condutas de raiva, de irritabilidade, de desafio, de birra, etc., são normativas aos quatro anos, sua manutenção aos oito já pode se tornar o indicador de problemas clínicos que tornam conveniente uma atenção específica. Mais adiante explicaremos até que ponto essa característica pode ser um fator de risco, a partir do momento em que pode determinar a trajetória de vida que vai se delineando em muitas dessas crianças marcadamente agressivas.

Quanto às interações pró-sociais, também existe um certo debate entre os pesquisadores na hora de concluir se elas aumentam ou não com a idade. Como no caso da agressividade, grande parte da dificuldade para encontrar uma resposta para esse assunto consiste em que, à medida que as crianças crescem, muito desse repertório de condutas deixa de ser facilmente observável, adotando uma forma de comportamento sutil – e nem por isso menos eficaz –, como um olhar ou uma piscadela de cumplicidade, menos acessíveis à observação direta. Ao que foi mencionado anteriormente, temos de somar as diferenças metodológicas entre os estudos que foram realizados com as diferentes idades, o que dificulta a comparação entre eles.

É provável que a dificuldade de interpretação dos dados esteja, em parte, no fato de o perfil evolutivo possivelmente ser diferente, dependendo da conduta pró-social da qual estamos falando e da situação nas quais se encontram os personagens. Faber e Eisenberg (1996, citado em Eisenberg e Fabes, 1998) parecem concluir algo parecido em uma meta-análise à qual submetem 179 estudos sobre conduta pró-social. As diferenças de idade são complexas, contudo, é possível afirmar que as condutas pró-sociais aumentam à medida que as crianças vão ficando maiores. Shaffer (1994) matiza o que foi mencionado anteriormente, concluindo que, enquanto as condutas como dividir e ajudar vão se tornando mais freqüentes e complexas desde a idade escolar até a pré-adolescência, outras, como a demonstração de compaixão e a disponibilidade para cooperar com iguais, não parecem experimentar avanços quantitativos.

Como foi adiantado no Capítulo 11, durante esses anos é mais provável que as condutas pró-sociais sofram mais custo de resposta (a emissão de uma conduta pró-social às vezes supõe perder algum privilégio), que se manifestam na ausência de reforçadores (as crianças são capazes de emiti-las mesmo sabendo que não vão receber recompensas materiais nem sociais, salvo a dos efeitos sobre o objeto de pró-socialidade), diante de situações e de pessoas não necessariamente familiares, nas quais bastam manifestações sutis e não seja necessário que se torne explicitamente evidente a necessidade de intervenção (já não é imprescindível que a menina chore para reconhecer a necessidade de proporcionar consolo a ela; basta saber que lhe aconteceu algo que pode ter ocasionado dor para considerar que pode necessitar de algum cuidado) e nas quais as crianças são cada vez mais competentes para contribuir com a ajuda mais apropriada.

Além do processo de socialização que tende a estimular essas condutas, as razões dessas melhoras devem ser buscadas em várias frentes (Eisenberg e Fabes, 1998), que podem ser classificadas em dois grandes grupos, alguns de natureza afetivo-emocional e outros de caráter cognitivo.

As pesquisas que se centraram nos determinantes emocionais da conduta pró-social destacaram o valor das emoções vinculadas à empatia (a habilidade da pessoa para experimentar as emoções de outras). Assim, sabe-se que à medida que as crianças dispõem de recursos que lhes permitam acessar as formas de empatia mais simbólicas e menos reflexivas, a relação empatia-pró-socialidade é mais clara; lembrem-se de que as primeiras formas de empatia – a reflexa – são encontradas desde muito cedo nos bebês, quando iniciam episódios de choro depois de escutarem o choro de outro e que, à medida que vão crescendo, vão entrando em jogo processos de memória e de aprendizagem, entre outros, que contribuem para que as crianças disponham de melhores habilidades para reconhecer as expressões emocionais dos demais, fazer uma avaliação mais precisa das situações e dos afetos que, no passado, acompanharam essas expressões ou situações, etc.

Se procurarmos explicar as mudanças na pró-socialidade em função de variáveis da natureza cognitiva, duas são as que centraram a atenção dos pesquisadores: o raciocínio moral-pró-social e a adoção de perspectivas. Em suma, o que os teóricos do conhecimento social tradicionalmente postulam é que se os raciocínios são mais propriamente altruístas e se a adoção de perspectiva é mais precisa (ver Capítulos 10 e 14), aumenta a probabilidade de aparecerem manifestações pró-sociais e de, como foi visto no capítulo anterior, ocorrerem em situações mais difíceis (de maior custo, menos evidentes, mais afastadas da realidade do sujeito, menos familiares, etc). Porém, há mais competências de natureza cognitiva que aumentam à medida que as crianças crescem e que, sem dúvida, também desempenham um papel em sua pró-socialidade. Assim, por exemplo, as crianças experimentaram melhoras nos processos de atenção, o que lhes facilita detectar necessidades nas situações em que os indicadores são poucos evidentes; têm um sentimento mais claro de sua responsabilidade para com os outros (a regra de "ajudar a quem precisa de ajuda"); também conseguem um conhecimento sobre si mesmas mais elaborado, o que lhes facilita selecionar, dentro de seu repertório comportamental, a conduta mais apropriada para cada situação. Do mesmo modo, aumenta a percepção de que se é mais eficaz para proporcionar ajuda e, de fato, aumenta a capacidade para ajudar de forma apropriada.

De forma muito semelhante ao que mencionamos ao falar da conduta agressiva em alguns parágrafos anteriores, também a pró-socialidade apresenta uma marcada tendência a ser um atributo estável, porém, em clara oposição à agressividade, a conduta pró-social é um marcador e um bom preditor de ajustamento social.

Por último, devemos fazer uma rápida reflexão sobre as diferenças e semelhanças entre os gêneros no campo da pró-socialidade. As mulheres de todas as idades, em média, tendem a expressar maior interesse pelos sentimentos dos demais do que os homens (Eisenberg, 1989a) e, ainda que ambos sejam igualmente capazes de entender como a outra pessoa se sente, é mais provável que sejam as mulheres as que expressem maior empatia. No entanto, há um certo consenso em admitir que, quando se encontram diferenças de conduta entre os gêneros, temos de ser prudentes antes de atribuí-las diretamente ao gênero, sendo necessário considerar a possibilidade de que os contextos de prova nos quais se avaliam podem estar introduzindo distorções e dando lugar a significados e ações diferentes para uns e outros, já que, em geral, as situações de avaliação propiciam a atuação pró-social das mulheres. A respeito das diferenças de gênero, são totalmente pertinentes as reflexões feitas no item "Contexto e desenvolvimento de valores" do Capítulo 14.

As relações de amizade

Na questão das relações de amizade, um dos aspectos provavelmente mais estudados nessas idades está ligado à evolução que acompanha o conceito de amizade, analisado nos Capítulos 10 e 14. À medida que as crianças vão crescendo, não só evolui a idéia de amizade como também a percepção que têm de seus amigos, enquanto esta vai se tornando mais rica, diferenciada e integrada, assim como a consciência de que a relação de amizade entre eles é mais exclusiva e individualizada. Novamente é importante que voltemos a propor as duas perguntas básicas que já apareceram no Capítulo 11: Quem são os amigos? Como os amigos interagem?

Em relação à primeira pergunta, a resposta é clara e continua marcada pelas tendências apontadas no Capítulo 11. Durante os anos do ensino fundamental, os amigos costumam ter a mesma idade, o mesmo sexo e certas semelhanças de condutas e de atitudes. Lembrem-se, nesse sentido, do que foi comentado em relação à idéia de "homofilia da conduta" (Rubin et al., 1994). É nessas idades – e ainda mais na adolescência – que o processo de seleção ativa se torna mais claro, uma vez que as crianças têm um autoconceito mais elaborado e melhores aptidões para realizar comparações sociais. Assim, comprovou-se a afinidade entre os amigos durante esses anos em aspectos como: altruísmo, adoção de perspectiva emocional, cortesia, senso de humor, sensibilidade e maturidade cognitiva na brincadeira. Mais adiante, a partir da pré-adolescência, são particularmente relevantes as afinidades em três áreas: atitudes com relação à escola (aspirações educativas e atitudes frente ao êxito escolar), atitudes em relação a certas condutas normativas típicas da idade (bebidas, drogas) e experiência sexual (embora esta última, somente entre as meninas). Em relação ao gênero, continua sendo um fator decisivo na configuração das relações, é possível dizer mais do que em anos anteriores. Assim, a partir dos seis ou sete anos, o interesse e o comprometimento com alguém do sexo oposto decresce marcadamente, a tal ponto que ter um bom amigo do sexo oposto pode ser motivo de deboche por parte do grupo, que costuma atribuir tons românticos à relação. Por sua vez, as relações que eles estabelecem entre si são diferentes. As relações entre meninas são mais intensas (profundas), menos extensas (relações diádicas ou de grupos muito reduzidos) e mais exclusivas (amizades mais duradouras).

Em linhas gerais, sabemos que as relações de amizade se tornam mais estáveis e mais recíprocas, embora essa afirmação exija uma certa exatidão. Ainda que as redes de amigos (isto é, a lista de todos os meninos e meninas que diz que são seus amigos) não sejam muito estáveis de um ano para o outro, a estabilidade, sim, é alta se a análise estiver centrada somente nos "melhores amigos", que costumam ter uma presença mais estável com o passar do tempo. Estima-se que o número de "bons amigos" aumenta dos anos pré-escolares aos escolares, mas, a partir dos 11 anos, o número declina, porque as obrigações que o compromisso de amizade exige (por exemplo, compartilhar intimidade) fazem com que se seja mais seletivo e assim se estreite mais o círculo (tendência que se mantém ao longo do resto do ciclo vital).

Como interagem entre si os amigos e amigas das idades que estamos analisando? Continua sendo correto o que foi dito no Capítulo 11, porém, agora o conteúdo é mais complexo e a relação de amizade mais cheia de implícitos. Assim, os amigos se dedicam mais comportamentos positivos (falam mais, prestam mais atenção); dirigem suas conversas para as necessidades mútuas, mais do que a fins egocêntricos; manifestam mais reciprocidade afetiva, mais intensidade e melhor compreensão emocional. De fato, um comportamento que marca claramente a diferença entre a interação com um amigo estável e com outros companheiros é precisamente o maior envolvimento pessoal que se estabelece com o primeiro (intimidade, cumplicidade pessoal, compartilhar confidências, sentimentos, pensamentos, assim como a auto-revelação e a expectativa de lealdade e confiança mútuas), algo que, ao longo desses anos, vai aumentando, transformando-se na adolescência em sua característica prinicpal.

Não parece que haja diferenças significativas na quantidade de conflitos entre pares de amigos e de não-amigos, porém, como já acontecia na etapa anterior, existem diferenças em relação às estratégias que são colocadas em funcionamento para resolvê-los e em seus resultados. Assim, entre amigos, os conflitos são menos graves, seus protagonistas são, em geral, mais explícitos na hora de expor seus desacordos e confrontar seus pontos de vista e, como a questão é preservar a continuidade da uma história prévia positiva, tendem a negociar ou a abandonar a discussão muito mais do que a se manterem firmes, procurando encontrar rapidamente soluções eqüitativas para ambas as partes (é assim que a resolução de conflitos entre amigos se apresenta como uma situação idônea para aprender a contrabalançar metas e objetivos individuais diante dos objetivos comuns) (Hartup, 1992a; Laursen, Hartup e Koplas, 1996). Provavelmente, a força socializadora dos amigos está no fato de que para as crianças as opiniões deles são muito importantes, elas os respeitam e se sentem seguras até o ponto de admitir seus próprios erros e mudar; isto é, que através dos desacordos, no contexto das relações de amizade e à vista dos esforços que se faz para resolvê-los, estimula-se formas de pensamento e de resolução de problemas mais maduros.

As características dos grupos

A estrutura grupal se consolida, e, ao longo desses anos, a criança vai tomando consciência de pertencer a um grupo. É importante destacar que, quando falamos de grupos, não estamos nos referindo à mera justaposição de pessoas, mas a uma estrutura que reúne, nesse caso, uma série de características (Hartup, 1983), algumas delas ausentes nos grupos de menor idade. Em primeiro lugar, são pessoas que não interagem de maneira esporádica, mas habitual e assiduamente. Segundo, compartilham maneiras de se comportar, atitudes e um sistema de valores. Terceiro, os membros do grupo têm tal sentimento de pertencer ao grupo que em suas definições de autoconceito é cada vez mais freqüente que façam referência a ele. Quarto, ele gera um conjunto de "normas" próprias que, de forma explicita ou implícita, definem muitos dos comportamentos e das atitudes de seus membros. Quinto, no interior do grupo, desenvolve-se uma hierarquia interna que contribui para o trabalho comum e para alcançar metas coletivas.

Da mesma forma, ao falar de grupos nessas idades, uma das questões a ser levada em conta é sua propriedade estrutural. Segundo Rubin, Bukowski e Parker (1998), essas propriedades são fundamentalmente três: por um lado, o tamanho do grupo (o número de crianças que o conformam); por outro, a posição que ostenta o grupo em relação a outros grupos de iguais da comunidade (quantas relações tem o grupo com outros) e, finalmente, a coesão interna do grupo, o número de relações que há entre seus membros (um grupo denso seria um grupo altamente coeso, no qual quase todos se relacionariam com quase todos, enquanto outro de coesão fraca seria aquele em que alguns dos membros nunca se relacionam com os outros).

Por outro lado, como já foi comentado no Capítulo 11, enquanto nos anos prévios o poder depende da conservação das posses e em saber como utilizá-las, a partir dos seis anos depende de como alguém seja bom nas brincadeiras e em saber organizá-las; isto é, a força bruta perde importância e aumenta o valor do poder social, sendo mais poderosos aqueles que ajudam o grupo a alcançar suas metas.

Também no comportamento grupal é possível encontrar diferenças entre os grupos de meninos e de meninas; em geral, os grupos dos meninos costumam ser formados por mais membros, suas atividades estão mais organizadas por hierarquias, há mais preocupação com a liderança e com a ostentação do poder e do domínio, e a figura de líder é mais estável do que nos grupos de meninas (Maccoby, 1988).

Porém, um dos processos mais significativos que ocorre no interior dos grupos nessas idades está todo relacionado ao *status* sociométrico, ou seja, a posição que cada membro do grupo tem em relação aos demais e que define as redes de afinidades entre eles.

O GRUPO DE IGUAIS: O *STATUS* SOCIOMÉTRICO

O tema do *status* sociométrico é um clássico no estudo das relações entre iguais. As técnicas sociométricas, que são as ferramentas básicas no estudo do *status* sóciométrico, também já podem ser consideradas um recurso metodológico clássico. Entre elas, uma das mais utilizadas é a estratégia de *indicações*: pede-se às crianças que indiquem um certo grupo de colegas de sala, normalmente de três a cinco, de acordo com um critério interpessoal especificado (para jogar, fazer um trabalho juntos, etc.) A pergunta pode ser orientada com critérios sociométricos positivos ("Quem você escolheria para...?") ou negativos ("Com quem você não gostaria de...?"). Essa técnica é a que permite distinções mais sutis entre diferentes categorias de aceitação e de não-aceitação de iguais e entre as dimensões "preferência social" (número de preferências positivas menos as negativas) e "impacto social" (número total de indicações positivas e negativas recebidas). Atualmente, as diferentes técnicas tendem a ser usadas em combinação com outros procedimentos (principalmente a observação e os relatórios – de professores, progenitores, companheiros ou da própria criança –, principalmente) o que permite ir além da mera descrição da dinâmica de um grupo e avançar em direção a objetivos de pesquisa mais vinculados à explicação.

Tipos de *status* sociométrico

Considerando as dimensões que acabam de ser comentadas de "impacto" e "preferência", os tipos de *status* podem ser definidos da seguinte forma:

- As crianças *populares* são superiores tanto em preferência quanto em impacto social, dado que recebem muitas indicações positivas e poucas negativas de seus iguais.
- As crianças *rejeitadas* têm um impacto social alto, porém tem níveis baixos de preferência: são não-queridas por muitos e queridas por poucos.
- As crianças *ignoradas* têm poucas indicações positivas e também poucas negativas; estão em baixa quanto ao impacto e intermediárias na dimensão de preferência social.
- As crianças *controversas* recebem muitas indicações positivas e muitas negativas. Como as ignoradas, situam-se em uma posição intermediária na dimensão de preferência social; no entanto, diferem delas, porque têm um impacto social alto. Este tipo de crianças forma um grupo curioso e é o menos freqüente, o menos estudado e também o de *status* mais instável.
- Finalmente, as crianças *médias* seriam aquelas que recebem um número moderado de indicações positivas e negativas.

As estimativas aproximadas prevêem que os quatro primeiros tipos de crianças podem chegar a somar as duas terças partes de um grupo típico de crianças em idade escolar, sendo as controversas as menos numerosas, conforme foi ressaltado; ao menos a terceira parte restante estaria formada pelas crianças médias, que costumam constituir o grupo mais numeroso. No entanto, a distribuição concreta dependerá das características de cada grupo e de sua dinâmica interna.

Durante muito tempo, entre as categorias de *status* fazia-se referência à das crianças "não-queridas" com o convencimento de que era uma classe homogênea. Na classificação que acabamos de apresentar, ao contrário, estabelece-se uma diferenciação entre as abertamente não-queridas (as rejeitadas), as ignoradas e as que suscitam tanto preferência como aversão (as controversas). Essa distinção é muito interessante, porque, conforme será mostrado a seguir, esses distintos grupos diferem entre si ao menos em quatro aspectos importantes: as *origens* (por exemplo, as experiências que dentro do ambiente familiar estariam na raiz de suas características), as *habilidades de processamento de informação* e de *competência sócio-pessoal* que caracteriza cada um deles, sua *dinâmica* e *estabilidade* no tempo, assim como as *conseqüências* evolutivas às quais dão lugar. Inclusive, conforme será visto mais adiante, dentro das crianças rejeitadas convém diferenciar ao menos três subgrupos: as rejeitadas agressivas, as não-agressivas e as que são rejeitadas não por sua falta de competência social, mas como conseqüência de uma "invenção do grupo". Diferenciar entre essas categorias de rejeição é interessante pelas razões já comentadas. Todas essas questões serão abordadas a seguir com mais detalhes.

Fases do *status* sociométrico

Partindo das fases que Coie (1990) propõe como um possível modelo para explicar o *status* de rejeição, temos procurado recolher dados de diferentes pesquisas que ajudam a entender o fenômeno do *status* sociométrico em geral e não somente o da rejeição. É importante ressaltar que não são fases cujo sentido cronológico seja facilmente definível e que tampouco há suficiente pesquisa longitudinal que apóie muitos dos argumentos que, a partir de evidências quase sempre transversais, nos atreveremos a dar. Pensamos que, apesar desses inconvenientes que não convidam a outra coisa do que a sermos prudentes, entender o fenômeno seguindo um processo de fases parecidas as que aqui vamos propor ajuda a explicar e a compreender melhor como se produz, com probabilidade suficiente, a evolução da posição que uma criança alcança em um grupo.

Em sua seqüência cronológica, a primeira das fases é a que denominamos de *fase precursora ou de gestação*; é a fase na qual a criança aprende o conjunto de comportamentos, de afetos e de cognições que define sua competência social e que, mais tarde, já imersas no grupo de iguais, será decisivo para definir sua posição no grupo. A fase seguinte é a de *aquisição, surgimento ou emergência* do status; é a fase que transcorre desde o momento em que a criança ingressa em um grupo até que ela consolida sua posição nele. Depois dela vem a fase de *consolidação ou manutenção*, que se inicia quando a criança já ocupou uma posição dentro do grupo. Conforme procuraremos mostrar mais adiante, nessa fase ocorrem mudanças importantes em comparação com a fase anterior, especialmente quanto à dinâmica das relações entre a criança e o grupo; daí a necessidade de diferenciá-las. Finalmente, na *fase de conseqüências*, são analisados os efeitos que, a médio e longo prazo, os diferentes tipos de *status* deixam sobre o sujeito.

A seguir, analisaremos em primeiro lugar as fases de aquisição e consolidação, para, no final do capítulo, acrescentar a reflexão sobre os antecedentes (a gestação) e as conseqüências, de forma que possam ser traçadas as possíveis vias pelas quais as trajetórias de vida das pessoas vão sendo definidas.

COMO SURGE E SE ADQUIRE O *STATUS* SOCIOMÉTRICO?

A fase de aquisição tem lugar quando a criança chega a um grupo. Ao contrário do que ocorrerá na fase de consolidação, na de aquisição o grupo é objetivo na avaliação de seus membros, baseando-se em suas características (fundamentalmente, em sua competência social) para lhes designar uma posição; assim, as crianças que demonstram características que facilitam o andamento do grupo e que fazem seus membros se sentirem bem serão aceitas, enquanto aquelas que dificultam serão rejeitadas. Isso acontece da mesma forma para a maioria dos casos.

O significado da competência social

Começaremos analisando os *comportamentos* que caracterizam cada um dos tipos de crianças (Cole, Dodge e Kupersmith, 1990; Newcomb, Bukowski e Patee, 1993). Assim, as crianças *populares* costumam ser descritas como pessoas calorosas, cooperativas, pró-sociais, que raramente são provocadoras ou agressivas. São especialmente eficazes na hora de resolver conflitos (o fazem de maneira agradável) e se comunicam com os iguais de forma sensível e madura. Além disso, uma característica significativa dessas crianças é o comportamento que manifestam quando tentam ingressar em um grupo novo (tarefa nada fácil, por outro lado, como mostram, entre outros, Putallaz e Wasserman, 1990). Sua estratégia consiste, basicamente, em fazê-lo lentamente. É verdade que, uma vez que estão dentro do grupo, são indivíduos que podem ser ativos, que sugerem mudanças e que têm iniciativa. Antes disso, porém, houve um processo que consistiu em ocupar um tempo até compreender o sentido da atividade que o grupo realiza, adaptar sua conduta ao fluxo da atividade dos iguais, fazer comentários relevantes sobre a brincadeira em vez de ficarem inertes na proximidade do grupo (como costumam fazer as crianças ignoradas) ou irromper intrometendo-se, interrompendo a atividade ou verbalizando comentários desqualificadores ou arrogantes centrados sobre elas mesmas (algo que caracteriza as rejeitadas).

As crianças *ignoradas* são menos sociáveis, agressivas e provocadoras do que as médias, e também interagem menos com os outros. Não são crianças falantes, fazem menos tentativas do que as médias para entrar em um grupo de brincadeira, permanecem ao seu redor sem fazer nada para entrar, inclusive podendo reagir com timidez diante da oferta de companhia de outros, e freqüentemente brincam sozinhas. Existem muitos autores que procuram tirar a dramaticidade da situação dessas crianças, argumentando que esta costuma ser pouco estável no tempo (muitas dessas crianças podem ser queridas em grupos diferentes), que não são crianças que a vivenciam mal e que, conseqüentemente, não deixa seqüelas em suas características sociopessoais. Parece que, na realidade, tudo isso é certo para uma parte das crianças ignoradas, enquanto há outras que têm um pior prognóstico: são crianças que permanecem sendo ignoradas e muito isoladas ano após ano e de uma situação a outra; se o comportamento isolado é relativamente freqüente nas crianças menores – de fato, durante os anos pré-escolares, esse tipo de criança passa despercebida entre seus companheiros – à medida que vão crescendo é menos e, conseqüentemente, quando o isolamento persiste durante muito tempo, e com características muito evidentes, são crianças que começam a ser vistas como estranhas pelos demais. São crianças que realmente não têm habilidades para formar relações com outros, que deliberadamente evitam os iguais, que manifestam condutas inapropriadas em sua presença, que mostram sinais evidentes de uma baixa auto-estima, de uma alta ansiedade nos encontros sociais, com "pavio curto" ou hipersensibilidade para agüentar piadas, que costumam ser interpretadas como falta de consideração, e que, embora comecem sendo ignoradas, é muito provável, e aí está o risco, que não permaneçam somente sendo assim, mas que passem a ser rejeitadas com o tempo, formando o grupo de rejeitados não-agressivos ao qual fizemos referência anteriormente. Conforme mostram os trabalhos de Olweus (1993) com relação aos maus-tratos entre os iguais, esse é o tipo de criança com mais risco de se transformar em vítima passiva desses processos (sobre os maus-tratos entre iguais, ver o Quadro 15.1).

Crianças *rejeitadas* manifestam condutas que são temidas ou evitadas por seus iguais. Claramente, o que melhor prevê a rejeição é a agressão, especialmente a agressão que não é provocada e que pretende dominar e controlar os outros ou seus recursos (Coie et al.,1991 e Dodge et al., 1990). Além disso, as rejeitadas costumam ser fanfarronas, tendem a não ser cooperativas e a serem críticas com as atividades do grupo, a manifestar fracas habilidades de resolução de problemas e pouca conduta pró-social. No entanto, convém precisar que nem toda manifestação agressiva leva à rejeição. A agressividade que é percebida pelo grupo como justificada é avaliada pela maioria das crianças de todas as idades como uma conduta aceitável. De fato, as crianças populares cons-

QUADRO 15.1 Maus-tratos entre iguais: características das vítimas

Indicadores que podem caracterizar A VÍTIMA

A. Na escola

Sinais primários:
- são insultadas, ridicularizadas, intimidadas;
- são objeto de diversão e de zombaria cruel;
- são empurradas e apanham;
- vêem-se envolvidas em brigas ou disputas nas quais estão claramente indefesas e das quais tentam sair (às vezes, chorando);
- seus pertences são roubados ou quebrados;
- apresentam contusões, feridas, cortes, arranhões ou roupas com rasgos difíceis de explicar.

Além disso, apresentam algum ou alguns dos seguintes...

Sinais secundários:
- estão constantemente sós e excluídas do grupo;
- são as últimas escolhidas nos jogos de equipe;
- estão sempre junto do professor no recreio;
- interferem pouco na aula e passam uma impressão ansiosa e insegura;
- parecem aflitas, infelizes, deprimidas e chorosas;
- pioram em seu desempenho escolar.

B. Em casa

Sinais primários:
- chegam em casa com a roupa rasgada ou desalinhada, com os livros estragados;
- apresentam contusões, feridas, cortes e arranhões difíceis de explicar.

  Além disso, apresentam algum ou alguns dos seguintes...

Sinais secundários:
- não levam colegas para casa e nem vão para a casa deles;
- pode ser que não tenham um bom amigo;
- raras vezes ou nunca são convidadas para festas;
- têm medo de ir à escola; freqüentemente não têm apetite, têm dor de cabeça ou de estômago;
- vão e voltam da escola por um caminho "ilógico", procurando evitar quem as maltrata;
- têm um sono intranqüilo;
- perdem o interesse pelo trabalho escolar;
- parecem infelizes, tristes ou deprimidas;
- pedem ou roubam dinheiro extra da família para enfrentar a extorsão a que são submetidas.

Características gerais da VÍTIMA PASSIVA:
- podem ser fisicamente mais frágeis do que seus colegas (especialmente os meninos);
- podem manifestar agressividade, medo de serem machucadas ou feridas;
- não são fisicamente eficazes nas atividades como jogos, esportes ou lutas;
- têm uma coordenação física pobre, especialmente no caso dos meninos;
- são precavidas, impressionáveis, infelizes, angustiadas, com uma auto-estima pobre;
- têm dificuldade para se afirmar no grupo;
- constantemente se relacionam melhor com os adultos (pais, professores) do que com seus iguais.

Características gerais da VÍTIMA ATIVA (é mais provável que sejam meninos):
- podem ser fisicamente mais frágeis do que seus companheiros;
- podem manifestar certo receio físico;
- são precavidas, impressionáveis, infelizes, angustiadas e com auto-estima pobre;
- possuem mau gênio e tentam responder quando são atacadas ou insultadas, porém, constantemente de forma pouco efetiva;
- podem ser hiperativas, inquietas, não se concentram, podem ser desengonçadas, chatas e imaturas. Tem hábitos que tiram os outros do sério;
- podem ser claramente não-queridas também pelos adultos, incluindo o professor;
- podem tentar, por sua vez, maltratar outros companheiros mais frágeis.

Fonte: Olweus, 1993.

tantemente não diferem do resto nessas manifestações de agressividade reativa ou em formas de assertividade que, bem dirigidas, não se transformam em condutas provocadoras ou incômodas para o grupo. Ao contrário, a agressividade pró-ativa, a provocadora, a que não é previsível nem se percebe como justificada, a que não pára até que o outro não ceda, é a que está quase sempre associada à rejeição. Apesar disso, não se pode esquecer que uma chave para compreender a rejeição nos grupos de iguais está nas regras e nos valores compartilhados pelo grupo; assim, em grupos muito especiais com códigos de conduta agressivos, as crianças que acabam de ser descritas não são rejeitadas, encontrando aí sua rede social.

As controversas manifestam um mistura de condutas sociais positivas e negativas que são coerentes com a opinião ambivalente que suscitam entre seus companheiros. São ativas e provocadoras como as rejeitadas, mas também se envolvem com freqüência em atos positivos e pró-sociais. Como resultado, são pessoas dificilmente ignoradas por seus iguais. Conforme foi ressaltado nos parágrafos anteriores, o grupo atua com objetividade nessa fase de aquisição na hora de avaliar seus membros; parece que tentam comprovar como as crianças respondem a pelo menos cinco perguntas-chave: É divertido estar com ele? É alguém em quem posso confiar? É parecido comigo? Ele me ajuda a conseguir o que desejo? Faz com que eu me sinta bem comigo mesma? Quanto mais respostas afirmativas suscite uma criança aos olhos das outras, mais provável que seja querido por elas.

A análise anterior está baseada na competência social evidenciada nos comportamentos que os diferentes tipos de crianças exibem. Porém, a competência social tem outro componente essencial, relacionado com o *processamento da informação social* e com a compreensão que se tem dos fatos sociais. Para entender o significado dessas habilidades de processamento, é interessante mencionar os modelos de resolução de problemas interpessoais de Dodge (1986), de um lado, e de Rubin e Rose-Krasnor (1986,1992), de outro. O modelo de Dodge sobre o processamento de informação social, cujas fases aparecem resumidas no Quadro 15.2, é o que suscitou maior reflexão teórica e maior constatação empírica, ao mesmo tempo em que mostrou ser especialmente útil na explicação das condutas agressivas. O trabalho de Dodge e Somberg (1987) é um dos muitos que podem ser utilizados como exemplos que serviram para validar esse modelo. Nele, os autores descobriram que há situações que as crianças agressivas e as não-agressivas interpretam de modo similar: quando estão relaxadas e quando as intenções do outro são claras. Assim, se o mal causado pelo outro foi claramente acidental, tanto umas quanto outras costumam ter uma atitude tolerante; se, ao contrário, sua intencionalidade é evidente, ambas coincidem em ter uma atitude agressiva (é preciso dizer, no entanto, que as agressivas costumam ter uma tendência maior a fazer atribuições hostis, inclusive nessas situações, ainda que as diferenças não

QUADRO 15.2 Fases no processamento da informação social segundo o modelo de Dodge

1º *Decodificação das chaves sociais.* Se uma criança recebe um empurrão de um colega, nessa fase buscaria informações do tipo: "Há em seu rosto sinais de preocupação pelo que foi feito ou mostra sinais de hostilidade?", "Está rindo?", etc.

2º *Interpretação das chaves sociais.* Uma vez colhida a informação sobre o acontecimento, a pessoa deve interpretá-la. Para isso, integra essa informação com a que já possuía a partir de sua experiência anterior; assim, por exemplo, no caso do exemplo anterior, entre outras coisas, tenta decidir se o comportamento em questão parece acidental ou intencional.

3º *Busca de possíveis respostas* que possam levá-la a resolver o conflito ("Quais são todas as coisas que posso fazer nessa situação?").

4º *Tomada de decisão sobre uma resposta.* Para isso, são avaliadas as vantagens e desvantagens das respostas disponíveis, sua eficácia é examinada e suas prováveis conseqüências, e, em função de tudo isso, é selecionada aquela que se considera melhor para essa situação.

5º Finalmente, a *atuação* com a resposta escolhida.

Fonte: Dodge, 1986.

cheguem a ser significativas). As diferenças são muito significativas, no entanto, quando o comportamento de outra criança é ambíguo; nessas situações, as crianças agressivas tendem a interpretar a ofensa como intencional, enquanto as não-agressivas concedem o benefício da dúvida.

O modelo de Rubin e Rose-Krasnor propõe uma seqüência cujo conteúdo é muito semelhante ao anterior, porém, eles incluem uma fase final de avaliação do resultado da estratégia, fase crucial, pois é dela que derivam as conseqüências futuras. Nessa fase, comparam-se os resultados com as metas propostas no início. Se os objetivos foram cumpridos, o processo é dado por terminado e os resultados, associados à estratégia, passam a fazer parte da memória de longo prazo da pessoa, o que aumenta a probabilidade de que em futuras situações, quando a pessoa seja confrontada com uma situação semelhante, busque por essa estratégia que ficou associada ao êxito. Se, ao contrário, a estratégia não conseguiu alcançar os objetivos previstos, as crianças diferem em suas decisões: algumas optam por se conformar com o êxito parcial conseguido (também para eles o processo acaba), outras a consideram um fracasso e abandonam a meta (costuma ser a estratégia das crianças tímidas), algumas repetem novamente a mesma estratégia (às vezes, até de forma mais intensa, como no caso da conduta hostil nas crianças agressivas) e o resto altera sutilmente a estratégia, mantendo também a mesma meta.

Algumas crianças não apresentam dificuldades especiais no processamento da informação social, no entanto, não são capazes de traduzir suas análises das situações em condutas apropriadas: é o caso das crianças isoladas ou retraídas, que não têm dificuldade para interpretar as chaves de situações hipotéticas, mas que depois são menos assertivas, têm metas sociais menos arriscadas e exigem menos dos colegas (em 50% dos casos se conformam em serem olhados; além disso, não utilizam imperativos nem pretendem conseguir coisas ou esforços por parte dos demais, ainda que costumem ser as vítimas dos pedidos exigentes deles; constantemente se transformam em vítimas dos "valentões", conforme é mostrado no Quadro 15.1). Ao contrário destes, outras crianças apresentam dificuldades tanto no processamento da informação social como no comportamento com os demais; tal é o caso das crianças agressivas, que mais freqüentemente fazem interpretações da conduta das demais baseados em intenções malévolas e que, além disso, desenvolvem com mais freqüência estratégias hostis que tendem a repetir inclusive quando conduzem claramente a resultados não-favoráveis (isolamento do grupo, reprimendas, etc.) Em comparação às crianças retraídas, com poucas dificuldades no processamento da informação, as agressivas são pensadoras e atores sociais deficientes.

Outros atributos a serem considerados na fase de aquisição do *status*

Além da competência social, há outra série de atributos que contribui para a aquisição do *status* no grupo. Entre eles, faremos uma rápida referência, em primeiro lugar, à *aparência física*. Nos anos do ensino fundamental e inclusive nos que o antecedem, as crianças tendem a qualificar com adjetivos positivos (simpático, alerta, bom amigo, etc.) as fotografias de crianças atraentes, enquanto os qualificativos negativos são mais prováveis diante de fotografias de crianças pouco atraentes. Em geral, parece que o estereótipo de "o bonito é bom" funciona até certo ponto (Langlois, Roggman e Rieser-Danner, 1990): ainda que o atrativo físico não seja a característica que decide a posição de uma criança no grupo, é, sim, uma variável que exerce um certo papel, especialmente nos extremos do *continuum* da beleza. Assim, diante das crianças com a mesma competência social e uma sensível diferença em seus atributos de atração física, terá mais aceitação aquela que se adaptar melhor aos cânones de aparência física valorizados pelo grupo (no caso das meninas, um padrão de beleza de rosto bonito e corpo proporcional, e no caso dos meninos, uma valorização menos centrada no rosto e mais no desenvolvimento muscular e na aparência atlética). Uma das conseqüências de tudo isto é que, por exemplo, crianças gordinhas podem estar mais sujeitas a deboche e piadas por parte dos outros, ainda que seu *status* seja definido em boa parte pela resposta que dão a esses deboches.

Quanto ao *rendimento acadêmico*, cuja importância aumenta com a idade, é muito provável que parte do valor de seu impacto consista no prestígio que os bons resultados comportam, mas outra parte importante pode proceder de comentários e de atitudes dos professores (White e Kistner, 1992), sendo fácil pensar que aqueles que têm um melhor rendimento sejam os que recebam os comentários mais favoráveis. Novamente, a influência dessa variável não pode ser considerada isoladamente, mas no contexto mais geral da competência social a que nos referimos nos parágrafos anteriores.

Tudo o que foi dito até agora confirma uma atitude objetiva do grupo na fase de aquisição do *status*, de acordo com a qual cada um é valorizado em função de seus méritos e características reais. No entanto, há ocasiões mais excepcionais em que as coisas funcionam de outra maneira e fazem com que crianças que não diferem objetivamente em sua conduta nem em suas características sejam valorizadas de forma diferente pelo grupo. A esse respeito, alguns autores (por exemplo, Hymel, Wagner e Butler, 1990) ressaltam que há fenômenos que podem ocorrer mesmo antes que uma criança ingresse em um grupo, e que estão relacionados com a fofoca e com a fama que se cria (por exemplo, "é cigano", "tem AIDS"), dando lugar à rejeição social sem que a criança tenha tido a oportunidade de mostrar suas habilidades sociais. Com freqüência, essas crianças funcionam como bodes expiatórios que servem para dar coesão a um grupo que provavelmente careça de outros objetivos comuns que lhe dêem identidade; assim, o deslocamento de afetos negativos a objetivos comuns dá coesão temporária a um grupo fraco.

QUADRO 15.3 Dinâmica de relações criança-grupo nas fases de aquisição e manutenção do *status*

Fase de aquisição ou surgimento do *status*:

CRIANÇA ⇔ GRUPO

Fase de consolidação ou manutenção:

CRIANÇA ⇔ **GRUPO**

A MANUTENÇÃO OU CONSOLIDAÇÃO DO *STATUS* NO GRUPO

Uma vez que a criança ganha uma posição dentro do grupo, quase sempre como conseqüência de sua competência social, a dinâmica da relação criança-grupo muda. Se na fase anterior o protagonismo nessa relação corria por conta da criança (não é em vão que o *status* que ela adquire é conseqüência de sua competência social), uma vez que isso ocorre, e já na fase de manutenção, é o grupo que decide acima da criança; as diferenças entre uma fase e outra são ilustradas no Quadro 15.3.

Os dados longitudinais coincidem em mostrar uma certa estabilidade no *status* ao longo da infância e da adolescência. As pontuações de estabilidade são especialmente altas entre as populares, as rejeitadas – as mais – e entre as médias, sendo as ignoradas e as controversas as que mostram uma habilidade mais baixa. Por outro lado, quando uma criança muda de *status* ao longo do tempo, costuma fazê-lo para o *status* mais próximo, sendo relativamente fácil, por exemplo, mudar de popular para média, mas não de popular para rejeitada.

Hymel (1986; Hymel et al., 1990) propõe que, uma vez que as crianças alcançam um *status* determinado, essa reputação distorce as impressões dos outros sobre sua conduta, de forma que os atos positivos costumam ser atribuídos a causas internas estáveis se são manifestados por um igual querido ("tem bom caráter"), mas a causas menos estáveis se são manifestados por uma criança não-querida (razões ocultas, auto-interessadas, "Faz isso para que o professor veja"). Ao contrário, é mais provável que um ato negativo seja atribuído a causas não estáveis se é manifestado por uma criança que é querida ("era só uma brincadeira", "hoje não era o seu dia") e a causas estáveis se não é querida ("ela é assim"). Se essas distorções existem na interpretação, é fácil prever o que poderá acontecer com as condutas (mais aproximações hostis e menos positivas com as rejeitadas se comparadas com as aproximações com as populares) e explicar a alta estabilidade do *status* a que temos feito referência.

Os resultados sobre estabilidade do *status* são especialmente surpreendentes no caso das crianças rejeitadas-agressivas-provocadoras, as mais estáveis no tempo. E são surpreendentes, sobretudo, quando se pensa que o *feedback* que recebem de seus iguais e dos adultos é, em muitas ocasiões, muito explícito ("não brinco com fulano, porque ele me bate ou porque tira os meus brinquedos", ou "sempre quer que todo mundo brinque do que ele quer", ou "não nos deixa brincar do que queremos") e quando, além disso, é possível perceber que os resultados tendem a ser pouco reforçadores, traduzindo-se muito freqüentemente em um isolamento progressivo e na rejeição e hostilidade por parte do grupo. A pergunta então é: Por que não mudam? Por que, inclusive, sua falta de competência pode ser agravada? Há várias razões, não-excludentes entre si, que ajudam a compreender essa manutenção persistente e que sugerem diferentes alternativas para a intervenção com essas crianças. Algumas mantêm suas condutas, porque elas lhes são eficazes a curto prazo (por exemplo, conseguem um objeto que queriam usando a força), outras as mantêm porque não sabem se comportar de outra maneira e não sabem como aprender a fazê-lo, e outras porque não têm capacidade para processar corretamente a informação social, ou porque não percebem a necessidade de mudar, não tendo motivação para fazê-lo. Mas pode ocorrer que, às vezes, essas crianças tentem mudar sua conduta sem conseguir que os demais percebam a diferença, devido às distorções atributivas a que se fez referência anteriormente. Essa última eventualidade implica que as rejeitadas que tentam alterar o impacto negativo que causam em seus iguais têm um árduo trabalho pela frente, devido à indiferença e ao pouco eco social que produzem seus esforços, o que, às vezes, faz com que retomem seus velhos e já familiares hábitos sociais.

AS CONSEQÜÊNCIAS E OS ANTECEDENTES DA EXPERIÊNCIA SOCIAL: A DEFINIÇÃO DAS TRAJETÓRIAS DE VIDA

Se nos afastarmos um pouco das experiências concretas que ocorrem no interior de um grupo de iguais, poderemos analisar tanto os antecedentes como as conseqüências dessas experiências, posicionando-as em um contínuo que define as trajetórias de vida das pessoas. Fazer isso é uma tarefa difícil e até certo ponto especulativa, em função da escassez de pesquisas longitudinais de envergadura que possam dar resposta ao conjunto de perguntas complexas que inevitavelmente nos surgem. Apesar disso, o esforço vale a pena, e, no que se refere aos problemas que estamos analisando, os resultados das pesquisas são promissores (ver as revisões de Kupersmidt, Coie e Dodge, 1990; Parker, Rubin, Price e De-Rosier, 1995; Schaffer, 1996).

Analisando a literatura longitudinal, a conclusão mais evidente que se chega, em primeiro lugar, é que as conseqüências de "não ser querida" são muito diferentes no caso das ignoradas e das rejeitadas; e, dentro desse segundo grupo, as seqüelas são diferentes caso se trate de uma rejeição originada de um estilo de interação agressivo ou de um estilo inseguro, ansioso e de auto-isolamento persistente.

Com relação às crianças ignoradas, as pesquisas as retratam com indicadores de saúde mental muito parecidos com os das crianças médias e, como foi dito nos parágrafos anteriores, em muitos casos são crianças que mudam rápido de *status*. A preocupação surge com aquelas para as quais a experiência de ser rejeitada passou a ser algo presente de maneira estável em suas vidas.

São várias as repercussões a médio e longo prazo que merecem ser destacadas e que costumam aparecer refletidas na pesquisa prospectiva e retrospectiva. Em primeiro lugar, dado que esses temas do *status* foram estudados dentro do contexto escolar, não é de se estranhar que uma das conseqüências que mais foi considerada esteja ligada ao que ocorre dentro desse contexto. Para começar, o portador de um *status* negativo efetua a transição do ensino fundamental ao médio com uma rede de apoio social fraca ou nula, justamente em um momento de transição e de estresse em que uma rede sólida é especialmente necessária. Em segundo lugar, a ausência de amigos, as escassas oportunidades para estabelecer relações e estar excluído de um grupo de iguais o privam da oportunidade de aprender e de testar habilidades sociais, o que dá força a uma espécie de círculo vicioso: são rejeitados por terem pouca competência social, por isso têm menos contatos sociais, o que os leva a ter menos oportunidades para aprender novas habilidades sociais e, conseqüentemente, a manifestar, mais uma vez, habilidades sociais pouco – e cada vez menos – adaptativas em um processo que é ilustrado na Figura 15.1.

A tudo que foi dito cabe acrescentar que no ensino médio os professores têm menos contato individual com os alunos e, como conseqüência, sua função de supervisão, de apoio e de guia está menos disponível; além disso, ocasionalmente o estilo dessas instituições educativas é mais competitivo do que no ensino fundamental. Com esse estado de coisas é fácil supor que o contexto escolar não é um lugar particularmente reforçador para os rejeitados; se também lhes faltam habilidades acadêmicas, atléticas e inclusive extra-escolares que lhes sirvam como compensadoras, podem começar a faltar cada vez mais à aula e acabar abandonando o sistema educativo (Cairns, Cairns e Neckerman, 1989). Aqueles que, apesar de tudo, permanecem dentro das salas, costumam manifestar importantes problemas de disciplina e de adaptação geral com o contexto educativo.

Quando a rejeição é determinada pela conduta agressiva do rejeitado, uma das conseqüências que se observa com freqüência na pesquisa está relacionada ao comportamento delituoso, sendo as crianças mais agressivas e as rejeitadas, por esse motivo e durante muito mais tempo, as que têm maior risco de se transformar em delinqüentes. Os acompanhamentos longitudinais a longo prazo (Eron, 1987; Farrington, 1991) confirmam, efetivamente, que a agressividade extrema nos anos do ensino fundamental prevê atividades anti-sociais na juventude e na vida adulta. Isso se relaciona em boa medida com a tendência dessas crianças de faltar à aula, a se associarem enquanto isso com outros com características se-

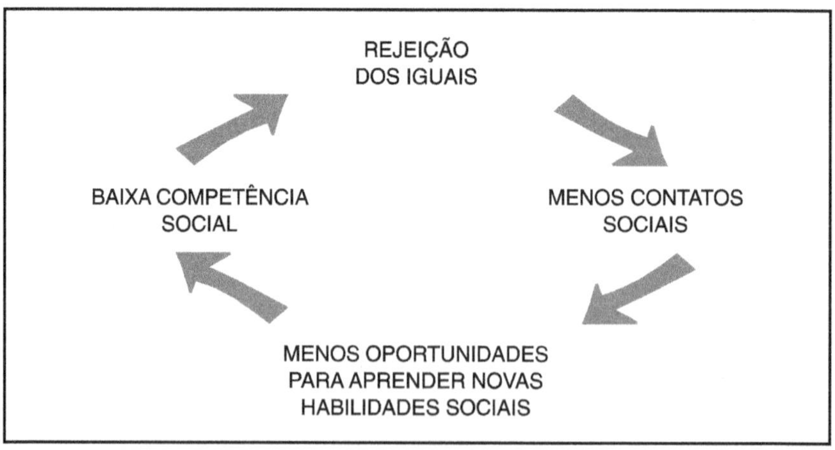

FIGURA 15.1 Relações entre rejeição e competência social.

melhantes a suas próprias, com muito tempo pela frente, sem nenhuma responsabilidade ou tarefa para realizar, sem supervisão de adultos, etc. Todas essas circunstâncias irão facilitar seu comprometimento em atividades antisociais e de reação às normas. Além disso, o fato de faltar ao colégio, de se meter em confusões e de se associar com outros colegas igualmente estigmatizados pode contribuir para criar nelas a consciência de uma certa identidade marginal que pode levá-las da mesma forma a se comportar assim.

Um terceiro tipo de desordem ligado a uma história persistente de rejeição dos iguais tem a ver com os problemas de saúde mental encontrados em alguns estudos. Rubin, LeMare e Lollis (1990) propõem que o tipo de desordem estaria relacionado com a causa que originou a rejeição dos iguais. Assim, as formas externalizadas ou mais visíveis de problemas como a delinqüência, seriam mais bem previstas pela rejeição baseada na agressão e no comportamento provocador, enquanto as formas interiorizadas de problemas, como a depressão, estariam associadas a uma rejeição baseada no comportamento ansioso, na baixa autoestima e no isolamento persistente. Além disso, não podemos nos esquecer de que, como foi dito nos parágrafos anteriores, as crianças rejeitadas não-agressivas são vítimas típicas dos episódios de maus-tratos entre iguais.

O que foi dito até agora, no entanto, deve ser matizado, porque não há dados longitudinais suficientes que confirmem essas relações, e os existentes são evidências de natureza correlacional, com a qual no momento não é possível afirmar a natureza da relação entre as variáveis. Ainda que se tenha a propensão a pensar que a rejeição preservada tenha efeitos causais sobre o ajuste a longo prazo, também é possível que a rejeição seja somente um indicador de problemas prévios que simplesmente continuam na adolescência e na vida adulta; nesse caso, tais problemas não seriam causados pela rejeição, mas ambos seriam a conseqüência de outros problemas anteriores. Provavelmente as duas coisas estejam parcialmente certas: existem acontecimentos que são prévios à rejeição e que influem nas relações posteriores, porém, também é verdade que as experiências de rejeições contínuas teriam efeitos negativos posteriores.

Mas, se queremos avançar um pouco mais na definição das trajetórias de vida, convém lembrar o que foi comentado no final do Capítulo 11 com relação ao papel da família no que agora podemos entender como fase de gestação do *status*. Efetivamente, as trajetórias de vida de risco começam a ser definidas desde muito cedo, quando o balanço entre os fatores de proteção e os fatores de risco, aos quais se faz referência no Quadro 15.4, inclinam-se a favor do risco. Ocorre, com freqüência, que alguns fatores de risco vão juntando-se a outros da mesma forma que alguns fatores de proteção se encadeiam com outros de mesma natureza; no caso dos fatores de risco, pode ocorrer, por exemplo, que um bebê de temperamento difícil tenha mais problemas para estabelecer vínculos de apego seguros, o que, por sua vez, o levará a outras dificuldades em sua competência social e, como conseqüência, em seu ajuste às relações com iguais.

Concordamos com Price (1996) que a experiência com iguais pode significar tanto a expressão como a modificação de experiências familiares adversas. Nas crianças maltratadas estudadas por ele, as experiências familiares negativas conduzem, freqüentemente, à aquisição de um repertório pouco hábil de competência social manifestado em comportamentos agressivos ou em uma tendência extrema ao isolamento, que em qualquer caso leva a experiências negativas com os iguais. Mas as experiências familiares precoces não têm por que serem irreversíveis; assim, se uma criança com estas características encontra um professor ou outro profissional que se esforça para integrá-la em um grupo, ou cai em um grupo especialmente acolhedor, conseguindo por uma ou outra razão estabelecer relações estreitas com os amigos, estes podem transformar-se em um fator crucial de proteção e de mudança em suas vidas.

No entanto, apesar de tudo o que foi dito ao longo deste capítulo e do Capítulo 11, não queremos terminar sem destacar uma afirma-

QUADRO 15.4 Fatores de proteção e de risco no desenvolvimento social e pessoal

FATORES DE PROTEÇÃO	FATORES DE RISCO
Na própria criança	
– Temperamento fácil. – Boa auto-estima. – Boa disposição para a interação social. – Facilidade para a adoção de perspectivas e de habilidades adequadas no processamento de informação social. – Tendência à pró-socialidade e à cooperação. – Ausência de dificuldades evolutivas.	– Temperamento difícil. – Insegurança, baixa auto-estima, ansiedade, auto-isolamento. – Conduta agressiva, dificuldade em controlar os impulsos. – Dificuldade na adoção de perspectivas ou no processamento de informação social. – Dificuldades evolutivas, doenças, incapacidades.
No microssistema familiar	
– Apego seguro com os progenitores. – Estilo educativo democrático. – Pais sensíveis às necessidades da criança, capazes de estabelecer um ajuste ótimo com suas características. – Ausência de acontecimentos estressantes especiais. – Adequada saúde mental nos progenitores. – Boa rede de apoio social.	– Apego inseguro. – Estilo educativo punitivo, negligente ou errático. – Pais insensíveis às necessidades da criança e com dificuldades para se ajustar as suas características. – Acontecimentos de estresse na família. – Pais com problemas de saúde mental. – Ausência de rede de apoio social.
No microssistema dos iguais	
– A criança tem bons amigos, estáveis e recíprocos. – Em geral, é querida por seus companheiros. – Tem uma história estável de aceitação entre os diferentes grupos de iguais com os quais foi crescendo.	– Não tem amigos ou os que tem são problemáticos. – É rejeitada por seus companheiros ou companheiras. – A rejeição se mantém ano após ano e ocorre em diferentes grupos com os quais se relaciona.
No microssistema da escola	
– Bom ajustamento ao contexto escolar (boas relações com os colegas e com os professores, que dão boas informações sobre sua conduta). – Bom rendimento acadêmico. – Boas habilidades em alguma atividade extra-acadêmica (jogos, esportes, teatro, música).	– Dificuldades de ajustamento ao contexto escolar (não se adapta à disciplina e ao ritmo escolar, mantém uma má relação com os professores). – Pobre rendimento acadêmico. – Dificuldade no desempenho de atividades extra-acadêmicas (jogos, esportes, teatro, música, etc).
Nas conexões entre os microssistemas	
– A família conhece e mantém uma relação estreita com os professores e com os amigos de seu filho. – Sistema de valores familiar muito parecido com o do grupo de iguais e com o que predomina no ambiente escolar.	– Falta de contato família-escola, os pais apenas conhecem os amigos de seus filhos. – Valores, expectativas e aspirações da família em oposição aberta aos dos iguais e da escola.
No macrossistema	
– Boa situação econômica, política e social. – Valorização da tolerância, da solidariedade e da proteção aos mais fracos e necessitados. – Sensibilidade com os direitos e com as necessidades da infância.	– Crise econômica, nervosismo político ou social. – Reforço da intolerância, da agressividade e da falta de solidariedade entre os cidadãos. – Pouca sensibilidade com os direitos e as necessidades da infância.

ção de Hartup (1992b, p. 270) em relação ao significado dos iguais no desenvolvimento:

> Não ter amigos parece ser um fator de risco, porém, não se pode argumentar que os amigos sejam necessidades evolutivas. Os bons resultados na socialização podem não exigir ter amigos na mesma medida em que esses resultados, sim, requerem uma relação estável com um cuidador. (...). É mais provável que os amigos sejam, melhor dizendo, vantagens evolutivas. Isto é, as relações com os iguais podem ser ótimos contextos para conseguir diferentes habilidades que também podem ser adquiridas de outras formas, porém, com mais dificuldade.

QUINTA PARTE

Desenvolvimento Psicológico durante a Adolescência

16 A adolescência e seu significado evolutivo

JESÚS PALACIOS E ALFREDO OLIVA

Este capítulo tem como finalidade situar o desenvolvimento durante a adolescência no lugar evolutivo que corresponde a ele, estabelecendo seus limites, esclarecendo seu significado, diferenciando os componentes biológicos dos psicológicos, acentuando seu caráter fortemente psicossocial e ressaltando seu papel como transição evolutiva. O capítulo começa procurando mostrar o caráter recente do fenômeno adolescente tal como o conhecemos no ocidente em princípios do século XXI. No segundo tópico, são revisadas as mais significativas teorias sobre a adolescência propostas durante o século XX. Na seqüência, são analisadas as mudanças físicas que transformam os corpos infantis em corpos adultos, prestando uma especial atenção às implicações psicológicas dessas mudanças. Os dois últimos itens procuram situar, respectivamente, a adolescência em uma dupla encruzilhada: a das mudanças evolutivas que levam da infância à vida adulta, e das circunstâncias sociais do princípio do século XXI.

Os problemas concretos ligados ao desenvolvimento cognitivo durante a adolescência, assim como ao desenvolvimento da personalidade e das relações sociais durante essa etapa, serão analisados com profundidade nos três capítulos seguintes, dos quais este procura ser uma introdução na qual se desenha o âmbito geral em que tais mudanças ocorrem.

ADOLESCÊNCIA COMO FENÔMENO RECENTE

A adolescência é um estágio psicológico necessário? Ela é um período natural do desenvolvimento ou é mais uma construção artificial, o produto de uma determinada organização social e cultural? Talvez existam leitores que se surpreendam por começarmos nossas análises da psicologia evolutiva dos adolescentes por essas perguntas, porque possivelmente considerem que a adolescência é uma época com *status* tão específico como o da infância, da idade adulta ou da velhice, por cujo caráter mais ou menos natural ou artificial não nos perguntamos. Por que formular, então, essas perguntas em relação à adolescência?

Por adolescência costumamos entender a etapa que se estende, *grosso modo*, desde os 12 ou 13 anos até aproximadamente os 20 anos de idade. É uma etapa de transição em que já não se é criança, mas ainda não se tem o *status* de adulto. É o que Erikson (1968) denominou de uma "moratória social", um compasso de espera que a sociedade oferece a seus membros jovens enquanto eles se preparam para exercer o papel de adultos.

No entanto, a adolescência, tal qual a conhecemos no ocidente no começo do século XXI, é, até certo ponto, um produto do século XX. Muitos meninos e meninas ocidentais aos quais consideramos adolescentes podem caracterizar-se por ainda estarem no sistema escolar ou em algum outro contexto de aprendizagem profissional ou na busca de um emprego estável; por ainda estarem dependendo de seus pais e vivendo com eles; por estarem realizando a transição de um sistema de apego em grande parte centrado na família, passando por um sistema de apego centrado no grupo de iguais, a um sistema de apego centrado em uma pessoa de outro sexo; por se sentirem membros de uma cultura de idade (a cultura adolescente) que se caracteriza por ter suas próprias modas e hábitos, seu próprio estilo de vida, seus próprios valores; por terem preocupações e inquietações que já não são da infância, mas que ainda não coincidem com as dos adultos. Os traços anteriores são algumas das características de identidade dos adolescentes ocidentais que nós conhecemos. Mais adiante, neste capítulo (e depois nos dois que seguem), aparecerão novos traços identificadores do que denominamos adolescência.

Mas, com o que já foi mencionado, temos o suficiente para dizer que esse tipo de adolescência que acabamos de descrever brevemente não existiu sempre, ou pelo menos não existiu com os traços descritos. Certamente os filósofos gregos da Antigüidade, como depois os pensadores e escritores posteriores, já haviam identificado alguns anos de vida das pessoas que se caracterizam por que os que eram crianças começam a ficar indisciplinados, a questionar a autoridade dos pais, a ter desejos sexuais, etc. Porém, os sujeitos aos quais esses escritores e pensadores se referiam constituíam uma escassa minoria da população entre 13 e 20 anos. Durante séculos, até o final do século XIX, as crianças se incorporavam ao mundo do trabalho em algum momento entre os sete anos e o começo da puberdade, da qual falaremos no item seguinte. Poucas eram as que estudavam, poucas as que o faziam acima dos 10 ou 12 anos, e aquelas que o faziam geralmente não estavam agrupadas em níveis de idade diferenciados, nem permaneciam muito tempo no sistema educacional. Não existia uma cultura adolescente, nem a adolescência era percebida como um estágio particular do desenvolvimento.

No que diz respeito ao ocidente, o final do século XIX marca um ponto de ruptura com a situação que acabamos de descrever, pois a revolução industrial muda muitas coisas e o faz de maneira muito notável. Com a industrialização, a formação e os estudos passaram a ser importantes. Ainda que os filhos de operários tenham continuado a se incorporar ao mundo do trabalho em idades muito precoces, os filhos das classes médias e altas permaneceram nas escolas, que aumentaram em número, desenvolveram programas específicos e mais complexos e se tornaram mais exigentes. No final, os filhos de operários também foram unindo-se a esse estilo de vida, quando, segundo avançava o século, foi se introduzindo nos diversos países ocidentais o conceito de escolaridade obrigatória, que foi se prolongando até chegar na atualidade, na maioria dos países europeus, aos 16 anos. Não são poucos os adolescentes que continuam seus estudos depois do ensino médio, permanecendo no sistema escolar alguns anos mais. Tudo o que foi dito anteriormente significa que, em nossa cultura ocidental, a incorporação dos adolescentes ao *status* adulto sofreu um atraso notável, formando como conseqüência um grupo novo que, conforme foi mostrado, desenvolve também seus próprios hábitos e maneiras e que se depara com problemas peculiares.

As coisas ocorreram de outra maneira, conforme vimos, em outros momentos históricos de nossa cultura, e ainda continuam sendo de outra maneira em outras culturas muito diferentes da nossa, nas quais a incorporação ao *status* adulto ocorre em uma idade precoce, implicando formar uma família, ter responsabilidades adultas, comportar-se como adultos, etc. Assim, em sociedades menos desenvolvidas (e muito mais claramente em sociedades primitivas), existe uma série de rituais associados às mudanças físicas da puberdade. Depois de passar por esses rituais (às vezes com um período de isolamento de alguns dias ou de algumas semanas, nas quais se aproveita para ensinar aos novos adultos as tradições do grupo, técnicas de caça, etc.), o indivíduo sai transformado em um adulto. Aqui não se pode falar de adolescência no mesmo sentido que utilizamos a palavra em nossa cultura, pois, como se pode ver, nesses povos não há nenhum cumprimento do que mais acima qualificamos como sinais de identidade de nossos adolescentes: continuar no sistema escolar, ficar sob a dependência dos pais, formando um grupo à parte identificável como tal, etc.

Em relação ao que foi dito anteriormente, é necessário fazer uma distinção entre dois termos que têm um significado e um alcance muito diferente: puberdade e adolescência. Chamamos de *puberdade* ao conjunto de mudanças físicas que ao longo da segunda década de vida transformam o corpo infantil em um corpo adulto capacitado para a reprodução. Chamamos de *adolescência* a um período psicossociológico que se prolonga por vários anos mais e se caracteriza pela transição entre a infância e a idade adulta. Obviamente, a puberdade é um fenômeno universal para todos os membros de nossa espécie, como fato biológico que é e como o momento de maior importância em nosso calendário maturativo comum. A adolescência, por sua vez, é um fato psicossociológico não necessariamente universal e que não necessariamente adota em todas as culturas o mesmo padrão de características que adota na nossa, em que também houve uma importante variação histórica que, ao longo de nosso século, foi configurando a adolescência que conhecemos.

TEORIAS SOBRE A ADOLESCÊNCIA

Não se pode dizer que desde que a adolescência começou a ser considerada como objeto de estudo tenha havido uma concepção unitária e homogênea sobre seu sentido e significado psicológico. Assim, frente aos que consideraram os anos que sucedem à puberdade como uma etapa de muita instabilidade e de dificuldades emocionais, encontramos a idéia de que a adolescência representa um período tranqüilo e feliz sem grandes dificuldades. Por outro lado, o antigo debate entre o biológico e o ambiental volta a aparecer na hora de explicar o desenvolvimento adolescente, e, enquanto alguns autores consideram que as mudanças biológicas que acompanham a puberdade são as responsáveis pelas transformações psicológicas próprias desse período, outros enfatizam os aspectos sociais e contextuais, fundamentalmente os novos papéis e tarefas que a sociedade demanda aos jovens.

Freqüentemente, a imagem da adolescência como período turbulento e atormentado apareceu associada à literatura, e autores como Shakespeare ou Milton contribuíram para difundir essa imagem. Mas, sem dúvida, a exaltação da rebelião juvenil impulsionada por autores do movimento literário e espiritual alemão *Sturm und Drang* (tempestade e ímpeto), como Schiller e Goethe, consolidaram de forma definitiva essa idéia na cultura ocidental. O paradigma dessa cosmovisão talvez seja representado pela obra de Goethe, *Os sofrimentos do jovem Werther*, que nos mostra uma juventude apaixonada e voltada para o desespero e para o drama pessoal, que culmina com o suicídio do protagonista.

No terreno psicológico, foi o americano Stanley Hall o pioneiro no estudo da adolescência, ao publicar, em 1904, sua obra *Adolescence*. Nela expunha seu pensamento, muito influenciado pela obra de Darwin e pela teoria da recapitulação de Haeckel, segundo a qual o desenvolvimento ontogênico do ser humano reproduz o desenvolvimento filogenético da espécie. Para Hall, a adolescência representava um momento crítico no desenvolvimento humano por corresponder ao momento da evolução da espécie humana que supunha a passagem da selvageria para o mundo civilizado. Essa sobreposição da adolescência entre a infância e a idade adulta tingiria esse período de tensões e sofrimentos psicológicos, devido aos conflitos entre os impulsos do adolescente e as demandas feitas pela sociedade.

Também os autores de orientação *psicanalítica* contribuíram para difundir essa imagem conflituosa da adolescência. Para Sigmund Freud, esse período supunha o término do estágio de latência e o ressurgimento dos impulsos sexuais após a puberdade, com o que o desenvolvimento psicossexual alcançava sua meta final: a fase da sexualidade genital. O adolescente experimentava um retorno do Complexo de Édipo que deveria superar distanciando-se emocionalmente de seus pais e voltando-se para seus iguais, entre os quais escolheria um objeto sexual aceito socialmente. Para Freud, a infância iria assumir todo o protagonismo no que se refere à formação do caráter adulto; e mesmo o tipo de relações românticas estabelecidas pelos jovens estaria determinado pelas formas como o menino e a menina tivessem resolvido o complexo de Édipo ou de Electra, por isso a adolescência assumia um papel claramente secundário. No entanto, sua filha Anna estudou com maior profundidade esse período evolutivo, dando-lhe mais importância ao considerar que muitos dos desajustes na personalidade adulta estavam relacionados a acontecimentos da adolescência.

Para Anna Freud, o aumento dos impulsos sexuais como conseqüência da maturação da puberdade faria com que os mecanismos de defesa utilizados pelo eu se mostrassem insuficientes, por isso seriam necessários mecanismos adicionais que seriam exclusivos dessa etapa. Um desses mecanismos é a *intelectualização*, que é uma conseqüência das novas capacidades cognitivas adquiridas pelos adolescentes e que consiste nos freqüentes pensamentos e reflexões filosóficas sobre certos temas que podem ser conflituosos para o adolescente, como as relações de casal ou a homossexualidade. Essas reflexões permitiriam ao adolescente colocar-se a uma certa distância emocional desses assuntos e a manipulá-los de uma forma impessoal, para assim controlar a ansiedade que podem gerar. Outro mecanismo é o *ascetismo* que supõe uma rejeição generalizada a todas atividades que podem proporcionar algum tipo de satisfação, não somente sexual, e que levam o jovem a se mostrar severo e puritano e a desconfiar das diversões e situações que podem supor um risco de que seus impulsos escapem de seu controle. No entanto, é freqüente que esses períodos restritivos se alternem com outros de fuga pulsional nos quais, como o doutor Jeckill se transforma em *mister* Hyde, o adolescente se descontrola por completo e opta por liberar seus impulsos. Essa alternância ou ambivalência vai representar para Anna Freud a característica mais chamativa dos adolescentes, que vão demonstrar uma conduta pouco previsível e uma ambivalência entre a dependência ou o carinho para com seus pais e a independência e a rejeição, entre a generosidade e o idealismo, ou entre a busca de uma identidade própria e a imitação dos demais.

Peter Blos é um autor psicanalítico que estudou detalhadamente o desenvolvimento adolescente, prestando atenção nas diferenças entre meninos e meninas. Se durante a infância precoce ocorria um processo de individuação do lactante com relação aos seus progenitores, segundo Blos, durante a adolescência ocorre um segundo processo de individuação que leva ao distanciamento emocional em relação aos pais e à aproximação aos iguais, primeiro mediante as relações de amizade, e posteriormente nas relações de casal. Para Blos, essa desvinculação afetiva deixa no adolescente um certo vazio emocional que justifica o aparecimento de certos comportamentos regressivos que lembram algumas condutas próprias da infância. Entre esses comportamentos, encontramos a atração incondicional ou a idolatria por alguns personagens famosos (o que explicaria a profusão dos movimentos de fãs entre os jovens), a fusão emocional ou a sensação de estar completamente unido a algum amigo, ou o inconformismo e a rebeldia que contribui para o processo de desvinculação e seria um derivado da ambivalência nas relações e no conflito entre o amor e o ódio para com os pais (Blos, 1962).

Erik Erikson também deu muita importância à adolescência, e ainda que seja um autor de orientação psicanalítica, em seu modelo de desenvolvimento, a sexualidade cede lugar a fatores sociais e culturais. Conforme teremos oportunidade de comprovar no Capítulo 18, Erikson considera a adolescência um período fundamental no desenvolvimento do eu, já que as mudanças físicas, psíquicas e sociais levarão o adolescente a uma crise de identidade cuja resolução contribuirá para a consolidação da personalidade adulta.

É evidente que os autores de orientação psicanalítica nos oferecem uma imagem da adolescência marcada pelos conflitos e pelas dificuldades, o que pode coincidir em certa medida com a *análise sociológica* que fazem alguns autores, embora com a diferença de que enquanto os primeiros situam no interior do indivíduo a causa das dificuldades próprias desse período, para os outros, a origem dos conflitos estaria no contexto social e nos acontecimentos externos. Segundo esse enfoque sociológico, os processos de socialização são mais complicados durante a adolescência pelo fato de que, nesse período, ocorrem muitas mudanças nos papéis que o adolescente deve assumir e nas demandas que lhe são estabelecidas pela sociedade, que, em muitas ocasiões, chegam a ser contraditórias, o que pode gerar bastante estresse para o adolescente. Em uma linha parecida, Robert Havighurst (1972) considera que a adolescência está marcada pela convergência entre as necessidades do jovem e as demandas sociais; dessa combinação, surge uma série de oito tarefas evolutivas que devem ser enfrentadas durante os anos da adolescência. Entre essas tarefas, podemos destacar a aceitação do próprio corpo resultante das mudanças da puberdade, a consolidação do papel de gênero, o estabelecimento de relações mais maduras com os companheiros de ambos os sexos, a independência emocional dos pais, a preparação para a carreira profissional e a vida de casal e família, ou a aquisição de uma série de valores que servem de guia para o comportamento.

Se a perspectiva que todos os enfoques comentados oferecem sobre a adolescência vem marcada pelos conflitos e pelas dificuldades, esse não é, no entanto, o único ponto de vista existente. Um importante contraste oferece o enfoque da *antropologia cultural*. Já faz muitos anos que a antropóloga Margaret Mead realizou observações em Samoa, na Oceania (Mead, 1928). Estudou ali o fenômeno da adolescência, chegando à conclusão de que os adolescentes de Samoa que passam pelas mudanças fisiológicas que levam da infância à maturidade não apresentam nenhum tipo de tensão especial, de turbulências ou de dificuldades. Ao contrário, parece que na Samoa que Mead observou, tudo contribuia para uma transição fácil e sem problemas, de forma que a adolescência era uma época da vida agradável e feliz.

Também distanciada de uma visão marcada por tensões e conflitos está a *descrição piagentiana* do desenvolvimento intelectual durante a adolescência (Inhelder e Piaget, 1955). Como é mostrado no próximo capítulo, tal descrição enfatiza o acesso dos adolescentes a uma nova forma de enfrentar cognitivamente as diversas tarefas e conteúdos que lhes são propostos; a novidade agora será uma crescente capacidade para pensar de maneira abstrata, sem a dependência do concreto que se observava nas etapas anteriores; é uma orientação para a reflexão mais abstrata, para a consideração de diversas hipóteses alternativas diante de uma mesma situação ou problema, assim como de uma capacidade também crescente para pôr a prova essas hipóteses, contrastando-as com a realidade e vendo quais delas confirmam os fatos e quais não. Se aos dois anos ocorre – segundo a descrição piagetiana – a passagem do prático para o simbólico, com a chegada da adolescência irá ocorrer a passagem da reflexão ligada ao aqui e agora própria dos anos anteriores para uma reflexão mais abstrata, mais afastada do concreto, mais teórica. Com essas novas possibilidades que são abertas pelo seu progresso intelectual, os adolescentes serão capazes de enfrentar não só os novos e cada vez mais complexos e abstratos conteúdos acadêmicos (nos quais as realidades concretas já são substituídas por proposições abstratas do tipo x, y, z), mas também a reflexão sobre eles mesmos, sua realidade passada, seus planos de futuro, etc.

Mais recentemente, o psicólogo John C. Coleman (1980) realizou uma ampla revisão da literatura empírica existente sobre a adolescência, chegando à conclusão de que os dados disponíveis não permitiam manter a idéia da adolescência como uma época caracterizada pelo estresse e pelas tensões. Segundo Coleman, o fato de muitos psiquiatras e de muitos psicanalistas basearem suas teorias em dados procedentes de suas consultas com uma população com mais problemas do que a média e, portanto, pouco representativa, explicaria a obtenção de uma imagem negativa e distorcida. Por outro lado, temos de considerar que muitos dos comportamentos desajustados dos adolescentes, como o abuso de drogas, a delinqüência ou o vandalismo, são muito ameaçadores para os adultos e têm uma grande repercussão nos meios de comunicação, que tendem a difundir uma imagem da adolescência e da juventude vinculadas a esses comportamentos anti-sociais. Baseando-se em entrevistas com adolescentes com idades compreendidas entre 11 e 17 anos, Colemam chega à conclusão, reunida em sua *teoria focal*, de que embora se possa dizer que durante esses anos os adolescentes tenham de enfrentar novos papéis, compromissos e conflitos, as dificuldades não costumam apresentar-se de forma simultânea, mas seqüencialmente, de forma que vão sendo enfrentadas em diferentes momentos. Assim, as tensões resultantes da necessidade que os adolescentes têm de responder às novas demandas e de assumir os novos papéis raramente ocorrerão em um mesmo momento. Por exemplo, em primeiro lugar, os adolescentes deverão acostumar-se ao seu novo corpo; mais adiante, deverão começar a mostrar comportamentos tipicamente masculinos ou femininos; um pouco depois, terão de assumir a tarefa de ter seus primeiros encontros com os membros do sexo oposto; decidir sua carreira profissional ou os estudos que deverão seguir também será um momento importante que mais cedo ou mais tarde terá de chegar.

À luz de tudo o que foi exposto até aqui, estamos longe de poder afirmar a existência de uma concepção homogênea sobre a adolescência. Nenhuma das teorias existentes oferece uma explicação definitiva do desenvolvimento durante esse período, ainda que em cada uma delas possamos encontrar alguma contribuição que nos ajuda a compreendê-la melhor. Apesar disso, atualmente é difícil manter uma idéia generalizada da adolescência como tempestade e ímpeto, já que dispomos de uma grande quantidade de dados procedentes de numerosas pesquisas que apontam claramente para o fato de que, para a maioria dos adolescentes, a adolescência não representa um período de graves dificuldades e tensões. Existe um certo consenso entre pesquisadores em considerar que a porcentagem de adolescentes que experimenta algum tipo de desajuste psicológico não supera os 20%, o que vem a coincidir com a porcentagem de crianças que experimentam problemas parecidos durante a infância (Offer e Boxer, 1991). No entanto, ainda que não existam diferenças importantes entre essas duas etapas do desenvolvimento em relação à porcentagem de meninos e meninas com dificuldades, talvez, sim, encontremos uma significativa mudança qualitativa nas manifestações comportamentais desses desajustes, que na adolescência irão traduzir-se em condutas tão chamativas como o suicídio, o abuso no consumo de drogas, a gravidez não-planejada ou a anorexia, que geram uma grande preocupação social. Tipicamente, os problemas infantis não são tão chamativos e não geram o mesmo nível de alarme social.

Na hora de entender o aparecimento desses problemas, não devemos perder de vista que a adolescência é tanto uma experiência pessoal como um fenômeno cultural, e alguns fatores tanto individuais como sociais podem produzir obstáculos nas trajetórias de alguns adolescentes. Assim, para alguns sujeitos, os acontecimentos vividos durante esses anos podem ser especialmente difíceis e conflituosos; ou, sem o ser em excesso, podem representar uma muralha inacessível, por se tratar de adolescentes que não adquiriram nos anos anteriores as competências e as habilidades necessárias para poder enfrentar os desafios próprios dessa etapa e realizar uma transição evolutiva tranqüila. Pensemos, por exemplo, no caso de uma menina que não teve um contexto familiar caracterizado pelo afeto e pela comunicação e que se vê obrigada, por causa de uma gravidez não-planejada, a abandonar seus estudos e a realizar uma rápida transição para a idade adulta, quando ainda não resolveu muitas das tarefas características da adolescência. Do mesmo modo, em alguns contextos culturais, como o nosso, a forma como as coisas são apresentadas para muitos adolescentes tendem a não facilitar muito sua transição. A incorporação dos adolescentes ao *status* adulto demora cada vez mais, de tal forma que é cada vez mais freqüente nos encontrarmos com pessoas que são física e psicologicamente adultas, mas que, no entanto, não têm um status social adulto: continuam sob a dependência de seus pais, não se incorporam ao mundo do trabalho, não podem formar uma família própria, etc., e não porque não desejam se tornar independentes, trabalhar ou formar uma relação estável e independente com outra pessoa, mas porque o custo de vida, as condições sociais de dificuldade para entrar no mundo do trabalho e o prolongamento da escolaridade fazem com que seja impossível materializar esses desejos. Sem dúvida alguma, esse prolongamento artificial de um *status* social infantil pouco ajuda os adolescentes que têm como uma de suas metas fundamentais o desenvolvimento de uma nova identidade, que é favorecida quando novos papéis são desempenhados e se adquire o *status* social de sujeito adulto.

AS MUDANÇAS FÍSICAS DA PUBERDADE E SUAS CONSEQÜÊNCIAS PSICOLÓGICAS

Salvo nos órgãos sexuais, os corpos infantis dos meninos e das meninas são fundamentalmente iguais. No final dos processos de mudança que ocorrem na puberdade, os corpos masculino e feminino se diferenciarão claramente, tanto no que se refere às características sexuais primárias (órgãos reprodutores) quanto às características sexuais secundárias (por exemplo, pêlo facial, mudança de voz e alargamento dos ombros nos meninos; crescimento dos seios e alargamento dos quadris nas meninas). O processo de transformação física é colocado em andamento por vários mecanismos hormonais que desencadeiam um longo processo de mudanças que, conforme veremos a seguir, apresenta um padrão diferente para os meninos e para as meninas. Esses mecanismos hormonais se iniciam devido à atividade do hipotálamo, que envia sinais para a hipófise ou glândula pituitária para que esta comece a secretar importantes quantidades de hormônios gonadotróficos (ou gonadotrofinas). Esses hormônios estimularão o desenvolvimento das gônadas sexuais (ovários, na mulher, e os testículos, no homem) que começarão a produzir hormônios sexuais, cuja presença no sangue aumentará em relação aos níveis que existiam nos anos anteriores. Este alto nível de hormônios sexuais, sobretudo a testosterona nos meninos e a progesterona e os estrógenos nas meninas, será o responsável pelas mudanças físicas (ver Figura 16.1). Ainda que possam existir outros fatores envolvidos, o momento no qual o hipotálamo põe em funcionamento toda esta maquinaria endócrina parece de-

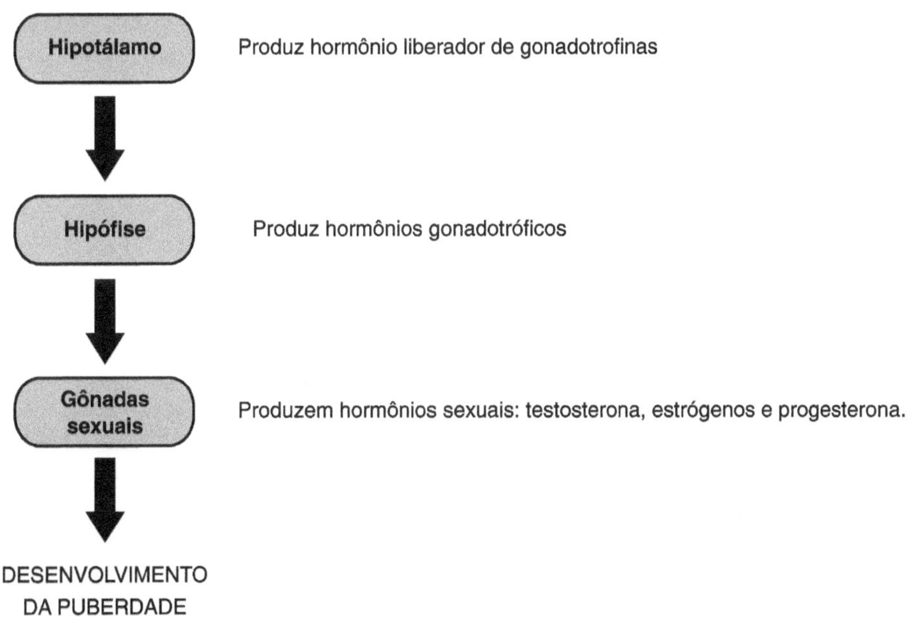

FIGURA 16.1 Mecanismos hormonais envolvidos na puberdade.

terminado pelo peso corporal ou pela proporção de gordura em relação ao peso (Frisch et al., 1981). Isso explicaria por que muitos estudos mostraram que as meninas que praticam algum esporte ou atividade física importante que limite sua proporção de gordura corporal e as mantenha mais magras tenham sua primeira menstruação um pouco mais tarde do que suas companheiras da mesma idade.

Nos meninos, a primeira manifestação das mudanças é o aumento do tamanho dos testículos, seguido de um tímido surgimento dos pêlos pubianos, sem pigmentação, o crescimento do pênis, sobretudo seu comprimento, e uma primeira mudança de voz. O pêlo facial e das axilas começa a aparecer um ou dois anos depois do pubiano. O conhecido estirão do crescimento vai ser um traço muito chamativo, pois a velocidade de crescimento na estatura pode chegar a duplicar em relação à fase pré-puberal, supondo entre cinco e dez centímetros no ano de maior crescimento, como pode ser visto nas curvas do crescimento do Capítulo 6; além disso, e coincidindo com o momento de maior crescimento em estatura, aumentará a espessura dos ossos e a massa muscular. O pêlo pubiano ficará mais pigmentado e abundante, e o crescimento do pênis e dos testículos continuará, começando a produção de espermatozóides; por isso, poderão ter as primeiras ejaculações, geralmente induzidas mediante a masturbação, ainda que possam ocorrer de forma espontânea em ejaculações involuntárias noturnas. Aumentará a oleosidade nos cabelos e no rosto, e será freqüente o aparecimento da acne, tudo isso como conseqüência da maior secreção de andrógenos. Continuará o crescimento do pêlo corporal, que em muitos irá se estender pelo peito, braços e pernas, e o corpo do menino ficará mais magro, anguloso, musculoso e terá muitas das características típicas do adulto.

Nas meninas, o desenvolvimento mamário representa a primeira manifestação visível da puberdade, embora possam levar até nove anos para chegarem ao tamanho definitivo, sendo sua duração média de quatro ou cinco anos. Também começam a arredondar os quadris e a aparecer os primeiros pêlos pubianos. Entre as meninas, o estirão no crescimento costuma acontecer alguns anos antes do que o dos meninos, o que estabelecerá importantes diferenças nesse aspecto entre ambos os sexos. Embora, em geral, elas sejam mais adiantadas no que se refere ao momento em que ocorrem as mudanças físicas, em outras características a defasagem não é tão clara como na estatura, podendo ser inferior a um ano. A pélvis se alargará e aumentará a proporção de gordura corporal. Mais tarde, o útero, a vagina, os lábios e o clitóris aumentam de tamanho, enquanto os pêlos crescem depressa e pigmentados, primeiro no púbis e logo depois nas axilas. A primeira menstruação será um dos últimos eventos na seqüência de mudanças puberais femininas, ocorrendo por volta dos 12 anos e meio, e irá marcar o início da maturidade sexual da menina. A partir desse momento e até os 15 ou 16 anos em que o processo estará concluído, continuará o crescimento e a maturação do corpo feminino.

Durante o estirão, o crescimento ocorre de forma tão rápida que costuma ser freqüente uma assincronia ou falta de harmonia e uniformidade, de forma que algumas partes do corpo podem ser demasiadamente grandes ou pequenas em comparação com o resto. O que primeiro costuma crescer são as pernas e por último o tronco, por isso, como ressalta Tanner (1971), as calças ficarão mais curtas antes das blusas. As mãos, a cabeça e os pés também crescem rápido, e serão os que primeiro deixarão de crescer, motivo que freqüentemente faz com que os adolescentes se queixem que seus pés ou mãos são grandes demais. Conforme a puberdade avança, o corpo fica mais proporcional, e os adolescentes passam a se sentir mais satisfeitos com seu aspecto físico.

Como se pode deduzir de tudo o que foi dito, a puberdade é um processo gradual de vários anos de duração ao longo do qual o corpo do adolescente experimentará uma série de mudanças bastante significativas. Não é de estranhar que essas mudanças físicas tenham um importante impacto no nível psicológico e afetem a forma de pensar, de sentir e de agir. Como as mudanças físicas são graduais, também serão progressivas as modificações no nível psicológico, e o *status puberal*, ou nível de desenvolvimento da puberdade de um adolescente em um momento determinado, tenderá a ser associado a certos traços psicológicos. A pesquisa sobre esse aspecto é cada vez mais abundante, embora seja preciso destacar que existem importantes diferenças nas abordagens metodológicas, sobretudo no que se refere aos métodos utilizados para avaliar o *status* puberal dos adolescentes. Entre esses procedimentos, tem sido freqüente a utilização do raio X para medir o crescimento dos ossos, a observação de fotografias de adolescentes despidos, os questionários ou as escalas nos quais o adolescente deve assinalar as mudanças experimentadas, ou até mesmo a medição dos níveis hormonais (Graber, Petersen e Brooks-Gunn). Algumas das conseqüências psicológicas e comportamentais da puberdade podem ser mais ou menos diretas, como a influência dos hormônios sexuais sobre o desejo e a atividade sexual, sobre a agressividade ou sobre a instabilidade emocional e a irritabilidade (Connolly, Paikoff e Buchanan, 1996) e podem nos ajudar a compreender muitas das características mais chamativas de meninos e de meninas, sobretudo durante a adolescência precoce. No entanto, a maioria dos efeitos psicológicos da puberdade parece estar mediada por fatores sociais e psicológicos. Pensemos, por exemplo, nas reações dos pais diante da primeira menstruação de sua filha, ou em como mudam as relações com os companheiros e com os adultos quando o menino ou a menina começa a mostrar as mudanças físicas mais chamativas.

Ainda que as reações diante das mudanças puberais dependam de muitos fatores pessoais e contextuais, em termos gerais pode-se dizer que as conseqüências psicológicas são menos favoráveis para as meninas, já que entre elas se costuma encontrar uma maior irritabilidade e mais estados depressivos, com freqüentes sentimentos negativos em relação a seu aspecto físico. Entre os meninos, a puberdade costuma estar relacionada com uma melhor auto-imagem e um estado de ânimo melhor (Connolly, Paikoff e Buchanan, 1996). Enquanto para os meninos a puberdade supõe um aumento da gordura corporal e uma melhor habilidade física, muito importante para seu desempenho nos esportes, entre as meninas observa-se um claro aumento da gordura corporal, pouco de acordo com o estereótipo atual de beleza feminino, associado à magreza. Não é estranho que a anorexia tenha uma incidência tão elevada entre adolescentes do gênero feminino. A primeira menstruação também pode gerar algumas reações negativas entre as adolescentes, sobretudo entre aquelas que tenham sido pouco informadas sobre esse acontecimento e que podem vivenciar sua chegada com medo e angústia. E tudo isso sem esquecer as influências culturais, pois enquanto em outras culturas a primeira menstruação é recebida com rituais que levam a menina a se sentir orgulhosa de seu novo *status* de mulher, em nossa sociedade, com freqüência, são destacados os aspectos negativos relacionados ao incômodo ou à falta de higiene.

Entre todos aqueles fatores que parecem mediar a reação à puberdade, o mais estudado é o momento em que ocorrem as mudanças puberais. Ainda que a seqüência de mudanças da puberdade seja similar na maioria dos adolescentes, não podemos dizer o mesmo sobre o momento em que ocorrem. As idades que aparecem na Tabela 16.1 são idades médias, embora, conforme se vê na tabela, a variedade que realmente ocorre é muito ampla. Assim, à margem das diferenças de gênero, podemos encontrar importantes diferenças entre os indivíduos, com alguns meninos que começam essas mudanças por volta dos 10 ou 11 anos e terminam aos 15 ou 16 anos, enquanto em outros casos a puberdade inicia-se por volta dos 14 ou 15 anos e termina por volta dos 20 anos. As causas pelas quais a maturidade ocorre mais cedo ou mais tarde são diversas e envolvem aspectos genéticos e ambientais. Entre esses últimos, a alimentação exerce um papel muito importante, já que, conforme ressaltamos pouco antes, parece que o momento em que os mecanismos hormonais que iniciam a puberdade se põem em funcionamento está relacionado com o peso do menino e da menina. Também podem contribuir outros fatores como o histórico da saúde, os hábitos de vida (sobretudo a atividade física), os níveis de estresse e, inclusive, o clima. Esses fatores explicariam a *tendência secular do crescimento* observada durante as últimas décadas, que supôs um adiantamento de até dois anos no momento da menarca das me-

TABELA 16.1 Idade média de algumas mudanças físicas da puberdade

	MENINOS		MENINAS	
	Idade média	**Margem habitual**	**Idade média**	**Margem habitual**
Início desenvolvimento seios femininos/ genitais masculinos	10 ½	9-13	11 ½	10-14
Início pêlos pubianos	10 ½	9-14	12	10-15
Velocidade máxima do crescimento em altura	12	10-14	14	12 ½- 15 ½
Menarca/Primeira ejaculação	12 ½	10½- 15 ½	13 ½	12-16
Pêlos pubianos de adulto	14 ½	14-15	15 ½	14-17
Seios/genitais de adulto	14 ½	10-16	15	13-16 ½

ninas na maioria dos países ocidentais, conforme já se mencionou no Capítulo 2.

Como assinalou Rutter (1989), existem várias razões que justificam a importância do momento evolutivo em que se iniciam as mudanças da puberdade. Por um lado, porque o nível de desenvolvimento geral do organismo será diferente, o que pode condicionar também a repercussão de alguns dos efeitos biológicos. Por outro lado, também será diferente o nível de maturidade psicológica, o que vai determinar a atitude do adolescente e sua reação diante dessas mudanças. Por último, também poderíamos destacar o fato ressaltado por Neugarten (1979) de que os acontecimentos que ocorrem em um momento esperado ou normativo geram menos estresse e dificuldades do que aqueles que se antecipam ou atrasam em relação ao calendário previsto. Considerando tudo o que foi dito, é de se esperar que a puberdade precoce seja menos favorável, tanto por ocorrer em um momento diferente ao esperado como pelo fato de que ocorre em um momento em que a criança ainda está pouco preparadas física e psicologicamente. Além disso, levando em conta que as meninas experimentam as mudanças da puberdade um ou dois anos antes do que os meninos, elas seriam as mais prejudicadas por uma puberdade precoce.

Os dados da pesquisa evolutiva mostram de forma clara que a puberdade precoce pode ser mais negativa para as meninas do que para os meninos, e que as adolescentes que amadurecem precocemente mostram-se menos satisfeitas com seu corpo, têm uma pior imagem sobre si mesmas e sofrem mais estados emocionais negativos e mais transtornos de alimentação. Estas meninas podem ter medo de chamar excessivamente a atenção, por isso procuram ocultar os sinais externos mais visíveis. Também tendem a apresentar mais problemas de conduta, como o consumo de drogas, as atividades delituosas e anti-sociais e relações sexuais precoces e pouco planejadas (Connolly, Paikoff e Buchanan, 1996). Provavelmente, devido ao seu aspecto físico mais maduro, relacionam-se com meninos e meninas mais velhos, que podem pressioná-las para que se envolvam nesse tipo de atividades. No entanto, o ponto crucial não é tanto o momento em que ocorre a maturidade, mas a constelação de variáveis nesse momento evolutivo. Usando um exemplo simples, não é a mesma coisa a puberdade precoce em uma menina com um desenvolvimento cognitivo e socioemocional ainda infantis e que se mostra insegura do que em uma adolescente com um desenvolvimento mais avançado nesses aspectos e que tem um sentimento básico de confiança em si mesma. Nessa direção, apontam os dados obtidos em um estudo realizado por Caspi e Moffit (1991) que mostrou que a precocidade afetava de forma muito negativa as meninas que haviam mostrado problemas anteriormente, enquanto as mais equilibradas e seguras podiam, inclusive, beneficiar-se com a chegada precoce da primeira menstruação.

No caso dos meninos, a situação é um pouco diferente, posto que a maturidade precoce costuma ser bem recebida por aquele a quem afeta, ao diferenciá-lo dos demais por sua força, sua capacidade atlética ou sua superioridade física, aspectos muito valorizados pelos adolescentes do sexo masculino. Não é de se estranhar que os estudos afirmem que esses meninos têm uma melhor imagem deles mesmos, sentem-se mais satisfeitos com seu corpo e têm a propensão de assumir a liderança do grupo. No entanto, também mostram que da mesma forma que acontecia com as meninas precoces, apresentam mais comportamentos anti-sociais e problemáticos.

Quanto à puberdade tardia, a situação se inverte, pois são os meninos que têm mais problemas com essa situação. O fato de que a maioria das meninas amadureça antes do que os meninos, supõe que a menina que chega à puberdade um pouco depois que as demais vai fazê-lo na mesma idade que os meninos médios, por isso terá mais tempo para se preparar para as mudanças, sem que se veja excessivamente atrasada. Em compensação, os meninos que amadurecem de forma tardia vão se encontrar em uma situação de desvantagem, já que serão os menores e mais fracos e raramente se transformarão em líderes do grupo, sendo pouco populares. No entanto, é preciso dizer que tanto essas dificuldades como as que passam as meninas que amadurecem precocemente não têm por que supor efeitos permanentes no desenvolvimento; as conseqüências desaparecerão segundo transcorra a adolescência, já que existem outros fatores, além do momento da puberdade, que têm um peso maior sobre a forma como os adolescentes realizam a transição para a maturidade.

A ADOLESCÊNCIA COMO TRANSIÇÃO EVOLUTIVA

Baseado em tudo o que foi dito, é evidente que as mudanças físicas que a puberdade traz consigo supõem uma descontinuidade em relação à infância. Mas essas não serão as únicas mudanças que os adolescentes terão de enfrentar em sua passagem pela adolescência, já que, no contexto que os rodeia, surgirão importantes modificações. Todas essas mudanças internas e externas, que guardam uma estreita relação entre si, farão desse período uma importante transição evolutiva de muito interesse para o estudo dos processos de mudança e continuidade no desenvolvimento humano; uma transição entre a maturidade física, social e sexual da infância e a maturidade física, social e sexual da idade adulta. Pickles e Rutter (1991) consideram as transições como acontecimentos ou fatos que têm o potencial de provocar mudanças psicológicas duradouras nos sujeitos que as experimentam. Uma transição não supõe, necessariamente, uma mudança significativa na trajetória vital, ainda que, sem dúvida alguma, essas modificações serão mais prováveis durante os momentos de transição. Enquanto algumas transições se devem essencialmente a mudanças contextuais (pensemos, por exemplo, na aposentadoria), a adolescência se inicia fundamentalmente na raiz das mudanças biológicas que ocorrem no organismo. No entanto, essas mudanças físicas estão estreitamente relacionadas com as mudanças psicológicas e contextuais que o adolescente experimenta, de forma que não se pode entender bem essa transição sem analisar as complexas interações entre os níveis biológico, psicológico e sociocultural. O que está em desenvolvimento é um complexo sistema integrado por vários níveis ou componentes vinculados entre si, de forma que qualquer mudança em um nível pode provocar alterações nos demais. Alguns exemplos podem nos ajudar a compreender melhor essas relações. No item anterior, fizemos referência a como as mudanças hormonais que ocorrem na puberdade podem alterar o equilíbrio emocional do adolescente, que pode chegar a se sentir triste e inclinado a buscar a solidão, evitando as relações com os pais e com os companheiros; ou ficar mais irritado do que o habitual e entrar mais vezes em conflito com seus familiares. Da mesma forma, esse papel ativo do sujeito na configuração ou escolha do meio se evidencia no fato já comentado de que as meninas que amadurecem precocemente se relacionam com companheiros um pouco mais velhos e se envolvem em atividades para as quais ainda estão pouco preparadas. Também encontramos uma influência no sentido inverso, com a possibilidade de que o contexto incida não somente no nível psicológico, mas também no nível biológico; um exemplo é o fato demonstrado de que as meninas que experimentam muito estresse em suas relações familiares podem ter sua primeira menstruação antecipada.

Encontramos outro exemplo claro dessas complexas interações entre as diferentes dimensões do desenvolvimento na repercussão que as mudanças cognitivas próprias da adolescência terão sobre certas características da personalidade e do comportamento adolescente. David Elkind (1978,1985) assinalou que a capacidade do adolescente para pensar sobre seus próprios pensamentos e sobre o pensamento dos demais irá levá-lo a um certo egocentrismo de características diferentes daquelas apresentadas pela criança pré-operatória, um egocentrismo que muitas vezes tornará difícil a diferenciação entre seus próprios pensamentos e os de outra pessoa. Uma conseqüência desse egocentrismo seria o que Elkind denomina *audiência imaginária*, que se refere a uma excessiva autoconsciência, que o leva a pensar que outras pessoas estão tão interessadas em suas preocupações e seus comportamentos como ele mesmo. Não é estranho que, às vezes, o adolescente atue como se todo o mundo estivesse dependente do que ele faz: sua forma de se vestir, de se pentear ou de se comportar. Essa tendência poderia explicar alguns comportamentos exibicionistas que freqüentemente podem ser observados nos jovens, embora também poderia justificar um certo aumento na timidez nessas idades, fruto dessa hipersensibilidade à opinião dos demais e que pode fazer com que o adolescente tente evitar situações em que suas ações possam ser julgadas por outras pessoas.

Outra manifestação dessas relações entre os fatores cognitivos e os aspectos relacionados com o desenvolvimento da personalidade é o que Elkind chama de *fábula pessoal*, que se refere à tendência do adolescente em pensar que suas experiências são únicas e que não são regidas pelas mesmas regras que governam a vida das demais pessoas, sem que ninguém tenha experimentado as sensações que eles estão vivenciando. Essa tendência pode ser perigosa, já que o adolescente pode se considerar invulnerável e assumir comportamentos de risco no terreno das relações sexuais, da segurança no trânsito ou dos esportes. Por exemplo, embora uma adolescente conheça perfeitamente os riscos, pode pensar que *ela* não ficará grávida mesmo não usando anticoncepcionais em suas relações sexuais; ou que, apesar de haver ingerido muita bebida alcoólica, poderá dirigir a toda velocidade sem correr o risco de acidentes.

Embora muitas das mudanças da adolescência ocorram nos primeiros anos, o final da adolescência e o início da vida adulta precoce também estão associadas a importantes tarefas evolutivas, como terminar os estudos, procurar trabalho ou iniciar uma vida independente, que supõem uma importante transição evolutiva, ainda que nesse caso as mudanças tenham um caráter mais social do que biológico.

Apesar das numerosas fontes de mudança e de descontinuidade destacadas até aqui, é preciso assinalar que muitas características mantêm uma certa continuidade e estabilidade ao longo dos anos da infância e da adolescência. Continuidade, porque, apesar das mudanças, muitas das novas capacidades e habilidades surgidas durante esses anos já estavam presentes, ainda que de forma embrionária, na etapa anterior. Por exemplo, Caspi e Silva (1995) descobriram que os estilos temperamentais mostrados antes dos seis anos podiam prever, de forma confiável, muitas das características da personalidade final da adolescência. E estabilidade, porque, embora muitos desses traços ou características mudem de forma clara no nível intra-individual, o fato de que muitos adolescentes experimentem mudanças parecidas pode manter as diferenças interindividuais praticamente inalteradas. Por exemplo, na mesma linha do Capítulo 13, pensemos nos casos de três meninas que quando têm 10 anos obtêm pontuações de 21, 28 e 33, respectivamente, em um teste de auto-estima; quatro anos mais tarde, as pontuações dessas mesmas meninas são de 17, 24 e 28. Evidentemente todas experimentaram uma evidente diminuição em sua auto-estima, mas como todas viram diminuídas suas pontuações, as diferenças entre elas se mantiveram, de forma que a menina que possuía a auto-estima mais baixa, continua sendo a que menos se valoriza, e a que mostrava uma auto-estima mais alta continua acima de suas companheiras. Portanto, apesar das mudanças, poderíamos dizer que a auto-estima apresenta muita estabilidade entre os 10 e os 14 anos. Os estudos longitudinais de Costa e McCrae (1989) evidenciam que os traços centrais da personalidade, como a introversão, o temperamento ou a abertura a novas experiências, permanecem muito estáveis durante a adolescência; por isso, é muito provável que os meninos que são tímidos aos 12 anos continuem sendo aos 22. A conclusão que se pode tirar da literatura empírica existente sobre esse tema é que a estabilidade desses traços de personalidade tende a aumentar durante a adolescência e a juventude, alcançando seu nível mais alto na idade adulta. A estabilidade será menor em outros traços menos centrais como o nível de atividade, a hostilidade e a busca de novas sensações, ou as atitudes que podem mudar mais com a idade.

ADOLESCENTES E JOVENS NO INÍCIO DO SÉCULO XXI

Conforme mostram os dados da Figura 16.2, durante os últimos anos, os adolescentes com idades compreendidas entre os 12 e os 21 anos representaram uma proporção muita alta da população espanhola, alcançando como grupo uma importante repercussão social. As mudanças demográficas associadas à transição para a democracia e a melhora na situação econômica espanhola fizeram aumentar de forma importante o número de nascimentos, por isso, 15 anos depois, essas crianças nascidas na década de 1970 e pertencentes a nossa geração do *baby-boom* estavam entrando em plena adolescência.

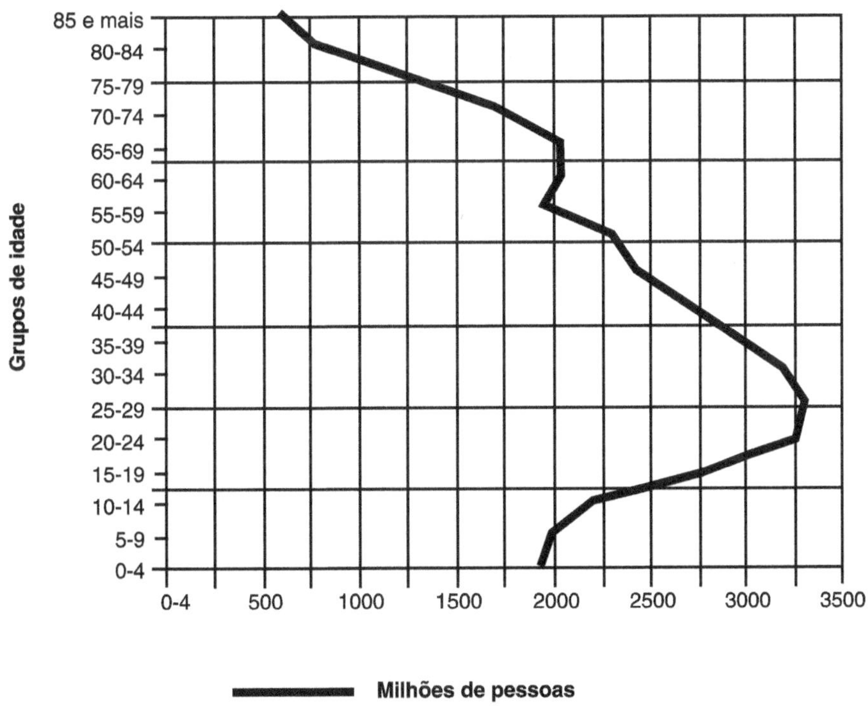

FIGURA 16.2 População espanhola em 1998. Fonte: INE, 1999.

Para esses adolescentes, a circunstância de realizar a transição para a idade adulta fazendo parte de uma geração tão numerosa marcou, sem dúvida, sua adolescência. Viveram em famílias numerosas, estudaram em classes massificadas, enfrentaram mais dificuldades para encontrar trabalho, para se tornar independentes de seus pais e para formar uma família. Talvez, todos esses fatores tenham contribuído para incorporar competitividade e estresse às dificuldades próprias dessa etapa de vida, rodeando-a de mais obstáculos. No entanto, a tendência de crescimento demográfico começou a se inverter na década de 1980, e os adolescentes espanhóis são e serão cada vez menos; por isso, em poucos anos representarão um bem escasso que a sociedade deverá cuidar com muito carinho. Seu baixo número irá se reverter em uma maior disponibilidade de recursos, o que poderá supor uma diminuição da competitividade e uma maior facilidade para ter acesso à vaga universitária ou a postos de trabalho. Quem sabe isso contribua para uma transição mais cômoda, que traga junto com ela uma diminuição na incidência de alguns dos problemas característicos desse período evolutivo, embora fazer previsões em um terreno tão instável e no qual estão implicados tantos fatores seja muito arriscado.

Hoje, o período de formação aumentou de forma clara, o que supõe um atraso importante da idade de início da vida profissional e matrimonial. A principal fonte de ocupação dos adolescentes entre 15 e 20 anos é estudar (67%), embora, em alguns casos, compatibilizem esses estudos com algum tipo de trabalho remunerado (10%), por isso não é de se estranhar que uma grande maioria deles dependa economicamente de seus pais (83% dos que têm entre 15 e 17 anos, e 62% de 18 a 20 anos) e que permaneçam na casa paterna até estar bem estabelecida a idade adulta (Martín e Velarde, 1996). Esses dados evidenciam claramente a importância do contexto histórico em que ocorre a transição para a idade adulta para se entender melhor muitos dos processos psicológicos que ocorrem durante esses anos.

17 Do pensamento formal à mudança conceitual na adolescência[1]

MARIO CARRETERO E JOSÉ ANTONIO LEÓN

Como todos sabemos, a adolescência abre as portas para um novo mundo que sofre importantes e profundas mudanças não somente na própria imagem do indivíduo e na forma de interagir com seus iguais e com as outras pessoas, mas que também se estende a novas formas de pensamento. Os adolescentes alcançam um novo e mais complexo nível de pensamento que permitirá conceber os fenômenos de maneira diferente de como haviam feito até então. Esse pensamento, caracterizado por uma maior autonomia e rigor em seu raciocínio, foi denominado na tradição piagetiana de pensamento formal e representa o estágio do mesmo nome, o estágio das operações formais.

Nosso objetivo neste capítulo consiste em apresentar uma exposição geral sobre esse tipo de pensamento, ao mesmo tempo em que também daremos espaço a algumas importantes críticas à posição piagetiana. Apresentaremos também uma panorâmica de alguns estudos atuais sobre o raciocínio científico em diferentes domínios, assim como o processo de mudança conceitual na adolescência. Antecipando o que será visto posteriormente, podemos dizer que, em termos gerais, a visão piagetiana do pensamento formal é hoje muito universalista e otimista em relação às capacidades lógicas e de solução de problemas dos adolescentes. Inúmeros estudos demonstraram que o raciocínio que costumamos encontrar nessa etapa de vida não está isento de distorções e de erros, estando, em todo caso, muito influenciado pelo conhecimento prévio que o sujeito possui sobre as tarefas que forem pesquisadas. Além disso, como ocorreu em outros âmbitos do desenvolvimento cognitivo, as posições piagetianas sobre as operações formais requerem consideração junto ao contexto individual e cultural no qual se encontram os indivíduos que estivermos considerando. Seja como for, o estudo das operações formais costuma ser também uma contribuição clássica cuja compreensão é indispensável para dar a justa conta das diferenças entre a mente de uma criança e de um adolescente.

A CONCEPÇÃO PIAGETIANA DAS OPERAÇÕES FORMAIS

Características gerais

Em um dos livros mais emblemáticos e conceitualmente densos de sua vasta obra, Inhelder e Piaget (1955) apresentaram uma das caracterizações mais precisas e ambiciosas do desenvolvimento cognitivo durante a adolescência. Nesse trabalho, considerado um clássico na atualidade, expunham as características da nova fase das operações formais, que, com base nas operações concretas já presentes, emerge entre os 11 ou 12 anos e se consolida, segundo o exposto nessa obra, por volta dos 14 ou 15 anos. Esse novo estágio, que é qualitativamente diferente do anterior, também ocupou uma posição central no estudo da inteligência adulta. Sua importância reside no fato de ser o estágio final da seqüência do desenvolvimento cognitivo (sempre segundo a visão piagetiana clássica) e em oferecer um âmbito coerente para compreender a natureza da maturação cognitiva.

O trabalho empírico abordado pelo livro anteriormente citado consistia em apresentar a sujeitos com idades compreendidas entre os 5 e 16 anos uma série de tarefas relacionadas, sobretudo, com a física newtoniana. Através delas, era solicitado aos entrevistados que explicassem os fatores que intervêm e influem em problemas tais como a oscilação de um pêndulo, a flutuação dos corpos, os vasos comunicantes e outras questões parecidas. Em cada caso, o sujeito dispunha do material ou dos instrumentos necessários (um pêndulo, uma balança, etc.) que podia manipular, realizando assim pequenas experiências. O objetivo da tarefa não era outro senão determinar se crianças e adolescentes possuíam uma determinada habilidade ou estratégia cognitiva. No entanto, não se perguntava especificamente nem se levava em conta na entrevista se o sujeito compreendia ou não os conceitos em que a tarefa estava baseada, como podiam ser os conceitos de velocidade, de densidade, etc. Posteriormente voltaremos a esse assunto, que é de extrema importância para o tema que estamos abordando.

Aqui pode ser interessante nos determos rapidamente na exposição de um problema típico do pensamento formal utilizado por Inhelder e Piaget (1955). Para a resolução da tarefa que será proposta a seguir, o adolescente deve fazer uso de todas as características funcionais do pensamento formal que serão explicadas posteriormente. A tarefa é a seguinte: o sujeito dispõe de um grande recipiente de água e de um grupo de varetas que diferem em relação ao seu material (aço, metal macio, etc.), ao seu comprimento, a sua espessura e quanto à forma de seu corte transversal (redonda, quadrada e retangular). No extremo de cada vareta podem ser parafusados três bonequinhos de pesos diferentes. As varetas podem ser fixadas sobre a borda do recipiente em uma posição horizontal, exercendo os bonecos uma pressão perpendicular na superfície da água. Pede-se ao sujeito que averigúe que fatores dos citados influem na flexibilidade das varetas, e para isso pode realizar quantas manipulações desejar. Enquanto isso, o experimentador observa e anota os métodos utilizados e as respostas dos sujeitos e, por último pede a eles a prova de suas afirmações.

Na Figura 17.1, são isolados os diferentes elementos do problema. Sugerimos ao leitor que, antes de continuar lendo, pegue papel e lápis e procure anotar os passos que seguiria para determinar a quais dos fatores se deve o grau de flexibilidade das varetas. Com freqüência, nós adultos, costumamos acreditar que as tarefas formais não supõem maior dificuldade

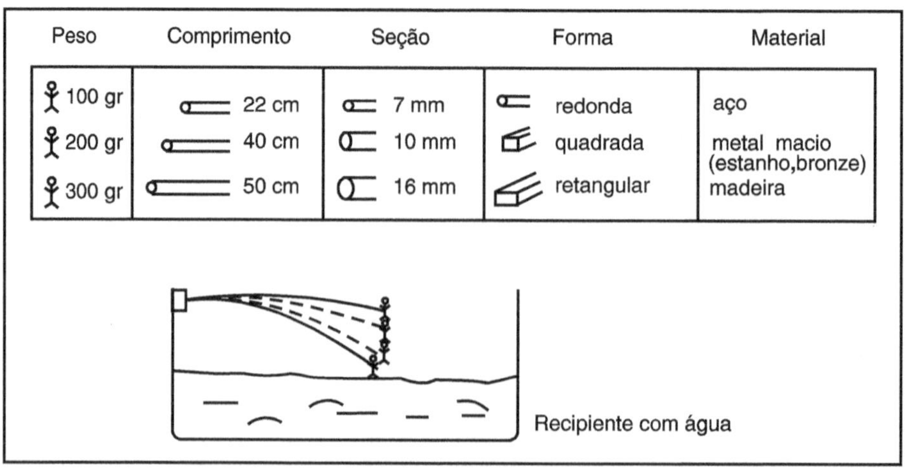

FIGURA 17.1 Tarefa da flexibilidade das varetas e variáveis que intervêm.

para nós, porém, as coisas não parecem ser bem assim. E mais, as poucas diferenças de atuação entre os adolescentes e os adultos é uma das conclusões nas pesquisas dessa temática.

Como fruto de seus trabalhos utilizando tarefas como essas, e como resultado de analisar e formalizar as respostas dos sujeitos, Inhelder e Piaget (1955) consideraram que a fase das operações formais poderia ser resumida em uma série de características estruturais e funcionais. As primeiras se referem às estruturas lógicas que pretendem formalizar o pensamento dos sujeitos. As operações postas em jogo caracterizam-se por fazer parte de estruturas lógicas ainda mais elaboradas do que as operações concretas sobre as quais falamos no Capítulo 12. Mais especificamente, são duas as estruturas lógicas próprias do pensamento formal: o grupo INRC ou grupo das quatro transformações e a rede das 16 operações binárias. Como hoje em dia esse tipo de formalizações não é habitual, não nos deteremos em sua exposição.

As *características funcionais* que seguem nos interessam mais, pois oferecem uma visão geral do processo que um sujeito segue quando tem de enfrentar um problema formal. Dessas características funcionais, em primeiro lugar nos referiremos às relações entre o real e o possível, ao caráter hipotético-dedutivo das operações formais e a seu caráter proposicional.

Nas operações formais, *a realidade é concebida como um subconjunto possível*, sendo esta uma característica essencial que diferencia de maneira extraordinária as estratégias cognitivas utilizadas pelo adolescente e pelo adulto em relação à criança do estágio anterior. O sujeito que se encontra na fase das operações concretas costuma ser capaz somente de pensar sobre os elementos de um problema tal como lhe foi apresentado, ou seja, abordam-se somente os dados reais presentes: ele pode, às vezes, conceber situações possíveis adicionais, porém sempre restritas a uma prolongação do real e depois de realizar algumas sondagens empíricas; no nível de pensamento chamado concreto, o possível está subordinado ao real. O adolescente, ao contrário, diante de um problema concreto, não considera somente os dados reais presentes, mas também prevê todas as situações e reações causais possíveis entre seus elementos. Uma vez analisadas de maneira lógica todas essas possibilidades hipotéticas, posteriormente procurará contrastá-las com a realidade por meio da experimentação. Diferentemente da fase anterior, agora é o real que está subordinado ao possível.

Assim, diante de uma tarefa formal, o adolescente já não está preocupado exclusivamente pelo trabalho restrito de organizar a informação que recebe dos sentidos. Graças a essa nova propriedade, possui agora a capacidade potencial de conceber e de elaborar quase todas as situações possíveis que poderiam se relacionar ou coexistir com a situação dada, conceituando com uma precisão maior a exposição e a resolução de um problema determinado. É fácil imaginar a importância que essa característica do pensamento exerce sobre situações da vida acadêmica ou cotidiana: assim, por exemplo, diante de uma tarefa escolar ou de uma situação da vida diária na qual um determinado fato (por exemplo, a compreensão do êxito das invasões muçulmanas nos séculos X a XII, ou a impossibilidade de pôr para funcionar o motor de nosso carro) possa ter ocorrido por um conjunto de causas ou fatores (tais como a situação política e econômica dos países invadidos, fraqueza e desunião de seus exércitos ou a habilidade do inimigo em suas incursões, no caso das invasões; ou ter a bateria descarregada, o motor de arranque danificado ou o circuito elétrico desconectado ou, simplesmente, ter o motor "afogado", no caso do problema cotidiano), o adolescente e, por fim, o adulto, graças a essas características do pensamento e ao domínio da combinatória, será capaz não somente de relacionar cada causa isoladamente com o efeito, mas também de considerar todas as combinações possíveis (duas a duas, três a três, etc.) entre as diferentes causas que determinam o fato em questão. Essa habilidade cognitiva é, para Piaget, a que melhor define o estágio das operações formais e costuma ser associada a uma importante capacidade de combinar todos os elementos do problema, de todas as maneiras possíveis, para determinar suas possíveis relações causais.

Em relação ao *caráter hipotético-dedutivo* das operações formais, tradicionalmente considerou-se que a adolescência é o tempo em que se consegue um pensamento abstrato ou teórico, e, em boa parte, com isso se relaciona tudo o que foi descrito no parágrafo anterior. Embora antes da adolescência as crianças sejam capazes de um certo pensamento abstrato, é na adolescência que estas abstrações adquirem a forma de hipótese, pois agora se utiliza uma estratégia que consiste em formular todo um conjunto de explicações possíveis para, posteriormente, submetê-las à prova por meio da confirmação empírica. Porém, a capacidade de comprovação dos adolescentes não se reduz a uma ou duas hipóteses, mas também podem realizar várias delas simultânea ou sucessivamente.

Para que o sujeito realize com êxito essa ação comprobatória, também é preciso aplicar um raciocínio dedutivo que lhe permita mostrar quais são as conseqüências das ações realizadas sobre a realidade. Em outras palavras, o adolescente não trabalha somente com as possibilidades oferecidas pela formulação de hipóteses que expliquem os fatos apresentados, mas, como resultado de aplicar um raciocínio dedutivo, é capaz também de comprovar sistematicamente o valor de cada uma das hipóteses nas quais pensa. Lugar central nessa comprovação ocupa a aquisição do chamado esquema de controle de variáveis, que consiste em variar, sistematicamente, um fator ou variável de cada vez, enquanto os demais fatores se mantêm constantes (ver o Quadro 17.1). Como já se sabe, essa habilidade constitui um dos aspectos básicos da metodologia científica.

O *caráter proposicional* do pensamento formal está estreitamente relacionado com os dois anteriores. Os sujeitos dessa etapa servem-se de proposições verbais, como hipóteses e raciocínios, assim como dos resultados obtidos. As proposições são essencialmente afirmações sobre "o que pode ser possível", são de natureza puramente abstrata e hipotética, independentemente da realidade concreta (por exemplo, raciocinar sobre *x* ou *y* no lugar dos conteúdos concretos). Assim, o adolescente trabalha intelectualmente não só com objetos reais, mas também com representações proposicionais dos objetos. De fato, para resolver problemas como os anteriormente mencionados, o sujeito formal não terá de comprovar experimentalmente todas as ações possíveis, mas poderá apenas substituir todas ou algumas delas por conclusões de raciocínio expressadas verbalmente. A linguagem é o veículo ideal para essas representações, ao mesmo tempo em que desempenha um papel de importância crescente no pensamento formal.

Voltemos novamente ao problema da flexibilidade das varetas para analisar como o adolescente procura utilizar as três estratégias que acabamos de expor. Esta poderia ser uma das formas de proceder adequadamente diante da tarefa:

- Uma vez organizada a informação, o adolescente concebe todas ou quase todas as relações possíveis entre as diferentes variáveis da tarefa, que servem para que ele formule uma ou várias hipóteses que estabelecem uma relação entre causa e efeito. Por exemplo, poderia pensar que é o peso do bonequinho que faz com que a flexão seja mais pronunciada, isto é, que quanto mais peso se colocar na extremidade da vareta, maior será sua inclinação. A hipótese do peso é uma das que podem ser formuladas, porém, não é a única, de forma que podem ser sugeridas outras possibilidades (o comprimento das varetas, sua seção.).
- O adolescente é capaz de comprovar e maneira sistemática suas hipóteses mediante manipulações adequadas do material. Vamos supor que no exemplo anterior uma das hipóteses fosse a seguinte: aumentando o peso no extremo da vareta, sua inclinação será maior. Para comprovar esta hipótese, o sujeito das operações formais empregará o esquema de controle de variáveis, através do qual realiza a comprovação variando somente um fator em cada ensaio (nesse caso, o peso), enquanto o resto dos fatores se mantêm constantes, como é ilustrado no exemplo do Quadro 17.1.
- Por último, é necessário que o sujeito dessa fase seja capaz de interpretar de

maneira pertinente os resultados das comprovações que está realizando. Assim, do Quadro 17.1 deduziria-se que o peso influi na inclinação da vareta, já que nas três experiências, variando o peso e mantendo constantes as demais variáveis, houve diferentes flexões. Quanto aos fatores restantes (comprimento, espessura, forma e composição da vareta), seria necessário realizar para cada um deles comprovações similares à descrita, mantendo constantes todos os demais valores e alterando somente o da variável cuja influência está sendo comprovada.

Convém insistir em que essa forma de resolver o problema corresponde a uma maneira de proceder ideal e completamente sistemática. É razoável pensar que um número considerável de indivíduos que solucione corretamente o problema pode proceder com um maior número de séries incompletas de comprovação que, posteriormente, pode apresentar problemas de interpretação. Em outros casos, o sujeito pode evitar algumas comprovações de um determinado fator, ao ser este deduzido de outras comprovações já realizadas.

Esse exemplo pode nos servir como modelo de outras tarefas semelhantes em que intervém uma relação de causa-efeito que não conhecemos. Situações similares ocorrem freqüentemente na vida cotidiana e constituem fenômenos habituais em uma infinidade de trabalhos. As causas de um problema no computador, uma avaria no carro, uma dor de estômago poderiam ser resolvidos mediante a combinação de diferentes elementos do problema, assim como a posterior derivação das conclusões lógicas pertinentes. Parece, então, que existe uma estrutura lógica comum a uma série de problemas, independentemente de qual seja seu conteúdo concreto.

Além das anteriores, Inhelder e Piaget estabelecem outra característica da fase das operações formais: a de dispor dos chamados esquemas operacionais formais, por meio dos quais o adolescente representa seu conhecimento com o resultado da interação da nova informação com a própria experiência. O esquema é entendido como um processo interno, organizado e não necessariamente consciente, que se apóia na antiga informação já armazenada em nossa mente; como já foi exposto anteriormente neste livro, para Piaget o esquema é a unidade básica por meio da qual representamos nosso conhecimento, uma realidade que vai se modificando paulatinamente como conseqüência de nossa experiência; os esquemas adquirem uma capacidade produtiva, antecipatória dos aspectos significativos do ambiente, consistindo sua flexibilidade na capacidade para se acomodar às demandas do meio, ao mesmo tempo em que integram ou assimilam uma informação nova promovida pela própria atividade intelectual. Na fase que agora analisamos, Inhelder e Piaget identificam oito esquemas operacionais formais, entre os quais se inclui a combinatória, as proporções, o equilíbrio mecânico e as correlações. Não é difícil perceber a extraordinária importância destes e de outros esquemas formais para a cor-

QUADRO 17.1 Controle da variável peso para determinar sua influência sobre a flexibilidade das varetas

	Variáveis					Resultado
Número de Comprovações	**Material**	**Comprimento**	**Seção**	**Forma**	**Peso**	**Flexibilidade**
1	Aço	40 cm	7 mm	Redonda	100 gr	Pequena
2	Aço	40 cm	7 mm	Redonda	200 gr	Mediana
3	Aço	40 cm	7 mm	Redonda	300 gr	Grande

reta resolução de muitas tarefas escolares do ensino médio e o *bachillerato*. De fato, é possível dizer que uma grande parte dos conteúdos científicos que o aluno deve aprender, seja de caráter social ou natural, não pode ser entendida sem um pensamento que inclua as características expostas por Inhelder e Piaget para a fase das operações formais (ver Carretero, 1985, para uma exposição mais detalhada dos esquemas mencionados).

DIFICULDADES DE AQUISIÇÃO

Além das características gerais vistas até agora, a descrição piagetiana tradicional defendia outras posições sobre como se desenvolvia esse pensamento formal, posições que de maneira resumida apresentamos a seguir:

- O pensamento formal é um pensamento universal. Essa afirmação implica que esse estágio aparece em todos os adolescentes a partir dos 11 ou 12 anos e se consolida por volta dos 14 ou 15, ao menos em todos aqueles jovens que tenham acesso aos níveis normais de escolarização.
- O pensamento formal é uniforme e homogêneo, isto é, todo ele constitui um sistema de conjunto mediante o qual o adolescente tem acesso de modo simultâneo a todos os esquemas operacionais formais.
- Dado o caráter proposicional desse pensamento, atende à estrutura das relações entre os objetos antes do que a seu conteúdo. Isso implicaria que a atuação do sujeito dessa fase não se veria afetada pelo conteúdo das tarefas, mas pela complexidade de suas relações lógicas. Dessa forma, duas tarefas com a mesma estrutura lógica e conteúdos diferentes, suporiam sempre a mesma dificuldade para o sujeito.
- Como as operações formais constituem a última fase do desenvolvimento intelectual, o pensamento que os adolescentes possuem é similar em todos os seus traços ao pensamento adulto.

Se esse conjunto de afirmações fosse correto, não haveria maior problema, por exemplo, em derivar implicações educativas que ressaltassem a aquisição de métodos de trabalho e concedessem uma escassa importância aos conteúdos escolares em si mesmos. Conseqüentemente, o trabalho do educador, não importando qual fosse a sua matéria, consistiria em potencializar no adolescente o desenvolvimento pleno desse pensamento. No entanto, as coisas não são tão simples, porque, conforme exporemos a seguir, as pesquisas realizadas nos últimos anos assinalam que o pensamento formal não é adquirido tão facilmente, nem de forma tão homogênea como previram Inhelder e Piaget, e, por isso, é perigoso tirar a importância dos conteúdos concretos. Sobre as implicações educativas dessas questões falaremos mais adiante.

O principal objetivo dos trabalhos posteriores à obra de Inhelder e Piaget foi meramente descritivo. A maior parte dessas pesquisas consistia em repetir a aplicação das provas piagetianas com adolescentes de diversos países e ambientes educativos (ver, para uma análise mais detalhada, Carretero, 1985). Em termos gerais, existia um certo acordo em admitir que nesse período da vida ia se adquirindo paulatinamente um tipo de pensamento cujas características se assemelhavam às descritas para o pensamento formal. No entanto, as pesquisas pós-piagetianas apresentavam um claro desacordo em relação a algumas das suposições básicas examinadas anteriormente. Os pontos fundamentais de descordo eram os seguintes:

- As diferentes tarefas formais não apresentavam a mesma dificuldade. Por exemplo, em alguns trabalhos estabelecia-se que as tarefas de combinatória eram mais simples do que as de controle de variáveis e que, por sua vez, estas eram mais fáceis de resolver do que as de proporção. Essas diferenças evidenciavam as dificuldades para afirmar que o pensamento formal fosse uma estrutura de conjunto que pudesse ser aplicada igualmente sobre quaisquer conteúdos.

- O conteúdo da tarefa se mostrou, de fato, como uma variável que influía em grande medida em sua resolução, a tal ponto que duas tarefas com idêntica estrutura lógica, mas com diferentes conteúdos, apresentam de fato dificuldades diferentes. Conseqüentemente, esses resultados mostravam que os adolescentes e os adultos talvez possuíssem um pensamento formal, mas que sua utilização estava influenciada pelos conteúdos concretos das tarefas sobre as quais tiveram de raciocinar.
- A porcentagem habitual de alunos que mostraram possuir um pensamento claramente formal nessas pesquisas situava-se por volta de 50%, o que deixa vislumbrar que o pensamento formal está muito longe de ser universal. Em anos posteriores, esses estudos se estenderam aos sujeitos adultos, encontrando que estes ofereciam resultados similares aos adolescentes (ver a respeito León e Carretero, 1990).
- Em outra ordem de coisas, ainda que também relacionada com o desenvolvimento cognitivo adulto, criticou-se a escola de Genebra por considerar o pensamento formal como o apogeu do funcionamento intelectual. Trabalhos muito recentes formulam a existência de outras formas de pensamento qualitativamente diferentes do pensamento formal. Esses diferentes modos de pensamento, que se agruparam conjuntamente sob o nome de pensamento pós-formal, caracterizam-se pelo domínio de um conhecimento relativo que aceita a contradição como um aspecto da realidade e que concebe um sistema mais aberto de pensamento, no qual estão incluídos aspectos sociais e mais pragmáticos do que os representados pelos aspectos físicos newtonianos e lógico-matemáticos do pensamento formal (Corral, 1997; García Madruga e Corral, 1997).

A INFLUÊNCIA DO CONTEÚDO

A pesquisa mais recente já não se caracteriza por continuar replicando e contrastando empiricamente as provas de Inhelder e Piaget, mas por procurar explicar as diferenças entre suas formulações e os fatos apresentados no item anterior, contrários a algumas das suposições básicas da descrição inicial. Assim, foi possível observar que entre as pessoas que não resolvem problemas formais existem diferenças notáveis, o que fez com que um grupo de pesquisas chegasse à conclusão de que o suposto déficit nas operações formais dos adolescentes e dos adultos deve ser analisado pela distinção entre competência e atuação. Desse ponto de vista, muitos adolescentes e adultos não conseguem aplicar todos seus recursos ou habilidades intelectuais (competência) quando têm de enfrentar um problema ou tarefa escolar, por isso seu rendimento final (atuação) pode ficar abaixo de suas possibilidades. Essa concepção interpreta que essas deficiências se devem não ao fato de os sujeitos serem incapazes de utilizar, de alguma maneira, um pensamento formal, mas a determinadas variáveis da tarefa (modo de apresentação, demandas específicas da tarefa, conteúdo da mesma, etc.), ou do sujeito (diferenças individuais, nível educativo, diferenças de gênero, etc.).

É preciso considerar que o próprio Piaget (1970b) introduziu algumas modificações em sua teoria ao detectar diferenças de idade na aquisição das operações formais pelos adolescentes. O professor de Genebra afirmou, por exemplo, que os sujeitos provavelmente alcançavam o pensamento formal pelo menos entre 15 e 20 anos, em vez de entre 11 e 15 anos. Além disso, Piaget sugeriu que nos casos em que a situação experimental não correspondesse às aptidões ou aos interesses do sujeito, pudesse ocorrer que este utilizasse um raciocinio característico do estágio anterior (operações concretas). Mas se o sujeito se depara com tarefas que estão dentro de sua especialidade ou domínio particular, então seu pensamento expressará seu nível operacional formal. Dessa forma, Piaget afirmou que o economista, vamos utilizá-lo como exemplo, utilizaria o pensamento formal com maior rendimento em assuntos de economia, o aluno de ciências, nas matérias afins, e a dona de casa, no terreno doméstico; em suma, cada pessoa alcança o nível de funcionamento formal no domínio no qual se especializou e que melhor conhece.

Outros autores compartilham também essa hipótese. Em seu trabalho, DeLisi e Staudt (1980) selecionaram três grupos de estudantes, homens universitários que pertenciam a três especialidades bem diferenciadas (física, ciências políticas e filologia inglesa, respectivamente) e lhes apresentaram três tipos de tarefas de raciocínio formal que correspondiam a cada especialidade (o problema do pêndulo, uma prova sobre os conceitos de socialização política e uma prova consistente em uma análise literária). Os resultados detectaram diferenças importantes na interação da especialidade e da tarefa: os estudantes obtiveram pontuações de nível formal mais altas quando executavam a tarefa que correspondia a seu campo de especialidade do que diante das outras tarefas. De fato, existem muitos outros estudos que indicam que os adultos diferem na utilização das operações formais segundo o grau de familiaridade que possuam em relação à tarefa em questão. Também é interessante ressaltar como o tema da familiaridade dos sujeitos com as tarefas levou os psicólogos a buscarem provas com uma maior validade ecológica, isto é, que impliquem uma maior relação com a realidade cotidiana, possibilitando assim um conhecimento mais preciso da capacidade para resolver problemas formais.

Trabalhos como esses foram deixando claramente estabelecido que o conteúdo da tarefa, contrariamente à suposição piagetiana e à própria denominação do pensamento formal, possui uma influência definitiva na resolução final do problema. Em outras palavras, o sujeito dessa fase pode raciocinar formalmente em relação a um tema, mas não em relação a outro, tudo isso dependendo de suas expectativas, suas idéias prévias e seus conhecimentos sobre um e outro. Por isso, hoje todos os autores aludem que as variáveis, tais como a familiaridade e o conhecimento prévio que o sujeito tem sobre a tarefa, são determinantes na hora de expressar um raciocínio formal adequado.

RACIOCÍNIO CIENTÍFICO, IDÉIAS PRÉVIAS E MUDANÇA CONCEITUAL NA ADOLESCÊNCIA

Na última década, ocorreu um importante desenvolvimento na pesquisa sobre o âmbito que estamos analisando, ainda que tenham aparecido com a denominação de "habilidades de pensamento científico" (Kuhn, Amsel e O'Laughlin, 1988), na linha de uma tendência geral dos estudos cognitivos atuais de estudar aspectos específicos da mente humana e não mais capacidades gerais ou de amplo espectro (ver Voss, Wiley e Carretero, 1995, para uma revisão). De fato, hoje é difícil encontrar pesquisas empíricas sob a denominação de "pensamento formal". Isso se deve, por um lado, à cada vez mais generalizada consideração de que a visão piagetiana é uma espécie de mapa excessivamente geral sobre o percurso que a mente humana efetua em seu desenvolvimento e, por outro, às críticas anteriormente mencionadas especificamente em relação ao próprio pensamento formal. Por isso, o motivo de se utilizar o termo "pensamento científico" ou outros similares se deve ao fato de que, como assinalamos anteriormente, é muito notória a semelhança entre a forma que Piaget e Inhelder conceituaram o pensamento formal e os elementos básicos da metodologia científica. Se o leitor rever as características funcionais e os exemplos das páginas anteriores, poderá observar que existem grandes semelhanças com os conceitos elementares da metodologia científica.

Por outro lado, a totalidade das tarefas das obras de Piaget e Inhelder sobre o pensamento formal, *De la logique de l'enfant a la logique de l'adolescent* (Inhelder e Piaget, 1955) e *La génése de l'idée* (Piaget e Inhelder, 1951) pertencem ao âmbito das ciências experimentais ou da matemática. Isto fez ser muito razoável que toda essa linha de pesquisas tivesse continuidade nos trabalhos atuais sobre idéias prévias e mudança conceitual, já que, por sua vez, a maioria das pesquisas realizadas sob esta denominação aborda fundamentalmente tarefas e conteúdos científico-naturais.

Conforme assinalam Pfundt e Duit (1993) em sua exaustiva recopilação, as últimas décadas assistiram a uma autêntica explosão de trabalhos sobre as idéias dos alunos – e, sobretudo, de adolescentes – sobre os fenômenos científicos que são ensinados na escola. Esse tipo de pesquisas mostrou que, apesar de anos de ensino acadêmico, os adolescentes possuem uma representação dos fenômenos físicos estudados por Piaget e Inhelder muito mais próxima à visão da vida cotidiana do que à do mundo científico. Numerosos pesquisadores se referiram nos últimos anos às *concepções equivocadas* dos alunos, embora o termo tenha recebido muitas críticas, porque, mesmo que errôneas do ponto de vista acadêmico, representam também o genuíno ponto de vista do sujeito. Alguns exemplos muito conhecidos desse tipo de trabalhos são os que mostram que a flutuação é vista com conseqüência do peso dos objetos e não de sua densidade (Baillo e Carretero, 1996), os que indicam a existência de uma visão lamarckiana da evolução em vez da darwiniana (segundo essa concepção, por exemplo, se uma girafa com pescoço inicialmente curto tem de esticá-lo muito para alcançar folhas verdes de uma árvore, transmitirá um pescoço alongado para suas crias, e essa seria a origem do pescoço longo das girafas). Semelhantes concepções equivocadas foram encontradas sobre as doenças e sua transmissão (López Manjón e Carretero, 1996).

Ao se apresentar as características comuns que possuem todas essas idéias equivocadas sobre a ciência, os pesquisadores costumavam estar de acordo nas seguintes:

- Não são corretas do ponto de vista científico, pois violam princípios básicos da ciência a que se referem, mesmo que tais princípios tenham sido ensinados durante anos na escola.
- Costumam estar guiadas pela percepção, pela experiência e pelo conhecimento cotidiano, de tal maneira que, em geral, são resultado de um processamento superficial da informação no qual predominam o senso comum e a intuição.
- Com freqüência, possuem um caráter implícito, com o qual o sujeito não costuma ter um acesso fácil nem imediato a sua formulação lingüística, mas esta deve ser potencializada pelo professor no caso de que tais idéias sejam objeto de trabalho no processo de ensino.
- São específicas de domínio, por isso estão mais influenciadas e relacionadas com outras idéias sobre esse domínio do que com idéias mais gerais ou com idéias sobre outros domínios.
- Têm um importante grau de estabilidade ao longo da vida, de tal maneira que, uma vez adquiridas, experimentam poucas mudanças, o que implica que são muito resistentes às possibilidades de mudança conceitual; assim, autores como Gardner (1993) se referiram ao predomínio que ocorre, inclusive entre os adultos, da "mente não-escolarizada" que estaria justamente repleta das idéias e crenças adquiridas precocemente e que sobreviveram à longa passagem pelo sistema educacional.

No entanto, apesar da mencionada resistência, o certo é que nossas idéias se transformam e se modificam. Em que processo ocorre tal mudança? É justamente isso que propuseram os estudos a esse respeito (ver Schnotz, Vosniadou e Carretero, 1999, e Rodríguez Moneo, 1999, para um panorama dos trabalhos atuais sobre a mudança conceitual). Uma das visões mais aceitas e discutidas pelos diferentes trabalhos é a que há tempos foi proposta por Strike e Posner (Posner et al., 1982; ver Strike e Posner, 1992, para uma reformulação dessa posição). Basicamente, essa teoria está baseada em dados centrais da filosofia da ciência e em algumas idéias da teoria da equilibração piagetiana, sobretudo o papel que tem o conflito na dialética assimilação-acomodação. Sua argumentação básica é que a mudança conceitual ocorre dentro das seguintes condições:

- O sujeito experimenta uma insatisfação com sua teoria, de tal maneira que percebe anomalias na forma em que a referida teoria explica o fenômeno estudado. Obviamente, isso supõe uma certa tomada de consciência das insuficiências da teoria, tomada de consciência que é imprescindível para iniciar o processo de mudança: se não há consciência ou percepção do conflito ou anomalia, é como se esta não existisse.
- Isso levará o sujeito a buscar outras posições alternativas, que podem ser geradas por ele mesmo ou pela exposição a uma teoria que seja proposta para ele na escola, por exemplo. Essa nova posição deve ser claramente inteligível, isto é, é preciso que o sujeito a compreenda ao menos até certo ponto.
- A nova teoria ou representação da realidade deve aparecer como inicialmente plausível, isto é, deve ser capaz de resolver os problemas que não são resolvidos com a teoria ou representação precedente.
- Por último, a nova teoria adotada pelo sujeito deve abrir possibilidades para que apareçam novos fenômenos que com a teoria anterior simplesmente não pareciam existir.

A pergunta fundamental que surge depois de descrever esse processo é se os adolescentes, comparados com outros sujeitos de menos ou mais idade, são capazes de realizar um processo de mudança conceitual quando suas teorias se deparam com diferentes conflitos ou anomalias. É preciso lembrar que a própria Inhelder, em um célebre e influente trabalho junto com Karmiloff-Smith (Karmiloff-Smith e Inhelder, 1974; Karmiloff-Smith, 1992) realizava uma sincera autocrítica de suas posições clássicas da década de 1950 sobre o pensamento formal, afirmando que até mesmo nas crianças pequenas podem ser encontradas algumas habilidades hipotético-dedutivas incipientes, em que o processo de mudança conceitual através do falseamento lógico é, contudo, muito difícil. No entanto, quando se trata de situações ou problemas que pertencem à experiência cotidiana do sujeito ou ao âmbito do que se pode experimentar e observar diretamente, é possível que ocorram mudanças conceituais para modelos mais complexos, embora ainda distantes da explicação científica. Isso ocorre, por exemplo, com as idéias que as crianças têm a respeito da alimentação: inicialmente convencidas de que toda comida que entra no corpo acaba saindo, podem chegar a construir uma representação na qual entendem que o alimento que comem está relacionado com processos vitais como o crescimento, por isso é necessário que o organismo assimile parte dos alimentos. O modelo científico de digestão ainda está distante, porém, ao menos já foi dado um avanço em relação ao modelo de partida, no qual a assimilação dos alimentos pelo organismo estava completamente ausente.

No que se refere aos adolescentes e aos adultos, já faz tempo que sabemos por pesquisas clássicas, como as de Nisbett e Ross (1980), que em uma ampla variedade de domínios que vão desde a interação com nossos semelhantes (as impressões persistentes que nós temos das pessoas) até atitudes sobre problemas políticos e sociais, além de nossas concepções sobre temas científico-naturais, nós, humanos, tendemos a manter nossas hipóteses e idéias prévias apesar de a realidade nos mostrar o contrário. No que se refere aos adolescentes, existem trabalhos que compararam sistematicamente a influência do raciocínio científico e do conflito cognitivo sobre a mudança conceitual, encontrando diferenças moderadas entre adolescentes de 15 anos e crianças de 10. No entanto, entre os sujeitos maiores não são mais da metade, aproximadamente, os que chegam a mudar sua teoria sobre a flutuação dos corpos diante das evidências apresentadas por seus próprios raciocínios, ou diante dos conflitos apresentados pelo experimentador. Isso mostra a persistência em muitos adolescentes (e também em adultos) das concepções que já eram encontradas em crianças com menos idade. E isso acontece apesar de a escola ter confrontado – às vezes repetidamente – esses meninos e meninas com as explicações e modelos científicos.

Com muita freqüência, o aluno aplicado que responde corretamente as perguntas de uma prova, continua mantendo concepções intuitivas que estão distanciadas em maior ou menor grau da explicação científica do fato em questão. As maiores capacidades lógicas dos adolescentes e dos adultos irão permitir-lhes raciocínios mais complexos e abstratos do que os das crianças, porém, a mudança conceitual não será garantida automaticamente pelo acesso a um pensamento mais abstrato, pois, para que tal mudança ocorra, é necessária a combinação de certas habilidades de raciocínio com suficiente informação sobre os fatos que procuram explicar e, sobretudo, com um modelo de relações no qual os diversos elementos do problema se conectem entre si em um esquema explicativo coerente e cada vez mais próximo ao modelo científico. Tanto a informação de base como o modelo de relações devem ter sentido e significado para aquele que aprende, o que somente ocorre quando são realizadas atividades guiadas de construção do conhecimento em que as concepções prévias são postas em relação com os novos significados, descobrindo-se, assim, as vantagens do modelo explicativo mais complexo. Não basta, então, somente aprender termos científicos, saber as definições, conhecer fórmulas; também é preciso entender, dotar de significado, relacionar, conectar com outros conhecimentos, etc., e tudo isso de forma não-superficial e verbalista, mas como um saber construído e elaborado. O fato de que esse processo de aquisição deva ser educativamente guiado não significa que tenha de ser simplesmente transmitido, porque a mera exposição ao modelo científico talvez garanta uma boa nota a quem tenha capacidade para memorizá-lo, mas de forma alguma garante que ocorra a transformação profunda em que consiste a mudança conceitual.

O raciocínio adolescente, provavelmente igual ao dos adultos, é regido por critérios pragmáticos ou funcionais em vez de critérios estritamente lógicos, como Piaget pretendia em sua caracterização original do pensamento formal. Nesse sentido, nosso pensamento parece responder a critérios de sobrevivência entre os quais se inclui a tendência a conservar idéias que nos servem para interpretar e controlar os acontecimentos. Uma das características das concepções espontâneas sobre os fenômenos científicos e os problemas formais é seu alto poder preditivo na vida cotidiana, sendo, por isso, razoável que as idéias prévias não se modifiquem diante da primeira contrariedade. Pensemos em uma situação tão simples como uma bola na qual se dá um chute e ela gira; crianças, adolescentes e adultos tendem a pensar que qualquer objeto que se move leva consigo uma força e que é preciso uma força constante para que o objeto se mantenha em movimento; se o objeto pára, segundo essa concepção, é porque sua força se acabou. A explicação científica do fato é muito diferente, pois as leis da dinâmica sustentam que, uma vez que se difundiu uma determinada velocidade, um corpo permanecerá em movimento uniforme até que encontre causas que o acelerem ou que o freiem. Mas, que necessidade têm as crianças, os adolescentes e os adultos de mudar sua idéia de força contínua que no final se esgota? Enquanto essa crença for funcional, sobreviverá como explicação plausível.

São vários os fatores que atuam a favor da estabilidade ou da manutenção das concepções que não coincidem com a explicação científica. Alguns desses fatores estão no interior do sujeito e têm a ver, por exemplo, com a tendência a avaliar nossas hipóteses, buscando sempre sua confirmação, prestando atenção, sobretudo, nas evidências compatíveis com as próprias idéias e desprezando ou ignorando as contraditórias, que talvez sejam interpretadas como simples exceções; ou têm a ver com o fato de que nossas idéias sobre um fato concreto costumam pertencer a um conjunto de idéias mais amplo ou de nível superior no qual se encaixam perfeitamente. Outros fatores que favorecem a manutenção dessas concepções pertencem ao âmbito das crenças culturais e às representações sociais, que nos dão respostas elaboradas para múltiplos problemas que jamais submetemos à revisão (nossa forma de entender por que as pessoas são como são, as explicações sobre fatos sociais ou culturais muito diversos, etc.). Outros, finalmente, têm a ver com a forma como é realizada a transmissão do conhecimento na escola, que torna compatível que o aluno aplicado de alguns parágrafos anteriores obtenha uma nota brilhante em ciências naturais, ao mesmo tempo em que, no fundo, mantém idéias e explicações muito distantes do modelo científico.

Nós, seres humanos (crianças, adolescentes, adultos), temos uma grande resistência em mudar nossas idéias sobre qualquer fenômeno; somente mudamos de teoria quando dispomos de outra mais complexa que considere não somente o que a anterior explicava, mas também os fenômenos novos. Essa mudança parece especialmente difícil no caso das concepções espontâneas, pois, nas explicações cotidianas, essas concepções costumam oferecer explicações que parecem corretas, que funcionam e que não tornam necessária uma revisão de nossas convicções.

Conforme mostraram autores como Kuhn, Amsel e O'Laughlin (1988), crianças de sete e dez anos mostram certas habilidades de pensamento científico em determinadas circunstâncias; é por isso que, como foi visto neste livro a propósito das idades prévias, a descontinuidade entre crianças maiores e adolescentes não é tão radical como apontava a descrição piagetiana inicial. A transição do modo infantil de pensar ao modo adolescente e adulto talvez não seja, então, tão abrupta como se supunha. Mas, no sentido contrário, o fato de adolescentes e adultos disporem de ferramentas lógicas mais potentes não garante a mudança conceitual, isto é, a transformação de muitas das idéias e explicações com as quais nós humanos procuramos responder aos enigmas da vida cotidiana ou da ciência.

NOTA

1. Agradecemos ao apoio dado pela DGICYT por meio da pesquisa PB1_541 A-2-640, orientada pelo primeiro autor.

18 Desenvolvimento da personalidade durante a adolescência

ALFREDO OLIVA

Os anos da infância são muito importantes para a formação da personalidade; antes da puberdade já podemos ver nas crianças muitos traços que configuram uma forma de ser e de agir muito definida: no entanto, o período da adolescência será definitivo para a consolidação da personalidade. São muitas as mudanças que ocorrem no nível físico, cognitivo e social para que a personalidade não se veja afetada por eles e permaneça inalterada. O adolescente deverá responder a pergunta fundamental "Quem sou eu?", e, para encontrar a resposta, deverá enfrentar algumas tarefas durante os anos que seguem à puberdade. Assim, terá de delinear a imagem que tem de si mesmo, adotar alguns compromissos de caráter ideológico e religioso, escolher uma profissão, definir sua orientação sexual, optar por um estilo de vida e de relações, assumir valores do tipo moral, etc. Se o adolescente é capaz de solucionar a maioria dessas tarefas, terá dotado seu eu de conteúdos que antes estavam ausentes, dando um passo de gigante para a formação de seu caráter. No entanto, ainda que depois da adolescência a personalidade tenha adquirido muita estabilidade, isto não significa que não ocorrerão mudanças durante a idade adulta, pois o processo que teve início na primeira infância continuará ao longo de todo o ciclo vital, conforme é mostrado nos Capítulos 9, 13 e 22.

DESENVOLVIMENTO DO AUTOCONCEITO

No Capítulo 13 foram apresentadas as mudanças que o autoconceito experimentava durante a infância. Ali se viu como no final dos anos escolares o conceito que as crianças têm sobre si mesmas ganhou em abstração e complexidade, adquirindo também uma certa organização e harmonia. Com a chegada da adolescência, irá ocorrer uma série de mudanças físicas e psíquicas que terá uma importante repercussão sobre o autoconceito do sujeito, que experimentará modificações que podem abalar o equilíbrio alcançado na etapa anterior (ver Quadro 18.1 para uma visão sintética).

Quanto aos *conteúdos* que os adolescentes costumam incluir no conceito de si mesmos, é preciso destacar que as mudanças físicas próprias da puberdade irão obrigá-los a revisar a imagem que, até então, haviam construído para incluir os novos traços que começam a configurar seu novo corpo de adulto. Não é estranho que, sobretudo na adolescência precoce, as definições que os adolescentes fazem de si mesmos incluam muitas referências a características corporais, já que seu aspecto físico representa uma das suas principais preocupações. Essas alusões a sua aparência irão diminuindo paulatinamente, sendo, pouco a pouco, substituídas por características atribuídas a seu sistema de crenças, a sua filosofia

QUADRO 18.1 Evolução do autoconceito durante a adolescência

Adolescência precoce (11-14 anos)		
Estrutura, organização	*Conteúdos destacados*	*Exemplos*
Primeiras abstrações que integram características relacionadas; abstrações compartimentalizadas de forma que não se detectam nem integram as incompatibilidades.	Características ou habilidades sociais que influem sobre as relações com os demais ou determinam a imagem que os demais têm do sujeito. Características referentes ao atrativo físico.	"Sou tímido; me envergonho diante dos adultos, mas também diante de meus companheiros". "Em minha casa me acontecem muitas coisas divertidas, mas com meus amigos não".
Adolescência média (15-17 anos)		
Estrutura, organização	*Conteúdos destacados*	*Exemplos*
Primeiras conexões entre as abstrações e entre traços opostos; confusão diante da existência de características contraditórias.	Diferenciação de atributos em função de situações e papéis diferentes.	"Sou muito inteligente para algumas coisas e tonto para outras". "Não entendo como me dou tão bem com meus companheiros e tão mal com meus irmãos".
Adolescência tardia (18-21 anos)		
Estrutura, organização	*Conteúdos destacados*	*Exemplos*
Abstrações de ordem superior que integram abstrações mais elementares e que resolvem as contradições.	Características e atributos relacionados com os papéis que se desempenham; os atributos se referem a valores e crenças pessoais, assim como a convicções morais.	"Sou uma menina flexível: séria e formal para trabalhar, porém brincalhona para me divertir". "Muitas coisas me interessam, porém sou um pouco indeciso".

Fonte: Palacios, 1999a.

de vida ou a suas expectativas de futuro. A responsabilidade dessa mudança é a maior capacidade para a abstração que caracteriza o pensamento formal, que, unida à tendência de introspecção própria desses anos, aumentará a partir da adolescência média a propensão de adolescentes a se definirem a partir de seu interior psicológico, com freqüentes referências a pensamentos, sentimentos, aspirações e desejos. Também a importância que as relações sociais adquirem durante esses anos terá seu reflexo nos conteúdos de autoconceito, ainda que as simples referências a vínculos pessoais próprias da infância ("tenho muitos amigos") sejam substituídas, na mesma linha do que foi comentado anteriormente, pelas descrições de sentimentos interpessoais ("eu gosto de gente sincera"). Assim, no autoconceito dos adolescentes mais jovens aparecem as características ou as habilidades sociais que influem sobre a relação com os demais, ou as que determinam a imagem que os demais têm do sujeito.

Também na *estrutura* e *organização* do autoconceito terá lugar uma série de mudanças importantes ao longo da adolescência. Nos primeiros momentos que se seguem à puberdade, o conceito de si mesmo vai estar composto pelas primeiras abstrações que integrarão algumas características que guardam relação entre si. No entanto, o adolescente ainda não vai dispor do controle cognitivo necessário para relacionar os distintos elementos que compõem o autoconceito e construir uma imagem de si mesmo integrada e diferenciada, motivo pelo qual essas primeiras abstrações permanecerão separadas e sem se relacionar entre si. Essa incapacidade para integrar características que podem ser contraditórias tem um aspecto positivo que é o de evitar os conflitos emocionais que possam ser derivados dessas incongruências. Com o avanço da adolescência, serão estabelecidas as primeiras conexões entre abstrações e traços que podem ser opostos. A tomada de consciência dessas contradições entre seus diferentes "eus" pode começar a provocar no adolescente um certo mal-estar ou confusão, o que poderia explicar algumas das atitudes e comportamentos incoerentes que, com freqüência, são observados na adolescência. É preciso considerar que durante a adolescência se ampliam os contextos nos quais os adolescentes participam e assumem novos papéis; cada um desses contextos terá importância e proporcionará informações ao jovem sobre sua imagem, exercendo uma influência diferente segundo as demandas propostas ao adolescente; os pais podem pedir obediência, respeito e amabilidade; os iguais, lealdade ou amizade; seu par, ternura e compromisso; a escola, esforço e disciplina. É de se esperar que o autoconceito inclua ou reflita essas diferenças entre contextos e não seja algo monolítico, mas que, ao contrário, tenha diversos componentes, dando lugar a um autoconceito múltiplo. O grau de coerência ou similitude entre esses componentes variará muito de um sujeito para outro, dependendo de diferentes fatores, como, por exemplo, das discrepâncias entre o que os pais, os educadores e os iguais esperam do adolescente.

Será na adolescência tardia, e com o avanço do pensamento formal, que a capacidade de coordenar abstrações simples em abstrações de ordem superior fará com que o jovem possa integrar em um autoconceito coerente todas essas imagens diferentes e, inclusive, contraditórias. Por exemplo, a menina pode entender que é uma pessoa muito flexível que se mostra responsável e comprometida com as tarefas escolares e, por sua vez, brincalhona e divertida com seu grupo de amigas e terna e carinhosa quando está com seu namorado, sem que isso cause nenhum conflito de identidade.

No entanto, antes que chegue a construir esse conceito de si mesmo, coerente e integrado, em alguns casos as contradições entre os componentes do autoconhecimento podem ser tão definidas e o adolescente ter uma visão tão fragmentada e incoerente de si mesmo que pode se mostrar desconcertado e inseguro sobre quem realmente é, sentindo uma verdadeira preocupação sobre qual é seu verdadeiro eu e qual é seu falso eu. Sobretudo porque, freqüentemente, os adolescentes tentam se ajustar às expectativas que os demais têm em relação a eles, expectativas que, como vimos anteriormente, podem ser diferentes entre pais, educadores ou amigos, podendo inclusive variar entre alguns amigos. A este respeito, Susan Harter (1996) fala sobre o *falso eu* como uma espécie de atuação ou representação diante dos demais, que pode levar o adolescente, na intenção de agradar e ser aceito, a expressar coisas que não sente. Por isso, não é de se estranhar que essas condutas de *falso eu* sejam mais freqüentes nos adolescentes com maior necessidade de apoio por parte dos pais e dos companheiros. De todas as formas, essas condutas também podem ser vistas como um fenômeno normativo ligado à exploração de papéis e opções característica da adolescência.

Outro aspecto derivado da capacidade de pensamento formal para pensar no hipotético ou possível é que o adolescente começará a tomar consciência da diferença entre seu autoconceito ou o *eu real* (a forma como se percebe) e seu *eu ideal* (como gostaria de se ver) (Harter, 1998). Essa disparidade irá aumentando ao longo da adolescência como conseqüência do maior grau de diferenciação cognitiva, e a maturidade psicológica trará consigo uma maior discrepância entre a imagem do eu ideal a que o sujeito aspira e a realidade das falhas e limitações que encontra em seu eu real. Ainda que essa disparidade, sobretudo quando está muito clara, possa supor uma auto-estima mais baixa que leve a um pior ajuste psicológico, em outros casos pode levar o sujeito a se propor cobranças maiores, tornando-se um estímulo para a mudança.

A AUTO-ESTIMA DURANTE A ADOLESCÊNCIA

Se o autoconceito se multiplica ou se diversifica ao chegar na adolescência, é de se esperar que a auto-estima, que inclui os aspectos valorativos e afetivos ligados a tal conceito, siga uma trajetória similar. Durante os anos prévios à adolescência, a auto-estima havia começado a se diversificar, e já era freqüente que as crianças se avaliassem de formas diferentes em distintos domínios, como no aspecto físico, no rendimento acadêmico ou nas relações com os pais e iguais. Esse processo continua na adolescência, entrando também em cena novas dimensões como as relações afetivo-sexuais, as capacidades relacionadas com a orientação profissional ou a atração física. Considerando que as competências de um menino ou uma menina irão se diferenciar de um domínio para outro, é de se esperar uma certa disparidade entre os níveis de auto-estima que um mesmo adolescente apresenta em cada área. Por exemplo, uma menina pode mostrar boas aptidões para a maioria das matérias escolares, o que a fará se sentir muito satisfeita consigo mesma quando se trata de assuntos acadêmicos; em compensação, talvez a auto-avaliação de sua atração física não seja tão favorável, e ela irá se sentir mais insegura em suas relações com os meninos. Além dessas auto-estimas parciais, encontraremos uma auto-estima de caráter global, como vimos nos Capítulos 9 e 13. O nível de auto-estima global apresentada por cada sujeito dependerá tanto de suas capacidades como da importância atribuída a cada domínio, conforme foi ilustrado no Quando 13.3. Assim, um menino para o qual o rendimento acadêmico é muito importante e que obtêm notas baixas pode ter uma auto-estima global baixa apesar de sua alta pontuação na auto-estima que se refere a outros aspectos, para ele menos importantes, e uma menina que dá muita importância às relações interpessoais, em que as coisas vão muito bem, pode ter uma auto-estima global alta apesar de sua mais baixa auto-estima em questões menos importantes para ela. Nesse ponto, é preciso ressaltar importantes diferenças em função do gênero, já que, para as meninas, a atração física ou as habilidades interpessoais são o que melhor prediz sua auto-avaliação global, e entre os meninos as habilidades esportivas ou o sentimento de eficácia ocupam um lugar prioritário.

Apesar da importância que as relações com os iguais adquirem para predizer o nível de auto-estima, as relações com os pais continuarão exercendo uma poderosa influência. Assim, uma alta coesão familiar e uma percepção positiva por parte de pais que demonstram para seus filhos um alto grau de afeto e um controle democrático favorecerem neles uma auto-avaliação positiva, conforme mostra a Figura 18.1 (Oliva, Parra e Sánchez, 1998).

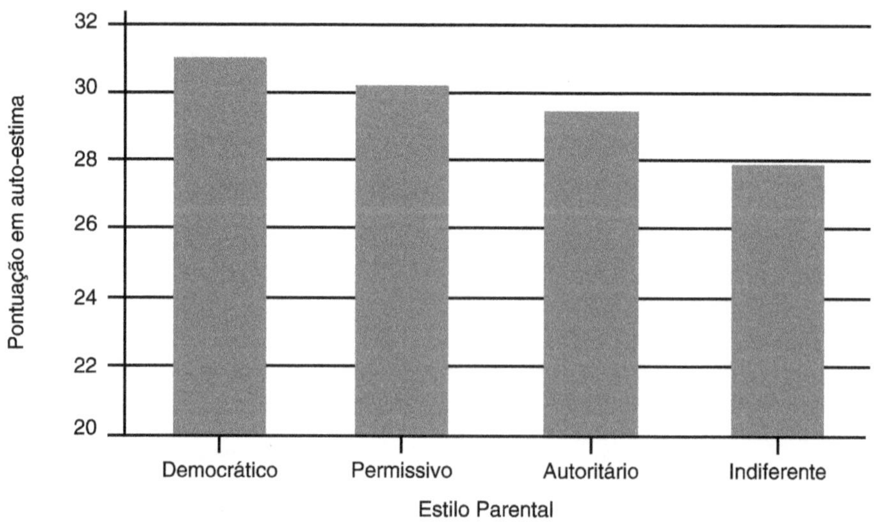

FIGURA 18.1 Relação entre o nível de auto-estima de meninos e meninas adolescentes e o estilo disciplinador de seus pais.
FONTE: Oliva, Parra e Sánchez, 1998.

A popularidade entre iguais adquire um significado especial para a maioria dos adolescentes, por isso a competência social e o ser valorizado e aceito pelos amigos e companheiros serão um indicador confiável do nível global de auto-estima. No entanto, uma ênfase excessiva no grupo também pode ter conseqüências negativas, já que ao estar tão centrado em conseguir aprovação do grupo, o adolescente pode mostrar pouco interesse por outros domínios e não se esforçar suficientemente para melhorar seu rendimento acadêmico ou suas relações familiares. Dubois e seus colaboradores (1998) descobriram que os adolescentes que situavam em seus iguais sua principal fonte de auto-estima costumavam apresentar um menor rendimento acadêmico e mais problemas de conduta. Já aqueles que estavam mais voltados para a escola e para a família, ao contrário, mostravam-se mais suscetíveis aos problemas depressivos e emocionais. Esses resultados sugerem que uma ênfase excessiva em um domínio em detrimento de outros não é muito adaptativa, e que o equilíbrio entre diferentes domínios prevê uma menor incidência de problemas tanto de internalização (ansiedade, insegurança, medo, etc.) como de externalização (retraimento social, agressão, etc.).

Outras variáveis que também irão influir sobre o nível de auto-estima podem ser o fato de padecer de algum tipo de doença crônica ou deficiência física, ou pertencer a alguma minoria étnica. Nesse último caso, os dados são um pouco contraditórios, já que os estereótipos negativos associados a certas minorias podem nos levar a pensar que, à medida que os adolescentes vão tomando consciência de que pertencem a um grupo minoritário que sofre o preconceito e a discriminação social, experimentam uma redução em sua auto-estima. No entanto, alguns estudos encontraram o contrário (Phiney, Chavira e Williamson, 1992), talvez porque a auto-estima dependa do apoio que se recebe por parte dos membros do próprio grupo, o que pode levar o adolescente a se sentir orgulhoso de pertencer a sua etnia.

Quanto às mudanças nos níveis de auto-estima durante a adolescência, a maioria dos estudos coincide em ressaltar uma clara queda durante os anos iniciais. Há diversas razões que podem servir para aplicar essa queda. Assim, as *mudanças físicas* próprias da puberdade farão com que, em princípio, o adolescente se sinta insatisfeito com seu corpo; o fato de que nossa cultura seja especialmente exigente quanto à atração física que a mulher deve possuir, justifica que haja uma maior porcentagem de meninas que se mostram descontentes com seu aspecto e que a queda na auto-estima seja mais clara entre elas do que entre os meninos. Outras razões para essa queda estão ligadas à passagem do ensino fundamental para o médio, que traz junto com ela *importantes mudanças no contexto escolar* (Wigfield et al., 1991). A possível mudança para uma escola de ensino médio fará com que os adolescentes deixem de ser os alunos mais velhos que conhecem todos os recursos disponíveis e que se movem com desenvoltura pelo colégio para serem os mais novos e novatos nessa nova etapa. A isso é preciso acrescentar a provável mudança de companheiros e professores e o aumento das exigências e da competitividade, não só no nível acadêmico, mas também no âmbito desportivo, já que agora a questão não é jogar para se divertir, mas jogar bem para se destacar e fazer parte da equipe do colégio ou do bairro. Outro aspecto a ser destacado é *o início das relações heterossexuais* e a nova tarefa de busca de um par, que acrescentarão mais pressão e contribuirão para que os adolescentes se sintam mais inseguros.

Após essa queda inicial, o normal é que a auto-estima comece a ser recuperada conforme o adolescente vai ficando mais seguro em seus novos papéis. No entanto, também nesse aspecto voltam a aparecer importantes diferenças em função do gênero, pois enquanto nos meninos a auto-estima seguirá uma clara linha ascedente, entre as meninas os níveis irão se manter baixos e podem, inclusive, descender (Gilligan, Lyons e Hammer, 1990; Block e Robins, 1993). Essas diferenças podem ser explicadas claramente pelos processos de socialização, que, a partir da puberdade, tendem a ampliar o leque de possibilidades e de experiências que são oferecidas ao menino (chegar mais tarde em casa, pegar o carro dos pais ou sair de férias com os amigos) e são restringidas para a menina.

A BUSCA DA IDENTIDADE PESSOAL

Desde que, no final da década de 1960, Erikson aludiu à formação da identidade pessoal como a principal tarefa que os adolescentes devem resolver, o estudo desse aspecto passou a ser reconhecido no campo do desenvolvimento do eu. O conceito de identidade está estritamente ligado ao autoconceito; no entanto, enquanto este depende em grande parte do desenvolvimento cognitivo, a identidade é um fenômeno psicológico bastante complexo de natureza psicossocial. Assim, ainda que os componentes cognitivos sejam importantes, pois a capacidade para pensar sobre si mesmo de forma abstrata ajudará o adolescente a tomar consciência de seu papel na sociedade, o sentimento de identidade incluirá outros componentes. Por um lado, o sujeito deve experimentar um sentimento de integridade pessoal, de forma que suas ações e decisões sejam coerentes entre si e conformem um estilo próprio pelo qual se defina e seja reconhecido pelo demais. É importante que esse estilo tenha uma certa estabilidade ao longo do tempo e através de diferentes situações. Além disso, é necessário considerar que essa identidade, apesar de ser uma característica pessoal, é experimentada em um contexto social determinado, em que o sujeito estabelece uma série de relações e experimenta diversos papéis. Essa identidade vai incluir as normas dos grupos nos quais o adolescente se integra, os valores que interioriza, sua ideologia pessoal e os compromissos que assume e vai recolher as experiências do passado para dar significado ao presente e dirigir sua conduta futura. Definitivamente, trata-se de uma estrutura ou organização interna construída pelo sujeito que agrupa todas aquelas características que definem sua forma de ser.

No modelo de Erickson sobre o desenvolvimento pró-social ao longo do ciclo vital, a adolescência representa a quinta etapa e supõe um momento-chave na formação da personalidade (Erikson, 1968). Lembremo-nos de que cada etapa está caracterizada por uma crise que gira ao redor de um tema ou tarefa dominante e que pode ser resolvida positivamente, com a obtenção de um determinado êxito, ou negativamente, com o correspondente fracasso. Ainda que essas crises possam ser vividas pelo sujeito como um estágio de confusão e incerteza, representam um momento crucial e necessário em que o desenvolvimento pode seguir diferentes trajetórias. Após a puberdade, ocorrerá uma crise de identidade como conseqüência da transição da infância para a adolescência e de todas as mudanças próprias dessa etapa, que levarão o adolescente a sofrer um sentimento de despersonalização e de estranhamento consigo mesmo. Esse estado de crise, com sua busca correspondente, proporcionará o empurrão necessário para o desenvolvimento da identidade, sendo, por isso, necessário. Durante esses anos, os adolescentes explorarão diferentes opções e experimentarão diversos papéis para, de forma progressiva, começarem a adotar alguns compromissos. Para Erickson, esses momentos de busca e de dúvidas representam uma espécie de *moratória* ou espera na qual o adolescente tenta encontrar seu lugar na sociedade. Ainda que, na maioria dos casos, essa crise seja resolvida de forma satisfatória com a conquista de uma identidade pessoal, alguns adolescentes ou jovens podem continuar sem adotar compromissos, em uma situação que Erikson denominou de confusão ou difusão de identidade e que, nessa etapa, representaria o fracasso. Seriam jovens que avaliam toda tomada de decisões como ameaçadora e conflituosa e que se sentem incapazes de se definir psicossocialmente, ficando presos em uma situação de isolamento e de alienação.

O *status* de identidade

Se Erikson baseou sua teoria na observação e na prática clínica, foi James Marcia quem mais deu apoio empírico ao *status* de identidade. Esse autor construiu uma entrevista semiestruturada (Marcia, 1966) na qual perguntava sobre as decisões e os compromissos que os adolescentes haviam adotado em relação a temas vocacionais e ideológicos. A partir das respostas dadas pelos adolescentes, Marcia estabeleceu quatro níveis ou *status* de identidade, definidos por dois critérios fundamentais: 1) o fato de ter passado ou não por uma crise de identidade e 2) ter adotado ou não compromissos pessoais no nível ideológico ou vocacional. No Quadro 18.2 podemos observar o *status* resultante da junção dessas duas dimensões:

QUADRO 18.2 Níveis ou *status* de identidade

Status	Crise	Compromisso
Difusão	Não	Não
Identidade hipotecada	Não	Sim
Moratória	Sim	Não
Conquista de identidade	Sim	Sim

A identidade difusa ou *difusão de identidade* é o *status* daqueles sujeitos que não adotaram nenhum compromisso firme no campo vocacional e ideológico e não estão explorando diferentes alternativas para adotá-lo no futuro; alguns desses sujeitos exploraram possibilidades no passado, mas, em seguida, desistiram de continuar tentando.

A *identidade hipotecada* corresponderia a meninos e meninas que já adotaram um compromisso social, mas que o fizeram sem ter passado por nenhum processo de busca ou exploração. É muito possível que se tenham prendido a uma série de valores ou de crenças sugeridas por outras pessoas sem terem chegado a considerar outras alternativas. Por exemplo, pensemos no menino que decide estudar Direito, porque seus pais são advogados e sempre esperaram que seu filho também fosse.

A *identidade em moratória* corresponde a adolescentes que se encontram em pleno processo de busca e experimentação, sem que ainda tenham chegado a se decidir por uma opção ou outra. Levam em conta diversas possibilidades, examinam seus prós e contras e ainda encontram dificuldades para tomar decisões, por isso são adolescentes que estão imersos em plena crise de identidade.

Por último, a identidade conquistada ou *conquista de identidade* representa o *status* final em que se situam jovens que chegaram a compromissos firmes e duradouros após terem passado por uma crise ou moratória. Seria o resultado da análise de todas as alternativas possíveis e a escolha e o compromisso com uma das opções.

Além da entrevista sobre o *status* de identidade elaborada por Marcia, outros autores desenvolveram questionários que permitem avaliá-lo. O mais utilizado é o questionário para avaliar o *status* de identidade (*Extended Objective Measure of Ego Status, EOM-EIS*) desenvolvido por Grotevant e Adams (1984) em sua primeira versão, e por Adams, Bennion e Huh (1989) na versão mais recente. Ele é composto de 64 itens agrupados em duas subescalas; a subescala ideológica explora os conteúdos referentes à religião, à política, à filosofia de vida e à vocação, enquanto a subescala interpessoal se centra nos aspectos referentes às amizades, às relações de casal, às inclinações e aos papéis de gênero, é por isso que essa entrevista representa uma importante ampliação sobre as duas áreas inicialmente consideradas por Marcia. No Quadro 18.3 são apresentadas algumas das perguntas da entrevista.

Evolução do *status* de identidade

Ainda que não possamos considerar que os quatro níveis no *status* de identidade representem fases evolutivas que se sucedem entre si em uma ordem fixa, é razoável pensar que a transição da adolescência até a idade adulta será marcada pela aquisição de uma identidade pessoal cada vez mais sólida e assentada. Adolescentes evoluiriam desde o início da adolescência em que se situariam em um estado de difusão, com pouco interesse para as questões relacionadas com a identidade, para uma segunda etapa na qual o surgimento das primeiras dúvidas e buscas marcaria o começo da moratória, para terminar, finalmente, com a conquista da identidade pessoal. Waterman (1982) denominou essa seqüência de *modelo progressivo* que representa a trajetória mais esperada. O *status* de conquista alcançada não tem por que ser definitivo, pois alguns sujeitos podem começar a questionar muitos dos compromissos adquiridos, evoluindo em direção a

QUADRO 18.3 Itens extraídos da escala EOM-EIS e referentes às áreas vocacional e ideológica

Difusão de identidade

- Não penso muito em religião. Tanto faz uma coisa ou outra.
- Ainda não escolhi a carreira que quero seguir, mas, no momento, e enquanto eu não encontre coisa melhor, qualquer delas me serve.

Identidade hipotecada

- Acho que penso como meus companheiros sobre política e faço a mesma coisa que eles com relação a votar e essas coisas.
- Faz muito tempo que meus pais decidiram a carreira ou o trabalho que tenho de seguir, e eu estou seguindo o plano deles.

Moratória

- Ainda não estou seguro do que a religião significa para mim. Eu gostaria de me decidir, mas ainda estou dando voltas.
- Ainda não me decidi profissionalmente. Há muitas carreiras que me interessam.

Conquista de identidade

- Pensei muito em minhas idéias políticas e concordo com algumas idéias de meus pais e discordo com outras.
- Demorei muito para tomar esta decisão, porém, agora sei que carreira quero seguir.

Fonte: Adams, Benniom e Huh, 1989.

um estado de moratória que terminaria na aquisição de uma identidade diferente. No entanto, existem outras possibilidades dentro desse modelo progressivo, e alguns estudos descobriram que a trajetória mais freqüente é a seguida pelos adolescentes que, estando em uma identidade hipotecada, começam a questionar esses compromissos (moratória) para terminar substituindo-os por outros mais pessoais que os situam em um *status* de conquista de identidade (Kroger, 1993). Pensemos, por exemplo, no caso de uma menina que abandona as opções ideológicas que havia assumido, em grande parte, para corresponder às expectativas de seus pais, para se decidir por novos compromissos políticos ou religiosos, frutos da reflexão e da escolha pessoal.

Ainda que o modelo progressivo represente a trajetória mais desejável, Waterman (1982) aponta a possibilidade de que alguns adolescentes sigam um *modelo regressivo* no qual se abandonam situações de identidade conseguida ou hipotecada, sem encontrar um substituto adequado para essa identidade, ficando presos em uma situação de difusão de identidade. Igualmente, sujeitos que se encontram em situação de crise ou moratória podem cessar sua busca sem que tenham adotado compromissos satisfatórios, vendo-se imersos em situações de difusão de identidade. Por último, o *modelo de paralisação* se referiria àqueles jovens que permanecem de forma indefinida em situações de difusão ou que realizam escolhas que os situam também de forma permanente em uma identidade hipotecada.

Quanto ao momento em que os adolescentes costumam alcançar a conquista (realização) de identidade, Erikson (1968) supunha que a crise de identidade é algo próprio da adolescência precoce, e que a evolução era resolvida na maioria dos casos no período compreendido entre os 15 e os 18 anos. No entanto, todos os dados de que dispomos hoje em dia nos indicam que essas previsões eram muito otimistas, pois é no final da adolescência que os adolescentes começam a alcançar o *status* de moratória, sendo algo não-usual encontrarmos identidades conquistadas por volta dos 20 anos. E até em alguns estudos realizados sobre adultos foram encontrados uma minoria de sujeitos em situação de conquista e porcentagens altas de identidades hipotecadas. Talvez as condições sociais atuais não sejam as mais favoráveis para promover a aquisição da conquista da identidade pessoal, pois exercem uma importante pressão sobre o sujeito, limitando sua capacidade de escolha e criando uma tensão entre o indivíduo e a sociedade que tende a gerar alienação, confusão e perda de autenticidade (Cotè, 1996; Gecas e Burke, 1995). À luz dos dados disponíveis, fica cada vez mais difícil manter a idéia da conquista da identidade como tarefa que culmina na adolescência. Sem dúvida, estamos diante de um processo que planta suas raízes na infância e se estende ao longo de todo o ciclo vital, com períodos de exploração e períodos de consolidação, embora os períodos em que ocorrem importantes mudanças contextuais, como a adolescência, representem um momento crítico na aquisição da identidade.

Defasagens na conquista da identidade

Uma das características que Erikson atribuiu à conquista da identidade é a globalidade ou integridade e coerência; no entanto, essa idéia não parece ser apoiada pela pesquisa, pois, quando se leva em conta diversas áreas ou domínios, não é muito comum que os sujeitos se encontrem no mesmo *status* de identidade nas diferentes áreas exploradas. Assim, Archer (1989) encontrou que somente 5% dos adolescentes estudados apresentavam o mesmo *status* em todas as áreas, o que parece jogar por terra a idéia da identidade como algo homogêneo que o sujeito alcança globalmente. Em clara sintonia com a teoria focal de Colemam (1980), é muito razoável que a adoção de compromissos em diferentes áreas ocorra de forma seqüencial ao longo da adolescência. Assim, uma menina pode ter muito claras suas preferências nas relações interpessoais e religiosas (conquista), porém pode estar dando voltas para escolher a carreira que quer seguir (moratória) e nem sequer ter se perguntado quais são suas preferências políticas (difusão). No entanto, apesar dessas diferenças entre identidades, existirá uma tendência evolutiva a que se vá alcançando uma certa integridade entre todos os componentes, e, como ressalta Grotevant (1992), ao redor de um componente ou domínio que seja especialmente relevante para o sujeito é que os outros irão sendo construídos. Por exemplo, um adolescente que mostre no interpessoal uma determinada identidade muito pró-social e voltada para o apoio dos demais pode escolher uma profissão que se ajuste a ela e virar um assistente social, defendendo também idéias políticas de acordo com essa orientação. Bosma (1992) estudou os componentes que os adolescentes consideram mais relevantes diante da definição de sua identidade e concluiu que são os conteúdos relacionados com os estudos e com a profissão os que ocupam o primeiro lugar, embora também pareça que é precisamente em relação aos aspectos profissionais que a identidade é alcançada de forma mais tardia.

Fatores que influem na conquista da identidade

A conquista da identidade implica a livre escolha pelo sujeito de uma série de opções ou compromissos, embora o contexto social exerça uma importante pressão sobre o adolescente, condicionando as escolhas que efetua. Se falarmos no *contexto familiar*, temos de ressaltar a influência que o tipo de relações familiares e os estilos parentais irão exercer sobre a conquista da identidade pelo adolescente. Hoje em dia existe um consenso generalizado de que os adolescentes que vivem em famílias democráticas, que lhes oferecem a oportunidade de expressar e de desenvolver seus próprios pontos de vista e de tomar suas decisões em um contexto de aceitação e apoio são os que mais têm facilidade para alcançar um sentimento de identidade pessoal. São famílias que incentivam em seus filhos a exploração e o processo de individuação. Outras situações familiares representam contextos menos favoráveis, como é o caso dos adolescentes que vivem em lares onde impera um clima excessivamente autoritário, ficando propensos a seguir o caminho que seus pais traçaram para eles e a adotar identidades hipotecadas. Em alguns casos, esses adolescentes poderão rebelar-se contra seus pais e tomar suas próprias decisões, embora, por não contar com o apoio parental, a passagem da moratória para uma situação de conquista de identidade seja mais difícil. Entre os filhos de pais permissivos também será freqüente encontrar identidades hipotecadas, já que, por serem adolescentes pouco acostumados a que seus pais exijam que eles tomem decisões, podem optar pela solução mais fácil e tomar emprestadas suas preferências; embora também seja possível que esses adolescentes tenham a tendência de evitar a adoção de compromissos sérios, permanecendo em situações de difusão de identidade, algo que costuma ser igualmente freqüente em filhos de pais indiferentes (Makstrom-Adams, 1992).

Grotevant (1992) assinalou a diferença existente entre os componentes recebidos e os componentes escolhidos da identidade. Os primeiros representam aqueles aspectos sobre os quais o sujeito não tem nenhuma possibilidade de escolha, como o gênero, a raça ou a cultura de procedência, que irão representar o contexto para a escolha dos componentes restantes. Assim, o fato de ser uma menina de raça cigana e que vive na Espanha constituirá o núcleo na formação de sua identidade, ao mesmo tempo em que condicionará as opções disponíveis. Portanto, o *contexto social* e *cultural* representa um fator muito influente, de forma que determinadas culturas muito tradicionais e com normas e modelos educativos muito rígidos, como a cigana (ou como a de Samoa, para usar um outro exemplo), tendem a promover identidades hipotecadas na maioria dos sujeitos. Em compensação, a cultura ocidental costuma deixar ao indivíduo uma maior margem de liberdade que o leva com freqüência à conquista da identidade. Além disso, existem algumas evidências segundo as quais fazer parte de uma minoria étnica representa uma desvantagem no processo de construção da identidade. Esses adolescentes devem enfrentar a difícil tarefa de escolher entre os valores próprios de seu grupo étnico e os que imperam na cultura majoritária. Em alguns casos, a pressão do grupo por preservar suas próprias características de identidade será tão forte que seus membros se sentirão próximos de hipotecar sua identidade. Em outras ocasiões, os sujeitos estarão imersos em uma crise ou moratória tão clara que pode ser resolvida com a regressão a uma difusão de identidade. Tudo isso sem se esquecer de que, freqüentemente, os grupos minoritários sofrem discriminação por parte da cultura dominante, por isso seus membros têm menos alternativas a explorar e entre as quais escolher.

Quanto à influência do *gênero*, sem dúvida representa um dos aspectos mais polêmicos em relação à aquisição da identidade. As primeiras pesquisas que analisaram as diferenças entre meninos e meninas costumavam encontrar mais dificuldades entre estas, já que as mulheres representavam taxas mais altas de identidades hipotecadas. No entanto, quando os estudos incluem uma ampla variedade de conteúdos, e não somente os aspectos ideológico e vocacional, aparecem algumas matizações, pois enquanto os meninos estão na frente nos componentes ideológicos e intrapessoais, nos aspectos interpessoais são as meninas que tendem a alcançar antes a conquista da identidade (Patterson, Sochting e Marcia, 1992). Esses resultados podem estar evidenciando as diferenças de gênero nos processos de socialização, mais restritivos para as adolescentes quando se trata de aspectos profissionais; por isso é esperável que as diferenças sejam suavizadas com a mudança nas expectativas sociais para com a mulher. De fato, alguns estudos recentes encontram entre as meninas *status* de identidade mais avançados do que entre os meninos da mesma idade (Lacombe e Gay, 1998).

Identidade e ajustamento psicológico

No âmbito teórico desenvolvido por Erikson, a conquista da identidade pode ser considerada um requisito para um ótimo ajustamento psicológico, pois representa o resultado da resolução positiva da crise da adolescência. O sentimento de identidade representa a integridade entre os diferentes componentes que formam a personalidade do sujeito e serve para dotar de significado suas ações. Por isso, não é estranho que alguns estudos tenham tentado estabelecer relações entre os níveis ou *status* de identidade e determinadas características psicológicas. Ainda que a maioria desses estudos seja de caráter correlacional, e possam somente estabelecer associações e não relações causais, tendem a considerar que o *status* de identidade influirá sobre o comportamento do sujeito como se fosse uma característica mais ou menos estável de sua personalidade. Foram encontradas relações com características socioemocionais, cognitivas e comportamentais: em geral, o *status* de conquista de identidade é o que aparece associado a traços mais positivos, e o de difusão, a traços menos favoráveis, com os estados de moratória e identidade hipotecada ocupando posições intermediárias.

O estado de *difusão* é o menos adaptativo e que aparece mais freqüentemente associado a transtornos psicológicos (Watermam, 1992), pois esses adolescentes apresentam altos níveis de ansiedade e de sintomas depressivos, assim como uma baixa auto-estima. Em suas relações sociais mostram-se conformistas e influenciáveis, com dificuldades para o estabelecimento de relações de cooperação e de intimidade. Mostram uma orientação evitativa, pois evitam enfrentar os problemas e as situações conflituosas. Não é de se estranhar que, entre esses adolescentes, encontremos os mais altos níveis de consumo de drogas.

Os sujeitos com *identidade hipotecada* apresentam uma mistura de traços positivos e negativos. Entre os traços favoráveis é preciso destacar a alta auto-estima, a baixa ansiedade e a pouca incidência do consumo de drogas. Esses adolescentes compartilham com os que se encontram na conquista de identidade bons índices de bem-estar emocional, e, por isso, parece que, com relação a esses aspectos, o fato de ter adotado alguns compromissos é a variável mais relevante. Por outro lado temos de citar outras características menos positivas: assim, costumam ser adolescentes excessivamente obedientes e dependentes de seus pais, demonstrando atitudes conformistas, rígidas e autoritárias e mantendo relações muito estereotipadas; em função disso, têm dificuldade para estabelecer relações íntimas. Conforme assinalou Berzonsky (1992), são sujeitos que mantêm uma orientação normativa e procuram ajustar-se às expectativas defendidas por figuras importantes para eles, como os pais.

Algo parecido ocorre com os adolescentes em *moratória*, nos quais também se dará uma combinação de traços positivos e negativos. O lado menos favorável desses adolescentes, representado por uma baixa auto-estima e um elevado nível de ansiedade e indecisão, estaria associado ao momento de crise que atravessam, pelo que seria razoável pensar que é uma situação transitória. Esses adolescentes compartilharão muitas características positivas com aqueles que já alcançaram a conquista de identidade: as atitudes sociais flexíveis, a conduta pró-social e a orientação para a informação. Apresentam níveis de consumo de drogas um pouco superior aos dos adolescentes com identidade hipotecada e inferiores aos que se encontram em difusão, ainda que as diferenças mais importantes estejam relacionadas com as motivações que os levam a esse consumo, associadas à busca e à experimentação próprias da moratória (Jones, 1992).

Os sujeitos que alcançaram a conquista da identidade são aqueles que se mostram mais maduros e autônomos. São adolescentes com muita auto-estima e confiança em si mesmos, que apresentam pouca ansiedade e costumam ter um estado emocional favorável. Alcançam os níveis mais complexos de desenvolvimento moral e mantêm relações sociais caracterizadas pela cooperação e pelo apoio aos demais, estabelecendo relações íntimas com relativa facilidade. Como nos sujeitos em moratória, quando é para enfrentar problemas e tomar decisões, manifestam uma orientação para a informação, mostrando-se abertos e flexíveis, procurando avaliar toda a informação disponível, ainda que o fato de já ter adotado uma série de compromissos possa limitar um pouco essa flexibilidade em relação a quem ainda se encontra em moratória. O fato de que em algumas ocasiões os sujeitos em conquista de identidade não mostrarem características tão positivas, talvez nos indique que não basta levar em conta se o adolescente adotou ou não compromissos, mas também em que medida esses compromissos são significativos e satisfatórios e se ajustam às expectativas que tinha.

PAPÉIS E ESTEREÓTIPOS DE GÊNERO

Durante os anos da infância, os processos de socialização costumam atuar de maneira eficaz, de forma que antes do início da adolescência os adolescentes vão ajustando seus valores, atitudes e comportamentos aos papéis que a sociedade define para cada sexo. Após as mudanças físicas próprias da puberdade, essa pressão aumentará; por isso, não é estranho que, durante esses anos da adolescência, os adolescentes mostrem-se muito estereotipados e evitem atividades ou comportamentos que possam ser considerados próprios de outro sexo: eles se mostram muito masculinos, e elas, muito femininas. Isso poderia explicar os resultados encontrados em numerosos estudos que apontam um aumento nos estereótipos sexuais durante a adolescência. No entanto, algumas pesquisas encontraram um certo aumento da flexibilidade nesses estereótipos coincidindo com a transição para o ensino médio (Alfieri, Ruble e Higgins, 1996). Uma explicação para isso pode ser que as mudanças cognitivas tendem a facilitar uma visão mais relativista e flexível dos papéis de gênero, porém tudo parece mostrar que essa flexibilidade é o resultado dos esforços que os adolescentes realizam para se adaptar a um novo contexto social. As importantes mudanças que acompanham essa transição podem criar no adolescente uma certa insegurança que faça com que talvez esse não seja o momento mais adequado para defender idéias muito estereotipadas sobre as diferenças entre ambos os sexos. Uma vez superados esses momento iniciais, essa flexibilidade tende a desaparecer, e os estereótipos se consolidam. Ainda que as diferenças não sejam muito claras, os meninos tendem a mostrar estereótipos mais rígidos do que as meninas, conforme foi indicado em relação à infância nos Capítulos 9 e 13.

Muitos dos estudos realizados sobre papéis de gênero utilizaram o questionário *Bem Sex Roles Inventory*, elaborado por Sandra Bem (1974), que inclui uma série de itens referentes a características tradicionalmente consideradas masculinas (confiança em si mesmos, independência, atividade) ou femininas (amabilidade, pró-socialidade, sensibilidade). A pontuação obtida no teste permite classificar os sujeitos em quatro tipos: sujeitos *masculinos*, que pontuam alto em masculinidade e baixo em feminilidade; *femininos*, que obtêm pontuações altas em feminilidade e baixas na escala de masculinidade; os sujeitos *andróginos* que obtêm pontuações altas em ambas as dimensões, enquanto os *indiferenciados* pontuam baixo nas duas escalas, pelo que masculinidade e feminilidade são dimensões diferentes e não os pólos opostos de uma mesma dimensão.

Ainda que tradicionalmente se tenha considerado que o ideal é que os meninos se mostrem masculinos e as meninas femininas, alguns estudos revelaram que a personalidade de tipo andrógino pode ser mais favorável, tanto para os homens como para as mulheres, proporcionando um maior ajustamento psicológico. Apesar de ser possível que, no início da adolescência, os sujeitos andróginos possam ser incomodados ou ridicularizados por seus iguais ou seus pais, seus múltiplos interesses e sua maior flexibilidade irão permitir-lhes que se adaptem e que se sintam cômodos em uma variedade maior de situações. Não é estranho que esses adolescentes apresentem níveis mais altos de auto-estima e *status* de identidade mais avançado (Dusek, 1996).

DESENVOLVIMENTO MORAL

Raciocínio moral

Durante os anos da adolescência ocorrerão importantes mudanças no âmbito do raciocínio moral. Lembremo-nos de que no modelo proposto por Kolberg, exposto no Capítulo 10, as pessoas progridem através de uma série de fases até alcançar os maiores níveis de desenvolvimento moral. Durante a infância, as crianças haviam se situado na perspectiva egocêntrica própria do nível *pré-convencional*, no qual o bem se definia de forma independente da intenção do sujeito pela obediência literal às normas, e as razões que justificavam o se comportar de acordo com essas normas era evitar o castigo. Ainda que alguns adolescentes permaneçam nesse nível, a maioria deles começaria antes da puberdade a mostrar um raciocínio moral um pouco mais avançado, situando-se no que Kolberg denominou de nível convencional, descrito no Capítulo 14. Agora os adolescentes irão elaborar suas opiniões morais baseando-se nas expectativas do grupo social, e as razões para seguir as regras sociais são conseguir a aprovação dos demais e uma opinião favorável sobre seu comportamento como membro de uma coletividade. Na primeira fase desse nível procurariam se mostrar diante dos demais como um bom menino, ou uma boa menina. Mais adiante, na fase mais avançada desse nível convencional, surge uma maior orientação pela lei e pela ordem, que devem ser respeitadas pelo bem da comunidade. Muitos adolescentes superam a visão egocêntrica própria da infância para se situarem em uma perspectiva social de membro de uma sociedade que julga os comportamentos a partir do bem coletivo.

Existem várias razões que justificam esse avanço no desenvolvimento do juízo moral. Se levarmos em conta que, no modelo proposto por Kolhberg, o desenvolvimento cognitivo representa um fator necessário, ainda que não suficiente, para que ocorram avanços no raciocínio moral, é lógico que as novas capacidades cognitivas alcançadas durante o período das operações formais tenham sua repercussão sobre o juízo moral. Assim, enquanto a capacidade para pensar de forma abstrata permitirá o surgimento da preocupação pelo conceito de justiça ou bem social, o desenvolvimento da habilidade para adotar perspectivas diferentes da própria aumentará a preocupação pela opinião dos demais e pelas conseqüências de seus atos sobre outras pessoas. Junto a esses avanços cognitivos, é preciso considerar que, durante os anos da adolescência, são freqüentes as discussões com os pais e companheiros sobre diversos temas sociais e morais, que podem produzir no adolescente o conflito ou o desequilíbrio que o leve a mudar sua forma de raciocinar sobre os dilemas morais.

Ainda que a maioria dos adolescentes e dos adultos permaneça nesse nível de desenvolvimento moral, alguns sujeitos, durante a adolescência tardia, ou já na idade adulta, evoluirão em direção a última fase no desenvolvimento do raciocínio moral: o nível *pós-convencional*. Nesse nível, os comportamentos serão julgados a partir de princípios ou de direitos humanos universais que estão acima das normas sociais. Portanto, o indivíduo se situa em uma perspectiva acima da sociedade, construindo princípios que predominam sobre os socialmente estabelecidos.

A teoria de Kolberg recebeu um importante apoio empírico; no entanto, alguns aspectos receberam críticas consideráveis. Uma das questões mais criticadas está ligada ao escasso número de sujeitos que ascendem ao nível pós-convencional, sobretudo em sociedades menos desenvolvidas e regidas por formas de governo não-democráticas, o que coloca sob suspeita a universalidade desses níveis. O outro aspecto que recebeu importantes críticas está ligado ao viés masculino dessa teoria. O fato de Kohlberg ter construído seu modelo a partir de entrevistas com homens, dificulta sua fácil extrapolação para mulheres. Carol Gilligan, uma colaboradora de Kohlberg, baseando-se em entrevistas com meninas e mulheres, encontrou algumas diferenças de gênero. Assim, enquanto os meninos parecem mais preocupados pela justiça como conceito abstrato e pelo fato de que as pessoas sejam tratadas de forma justa e de acordo com as normas ou regras sociais, as meninas costumam interpretar os dilemas morais a partir de uma perspectiva interpessoal, mostrando-se mais preocupadas com suas relações com os outros e com sua responsabilidade para satisfazer as necessidades dos demais. Gilligan (1982) propôs um modelo alternativo ao de Kohlberg, modelo que explicaria o desenvolvimento do raciocínio moral entre o sexo feminino. Esse modelo inclui três níveis paralelos ou equiparáveis aos níveis pré-convencional, convencional e pós-convencional. No primeiro nível, a preocupação da mulher seria a sobrevivência e seus próprios interesses. No segundo, o mais característico da adolescência, a necessidade de agradar às outras pessoas tem prioridade sobre os interesses próprios; as adolescentes e as mulheres começam a se responsabilizar pelo cuidado de outros e procuram conseguir um equilíbrio entre permanecer leais a si mesmas e atender as necessidades dos demais. A busca desse equilíbrio pode fazer com que a adolescência seja uma época especialmente estressante para as meninas, já que percebem que esse interesse pelos demais é pouco considerado em uma sociedade machista que valoriza mais a competitividade e o êxito. No terceiro e último nível, dificilmente alcançável por mulheres adolescentes e adultas, consegue-se esse equilíbrio entre a satisfação das necessidades próprias e das dos demais, e se desenvolve uma perspectiva universal em que as mulheres se percebem como pessoas capacitadas que participam ativamente da tomada de decisões. O modelo de Gilligan recebeu um apoio empírico insuficiente, pois alguns estudos não encontraram diferenças entre meninos e meninas. Talvez ambas as perspectivas, a centrada nos demais e a centrada na justiça como conceito abstrato, sejam complementares e estejam presentes tanto em homens como em mulheres.

Comportamento moral: conduta pró-social e atos anti-sociais

Com relação às mudanças no comportamento moral, as coisas são um pouco menos claras do que quando a questão é o raciocínio moral, sendo os dados um pouco mais contraditórios. Em termos gerais, pode-se dizer que a maioria dos estudos realizados sobre adolescentes encontra relação, ainda que fraca, entre os maiores níveis de raciocínio moral e comportamentos mais adequados do ponto de vista moral. No entanto, surge o paradoxo de que com a chegada da adolescência e junto ao já comentado avanço no juízo moral, aumentam tanto os comportamentos de caráter pró-social como as condutas anti-sociais e delituosas, o que uma vez mais evidencia o caráter ambivalente dessa etapa evolutiva.

Em relação à conduta pró-social, a maioria dos estudos encontra um aumento em suas manifestações ao longo da adolescência, ainda que não faltem pesquisas que não detectam variações significativas associadas à idade (Fabes e Eisenberg, 1998). Parece que os que tendem a aumentar são alguns dos comportamentos pró-sociais, mas não todos. Assim, é mais provável que os adolescentes se comprometam em atividades de ajuda que necessitam de recursos e de capacidades que não tinham nos anos anteriores; por exemplo, as doações e a participação em organizações não-governamentais ou em atividades de voluntariado experimentam um claro aumento, sobretudo a partir da adolescência média (Martín e Velarde, 1996). Existem algumas variáveis que aparecem associadas ao comportamento pró-social durante a adolescência, como o dispor de um raciocínio moral mais desenvolvido e de níveis mais altos de empatia, auto-estima e competência social. Também os pais democráticos e que proporcionam apoio continuam sendo um fator relevante (Eisenberg, 1991). Embora não existam importantes diferenças de gênero, podemos ressaltar que, enquanto os meninos costumam se envolver mais em ações instrumentais de ajuda, como intervir em situações perigosas ou arriscadas, as meninas tendem a proporcionar apoio verbal e emocional.

Porém, junto a esse aumento nos comportamentos de ajuda aos demais, ocorrerá um aumento significativo de condutas mais inadequadas. Ainda que as pesquisas indiquem que os comportamentos agressivos menos severos tendem a diminuir em relação aos anos anteriores, a incidência dos atos violentos e delituosos experimenta um crescimento substancial (Coie e Dodge, 1998). Muitos comportamentos anti-sociais aparecem durante os anos anteriores à puberdade, manifestando-se fundamentalmente no contexto familiar e escolar; porém, com a chegada da adolescência, esses atos anti-sociais vão intensificando-se, alcançando a máxima incidência por volta dos 17 anos, para, a partir desse momento, começar a diminuir, de forma que durante a maturidade precoce esses comportamentos terão desaparecido na maior parte dos sujeitos. As diferenças de gênero na conduta delitiva são muito chamativas; assim, além da maior incidência geral entre o sexo masculino, encontramos que, enquanto os meninos costumam se envolver em atividades mais graves e violentas, como roubos de carros, furtos ou assaltos, entre as meninas são mais freqüentes a cleptomania, as fugas de casa ou os delitos de caráter sexual. Fatores como a falta de supervisão e o controle familiar, a escassa comunicação com os pais, o fracasso escolar e um contexto social e cultural que reforce as atitudes anti-sociais favorecerão o surgimento de comportamentos delituosos.

À primeira vista poderia ser paradoxal que essa ampliação da conduta anti-social ocorresse em momentos nos quais se observa um claro avanço no raciocínio moral. No entanto, é preciso considerar a influência de certas variáveis pessoais e situacionais que também mudam durante a adolescência. Por exemplo, David Elkind (1985) destacou o papel que podem exercer as limitações cognitivas relacionadas ao egocentrismo próprio desse período, ao qual já aludimos no Capítulo 16. Esse autor denominou de *hipocrisia aparente* a tendência que mostram muitos adolescentes para pensar que não têm de aceitar as mesmas normas que consideram apropriadas para os demais, o que, em muitas ocasiões, evidencia uma clara discrepância entre os ideais do jovem e sua conduta: é como se o simples fato de pensar nesses ideais bastasse para consegui-los, sem a necessidade de se esforçar pessoalmente. Essa característica estaria ligada ao fato de que, ainda que os adolescentes já tenham a capacidade para pensar em termos abstratos, para eles ainda é complicado passar dos princípios abstratos para situações concretas, explicando-se, assim, determinados comportamentos juvenis contraditórios, como protestar contra a contaminação mediante uma passeata dominical que supõe uma clara degradação do lugar pelo qual transcorre, ou manifestar-se de forma violenta a favor da paz. Outros fatores que podem influenciar no aumento das atividades anti-sociais estão relacionados à necessidade que os adolescentes em moratória têm de experimentar novas situações, ou com a menor supervisão que existe sobre seus comportamentos por parte de pais e educadores durante esses anos em que os adolescentes não assumiram as responsabilidades próprias dos adultos.

19 Desenvolvimento social durante a adolescência

ALFREDO OLIVA

Existe um fio condutor que liga a infância à adolescência e evita que os adolescentes se incorporem sem bagagem nessa nova etapa, garantindo que as relações sociais que estabeleçam tenham uma certa continuidade com as que mantiveram nos anos anteriores. É muito provável que os adolescentes que se mostravam sociáveis e carinhosos quando crianças continuem sendo, enquanto os mais retraídos continuarão lutando contra sua timidez; as famílias que, depois da puberdade, experimentaram importantes conflitos em suas relações com o filho ou com a filha adolescente, talvez tenham sofrido dificuldades semelhantes em etapas anteriores. Em princípio, não cabe esperar transformações radicais no desenvolvimento social com a chegada da adolescência. No entanto, é razoável pensar que todas as mudanças físicas e psicológicas que o adolescente experimenta repercutirão sobre as relações que ele estabelece em todos aqueles contextos dos quais participa, como a família, o grupo de iguais ou a escola. Além disso, a maior autonomia adquirida permitirá que os adolescentes passem mais tempo em contextos extrafamiliares, pelo que, além das mudanças nas relações já existentes, ocorrerá uma ampliação e uma diversificação de sua rede de relações sociais.

Estudar as modificações que ocorrem nos contextos sociais nos quais os adolescentes estão imersos como resposta a suas novas habilidades e capacidades (sua nova forma de pensar, seus novos desejos e interesses, seu novo corpo de adulto) é uma forma de analisar o desenvolvimento social durante a adolescência. Um tipo de análise diferente consistiria em considerar os contextos sociais (família, escola, iguais) nos quais transcorre a vida dos adolescentes como variáveis independentes que exercem sua influência sobre o desenvolvimento; a família, a escola ou o grupo de iguais são, então, analisados como contextos em que ocorre o desenvolvimento do adolescente, porque tudo o que ocorrer neles influirá decisivamente sobre o curso do desenvolvimento. Como compreenderá o leitor, essas duas abordagens são claramente complementares; representam as duas faces da mesma moeda e estão tão inter-relacionadas que considerá-las separadamente é um reducionismo somente justificável com uma finalidade didática. Um exemplo já comentado no Capítulo 16 servirá para entender melhor essa visão sistêmica: a chegada da menarca terá uma repercussão importante sobre o relacionamento das meninas com os pais e iguais; porém, nem um aspecto tão biológico como a primeira menstruação será independente do que tenha acontecido no contexto familiar, pois o grau de estresse na família é um dos fatores que se relacionam com a maior precocidade da menarca; estresse que, por sua vez, não será independente de como estiver ocorrendo a transição para a puberdade.

O ADOLESCENTE NA FAMÍLIA

Relações familiares durante a adolescência

Um dos tópicos mais generalizados sobre a adolescência é o de que, nesse período, ocorrem importantes conflitos na relação do jovem com seus pais. Essa idéia experimentou diversos vaivéns ao longo das últimas décadas em função das perspectivas teóricas predominantes, desde os enfoques que consideram a adolescência como um período no qual as relações familiares se tornam imensamente problemáticas até as concepções que defendem a normalidade nas relações entre pais e filhos. Em um extremo está a perspectiva psicanalítica, que fala de explosão de conflitos, da rebelião do adolescente e da separação emocional em relação aos pais. Porém, essa imagem de conflito familiar, que ainda continua atemorizando muitos pais quando a puberdade de seus filhos se aproxima, tem sido substituída por outra muito mais normalizada e realista, surgida de um importante número de pesquisas realizadas sobre amostras muito mais amplas e representativas do que nos casos clínicos em que os autores de orientação psicanalítica fundamentaram suas concepções. Os dados disponíveis hoje nos permitem defender a idéia de que durante a adolescência ocorre uma série de mudanças na relação que os adolescentes estabelecem com seus pais, porém, essas mudanças não têm de supor necessariamente o aparecimento de conflitos graves. Conforme ressaltam Laursen e Collins (1994), menos de 10% das famílias parece passar por dificuldades sérias durante essa etapa e, sem dúvida, muitas delas já passavam por problemas durante a infância.

A maioria dos estudos parece coincidir em assinalar o período que se segue à puberdade, isto é, o começo da adolescência, como uma etapa de perturbações temporais nas relações familiares. Nessa etapa, os adolescentes ficam mais assertivos, passam mais tempo fora de casa e diminuem o número de interações positivas com seus pais. Apesar disso, parece que a partir desses difíceis momentos iniciais, as relações tendem a se normalizar, diminuindo o número de conflitos produzidos. Assim, Laursen, Coy e Collins (1998), em uma meta-análise realizada sobre um grande número de pesquisas que estudam os conflitos familiares durante a adolescência, encontraram que, a partir da puberdade, há uma grande correlação negativa entre idade e número de conflitos entre pais e filhos, ainda que a intensidade afetiva com que os adolescentes vivenciam esses conflitos tende a aumentar com a idade. Portanto, parece que a puberdade coincide com o momento de maior conflito, e, ao longo da adolescência, o número de conflitos entre pais e filhos tende a diminuir, ao mesmo tempo em que aumenta a intensidade afetiva com a qual o adolescente experimenta esses problemas.

À luz desses resultados, é de se esperar que, durante a adolescência precoce, inclusive nas famílias que se caracterizam pelas boas relações, possam aparecer algumas disputas e ocorrer mudanças nas relações pais-filhos. No geral, essa mudança não tem por que supor uma ruptura emocional, nem acarretar problemas importantes; antes, os conflitos produzidos costumam relacionar-se com aspectos da vida cotidiana, tais como as tarefas de casa, as amizades, a forma de se vestir ou a hora de voltar para casa. Conforme ressaltou Smetana (1989a), esses conflitos costumam originar-se, porque, enquanto os adolescentes consideram esses assuntos como aspectos de sua vida privada que diz respeito somente a eles, seus pais ainda se consideram no direito de estabelecer regras nesse sentido. Também é freqüente que a percepção que o adolescente tem de seus pais experimente uma clara desidealização, e a imagem de pais oniscientes e todo-poderosos, própria da infância, seja substituída por outra muito mais realista, na qual eles terão espaço para defeitos e virtudes.

Existem diferentes razões que podem justificar essa mudança nas relações familiares depois da puberdade. Em primeiro lugar, é preciso destacar as mudanças cognitivas já conhecidas, mudanças que irão afetar a forma como pensam sobre si mesmos e sobre os demais. Essas melhoras intelectuais permitirão ao jovem ter uma forma diferente de ver as normas e as regulamentações familiares, chegando a questioná-las; além disso, sua recém-adquirida capacidade para diferenciar o real do hipotético irá permitir-lhe criar alternativas para o funcionamento da própria família. Também será capaz de apresentar argumentos mais sólidos e convincentes em suas discussões familiares, o que significará um claro questionamento da autoridade dos pais. Collins (1992,1997) destacou o papel que exercem as discrepâncias entre as expectativas de pais e filhos no surgimento desses conflitos. Segundo esse autor, durante períodos de mudanças rápidas, como a adolescência precoce, ocorrem importantes modificações nas percepções e expectativas que as pessoas têm dos demais e de si mesmas. Portanto, no princípio da adolescência é muito possível que apareçam discrepâncias entre as expectativas de pais e filhos sobre determinados aspectos, como, por exemplo, sobre o momento mais adequado para que tenham lugar certos acontecimentos ou transições (começar a sair com os meninos ou com as meninas, sair sozinhos à noite, começar a se mostrar menos autoritários, etc.).

Outro aspecto destacável é que os adolescentes começam a passar cada vez mais tempo com os iguais, o que lhes permitirá uma maior experiência em relações horizontais ou igualitárias que pode levá-los a desejar um tipo de relação semelhante em sua família. No entanto, esse desejo de dispor de uma maior capacidade de influência na tomada de decisões familiares nem sempre coincide com o de seus pais, e a situação mais freqüente é a de filhos que desejam mais independência do que seus pais estão dispostos a conceder. Os pais costumam querer continuar mantendo sua autoridade e sua forma de se relacionar com seus filhos; em alguns casos, inclusive, podem aumentar as restrições como resposta ao surgimento do interesse pelo sexo oposto, o que levará ao aparecimento de conflitos. Uma vez passado o primeiro momento, os pais costumam flexibilizar sua postura, e os filhos vão ganhando poder e capacidade de influência, provocando uma diminuição de conflitos na adolescência média e tardia. Quando os pais não se mostram sensíveis às novas necessidades de seus filhos adolescentes e não adaptam seus estilos disciplinares a essa nova situação, é muito provável que apareçam problemas de adaptação, no adolescente.

Na linha da perspectiva psicanalítica, alguns autores sugeriram a possibilidade de que os problemas entre pais e filhos tenham um efeito positivo sobre o sistema familiar. Holmbeck (1996) sugere um modelo em que o valor adaptativo ou não-adaptativo desses conflitos dependerá de alguns fatores moderadores. Quando são problemas de baixa intensidade que ocorrem no contexto de relações caracterizadas pela comunicação e pelo afeto, e quando os pais se mostram flexíveis e capazes de ajustar suas formas de se relacionar com seus filhos adolescentes, é muito provável que o conflito sirva como catalisador das mudanças nas relações entre pais e filhos, promovendo assim a adaptação e o desenvolvimento. Ao contrário, nos casos em que os pais mostram expectativas negativas sobre a adolescência e consideram esse período como inevitavelmente problemático, ou quando se mostram coercitivos e pouco comunicativos com seus filhos e reagem às mudanças próprias da adolescência com o imobilismo ou o aumento de restrições, é bem possível que ocorra um deterioramento importante nas relações familiares que tenha um impacto negativo sobre o desenvolvimento e o comportamento do adolescente.

Outro tópico muito generalizado é o que considera o adolescente como um indivíduo isolado em seu mundo e que fechou todos os canais de comunicação com sua família. Ainda que, em alguns casos, possa ocorrer uma ruptura total da comunicação, em geral, a maioria dos adolescentes costuma falar com seus pais sobre muitos dos temas que os preocupam, talvez com a exceção de alguns assuntos que preferem comentar com seus amigos, como os referentes às relações sexuais ou às drogas. As pesquisas existentes sobre esse aspecto (Noller,1994) indicam que tanto os meninos como as meninas mostram mais comunicação e intimidade com suas mães do que com seus pais, provavelmente porque elas passam mais tempo em casa e estão mais disponíveis e, além disso, mostram mais receptividade e sensibilidade às opiniões e às inquietações de seus filhos. Porém, já que também são as mães as que apresentam um maior número de interações negativas com seus filhos, parece que elas tanto podem ser autoritárias como ponderadas. Larson e Richards (1994) encontraram que entre os 9 e os 15 anos ocorre uma clara redução no tempo em que meninos e meninas passavam interagindo com sua família em atividades coletivas, como ver televisão juntos ou conversar. Esse tempo é substituído pela permanência solitária do adolescente em seu quarto e pelas relações com o grupo de amigos.

Muitas das mudanças nas relações familiares estão, em grande parte, influenciadas pelas mudanças experimentadas pelos filhos a partir da puberdade. Mas não podemos nos esquecer de que os pais também mudam ao longo do ciclo vital, e é possível que, enquanto seus filhos passam pela adolescência, eles também estejam enfrentando algum momento evolutivo delicado ou passando por alguma crise pessoal, aumentada ao ver que seus filhos estão ficando adultos, e tudo isso pode interferir nas relações que estabelecem com seus filhos. Por exemplo, é provável que a primeira menstruação da filha coincida com o final do ciclo reprodutivo da mãe, que se sentirá um pouco mais próxima da velhice, o que pode contribuir para gerar algumas tensões em suas relações. Uma correta compreensão do que ocorre no contexto familiar durante a adolescência exige uma verdadeira visão sistêmica que contemple as relações bidirecionais entre todos os elementos que de dentro ou de fora desse contexto estejam interligados.

A busca da autonomia

Um dos acontecimentos mais relevantes para o desenvolvimento social do adolescente está ligado à aquisição de níveis de autonomia cada vez maiores em relação a seus pais. Se o adolescente deve se preparar para abandonar o lar e agir como um adulto autônomo, é razoável esperar dele comportamentos cada vez mais independentes. Diante desse processo de individuação, é freqüente que os adolescente experimentem uma certa ambivalência, e que, ao mesmo tempo que desfrutam de novos privilégios, lamentem as novas responsabilidades que devem assumir, podendo sentir saudade de seus dias de infância em que seus pais cuidavam deles e assumiam toda a responsabilidade. Por isso, não é estranho encontrar durante os primeiros anos da adolescência a alternância entre condutas maduras e comportamentos infantis.

Em relação à conquista da autonomia pelo adolescente, é preciso destacar o papel que a desvinculação ou a separação afetiva dos pais exerce nesse processo. Autores como Anna Freud e Peter Blos consideraram que o distanciamento, e até mesmo a hostilidade, em relação aos pais é algo natural e desejável quando os filhos chegam à puberdade, porque favorece o estabelecimento de vínculos extrafamiliares de caráter heterossexual e a superação dos desejos sexuais de caráter incestuoso. Steinberg e Silverberg (1986) empregaram o termo autonomia emocional para fazer referência a essa desvinculação afetiva. Para eles, a autonomia emocional, que avaliam mediante uma escala auto-aplicável, é um conceito multidimensional que inclui componentes como a tendência a compreender os pais como pessoas com desejos e necessidades próprias, sua desidealização e a independência e a individuação do adolescente. Segundo Steinberg e Silverberg (1986), essa autonomia afetiva é necessária para que o processo de individuação ocorra, ainda que, em um primeiro momento, a separação afetiva dos pais possa deixar o adolescente em uma situação de vulnerabilidade e vazio emocional que o levará a uma excessiva dependência do grupo de iguais para preencher esse vazio.

Outros autores questionaram que a desvinculação afetiva dos progenitores represente um passo necessário no processo de individuação do adolescente. Na linha da teoria de apego, Ryan e Linch (1989) consideram que uma elevada autonomia emocional pode estar refletindo uma experiência prévia no contexto familiar de falta de apoio e aceitação, que não só não conduz a uma maior autonomia, mas que também pode estar interferindo na consolidação da identidade e na formação de uma auto-estima positiva. Então, longe de estar representando um aspecto positivo do desenvolvimento, uma alta autonomia emocional estaria refletindo a frieza na relação afetiva estabelecida com os pais na infância, frieza que havia levado a um apego do tipo inseguro-evitativo. Nós mesmos encontramos que os adolescentes que mostram uma maior autonomia emocional têm uma auto-estima mais baixa, modelos representacionais inseguros de sua relação com os pais na infância e um meio familiar caracterizado pela falta de afeto e apoio.

Talvez nenhuma das posturas comentadas esteja totalmente certa, pois é provável que, em alguns casos, uma elevada autonomia emocional seja fruto de uma vinculação afetiva frágil da criança com seus pais, porém, também é possível que, em outros casos, essa autonomia tenha surgido como conseqüência de mudanças próprias da adolescência, mesmo quando existia uma boa relação prévia com pais afetuosos. Em nossa opinião, o fundamental é o papel moderador que o contexto familiar exerce na relação existente entre a autonomia emocional e a adaptação do adolescente. As pesquisas realizadas sobre esse aspecto (Lamborn e Steinberg, 1993; Fuhrman e Holmbeck, 1995) indicam que uma alta autonomia emocional costuma levar a problemas adaptativos, sobretudo a longo prazo, quando ocorre em um contexto familiar pouco coeso e que oferece pouco apoio. Em compensação, quando o meio familiar é mais favorável, traduz-se em uma série de conseqüências positivas, como uma boa atitude e bons rendimentos acadêmicos, uma elevada auto-estima e uma identidade mais estabelecida, ainda que também possam surgir alguns problemas de conduta (Silverberg e Gondoli,1996).

Influências familiares sobre o desenvolvimento social

Os dados disponíveis hoje apóiam a hipótese de que um meio ótimo para o desenvolvimento e autonomia do adolescente é aquele em que as relações dos pais com os filhos combinam o afeto com o favorecimento da individualidade, mediante condutas que estimulam a autonomia cognitiva e a iniciativa própria, como, por exemplo, favorecendo a discussão, a troca de pontos de vista entre pais e filhos e a adoção de opiniões próprias por parte destes últimos. Além dessa combinação entre apoio afetivo, comunicação e favorecimento da autonomia, existem outras características do meio familiar muito favoráveis para facilitar o desenvolvimento e a adaptação dos adolescentes. O controle e a supervisão da conduta do adolescente são fundamentais durante essa etapa evolutiva, pois muitos dos problemas de conduta que surgem durante a adolescência estão relacionados com o escasso controle parental; por isso, conhecer quem são os amigos de seus filhos ou interessar-se por suas atividades deve se transformar em algo prioritário para os pais.

É preciso considerar que a adolescência é um período de exploração no qual os adolescentes necessitam ter experiências diversas que irão ajudá-los a construir sua identidade. Ainda que essa experimentação leve a certos riscos, ela é necessária, por isso, o ideal é que ocorra sob a supervisão de adultos que possam detectar situações de risco excessivo. De fato a supervisão é tão necessária nessa etapa como durante a infância, porém é imprescindível que os pais introduzam certas modificações no grau e na natureza desse controle para evitar cair em uma conduta de vigilância ou superprotetora que não seria nada benéfica. Isso nos leva a destacar outra das características que deve incluir a conduta educativa dos pais: a flexibilidade. O fato de que, durante esse período evolutivo, os adolescentes mudem rapidamente obriga os pais a se mostrarem sensíveis a essas mudanças, modificando suas expectativas e as normas e práticas educativas que regem a família para procurar ajustá-las às novas necessidades evolutivas do adolescente; por exemplo, levando em conta a necessidade que os filhos têm de assumir novas responsabilidades ou de aumentar sua capacidade para tomar decisões. Conforme assinalou Eccles e seus colaboradores (1993), muitos dos problemas surgidos durante essa etapa têm sua origem na falta de ajuste entre o contexto familiar e as novas necessidades dos adolescentes.

Com relação ao papel desempenhado pela comunicação entre pais e filhos adolescentes, é preciso destacar a conveniência de manter continuamente abertos os canais de comunicação em ambos os sentidos. É importante que os pais se mostrem atentos e receptivos diante das preocupações de seus filhos e que, também, lhes proporcionem apoio e informação que lhes permitam desenvolver habilidades úteis em áreas de especial risco durante essa etapa (relações sexuais, drogas).

A pesquisa sobre o papel que exercem os estilos disciplinares dos pais fornece dados cada vez mais interessantes, sendo evidente que, igualmente ao que ocorria durante a infância, os pais democráticos, que combinam a comunicação e o afeto com o controle não-coercitivo da conduta e as exigências de uma conduta responsável na relação com seus filhos, são os que mais favorecerão a adaptação de seus filhos, que demonstrarão um desenvolvimento mais saudável, uma melhor atitude e rendimentos acadêmicos e menos problemas de conduta (Lamborn et al., 1991; Darling e Steinberg, 1993). Em compensação, quando os pais se comportam de forma fria e excessivamente controladora, como acontece entre os pais autoritários, costuma ocorrer que, a curto prazo, seus filhos se mostrem obedientes e conformistas, mas que, a longo prazo, sobretudo quando a disciplina é muito severa, tendam a se rebelar e a se voltar excessivamente para os amigos, buscando neles a oportunidade de manter interações de caráter mais igualitário; também é freqüente que esses adolescentes desenvolvam uma baixa auto-estima, sintomas depressivos e uma atitude hostil e de rejeição para com seus pais. Apesar de mostrar uma relação calorosa e afetuosa com seus filhos, os pais permissivos apresentarão um claro déficit no controle de sua conduta, o que estará relacionado com falta de esforço, problemas de conduta e consumo de álcool e drogas. Por último, quando os adolescentes não têm o controle e o afeto no contexto familiar, que é o que ocorre no caso dos pais indiferentes, desenvolverão problemas tanto de externalização (agressividade, condutas anti-sociais, consumo de drogas, escassa competência social) como de internalização (baixa auto-estima, problemas psicológicos). O Quadro 19.1 resume todas essas relações e influências.

Ainda são escassos os estudos sobre os sujeitos de culturas diferentes da ocidental, ou sobre famílias diferentes da tradicional composta de pai, mãe e filhos. No entanto, apesar de sua escassez, contribuem com dados muito interessantes. Assim, se para a população ocidental parece indiscutível a superioridade dos estilos democráticos, alguns estudos realizados sobre populações asiáticas ou afro-americanas põem sob suspeita que a relação entre o estilo democrático e a melhor adaptação dos filhos adolescentes seja universal, pois algumas vezes os estilos autoritários se mostram mais eficazes nessas populações (Chao, 1994; Darling e Steinberg, 1993). Da mesma forma, a composição ou a estrutura familiar é outra variável que parece moderar as conseqüências derivadas dos estilos disciplinares imperantes no lar; assim Barber e Lyons (1994) descobriram que a permissividade parental relacionava-se positivamente com a auto-estima dos filhos adolescentes em famílias reconstituídas, coisa que não ocorria em famílias intactas.

Alguns autores (Darling e Steinberg, 1993; Holmbeck, Paikoff e Brooks-Gunn, 1996) consideram que o conceito de estilo disciplinar é muito amplo, ambíguo e descritivo e que não especifica claramente os mecanismos através dos quais realiza sua influência sobre os filhos. Esses autores propõem diferenciar entre o estilo disciplinar e as práticas disciplinares concretas mediante as quais o referido estilo se materializa, pois nem sempre se observa uma correspondência total. Por exemplo, dois pais democráticos podem mostrar níveis semelhantes de controle e de comunicação, podendo, no entanto, exercer o controle de forma diferente. Do mesmo modo, o controle exercido por uma mãe democrática e outra autoritária pode alcançar níveis similares, ainda que seja muito provável que, enquanto a primeira utiliza a indução como forma de controlar a conduta de seus filhos, a segunda faça uso de técnicas coercitivas ou de afirmação de poder. Também é preciso considerar que, embora se costume falar de pais autoritários ou permissivos, o estilo paterno e materno nem sempre têm de coincidir, podendo existir discrepâncias entre os dois estilos. Em um dos poucos estudos que considerou esses estilos separadamen-

QUADRO 19.1 Relação entre os estilos educativos paternos e as características de seus filhos adolescentes

Pais	Filhos e Filhas
Democráticos	+ Confiança neles mesmos + Boa atitude e bom rendimento escolar + Boa saúde mental + Poucos problemas de conduta
Permissivos	+ Confiança neles mesmos + Poucos problemas psicológicos – Problemas de conduta e abuso no consumo de drogas.
Autoritários	+ Obedientes e voltados para o trabalho – Às vezes, hostis e rebeldes – Pouca confiança neles mesmos – Problemas depressivos
Indiferentes	– Problemas escolares – Problemas de ajuste psicológico – Muitos problemas de conduta e abuso no uso de drogas.

te, Taylor (1994) encontrou que a situação mais favorável para o adolescente é aquela na qual ambos os pais mostram um estilo mais democrático ou positivo para com seus filhos, enquanto a coincidência de pai e mãe em estilos pouco adequados representa a situação mais desfavorável. Quando ocorre uma combinação na qual ao menos um dos progenitores apresenta um estilo democrático, as conseqüências negativas se vêem um pouco aliviadas.

Adolescentes em famílias diferentes

Do mesmo modo que ocorria durante a infância, o grau de conflituosidade familiar e a qualidade das relações entre os pais são mais importantes do que a estrutura familiar na hora de determinar o grau de ajuste do adolescente (Hetherington, 1989). Os adolescentes que vivem em famílias em que a harmonia caracteriza as relações entre seus membros, independentemente de serem famílias intactas, monoparentais ou reconstituídas, mostram menos problemas de conduta e socioemocionais. Ainda que o divórcio ou a separação costume ter conseqüências negativas para os filhos, depois da puberdade os adolescentes já alcançaram um nível de maturidade que lhes permitirá evitar muitos dos efeitos negativos que têm para as crianças menores. Isso não significa que se mostrem invulneráveis, pois a circunstância de que estão imersos na resolução de algumas tarefas evolutivas, como a construção da identidade ou o processo de individuação, fará com que possam sofrer alguns problemas como conseqüência do divórcio, sobretudo durante o primeiro ano posterior à ruptura familiar. Entre os possíveis efeitos cabe mencionar o entorpecimento do processo de individuação. Provavelmente, o estresse que costuma acompanhar uma ruptura familiar não representa nenhuma ajuda em um processo tão delicado como é o de conseguir maior autonomia e estabelecer vínculos extrafamiliares, e, com freqüência, o adolescente está tão absorto na problemática familiar que deixa de lado as atividades acadêmicas ou recreativas, as relações com os amigos, etc. Além disso, a separação de seus pais pode gerar no adolescente uma desconfiança nas relações de casal que o levará a evitar o envolvimento emocional. Também costuma ocorrer que, depois da separação, os pais comessem a tratá-lo como se fosse um adulto ou tentem envolvê-lo em suas disputas, o que pode levá-lo a sentir que seus pais dependem dele. Em uma etapa evolutiva na qual o adolescente ainda precisa do apoio de seus pais, uma situação desse tipo não favorecerá seu amadurecimento.

Ainda que a reconstrução da família possa favorecer o desenvolvimento dos filhos, a adaptação a essa situação é um pouco mais complicada durante a adolescência do que quando ocorre nos anos anteriores e está associada a problemas de conduta tanto em meninos como em meninas. Possivelmente, o momento em que o adolescente está tentando se desvincular de sua família não seja o mais apropriado para estabelecer um novo vínculo afetivo com o padrasto ou a madrasta, e é possível que o menino ou a menina recusem o novo membro. Além disso, as tensões que caracterizam a relação entre os adolescentes e seus pais dificultarão a aceitação do fato de que seu pai ou sua mãe é sexualmente ativo e mantém relações com seu novo par. O companheiro sentimental pode ser visto como um intruso que compete pelo carinho e pela atenção de seu pai ou de sua mãe. Essas reações negativas serão mais claras durante a adolescência precoce e podem criar tensões que repercutem negativamente na coesão familiar. A situação será especialmente complicada quando o novo pai se mostra muito autoritário e tenta controlar excessivamente a conduta do menino ou da menina. Nessas situações, parece conveniente que o padrasto ou a madrasta adote um papel mais permissivo, evitando o controle excessivo e procurando estabelecer uma boa relação afetiva. É preferível que o controle, tão necessário nas famílias reconstituídas como nas intactas, seja realizado pelo progenitor biológico, que, em algumas ocasiões, será aquele que deve se mostrar um pouco mais autoritário.

AS RELAÇÕES COM OS IGUAIS

As amizades durante a adolescência

Ainda que, durante a adolescência, a família continue ocupando um lugar preferencial como contexto socializador, à medida que os adolescentes vão desvinculando-se de seus pais, as relações com os companheiros ganham em importância, em intensidade e em estabilidade, e o grupo de iguais passa a ser o contexto de socialização mais influente. As relações de amizade não são exclusivas da adolescência, pois as crianças dedicavam uma parte importante de seu tempo para brincar com os amigos; no entanto, agora irão ocorrer algumas mudanças importantes nesse tipo de relações. Se, durante a infância, os amigos eram, sobretudo, companheiros da brincadeiras cuja relação estava muito condicionada pela proximidade física e pela possibilidade de interagir cotidianamente, ao chegar à adolescência, essas relações gozarão de uma maior estabilidade sem que o distanciamento físico ou temporal dos amigos signifique o fim da relação.

Provavelmente, como conseqüência da maturação cognitiva e do tempo que dedicam para falar sobre si mesmos, os adolescentes irão compreender-se melhor, o que repercutirá no fato de que as relações com os amigos estejam marcadas pela reciprocidade e que a partir da adolescência os amigos apóiem e ajudem uns aos outros, mostrando um maior comportamento pró-social. Também aumentará substancialmente a intimidade dessas relações, a tal ponto que as amizades íntimas irão se transformar em um fenômeno típico da adolescência precoce e média, que irá perdendo força durante a adolescência tardia. Os amigos íntimos compartilham pensamentos, sentimentos, expectativas de futuro, conhecem as preocupações do outro e se apóiam mutuamente. Essas relações costumam ser estabelecidas com pessoas do mesmo sexo, e ainda que ocorram tanto entre meninos como entre meninas, no geral, as amizades íntimas das meninas são mais precoces e mais intensas do que as dos meninos, que são um pouco mais relutantes em dividir seus sentimentos e mais voltados para a realização ou planejamento de atividades conjuntas.

As relações com os iguais, sobretudo com os amigos, será uma experiência muito gratificante que enriquecerá a vida do jovem. A consideração de que essas relações têm um efeito muito positivo sobre o desenvolvimento adolescente não é algo novo. Piaget (1932) já expressou a importância que a interação com os companheiros tinha para o desenvolvimento de uma inteligência e uma moral autônomas. Sullivan (1953) propôs que as amizades durante a adolescência eram críticas para o desenvolvimento de uma alta autoestima e uma melhor compreensão dos demais. Em geral, ter amigos é um indicador de boas habilidades interpessoais e um sinal de um bom ajustamento psicológico, provavelmente porque os meninos com menos habilidade sociais e com mais problemas psicológicos sofrerão mais rejeição e terão mais dificuldades para estabelecer amizades; contudo, também se poderia pensar na relação inversa, isto é, na qual ter amigos com os quais compartilhar segredos e sentimentos contribui para um melhor ajustamento psicológico.

Os benefícios pelo fato de dispor de amizades nessa etapa são muitos. Em primeiro lugar, pode-se destacar o importante apoio emocional que proporcionam e que pode ajudar o adolescente a superar os altos e baixos característicos da adolescência, ou algumas situações particularmente estressantes, como um fracasso acadêmico ou amoroso, ou a separação ou a morte dos pais. Hartup (1993) utiliza a denominação de relação de apego horizontal (o apego vertical seria estabelecido com os progenitores) para se referir às amizades íntimas entre adolescentes com capacidades e com conhecimento similares. Ao longo da adolescência, o amigo íntimo vai ganhando importância sobre outras figuras de apego, a tal ponto que, a partir da adolescência média, se transformará na principal figura de apego. Levando em conta que estamos diante de situações de apego, não é estranho que o tipo de relação do adolescente com seus amigos esteja muito influenciada pela relação que estabeleceu com seus pais durante a primeira infância. Os modelos representacionais construídos a partir dessas primeiras relações seriam os responsáveis por essa continuidade relacional. Os meninos que estabeleceram uma relação de apego seguro se mostraram confiantes, seguros e afetuosos nas relações de amizade; aqueles que se vincularam mediante um apego inseguro evitativo tenderão a se mostrar frios e distantes; por último, os adolescentes com modelos inseguros ambivalentes manifestarão uma excessiva dependência e uma necessidade ansiosa de se manterem estreitamente apegados a seus amigos.

Outra conseqüência positiva que podem ter as amizades é a de proporcionar apoio instrumental para a resolução de determinados problemas práticos, assim como a informação sobre diferentes temas como relações pessoais, sexualidade ou assuntos acadêmicos. De especial interesse é a informação que os amigos trocam um sobre o outro, pois dispor de uma perspectiva diferente sobre eles mesmos irá ajudá-los a construir sua própria identidade e a melhorar seu autoconceito (Berndt, 1996).

Apesar da intensidade das relações com os iguais, será freqüente que, no início da adolescência, os adolescentes experimentem certos sentimentos de solidão, provavelmente por se encontrarem em uma situação de transição entre a vinculação afetiva com os pais, própria da infância, e o estabelecimento das intensas amizades juvenis. Muitos adolescentes passarão por um período de dor ou de tristeza, pelo enfraquecimento das intensas relações emocionais infantis, antes de mergulhar nas novas relações de amizade que adquirirão uma intensidade até agora desconhecida. Ainda que a maioria dos adolescentes supere sem problemas essa fase de transição, em alguns casos podem aparecer dificuldades, como ocorre com adolescentes que não têm habilidades sociais e mostram-se desajeitados em sua relação com o grupo de iguais, com aqueles que residem em regiões afastadas ou isoladas, ou com os que se vêem obrigados a mudar de escola e romper com seu círculo de amigos.

O conformismo diante dos iguais

Ainda que os efeitos positivos da relação com os iguais sejam indiscutíveis, é preciso destacar uma perspectiva teórica diferente que enfatiza as possíveis conseqüências negativas derivadas dessas relações. Faz muitos anos que Bronfrenbrenner (1970) escreveu que a redução nos contatos com os adultos, unida a um maior comprometimento com os iguais, levava os jovens à alienação, à indiferença e ao antagonismo social. Ainda que tenha se passado muito tempo desde então, ainda são muitos os pesquisadores que consideram a influência dos iguais como um dos fatores de risco que mais se destacam para o surgimento de condutas problemáticas e anti-sociais durante a adolescência. Muitos programas voltados para a prevenção do consumo de drogas entre os jovens baseiam-se na suspeita de que a influência dos amigos leva, necessariamente, a condutas indesejáveis. Pensemos, por exemplo, nos anúncios que podemos ver em nossos meios de comunicação que insistem na importância de que os adolescentes saibam dizer "não" quando os amigos os pressionam para que consumam drogas.

Se durante os anos escolares os pais estavam muito acima de outras influências, ao chegar na adolescência terão de compartilhar sua influência com os iguais. O relativo distanciamento dos progenitores, o maior tempo que passam com os companheiros e o estar em plena fase de construção de sua identidade coloca os adolescentes em uma situação de maior suscetibilidade diante da pressão dos iguais. Costanzo e Shaw (1966), em uma conhecida experiência, evidenciaram o crescimento inicial e a posterior diminuição do conformismo diante dos iguais durante os anos da adolescência. Uma série de meninos com idades compreendidas entre 7 e 21 anos devia julgar qual de uma série de linhas tinha o mesmo comprimento que uma linha modelo. Cada sujeito devia responder depois de outros companheiros que estavam de acordo com o experimentador para dar uma resposta incorreta, atribuindo-lhe uma pontuação em conformismo em função do grau de acordo que mostrassem com as respostas incorretas de seus companheiros. Os resultados desse experimento mostraram que as maiores pontuações em conformismo eram obtidas pelos sujeitos do grupo de 11 a 13 anos, observando-se uma diminuição a partir dessa idade. Esses dados indicam que a suscetibilidade à pressão dos iguais é maior durante a adolescência inicial. Pesquisas mais recentes utilizaram métodos diferentes que consistiam em apresentar aos sujeitos situações hipotéticas em que seus companheiros pediam-lhes que atuassem de uma determinada forma. Esses estudos encontraram tendências evolutivas similares (Berndt, 1989). À medida que os adolescentes vão construindo sua identidade e ficando mais autônomos, tornam-se mais capazes de resistir à pressão do grupo.

Quando se fala de pressão dos companheiros, há uma tendência a considerá-la negativa e voltada para buscar o comprometimento do adolescente em condutas anti-sociais; no entanto, são muitas as ocasiões em que a pressão é neutra e inclusive positiva; pensemos, por exemplo, naquelas situações em que os companheiros procuram evitar condutas indesejáveis por parte de algum amigo, ou quando procuram que ele se envolva em situações desportivas ou acadêmicas. Além disso, os jovens costumam mostrar-se menos conformistas diante das pressões dos amigos quando estes buscam sua participação em condutas negativas ou anti-sociais (Berndt, 1996).

O fato de que, durante a adolescência precoce, se observe um aumento da suscetibilidade diante dos iguais não significa que todos os adolescentes se mostrem igualmente conformistas. Em alguns casos, esse conformismo é mais claro por serem adolescentes muito necessitados do apoio do grupo, ou porque suas relações familiares são pouco satisfatórias, ou porque têm um baixo *status* no grupo e são ignorados ou rejeitados (Dishion, 1990). Também há diferenças claras em função do gênero: as meninas se mostram mais conformistas do que os meninos, talvez devido ao fato de que estabelecem relações mais íntimas entre elas e mostram-se mais preocupadas por pertencer ao grupo e ajustar-se a suas expectativas.

Também é preciso ressaltar que não são todos os companheiros que têm a mesma capacidade de influência. Sem dúvida, os amigos íntimos terão mais capacidade de influir do que aqueles que são somente amigos superficiais, e estes mais do que aqueles que não o são. Do mesmo modo, o *status* social do adolescente que exerce a influência é decisivo, pois os adolescentes tenderão a imitar e a utilizar modelos de conduta daqueles companheiros que admiram e percebem como habilidosos e populares.

Concluindo, diremos que é errôneo pensar que os vínculos com o grupo de iguais supõem uma diminuição da influência dos pais e um afastamento dos valores familiares que levam o adolescente a se envolver em condutas anti-sociais ou pouco saudáveis. Antes, cabe pensar que os pais e amigos não competem entre si, mas representam influências complementares que satisfazem diferentes necessidades do jovem. E tudo isso sem nos esquecermos de que os adolescentes costumam se incorporar a grupos formados por companheiros que têm uma origem social e alguns valores muito parecidos com os seus e os de sua família; por isso, o grupo tenderá mais a reforçar os valores familiares do que a anulá-los ou a contradizê-los.

A evolução do grupo

O grupo de amigos será um contexto fundamental para o desenvolvimento dos adolescentes. No entanto, esse grupo experimentará uma evolução ao longo da adolescência. Dunphy (1963) descreveu em quatro etapas a seqüência de evolução do grupo de iguais, seqüência que se resume no Quadro 19.2. Em uma primeira etapa, no começo da adolescência, o agrupamento mais freqüente é a turma formada por membros do mesmo sexo. Essa *turma* unissexual é uma continuação do grupo de amigos dos anos escolares e costuma incluir de cinco a nove membros da mesma idade e provavelmente do mesmo colégio e vizinhan-

QUADRO 19.2 A evolução do grupo ao longo da adolescência

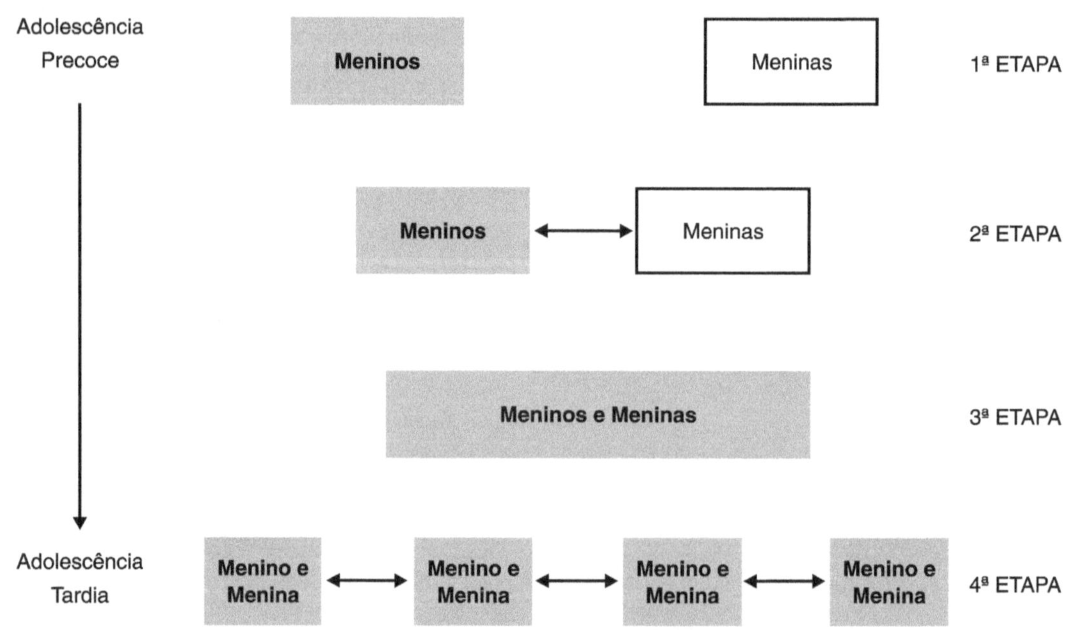

Fonte: Dunphy, 1963.

ça. Esses adolescentes mostram um companheirismo muito claro, formam um grupo bastante fechado, pouco permeável a outros sujeitos, e se vêem e interagem diariamente, planejando atividades para realizar nos fins de semana. Nessa etapa, o grupo proporciona a seus componentes o apoio e a segurança necessários para, na fase seguinte, começar as relações com o outro sexo. Também cumpre a função de promover condutas socialmente aceitáveis, como, por exemplo, que seus membros aceitem as normas do grupo. No entanto, o grupo do qual falamos pode ter alguns inconvenientes, como promover um excessivo conformismo entre seus membros, impedir que os sujeitos se relacionem com outros meninos ou meninas que possam contribuir com pontos de vista diferentes e, inclusive, ferir a auto-estima de outros quando se recusa sua incorporação ao grupo. No entanto, as vantagens superam claramente os inconvenientes.

Em uma segunda fase, ainda se mantendo a separação entre grupos ou turmas de diferentes sexos, começa a interação entre elas. É uma *interação entre turmas unissexuais* esporádica que ocorre nos fins de semana, ou em excursões e festas. Essa relação entre sujeitos de ambos os sexos ainda é um pouco desajeitada e rude.

A seguir, e depois de uma fase de transição na qual as relações entre os grupos de sexos diferentes vão tornando-se mais freqüentes, forma-se a turma mista a partir do agrupamento das turmas unissexuais. Essa turma costuma incluir de 15 a 25 membros de ambos os sexos; os meninos são um pouco mais velhos do que as meninas e há uma menor coesão do que na turma unissexual, com uma relação entre seus membros um pouco menos íntima. Seus contatos não são tão cotidianos, e eles se reunem de forma mais esporádica do que a turma unissexual. A turma mista cumpre a função de regular e estruturar as relações sociais, facilitando também o surgimento das relações heterossexuais, pois serve de claro aprendizado na relação com os membros do outro sexo. Também, ao ser um agrupamento mais aberto, favorece a interação com uma maior variedade de sujeitos (de diferentes idades e bairros), aumentando a heterogeneidade da turma e estimulando o desenvolvimento do autoconceito e da identidade.

As turmas vão apresentar uma grande variedade, diferenciando-se entre si nos estilos de vida de seus componentes – sua forma de se vestir, suas preferências musicais, sua atitude diante do sexo, do álcool ou das drogas –, e evidenciar a diversidade da cultura adolescente. Bradford Brown e seus colaboradores (Brown, Dolcini e Leventhal, 1997; Brown, Mory e Kinney, 1994) estudaram em profundidade as características desses agrupamentos, sugerindo que as turmas se definem, fundamentalmente, em relação a duas dimensões: a atitude frente aos aspectos formais ou acadêmicos da educação e a orientação para a relação com os iguais; ao redor dessas dimensões nucleares irão se concentrar outras atitudes ou comportamentos que vão definir o estilo de vida do grupo. Outro aspecto importante é que a turma vai condicionar as relações sociais de seus membros, já que impulsionam os adolescentes a se relacionar com alguns e a ignorar, ou evitar, outros. Também estabelece normas sobre a forma de se relacionar não somente com os iguais, mas também com os adultos: como serão as amizades, se intensas ou superficiais; que tipo de relações de casal é inconveniente; como administrar os conflitos em casa ou no colégio.

A última etapa traz consigo a desintegração da turma, que passa a se transformar em uma série de *casais relacionados entre si*, que cada vez se reúnem com menos freqüência. Porém, isso já nos introduz em outra temática que precisa ser analisada com mais atenção e que se situa claramente em um momento evolutivo posterior ao das relações de grupo.

O INÍCIO DAS RELAÇÕES DE CASAL

O aumento do impulso sexual, unido à imitação dos comportamentos adultos, vai favorecer que meninos e meninas comecem a se aproximar com interesse do outro sexo. É no contexto do grupo ou da turma mista que os adolescentes começarão a manter seus primeiros encontros; depois, à medida que vão ganhando desenvoltura e sentindo-se mais cômodos nessas relações, começarão a ter encontros fora da proteção do grupo.

Ainda que existam diferenças entre adolescentes, a maioria das meninas começa a ter seus primeiros encontros em algum momento entre os 12 e os 14 anos, enquanto os meninos o fazem um pouco mais tarde, entre os 13 e os 15 anos. O momento do início parece determinado, fundamentalmente, por fatores sociais, já que a maturação mais ou menos precoce não influi muito na precocidade dessas relações. Essas primeiras relações de casal são muito importantes para a vida social e emocional dos adolescentes, e sua qualidade está associada ao grau de ajustamento socioemocional. Em seus primeiros encontros, eles aprendem a interagir com pessoas de diferentes sexos, divertem-se, experimentam os primeiros casos eróticos e melhoram seu prestígio diante do grupo de iguais, sobretudo quando são vistos como um par muito desejável. Por isso, não é estranho que para seus primeiros encontros, os adolescentes prefiram pares que tenham muito prestígio e sejam muito valorizados por seus companheiros.

Furman e Wehner (1994) argumentam que as relações de casal durante a adolescência precoce satisfazem quatro tipos de necessidades: sexuais, de afiliação, de afeição e de dar e receber apoio. Sem dúvida, as primeiras relações que os adolescentes estabelecem servirão para satisfazer fundamentalmente as necessidades sexuais e de afiliação (companhia, diversão), mas, à medida que vai transcorrendo a adolescência, essas relações serão mais estáveis, e o casal irá ascendendo na hierarquia de figuras de apego. Se aos 12 anos o casal ocupa o quarto lugar, aos 15 ou 16 anos o casal já costuma estar ocupando o primeiro lugar da hierarquia, e também poderá satisfazer as necessidades de apoio, de apego e de segurança emocional.

Assim, como ocorria com as amizades íntimas, alguns estudos (Shaver e Hazan, 1988) apontam uma relação causal entre o tipo de apego estabelecido com os pais durante a infância e o caráter dos vínculos afetivos com o casal na adolescência e na idade adulta. Segundo essa linha de pesquisa, as diferenças individuais no estabelecimento de relações de casal estariam muito influenciadas pelo modelo representacional construído na infância. Efetivamente, as relações de casal se assemelham às que são estabelecidas entre mãe e filho, pois uma e outra são relações muito íntimas e com contato físico profundo. No entanto, não podemos nos esquecer de que as relações de par mostram outras características como a colaboração, a afiliação e as interações simétricas, que não estão presentes nas relações da criança com seu pai. Assim, ainda que o modelo representacional da relação com os pais constitua a principal contribuição ao estabelecimento de relações íntimas, as relações de amizade também darão sua contribuição. Além disso, a experiência do adolescente nessas relações românticas irá modificando continuamente os modelos representacionais construídos. Por exemplo, ainda que um menino tenha uma relação de apego seguro com seus pais, se for repetidamente rejeitado em suas relações de casal, a segurança nos vínculos poderá ficar debilitada. O contrário também será possível: uma menina que tenha construído um modelo inseguro a partir de suas experiências familiares poderá evoluir para um modelo seguro se encontrar, em suas relações de casal, o apoio emocional e a sensibilidade para suas necessidades que estiveram ausentes em sua relação com os progenitores.

CONDUTA SEXUAL

O comportamento sexual é um âmbito em que se manifesta com clareza o caráter de transição da adolescência. Os adolescentes deixaram de ser crianças e começam a ver como seus desejos e necessidades sexuais se intensificam como conseqüência da maturação de seus corpos. A influência social é contraditória nesse terreno; por um lado, exerce-se uma importante pressão para controlar e atrasar as manifestações sexuais desse período; por outro, encontramos uma crescente erotização da sociedade através dos meios de comunicação, especialmente nas mensagens dirigidas aos jovens. Não deve, pois, ser estranho que nos deparemos com importantes problemas nessa área: insatisfação, falta de informação, gravidez não-planejada, etc.

As crianças já manifestam interesses e condutas sexuais, como a masturbação, ainda que seja no âmbito das primeiras relações de casal que a conduta sexual começará a se manifestar mais claramente. A maioria dos adolescentes se inicia na prática da masturbação entre os 10 e os 15 anos, ainda que, em alguns casos, o início seja mais precoce (Oliva, Serra e Vallejo, 1993). Meninos e meninas diferenciam-se claramente em relação a suas atitudes diante essa atividade. Se para os meninos é uma prática generalizada (98% dos meninos entre 15 e 20 anos) considerada sã e positiva ("os médicos dizem que não faz mal; ao contrário, que em um dado momento pode até ser bom, porque alivia e relaxa"), entre as meninas a masturbação é menos freqüente (62%) e gera intensos sentimentos de culpa por considerá-la uma conduta imprópria das mulheres ("eu me considerava suja por isso, inclusive pensava que eu era anormal", "se alguém lhe conta que uma menina fez isso, parece algo escandaloso"). No entanto, entre algumas meninas, geralmente mais velhas e com maior nível educativo, as atitudes são mais favoráveis a sua prática.

Hoje se observa no ocidente uma maior liberdade e permissividade nas atitudes e condutas sexuais entre os adolescentes. Assim, a maioria dos estudos indica uma maior freqüência e precocidade nas relações heterossexuais. Segundo os dados do *Informe Juventud en España* de 1992, 34% dos jovens com menos de 18 anos haviam mantido relações sexuais. Em 1996, os dados desse mesmo relatório (Martín e Velarde, 1996) indicam que já são 43% dos adolescenes que declaram ter tido esse tipo de relação antes dos 18 anos. Em termos gerais, pode-se dizer que 17 anos é a idade média em que os meninos dizem ter sua primeira relação sexual com penetração. As meninas se mostram um pouco menos precoces, e 18 anos representa a média de idade para essa primeira relação. Há outras variáveis que também parecem afetar a idade de iniciação sexual; assim, detecta-se uma maior precocidade nas grandes cidades, entre os meninos que não estão escolarizados e os que pertencem a estratos sociais mais desfavorecidos. Provavelmente nesses estratos manter relações sexuais é uma das poucas condutas ao alcance desses adolescentes, que podem ser consideradas como um símbolo de *status* adulto. Algumas características familiares também parecem relacionadas como o início precoce nas relações sexuais; assim, o grau de controle ou supervisão que exercem os pais parece mostrar uma relação curvilínea com a idade de iniciação, de forma que as relações sexuais são mais prováveis quando há uma ausência de controle ou quando a supervisão é muito restritiva do que quando o controle é moderado.

É bem possível que muitas das campanhas dirigidas para prevenir a gravidez não-desejada em adolescentes e jovens tenham feito com que o uso de anticoncepcionais aumentasse um pouco nos últimos anos. Setenta e oito por cento dos que mantinham relações sexuais em 1996 usavam algum método contraceptivo, geralmente preservativo, o que está acima dos 73% que declararam fazê-lo em 1992 (Martín e Velarde, 1996). No entanto, esse uso costuma ser esporádico, pois somente um pouco mais do que a quarta parte de adolescentes declaram usar anticoncepcionais em todas as relações que mantêm. Quando é o primeiro coito, a porcentagem de adolescentes que usa algum tipo de método contraceptivo é de 33%, conforme é mostrado na Figura 19.1 (Oliva, Serra e Vallejo, 1993).

A tendência já comentada de iniciar as relações sexuais em uma idade cada vez mais precoce, unida a um uso não muito generalizado de métodos contraceptivos, fez com que o número de grávidas adolescentes aumentasse na Espanha durante a década de 1970 e na primeira metade da década de 1980 (Escario, 1994). A partir desse momento, a tendência se inverteu, observando-se uma diminuição contínua, que provavelmente seja, em parte, conseqüência do aumento de interrupções voluntárias da gravidez que se observa na Espanha na última década (Delgado, 1994).

São muitas as justificativas que podem ser dadas ao pouco uso de contraceptivos. Entre elas, pode-se destacar a pouca informação sobre os métodos contraceptivos e sobre a gravidez, provavelmente como conseqüência da ausência de uma educação sexual nas escolas. Além disso, determinadas características do

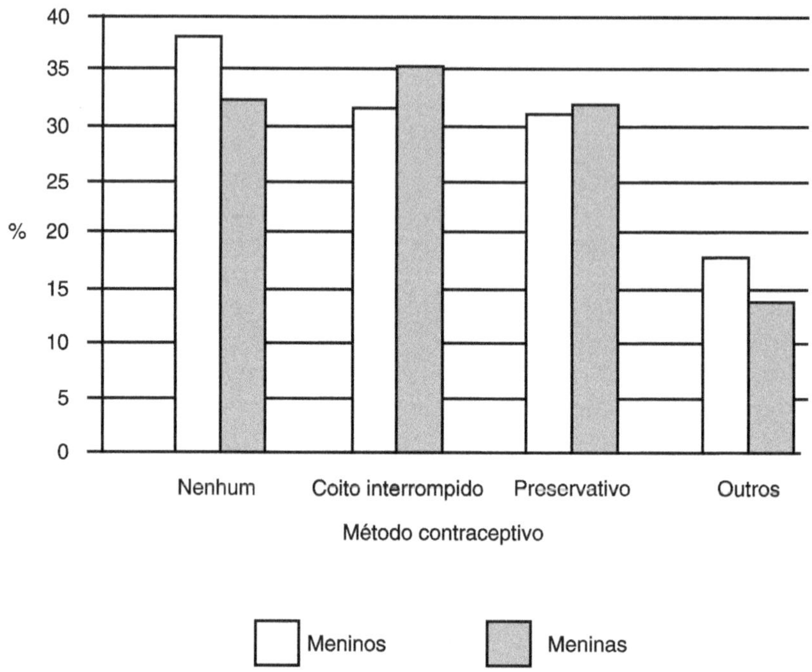

FIGURA 19.1 Método contraceptivo empregado no primeiro coito por meninos e meninas adolescentes. Fonte: Oliva, Serra e Vallejo,1993.

pensamento durante a adolescência, como a fábula pessoal, podem levar o adolescente a pensar que, apesar da informação que têm sobre as mais prováveis conseqüências negativas pelo pouco uso de contraceptivos, é algo que nunca acontecerá com eles, como se tivessem algum tipo de proteção mágica. O fato de não ter previsto que manteriam uma relação sexual é outro argumento dado pelos adolescentes para não usar contraceptivos. Outro aspecto importante está ligado às atitudes frente ao seu uso; assim, é freqüente entre os jovens uma certa rejeição por pensar que o preservativo limita o prazer ou quebra a espontaneidade de um contato sexual que deveria ser natural e não planejado.

Um aspecto que merece ser destacado refere-se às diferenças entre meninos e meninas quanto à forma de entender e viver a sexualidade. Assim, podemos dizer que existem dois padrões de conduta sexual, um masculino e outro feminino. O masculino estaria definido por uma maior precocidade, promiscuidade e uma maior valorização do coito, que representa um importante sinal de prestígio diante do grupo de iguais. O padrão feminino mostra uma atividade sexual mais reduzida, menos gratificante e que gera mais sentimentos de culpa. Além disso, nas meninas, a conduta sexual está mais integrada em outros componentes socioemocionais, por isso há uma maior vinculação entre sexualidade e afetividade. Essas diferenças de gênero são muito claras durante a adolescência precoce, provavelmente porque os adolescentes se encontram em um período crítico quanto à construção de sua identidade sexual e precisam mostrar-se muito estereotipados em suas atitudes e condutas sexuais. No entanto, à medida que os adolescentes crescem e terminam esse processo, as diferenças vão desaparecendo e mostram padrões mais andróginos e parecidos entre si, sobretudo entre os adolescentes de maior nível educacional (Oliva, Serra e Vallejo, 1997).

O alto grau de intimidade que os adolescentes alcançam em suas relações de amizade, unido às necessidade afetivas e sexuais desse período, faz com que as relações homossexuais não sejam tão incomuns entre os adolescentes. No entanto, a maior parte deles não vai continuar com esse tipo de relações durante a adolescência tardia ou a idade adulta. Também vamos nos deparar com o caso contrário; meninos e meninas que, apesar de manterem relações heterossexuais, começarão a formar uma identidade e uma orientação de caráter homossexual. É um processo lento que costuma começar por volta dos 13 anos no caso dos meninos e por volta dos 15 anos entre as meninas e que se manifesta pela falta de interesse pelas relações heterossexuais e o surgimento dos primeiros desejos por outros adolescentes do mesmo sexo, e que costuma culminar no final da adolescência com a definição de uma identidade homossexual (Savin-Williams e Rodríguez, 1993). A circunstância de viver em uma sociedade homofóbica, que rejeita e ridiculariza esse tipo de comportamento, fará com que esse processo seja especialmente doloroso para os adolescentes de orientação homossexual. Se considerarmos que é um preconceito dirigido a uma minoria invisível, pois a maioria dos sujeitos tende a esconder essa condição, serão muitas as oportunidades em que uma piada ou uma brincadeira depreciativa será feita quando estiverem presentes sujeitos homossexuais. Por isso, a maioria dos adolescentes que sentem desejo por companheiros do mesmo sexo tende a se passar por heterossexuais; em alguns casos, inclusive, irão se mostrar muito masculinos ou muito femininas como uma forma de compensar suas preferências. Essa atitude talvez não seja a mais adequada, pois pode levá-los a se desprezar e desvalorizar, com conseqüências muito negativas para a auto-estima e para a construção da identidade pessoal. Tampouco parece que a alternativa de assumir a condição de homossexual esteja isenta de inconvenientes, pois esses adolescentes irão sentir na pele a rejeição social em um momento evolutivo muito delicado. Em nossa opinião, e enquanto desaparece esse preconceito absurdo, a medida mais saudável para o adolescente talvez consista em compartilhar seus sentimentos e suas inquietações com algumas pessoas de confiança, como amigos, familiares ou orientadores escolares, que poderão proporcionar-lhe um apoio emocional muito necessário.

CONTEXTOS EDUCATIVOS DURANTE A ADOLESCÊNCIA

Durante a adolescência precoce ocorrerá uma importante transição em relação ao contexto educativo: o fim do ensino fundamental e o início do ensino médio. Existe um amplo consenso entre pesquisadores e profissionais em considerar que essa transição educativa costuma vir acompanhada de uma série de problemas na relação do adolescente com a escola. A diminuição do rendimento acadêmico, uma menor motivação para as tarefas escolares, o não-comparecimento à aula ou o abandono da escola são fenômenos que irrompem com força no início do ensino médio. O começo desse último segmento da educação obrigatória ocorrerá em um momento em que a maioria dos adolescentes está experimentando as mudanças físicas, psíquicas e sociais que costumam vir associadas à puberdade, por isso, com freqüência, foi atribuída a eles a responsabilidade pelo aumento do fracasso escolar: os novos interesses sexuais, os conflitos com os pais, os transtornos emocionais ou os desenganos amorosos são considerados como potenciais perturbadores da motivação do adolescente para com a escola. É inegável que é uma hipótese razoável e que nos ajuda a compreender muitas das dificuldades pelas quais passam os adolescentes durante o ensino médio. No entanto, Eccles evidenciou com suas pesquisas (Eccles et al., 1993; Eccles et al., 1997) a responsabilidade do sistema educacional por sua incapacidade para se ajustar às novas necessidades do adolescente. O ensino médio irá supor uma série de mudanças em relação ao segmento educativo anterior; se essas mudanças fossem sincronizadas com as mudanças que ocorrem no adolescente, e se fossem dirigidas para ajustar a escola às novas características desse período evolutivo, as conseqüências seriam positivas para sua adaptação escolar. O problema é que a adolescência e o ensino médio parecem seguir caminhos diferentes, o que irá produzir uma clara falta de ajuste. O que costuma ocorrer é que bem no início do ensino médio (12-13 anos), ou quando começa o segundo ciclo desse segmento (14-15 anos), ocorre o salto da escola para o instituto*. Essa mudança irá supor, em muitos casos, uma dispersão ou ruptura do grupo de amigos, constituído ao redor da sala de aula ou das atividades desportivas e extra-escolares. Em um momento em que as relações com os amigos têm uma importância fundamental para a estabilidade emocional, essa desestruturação do entorno social pode repercutir negativamente em sua adaptação à nova situação.

Também irão ocorrer mudanças importantes no funcionamento da sala. Assim, nas aulas do ensino médio, o professor costuma exercer um maior controle e uma disciplina mais rigorosa do que no ensino fundamental. Além disso, o currículo está muito estruturado e oferece poucas possibilidades aos alunos para a escolha e a tomada de decisões em relação a sua própria aprendizagem: a que dedicar o tempo na sala de aula, quais atividades realizar, etc. Simmons e Blith (1987) encontraram uma relação entre a maturidade precoce das meninas e uma maior restrição por parte dos educadores. As meninas fisicamente mais maduras percebiam que seus professores as controlavam mais e que a escola lhes oferecia menos possibilidades de participar da tomada de decisões do que para suas companheiras menos maduras. Essas diferenças poderiam ser devidas tanto a que realmente essas meninas eram tratadas de forma diferente como pelo fato de que tivessem uma percepção diferente como conseqüência de suas maiores exigências de autocontrole. Provavelmente ambos os fatores influam conjuntamente. O fato de que, durante esses anos, os adolescentes manifestem uma necessidade crescente de que lhes seja permitido tomar decisões e controlar seus próprios assuntos, torna pouco recomendáveis essas mudanças no funcionamento das aulas, que podem ter efeitos negativos sobre a motivação escolar.

*N. de R.T. Na Espanha, o Instituto é uma escola de ensino médio (educación secundária).

Também se observa um deterioramento nas relações entre professor e aluno com a passagem para o ensino médio. Em geral, as relações são mais tensas, distantes e frias, chegando em alguns casos a enfrentamentos entre o professor e alguns alunos. Esse deterioramento nas relações pode ser muito prejudicial em um momento em que ocorreu um certo distanciamento dos pais e quando os adolescentes poderiam se beneficiar enormemente, sobretudo para a construção de sua própria identidade, do contato com outros adultos que ofereçam a eles pontos de vista e idéias diferentes daquelas que encontram no contexto familiar.

Outras modificações importantes que a transição para o ensino médio traz estão ligadas ao aumento da competitividade. É usual que ocorra um aumento nas exigências para passar de ano, que as avaliações sejam realizadas procurando se ajustar a padrões externos que consideram pouco as características dos alunos e que, além disso, os resultados se tornem públicos. Algumas vezes, inclusive, são feitos agrupamentos de alunos em salas diferentes em função de seu nível, o que costuma facilitar o rendimento dos alunos de melhor nível às custas da segregação dos que estão agrupados em níveis mais baixos. Todas essas mudanças irão aumentar a comparação social entre os alunos e levar a uma maior preocupação com a avaliação e a competitividade, o que repercutirá negativamente sobre a auto-estima e o sentimento de eficácia de adolescentes que estão especialmente centrados em si mesmos e em sua posição no grupo. Não é surpreendente que as qualificações obtidas pelos alunos experimentem uma clara diminuição, que não é acompanhada por uma queda similar nas pontuações dos testes de aptidão ou de inteligência; e se levamos em conta que as qualificações representam o melhor prognóstico da motivação e do sentimento de eficácia dos alunos, o panorama não é muito encorajador.

À vista de tudo o que foi dito anteriormente, parece que as mudanças contextuais que a transição para o ensino médio traz consigo são menos convenientes quanto menos se ajustam às necessidades que os adolescentes têm nesse momento evolutivo, o que em parte justificaria a diminuição da motivação e o aumento das cifras de fracasso escolar que ocorrem nesse segmento educativo. A conduta dos adolescentes que abandonam o ensino médio pode parecer a de um consumidor exigente que recusa um produto que não satisfaz suas necessidades. Para muitos adolescentes, a transição para o ensino médio significaria um autêntico ponto de inflexão, já que verão alteradas suas trajetórias no sistema educacional pelas baixas qualificações e pela falta de motivação para com a escola, o que pode levá-los ao fracasso escolar ou ao abandono, com o que serão fechadas muitas das portas que os levariam a uma melhor adaptação durante a idade adulta.

Apesar dessas dificuldades, não são todos os adolescentes que se vêem afetados da mesma maneira pela transição para o ensino médio, sendo muitos os alunos que não experimentam dificuldades. Existem diversos fatores que fazem com que alguns se adaptem melhor e mostrem uma boa trajetória acadêmica. Alguns dos fatores protetores estão ligados às características familiares, como uma boa relação com pais que apóiam a autonomia e a individuação de seus filhos e que se interessam e se envolvem em suas questões escolares. Outros fatores estão no próprio sujeito que realiza a transição: uma alta autoestima, um adequado sentimento de competência pessoal, ou um bom rendimento escolar durante o ensino fundamental. Além disso, as características da escola, assim como o comportamento e o estilo docente dos professores, também podem servir como um importante fator de proteção.

SEXTA PARTE

Desenvolvimento Psicológico na Idade Adulta e na Velhice

20 Mudança e desenvolvimento durante a idade adulta e a velhice

JESÚS PALACIOS

Já vai longe o tempo em que as descrições limitavam o desenvolvimento psicológico às mudanças e às transformações evolutivas que acontecem na infância e na adolescência. Longe também está a identificação de infância e adolescência como uma subida, a idade adulta como um platô e a velhice como uma descida (evolução-estabilidade-declínio). Conforme foi mostrado no Capítulo 1, a década de 1970 marcou o princípio do fim dessas descrições e dessa identificação. A partir desse momento, a psicologia evolutiva é o estudo de todo o ciclo vital, e isso, como também foi indicado no Capítulo 1, significou para a disciplina não só uma ampliação nas idades de estudo, mas também, e sobretudo, uma ampliação dos conceitos, dos modelos, da linguagem e da metodologia. O certo é que a infância continua sendo o período da vida humana sobre o qual mais se acumulou conhecimento na pesquisa psicológica, mas também é verdade que é cada vez maior o corpo de informação de que dispomos em relação ao desenvolvimento após a adolescência.

Os próximos três capítulos abordam de forma detalhada os processos de desenvolvimento psicológico no campo da inteligência (Capítulo 21), da personalidade (Capítulo 22) e da socialização (Capítulo 23). Cabe a nós, neste capítulo, introduzir alguns conceitos e idéias-chave para um melhor conhecimento do significado evolutivo do desenvolvimento posterior à adolescência, como também para facilitar a compreensão dos conteúdos que são expostos nos três capítulos seguintes. Para isso, em primeiro lugar, vamos analisar o tipo de desenvolvimento que mencionamos ao falar da idade adulta e da velhice mediante uma análise que apresenta diferentes abordagens do conceito de idade, que é chave para entender essas etapas da vida humana. Em segundo lugar, vamos nos referir a vários fatos biológicos que adquirem uma particular relevância na idade adulta e na velhice. Depois, vamos nos centrar em algumas das propostas teóricas gerais que foram feitas a respeito dessas etapas da vida humana, concluindo com várias reflexões sobre a mudança e a continuidade após a adolescência, reflexões que serão ilustradas com alguns comentários sobre o desenvolvimento intelectual, pessoal e social nessas idades. Aspectos que serão analisados com mais detalhes nos capítulos seguintes.

IDADE E INFLUÊNCIAS NO DESENVOLVIMENTO

Quando em psicologia evolutiva se diz que a idade é uma variável vazia, está se destacando um fato sobre o qual existe um acordo generalizado: a idade, por si mesma, não explica nada, e a passagem do tempo, por si só, não fornece elementos que possam nos ajudar a compreender os processos de desenvolvimento psicológico. Conforme foi indicado no Capítulo 1, a idade tem, sem dúvida alguma, um valor descritivo, porque costuma estar associada a uma série de circunstâncias e mudanças que realmente possuem uma capacidade explicativa; mas as relações entre idade e conduta são de natureza correlacional, não do tipo causal: no processo de desenvolvimento psicológico existem determinadas mudanças que são mais características de umas idades do que de outras, mas isso não significa que seja a idade a que produz, por si mesma, as mudanças.

Conforme dissemos, a idade tem um incontestável valor descritivo e referencial. Assim, por exemplo, a respeito das etapas de desenvolvimento que estamos analisando, é comum fazer uma fragmentação da idade adulta e da velhice em agrupamentos de idades que nos permitem falar de idade adulta inicial (tipicamente, dos 25 aos 40 anos), idade adulta média (tipicamente, dos 40 aos 65 anos), idade adulta tardia ou velhice precoce (tipicamente, dos 65 aos 75 anos) e de velhice tardia (após os 75 anos). No entanto, o valor dessa fragmentação é muito relativo, e outros agrupamentos de idades, com outros limites cronológicos e outras denominações, também são possíveis. Mas, longe de poder resolver a problemática idade-desenvolvimento com as reflexões anteriores, por mais corretas que possam ser, vale a pena nos aprofundarmos um pouco nos diferentes significados do conceito de idade, porque irá nos permitir situar melhor o significado das etapas de desenvolvimento posteriores à adolescência e à juventude. Para isso, utilizaremos a diferenciação proposta por Birren e Renner (1977) entre os diferentes significados da idade:

- *Idade cronológica*: refere-se ao número de anos que transcorreram desde o nascimento de uma pessoa. É muito provável que este seja o indicador menos útil de todos os que analisaremos a seguir, talvez com a exceção dos primeiros segmentos do desenvolvimento (vida pré-natal e primeira infância), porque nesses casos há uma forte associação entre a idade cronológica e os processos que nos permitem fazer previsões mais exatas (mas, lembrem-se de que não é a idade *per se* a que permite, por exemplo, aprender a andar aos 12 meses, entre outras coisas, porque se fosse assim todos as crianças começariam a andar nessa idade; o que permite aprender a andar tem a ver com a maturação, a estimulação e a motivação).
- *Idade biológica*: é uma estimativa do lugar em que uma pessoa se encontra em relação ao seu potencial de vida. Esse conceito se relaciona com a saúde biológica e não tanto com a idade cronológica: podemos ter duas pessoas de 70 anos com uma idade biológica muito diferente se uma delas apresenta uma integridade física muito aceitável e a outra tem sérios transtornos da saúde.
- *Idade psicológica*: está relacionada com a capacidade de adaptação de uma pessoa, isto é, com suas possibilidades para enfrentar as demandas do ambiente; de novo, duas pessoas com a mesma idade cronológica podem apresentar idades psicológicas muito diferentes se uma é capaz de utilizar seus recursos psicológicos (inteligência, motivação, emoção, competitividade social, etc.) de maneira que responde adequadamente aos desafios da vida cotidiana, enquanto a outra mostra dificuldades em alguma ou várias dessas áreas (problemas de memória, falta de motivação, isolamento social, etc.).
- *Idade funcional*: integra os conceitos de idade biológica e idade psicológica e se refere à capacidade de autonomia e independência; assim, por exemplo, para viver sozinha em sua casa, uma pessoa deve ter um certo nível de saúde biológica que lhe permita sair e entrar, ir de um lugar a outro, etc., e também um determinado nível de competência psicológica para lembrar, planejar, organizar-se, etc.
- *Idade social*: está relacionada com os papéis e as expectativas sociais associadas a determinadas idades. Um exemplo disso é que aos 30 anos a sociedade espera que uma pessoa esteja trabalhando, que antes dos 40 tenha tido um filho, que aos 65 consiga a

aposentadoria e que, alguns anos mais tarde, tenha netos. A idade social tem importância, entre outros fatores, porque as experiências que ocorrem fora das margens habituais – particularmente quando se distanciam muito delas – costumam ser uma fonte de estresse e de dificuldades, como acontece quando uma jovem é mãe aos 16 anos ou quando uma pessoa se aposenta com 50 anos. No entanto, as mudanças nos costumes e expectativas a que estamos assistindo no ocidente nos últimos anos exigem que sejamos muitos flexíveis no momento de estabelecer os limites da idade social, embora talvez não até o extremo que alguns chegam quando dizem que a idade social passou a ser irrelevante.

Além das distinções anteriores, devemos acrescentar uma diferenciação da relação que há entre a idade e as influências que moldam o desenvolvimento, distinção que foi apontada rapidamente no Capítulo 1 e que agora é a hora de analisar com mais profundidade. É a distinção proposta por Baltes, Reese e Lipsitt (1980) entre influências normativas relacionadas com a idade, influências normativas relacionadas com a história e influências não-normativas. A distinção corresponde ao gráfico da Figura 20.1

As influências normativas relacionadas com a idade estão ligadas a fatores que afetam o desenvolvimento psicológico com um vínculo muito forte com a idade, permitindo que, ao conhecer a idade de uma pessoa, tenhamos condições de fazer previsões razoavelmente certas sobre alguns de seus processos evolutivos. Por exemplo, pelo fato de sabermos que um bebê tem entre seis e nove meses, podemos prever que ele está em plena formação dos sistemas de apego e de cautela diante de estranhos (tema já abordado no Capítulo 5). Pelo fato de sabermos que uma criança tem entre seis e oito anos, podemos prever que ela é capaz de raciocinar logicamente e que tem um determinado controle emocional, como tam-

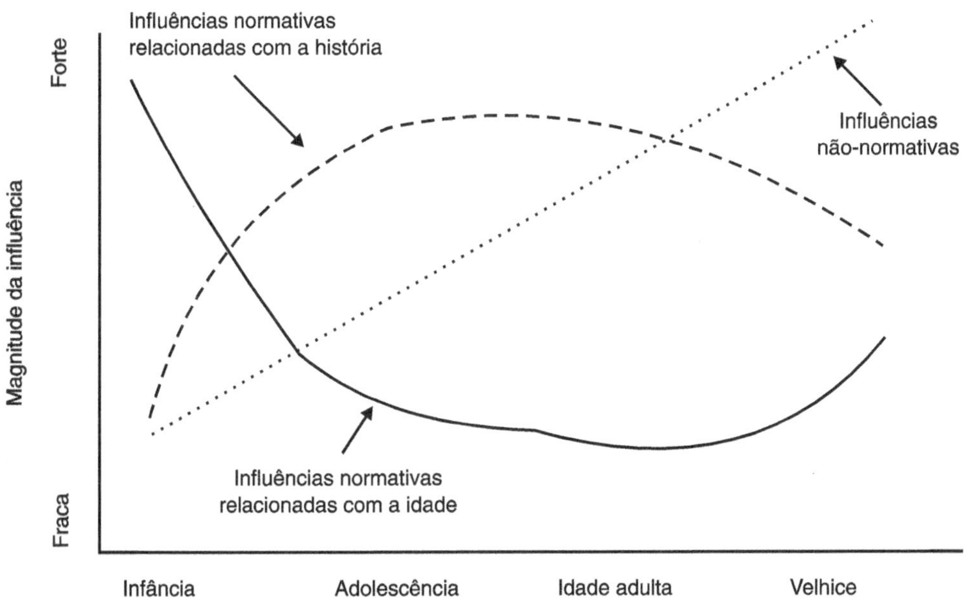

FIGURA 20.1 Influências normativas, associadas com a idade e a história, e influências não-normativas. Fonte: Baltes et al., 1980.

bém supor que as relações com outras crianças da mesma idade têm muita importância (conforme foi analisado nos respectivos capítulos). À medida que nos distanciamos da infância, esse tipo de influências vai diminuindo em magnitude, porque a maturação associada à idade vai impondo menos e permitindo mais. Assim, outras fontes de influências vão transformar-se em predominantes, especialmente a partir da adolescência.

Conforme se observa na Figura 20.1, a curva que representa de maneira gráfica esse tipo de influências tem um certo movimento de recuperação no final da vida, o que se relaciona com a influência que exercem as mudanças biológicas do último trecho da vida sobre os aspectos psicológicos (menos reflexos, mais lentidão em determinados processamentos, etc.). Esse tema será abordado no próximo capítulo. No entanto, vale a pena notar que, na velhice, a magnitude da influência desse tipo de fatores é muito mais fraca do que foi na infância. Podemos ilustrar o que acabamos de afirmar com dois exemplos bem simples: saber que um bebê tem entre seis e nove meses nos permite fazer previsões evolutivas muito mais certas em relação ao apego do que saber que um senhor tem entre 75 e 80 anos, e saber que uma menina tem nove anos nos permite fazer previsões evolutivas mais certeiras de suas capacidades de memória do que em relação a uma senhora que tem 70 anos. Apesar disso, devemos reconhecer que, em termos evolutivos, não é muito exagerado supor que o sistema de apego do senhor que tem entre 75 e 80 anos e a memória da senhora de 70 anos tenham passado por algumas alterações em relação ao que havia sido característico em ambos na etapa da idade adulta.

As *influências normativas relacionadas com a história* afetam todas as pessoas que vivem em uma determinada época e sociedade, mas não àqueles que tenham vivido ou venham a viver em outra época e outra sociedade. Essas influências apresentam um perfil inverso aos das relacionadas com a idade, tal como podemos observar na Figura 20.1, na qual as influências normativas relacionadas com a idade apresentam um perfil de fraca influência, as relacionadas com a história apresentam-no forte e vice-versa. Quando a lógica biológica da maturação ou do envelhecimento impõe sua lei, as diferenças vinculadas com o ambiente em que se vive podem ser muito menos notadas, como acontece com a maturação do cérebro que permite à criança aprender a caminhar sozinha em idades semelhantes entre crianças criadas em sociedades com práticas de criação muito diferentes. Outro exemplo é o que acontece com as dificuldades que têm os conteúdos da memória de curto prazo para ascender à memória de longo prazo quando há transtornos neurológicos relacionados com o envelhecimento (muito embora, tal como temos sustentado, a magnitude da influência de ambos os fatos seja muito diferente). No entanto, durante a maior parte da nossa existência, desde o final da infância até a chegada – se é que ocorre – de determinados transtornos funcionais no cérebro perto do fim da vida, as influências normativas relacionadas com a história exercem uma influência muito importante.

O conceito de geração é o mais estreitamente associado a essas influências normativas relacionadas com a história. No Capítulo 1 este conceito foi analisado com detalhe. Na Espanha, por exemplo, há uma geração que viveu a Guerra Civil (1936-1939) e suas conseqüências, enquanto outras gerações não passaram por isso. Também não é a mesma coisa ter nascido em 1918 e pertencer a um dos bandos que lutaram na guerra do que ter nascido em 1930 e ter vivido essa experiência como criança. Não é a mesma coisa ter se formado na universidade na década de 1970, quando acontecida a expansão econômica e havia muitas possibilidades de conseguir emprego, do que se formar na primeira parte da década de 1990, quando havia recessão e o mercado de trabalho era muito reduzido. Não é igual, nos dias de hoje, ser uma pessoa idosa do que tê-lo sido em outra época em que não existiam muitos tratamentos médicos para atenuar algumas de suas dificuldades sensoriais. As pesquisas realizadas por Elder (1998), que foram resumidas no Capítulo 1, são uma excelente ilustração dos fatos que estamos comentando. Podemos encontrar um exemplo da influência dos fatores geracionais na população espanhola no estudo do Centro de Investigações Sociológicas sobre as atitudes e condutas afetivas dos espanhóis (CIS, 1995). Diante da pergunta se um relacionamento amoroso deve perdurar a vida toda, houve poucas diferenças nas respostas de homens e mulheres. Entretanto, a diferença foi muito significativa entre as gerações: responderam afirmativamente 86% das pessoas entre 55 e 66 anos; 74% entre 45 e 54 anos; 64% entre 35 e 44 anos e 57% entre os que tinham menos de 35 anos.

O fato de diminuir, na velhice, a curva de influências normativas relacionadas com a história está relacionado com o aumento da curva das influências normativas vinculadas à idade: quando a lógica biológica impõe as regras, as influências de gerações se enfraquecem. Isso se torna muito evidente quando se trata de influências biológicas para as quais não há respostas terapêuticas, como, por exemplo, no mal de Alzheimer, para o qual até hoje não temos um tratamento eficiente. Por isso, duas pessoas afetadas gravemente por tal doença serão muito parecidas, independentemente da geração a que pertençam.

Por último, as *influências não-normativas* se referem às experiências de caráter idiossincrásico ou quase-idiossincrásico. Em todo caso, são experiências não-normativas, isto é, experiências pelas quais se sabe que não passam todos aqueles que pertencem a uma determinada geração ou que têm uma determinada idade. Se um adolescente tiver um acidente de moto que deixa seqüelas das quais necessitará de vários anos para se recuperar, é um fato não-normativo. Se uma mulher adolescente é mãe, é um fato não-normativo; se um adulto ganhar um prêmio alto em um jogo de azar, tem uma experiência não-normativa; ficar viúvo aos 40 anos de idade é um acontecimento não-normativo. Na verdade, o que faz com que um fato seja não-normativo é, por um lado, a condição de afetar um ou mais indivíduos, mas não a todos e, por outro lado, que esse fato seja impossível de ser previsto em um momento determinado. É exatamente o contrário do que acontece com as influências normativas, que são previsíveis em termos biológicos e de geração. A curva que representa as influências não-normativas na Figura 20.1 não deixa de aumentar com o passar do tempo, porque se supõe que os acontecimentos de que estamos falando vão sendo acrescentados uns aos outros, acumulando uma história pessoal cada vez mais diferenciada.

Um bom exemplo de influências não-normativas é o dos chamados "encontros casuais" de pessoas desconhecidas (Bandura, 1982), que se transformam em importantes do ponto de vista evolutivo quando têm repercussões relevantes para a pessoa. A professora que influencia decisivamente na tomada de decisões vocacionais dos alunos; um desconhecido que nos é apresentado, e por meio dele conseguimos um trabalho; o encontro casual com uma pessoa, mediante apresentação feita por um amigo, que se transformará em nosso(a) namorado(a); todos esses são encontros casuais, que não se podem prever, não-normativos, que exercem uma influência relevante em nossas vidas. No estudo realizado pelo CIS antes citado, 21% dos adultos entrevistados afirmou ter conhecido seu (sua) companheiro (a) de forma totalmente casual, e 19% o fez mediante apresentação por familiares ou amigos, o que também possui um importante fator de acaso.

Se olharmos novamente a Figura 20.1, poderemos tirar a conclusão de que o desenvolvimento a partir da adolescência está muito pouco determinado pela idade cronológica e muito mais pela idade psicológica e pela idade social. Se falarmos de idade biológica, podemos afirmar que enquanto o organismo mantiver níveis de funcionamento que permitam uma correta adaptação, a sua influência não será decisiva na maior parte dos casos; ela se converterá em relevante quando a idade comprometer a adaptação, aí incidirá causalmente na idade funcional.

Idade adulta e velhice são etapas da vida que estão abertas a mudanças, sensíveis às diversas fontes de influência das quais estivemos falando. Muitas das mudanças são totalmente evolutivas, pois se apresentam em uma determinada seqüência e possuem uma certa organização que se relaciona com o conjunto de características que a pessoa tem em cada momento da vida. Na idade adulta e na velhice, há, efetivamente, perdas e declínios, tal como sustentavam os velhos estereótipos, mas também há ganhos, aquisições, conquistas, acréscimos e reorganizações que contrariam essas velhas crenças. Portanto, são etapas tão evolutivas quanto podem ser a infância ou adolescência, muito embora tenham características bem peculiares.

MUDANÇAS BIOLÓGICAS NA IDADE ADULTA E NA VELHICE

Muito embora não seja a proposta deste trabalho se aprofundar, minuciosamente, nas mudanças físicas que acontecem quando termina o processo de maturação biológica e as pessoas se convertem em adultos do ponto de vista maturativo, consideramos muito importante que uma análise do significado evolutivo da idade adulta e da velhice não fique sem algumas referências vinculadas com as mudanças físicas, especialmente para distinguir entre os diversos processos envolvidos no envelhecimento e para mencionar algumas das mudanças físicas de relevância do ponto de vista do funcionamento psicológico.

Envelhecimento primário e secundário

O corpo humano atinge sua maturidade entre os 25 e os 30 anos, etapa que se considera caracterizada pelos maiores índices de vitalidade e saúde. Uma vez determinado esse fato, é difícil dizer quando começa o envelhecimento biológico, entre outras coisas porque não é um processo unitário que aconteça de modo simultâneo em todo o organismo, mas ao contrário, é um processo muito assincronicamente distribuído entre as diferentes funções biológicas e os diferentes órgãos corporais. Mesmo dentro de um mesmo órgão, como o cérebro, distintas partes seguem padrões muito diferentes de envelhecimento. Além disso, é um processo que permite grandes diferenças entre umas pessoas e outras como, por exemplo, na idade média de 40 anos há muitas pessoas que necessitam usar óculos para compensar as perdas de capacidade visual, mas há outras que podem prescindir desse tipo de ajuda durante a vida toda. Na verdade, podemos afirmar que apesar da existência do processo de envelhecimento, nosso corpo e os diversos órgãos são potencialmente capazes de manter um correto funcionamento biológico até idades muito avançadas, permitindo a adaptação às demandas do ambiente.

Não há um consenso total sobre o que é, realmente, o processo de envelhecimento e quais são as causas que o provocam. Entretanto, existe um amplo consenso na hora de distinguir entre o envelhecimento primário e o secundário.

O *envelhecimento primário* consiste em processos de deterioração biológica, geneticamente programados, que acontecem inclusive nas pessoas que têm muita saúde e que não passaram por doenças graves na vida. Fica claro que parte do processo de envelhecimento está programada pelo nosso sistema biológico, isto é, é inevitável sob quaisquer circunstâncias individuais e ambientais. As células do nosso organismo estão, por exemplo, programadas para envelhecer. Isso está demonstrado no fato de que não podem se dividir infinitamente para produzir novas células, porque a capacidade de regeneração é limitada. Outros índices do que acabamos de afirmar são: com o tempo, diminui a capacidade para enfrentar os problemas que resultam da deterioração das cadeias de DNA; as células são afetadas, de maneira crescente, pelos radicais livres produzidos como conseqüência do metabolismo e da resposta às influências ambientais como a alimentação, os raios solares e a poluição atmosférica, desencadeando uma série de reações químicas que provocam danos moleculares irremediáveis, que se acumulam com a idade. O sistema imunológico humano também está programado para envelhecer. Com o tempo, diminui a capacidade para se defender das infecções e aumentam os transtornos auto-imunes, o que acontece quando o sistema imunológico ataca células sadias do próprio corpo, muito provavelmente por errar na sua identificação e achar que são patológicas. O nosso sistema endócrino, que controla tantas funções corporais, também envelhece. Quando começa o processo de deterioração dele e dos centros cerebrais que o controlam (hipotálamo e pituitária) tanto o funcionamento biológico quanto a saúde se ressentem do desgaste e ficam ameaçados. Em resumo, o corpo humano está feito e programado para morrer; muito provavelmente, como conseqüência dos fatores antes mencionados, o organismo humano tem um potencial de vida muito importante, mas limitado no tempo: estima-se que o potencial máximo está entre os 110 e os 120 anos. Não nos diferenciamos dos outros animais mamíferos que também possuem um potencial de vida, mas na maioria das espécies é muito menor do que nos humanos. O envelhecimento primário é, pois, inevitável, universal e, até onde sabemos, também irreversível.

O *envelhecimento secundário*, por sua vez, refere-se a processos de deterioração que aumentam com a idade e se relacionam com fatores que podem ser controlados, como, por exemplo, a alimentação, a atividade física, os hábitos de vida (incluído o tabagismo) e as influências ambientais. É evidente que há pessoas que podem viver sem passar por todos ou alguns dos efeitos desse tipo de envelhecimento. Então, podemos afirmar que pode ser prevenido, é evitável e não-universal. Ficar exposto aos raios solares sem nenhum tipo de proteção, por exemplo, provoca o envelhecimento das células da pele e é um fator de risco de câncer dermatológico. Maus hábitos alimentares, ausência de exercícios físicos regulares, consumo de tabaco e excesso de álcool, condutas de risco sexual, contaminação ambiental (incluída a poluição acústica), todos esses são fatores relacionados estreitamente com o envelhecimento secundário. Muitas vezes, os fatores enunciados se agrupam para formar uma verdadeira ecologia envelhecedora. Muitos dos transtornos e das doenças que observamos nos adultos e nos idosos não são conseqüência do processo de envelhecimento primário, mas desse tipo de envelhecimento secundário evitável e não-universal.

Alguns autores propõem a existência de um *envelhecimento terciário*, relacionado à hipótese do conhecido como "queda terminal". De acordo com os resultados de numerosas pesquisas longitudinais sobre os diversos conteúdos psicológicos, parece que, à medida que se aproxima a morte de um ser humano, vão ocorrendo declínios generalizados nas funções psicológicas. Se forem analisados retrospectivamente, a deterioração parece ser muito mais clara quanto mais próximo da morte estiver o idoso. A capacidade de se adaptar diminui, todas as habilidades cognitivas se deterioram, a personalidade fica desestabilizada e mais vulnerável.

Os três tipos de envelhecimento interagem e acrescentam, mutuamente, seus efeitos. Por isso, Birren e Cunningham (1985) propõem a metáfora do envelhecimento em cascata: o envelhecimento primário provoca uma avançada lentidão do processamento da informação; o envelhecimento secundário (especialmente no caso das doenças cardiovasculares e em algumas doenças crônicas) faz com que as perdas sejam mais intensas, e tanto mais quanto maior for a idade, e, por último, o envelhecimento terciário implica declínios generalizados que afetam todos os processos psicológicos.

Finalmente, não podemos nos esquecer de mencionar a importância das *diferenças interindividuais* que são o resultado tanto de fatores genéticos quanto ambientais. Essas diferenças se acumulam com o tempo, por isso duas pessoas que, quando tinham 35 anos, por exemplo, eram muito parecidas nos hábitos que tinham, quando atingem os 50 anos podem ter diferentes níveis de saúde, mesmo que tenham continuado a ter estilos de vida semelhantes. Quando tiverem 70 anos, as diferenças entre elas terão se acentuado e uma delas poderá viver muito mais anos do que a outra. Conforme foi mencionado anteriormente, duas pessoas com a mesma idade cronológica podem ter uma idade biológica muito diferente, e isso fica mais evidente quanto mais entramos nos anos da velhice.

As mudanças e sua repercussão no funcionamento psicológico

Considerando tudo o que foi dito anteriormente, pela acumulação dos efeitos do envelhecimento primário e do secundário, nosso organismo envelhece. Envelhece, por exemplo, nosso cérebro, cujo tamanho e peso diminuem à medida que passam os anos. O peso médio do cérebro, aos 20 anos, é de 1.400 gramas; entre os 50 e 60 anos de idade o peso médio é de 1.337 gramas. Entre 70 e 80 anos, o cérebro pesará 1.266 gramas e entre 80 e 90 anos, 1.180 gramas. Envelhecem os neurônios, reduzindo-se em número, deteriorando-se na sua arquitetura e na capacidade de conectividade através da sinapse (ver Quadro 20.1 sobre a perda dos neurônios). Além disso, alteram-se os ritmos da atividade elétrica do cérebro, tanto os ritmos alfa que estão relacionados com o estado de alerta (o ritmo mais lento se relaciona com uma menor ativação) quanto os estados delta, relacionados com o sono (a alteração dos ritmos faz com que o sono profundo diminua e os padrões do sono se tornem mais irregulares). As diversas partes do cérebro apresentam diferentes padrões de envelhecimento. Pela repercussão na conduta, são muito importantes os processos de envelhecimento que acontecem nos lóbulos frontais (relacionados com o controle dos processos cognitivos e motores mais finos) e no hipocampo (relacionado com a memória). No caso de algumas doenças, como Alzheimer, a deterioração do córtex cerebral e do hipocampo é muito intensa, o que produz um acentuado e acelerado envelhecimento do cérebro e ocasiona sintomas como perda de memória, incapacidade de desenvolver tarefas rotineiras, dificuldades para aprender, falta de senso de orientação, mudanças de personalidade e perda de habilidades lingüísticas. Muito embora a doença possa aparecer em idades anteriores, a maioria das pessoas com Alzheimer tem mais de 65 anos, aumentando o risco quanto mais a pessoa viver, o que talvez explique a maior incidência da doença entre as mulheres, devido a sua maior longevidade.

Entretanto, no processo normal de envelhecimento, o declínio das funções não tem razão para ser um obstáculo para o normal funcionamento e desempenho psicológico. Um cérebro velho, mas sadio, é capaz de servir de suporte para um funcionamento psicológico normal, permitindo um adequado desenvolvimento das atividades cotidianas e a aquisição de novos conhecimentos e habilidades. Além disso, a manutenção da atividade intelectual contribui decisivamente para manter a boa capacidade do funcionamento cerebral. A partir de uma determinada fase do envelhecimento, a maior lentidão na transmissão da informação no interior do sistema nervoso pode ocasionar tempos de reação mais longos, uma diminuição dos reflexos, uma execução psicomotora mais lenta e um funcionamento psicológico geral que, talvez, não tenha a rapidez e flexibilidade de idades anteriores. O envelhecimento do hipocampo, por exemplo, pode produzir algumas dificuldades típicas para passar a informação da memória de curto prazo para a memória de longo prazo, e, por isso, não lembram bem onde deixaram os objetos ou se fizeram ou não alguma coisa (no próximo capítulo, iremos nos aprofundar no tema). A rapidez e a flexibilidade que caracterizavam o funcionamento da memória nos jovens e nos adultos agora será afetada, porque, a partir de um determinado nível de envelhecimento do cére-

QUADRO 20.1 Neurônios e envelhecimento

Para Scheibel (1996) não existem provas para afirmar que perdemos cem mil neurônios por dia. É muito provável que a maior perda de neurônios aconteça na primeira infância (ver Capítulo 2). Nós, humanos, temos uma produção inicial de neurônios e de sinapses superabundante, de maneira que muitas áreas do cérebro começam com 150% do que depois serão os valores adultos, que se estabiliza em 100% nos primeiros meses e anos de vida. Posteriormente, perdem-se neurônios, isso está claro, mas não em quantidades tão grandes como nos primeiros anos de vida. Mesulam (1987) assinala com exatidão que somente os habituais estereótipos sobre a velhice justificam que a incrível diminuição de neurônios na primeira infância seja classificada como "evolutiva", enquanto a diminuição – muito menos significativa – na velhice seja classificada como "involutiva".

O problema que afeta os neurônios no envelhecimento não se relaciona tanto com a redução do número quanto com a perda da conectividade com outros neurônios, como também com a lentidão progressiva da transmissão dos impulsos. O que muda mais é a arquitetura e a funcionalidade dos neurônios do que o número deles.

bro, haverá, por exemplo, menor rapidez para decidir que estratégia de memória é a mais adequada em uma certa situação e para um determinado conteúdo. No próximo capítulo se analisa, com maior intensidade, as mudanças produzidas na memória após a meia-idade.

Mesmo assim, uma pessoa pode atingir uma idade avançada sem que apareçam as dificuldades que acabamos de mencionar ou, pelo menos, sem que afetem o desempenho cotidiano e o equilíbrio das potencialidades psicológicas. Na verdade, o que realmente afeta esse ajuste psicológico não é tanto o envelhecimento quanto a doença do cérebro. Quando os transtornos cardiovasculares e a arteriosclerose fazem diminuir o fluxo sangüíneo no cérebro e o aporte de oxigênio, algumas das dificuldades mencionadas anteriormente se intensificam e podem atrapalhar o funcionamento das funções psicológicas superiores. Mas, como esses processos se relacionam mais à saúde cerebral do que à idade cronológica, esses processos seguem mais a lógica da doença do que a do envelhecimento. Naturalmente, algumas dessas enfermidades aumentam um pouco as probabilidades de se apresentarem com o passar dos anos, mas outras se relacionam tão estreitamente com o estilo de vida da pessoa ou com fatores individuais de risco que não seria adequado vinculá-las de forma direta com o envelhecimento.

O envelhecimento físico não afeta somente o sistema nervoso central. No próximo capítulo falaremos de como os órgãos dos sentidos têm uma deterioração relacionada estreitamente com o passar do tempo. Em seguida, examinaremos minuciosamente esses temas. Por enquanto, limitamo-nos a dizer que alguns dos órgãos sensoriais começam a envelhecer nas décadas dos 40 e 50 anos, enquanto outros somente começam a declinar em idades muito mais avançadas, e outros, ainda, podem se manter bastante intactos ao longo da vida, como, por exemplo, o sentido do paladar. Os detalhes dessas mudanças e as conseqüências que produzem serão analisados mais adiante.

Uma área onde ocorrem mudanças significativas é no aparelho reprodutor. Em termos fisiológicos, o envelhecimento sexual começa a partir dos 30 a 35 anos e continua em um processo muito lento e gradativo no qual há importantes diferenças interindividuais. Talvez um dos aspectos que mais chame a atenção nesse processo esteja ligado às diferenças entre o homem e a mulher. Por isso, referiremonos a ambos separadamente. Muito embora sejam muito complexas as causas do processo de deterioração que acompanha a idade (naqueles aspectos em que realmente ocorre), não cabem dúvidas de que existem fatores hormonais envolvidos. No trabalho de López e Olazábal (1998), encontramos uma detalhada análise da sexualidade na velhice, incluída nela as mudanças físicas que acontecem no aparelho reprodutor humano a partir dos 30 anos.

Na mulher, a partir dos 30 a 35 anos, a capacidade de fertilidade diminui (não é que a mulher depois seja infértil, simplesmente a gravidez costuma acontecer com menor facilidade); aumenta o risco de aborto espontâneo e a possibilidade de complicações na gravidez e no feto. Os ovários perdem, aos poucos, a capacidade funcional, e os níveis de estrógeno no sangue começam a se reduzir. Por isso, entre os 40 e os 45 anos de idade aparecem os ciclos sem ovulação. É a etapa chamada de climatério, que incluem mudanças que acontecem antes, durante e após a menopausa. Em média, o fim da menstruação ou menopausa acontece entre os 48 e os 50 anos, muito embora o critério clínico geral seja esperar um ano completo sem menstruação para falar do fim definitivo dos ciclos menstruais. Há sintomas característicos que acompanham o processo da menopausa, como o sufoco, calor e transpiração abundante que afetam 80% das mulheres nesse período. Também nesse caso, há grandes variações entre mulheres, ou seja, enquanto umas apresentam queixas por freqüente sensação de sufoco, outras manifestam sentir esse sintoma de maneira mais ocasional, em algumas duram segundos e em outras minutos; há as que sentem esse mal-estar durante meses, enquanto outras têm de suportar isso por anos a fio. Além disso, a diminuição dos estrogênios irá produzir mudanças na estrutura interna dos ovários, do útero, da vagina e da vulva, e esta última terá uma tendência a perder a sua elasticidade e durante o ato sexual terá uma lubrificação menor. Por tudo isso, as mulheres terão uma maior suscetibilidade diante de problemas como ataques do coração e a osteoporose, doença que comentaremos mais tarde.

Se a mulher tem, em geral, um bom nível de saúde, a atividade sexual poderá se manter até idades avançadas, isto é, além dos 80 anos. Mas, segundo López e Olazábal (1998), cerca de 50% das mulheres apresentam um declínio da sexualidade após a menopausa (redução do desejo, coitos menos freqüentes e pior orgasmo). Os autores mencionam que há 25% de mulheres com quem acontece o contrário, isto é, melhoram a atividade sexual (talvez seja conseqüência de ficarem despreocupadas em ficar grávidas e pela menor urgência ejaculatória do homem, que também está envelhecendo). De todo modo, a sexualidade após a menopausa está muito vinculada com a qualidade de vida sexual anterior à menopausa. Muitas das dificuldades físicas que se apresentam podem ser resolvidas com facilidade.

No caso do homem, as mudanças são mais paulatinas e não estão marcadas por um acontecimento semelhante à menopausa. Os fatores hormonais estão também envolvidos, neste caso, há uma redução nos níveis de testosterona no sangue. Muito embora as mudanças comecem entre os 30 e os 40 anos, progridem muito devagar, sempre com fortes diferenças interindividuais. A resposta sexual se torna mais lenta à medida que a idade avança. Segundo os dados coletados por López e Olazábal (1998, p. 38), um homem de 18 anos pode atingir uma ereção completa em três segundos; quando fizer 45 anos, demorará uns 20 segundos, podendo necessitar até de cinco minutos aos 75 anos de idade. Outras mudanças incluem a diminuição no número de ereções involuntárias, a demora na ejaculação, o menor volume de esperma ejaculado, a menor quantidade e intensidade das contrações orgásticas e o aumento do período para atingir uma nova ereção após ter ejaculado.

Como no caso da mulher, todas essas mudanças não impedem uma atividade sexual satisfatória. Provavelmente será uma sexualidade menos urgente e vivida de outra maneira. Mas, é verdade que o envelhecimento não deve ser associado necessariamente com impotência nem com desaparecimento do desejo e da atividade sexuais. Tanto no homem quanto na mulher, os estereótipos sociais existentes sobre o tema da sexualidade na velhice constituem um obstáculo não só para uma sexualidade satisfatória como também para as mudanças, das quais já temos falado. No Quadro 20.2, com informações coletadas por López e Olazábal (1998), apresentamos um resumo com os dados mencionados anteriormente.

Embora muito mais breve, é necessário fazer uma referência às mudanças corporais que afetam os outros componentes de nossos organismos, por exemplo, os músculos e os ossos. O tecido muscular tende a diminuir na idade adulta, com um declínio mais rápido a partir dos 50 anos. Como conseqüência, a força muscular irá diminuir com o passar dos anos. Muito embora seja difícil estabelecer qual a parte dessa perda que pode ser ocasionada pela diminuição da atividade e o exercício, essas diminuições são inevitáveis inclusive para as pessoas que se mantém ativas e que possuem um bom nível de saúde. Quanto aos ossos, o processo normal mediante o qual parte do osso velho é reabsorvida e trocada por um osso novo começa a mostrar mudanças a partir dos 30 anos. Nessa época, a quantidade de osso absorvido começa a ser maior do que a quantidade de osso novo sintetizado. Muito embora a importância das perdas de massa óssea dependa muito de qual era a massa inicial, geralmente os ossos ficam mais frágeis e porosos à medida que envelhecemos. Quando a perda da massa e o vigor ósseo atingem limites patológicos, aparece a osteoporose, que representa um exagero do processo normal de perda que se acaba de descrever e que aumenta o risco de fraturas ósseas. A osteoporose afeta muito mais as mulheres (especialmente após a menopausa) do que os homens.

Por último, devemos mencionar, embora muito rapidamente, as mudanças que ocorrem no sistema cardiovascular. As mudanças estruturais são poucos importantes na medida em que a pessoa possa se manter sadia. É certo que as doenças cardiovasculares são uma das mais importantes causas de mortalidade, mas isso está relacionado com doenças que afetam o sistema, não com o processo normal de envelhecimento. Entre as doenças, devemos men-

QUADRO 20.2 Mudanças na resposta sexual humana como conseqüência do processo de envelhecimento

	Desejo	Excitação	Orgasmo	Resolução
HOMEM	Pode ser menor, por razões psicossociais ou hormonais.	Necessita de mais estímulos. É mais lenta. As mudanças são menos vigorosas. Pode haver dificuldades na ereção.	Menor volume do ejaculado. Menos contrações, menos vigor nas contrações.	Evidente prolongamento no tempo necessário para ter uma nova ereção.
MULHER	Habitualmente é menor, por razões psicossociais ou hormonais.	Necessita de mais estímulos. É mais lenta. As mudanças são menos vigorosas. Pode haver dor durante o coito.	Menos contrações. Menor vigor nas contrações. Mantém a capacidade multiorgástica.	Não afetada claramente.

Nenhuma dificuldade fisiológica impede o prazer sexual pleno. Não há razões para que diminua o prazer subjetivo da resposta orgástica.

A resposta sexual está afetada por fatores afetivos e cognitivos: fantasias, valorização do relacionamento, grau de intimidade, paixão sexual, etc.

Há uma grande variabilidade de uma pessoa idosa para outra.

Fonte: López e Olazábal, 1998, p. 41.

cionar especialmente a arteriosclerose, que provoca um estreitamento das paredes arteriais e uma conseqüente redução do fluxo sangüíneo.

Dois comentários finais são relevantes antes de dedicarmos nossa atenção a outras questões. O primeiro deles para indicar que, em muitas das mudanças e alterações que temos examinado neste trabalho, é muito difícil diferenciar o papel do envelhecimento primário do envelhecimento secundário. Por exemplo, no caso do envelhecimento cardiovascular ou da redução da massa óssea, existem muitos fatores envolvidos que são, talvez, até inevitáveis, mas cuja magnitude e conseqüências dependem estreitamente dos hábitos de vida do indivíduo, da alimentação e da atividade física. Ou, por exemplo, peguemos o caso das mudanças nas condutas sexuais, parte das quais se relacionam com fatores estritamente hormonais, mas outra parte tem a ver com atitudes, estereótipos, saúde sexual prévia, etc. Em conjunto, o quadro que nos deixa a revisão que antecede é muito menos sombrio do que o que pintavam as concepções tradicionais; um quadro, por outro lado, em que a saúde aparece como um capital que a pessoa pode acrescentar durante a juventude e nos primeiros anos da idade adulta mediante um estilo de vida saudável, exercícios físicos habituais, boa alimentação, etc., ou que a pessoa pode comprometer e por em risco com hábitos sedentários, dieta inadequada, consumo de tabaco, excessos de álcool, etc.

Os fatores psicológicos não podem ser deixados de lado diante das considerações feitas. A saúde e o bem-estar psicológico estão relacionados com a saúde e o bem-estar físico. Por exemplo, conhecemos bem como o estresse abala o sistema imunológico. Um outro exemplo para ilustrar o que acabamos de dizer são as conexões entre a saúde psicológica e as doenças do coração. Freqüentemente as pessoas classificadas com a personalidade "A" (competitivas, aceleradas, impacientes, um pouco hostis, etc.) eram consideradas como as mais propensas a ter doenças coronárias. O estudo realizado por Booth-Kewley e Friedman (1987) sugere que, realmente, o estilo da personalidade "A" tem uma estreita relação com a presença dessas doenças, é necessário corrigir alguns dos traços deste tipo de personalidade, tais como: pessoas deprimidas, agressivamente competitivas, facilmente frustráveis, muito ansiosas e irritadiças. Entretanto, as doenças do coração também estão vinculadas a uma série de fatores de risco, como dietas inadequadas, tabagismo, obesidade e histórico familiar com esse tipo de doenças.

Expectativa de vida e fatores relacionados

Mais cedo ou mais tarde, o corpo humano detém seu funcionamento. Esse é um fato biológico objeto de múltiplas análises demográficas. Nossa análise, neste capítulo, é estritamente seletiva e vamos ressaltar os fatos essenciais para uma melhor compreensão da Figura 20.2.

Se nos limitarmos a realizar uma análise dos dados a partir dos 30 anos de idade, poderemos comprovar que a pirâmide de população se alonga até aproximadamente os 60 anos. A partir daí, começa a se estreitar e o estreitamento se torna mais evidente a partir dos 70 anos, chegando ao ponto máximo nos 80 anos. Como podemos ver na Figura 20.2, as mulheres apresentam uma taxa maior de sobrevivência se comparadas com os homens, especialmente se levarmos em conta as estimativas para o ano 2010. Enquanto a porcentagem de homens que atingem o vértice mais alto da pirâmide quase não muda desde 1998, a das mulheres se amplia consideravelmente.

Parte das diferenças de população que podem ser observadas na Figura 20.2 se relaciona com o fato de que em determinadas épocas se produzem menos nascimentos do que em outras. Por isso, o estreitamento da pirâmide na parte baixa não se deve a uma elevada mor-

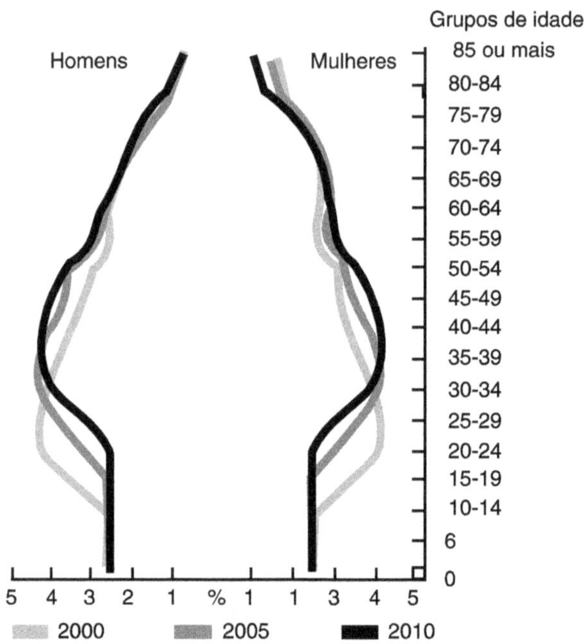

FIGURA 20.2 Pirâmides de população com projeção para os anos 2000, 2005 e 2010.
Fonte: INE, 1998.

talidade infantil, mas a uma reduzida taxa de natalidade. Para ter uma idéia do que significam os dados da figura que correspondem às idades mais avançadas, é útil considerar outro dado estatístico muito interessante: a expectativa de vida na época do nascimento, isto é, o número de anos que, em média, as pessoas vivem. O Quadro 20.3 mostra os dados da expectativa de vida no momento de nascer, nos países da União Européia, no ano de1995. Como podemos ver, no caso dos homens, a expectativa de vida é de 74 anos enquanto a das mulheres é de 80 anos, o que, de novo, mostra a maior sobrevivência das mulheres em relação a dos homens. Para situar essas cifras em uma perspectiva histórica, diante dos dados de expectativa de vida ao nascer em 1995 para a população espanhola (homens, 74,4 anos e mulheres 81,6), a média no ano de 1930 era de 48,3 anos para eles e 51,6 para elas; os dados de 1960 eram de 67,4 para eles e de 72,1 para elas; a estimativa para o ano 2010 é de 75,3 e 82,9, respectivamente, enquanto para o ano 2020 é de 76,0 e 83,7, sempre de acordo com os dados e as estimativas do Instituto Nacional de Estatísticas do Governo Espanhol.

QUADRO 20.3 Expectativa de vida ao nascer na União Européia em 1995

	Homens	Mulheres
Alemanha	73,3	79,7
Áustria	73,6	80,1
Bélgica	73,4	80,2
Dinamarca	72,7	77,8
Espanha	74,4	81,6
Finlândia	72,8	80,2
França	73,9	81,9
Grécia	75,0	81,9
Irlanda	72,9	78,4
Itália	74,6	81,0
Luxemburgo	73,0	80,2
Países Baixos	74,6	80,4
Portugal	71,2	78,6
Reino Unido	74,0	79,2
Suécia	76,2	81,4

Fonte: INE, 1998.

Por que as pessoas morrem? Segundo os dados do INE, referentes à população espanhola e ao ano de 1995, 38% das mortes foram provocadas por doenças do aparelho circulatório (isquemia cardíaca, doenças cardiovasculares, insuficiência cardíaca). No caso dos homens, logo em seguida estão as doenças relacionadas com o aparelho respiratório (câncer nos brônquios e nos pulmões, doenças pulmonares crônicas), o câncer de próstata, a AIDS e os acidentes de trânsito. No caso das mulheres, após as doenças do aparelho circulatório estão: câncer de mama, demência senil e pré-senil e o diabete. É importante salientar que, de acordo com essas estatísticas, a AIDS é a principal causa de morte nos homens na faixa etária de 25 a 29 anos, e os acidentes de trânsito são a principal causa de morte nos homens entre os 15 e os 24 anos e a segunda, após a AIDS, entre os 25 e 29 anos. O número de mortes por transtornos mentais é muito relevante, especialmente no caso das mulheres, fato que está em parte vinculado com o aumento da doença de Alzheimer. Tal como foi assinalado anteriormente, esse fato se relaciona com o aumento da expectativa de vida entre as mulheres e, por isso, ficam mais susceptíveis a doenças senis avançadas.

MODELOS EVOLUTIVOS DA IDADE ADULTA E DO ENVELHECIMENTO

De forma sintética, os diferentes modelos evolutivos propostos para mostrar as mudanças que acontecem durante a idade adulta e no envelhecimento podem ser agrupados em duas grandes tendências: a daqueles que descreveram essas mudanças como fazendo parte de uma seqüência de estágios e a dos que defenderam um modelo de mudança evolutiva sem estágios. Como típico representante do primeiro grupo está Erikson (1980), e do segundo, Baltes (1987), que servirão como exemplo para nosso estudo.

A descrição do modelo evolutivo de Erikson foi apresentada nos capítulos relacionados com à infância e à adolescência (Capítulos 9, 13 e 18). Esse modelo propõe uma série de estágios ou etapas nas quais há uma dimensão psicológica básica: se o desenvolvimento psicossocial funciona de forma satisfatória, desenvolve-se o pólo positivo dessa dimensão (a segurança em si mesmo e nos outros, por exemplo). Entretanto, se as coisas não dão certo, desenvolve-se o pólo negativo (por exemplo, insegurança e desconfiança a respeito de si e dos outros). Quanto ao desenvolvimento adulto e à velhice, ele afirma que, uma vez passada a adolescência – etapa em que esteve em jogo uma identidade clara ou uma difusa –, os primeiros anos de juventude e da idade adulta precoce são decisivos para estabelecer relações de intimidade (ou, se não der certo, para desenvolver sentimentos de isolamento). Nos outros períodos da idade adulta, será decidido se a pessoa desenvolve um sentimento de generatividade relacionado com ter filhos, ser criativo e produtivo ou se, de maneira contrária, os sentimentos que vão prevalecer serão de improdutividade, falta de capacidade de agir e de se comprometer. O último estágio descrito por Erikson está situado após os 65 anos de idade e nele a pessoa trabalha o sentimento de integridade do eu e suas experiências vitais, ou, ao contrário, um sentimento de desesperança e de fracasso.

Embora a proposta de Erikson seja a mais conhecida, não é a única que defende um modelo de desenvolvimento adulto seguindo uma seqüência de estágios fixos e relacionados com a idade. Apesar disso, uma significativa quantidade de propostas existentes está relacionada com o modelo proposto por Erikson, embora isso seja muito mais pela ênfase dada aos processos de tipo psicossocial do que pelos estritamente psicológicos. No entanto, todas as propostas supõem a existência de uma seqüência de mudanças ordenada, previsível e seqüencial, que são os traços característicos de todas as propostas do desenvolvimento em estágios.

Mas há outra forma de se referir às mudanças que acontecem na idade adulta e na velhice sem necessidade de postular a existência de estágios. As propostas realizadas pela psicologia evolutiva do ciclo vital vão nessa direção, tal como podemos ver nas idéias de Baltes (1987), um dos típicos representantes dessa visão. Algumas das idéias centrais da proposta de Baltes estão vinculadas aos conceitos de:

- Multidimensionalidade (os conteúdos psicossociais de que fala Erikson, por exemplo, são uma parte do desenvolvimento, mas há muitos outros, e nem todos seguem a mesma lógica interna nem sequer a mesma seqüência evolutiva).
- Multidirecionalidade (nem todos os conteúdos psicológicos evoluem na mesma direção, mas alguns aumentam, outros se deterioram, uns progridem rapidamente no começo e lentamente no final, enquanto com outros acontece exatamente o contrário).
- Combinação de ganhos e perdas (evolução nem sempre significa um incremento como tampouco envelhecimento significa, em todos os casos, perdas; em todas as idades há processos de ganhos e de perdas, incluída a velhice).
- Plasticidade (mesmo as pessoas de muita idade, sem doenças que as incapacitem, conservam a habilidade para as mudanças e para o processo de adaptação).
- Contextualidade (os diversos contextos em que se desenvolve a vida das pessoas e o diferente ecossistema em que ela transcorre exercem uma grande influência nos processos evolutivos).

Conforme foi mostrado no Capítulo 1, os modelos evolutivos em que o desenvolvimento é descrito como uma seqüência de etapas ou de estágios tiveram seu auge na psicologia evolutiva antes de 1970. Na medida em que a reflexão sobre as fontes de influência vai ampliando o foco da nossa análise, as descrições em termos de etapas nos vão parecendo cada vez mais problemáticas. A discussão que realizamos na primeira parte deste capítulo sobre os diferentes tipos de influência no desenvolvimento é uma prova do que acabamos de afirmar. Mostra claramente a forma como se estuda o problema hoje em dia. A enorme importância que, com o passar do tempo, vão tendo as experiências não-normativas como também sua acumulação, lógica com a idade, e o fato de que diminua a pressão canalizadora das forças normativas relacionadas com a idade não estaria muito de acordo com uma concepção em termos de seqüências evolutivas necessárias, ordenadas, organizadas e orientadas em um determinado sentido. Isso não significa que o desenvolvimento durante a idade adulta e a velhice seja desregrado, caótico e impossível de ser previsto. Somente significa que as importantes mudanças que acontecem nessas etapas da vida não se acomodam às rígidas exigências do conceito de etapa ou de estádio. Se a utilidade desse conceito para descrever as mudanças na primeira parte da vida foi recentemente muito questionada, e se durante os primeiros anos de vida a pressão normativa de amadurecimento tende a impor uma determinada homogeneidade em relação à idade, é totalmente evidente que a utilidade do conceito seja ainda mais questionável nas fases da vida humana em que essa pressão normativa apresenta níveis mais reduzidos. Isso não impede, por exemplo, que o tema da generatividade seja importante na idade adulta, simplesmente serve para questionar a existência de uma etapa de generatividade com as conotações que supõe o conceito de estágio.

MUDANÇAS E CONTINUIDADE

Para concluir este capítulo, refletiremos sobre os processos de mudança e de continuidade que caracterizam o desenvolvimento durante a idade adulta e durante a velhice. O argumento central das reflexões é que, durante estas etapas da vida humana, há elementos de estabilidade, tal como sustentavam os velhos estereótipos, mas também há muitos elementos de mudanças. Essas costumam se apresentar em uma linha de continuidade com todo o desenvolvimento anterior e não como uma ruptura ou desintegração dos ganhos precedentes. Para sermos mais claros, ilustraremos com alguns dados de três âmbitos diferentes: o desenvolvimento intelectual, as transformações no sistema de eu (autoconceito e auto-estima) e as mudanças no processo do apego. Nos três capítulos seguintes são analisados, de maneira mais detalhada, os aspectos mais concretos que estão vinculados ao desenvolvimento cognitivo, da personalidade e social, sendo necessário nos remetermos a eles para uma análise evolutiva de maior profundidade.

Tal como enunciamos no Capítulo 17, as operações formais não são o ponto final do nosso desenvolvimento intelectual, nem também seu maior objetivo. Alguns traços típicos do que se chama pensamento pós-formal estão ligados a um maior relativismo, à aceitação da contradição como um traço da realidade, ao uso de um tipo de intuição que procede do acúmulo de experiência, a uma maior capacidade para sintetizar e para encontrar fórmulas de comprometimento, a uma maior flexibilidade e abertura para diversas fontes de informação, a uma maior convivência com a incerteza, a uma favorável disposição diante do novo e do desconhecido. Como se pode ver, é um conjunto de mudanças que pode ser qualquer coisa, menos algo irrelevante.

Além disso, os adultos adquirem, pelo menos em alguns âmbitos do conhecimento, a categoria de especialistas. Claro que ser perito em alguma coisa não é exclusivo da idade adulta, tal como foi mostrado em várias partes deste livro, especialmente quando se comparou o desempenho de crianças peritas no jogo de xadrez e adultos desconhecedores desse jogo. No entanto, não há dúvida de que, parafraseando Freud, a criança, em geral, é uma novata polimorfa, enquanto o adulto desenvolveu experiência e conhecimentos que o transformam em perito em alguma área. Segundo Flavell (1985), o que caracteriza as redes conceituais dos especialistas é que nelas há estradas múltiplas que comunicam um conceito com outros, e por isso cada um dos conceitos dá lugar a inúmeras referências cruzadas em um dicionário mental muito denso e heterogêneo.

Como se fossem poucas as mudanças que estamos apresentando, ainda podemos falar de uma forma de conhecimento que freqüentemente é considerada peculiar dos últimos anos da vida e que tem sido nomeada como sabedoria. Esse é um conceito que abrange um leque de habilidades e recursos cognitivos, mas que comporta elementos adicionais como demonstraremos no final do próximo capítulo.

No entanto, nem tudo no pensamento adulto pode ser classificado como pensamento pós-formal, conhecimento de especialista e sabedoria. Como vimos no Capítulo 17, sobre o tema adolescência, também durante a idade adulta prevalecem muitos conceitos errados, muitas idéias e interpretações equivocadas que são funcionais (razão pela qual se mantêm), muito embora sejam incorretas. Portanto, as habilidades do pensamento enunciadas coexistem na inteligência humana com algumas idéias, estratégias e interpretações que, provavelmente, sofreram relativamente poucas mudanças desde a infância, e isso se dá, inclusive, quando se foi exposto a uma educação formal prolongada. Certamente, nossa inteligência não parece ser precisamente uma estrutura unitária, e nela encontramos, durante o período adulto e da velhice, um grande número de elementos de mudança e de desenvolvimento que coexistem com outros elementos procedentes de épocas anteriores.

Isso não é muito diferente do que acontece com o âmbito do autoconceito e da auto-estima. Sobre o primeiro desses aspectos, a tendência evolutiva geral não faz outra coisa senão acentuar o que se analisou como característico dos anos prévios à adolescência (Capítulo 13): a imagem que fazemos de nós mesmos é cada vez mais complexa, mais colorida, com mais elementos. À medida que se acumulam componentes em seu interior, o autoconceito também desenvolve uma estrutura cada vez mais hierarquizada, na qual alguns traços adquirem uma importância crucial, enquanto outros podem ter um lugar muito secundário. Para perceber como a trama do autoconceito se torna cada vez mais complexa, basta pensar nos novos papéis que aparecem tipicamente na idade adulta (o de pai ou mãe, de trabalhador(a), integrante de um partido político ou de uma associação), ou nas mudanças físicas que acontecem ao longo desses anos. Além disso, já que os traços psicológicos fazem parte essencial do autoconceito desde o final da infância, e que as pessoas se aprofundam na análise e no conhecimento desses traços durante a idade adulta, isso acrescentará uma complexidade adicional ao autoconceito adulto.

Se o que foi assinalado no parágrafo anterior são, na totalidade, sinais de mudança, não se deve esquecer de que também no autoconceito há importantes elementos de continuidade. É muito provável que exista um núcleo central do nosso autoconceito dotado de uma importante estabilidade ao longo da vida. De fato, nós nos reconhecemos muito mais semelhantes a como fomos do que como os outros nos reconhecem. Esse sentimento de continuidade, de identidade ao longo do tempo, é uma testemunha evidente de uma estabilidade que sobrevive às mudanças ou, para sermos mais claros, que integra as mudanças em uma auto-representação que mantém traços de permanência ao longo do tempo.

Não é muito diferente o que ocorre com a auto-estima. A vida adulta e a velhice têm suficientes conteúdos e experiências que a auto-estima não pode deixar de levar em conta: o sentimento de eficácia ou ineficiência nas tarefas de ser mãe ou pai, o rendimento no trabalho e o reconhecimento profissional alcançado, as experiências no âmbito das relações sociais ou da criatividade. Todos eles são exemplos de vivências que enviam mensagens positivas ou negativas tanto para os componentes específicos da auto-estima quanto para a auto-estima global. Embora a pesquisa evolutiva da auto-estima após a infância e a adolescência seja escassa, algumas conclusões parecem claras. Uma delas é o importante papel que desempenham os momentos de transição (viver com um(a) parceiro(a), começar a trabalhar, ser pai ou mãe, talvez uma separação matrimonial, os filhos que saem de casa para morar em outro lugar, a aposentadoria, as perdas dos entes queridos, etc.). De acordo com o trabalho realizado nessas transições, o impacto sobre a auto-estima será de sinal positivo ou negativo, muito embora reconheçamos que muitos outros fatores podem ser acrescentados e acompanhados de um sinal negativo, tais como: perda do emprego, divórcio, sentimento de fracasso em relação à educação dos filhos, consciência das limitações físicas ou das doenças.

No Capítulo 9, quando definimos a auto-estima, insistimos em seu forte caráter subjetivo em função das prioridades e expectativas da cada pessoa. Talvez seja conveniente acrescentar agora que essas prioridades e expectativas não ficaram fixadas de uma vez por todas na infância, mas que, ao longo do desenvolvimento, são objeto de redefinições e de reajustes de grande importância funcional. Como exemplo, basta pensarmos em alguém para quem as habilidades físicas e esportivas eram uma parte muito importante de sua auto-estima. Se essa pessoa não reajustar suas expectativas posteriormente, seja porque essas atividades deixaram de ser importantes, seja porque as expectativas de realizar as atividades vão se ajustando à capacidade possível em cada momento da vida, ela estaria condenada a uma auto-estima negativa nesse âmbito, o que não é necessariamente o caso. Algo parecido ocorre com as relações sociais, que, em um momento, ocuparam um lugar de destaque e sobre as quais a pessoa jovem se propunha metas que talvez tenham pouco a ver com o que acontecerá com ela quando a velhice chegar. Talvez, a conseqüência dessa redefinição de expectativas e de valores seja que as pessoas de muita idade costumam ter bons níveis de auto-estima positiva, contra os estereótipos habituais que, ao identificar velhice com deterioração, levavam a pensar em uma diminuição generalizada da valorização de si mesmo.

Embora a falta de pesquisas empíricas suficientes nos impeça de fazer muitas generalizações, parece que, apesar de todas as mudanças comentadas anteriormente, as pessoas continuam dispondo de uma auto-estima-base que, provavelmente, apresente uma maior estabilidade do que a que se encontra em alguns dos componentes aos quais estamos nos referindo. Não é que essa auto-estima base seja inalterável, aconteça o que acontecer na vida do indivíduo, mas que ela tende a manter um determinado nível de coerência ao longo do tempo, e isso pode ser alterado, logicamente, perante fatos que são altamente significativos.

Finalmente, em relação ao apego na idade adulta e na velhice, as mudanças são tão numerosas e tão importantes como as que se observam em qualquer dos outros conteúdos que temos explicitado. A lista dos acontecimentos que possuem uma grande relevância nas relações de apego é, de novo, muito extensa: namoro, relacionamentos com parceiros, nascimento dos filhos, casamento dos filhos, e quando estes vão embora de casa, nascimento de netos, perdas de figuras de apego, novos apegos que podem ser elaborados a qualquer momento, etc. A análise de López (1998) sobre a evolução dos vínculos de apego ao longo do ciclo vital humano é um claro expoente da quantidade e da magnitude das mudanças que ocorrem nesse importante domínio da nossa personalidade. Se, na infância, as figuras de apego eram especialmente pessoas das quais dependíamos, na adolescência e na idade adulta precoce serão pessoas semelhantes a nós mesmos quanto à idade, às competências e às capacidades. O nascimento de um filho dará lugar a uma nova forma de apego na qual se incorporam como novas figuras centrais (sem remover necessariamente as anteriores) pessoas que dependem de nós. No final de nossa vida, o círculo pode se fechar, e o pai ou a mãe, talvez viúvos, podem passar a depender dos filhos, de seus cuidados, de sua proteção e de seu afeto.

Apesar de todas essas mudanças, o apego desempenha basicamente as mesmas funções ao longo de todo o ciclo vital (apoio, segurança, proximidade, intimidade, etc.). Além disso, como assinala López (1998, p.135), a estabilidade do apego é maior na medida em que as pessoas avançam em idade: "após a adolescência, é muito provável que o apego se transforme em um padrão básico pouco modificável, muito embora possa aumentar o autoconhecimento das próprias características do apego, o autocontrole de seus efeitos e a aprendizagem de habilidades sociais para se relacionar de modo eficaz a partir do próprio estilo de apego".

Concluindo, a idade adulta e a velhice estão repletas de mudanças psicológicas de enorme relevância. São tantas mudanças, em tantos aspectos e tão relevantes que parece surpreendente que durante décadas estivemos convencidos do pouco interesse evolutivo da idade adulta e da velhice. Talvez a análise evolutiva se veja entorpecida nessas idades pela diminuição dos fatores normativos associados à idade e pelo importante aumento da variabilidade interindividual. Mas, *sensu contrario*, a existência de importantes elementos de estabilidade ao longo do ciclo vital humano, sob tantas mudanças e mutações, torna a análise evolutiva particularmente interessante e oportuna. Os três capítulos que seguem abordarão esses assuntos fundamentais.

21 Desenvolvimento cognitivo na idade adulta e na velhice

JOSÉ LUÍS VEGA, BELÉN BUENO E JOSÉ BUZ

Este capítulo tem por objetivo analisar as mudanças cognitivas que ocorrem durante a idade adulta e a velhice. Nossa análise tem um de seus principais suportes na perspectiva do processamento da informação, de acordo com a qual o ser humano capta a informação do ambiente de forma semelhante a como um computador recebe e trabalha com a informação. Os processos básicos da cognição, como o reconhecimento, a exploração do ambiente, a integração da informação de diversos sentidos e a aprendizagem, correspondem ao *hardware* do computador, àquilo com que a máquina vem quando ainda não tem informações concretas em seu interior. O conhecimento que é acumulado ao longo do tempo corresponde à base de dados do computador e às estratégias que utiliza para processar a informação, elementos conhecidos como o *software* do computador.

A maioria dos pesquisadores está de acordo em que, no geral, o processo de envelhecimento é acompanhado por um *declínio* cognitivo. Realmente, o declínio da habilidade para processar as informações foi reiteradamente encontrado em atividades relacionadas com a atenção, a aprendizagem e a memória. Apesar disso, o dano é menos severo, aparece mais tarde e se produz em uma proporção muito menor da população do que se pensou a princípio.

Um primeiro grupo de explicações que tenta explicar o declínio devido à idade se baseia no *hardware* do sistema, enquanto outras explicações atribuem os problemas ao *software*. O mais provável é que a maior parte dos processos de declínio com a idade possa ser atribuída a alguma combinação das duas explicações. Além disso, os dados sobre o declínio intelectual detectado em pessoas mais velhas dependem, muitas vezes, de questões puramente metodológicas e não necessariamente provoca, na maioria dos casos, uma limitação importante no estilo de vida das pessoas idosas.

Conforme foi evidenciado em Bueno,Vega e Mañanes (1999), os fatores cognitivos e sociais são fundamentais para elaborar programas no âmbito da "gerontologia educativa" e da "educação gerontológica". Esses termos são usados, respectivamente, para falar da aprendizagem das pessoas mais velhas e para descrever o ensino da gerontologia em suas diversas formas. Com a finalidade de tentar integrar ambos os termos, foi criado o neologismo "geragogia", usado para incluir a pedagogia do envelhecimento e da velhice. Esse termo apresenta uma nova área de trabalho que é o resultado da pesquisa e da teoria sobre o desenvolvimento humano aplicadas ao ensino e à aprendizagem das pessoas de mais idade.

OS PROCESSOS SENSÓRIO-PERCEPTIVOS E DE EXECUÇÃO

Nossa capacidade para lidar e para interagir adequadamente com o ambiente vai depender, em grande medida, de nossa habilidade para detectar, para interpretar e para responder, de maneira apropriada, à informação que chega até os nossos sentidos (os cinco clássicos mais os sinestésicos relacionados com a temperatura, a dor e o equilíbrio). Por isso, é importante conhecer como os processos sensório-perceptivos e de execução mudam com o envelhecimento.

Os processos sensoriais

Em relação à *visão*, a partir da idade adulta a maior opacidade do humor vítreo faz com que as pessoas sintam maiores dificuldades para enxergar quando há níveis reduzidos de luminosidade. Além disso, ocorre um leve declínio na capacidade para diferenciar as cores, especialmente o verde, o azul e o violeta, muito embora a repercussão desse declínio seja muito irrelevante. Também vai aparecendo uma maior sensibilidade diante das mudanças bruscas de iluminação: demora-se mais para se adaptar a elas. A causa está nas alterações dos músculos da pupila, que fazem com que sua resposta seja mais lenta.

O nível de agudeza visual se reduz a partir dos 50 anos devido à mudança no perfil e pelo enrijecimento da lente (Spence, 1989). A agudeza para os objetos em movimento decai mais rapidamente do que para os objetos estáticos. É muito freqüente o fenômeno da presbiopia, isto é, a incapacidade de focalizar os objetos próximos. Isso obriga um número muito grande de pessoas adultas a usarem óculos para ler. Essas mudanças, que são normais no processo de envelhecimento, podem ser acompanhadas de outras patologias provocadas por doenças tais como glaucoma (aumento da pressão do líquido intra-ocular, que, se não for tratada precocemente, pode até provocar cegueira), cataratas (devido à opacidade do cristalino, produzem uma agudeza visual muito diminuída e também pode levar à cegueira) e a degeneração macular senil (que, como conseqüência da deterioração da porção central da retina, afeta a visão central, mas não a periférica).

Em relação ao *ouvido*, os problemas de audição das pessoas adultas e das idosas se devem tanto a fatores ambientais presentes ao longo de seu ciclo vital quanto aos efeitos do envelhecimento. As mudanças funcionais na audição geralmente passam mais despercebidas do que no caso da visão. Entretanto, algumas delas são progressivas, irreversíveis e prejudiciais para o processo de adaptação e para a interação adequada com o ambiente.

Um problema auditivo muito freqüente é a presbiacusia ou surdez senil. Consiste na perda progressiva da sensibilidade auditiva no ouvido interno relacionada à idade. Os homens são mais propensos do que as mulheres a ter esse tipo de transtorno, caracterizado pela perda da capacidade de distinguir os sons de altas freqüências (Whitbourne e Weinstock, 1986), muito embora a percepção de sons de outras freqüências geralmente também sejam afetados. A queixa mais comum expressa pelas pessoas que padecem de presbiacusia é a incapacidade frustrante para compreender o que os outros falam. O motivo é que numerosos sons do discurso são de alta freqüência. Outro problema que pode se apresentar está relacionado com a capacidade para localizar sons, ou seja, a habilidade baseada na comparação da discrepância do som percebido pelos ouvidos. Por último, outro problema potencial é o zumbido, que consiste em um *zunzum* ou sensação permanente de que os ouvidos retumbam. Geralmente, esse transtorno é acompanhado de presbiacusia, mas até agora não foi realmente detectada a origem dessa moléstia (Corso, 1987).

Antes de passar a descrever o que ocorre com outros sentidos, vale a pena mencionar rapidamente as implicações que têm as mudanças na visão e na audição na vida cotidiana de muitas pessoas idosas, pois esses problemas costumam se acentuar na velhice. Por exemplo, podemos pensar que um dos fatores que mais se associa à redução das atividades e ao ócio nos idosos não é a idade, e sim uma visão ruim. Claro que a diminuição da agudeza visual e da audição interferem na comunicação e na interação social, porque ambas as modalidades sensoriais interagem e se complementam. Por exemplo, muitas pessoas idosas que sentem dificuldades auditivas, especialmente para ouvir o discurso do outro, podem evitar as situações de relações sociais por se sentirem envergonhadas. As dificuldades em acompanhar as conversas e interagir costuma levar ao isolamento, produzindo sentimentos de solidão e mal-estar emocional. Por essas razões, o processo de adaptação social e psicológica das pessoas de muita idade pode ser seriamente afetado (Whitbourne e Weinstock, 1986).

Em relação ao *olfato*, sua eficiência costuma diminuir com a idade. No entanto, parece que a perda de sensibilidade olfativa não é universal e costuma estar associada a diferentes doenças (Alzheimer, Parkinson, infecções virais e bacterianas). Salvo esses casos, o declínio da sensibilidade olfativa é muito pequeno. A identificação de alguns cheiros se torna mais difícil, por isso alguns deixam de ser desagradáveis. O que acabamos de mencionar é importante, porque pode afetar, por exemplo, as relações sociais das pessoas idosas, pois sua insensibilidade para os odores corporais pode afastar delas as pessoas que acham esses odores desagradáveis ou ofensivos.

O *paladar*, no entanto, permanece muito intacto na velhice. Embora alguns autores tenham atribuído um suposto declínio no paladar à incapacidade de detectar o sabor de alguns alimentos cozidos, segundo Corso (1987), no entanto, a principal razão dessa dificuldade está relacionada mais com o cheiro e com a memória do que com o sabor. As constantes queixas sobre o sabor da comida podem ser provocadas não pelas perdas sensoriais, mas pelos fatores de adaptação pessoal e as atitudes frente a si mesmo ou sentimentos de abandono, o que não é muito estranho considerando que comer é um ato social.

A maioria dos pesquisadores coincide em que a sensibilidade para o *tato* começa a diminuir por volta dos 50 anos, e essa perda é atribuída a uma diminuição na quantidade de receptores e de sua sensibilidade individual, produzidos nas palmas das mãos e nos dedos. Entretanto, nem todos os aspectos da sensibilidade tátil diminuem, nem afetam a todas as pessoas. De todo modo, a diminuição da sensibilidade tátil não é suficientemente significativa para interferir na capacidade de localizar, de manipular e de identificar objetos.

Em relação a outros sentidos somestésicos, podemos dizer que, com o passar dos anos, geralmente se desenvolve uma determinada insensibilidade a *temperaturas* extremadas, tanto de calor quanto de frio. É como se as pessoas de muita idade, como as crianças muito pequenas, não pudessem detectar de maneira eficiente e precisa quanto faz de calor ou de frio. Por isso, podem sofrer complicações físicas ou médicas, como hipotermia, aquecimentos e congelamentos, mais facilmente do que outros grupos de idade. Talvez pela variedade de fatores que influem em sua percepção, até hoje não foi possível demonstrar se a sensibilidade diante da *dor* diminui, aumenta ou se mantém igual quando as pessoas envelhecem. O que realmente se sabe é que a motivação, as emoções, as crenças, a personalidade, o *status* econômico e a origem étnica são fatores que afetam a percepção da dor. Por último, em relação ao *equilíbrio*, uma queixa habitual das pessoas mais velhas é a vertigem, experiência que parece ser conseqüência dos efeitos do envelhecimento sobre o sistema vestibular (Whitbourne e Weinstock, 1986). De qualquer maneira, seja qual for a causa, a vertigem é muito desagradável e perturbadora para a vida das pessoas idosas, além de limitar muito a liberdade e a comodidade com que elas se movem no ambiente físico.

Os processos perceptivos

Da perspectiva do processamento da informação, a percepção não é um resultado imediato da estimulação ou sensação, mas é a conseqüência da atuação de uma série de processos envolvidos, influenciados em termos neurofisiológicos, que desenvolvem e transformam de maneira ativa os estímulos ambientais e que condicionam a interpretação mais ou menos automática que a pessoa efetua da informação que recebe. Esse princípio deve ser levado em conta ao longo da análise que faremos sobre os processos perceptivos nas modalidades visual e auditiva. O lugar que corresponde aos processos perceptivos na seqüência do processamento da informação será ilustrado no Quadro 21.1.

Em relação à *percepção visual*, quando as pessoas envelhecem, processam a informação mais lentamente do que o faziam em sua ju-

QUADRO 21.1 Passos a dar no processamento da informação

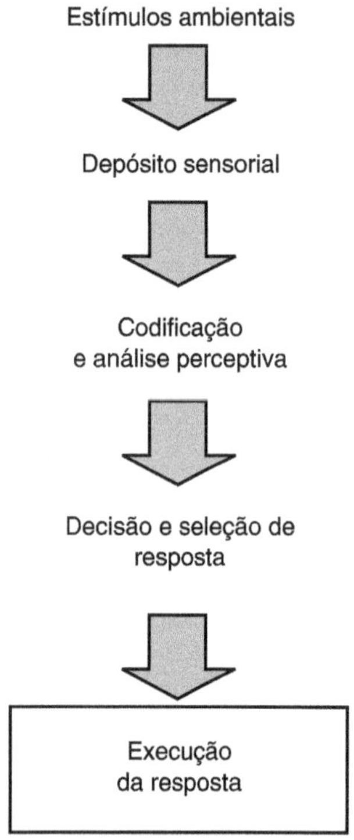

Fonte: Vega e Bueno, 1996.

ventude (Permutter e Hall, 1982), e isso é observado tanto no ritmo com que se realizam os diferentes processos como na latência com a qual se iniciam. Essas dificuldades podem ser exemplificadas com algumas alterações perceptivas visuais que costumam ocorrer nessas idades: por um lado, sabemos que o comportamento de busca visual se torna menos eficiente, sistemático e completo do que era antes, como também a percepção da profundidade começa a se deteriorar entre 40 e 50 anos. Por outro lado, as pessoas mais velhas têm maior dificuldade do que os jovens para conseguir percepções organizadas dos estímulos ambíguos, incompletos ou pouco estruturados. Finalmente, foram encontradas dificuldades semelhantes em relação à identificação de objetos em atividades com pouco tempo de inspeção, com contraste ou iluminação inadequados, com presença de "ruído" visual ou com estímulos irregulares ou não-familiares, dados todos estes que se costuma interpretar como um aumento da dependência de campo com a idade.

Em relação à *percepção auditiva*, a perda da sensibilidade absoluta aos tons puros talvez seja a mudança relacionada à idade mais amplamente aceita e mais bem definida, especialmente nos homens, e é muito significativa acima de 1.000 Hzs. De qualquer maneira, é questionável que os valores de sensibilidade absoluta representem adequadamente a capacidade auditiva das pessoas mais velhas, pois pode ser que os déficits de realização nessas pessoas estivessem exagerados pela precaução usada nas respostas, por lapsos de atenção e/ou por falta de familiaridade com a atividade.

A capacidade para discriminar entre diferentes sons é muito importante para o processamento de sinais complexos, tais como os da linguagem falada, porque alguns sons do discurso se distinguem por diferenças nas freqüências (por exemplo, as vogais) ou pela intensidade (por exemplo, algumas consoantes). Então, não deve parecer estranho que os problemas auditivos tragam, às vezes, alterações da percepção de conversas muito importantes para a interação social, especialmente em condições ambientais não-ideais. As dificuldades estão relacionadas, por exemplo, ao fato de que o nível de som que se necessita para identificar corretamente o discurso aumenta progressivamente após 50 anos de idade, tanto nos homens quanto nas mulheres. Também se relacionam com a perda da inteligibilidade das conversas, conhecida como "regressão fonética", e com o fato de que, a partir dos 40 anos, as dificuldades são progressivas na percepção de conversas com ecos, com velocidade ou com interrupções.

Por outro lado, as dificuldades de compreensão da linguagem falada que têm essas pessoas se devem tanto a mudanças sensoriais quanto a mudanças com a idade nos processos cognitivos que medeiam a percepção. Nos últimos tempos, foram aceitas como causas desse processo de deterioração tanto os componentes centrais quanto os periféricos (Crandell, Henoch e Dunkerson, 1991).

A execução psicomotora

Estudos realizados por Birren e Fisher (1995) constataram ampla e reiteradamente que as pessoas idosas são mais lentas nas habilidades psicomotoras. Para explicar esse processo de lentidão associado à idade, há numerosas hipóteses e teorias propostas que diferem no tipo de critérios ou de estratégias envolvidas. Parece que a lentidão progressiva que aparece nas pessoas mais velhas é geral e não poderia ser vinculada a um déficit específico, porque são muitos os mecanismos que se deterioram com a idade e não somente um. Essa limitação da execução psicomotora pode chegar a produzir importantes efeitos na vida diária das pessoas, afetando atividades tão cotidianas como passear e subir escadas, ou atividades de cuidado pessoal como comer e tomar banho.

Existem muitas propostas para explicar as causas da lentidão progressiva que ocorre na execução psicomotora com o envelhecimento. Um grupo de pesquisadores se baseia em explicações periféricas e atribui a perda da velocidade às diminuições na eficácia dos órgãos sensoriais e/ou do sistema nervoso periférico. De acordo com essa explicação, o que provoca a lentidão são fatores tais como a discriminação sensorial, a perda do poder de contração muscular ou a velocidade do movimento puro. No entanto, hoje, a maioria dos pesquisadores concorda em pensar que os fatores periféricos contribuem somente de modo leve no processo de lentidão progressiva que se produz com o passar dos anos. Em oposição a isso, as explicações centrais atribuem a lentidão a um processo interno de nível superior, mas diferem em apontar qual o processo específico que a provoca. Em termos gerais, parece haver um determinado consenso em considerar que a lentidão tem a ver, especialmente, com os processos que acontecem entre a captação do estímulo e a emissão da resposta.

O impacto do processo de lentidão motora pode se ver bastante reduzido por meio de práticas de atividades concretas e mediante a atividade física. Ambos os fatores se mostraram os mais eficazes para reduzir as diferenças na velocidade psicomotora em relação à população mais jovem. Em conseqüência, tanto a força como a resistência muscular podem continuar a se manter em um nível adequado. Desse jeito, podem ser evitados os acidentes aos quais são tão propensas as pessoas mais velhas.

OS PROCESSOS DE FILTRO E DE ARMAZENAMENTO

Uma vez superada a fase sensório-perceptiva, o próximo passo no processamento da informação tem a ver com o filtro e com o armazenamento da informação. Os processos envolvidos são, respectivamente, a atenção e a memória, dos quais falaremos a seguir.

A atenção

A atenção é a energia ou a capacidade necessária para apoiar o processamento cognitivo, sendo um recurso tão eficaz quanto limitado. Muito embora não sejam totalmente independentes entre si, podemos falar de três tipos de atenção (mantida, dividida e seletiva) e de uma função que consiste na mudança de atenção. Por exemplo, manter a atenção na atividade que se realiza durante um certo tempo requer atenção mantida; quando se realizam duas atividades ao mesmo tempo, estamos diante de um problema de atenção dividida; se foram selecionados sinais de todo um conjunto de estímulos, falamos de atenção seletiva; por último, se mudamos de uma atividade para outra, centrando-nos primeiro em uma e depois na outra, falamos de mudança de atenção.

A *atenção mantida* está muito relacionada com a detecção de mudanças na estimulação que ocorrem ao longo do tempo durante a realização de uma tarefa. Nesse tipo de situações (conhecidas como atividades de vigilância), os resultados das pesquisas (See, Howe, Warm e Dember, 1995) demonstram que as pessoas idosas são menos precisas do que os jovens no início de um processo de detecção, mas não na evolução ao longo de uma determinada atividade. Por isso, independentemente da idade, cometem-se mais erros à medida que transcorre a realização de uma atividade, sem que também existam diferenças entre os de mais idade e os jovens na rapidez com que começa a diminuir a precisão. Em relação ao fator "precisão na detecção de mudanças na estimulação", não se conhece exatamente as causas da deterioração, embora as explicações geralmente sejam baseadas em níveis de alerta mais baixos, problemas no *arousal* (ativação da atenção) e maior tendência à distração. Seja qual for a causa principal, é muito importante continuar a pesquisar nesta área devido às implicações práticas da atividade de vigilância. Por exemplo, cada vez há mais motoristas mais velhos nas estradas e mais possibilidades de que as pessoas continuem a trabalhar até idades muito avançadas.

Na *atenção dividida* a capacidade das pessoas mais velhas diminui quando elas têm de prestar muita atenção a várias atividades ao mesmo tempo. O grau de diminuição é mais intenso quanto maior é o número de tarefas envolvidas no processo e quanto maior é a dificuldade para realizá-las. Parece que esse tipo de atenção somente mostra deteriorações graves em casos muito específicos, mas as explicações sobre o declínio até hoje são muito controvertidas.

A *atenção seletiva*, por sua vez, cumpre uma função de filtro que se encontra entre as mais básicas da atenção; por isso, é fundamental para o processo de aprendizagem (Plude, Enns e Brodeur, 1994). As diferenças que há nos níveis de execução de adultos e de pessoas mais velhas em relação com os jovens vai depender da natureza da atividade proposta: quando uma tarefa de seleção de informações é simples e não se tem de processar muita informação irrelevante, não aparecem diferenças na atenção seletiva entre os diferentes grupos de idades. Entretanto, quando for necessário selecionar uma informação relevante em um contexto de muita informação irrelevante, aí sim aparecem claras diferenças com a idade, e estas prejudicam as pessoas mais velhas.

Por último, ao falar da *mudança no foco da atenção*, parece que a eficácia com que se realiza diminui com a idade, embora algumas pesquisas apresentem controvérsias nesse tema que tradicionalmente era tido como ponto pacífico. Tal como acontece freqüentemente quando há controvérsias nas pesquisas, as diferenças metodológicas entre uns estudos e outros podem ser a causa dessas discrepâncias.

Em síntese, a atenção é um complexo processo no qual intervêm muitos fatores, como a dificuldade e a novidade da tarefa, a quantidade de informação irrelevante que contenha, a velocidade com que deve ser enfrentada, etc. Esses são os fatores que determinam a eficácia no uso da atenção. Pensemos, por exemplo, que embora as pessoas mais velhas necessitem de mais tempo para tomar decisões de atenção, com um tempo de preparo adequado muitas diferenças de idade desaparecem.

A memória

Ainda que, em seguida, façamos uma análise mais detalhada, podemos começar com uma afirmação generalizada segundo a qual não podemos afirmar contundentemente que a memória das pessoas piore com a idade, nem que o esquecimento seja uma conseqüência inevitável do envelhecimento. Além disso, as pequenas perdas que acontecem na idade adulta são facilmente compensadas pelo uso de outras estratégias cognitivas como, por exemplo, prestar mais atenção inicial ao material. De fato, as três estruturas da memória são afetadas de maneiras diferentes: a memória sensorial (MS) e a memória de curto prazo (MCP) não sofrem mudanças significativas na idade adulta; a memória de longo prazo (MLP), em pessoas idosas que não estejam doentes, sofre uma perda que parece não estar tanto na capacidade para armazenar informações, mas na habilidade para recuperá-las (Salthouse, 1994).

Quando ocorrem alterações na memória na velhice, as hipóteses explicativas do fenômeno estão centradas em fatores ambientais (mudanças em hábitos de vida ou nas motivações), déficits do processamento da informação (essa é a área que recebeu mais atenção dos pesquisadores e da qual faremos uma explicação mais minuciosa) e fatores biológicos (deterioração em algumas partes do cérebro, como os lóbulos frontais). Essa última explicação é de muita utilidade nos casos de doenças física ou mental, mas nas pessoas de muita idade que têm boa saúde ocorrem déficits de memória que não parecem completamente explicáveis pelos fatores biológicos. No Quadro 21.2, exibe-se, de modo esquemático, os conteúdos que temos abordado até agora e alguns dos quais serão analisados em seguida.

Mesmo correndo o risco de simplificar muito, com a finalidade de compreender a natureza das mudanças que acontecem na memória com a idade, dividiremos a memória em capacidades e conteúdos (Perlmutter e Hall, 1992). As capacidades são compostas de estruturas (MS, MCP, MLP) e processos (codificação, armazenamento e recuperação). Os conteúdos têm a ver com o conhecimento armazenado. Antecipamos algumas conclusões ao dizer que as capacidades da memória podem declinar com a idade enquanto os conteúdos podem aumentar. Vejamos agora, minuciosamente, o que acontece tanto nas estruturas quanto nos processos e conteúdos.

No que se refere às *estruturas* da memória, podemos afirmar que a maioria dos pesquisadores concorda que, sob condições normais, o envelhecimento somente tem pequenos efeitos e sem importância na *memória sensorial*. Por isso, apesar das mudanças no sistema visual, devidas à idade, não foram demonstrados déficits sistemáticos na capacidade para identificar estímulos visuais nem na persistência da informação armazenada na MS.

Na *memória de curto prazo,* o declínio mais pronunciado aparece a partir dos 70 anos. As diferenças mais claras entre os jovens e as pessoas idosas se manifestam nas atividades em que a MLP intervém para o funcionamento da MCP. São tarefas que requerem muita atenção, flexibilidade mental e processos de reorganização do material. Não se conhece com exatidão as causas da menor eficiência da MCP com o envelhecimento. As principais hipóteses explicativas se centram em aspectos tais como a diminuição dos recursos de processamento, a menor flexibilidade no processamento (com a qual é mais difícil passar de um processo para outro), a intrusão de informação irrelevante na memória ativa (que desloca o material desejado, ou dificulta a recuperação de uma informação específica a partir da memória de longo prazo) ou um mais deficiente processo de recuperação da informação, no qual as pessoas idosas são mais lentas e cometem muito mais erros do que os jovens. Contudo, foi encontrada uma interação das mudanças com a idade e a familiaridade com os estímulos apresentados, de modo que as diferenças entre jo-

QUADRO 21.2 Principais componentes da memória

<table>
<tr><th colspan="3">Memória</th></tr>
<tr><td colspan="3">Explicações da mudança
• Fatores ambientais
• Déficits no processamento da informação
• Fatores biológicos</td></tr>
<tr><th colspan="2">Capacidades</th><th>Conteúdos</th></tr>
<tr><td>Estruturas
• Memória sensorial
• Memória de curto prazo
• Memória de longo prazo</td><td>Processos
• Codificação
• Armazenamento
• Recuperação</td><td>Memória de procedimentos
Memória declarativa
• Memória episódica
• Memória semântica</td></tr>
</table>

Fonte: Perlmutter e Hall, 1992.

vens e pessoas mais velhas são menores com estímulos familiares do que com outros pouco habituais. Como conclusão, os resultados dos estudos sobre a existência ou não de diferenças com a idade na MCP ainda são controversos. E, além disso, encontrou-se que, sob circunstâncias muito específicas, a capacidade da MCP pode aumentar, embora as razões desse aumento ainda não estejam claras (Henry e Millar, 1993).

A eficiência da *memória de longo prazo* se mostra mais claramente afetada pela idade, de modo que apresenta uma significativa diminuição da juventude para a idade adulta e para a velhice. Os pesquisadores se esforçaram para tentar identificar as causas da diminuição, para ver em que medida os diversos processos que intervêm na memorização (codificação, armazenamento e recuperação) são afetados pelo envelhecimento:

- Nas pessoas idosas foram observados déficits de codificação, especialmente quando se tratava de atividades que exigiam um processamento muito elaborado por conter uma grande quantidade de informações ou por ter conteúdos complexos de informação. Nesses casos, as pessoas idosas prepararam mal o material para a memorização.
- A capacidade de armazenamento parece ser tão boa nas pessoas de 80 anos como nos indivíduos jovens. Por isso, parece ser o mecanismo que permanece mais intacto.
- Existem diversas evidências que parecem dar razão a quem defende que os problemas da memória das pessoas idosas estão na dificuldade para recuperar a informação armazenada. Por um lado, em atividades que necessitam de memória de reconhecimento, as pessoas de mais idade apresentam níveis de execução mais similares aos dos jovens do que nas tarefas de lembrar. Por outro lado, em atividades de lembrança livre, as pessoas de mais idade usam estratégias ou mecanismos de recuperação menos efetivos que os jovens (Verhaeghen, Marcoen e Goossens, 1993).
- Por último, existem interações entre a codificação e a recuperação, pois a informação que não for bem codificada e guardada será depois a mais difícil de ser recuperada.

No que se refere aos *conteúdos* da MLP, partimos da distinção apresentada no Quadro 21.2 entre memória de procedimentos (atividades que foram muito praticadas e são realizadas de modo muito automático) e a memória declarativa (conhecimento acumulado, que pode ser episódico, quando se refere a lembranças pessoais vinculadas a um determinado tempo e lugar, ou semântico, quando se refere ao nosso conhecimento organizado e sistemático). A memória de procedimentos não costuma se alterar com a idade, de modo que são conservadas as habilidades aprendidas e praticadas reiteradamente. Quanto à memória declarativa, tradicionalmente se pensava que as lembranças episódicas eram sensíveis ao envelhecimento, enquanto as lembranças semânticas não podiam se deteriorar com ele (Russo e Parkin, 1993). No entanto, estudos recentes têm demonstrado diminuições relacionadas à idade em diversos tipos de atividades da memória semântica. Comprovou-se que as pessoas idosas apresentam diminuições relacionadas à idade em alguns testes de vocabulário, que produzem menos itens em testes de fluidez verbal e que têm maiores dificuldades para encontrar palavras na conversação espontânea. Provavelmente isso se deva ao fato de alguns processos da memória semântica serem afetados com o passar dos anos, enquanto outros se mantêm inalterados, como também ao fato de algumas atividades semânticas tornarem mais prováveis os problemas do que outras.

Muitas das afirmações anteriores estão baseadas em pesquisas realizadas em situações de laboratório. A essas afirmações, devemos acrescentar algumas considerações relacionadas à utilização da memória em situações da vida cotidiana. Alguns conteúdos típicos desse tipo de memória têm a ver com as lembranças autobiográficas e com a memória do tipo retrospectivo e prospectivo.

Os pesquisadores Conway e Rubin (1993), ao abordar o tema da *memória autobiográfica*, encontraram algumas particularidades próprias das pessoas de muita idade: as lembranças agradáveis são mais lembradas do que as desagradáveis, esquece-se a informação que não é congruente com o conceito que uma pessoa tem de si mesma nesse momento (é muito provável que o material lembrado se "ajuste" ao conceito atual que se tem de si mesmo), e, por último, alguns períodos da vida são mais lembrados do que outros.

A *memória retrospectiva* se refere às lembranças de acontecimentos realizados ou vividos (lembranças percebidas), embora possam existir lembranças de ações que nunca tenham sido realizadas, mas que alguma vez foram planejadas (lembranças geradas). Habitualmente, as pessoas são capazes de distinguir entre fatos reais e imaginados, o que sem nenhuma dúvida é crucial na vida cotidiana. Mas, esse tipo de situações ocorre, por exemplo, quando não nos lembramos se pusemos sal na comida ou se somente pensamos em fazê-lo e não o fizemos. Um curioso fenômeno que acontece durante o processo de envelhecimento é a diminuição da capacidade para diferenciar as lembranças percebidas e as geradas. Talvez isso aconteça, porque se codifica menos a informação contextual ou porque se preste menos atenção a detalhes contextuais, mas é inegável que, com o envelhecimento aumenta a probabilidade de cometer erros de confusão do tipo mencionado.

No entanto, em oposição com o anterior, na *memória prospectiva*, que tem a ver com as atividades que se planeja fazer, alguns estudos demonstraram que as pessoas mais velhas se lembram melhor dos aspectos que planejaram com antecipação (como por exemplo, os detalhes dos preparativos de uma viagem) do que as pessoas mais jovens.

Também de uma perspectiva ecológica foi estudada a *metamemória*. A avaliação da própria cognição aponta diferenças substanciais entre os jovens e as pessoas mais velhas. Por exemplo, estas tendem a se perceber como *menos eficazes* em muitas das atividades de cognição em comparação com os jovens ou com elas mesmas quando eram jovens. Além disso, sua sensação de "controle" é menor do que a manifestada pelos jovens. Contudo, no que se refere ao conhecimento sobre o funcionamento da própria memória, as diferenças de idade são mínimas.

Antes de terminar este item, vale a pena parar e refletir sobre em que medida as mudanças que estamos estudando comprometem a capacidade de aprendizagem das pessoas idosas. O estereótipo habitual é que essas pessoas já não têm idade para aprender e, como acontece muito freqüentemente, nesse estereótipo está contida uma profecia que se auto-realiza, pois, ao supor que não têm capacidade para aprender, é provável que a pessoa se envolva menos em atividades de aprendizagem. Quando se afirma isso, está se limitando – de maneira implícita – os campos sobre os quais ainda se pode aprender. De fato, a porcentagem de pessoas adultas e de idade avançada que participam em situações de aprendizagem formal é muito pequeno, o que talvez se relacione com o estereótipo enunciado.

A maioria das pessoas mais velhas não tem problemas físicos ou cognitivos que as impeçam de se beneficiarem com a *educação formal*, isto é, aquela em que se recebe o ensino organizado de maneira sistemática por parte de uma pessoa com maior conhecimento no assunto. O fato de que as pessoas não se envolvam muito nesse tipo de atividades não significa que não sejam capazes de aprender, mas isso deve ser interpretado à luz de fatores históricos e sociais (McDonald, 1995), ou de fatores pessoais relacionados à falta de motivação, à baixa auto-estima, às experiências escolares prévias desagradáveis ou à pouca familiaridade com o sistema educacional atual.

Um pouco diferente é a situação relacionada às *aprendizagens informais*, ou seja, atividades incidentais da vida diária ou situações de aprendizagem mais controladas pelo sujeito (aprender a usar um aparelho de som, por exemplo, ou aprender a encadernar livros) e de grande importância pela função adaptativa ao meio. A maioria das pessoas de idade avançada continua podendo aprender a usar eletrodomésticos e outros objetos do dia-a-dia. Também continuam sendo capazes de compreender assuntos sociais, políticos e econômicos que as afetam. Pode ser que, se comparado com os jovens, o nível de execução de atividades não seja tão bom, mas é claro que é suficiente para ser considerado normal.

Resumindo, as pessoas mais velhas e as idosas conservam boas capacidades de aprendizagem, principalmente quando são dadas as condições de motivação e as atitudes adequadas. Para que essas possibilidades possam ser aproveitadas e, especialmente em situações de aprendizagem formal, às vezes é necessário introduzir algumas mudanças que levem em consideração as particularidades físicas, cognitivas e pessoais (condições de iluminação e som, eliminação de barreiras arquitetônicas, incentivo da motivação e um grau de comprometimento ativo, etc.). Também é necessário adaptar a grade curricular e os recursos pedagógicos para flexibilizar as situações educativas e facilitar a sensação de controle de quem nelas participam.

OS PROCESSOS SUPERIORES

Após termos feito uma revisão dos dados sobre o desenvolvimento humano durante a idade adulta e na velhice na maquinaria do processamento humano da informação, iremos nos centrar agora em algumas dimensões mais gerais e globais do funcionamento cognitivo humano. Em primeiro lugar, a inteligência, que é, talvez, o conceito tradicional mais integrador de diversos conteúdos; em segundo lugar, dois aspectos que nem sempre se levam em consideração nesse tipo de análise e que têm uma particular importância na análise do funcionamento cognitivo nesses segmentos do ciclo vital: a criatividade e a sabedoria.

A inteligência

Analisados os processos que intervêm no processamento da informação, iremos nos centrar na análise da capacidade intelectual durante a idade adulta e no processo de envelhecimento. Na realidade, mais do que falar no singular da capacidade intelectual, o certo seria falar no plural, porque nos referimos a todo um diverso conjunto de operações mentais que possibilitam o funcionamento eficaz no ambiente. Essa definição representa, portanto, um enfoque funcionalista e adaptativo da inteligência. De novo, partimos do estereótipo que defende que a inteligência vai diminuindo com o envelhecimento, e o nosso objetivo é analisar em que medida isso é uma crença correta ou equivocada.

Para começar, novamente devemos ressaltar que parte do problema é de tipo metodológico e, neste caso, está muito relacionado com o delineamento de pesquisa que for utilizado. Desse modo, a utilização de modelos transversais em pesquisas em que são comparadas pessoas que correspondem a diversas gerações (de 20, 40, 60 e 80 anos, por exemplo) tende a subvalorizar a inteligência das pessoas de idade avançada, que, na maioria dos casos, tiveram menos oportunidades educativas e que, além disso, aconteceram há muito mais tempo. No caso contrário, a utilização de modelos de pesquisa do tipo longitudinal tende a dar uma visão mais otimista das capacidades dessas pessoas quando comparadas com elas mesmas ao longo do tempo e não com pessoas com trajetórias educativas e com idades atuais muito diferentes das suas.

No campo do estudo da inteligência, durante essas etapas da vida humana existe um consenso generalizado entre os pesquisadores para distinguir entre a inteligência fluída e a cristalizada (Catell, 1967), sempre deixando claro que todas as aptidões intelectuais específicas têm um maior ou menor componente de ambas as inteligências. A *inteligência fluída* corresponde aos processos cognitivos básicos e é análoga ao fator geral de inteligência. Tem a ver com a habilidade para lidar com situações novas, com a capacidade para perceber relações, para formar conceitos e para resolver problemas e situações diversas. É um tipo de inteligência evanescente mediante atividades que não estejam carregadas de conteúdos acadêmicos ou culturais. A *inteligência cristalizada* é o produto dos conhecimentos que se adquirem ao longo do ciclo vital e que tem a ver com a aplicação da inteligência fluída aos conteúdos culturais e acadêmicos recebidos ao longo da vida. Portanto, é o conhecimento organizado que foi sendo acumulado durante a vida de uma pessoa.

Conforme é mostrado na Figura 21.1, ambos os tipos de inteligência apresentam diferentes perfis evolutivos, especialmente na última etapa da vida humana. Essa é a hipótese de autores como Horn (1976), para quem a inteligência fluída apresenta uma importante diminuição a partir da idade adulta, com uma queda muito pronunciada na velhice. A inteligência cristalizada, por sua vez, mantém-se estável e até cresce um pouco na idade adulta e na velhice. Essa evolução diferenciada é apresentada na Figura 21.1. As razões do deterioramento da inteligência fluída estariam em diversas causas como a lentidão progressiva da percepção ou a menor disponibilidade dos recursos cognitivos (por exemplo, capacidade de concentração). De qualquer maneira, da perspectiva analisada por Horn (1976), podemos dizer que até os 65 anos, as perdas da inteligência fluída se equilibrariam com as melhoras apresentadas na inteligência cristalizada em uma proporção equivalente.

Os dados anteriores devem ser tomados com certa precaução, porque há uma variabilidade considerável nos conceitos intra e interindividual no nível de funcionamento da inteligência fluída e da cristalizada. Por isso, devemos ser muito cautelosos e não interpretar com muita rigidez as curvas do desenvolvimento e do declínio na idade adulta (Vega e Bueno, 1996). Além disso, é difícil encontrar provas de cada um dos componentes mencionados. Por outro lado, os trabalhos desenvolvidos por Schaie (1993), que utiliza modelos seqüenciais, indicam que as diferenças nas habilidades cognitivas entre jovens e adultos se devem mais às diferenças de geração do que às de idade. Os resultados dos estudos mostram que não há um padrão uniforme de mudanças nas aptidões intelectuais durante a idade adulta e a velhice, mas há importantes diferenças tanto intra-individuais quanto interindividuais porque, nas primeiras, cada aptidão ou processo cognitivo tem seu próprio ritmo de envelhecimento e se comprova mais deterioramento nas capacidades que envolvem velocidade nas respostas e nas que intervêm fundamentalmente o sistema nervoso periférico (diminuição que, realmente, pode afetar a inteligência fluída). Nas segundas, isto é, nas diferenças interindividuais, há pessoas que apresentam um declínio desde os 30 anos, enquanto outras não os têm até atingirem os 80 anos. Por outro lado, além da idade devemos

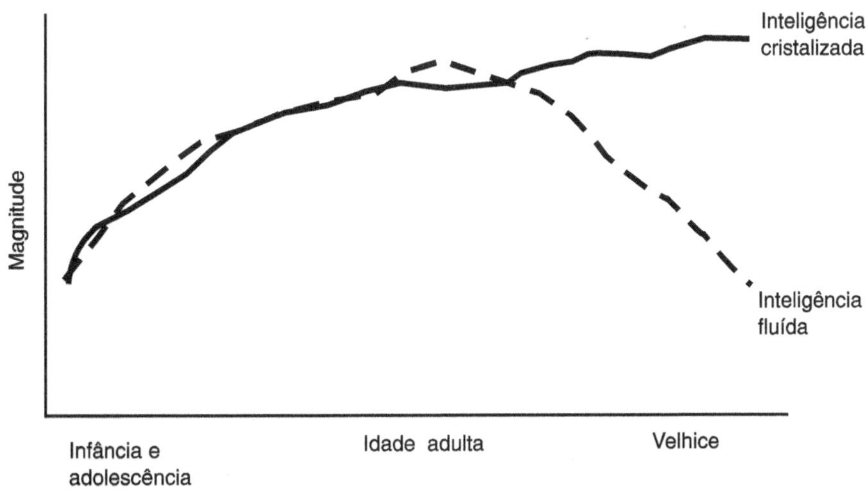

FIGURA 21.1 Evolução da inteligência fluída e da cristalizada.

considerar os traços da personalidade (tais como a rigidez/flexibilidade cognitivo-motora e as atitudes) e as variáveis que estão vinculadas ao estilo de vida e ao estado de saúde. Não há dúvida de que a conclusão mais importante para tirar das pesquisas feitas por Schaie sobre a inteligência adulta é que é claramente infundada a noção de um declínio generalizado e irreversível nas aptidões intelectuais à medida que a idade aumenta.

Ao adotar posicionamentos como o que se acaba de comentar, pode-se afirmar que, apesar de determinados declínios no funcionamento cognitivo nos adultos e nos idosos, é a continuidade o que realmente predomina, sendo também possível, às vezes, detectar um aumento da competência intelectual. Para explicar esse fato, muitas propostas de modelos foram realizadas, como a de *otimização seletiva com compensação* (Baltes e Baltes, 1990). Nele, os adultos e as pessoas de idade avançada fazem uso das habilidades específicas de que dispõem para compensar as perdas que sofrem em outras áreas. Assim, embora a inteligência geral diminua um pouco, as pessoas de idade avançada podem manter um funcionamento normal nas áreas pessoal, social e profissional. O modelo é ilustrado na Figura 21.2

Muitos dos dados disponíveis sobre os processos cognitivos nos adultos e nas pessoas de idade avançada procedem de pesquisas realizadas mediante provas e testes psicológicos. Mas também existem trabalhos que se interessaram pela inteligência prática, que não deve ser confundida com experiências muito especializadas nem com sabedoria. Estamos falando do funcionamento cotidiano das pessoas em seus contextos habituais. Um dos exemplos que podemos dar para ilustrar o que estamos dizendo se refere à cognição espacial, relacionada às habilidades que permitem orientar-nos, estimar distâncias, fazer e interpretar os mapas (Guifford, 1997); ou seja, compreender a posição no espaço em diferentes lugares mediante o uso de mapas cognitivos, que facilitam a orientação no espaço. Em geral, as diferenças entre os jovens e as pessoas de idade avançada, no que se refere à cognição espacial, são mais qualitativas do que quantitativas, pois as pessoas mais velhas parecem pensar sobre o que as rodeia de um modo diferente do usado pelos jovens. É típico das pessoas de idade avançada se desenvolverem melhor nos lugares que são familiares e significativos para elas, mostrando mais dificuldades no aprendizado de informação espacial nova (aprender um caminho diferente, por exemplo) ou para se lembrar a configuração de espaços complexos (por exemplo, podem se sentir perdidas nos *shoppings*).

Em geral, podemos afirmar que existem fatores pessoais, ambientais e culturais que estão relacionados com a maior ou menor intensidade do declínio intelectual. As menores perdas intelectuais habitualmente se associam à

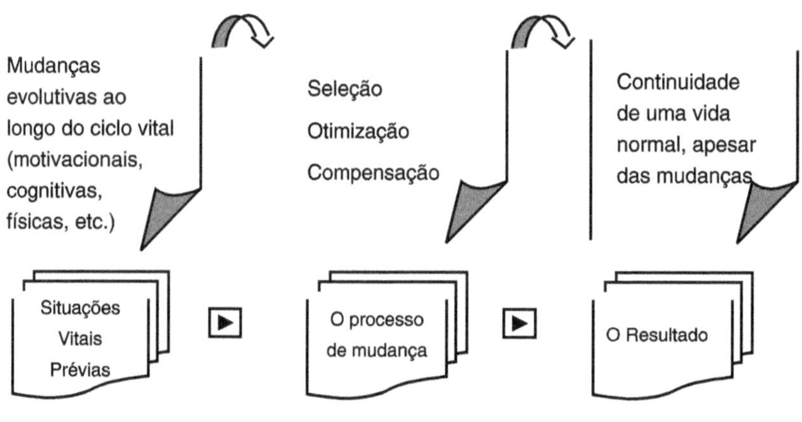

FIGURA 21.2 Modelo de otimização seletiva com compensação de Baltes e Baltes (1990). Fonte: Feldman, 1997.

ausência de doenças crônicas, ao *status* sociocultural elevado, a um ambiente intelectual estimulante, a um estilo de personalidade flexível e a sentimentos de satisfação com as próprias capacidades.

Resumindo, podemos dizer que, globalmente consideradas, as habilidades intelectuais mostram um lento declínio ao longo da velhice, mas as diferentes habilidades mudam de modo diferente, com diferenças significativas entre os indivíduos e com fatores pessoais, ambientais e culturais muito relacionados às mudanças na inteligência.

A criatividade

A criatividade costuma ser associada à inteligência fluída e ao pensamento divergente por representar uma habilidade para oferecer diferentes soluções novas ou criativas para os problemas. O outro tema do qual falaremos mais adiante, a sabedoria, habitualmente é relacionado com a inteligência cristalizada e, por isso, implica uma contínua aquisição de conhecimentos.

Os estudos realizados sobre a criatividade são, se pudermos usar esta expressão, ainda mais difíceis de realizar do que os da inteligência. No fim das contas, se, por um lado, existem muitas definições sobre a inteligência, como também muita tradição pesquisadora e muitas provas bem assentadas baseadas nessa tradição, por outro, a criatividade está menos estudada, menos definida e menos operacionalizada quanto a instrumentos de pesquisa amplamente utilizados. Seja como for, nessa área, voltamos a encontrar o estereótipo muito conhecido que diz que a criatividade seria um privilégio somente da juventude. Algumas pesquisas parecem confirmar essa crença ao achar que a criatividade e a preferência pela complexidade diminuem com a idade, atingindo um nível ótimo perto dos 30 anos.

A maior parte das pesquisas realizadas, contudo, não se interessou pelo estudo de pessoas com habilidades criativas demonstradas. Quando foram comparadas mulheres ativas de um bom nível de educação, mas que nunca tinham manifestado atitudes especiais de criatividade (com idades entre 25 e 74 anos), com outras mulheres que eram artistas e escritoras profissionais (com idades entre 22 e 87 anos), foram observados dois padrões evolutivos muito diferentes:

a) entre as mulheres não-criativas, as jovens demonstraram maior capacidade de criatividade quando são mais jovens;
b) entre as criativas não foram encontradas diferenças associadas à idade (Crosson e Robertson-Tchabo, 1983).

Provavelmente isso aconteça, porque as características e as habilidades que são importantes para uma pessoa se mantêm na velhice, e quando uma determinada habilidade foi exercitada de maneira continuada, não ocorrem nela declínios, e até podem aparecer processos criativos novos baseados em um estilo mais integrador e original do que seria o resultado das próprias experiências vividas (Sasser-Coen, 1993).

Os trabalhos que tentaram encontrar perfis evolutivos nas pessoas criativas parecem apontar um pico de criatividade no final da década dos 30 anos e no início dos 40 anos. Apesar disso, foram detectadas variações em função do domínio sobre o tema em que era exercida a criatividade. A produtividade criativa nas ciências exatas acontece cedo, com um pico no início dos 30 anos. Algo similar acontece com a produtividade criativa em poesia. No entanto, em outras áreas, como a filosofia, a literatura e a história, os picos de produtividade aparecem em idades bem mais avançadas, isto é, por volta dos 50 anos. Em outras disciplinas (entre elas, a psicologia), o padrão evolutivo está localizado entre os dois extremos mencionados, com um pico de produtividade perto dos 40 anos e um declínio posterior.

Além disso, os dados devem ser contemporizados em função de ser utilizado um ou outro dos três índices seguintes: precocidade (pessoas que começam muito cedo a ser criativamente produtivas), longevidade (pessoas que se mantêm em altos níveis de criatividade ainda na idade avançada) e ritmo de produção (quantidade de produtividade em uma determinada unidade de tempo, independentemente se for no começo ou no fim da carreira criativa). Apesar disso, acredita-se que esses três aspectos estão fortemente relacionados entre si, de modo que os que são criativamente precoces geralmente continuam assim até idades muito avançadas e sempre apresentando altos níveis de produtividade criativa por unidade de tempo. O exemplo do pintor espanhol Pablo Picasso, de quem falaremos no próximo capítulo, é, sem dúvida, um caso excepcional, mas também paradigmático, desse tipo de perfil.

A sabedoria

A noção de sabedoria é, em termos culturais, muito mais antiga do que a da criatividade, mas se transformou muito tardiamente em objeto de estudo dos pesquisadores na área da psicologia. Em sentido contrário a muitos dos estereótipos que estivemos estudando, relacionados ao processo de envelhecimento, existem culturas em que a sabedoria é considerada como um privilégio único da velhice. Desse modo, as culturas asiáticas e a indo-americana tradicionalmente veneram as pessoas que atingiram idades muito avançadas por considerar que elas possuem uma sabedoria especial que somente uma longa vida pode dar. Podemos encontrar em muitas culturas vários ditados populares que refletem claramente a identificação entre a sabedoria e a velhice (Na juventude deve-se acumular o saber. Na velhice, fazer uso dele.). Por outro lado, a crença popular de que a sabedoria é adquirida com o passar dos anos é compartilhada por algumas teorias psicológicas, como as de Jung ou Adler.

A pessoa sábia é inteligente, mas não necessariamente o contrário. Muito embora conheçamos os subsistemas da mente (percepção, atenção, memória, etc.), seu funcionamento transcende às partes que o compõem. A sabedoria vai além da inteligência e está norteada por valores sociais, éticos e morais. Não devemos nos esquecer de que a sabedoria reflete os conhecimentos, os valores e as normas de uma sociedade, e, por isso, a pessoa sábia em uma cultura não tem razão para receber a mesma consideração em um contexto diferente.

Para alguns psicólogos, os processos cognitivos envolvidos na sabedoria, na inteligência e na criatividade são exatamente os mesmos, mas são usados de um modo diferente segundo o indivíduo. Podemos afirmar que há um "algo mais" que diferencia as pessoas com grande sabedoria das outras. Por exemplo, sabemos que as pessoas consideradas como sábias têm uma alta tolerância diante da ambigüidade, que sabem como é difícil emitir juízos justos, que demonstram ter capacidades especiais de empatia e compreensão. As pesquisas psicológicas hoje trabalham para dar conta desse "algo mais" que faz com que as pessoas com sabedoria sejam diferentes, convencidas de que não é somente a idade nem o acúmulo de experiência que faz com que uma pessoa se torne sábia.

Alguns autores acreditam que esse "algo mais" é de natureza fundamentalmente cognitiva. Desse modo, relacionam a sabedoria com uma especial capacidade metacognitiva que tem a ver com um difícil equilíbrio entre o conhecer e o duvidar, ou com uma especial habilidade para detectar os problemas, refletir sobre eles e julgá-los. Baltes e Smith (1990) acreditam que a sabedoria tem muito a ver com uma pragmática geral da vida na qual se combinam o conhecimento do mundo, a experiência e a metacognição, resultando tudo isso em uma combinação de atributos que, em conjunto, caracterizam o que conhecemos por sabedoria: um riquíssimo depósito de conhecimentos tanto declarativos (saber coisas, experiência de vida) como de procedimentos (saber como fazer as coisas), capacidade para um pensamento contextual e relativista e atitude positiva diante da incerteza. Definida dessa maneira, a sabedoria é uma manifestação do pensamento pós-formal em em grau particularmente elevado.

Outros autores defendem que esse "algo mais" tem a ver com uma estrutura da personalidade bem integrada que permite transcender as perspectivas mais egocêntricas e individualistas para se situar em uma visão mais global, universal e coletiva. Além desses traços de personalidade, para falarmos de sabedoria seria necessária a presença de um desenvolvimento cognitivo complementar, sendo o acúmulo da característica excepcional da cognição sobre a excepcionalidade pessoal o que explica a dificuldade de atingir a sabedoria. Erikson (1980) já havia insistido sobre o papel dos traços da personalidade nesses processos quando destacou o autodesenvolvimento e a autotranscendência ao falar de uma personalidade sábia, um tipo de personalidade que ele via como inusualmente integrada e amadurecida que transcende a preocupação pelos sentimentos e pensamentos próprios e que é capaz de estruturar, de um modo especial, suas relações consigo mesmo, com os outros e com o mundo.

Os dados empíricos (Orwoll e Perlmutter, 1990) parecem apoiar uma visão de sabedoria na qual são combinados um avançado desenvolvimento da personalidade com um forte desenvolvimento cognitivo. Por um lado, uma personalidade bem integrada com grande dose de empatia, compreensão e preocupação pelos demais; por outro, uma cognição complexa e dialética que permite um bom discernimento; além disso, a capacidade para uma profunda reflexão ampla e global sobre os temas da vida, sobre os problemas universais. Em trabalhos empíricos em que foram comparadas pessoas idosas rotuladas como sábias com pessoas idosas rotuladas como criativas (Orwoll, 1988), não foram encontradas diferenças entre ambos os grupos em termos de bem-estar psicológico, mas as pessoas que foram rotuladas como sábias obtiveram uma pontuação mais alta na integridade do eu e manifestaram uma perspectiva mais global do que as criativas, incluindo um maior interesse pela situação do mundo e pela humanidade como um todo. Conclusões similares procedem de outros estudos (Kramer, 1990) que mostraram, além disso, que a sabedoria é um âmbito que pode ser desenvolvido constantemente ao longo do ciclo vital.

O desenvolvimento da personalidade na idade adulta e na velhice

22

ALFREDO FIERRO

O ESTUDO DA PERSONALIDADE ADULTA

A vida adulta ocupa a maior parte da existência humana, aproximadamente dois terços da duração média total. Seu início pode ocorrer em algum momento cronológico, por exemplo, aos 25 anos, mas isso é muito convencional. A rigor, o momento de início é variável e impreciso. O final da juventude e a transição para a idade adulta não vêm marcados por algum acontecimento tão claro e universal como a puberdade, que marca o início da adolescência. A entrada na vida adulta ocorre por meio de um processo menos perceptível e mais dilatado do que a entrada na adolescência. Existem vários índices nessa entrada que assinalam que uma pessoa já é adulta. Na sociedade ocidental, e até há pouco tempo, o casamento, ou seja, o fato de abandonar a casa dos pais para formar um lar e uma família própria, era um desses índices. Para o homem era também o momento do primeiro emprego que, geralmente, permanecia quase o mesmo para o resto de sua vida. Já para a mulher, o casamento significava transformar-se em dona-de-casa, o que equivalia à dona e senhora, se outras pessoas dessem conta das tarefas domésticas; caso contrário, transformavam-se em domésticas dentro da própria casa e até mesmo na de outras pessoas, em trabalhos complementares.

Nas últimas décadas, esse quadro mudou. As relações sentimentais e sexuais se desenvolvem, freqüentemente, à margem do casamento e, inclusive, sem uma convivência em um lar próprio. Como conseqüência do imenso desemprego e da dificuldade para encontrar um primeiro posto de trabalho, os jovens demoram mais tempo para se tornarem independentes, para terem uma casa própria e para formar uma família, mesmo que queiram constituí-la. Relações estáveis entre os casais podem ser estabelecidas precocemente, até mesmo na adolescência, mas o projeto de constituição familiar é muito postergado.

Atualmente, o que marca a transição para a idade adulta é uma complexa gama de circunstâncias: o trabalho remunerado, a autonomia econômica, o desprendimento da família, do lar em que se nasceu, o casamento ou a formação de um casal com vontade de permanência, a formação de uma nova família. Existem jovens trabalhadores ou estudantes com 18 ou 20 anos que já levam uma vida de adultos: em uma casa diferente da paterna, com certa folga econômica equivalente à independência, convivem com amigos ou com o companheiro(a). No entanto, existem pessoas que não constituem uma relação de casal e que vivem sozinhas durante longas etapas de sua vida adulta. Finalmente, estão os eternos adolescentes que chegam aos 40 e poucos anos e continuam morando com os pais dentro dos moldes tradicionais; até têm uma independência econômica, mas não sentimental nem comportamental.

Neste capítulo, serão analisadas juntas duas idades que costumam ser diferenciadas em outros tratados: a adulta e a terceira idade. A fusão de ambas em um capítulo não obedece, somente ou principalmente, a uma economia de páginas. Responde a uma tomada de posição acerca do centro do assunto: a terceira idade é a velhice tardia e se encontra em clara continuidade em relação à velhice intermediária; o processo de envelhecimento não difere, substancialmente, do da maturidade; em ambos ocorre, ou pode ocorrer, o verdadeiro desenvolvimento em direção à plenitude da existência.

A seguir, serão abordados aspectos da personalidade, que é o conceito – ou família de conceitos – do qual a psicologia se serve para refletir e analisar a realidade da pessoa humana: indivíduo, sujeito de comportamento, um sujeito que não é meramente passivo ou somente reativo, mas sim agente, princípio de comportamento, de ações e que funciona – se conduz – em interação com o meio e é capaz de auto-regulação. A perspectiva evolutiva destaca que a personalidade se desdobra em uma sucessão de comportamentos, que são de um mesmo agente em diferentes momentos da vida. Mesmo que, ao longo do ciclo da vida, o sujeito não permaneça invariável, continua sendo "ele mesmo". A personalidade não é alheia, portanto, a seu próprio desenvolvimento: ela não tanto nasce quanto se faz, se aprende e se desenvolve.

FATORES SOCIOCULTURAIS E MATURAÇÃO PESSOAL

Muito mais do que outras etapas, mais do que a infância e até mesmo a adolescência, a idade adulta está social e culturalmente marcada. As distâncias de desenvolvimento são mais semelhantes em crianças de culturas diferentes, particularmente em idades precoces, do que entre os adultos. Quase qualquer descrição de seu comportamento leva uma restrição sociocultural, que costuma ser a dos países desenvolvidos do Ocidente. Muitas das descobertas de pesquisas e dos conteúdos dos tratados de psicologia da vida adulta são extremamente etnocêntricos, válidos para a sociedade ocidental e, às vezes, somente para as camadas mais favorecidas. É delineada a partir deles uma "psico-grafia", uma descrição dos padrões de comportamento, mais do que uma "psico-logia", uma indicação de leis universais do comportamento adulto.

A psicologia da vida adulta, conseqüentemente, deve discernir as diversas ordens de generalização de suas afirmações; tem de declarar quando fala dos acontecimentos humanos universais ou transculturais e quando se refere às manifestações atribuídas a uma cultura concreta ou ao curso individual da vida. A exposição a seguir contém, desse modo, elementos de caráter universal, inerentes à condição humana, e outros mais peculiares da sociedade ocidental. Ainda dentro desses últimos, no entanto, e através deles, é possível chegar ao estabelecimento de algumas leis, talvez não muitas, de validade transcultural. A primeira delas já foi dita: a determinação sociocultural se torna ainda mais poderosa nessa idade do que em etapas anteriores. As próprias ações do adulto, reguladas por pautas sociais, foram adquirindo, ao longo dos anos, um peso determinante, crescente sobre conseqüências e eventos que agora o afetam.

Exatamente como efeito disso, e inclusive no seio de uma mesma cultura, a vida adulta traz consigo uma maior diferenciação interindividual. Os adultos são menos parecidos entre si do que as crianças. As diferenças interindividuais são acrescidas com o passar do tempo, ou melhor, com o acúmulo de experiências. O resultado é que a idade comporta um efeito progressivo de maior heterogeneidade entre as pessoas. Inclusive a programação genética do desenvolvimento na criança parece estar mais rígida e regularmente organizada do que no adulto. Oferecem, então, padrões idiossincrásicos do amadurecer humano em um grau inexistente nas etapas do crescer. Desenvolver-se é diferenciar-se. A diversidade em dimensões da personalidade nos adultos adquire uma variação não-imaginável nos bebês e nas crianças pequenas. O fato diferencial, as diversidades entre as pessoas e as características idiossincrásicas passam a ser um elemento constitutivo das idades mais tardias com um alcance e uma média muito maiores do que nas idades mais precoces. Nesse sentido, a pessoa é progressivamente mais responsável de como é, de como se comporta e de como se esboça seu próprio desenvolvimento pessoal.

TEMAS E TAREFAS DO COMPORTAMENTO ADULTO

Ao longo da vida, a conduta humana se desenvolve de forma sucessiva em diferentes âmbitos com predomínio e valor significativo em cada idade. Assim, o desenvolvimento da motricidade, da inteligência e da linguagem são temas dominantes na infância, como a aquisição de uma consciência de identidade pessoal é um dos temas dominantes na adolescência. A vida adulta também tem seus vetores de desenvolvimentos, suas figuras específicas. Existe uma morfologia e uma topografia comportamental adulta com formas e cenários típicos do comportamento nessa idade: na família, nas relações afetivas escolhidas, no mundo do trabalho (Smelser e Erikson, 1982).

Nesses âmbitos, em grande parte novos para o jovem adulto, aparecem as demandas que devem ser respondidas e enfrentadas, adotando linhas e padrões de comportamento que são também de personalidade. Como conseqüência da extrema mobilidade e das mudanças produzidas nas relações sentimentais, nas estruturas familiares e de trabalho, isso não é conseguido de uma vez. A idade adulta se tornou cheia de mudanças, de novos desafios e, com isso, tornou-se mais difícil e problemática. Por outro lado, as demandas e os desafios constituem verdadeiras "tarefas de desenvolvimento", segundo o conceito de Havighurst (1972), tarefas culturalmente pautadas às que se vincula o desenvolvimento pessoal, o que se associa a – e é dependente de – um acertado cumprimento do que elas demandam. Os psicólogos evolutivos de orientação dinâmica (Monedero, 1986) destacam que amar e trabalhar satisfatoriamente é o que se pode esperar de um ser humano desenvolvido com normalidade. Existem outras formulações afins: conviver, comunicar-se com terceiros, assumir responsabilidades na vida privada-familiar e na pública-empregatícia, pois são os espaços das tarefas e dos desafios do desenvolvimento adulto.

O âmbito de trabalho costuma ser relacionado com o desenvolvimento psicossocial dos adultos, enquanto o desenvolvimento de sua personalidade se encontraria mais afetado pelo devir de suas relações sentimentais, familiares e amorosas. A pesquisa e a teoria psicológica sobre o amor é assim, como conseqüência e na máxima medida, pesquisa e teoria sobre a personalidade na vida adulta. Dizer "amor" é uma abreviatura para o complexo conjunto de sentimentos, de atitudes, de práticas e de hábitos, cuja primeira manifestação é o apego infantil mencionado no Capítulo 5. O amor adquire facetas variadas ao longo da vida, e na idade adulta é, sem dúvida, uma realidade complexa. Sternberg (1989) se propôs a analisá-lo em um triângulo de dimensões: a da intimidade, ou sentimentos que promovem a aproximação, o vínculo entre as pessoas; a da paixão, como expressão de desejo e necessidade de união com outra pessoa, e a do compromisso, ou vontade e decisão de amar e estar com o outro a longo prazo. O próprio Sternberg esboçou uma tipologia das variedades básicas do amor, segundo o predomínio de um ou outro desses elementos. Traçou também as grandes linhas da história que, ao longo da vida adulta, costumam aparecer nas relações amorosas de casal: tendem a começar pelo componente da paixão e, se chegam a se consolidar no tempo, é graças não tanto ao compromisso quanto à intimidade de um carinho amigável.

Com as áreas do trabalho e do amor – ou do afetivo e familiar – mantém relação um terceiro espaço no qual também se desenvolve o comportamento adulto: o do ócio. Esse é o principal prolongamento de algo que desempenhou um papel decisivo na infância: a brincadeira. Os adultos também brincam, mesmo que de outras maneiras, e não somente nos jogos e nos esportes convencionais, mas também nos hobbies como o de colecionar, as viagens e férias, o comer bem, a caça e a pesca ou os jogos de azar. Algumas pessoas quase não brincam, enquanto outras chegam ao extremo da ludomania. O mais característico e universal dos jogos adultos é o erotismo, que em seu caráter lúdico aparece freqüentemente dissociado das relações familiares e do amor ou do afeto.

Com relação ao ócio, valem as palavras de Joan Crawford, em *Johnny Guitar*, para o pistoleiro adolescente que morreria pouco depois: "todo homem tem direito a ser um menino durante algum tempo". Nietzsche expressara algo semelhante: a transformação em menino como última metamorfose da maturidade humana, uma maturidade interpretada como recuperação e plenitude da infância. Desde então, a partir do ócio, é reinterpretável o conjunto de tarefas da vida adulta, incluídas as que derivam das responsabilidades de trabalho e de família. Sabe-se que outras sociedades, outros povos, inclusive e precisamente os mais "primitivos", dedicam muito menos horas ao trabalho do que nós ocidentais. Mas também para nossa sociedade, nasce daí um modelo realizável de vida adulta em que as tarefas, as responsabilidades e os deveres de trabalho são vividos como ócio, como festa e como brincadeira. Esse tem sido, tradicionalmente, o modelo do artista, mas é, ou pode ser, o de muitas profissões, ao menos em todas aquelas em que uma pessoa trabalha – em tarefas não-alienantes –, porque gosta e sente prazer com ela.

ADAPTAÇÃO E QUALIDADE DE VIDA

Não no âmbito do ócio e do jogo, mas sim naqueles outros em que são propostas "tarefas de desenvolvimento", passa para o primeiro plano o que, definitivamente, constitui o grande tema e desafio comportamental de todo adulto: a adaptação e, em seu caso, o enfrentamento do medo, da realidade que o circunda e das adversidades que esta traz consigo. Também em outras idades, mesmo na infância, é necessário adaptar-se a novas circunstâncias e enfrentar acontecimentos difíceis ou adversos. Mas, até a adolescência, não são nem tão importantes, nem tão explícitas as decisões adaptativas que a pessoa deve realizar para seguir adiante. A partir da adolescência e durante a vida adulta, a tomada de decisões e as estratégias para levá-las a bom termo adquirem uma relevância crucial, em primeiro lugar para sobreviver e, em segundo, mas não secundário termo, para viver com certa qualidade de vida e de experiências.

A adaptação é necessária sempre diante de situações novas; e torna-se mais decisiva quanto mais novidade houver ao seu redor. A sociedade atual caracteriza-se, principalmente, pela aceleração com que as novidades são produzidas, em rápida sucessão de eventos nem sempre positivos. Hoje em dia, existe não somente o desprezo e a solidão sentimental, mas também mais mudanças nos amores de uma pessoa e mais vidas solitárias nas grandes cidades; dá-se maior mobilidade ao posto de trabalho, às greves e à insegurança no emprego. As transformações nos anos intermediários e últimos da vida adulta se tornaram mais agudas como conseqüência de situações desconhecidas em outras épocas históricas e em outras sociedades: o "ninho vazio" ou abandono do lar por parte dos filhos que se tornam independentes, as rupturas familiares, a aposentadoria, ainda mais se essa se produz prematuramente como conseqüência de alguma disfunção sobrevinda.

A tarefa essencial é, então, adaptar-se acertadamente às novas condições, tanto sociais quanto biológicas, que os anos trazem consigo. Freqüentemente, tais condições significam dano, adversidade ou ameaça para a pessoa, e esta deve enfrentar todas elas. Diante de circunstâncias perigosas, ameaçadoras ou estressantes, o sistema adaptativo da pessoa se erige em sistema de enfrentamento, de defesa e de autoproteção. Por isso, faz parte do desenvolvimento e do amadurecimento adulto o desdobramento de estratégias de enfrentamento funcionais, adaptadas ao meio, à realidade de cada indivíduo, mecanismos mais ou menos deliberados de adaptação às novas circunstâncias nos momentos de crises e de transição. Assim, surgem diferentes modos de lidar com a realidade: padrões diferenciais, estilos de comportamento, alguns dos quais são adaptativos, enquanto outros são patológicos, disfuncionais ou condenados ao fracasso. A personalidade adulta é esboçada, principalmente, em tais modos de adaptação e de enfrentamento (Neugarten, 1973; Vaillant, 1977; Watson e Hubbard, 1996).

Existem adultos que se adaptam às novas circunstâncias e que enfrentam as adversidades, os conflitos e os problemas de maneira positiva e construtiva: são pessoas competentes, bem integradas, que gozam da vida e estabelecem relações acolhedoras e afetuosas, conscientes de suas conquistas, de seus fracassos e projetos, com uma atitude vital ativa, otimista, voltada para o futuro, com autonomia e auto-estima alta, capazes de desfrutar não somente do sexo e do ócio, mas também do trabalho.

Outras pessoas, no entanto, enxergam seu contexto como ameaçador. Estão na defensiva, em um comportamento rotineiro, convencional e conformista com as normas sociais, sob um grande controle de seus próprios sentimentos e emoções. Temem não ter o que fazer e procuram cumprir uma agenda repleta de atividades nas quais se envolvem e com as quais tentam se distrair para se esquecerem não somente do tédio, mas também do medo que têm de enfrentar seus problemas. Costumam ter um elevado padrão de vida, que tentam manter a qualquer preço. Mas muitos de seus comportamentos incorrem em uma psicopatologia de baixa intensidade: fobias, ansiedade, neurose, compulsões, que trazem elevados custos para os mesmos e também para aqueles que os rodeiam, seja no trabalho ou em casa.

Existem aqueles que mantêm padrões de comportamento impróprios para sua idade, típicos de anos anteriores. É o caso do "eterno adolescente". Sua imagem se encontra envolta em uma certa aura romântica, de mito de juventude perene, mas corresponde a um padrão de comportamento imaturo e irresponsável, egocêntrico e narcisista.

Em outros adultos de desenvolvimento truncado, nem sequer há algo romântico ou mítico, como é o mito de Peter Pan, do menino que se nega a crescer. Existe somente parasitismo emocional, necessidade constante de apoio afetivo e até material para se sentir bem, assim com ansiedade, incapacidade para tomar decisões, sentimentos de inferioridade. São indivíduos sem ilusões, que temem tudo o que possa perturbar sua segurança e conforto, preocupados em ser socialmente aceitáveis e aceitos e que se preservam em atitudes passivas e dependentes.

O repertório dos padrões diferenciais de comportamento na idade adulta poderia continuar com alguns tipos que se encontram nos confins do claramente psicopatológico. No pólo ativo, mas destrutivo, estão os eternos mal-humorados, hostis para tudo que os rodeia, agressivos e queixosos, competitivos, rígidos e rotineiros. A partir de atitudes e valores inflexíveis, acusam as circunstâncias por suas próprias falhas e fracassos. No pólo passivo, estão os totalmente sem iniciativa, pessimistas, incapazes de fazer previsões e de aceitar responsabilidades, com escassos interesses, com tendências a aumentar os problemas. Consideram-se inocentes vítimas de circunstâncias que não puderam modificar – o que, em seu caso, não é verdade – e sem possibilidade alguma de interferir no curso de sua vida.

Não existe, então, algo assim como um padrão típico de comportamento adulto, alguns traços característicos da personalidade adulta como contraposição a outras idades. Na idade adulta acontece de tudo, psicologicamente falando. Em um enfoque ao mesmo tempo evolutivo e diferencial, são poucos os traços possíveis de se apontar em um adulto: uma certa estabilização da capacidade intelectual, uma evolução do estilo cognitivo em direção a uma maior independência de campo, reflexão, capacidade de análise e ceticismo; emocionalmente, uma maior estabilidade afetiva e anímica, principalmente em relação ao humor, se comparadas com à adolescência. O traço mais universal e predominante não está relacionado ao conteúdo, mas, sim, à estrutura: os adultos manifestam uma complexidade comportamental, cognitiva e afetiva, muito maior do que as crianças.

Nos anos adultos, a adaptação consiste, com mais clareza do que em anos anteriores, em empreender atividades que permitam atingir satisfação consigo mesmo e nas relações com os demais. Existem, assim, as infâncias felizes e as infelizes. No entanto, na infância, a felicidade ou a infelicidade é procurada por outras pessoas e não depende da própria criança, que somente mais tarde torna consciente a memória da coloração feliz ou infeliz daquele tempo passado. O tema e o problema da felicidade passam para o primeiro plano, e como tarefa, na vida adulta, em um momento em que são tomadas decisões acerca de si mesmo. Como ser feliz? É um pergunta que preocupa o adulto e que guia seu comportamento. A questão da satisfação na vida se torna crucial: como atingi-la, como gerá-la, quais são as estratégias funcionais para o "desfrute da vida". Não basta que a existência humana seja apetitosa, digna, feliz, seja disposta e preparada pela maneira de se comportar; na verdade, consiste nesse modo de comportamento atingido. Certamente, muitos elementos da felicidade, da qualidade de vida, do bem-estar e das satisfações dependem de circunstâncias externas. Mas se é que, em algum momento, há um certo controle pessoal sobre tudo isso, é na idade adulta. Sob condições externas comparáveis, existem pessoas que, na plenitude da vida, conseguem dizer "vivi" (o *vixis, viveu,* das inscrições funerárias latinas), enquanto outras lamentam, com Borges, o "pecado de não ter sido feliz".

MUDANÇAS, ETAPAS, CRISES

Conforme foi dito no Capítulo 20, durante muito tempo os anos compreendidos entre a adolescência e a velhice foram vistos como anos de estabilidade e de continuidade, sem mudanças dignas de nota. Talvez tenha sido assim no passado, quando, ao longo da vida, havia poucas alterações na vida familiar e na profissão. Mesmo assim, no entanto, certamente aconteciam mudanças nas vivências pessoais. Logicamente que as de hoje são muito mais visíveis. Na vida adulta não existe, nem de longe, tanta estabilidade como se acreditava antigamente. É uma idade de transformações. Nela, continua intacto o "potencial de plasticidade" inerente à pessoa (Lerner, 1984). É verdade que a mudança acontece de uma forma mais pausada, em um ritmo mais lento do que na infância ou na adolescência. No período compreendido entre 5 e 15 anos de vida, ocorrem transformações mais notáveis do que em qualquer outro período adulto. Podem e costumam existir semelhanças entre adultos com diferenças de 20 e 30 anos de idade, enquanto há poucas entre as crianças com poucos anos a mais ou a menos. Porém, na meia-idade acontecem as mudanças significativas, só que muito associadas à biografia individual e não tão ligadas à idade cronológica e à maturação orgânica como nas idades anteriores.

Na questão sobre a mudança ou, ao contrário, estabilidade no comportamento dos adultos, estão misturados vários aspectos relativos a enfoques de:

a) processos básicos, em relação a se as pessoas são ou não estáveis no decorrer do tempo (em qualquer idade) e coerentes através de diversas situações;
b) tarefas de desenvolvimento que vão sendo propostas no decorrer da vida adulta, do início ao fim e que atualmente costumam variar muito mais do que no passado;
c) a relativa semelhança do padrão de traços, disposições ou dimensões diferenciais de personalidade de uns anos a outros;
d) o desenvolvimento propriamente evolutivo e de maturação pessoal cumprida sob todos os níveis anteriores.

É essa mudança evolutiva o que realmente interessa aqui, uma mudança que ocorre e se manifesta não de um dia para o outro, mas no decorrer da longa duração, do devir maturativo e biográfico da pessoa.

A primeira dificuldade com que tropeça qualquer hipótese sobre estabilidade ou descontinuidade comportamental no longo prazo dos anos adultos está no modo de avaliá-la. O que é considerado uma mudança? E estabilidade? Kagan (1981) distingue quatro modos de avaliar a estabilidade:

1. Persistência de uma qualidade psicológica, refletida em mudanças mínimas ao longo do tempo.
2. Estabilidade "ipsativa" (idiossincrásica), ou manutenção de uma mesma posição hierárquica de uma disposição ou padrão de comportamento em relação a outras de um mesmo indivíduo.
3. Estabilidade "normativa", por comparação com um grupo (tomado como referente normativo) em momentos diferentes.
4. Semelhança funcional em comportamentos diferentes, mas que respondem a processos similares e a funções idênticas.

Com o propósito de confirmar modelos não tanto evolutivos quanto diferenciais ou estruturais de personalidade, estudiosos e teóricos dos traços, fatores ou dimensões pessoais procuraram mostrar sua alta estabilidade ao longo da vida. O modelo de diferenças em personalidade atualmente dominante é o dos "cinco grandes fatores", um modelo derivado de um "enfoque léxico" que opera a partir do repertório de vocábulos com o qual a linguagem comum caracteriza as pessoas. O modelo foi validado no contexto ocidental, embora não em muitos países nem em seus respectivos idiomas. Nele se considera que as dimensões básicas da diversidade comportamental entre pessoas se reduzem a cinco, que costumam ser denominadas de: visibilidade (ou extroversão e assertividade), socialização (ou agradabilidade), realização (ou escrupulosidade), estabilidade (ou controle) emocional (frente à neurotização) e intelecto crítico (e abertura à experiência). No contexto desse modelo, foi estudada sua evolução nos anos adultos com a conclusão geral de que permanecem muito estáveis (McCrae e Costa, 1990). É preciso lembrar, no entanto, que é incerta a adequação científica do método comparativo entre idades mediante um mesmo contexto de análise, um mesmo questionário, escala ou inventário, seja derivado do modelo dos "cinco grandes" ou de qualquer outro análogo, como o de Eysenck ou o de Cattell. Não se pode assumir que qualquer instrumento dessa natureza seja igualmente aplicável, válido e preciso para medir mudanças aos 30 e aos 60 anos, por exemplo.

O assunto se torna ainda mais complicado, porque existem diferenças individuais no próprio fato de mudar ou não. Uma das características mais relevantes das pessoas consiste justamente em ser mais ou menos estáveis com o passar do tempo e mais ou menos coerentes através de situações. Certamente, existem períodos adultos mais caracterizados pela continuidade e outros, em contrapartida, por processos de transformação. A uma periodização desse gênero se aplica um enfoque alternativo ao considerar as mudanças na idade adulta: a análise de suas etapas internas a partir da velhice precoce, através de diversos estágios intermediários, até a terceira idade. Nesse enfoque, cada nova etapa é, ao mesmo tempo, de permanência e de transformação. Em cada transição de uma a outra não se desmonta tanto quanto se reconstrói a estrutura anterior da personalidade para que seja integrada e superada em outra estrutura mais complexa, mais madura. Nesse relevo de estruturas, finalmente, os autores costumam ver ou traçar não só o desenvolvimento real das pessoas, mas também um esboço-modelo do desenvolvimento desejável, de um "bom" amadurecer ao qual aspirar.

O mais insigne precursor dessa análise foi Erikson (1968) em seu esquema de diferentes momentos de desenvolvimento da identidade pessoal. Essa identidade é para ele autodefinição e sentimento consciente, ao mesmo tempo em que é projeto e esforço pela continuidade do caráter pessoal, um caráter constitutivamente inscrito, por outro lado, na gênese – ou "epigênese", em seu léxico – do indivíduo. Erikson supõe que a adolescência é o momento de aquisição básica dessa identidade, conforme foi dito no Capítulo 18. Mais tarde, no entanto, existem ainda outros três estágios aos quais não pertence um calendário cronológico nem mesmo aproximativo. Tais estágios de progressiva maturidade na identidade pessoal caracterizam-se: o primeiro, pela reciprocidade de um conviver e compartilhar plenos em comunicação diante do isolamento; o segundo, pela geração de obras ou filhos diante do estancamento e da esterilidade na vida; o último, pela integridade de uma vida pródiga.

Levinson (1978) analisou o curso da vida adulta em uma seqüência também de três períodos, de idade adulta precoce, intermediária e tardia. Entre eles, ocorrem transições e crises, nada leves nem breves, que demandam opções vitais e que são reconstruções na estrutura da personalidade. Levinson aponta uma duração típica aproximada aos períodos de estágios, uns sete anos, e também aos de transição, cerca de cinco anos. Uns e outros fazem parte do desenvolvimento humano. A idade adulta precoce, até os 40 ou 45 anos, é caracterizada por grande energia e atividade, cheia de satisfações, mas também com intensas contradições e tensões que podiam chegar a ser confusas. Na idade adulta intermediária (até os 60 anos), essas tensões se amenizam e as pessoas se tornam mais reflexivas e ajuizadas. Em relação à idade adulta tardia – na realidade, muito coincidente com a terceira idade –, Levinson é bem menos explícito, o que talvez se corresponda a uma das leis básicas do desenvolvimento adulto, que é a de diferenciação crescente: quanto mais anos, menos traços comuns entre as pessoas.

Também é clássica a periodização de Gould (1978) em momentos cronológicos sucessivos dominados, respectivamente, pelos temas de: questionamento da própria identidade e possíveis problemas no trabalho e no casamento (29 a 34 anos); consciência de que o tempo é limitado e conseqüente urgência para atingir os objetivos da vida com um primeiro reajuste dos mesmos (35 a 43 anos); nova acomodação e adaptação desses objetivos e da própria vida (43 a 53 anos); maior tolerância, aceitação do passado sem negativismo (53 a 60 anos).

É questionável a precisão cronológica dos períodos e das transições em uma extensa idade em que os itinerários e não somente os ritmos de maturidade das pessoas são cada vez mais divergentes. Compreende-se que, como alternativa aos populares modelos de estágios, tenham sido propostos modelos de "programação de eventos" que obedecem omissos a tais estágios tradicionais. Essa outra análise enfatiza o desenvolvimento adulto não em períodos e em transições universais, mas sim em acontecimentos de outra origem – socioculturalmente pautados ou bem peculiares da biografia pessoal – que acontecem a cada indivíduo em momentos mais ou menos oportunos para vivenciá-los e enfrentá-los (Neugarten, 1968). Por outro lado, os perfis de periodização e descrições sobre o uso dos estágios adultos parecem de limitada validade empírica; correspondem ao observado em certos grupos sociais de médio ou alto nível cultural, mas são de difícil generalização a outros contextos sociais.

Evidentemente, não existe *uma* única crise da maturidade, da meia-idade, qualquer que seja a data em que for colocada. Na verdade, há ou pode haver mais de uma, ou nenhuma, nenhum período a destacar em relação aos demais como especialmente crítico. As crises costumam acontecer no meio e ao longo do caminho da vida adulta. Como destaca o enfoque de programação de eventos, essas crises não estão sujeitas a um calendário fixo; são provocadas segundo o curso biográfico de cada um e como conseqüência de fatos biológicos (uma doença ou um acidente que provoca a invalidez), sociais (ter filhos; trocar de parceiro, de trabalho ou de cidade). Na sociedade atual, eventos como a experiência do ninho vazio, a do desemprego ou a de atingir o topo na carreira profissional têm tido um importante destaque, assim como as freqüentes separações conjugais, a aposentadoria, que se une à questão do estar envelhecendo. Essas questões serão discutidas com maiores detalhes no capítulo seguinte. Certamente, o elemento comum à crise da idade adulta reside na tomada de consciência de que a juventude já passou, de que muitas ilusões e expectativas não se cumpriram e, o pior de tudo, não se cumprirão jamais. É dar-se conta das frustrações e das limitações da vida. Uma expressão poética dessa melancólica consciência se encontra em alguns versos de Jaime Gil de Biedma, reproduzidos no Quadro 22.1.

A MATURIDADE HUMANA

A idade adulta oferece um bom observatório para se analisar dois temas evolutivos relacionados entre si e que não são exclusivos

QUADRO 22.1 Não voltarei a ser jovem

Que a vida é séria
a gente só começa a perceber mais tarde.
Como todos os jovens, eu quis
passar por cima da vida.
Queria deixar marca
e desaparecer entre aplausos.
Envelhecer, morrer, eram tão-somente
as dimensões do teatro.
Mas muito tempo se passou
e a triste verdade se aproxima.
Envelhecer, morrer,
é o único argumento da obra.

Jaime Gil de Biedma

dela: o curso da existência humana e a maturidade dessa mesma existência contemplada em sua integridade.

O tema da maturidade humana conjuga o empírico e o modelo, a descrição de como as pessoas adultas são e vivem e a exposição de como poderiam ser e viver. Além do mais, enlaça o conhecimento psicológico com a análise ética. A questão moral do que e como é uma "boa pessoa", uma "boa vida", um "comportamento digno" articula-se aqui – mesmo que não se identifique – com a de como as pessoas se desenvolvem, qual é o curso de suas vidas e como – sob condições de não frustração externa –, com suas ações, contribuem para uma vida desejável. Tudo isso, evidentemente, cai de cheio na questão – de "tarefa de desenvolvimento" – de como chegar a ser pessoa, homem ou mulher, e se aproxima de um tema filosófico ou de sabedoria: o do significado da vida humana, um significado que, a partir da psicologia, pode ser abordado sob o prisma do curso de um comportamento e de uma vida desejáveis.

Mesmo que a idade adulta seja, de certo modo, o cânone evolutivo de uma espécie (também da humana), na psicologia não há a rigor algo como um protótipo ou modelo normativo de desenvolvimento. No entanto, o bom senso estabelece juízos de valor: é melhor ser capaz do que incapaz; feliz do que infeliz. A partir de juízos dessa natureza, universalmente compartilhados, alguns psicólogos têm tentado descrever como, na vida adulta, são esboçados perfis de uma maturidade que vale como vida desejável.

A convergência do descritivo e do modelo nessa matéria costuma ser obtida mediante o estudo e a descrição de exemplos de pessoas, de vidas que, de acordo com valores amplamente aceitos pelo menos em nossa cultura ocidental, destacam-se por sua excelência. As vidas e os comportamentos de artistas, cientistas, líderes políticos, filósofos ou escritores são assim pesquisadas e descritas; mas também as de pessoas não tão relevantes e que, de toda forma, atingiram uma vida proveitosa, invejável sob muitos ou alguns pontos de vista. Essa pesquisa e descrição constituem o método mais utilizado para proceder à apresentação não mais de como é a idade adulta ou a terceira idade, mas como é um "bom amadurecer" adulto e um "bom envelhecer".

A psicologia do desenvolvimento costumou assinalar o itinerário desejável, quando não "normativo" ou ideal, do devir adulto. O enfoque de estágios, evidentemente, dá a entender qual é a direção de um amadurecer adaptativo. Sem a necessidade de adotar tal enfoque, a simples consideração do ciclo vital tende a essa elementar afirmação: é preferível o desenvolvimento ao não-desenvolvimento. Assim que cada modelo empírico e teórico leva consigo, mesmo que de forma implícita, uma certa idéia da acertada direção em se tornar, comportar-se e ser adulto (Zacarés e Serra, 1998). Por exemplo, a teoria do desenvolvimento do eu, de Loevinger (1976), aponta a direção e a pauta de uma crescente complexidade e sofisticação do eu na organização da experiência, em sucessivos graus de autoconsciência e responsabilidade, de autonomia individual e de integração ou coerência interna. Sem o esboço de um perfil de maturidade pessoal não há teoria completa do ciclo da vida.

No entanto, mais do que os pesquisadores do ciclo vital, foram os estudiosos da personalidade em uma orientação humanista que se propuseram a desenhar modelos de maturidade desejável. A partir dessa orientação, Rogers (1961) considera que a personalidade formada consiste não em um estado, mas sim em um processo, o de chegar a ser o que realmente se é ("Seja o que você é!", Píndaro) ou, o que é igual, "transformar-se em pessoa": aberta a experiências, fiel aos próprios sentimentos, que aceite a si mesma e aos demais, ao mesmo tempo em que confia em si própria e nos outros. Em imagem semelhante, desde uma psicologia bem popularizada de auto-realização, Maslow (1968) denomina de pessoa "autoatualizada" aquela que conseguiu se realizar – a tornar atuais – suas possibilidades, seu potencial: é uma pessoa criadora, centrada nos problemas, capaz de se aceitar, ao demais e à natureza, desprendida, autônoma, com senso de humor, capaz de "experiências extremas", que constituem vivências imediatas da realidade profunda. Já nas origens da psicologia da personalidade, Allport (1937) caracterizou a pessoa madura com traços de ampliação do eu, sentido e projeto de vida, capacidade de auto-objetivação, de introvisão veraz e de humor, e com uma filosofia ou cosmovisão unificadora da vida. Na tradição de Freud, que apresentou a saúde mental como capacidade de trabalho e gozo, de amor gozoso e satisfatório, Fromm (1947) concretiza essa saúde e maturidade humana na capacidade de amar, com um amor capaz de suscitar reciprocidade, e de trabalhar ou agir de uma forma bem produtiva, criativa. Tudo isso, supõe-se, vai acompanhado de um tom afetivo de "se sentir bem", de desfrutar a vida e, também, quando chegar a hora, desfrutar a velhice.

Como traços da plenitude humana, da personalidade sã e madura na idade adulta, pode-se assinalar a capacidade de comunicação, de amor, de gozo, de trabalho; a disposição ativa e criativa; a elaboração de um sentido da própria identidade (Quadro 22.2). Ao assinalar desse modo, coincidem amplamente modelos inspirados em teorias psicológicas e, até mesmo, em teorias antagônicas. Em relação ao estilo cognitivo e ao pensamento pós-formal, caracteriza às pessoas na vida madura que se responsabilizam pela complexidade da existência humana, que perdem certezas, ainda que não todas, que são mais perplexas e conscientes da fragilidade do pensamento e das concepções do mundo com suas insolúveis antinomias. As antigas convicções, juvenis e talvez impetuosas, não chegam a ser destruídas, mas ficam entre parênteses ou afastadas na ironia. É a conquista de uma certa "sabedoria de vida" (Sternberg, 1994).

À medida que os anos avançam, e se chega à idade adulta tardia, acrescentam-se – é desejável que se acrescentem – outros elementos: a serenidade ou, ao menos, o desejo e a busca dela,

QUADRO 22.2 Uma proposta de maturidade (comporta)mental

Uma psicologia da personalidade centrada na ação humana transformadora da realidade (Fierro, 1993, 1996) leva a dizer que na idade adulta é psicológica ou comportamentalmente maduro quem:

- é relativamente estável e coerente em seu comportamento, mesmo que capaz de mudança adaptativa;
- é diferente das outras pessoas como resultado de um processo de desenvolvimento diferenciador gerado com os anos e com a experiência, processo que acaba por configurá-lo como pessoa singular e única, não-estranha ou excêntrica;
- conhece, percebe e valoriza a si mesmo de forma realista, sem graves distorções em seu autoconceito;
- realiza ações auto-referidas e auto-reguladoras em grau e qualidade suficientes para atingir com alguma eficácia certo controle sobre sua própria vida;
- é capaz de tomar decisões razoáveis relevantes para si mesmo em condições de incerteza;
- adapta-se às situações, às circunstâncias, ao mesmo tempo em que age para adaptá-las a suas próprias necessidades;
- é capaz de enfrentar os acontecimentos adversos que o atingem e as situações complexas que se lhe apresentam;
- reage para defender espaços de liberdade adquiridos – ou esperados – e eventualmente ameaçados;
- sabe discernir quando está indefeso, a mercê de forças externas, e quando não o está, quando tem, pelo menos em parte, sob controle as circunstâncias de sua vida;
- transforma a ativação biológica – inerente ao ser vivo – em atividade, não em ativismo da ação pela ação, mas sim em seqüências ordenadas de atividades que, ao enlaçar com acerto condutas consumáveis e instrumentais, dotam a vida de significado;
- faz da necessidade – que é motivação e carência ao mesmo tempo – virtude e se guia por uma sabedoria – ou moral – de vida do necessário numa hierarquia de necessidades ajustadas à razão;
- desenvolve padrões de comportamento em curso aberto de ação e não em ciclos repetitivos, fechados sobre si mesmos e autoperpetuados;
- graças ao que é capaz de cuidar de si mesmo, de gerir sua própria experiência da vida em função de torná-la extremamente satisfatória.

Maturidade psicológica é, em suma, capacidade de viver (de sobreviver e bem-viver), capacidade de bem-estar e bem-ser num mundo mutante e nem sempre propício.

a tranqüilidade, o progressivo sentimento de liberdade ou liberação em relação a perturbações menores e a convenções e limitações sociais, ao socialmente pautado, o sentimento de dignidade, o senso de humor e de ironia, o reconhecimento das contradições e limitações da vida, a aceitação e a ternura, inclusive em relação aos antagonistas. Ainda na metade da existência, e não somente na juventude, enquanto boa parte do tempo de viver previsivelmente ainda esteja adiante, na direção do porvir, o sentimento e a consciência da própria identidade são acompanhados por um projeto de vida, por uma disposição prospectiva. Na idade adulta tardia, em contrapartida, quando a maior parte desse tempo fica para trás, já no passado, tal sentimento e tal consciência são acompanhados principalmente de um traço retrospectivo de memória, que pega a vida inteira e tenta dar-lhe sentido.

Conforme a idade avança, vai se tornando predominante a relação com o tempo pretérito, com a memória e o olhar de anamnese aceitadora da vida. É a hora do lembrar reconstrutor e do balanço autobiográfico, tingido sempre de saudade e muitas vezes de melancolia pelo tempo e pelos paraísos perdidos, uma melancolia, no entanto, que pode se encontrar impregnada de satisfação pelo feito e experimentado, para poder declarar, com Neruda, um "confesso que vivi" que transforma a colheita de toda uma vida em tempero, em uma fisionomia pessoal laboriosamente cultivada e bem desfrutada.

O CURSO DA VIDA ADULTA

É preciso se perguntar, enfim, como pode ser preparada essa maturidade, integridade, plenitude da vida humana, desejável e alcançável na idade adulta, tardia ou mais precoce. Melhor dizendo, já que todas as idades têm significado e valor por si mesmas e em si mesmas, e não como mera preparação para outras, é preciso perguntar qual é o caminho da vida, o itinerário e o processo de "vir a ser pessoa", a linha de comportamento que não somente conduz, mas também consiste, dentro de cada idade, em uma integridade ou plenitude dessa forma.

Existem algumas evidências elementares a esse respeito. A saúde física, na verdade, com o passar dos anos, cada vez depende mais do próprio comportamento, das pautas e dos hábitos saudáveis de comportamento adotados. O bem-estar pessoal, assim como a adaptação e a integração familiar e social, embora dependam muito de circunstâncias externas, alheias ao próprio sujeito, são resultados também de suas associações. A integridade, não somente física, mas também moral, psicológica, da pessoa adulta depende de seu próprio comportamento – aprendizagem, hábitos adquiridos, praticados – muito mais do que a da criança. Na vida adulta, a pessoa passou a ser relativamente dona de seu destino. Não se decide o berço em que se nasce, mas sim o lar que se forma. Como afirmou Camus, depois de certa idade, todo homem é responsável por seu rosto (por sua fisionomia comportamental). Com o passar dos anos, a biologia nos torna implacavelmente mais velhos. A tarefa moral e psicológica de desenvolvimento é a de se tornar não somente mais velho, mas também mais humano e pleno. Infância e adolescência passam a ser as etapas dos aprendizados básicos, também do aprender a viver. Mas esse é um longo aprendizado, que não se adquire de uma vez por todas. Os humanos demoram muito para aprender as lições fundamentais da vida.

Pois bem, entre essas lições está a que as pessoas podem fazer muito por procurarem ter uma experiência satisfatória da vida, e que o grau em que isso acontece é aumentado pela idade. A formalização teórica desse tipo de tese assim está em uma articulação adequada de vários processos de desenvolvimento: o ciclo da vida, o curso da ação, o curso da vida.

O enfoque do ciclo vital se refere, caracteristicamente, às idades enquanto tais, aos processos evolutivos e de deterioração associados à idade ou, melhor ainda, à evolução biológica em cada idade. É uma perspectiva imprescindível na psicologia da idade adulta. No entanto, é um enfoque que não atende às particularidades singulares desses processos em função de outros fatores que, precisamente, se tornam tão potentes com os anos. Assim, os padrões perceptivos e de motricidade do recém-nascido estão determinados pela programação genética da espécie humana. Por isso mesmo, neles cabe chegar a descrições e a explicações generalizadas, válidas para todos os indivíduos e culturas. No caso contrário, os padrões comportamentais dos adultos se caracterizam por uma crescente diversidade, que corresponde à variedade dos determinantes socioculturais do comportamento, mas também ao transcorrer individual da vida, da experiência, às aprendizagens e às ações de uma pessoa concreta.

Desse modo, o enfoque do ciclo vital, necessário para captar a maturidade e o desenvolvimento em seus elementos mais universais, menos dependentes da cultura e da história pessoal, é insuficiente para descrever e explicar outros elementos diferenciais, idiossincrásicos, de cada vida individual adulta. Para apreender esses elementos, é necessário adotar, de modo conjunto e complementar, um enfoque do curso da vida pessoal e do curso da ação. Esse enfoque maneja, como modelo e metáfora básica, a trajetória, o itinerário ou o caminho pessoal de vida, por onde transcorre a seqüência das ações que o sujeito realizou, e ressalta que esse itinerário, em parte devido a circunstâncias externas e, em parte, escolhido e empreendido pela pessoa, contribui para determinar a vida adulta de cada um.

O curso da vida pessoal, englobado dentro do ciclo vital humano, abrange um duplo elemento:

1. O curso das experiências e vivências, dos acontecimentos vitais que ocorreram à pessoa, os fatos em que se viu envolvida, as experiências mais significativas que viveu e que lhe deixaram marcas de diversa natureza, orgânica, de aprendizagem, e outras.
2. O curso da ação, a seqüência das ações da pessoa, de suas decisões adotadas e realizadas, de suas práticas, dos comportamentos que contribuíram para realizar mudanças na realidade exterior ou em seu próprio organismo, em sua personalidade.

Insistir no curso da ação, e não somente da vida ou vivências, enfatiza o que o indivíduo adulto fez e faz, e não somente os acontecimentos – experiências, situações, ambiente – nos quais se viu imerso.

A Figura 22.1 resume graficamente os diversos processos que integram os curso da vida pessoal na idade adulta: de desenvolvimento da pessoa, do sujeito agente; do curso das experiências e das ações. As relações de causalidade ou influência estão representadas nas flechas. Algumas delas procedem a partir de fatores externos e internos que afetam a pessoa como estímulos ou, melhor, experiências (X). Em direção recíproca, outras influências vêm das ações (A) ou condutas operantes com as quais a pessoa, por sua vez, interfere no meio exterior ou, mediante condutas auto-referidas, em seu próprio organismo. A série X configura uma história de experiências ou vivências, de eventos vividos, de estimulação externa e interna; a série A, uma história de ações, condutas operantes, práticas modificadoras da realidade.

O diagrama distingue dois amplos âmbitos de fatores influentes no desenvolvimento da personalidade: o do próprio organismo e o do meio externo. Cada um desses âmbitos submete a pessoa a um calendário e a um ritmo de ciclo vital. Assim, mostra-se que o ciclo da vida inclui na realidade duas ordens distintas: a do programa biogenético da espécie humana e a da programação sociohistórica que cada sociedade impõe a seus membros. Do ciclo da vida pessoal, deve-se distinguir a história do indivíduo, que, ao mesmo tempo, passa em dois planos articulados: o do organismo, com suas transformações de crescimento, amadurecimento, acidentes, doenças; o social, o da rede de relações com outras pessoas, com o meio mais imediato. O ciclo vital humano básico, seja biológico ou social, influi na história, respectivamente, orgânica e ambiental do indivíduo, mas não na reciprocidade: não é modificável de forma sensível por ações das pessoas ou por sua história.

É um diagrama válido, principalmente, para a vida adulta e, com moderação, para as idades anteriores. Na primeira infância, grande parte do comportamento está regida pelo ciclo vital, pelo contexto imediato e pela história do próprio organismo. Progressivamente, com o passar dos anos e com a eficácia que é

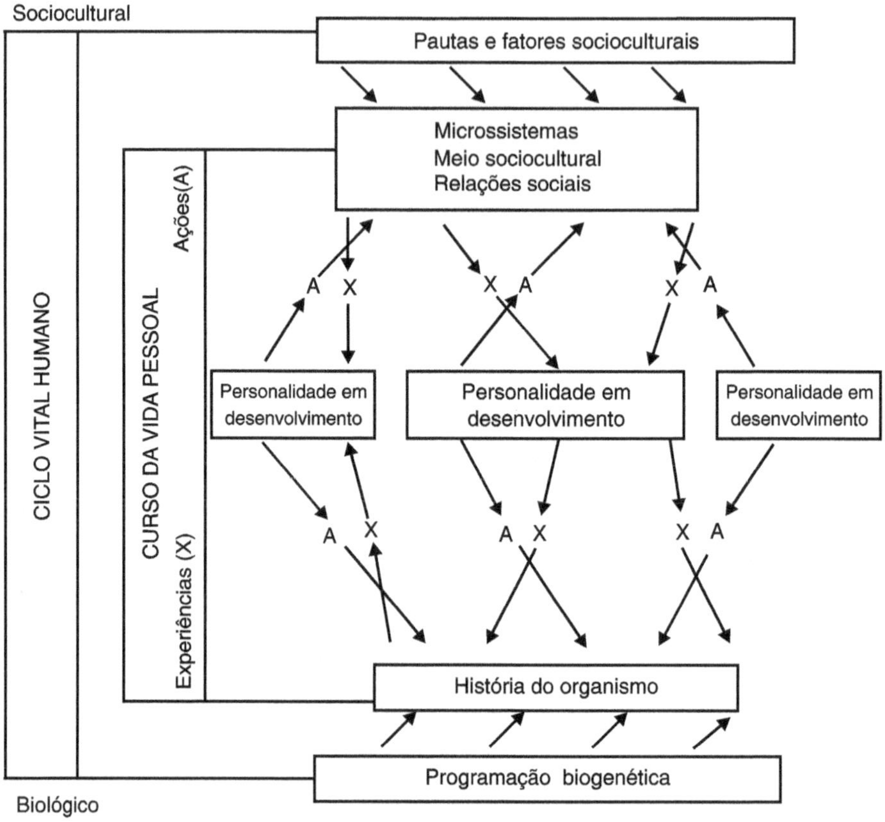

FIGURA 22.1 O curso da vida pessoal dentro do ciclo vital humano.

própria de um organismo maduro e competente, as atitudes da pessoa começam a ser mais influentes no contexto imediato e em sua própria história.

A idade adulta, concluindo, tem de ser vista como uma realidade não estática ou imóvel, mas sim em devir, com história, mudanças e também crises, freqüentemente dependentes de acontecimentos externos ou alheios à ação do sujeito; uma história que, entretanto e em medida crescente, tem sido feita, forjada pela própria pessoa através de suas atitudes. Na vida adulta, no curso do desenvolvimento, aparece com total clareza que, sob condições normais, de não extrema frustração externa, as pessoas são relativamente donas de seu destino, de suas circunstâncias, ainda que também – isso sempre – estejam determinadas por elas.

O PROCESSO DE ENVELHECIMENTO

Senilidade, velhice, senectude: tudo significa a mesma coisa, logicamente que com diferentes conotações, quase sempre indesejáveis. Costuma-se dizer agora "terceira idade" e isso conota duas circunstâncias: uma é a aposentadoria, o término do trabalho socialmente remunerado; outra é a existência – ou pelo menos a exigência social – de um sistema de pensões, segurança social e serviços sociais que tentam proteger as pessoas mais velhas e especialmente vulneráveis, carentes de apoio. Nesse aspecto, a terceira idade é uma realidade psicossocial recente. Também o é devido à maior expectativa média de vida, situada agora na Espanha nos 74 anos para os homens e 81 para as mulheres, enquanto por volta de 1900 estava abaixo dos 50 anos.

Com a transição da idade adulta para a terceira idade, pairam sobre a pessoa algumas ameaças e não somente circunstâncias novas de natureza variada: algumas de caráter biológico, outras de caráter social, típicas da idade, em parte comuns e em outras diferentes nas diversas sociedades. Em nossa sociedade ocidental consistem principalmente na aposentadoria e em outras circunstâncias derivadas dela: diminuição da atividade e liberação de responsabilidade, perda do papel social associado ao trabalho. Em todas as sociedades, consistem na diminuição de energia física, com a conseqüente redução de autonomia, assim como o desaparecimento de familiares e outras pessoas significativas, e a consciência cada vez maior da proximidade da morte.

Na terceira idade é comum que se acumulem os achaques e as doenças, mas envelhecimento, por si só, não equivale a doença nem a incapacidade, como ficou claro no Capítulo 20. Existem imagens tópicas sobre a velhice: a do ancião ressentido e rabugento, a do velho safado, a do avô que conta pequenas aventuras. Das pessoas mais velhas, diz-se e pensa-se que são como crianças; na verdade, o são em mais de um ponto: no sentimento (aqui a aposentadoria vale a pena) de já se achar isento de obrigações, na nova liberdade e desfaçatez recuperadas, talvez também na intensidade do apego com as pessoas e os objetos protetores em uma idade em que se sentem especialmente vulneráveis. A melhor maneira de acabar com essas imagens é ressaltar que a terceira idade também não tem limites definidos e que se encontra em continuidade com a idade adulta intermediária e tardia. Na realidade, é preferível não falar sobre ela como estado ou idade, mas sim como processo, como envelhecimento. Esse é um processo com base biológica e que começa muito cedo na vida, que está em andamento no término da juventude e que, na vida adulta, se combina com processos de amadurecimento e desenvolvimento.

Há duas formas de entender o curso do envelhecimento. A habitual o restringe a processos degenerativos e de redução em certas funções: ao declinar biológico e psicológico. O envelhecimento é visto como deterioração de um organismo maduro como resultado de transformações ligadas ao tempo, essencialmente irreversíveis e comuns a todos os membros da espécie. Diante desse enfoque, há outro que, junto com o declinar, destaca o desdobramento positivo, também nesses anos, de funções comportamentais que não têm por que decair em nenhum momento da vida. Com os anos, com o envelhecimento, não acontecem somente deteriorações, mas também, conjuntamente, mantêm-se e se desdobram certas funções vitais e psicológicas. Em todo caso, à história pessoal do amadurecer e envelhecer pertencem os processos de complexidade crescente e de diferenciação psicológica que caracterizam o desenvolvimento.

Envelhecer não é um processo simples ou unitário, mas vários processos entrelaçados entre si, ainda que não por força sincrônica. É produzido em vários níveis – biológico, psicológico, social – nos respectivos (sub)sistemas ou estruturas do organismo e da personalidade: desde o sistema imunológico e biológico de sobrevivência, até o sistema comportamental adaptativo diante das ameaças e das novas circunstâncias. Em correspondência com a assincronia dos vários processos de envelhecimento, não há um único índice deste, e, em todo caso, a idade cronológica não representa o único indicador. O envelhecer acontece junto com a idade cronológica, mas não coincide com ela, nem varia em conexão mecânica com ela. Uma pessoa “de idade” não é a mesma coisa que uma pessoa “envelhecida”. O sujeito que envelhece tem, além de sua idade cronológica, várias idades funcionais que correspondem ao estado e ao funcionamento de seus diversos (sub)sistemas biológico e psicológicos.

Por outro lado, se existe uma relação entre o processo de envelhecimento e o tempo cronológico, essa relação parece ocorrer não tanto com o tempo transcorrido desde o nascimento, com a idade cronológica, quanto com o tempo que ainda resta de vida até o momento da morte. O que é freqüentemente comparável e significativo não é o que um ancião, ou uma anciã, tenha feito aos 75 ou 85 anos, mas sim o que tenha feito em determinado número de semanas, meses ou anos antes de morrer. Existem pessoas com vitalidade e atividades extremas até seus últimos dias de vida. Picasso empreendia seu último casamento aos 79 anos e continuava pintando aos 91. Foi excepcional em gênio, não na capacidade de uma terceira ou quarta juventude. Com a ressalva de doenças terminais longas e que causam invalidez, existem anciãos que até o final de seus dias levam uma vida ativa e não somente sexualmente, ainda que isso contribua, e muito, para um bom envelhecer.

No envelhecer, surgem elementos derivados da constituição biológica do ser humano e dos seres vivos em geral. Certamente, por seu maior enraizamento na base neurobiológica, a inflexão que, com os anos, sofrem certas capacidades, como as de percepção, memória e, geralmente, processamento cognitivo, analisadas no capítulo anterior, são provavelmente de incidência universal, presentes nos anciãos de todos os povos e culturas, com muita independência em relação a suas concretas circunstâncias e condições de vida. Outros elementos psicológicos ou psicossociais parecem bem dependentes das condições sociais e culturais, ou, ainda, das próprias e individuais condições de vida de cada mulher ou homem envelhecido.

Existe algo como um perfil diferencial específico de personalidade na terceira idade? A resposta é negativa, a semelhança do que foi dito sobre a idade adulta em geral. Os muitos anos não transformam as pessoas: limitam-se a acentuar ou a atenuar traços. São pouco prováveis as transformações drásticas com o envelhecimento, exceto problemas orgânicos. No entanto, de maneira alguma é uma prolongação meramente mecânica, estável e imóvel. A conduta da pessoa que envelhece continua sendo plástica, mutante. Assim como em outras idades, persiste uma certa estabilidade em alguns traços, enquanto ocorrem – ou podem ocorrer – mudanças em outros. Particularmente, encontrou-se grande estabilidade em dimensões de extroversão, neuroticismo, *locus* de controle e estilos cognitivos; no caso contrário, aparecem transformações nos estilos de enfrentamento, estilos de defesa, atitudes e valores, autoconceito e auto-estima, motivação de conquista, aspirações e variáveis afetivas, como ansiedade e depressão (Lachman, 1989).

As principais diferenças em relação à idade adulta, certamente, residem nos estados anímicos prevalecentes: freqüentemente, uma profunda melancolia, mas não por motivo de amargura ou falta de esperança. O tema, ao mesmo tempo afetivo, atitudinal e adaptativo dominante é o da "desvinculação". O fato da aposentadoria deixa a pessoa mais velha isenta de responsabilidades e compromissos, desvinculada de tarefas, podendo fazer com que se sinta inútil. Além do mais, durante esses anos, vai-se produzindo a morte de outros, familiares e amigos da mesma idade. A pessoa começa a se sentir, progressivamente, alheia ao mundo que a rodeia; já não é mais seu mundo, já não estão mais ali as pessoas com as quais cresceu e envelheceu. Essa desvinculação talvez tenha um valor adaptativo, de crescente desprendimento, em anos em que a própria morte está mais próxima. Por isso, alguns autores entendem que a melhor coisa para a pessoa de idade é aceitar essa objetiva desvinculação. Outros, ao contrário, insistem em que o mais satisfatório é resistir a ela, pois pode levá-la ao isolamento, à depressão e até ao suicídio. As pessoas de idade que continuam sendo empreendedoras, ativas, interessadas pelo mundo, pelas relações e obrigações, pelo sexo, vivem mais tempo e mais felizes e enfrentam melhor a passagem dos anos.

A questão, em qualquer caso, não é somente como as pessoas envelhecem, mas sim como poderiam envelhecer melhor (Fierro, 1994). E as regras da qualidade são as mesmas que no bom amadurecer. Quem não soube se adaptar e manejar a diversidade nos anos anteriores, não vai saber agora. Envelhecem melhor aqueles que tiveram de lutar para obter e manter um lugar ao sol (Scherler, 1992). Manter-se ativo, mesmo que em atividades ociosas, parece ser a melhor receita para um bom envelhecer.

Com mais idades, adquire-se, ou melhor, torna-se aguda a consciência do fim próximo. Essa consciência pode ser vivenciada de diversas formas: com rebeldia, ao modo retumbante de Unamuno em seu puro grito por não querer morrer; com a serenidade do estóico ou de quem vê esta vida como um vale de lágrimas. Toda a gama de sentimentos humanos é possível diante da morte, exceto a alegria, excepcionalmente emergente a partir de uma esperança religiosa no além. A maior parte dos estudos sobre as atitudes diante da morte, desde os pioneiros de Kübler-Ross (1969), versaram sobre a morte já medicamente sentenciada, sobre pacientes com doenças terminais a curto prazo. Nesses casos, parece que ocorre um padrão característico de seqüência de sentimentos e de atitudes: negação, raiva, negociação, depressão, aceitação. As atitudes diante da própria morte anunciada com data fixada deveriam, no entanto, distinguir-se das dos anciãos, que sabem que tal data está próxima, mas tão incerta ou quase como em qualquer idade. No final das contas, o processo de envelhecer não é o processo de morrer.

Na idade adulta tardia, a morte, que em idades anteriores pôde ficar em um horizonte distante e ignorado, torna-se próxima, comparece. Torna-se presente, antes de tudo, porque vão morrendo entes queridos da própria geração. Cada uma dessas mortes gera um processo de dor de natureza distinta à da juventude, quando morrem os pais, que eram de outra geração. A dor agora é mais difícil de ser elaborada, porque acarreta uma crescente solidão e porque desperta a consciência de que a própria vida se aproxima, sem remédio, de seu fim. É provável que se misturem, de uma forma confusa, os sentimentos, alguns relativos à vida, retrospectivos: de fracasso, de perda de um tempo irrecuperável, de protesto por injustiças padecidas e pelo que se reputa injustiça intrínseca à condição humana, a uma vida mortal que já não é só sonho (Calderón) ou "vaidade das vaidades" (livro de Eclesiastes), mas ainda pior, "um conto de terror e fúria contado por um idiota" (Shakespeare). Outros sentimentos são prospectivos, relativos ao escasso tempo que resta e à morte, e quase sempre estão rodeados por fantasmas e medos: da dor da última doença, da consciência dos instantes derradeiros, do desconhecido, do processo de agonia, de morrer e do que houver depois da morte, seja além, seja a pura inexistência sem um "depois". Alguns anciãos, no entanto, podem enxergar a morte como questão de fato, quase sem alteração emocional, com naturalidade e neutralidade comparável a que suscita uma árvore que seca (Bromley, 1977).

O significado – ou sua falta – atribuído à morte faz parte do mais idiossincrásico nas pessoas. Não é surpreendente, então, que também as recomendações filosóficas para um reflexivo amadurecer do ser humano diante da morte difiram em extremo. Um pólo é representado por Montaigne: "Filosofar – amadurecer humanamente, cabe glosar – é aprender a morrer". O outro, Spinoza: "um homem livre – uma pessoa madura, em glosa semelhante – em nada pensa menos do que na morte, e sua sabedoria é uma meditação não acerca da morte, mas sim da vida".

Aquém da filosofia, em uma ordem pragmática, a meditação sobre a vida na senilidade consiste, principalmente, em ser responsável pela vida inteira já vivida e fazer um balanço dela, revisar como se aproveitou ou desperdiçou o que a vida oferecia, como se cumpriram ou frustraram os projetos, atingiram-se as metas. Talvez ainda haja tempo para reparar alguns erros ou, pelo menos, reconhecê-los e confessá-los. As manifestações de última vontade, à margem de disposições testamentárias de uso e propriedade, às vezes tentam fazer isso: reparar os erros e fazer as pazes consigo mesmo e com as outras pessoas, indo além da linha da morte.

No balanço sossegado do final de uma vida que deseja se ver reconciliada, encaixa-se plenamente dentro de seu modelo evolutivo o que Erikson (1968) postulou como oitavo e último estágio da identidade pessoal: o sentimento e a consciência de integridade, a acrescentada segurança da pessoa em relação ao sentido de sua existência e também de seus fracassos e limitações, incluída a proximidade da morte, a aceitação do ciclo vital único e exclusivo de cada um, a resolvida disposição para defender até o último instante a dignidade do próprio estilo de vida contra todo tipo de ameaças externas. É nesse momento, segundo Erikson, que a pessoa define sua identidade em uma certa invocação de transcendência, em algo assim como: "Eu sou aquilo que sobrevive de mim".

RECAPITULAÇÃO

A apresentação anterior da personalidade na vida adulta, do amadurecer comportamental nessa etapa, a mais dilatada da existência, teve de ser breve pelos obrigatórios limites de um manual básico. Ateve-se ao essencial, e faltaram conteúdos e matizes relevantes. Ao leitor desejoso de ampliação e aprofundamento, é necessário remetê-lo às referências bibliográficas que constam no texto, colocadas como pistas de ulterior estudo. Às citadas, cabe acrescentar agora a menção de alguns tratados bem mais amplos do que este capítulo, como o de Vega e Bueno (1995).

O que foi exposto ao longo do capítulo pode ser resumido em poucas proposições que, por outra parte, enunciam o que o estudante ou o leitor atento deve reter após a leitura e o estudo:

1. A idade adulta é uma idade mutante e não de imobilidade psicológica. Nela continuam ocorrendo processos significativos que afetam a personalidade e a transformam. Eventualmente, existem fatos críticos e crises pessoais que deverão ser enfrentados como tarefas ou desafios que a vida e a realidade trazem com elas.
2. Nessas mudanças e processos estão também a maturação, o desenvolvimento e o crescimento, e não somente conservação ou mera deterioração associada ao progressivo envelhecer. Ocorrem processos positivos, na direção de uma maior maturidade e plenitude humana, inclusive na idade adulta tardia e na terceira idade.
3. Destacados processos da maturação adulta aparecem determinados por fatores socioculturais, mas também pelo curso das próprias ações, cada vez mais influentes à medida que passam os anos.
4. Como conseqüência do peso das próprias ações na própria vida, os adultos diferem entre si mais do que as crianças e os adolescentes, mas, sobretudo, são – foram e se tornaram – relativamente donos de seu destino. Sob condições de um bem-estar objetivo básico, e à margem de acidentes trágicos da existência, na vida adulta e cada vez mais com os anos, cada um vem a ter a vida e as experiências, mais ou menos felizes ou infelizes, que foi procurando com suas próprias atitudes.

23 Desenvolvimento social a partir da meia-idade

BELÉN BUENO, JOSÉ LUIS VEGA E JOSÉ BUZ

Neste capítulo, baseado em trabalhos prévios dos autores (Vega e Bueno, 1995; Vega e Bueno, 1996), desenvolvemos os processo de socialização das pessoas a partir da meia-idade. Entenderemos por socialização a adequação do indivíduo ao contexto social que o rodeia; é o resultado da aplicação das normas sociais a um indivíduo e a forma que este tem de se adaptar a elas (George, 1982). Organizaremos a análise a partir dos diferentes contextos em que o desenvolvimento ocorre durante a idade adulta e a velhice.

Entendemos que essas etapas da vida se definem não tanto como uma realidade biológica quanto como uma posição, um *status* socialmente construído. Isso faz com que seja impossível estudar a idade adulta e a velhice fora de um contexto social e histórico determinado. Sem dúvida alguma, é possível afirmar que estamos diante de etapas com sua própria vida e personalidade evolutiva: nelas, o desenvolvimento social, cognitivo e pessoal não se paralisam, mas continuam. Apesar das limitações físicas e cognitivas aludidas no Capítulo 21, são etapas com um grande potencial de desenvolvimento. Portanto, questionaremos essas etapas da vida como uma "evolução" individual e social, não como uma "involução".

Ressaltaremos as variações nos padrões de envelhecimento, uma vez que as pessoas mais velhas não são um grupo homogêneo. As diferenças interindividuais se mantêm com a idade, e o envelhecimento não esconde as diferenças individuais devidas ao gênero, à classe social ou ao grupo cultural, mas, sim, modula-as. Assim, por exemplo, as mulheres vêem seu envelhecimento de modo mais negativo do que os homens; acerca de determinados fenômenos, que iremos descrevendo no capítulo, manifestam diferenças sensíveis em relação aos homens. Quanto ao *status* socioeconômico, sabe-se que pertencer a uma classe social alta, com tudo o que isso envolve, produz atitudes mais positivas em relação à velhice. Esse assunto sobre as diferenças individuais é muito importante, porque vai além dos conceitos e dos métodos. Considerar tais diferenças permite que os profissionais especializados elaborem perfis diferenciais de intervenção, individuais e sociais.

A duração cada vez maior da velhice obriga o indivíduo a continuar com seu processo de socialização e adaptação aos contextos nos quais se desenvolve. Podemos localizar o amplo repertório de comportamentos de um indivíduo em uma sociedade nos contextos da família, do trabalho e da comunidade. Explanaremos tais conceitos desde a dimensão mais "próxima" ao indivíduo (família) até a mais "afastada" e com limites mais precisos (a comunidade). Em qualquer desses casos, devemos ter em mente que o significado que damos à velhice, com seus estereótipos e preconceitos, e com suas conotações positivas, é próprio da nossa sociedade. Nossas estruturas familiares e normas sociais também afetam diretamente as redes e o tipo de apoio social que nossos idosos irão receber.

O CICLO VITAL, AS TRAJETÓRIAS NORMATIVAS E AS NORMAS DE IDADE

Conforme foi dito no capítulo anterior, o ciclo vital é um conceito muito amplo que pode ser traduzido em diferentes cursos ou trajetórias vitais. Tais trajetórias se referem ao conjunto ordenado de acontecimentos vividos por cada indivíduo. Alguns acontecimentos dessas trajetórias podem ser repetidos de uns indivíduos a outros, porque seguem uma seqüência típica, pelo que se pode chamar de trajetórias normativas. As trajetórias normativas e o ciclo vital são representados ao longo do tempo, dando lugar a um tempo social, pois a seqüência que se repete de umas pessoas a outras têm uma determinação social importante. Conforme analisado no capítulo anterior, o curso da vida ou trajetória vital está baseado tanto no conjunto de *status* ou papéis que o indivíduo assume ao longo da vida, como na série de acontecimentos relevantes que vivem e que configuram seu curso vital (Hagestead, 1990).

As trajetórias normativas remetem a dimensões sociais normativas, acontecimentos externos que marcam a vida de um ponto de vista social. Tais dimensões agrupam os acontecimentos familiares, laborais e da comunidade. Esses acontecimentos não têm um limite cronológico preciso; o que existe é uma seqüência mais ou menos invariável de acontecimentos em cada uma das trajetórias normativas comuns às pessoas de uma determinada sociedade. Os aspectos mais importantes das trajetórias normativas são a classificação por idades estabelecidas e as normas de idade que levam associados. As classificações das idades são os mecanismos sociais através dos quais as pessoas aprendem o que lhes é permitido fazer e ser, assim como o que lhes é pedido que façam e sejam em um determinado momento; vinculam sistematicamente a idade cronológica das pessoas a um grande número de regras da sociedade em que vivem. As normas de idade, ou estruturas sociais normativas, são sistemas de controle social que determinam e regulam a socialização durante a idade adulta e a velhice. Ao mesmo tempo, a socialização permite localizar as pessoas na estrutura social.

Entre as funções das normas de idade estão: vincular o indivíduo à estrutura social; permitir que as pessoas façam certas coisas e, reciprocamente, exigir que os demais façam determinadas escolhas; justificar marginalizações e exclusões em função das idades cronológicas específicas; prescrever papéis específicos para o indivíduo; servir como ponto de referência para avaliar a aceitação da pessoa na família, no trabalho e na comunidade; propor objetivos a serem atingidos ao longo do curso vital.

Em resumo, a organização temporal de todos os elementos da estrutura social determina a socialização das pessoas. Os comportamentos característicos de adultos e de idosos são induzidos pelos componentes da estrutura social característica de sua idade. Essa estrutura social tem tanta realidade para a pessoa de idade como o mundo físico que a rodeia.

O CONTEXTO FAMILIAR

Organização e estrutura da família

A família é um grupo humano que permanece unido pela coesão e pela exclusividade na pertinência. Constitui o núcleo da organização social básica, regula a atividade sexual e proporciona um contexto adequado para criar e educar as crianças. As famílias proporcionam às pessoas proteção, intimidade, afeto e identidade social (Federico, 1979). A família é uma identidade coletiva que sobrevive ao longo do tempo. Mantém-se mediante uma série de ritos, reuniões e costumes assumidos por pessoas que as desempenham na qualidade de papéis especializados. Aqueles que assumem esses papéis se tornam figuras centrais da família.

Entre os sistemas familiares que, com diferentes trajetórias, ainda convivem em nosso país, estão o modelo familiar tradicional (cada vez menos comum, caracterizado pela presença simultânea no lar de várias gerações da linhagem familiar), o sistema familiar nuclear (o modelo mais consolidado em suas diversas modalidades: casal unido ou não por vínculo matrimonial, só um progenitor com seus filhos

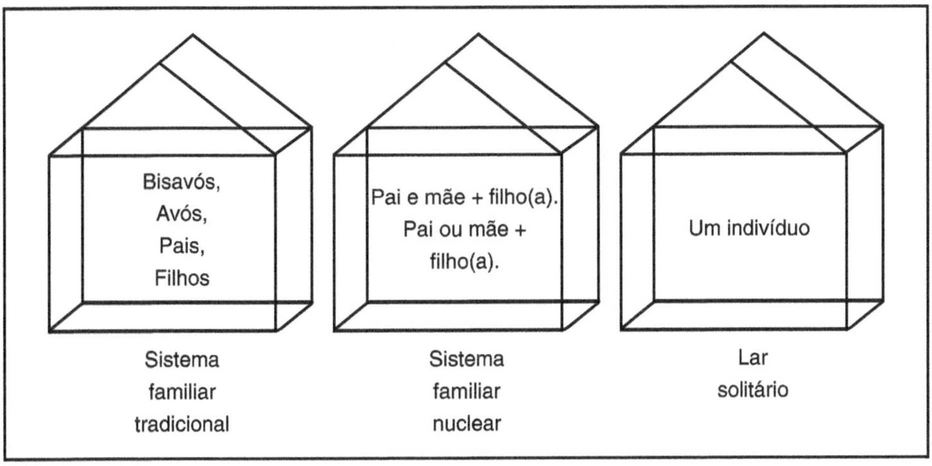

FIGURA 23.1 Sistemas familiares na Espanha atual.

solteiros) e os lares solitários (neles reside uma única pessoa; os lares solitários de pessoas idosas constituem uma das áreas prioritárias em matéria de serviços sociais).

Na sociedade atual, foram observadas mudanças na estrutura, no ciclo e na evolução da família, nos papéis tradicionais, no surgimento de novos papéis e nas relações entre gerações. Todas essas mudanças afetam a qualidade da relação matrimonial e as relações entre gerações dentro da linhagem familiar. A seguir, abordaremos o casamento nas etapas da vida humana que estamos considerando.

O casamento na idade adulta e a velhice

Segundo os dados estatísticos (INE, 1998),[1] 47,58% de toda a população espanhola está casada. Entre os 35 e 55 anos, a porcentagem sobe até 85%. Além de outras considerações sociais e econômicas, essa alta porcentagem se explica, porque o casamento é suposto como uma fonte de felicidade, que satisfaz uma série de necessidades fundamentais, garante a continuidade da espécie através da criação dos filhos, proporciona amizade, afeto e companhia, etc.

Tradicionalmente, havia-se pensado que a satisfação no casamento das pessoas adultas tem forma de U (Figley, 1973): a maior satisfação conjugal seria produzida no início e no final da vida a dois; logo após o casamento, começa o declive na satisfação, que continua caindo até atingir seu ponto mais baixo com o nascimento e a criação dos filhos. Segundo essa visão, os níveis de satisfação não começariam a aumentar até que os filhos mais jovens abandonassem o lar. Parte dos problemas pode proceder de fatores agregados, como a crise da meia-idade.

Na verdade, parece que a evolução do casamento durante os anos intermediários depende amplamente de sua qualidade até esses anos. Um casamento que tenha sido relativamente bom desde o começo, pode estar melhor do que nunca. Do amor apaixonado dos recém-casados pode-se passar ao amor entre companheiros que se intensifica à medida que o casal compartilha alegria, confiança, fidelidade e uma compreensão íntima. Geralmente, as pessoas idosas casadas, comparadas com as solteiras, têm níveis mais altos de satisfação vital, saúde mental e física, recursos econômicos, integração e apoio social, e índices mais baixos de institucionalização. Ao estarem casados, têm menos probabilidade de adotar comportamentos de alto risco e sempre têm alguém que cuide deles. Os casais que continuam juntos aos 60 anos têm mais probabilidades de serem felizes do que os casais de idade intermediária, embora não mais do que os jovens. Os problemas físicos e a necessidade constante de cuidados, mais freqüentes em casais com mais de 70 anos, fazem com que a satisfação no casal tenda a ser menor.

A capacidade para enfrentar os altos e baixos do casamento na velhice depende da tolerância mútua. Tal tolerância está baseada na intimidade, na interdependência e no sentido de pertinência recíproca. Os casados se voltam para si mesmos quando desaparece a obrigação de cuidar dos filhos e de manter a família. O conhecimento da personalidade do outro e o desfrute de sua companhia se transformam em objetivos importantes. Nesse contexto, estar apaixonado continua sendo o principal fator para o sucesso do casamento. Os anciãos valorizam muito a companhia e a oportunidade de expressar seus sentimentos abertamente, assim como o respeito e os interesses comuns (Atchley, 1985).

A vida sexual

As pessoas adultas continuam tendo uma vida sexual ativa não muito diferente da que tinham nos primeiros anos da maturidade, sendo a atividade sexual durante a idade adulta uma parte vital da existência. As mudanças produzidas nesse âmbito na meia-idade são menos dramáticas do que se supõe comumente, como foi dito no Capítulo 20. Além do mais, atualmente, por fatores culturais e de gerações, os casais adultos podem perceber uma maior possibilidade de viver sua sexualidade de uma forma mais livre e satisfatória.

As mulheres podem começar a sentir os efeitos da menopausa, que costuma ser acompanhada por um certo mal-estar psicológico e emocional. Junto às causas do tipo hormonal, a mulher é consciente de que esse acontecimento é o princípio de uma etapa na qual já não se é mais fértil e que, portanto, não poderá mais ter filhos. Em qualquer caso, os tratamentos médicos, as terapias psicológicas e a mudança de atitudes da sociedade em relação às pessoas com menopausa estão fazendo com que suas conseqüências sejam menos negativas.

No caso dos homens, conforme o exposto no Quadro 20.2, as mudanças costumam se relacionar com a diminuição progressiva dos níveis de testosterona e de espermatozóides. Podem também experimentar uma redução da tensão sexual, uma freqüência menor das ereções espontâneas e maiores tempos de recuperação depois de um orgasmo. Em qualquer caso, esses problemas não têm por que supor uma diminuição na satisfação sexual do casal.

Os casais que são conscientes desses problemas durante a idade adulta ainda podem planejar relações sexuais satisfatórias. Existe um estereótipo social que sugere que é impróprio das pessoas muito idosas ter relações sexuais ou se masturbar. No entanto, as pessoas com mais de 80 anos continuam tendo uma vida sexual ativa (Hyde, 1994), sendo os dois principais fatores que determinam a vida sexual dos anciãos uma boa saúde física e mental e uma experiência prévia de relações satisfatórias e habituais. Por outro lado, sabe-se que a satisfação sexual costuma estar relacionada com a satisfação com o casamento, mesmo que também se saiba que a freqüência das relações sexuais não está. Se fosse assim, os níveis de satisfação no casamento seriam cada vez menores, dado que, com a idade, as relações sexuais são cada vez mais esporádicas. Temos de considerar que, durante a etapa adulta e da velhice, ocorrem mudanças fisiológicas importantes: a resposta sexual é diferente da que se tinha na adolescência; conforme foi visto no Capítulo 20 e assinalado antes, nos homens, as ereções são menos freqüentes, costumam necessitar de uma estimulação direta, os orgasmos chegam mais lentamente e o tempo de recuperação é maior. Nas mulheres, pela menopausa, a excitação pode ser mais lenta e a lubrificação vaginal deficiente. Mas a maior parte dos especialistas não determina limites temporais para a sexualidade na velhice. O sexo pode ser mantido ao longo de todo o ciclo vital, e, de fato, a atividade sexual contribui para a sensação de identidade e de intimidade, garantindo a vitalidade das pessoas envolvidas. Os idosos podem desfrutar de sua sexualidade se reconhecerem suas características e se, tanto eles como as pessoas mais jovens que os rodeiam, tomarem essas características como normais e saudáveis (López e Olazábal, 1998).

O ninho vazio

Quando todos os filhos abandonaram o lar, para os pais começa o que se define como a situação de "ninho vazio". O processo de independência da família costuma coincidir com a idade adulta intermediária dos pais, idade em que os filhos terminam sua adolescência. Para os pais, ver que os filhos estão se tornando adultos leva implícito considerar a si próprios como pessoas mais velhas, o que, às vezes, pode acentuar a distância de geração com os filhos.

O ajuste necessário para essa situação de perda costuma ser maior para a mulher, caso tenha se dedicado por inteiro a desempenhar o papel tradicional de criar os filhos; no entanto, mesmo que sintam mágoa e tristeza quando os filhos vão embora de casa, a maioria das mulheres experimenta também certos sentimentos de liberação. O sentimento de perda experimentado perante a situação de ninho vazio é produzido também nos homens, mesmo que de natureza diferente, pois, freqüentemente, reagem diante da partida dos filhos com remorso por não terem estado mais tempo com eles. O lado positivo é que ainda podem sobrar para o casal muitos anos para realizar atividades que até agora não tinham podido (viagens, reuniões com amigos, estudar, etc.).

As relações com os filhos e com os irmãos

A demora na idade de contrair casamento por parte dos filhos e o aumento da expectativa de vida por parte de seus pais faz com que o casamento adulto se encontre com uma dupla tarefa: satisfazer as necessidades de filhos ainda não independentes e cuidar de pais cada vez com mais dificuldades físicas e psíquicas.

Cada vez mais, os filhos tomam suas próprias decisões sobre sua vida. Freqüentemente, os pais têm de encarar o fato de que o rumo dessas decisões não é o que eles escolheriam, podendo inclusive ser o contrário. Essa aceitação costuma ser difícil para muitos pais, por isso, essa etapa da convivência pode ser difícil para a família inteira. Mais tarde, quando os filhos se casam, os contatos com eles costumam ser freqüentes, principalmente nos primeiros anos: fazem constantes visitas e ajudam econômica e afetivamente, assim como no cuidado dos netos. Desse modo, durante a idade adulta média, os pais continuam dando a seus filhos mais do que recebem deles. Posteriormente, à medida que vão envelhecendo, o balanço da ajuda tende a mudar.

Quando os anos da paternidade ativa terminam, e todos os filhos foram embora do lar, os pais continuam sendo pais. Os papéis de pai para com os adultos jovens e de avós para com os filhos destes apresentam novos problemas e requerem novas atitudes e comportamentos. Quando a pessoa mais velha vai morar com algum dos filhos e com os filhos deste, ocorre o que se conhece como cenário de multigeracional. A convivência em tal cenário sempre precisa de um ajuste, sendo freqüentes os problemas de convivência, particularmente quando os papéis de cada uma das gerações não estão bem definidos (Sussman e Sussman, 1991). Geralmente, os pais vêem seus filhos como os seguidores do que eles foram. Por outro lado, os filhos procuram sua própria autonomia e viver de modo independente de seus pais. Essa divergência faz com que os pais minimizem os conflitos com os filhos, e que estes os maximizem com os pais.

Quando cada um vive em um lar diferente, as pessoais mais velhas costumam ter mais contato com suas filhas do que com os filhos. Ao mesmo tempo, as filhas também se sentem mais próximas aos pais e menos independentes deles do que os homens. Seja como for, não parece que se confirme a crença generalizada de acordo com a qual os laços familiares e os sistemas de apoio às pessoas de idade se debilitaram. De fato, talvez como conseqüência do atraso em sua emancipação, os filhos passam mais tempo com os pais ou com os avós (Jerrome, 1991). Por outro lado, em tempos de crise econômica, alguns pais se deparam com filhos que não se tornaram independentes, permanecendo na casa dos pais muito mais tempo do que o esperado, tal como está ocorrendo na Espanha, no início do século XXI. Para a maioria dos pais, a permanência prolongada dos filhos nos lares tem algumas vantagens (ajuda nas tarefas do lar, atenção aos filhos menores, maior proximidade entre os membros da família), sem que o casamento pareça se ressentir por isso.

Em alguns casos, os irmãos assumem o papel de confidentes, estabelecendo com eles uma relação próxima e de apoio emocional. Não é freqüente que os irmãos dêem apoio tangível e material, uma vez que isso é mais característico dos pais. Por outro lado, os acontecimentos críticos na vida dos irmãos, tais como seu casamento, a doença ou a morte dos pais, levam os irmãos a questionar as relações mantidas entre eles. A forma com que os irmãos proporcionam cuidados aos pais depende tanto da história passada quanto do futuro que esperam da relação. Os irmãos que valorizam muito a relação entre eles e a que tiveram com os pais mostram-se mais propensos a compartilhar as tarefas do cuidado dos pais; os que têm uma relação menos intensa com os irmãos e tiveram uma relação menos estreita com os pais, ao contrário, vêem como algo não-desejável a idéia de compartilhar tais cuidados.

O divórcio

Antigamente, a maior parte dos casais cujo casamento não ia bem permanecia junta "pelo bem dos filhos". Atualmente, parece que as razões emocionais ou afetivas para manter o casamento prevalecem sobre as demais. No período que vai desde os 35 aos 44 anos de idade, na Espanha, algo mais de 3% das pessoas se encontram em situação de separação ou divórcio, sendo o indicado período durante o qual se registra uma maior taxa de divórcios entre os casais espanhóis. A quantidade de pessoas que se divorcia a partir da aposentadoria diminui notavelmente, de modo que dos 65 aos 74 anos os divorciados e separados supõem 0,69%, porcentagem que diminui até 0,39% para os maiores de 75 anos (INE, 1998).

As taxas atuais de divórcio na etapa adulta e na velhice devem ser interpretadas mais de uma perspectiva geracional do que cronológica. As gerações mais jovens vivem uma série de condições econômicas e sociais que facilitam o divórcio. Além de outros fatores, a maior incidência atual do divórcio está associada à independência econômica das mulheres, a que os obstáculos legais se reduziram, a uma menor oposição religiosa e a uma maior aceitação social do divórcio e das pessoas divorciadas. Em certas ocasiões, o divórcio se relaciona também com o fenômeno do ninho vazio que acabou de ser comentado: os filhos se tornam independentes, o casal tende a ficar sozinho e essa mudança na estrutura familiar pode levar a uma crise pessoal e marital que desemboca no divórcio.

Um acontecimento que, às vezes, foi relacionado também com o divórcio é a chamada crise da meia-idade, sobre a qual se refletiu no capítulo anterior. Essa crise, que foi detalhada por Levinson (1986), ocorreria por volta dos 40 a 50 anos, estando caracterizada por mudanças de personalidade e de estilo de vida; existe uma consciência da limitação da vida, de que não se vive eternamente; olha-se para o presente antes que para o futuro, vivendo o dia a dia intensamente. Nessa crise, toma-se consciência de que o tempo ficou mais curto e de que, se não se atingiu a satisfação esperada, deve-se fazer novas mudanças rapidamente. O indivíduo busca o significado de sua vida e uma mudança em relação a si mesmo e à sociedade. No entanto, atualmente, duvida-se da universalidade da crise da meia-idade. Por exemplo, questiona-se sua aplicabilidade generalizada ao gênero feminino e, para homens e mulheres, duvida-se de que em todos suponha uma transição marcada por uma grande confusão. O mais provável é que a passagem para a idade adulta intermediária se faça com relativa tranqüilidade. Apesar disso, essa etapa de crise está arraigada no "saber popular". É possível que se continue falando dela, porque alguns acontecimentos que ocorrem nessa idade tendem a ser bem lembrados pelas pessoas que rodeiam o indivíduo; se tomarmos como exemplo o divórcio, será lembrado que "um quarentão" se divorciou e voltou a se casar com uma menina muito mais jovem do que ele, e que trocou seu carro velho por outro esportivo. Esse tipo de mudanças na vida das pessoas é muito notada.

As dificuldades para se adaptar ao divórcio se vêem aumentadas em determinadas circunstâncias. Assim, o divórcio pode ser especialmente difícil para as mulheres que se encontram na meia-idade e que dedicaram muitos anos ao exercício do papel tradicional de dona-de-casa. Por outro lado, as pessoas que se divorciam depois dos 50 anos têm mais problemas para se adaptarem às mudanças do que as pessoas mais jovens, entre outras coisas porque as pessoas mais velhas manifestam menos esperanças em relação ao futuro (Goldscheider, 1994).

O ajustamento depois do divórcio parece estar associado aos recursos econômicos, à educação e às redes sociais com familiares e amigos. Nesse aspecto, o nível de satisfação das mulheres divorciadas nas relações com os amigos e as atividades extralaborais é maior do que o dos homens. De qualquer modo, em ambos os sexos, o divórcio é um acontecimento vital com grande repercussão na saúde mental das pessoas envolvidas. Assim, entre as pessoas mais velhas de ambos os sexos, a taxa de doença e de morte é mais alta entre divorciados, talvez porque sejam pessoas que vivem sozinhas e que não dispõem dos apoios e dos programas de assistência social necessários.

A viuvez

A perda do conjugue consiste não somente na perda do papel de marido ou de esposa, mas também no desempenho do que poderíamos chamar de um novo papel social: o de viúvo ou viúva. Para a sociedade e para eles próprios, as pessoas viúvas começam a ser vistas como indivíduos em solidão; por sua parte, essas pessoas começam a se relacionar mais com pessoas que também estão viúvas ou solteiras, relacionando-se menos com outros casais. De acordo com Heinemann e Evans (1990), o processo de ajustamento à viuvez passa por três fases. O tempo para cada uma das fases varia substancialmente de uma pessoa para outra dependendo da idade, do gênero, da saúde, das condições econômicas e das redes de apoio. Essas três fases são:

- Preparação: a partir de uma certa idade, um cônjuge se prepara durante anos para a eventual perda do outro, particularmente em situações de doença prolongada.
- Dor e luto: começa no momento da perda do cônjuge, e sua duração tem uma variabilidade interindividual muito grande; é o que se conhece como período de dor.

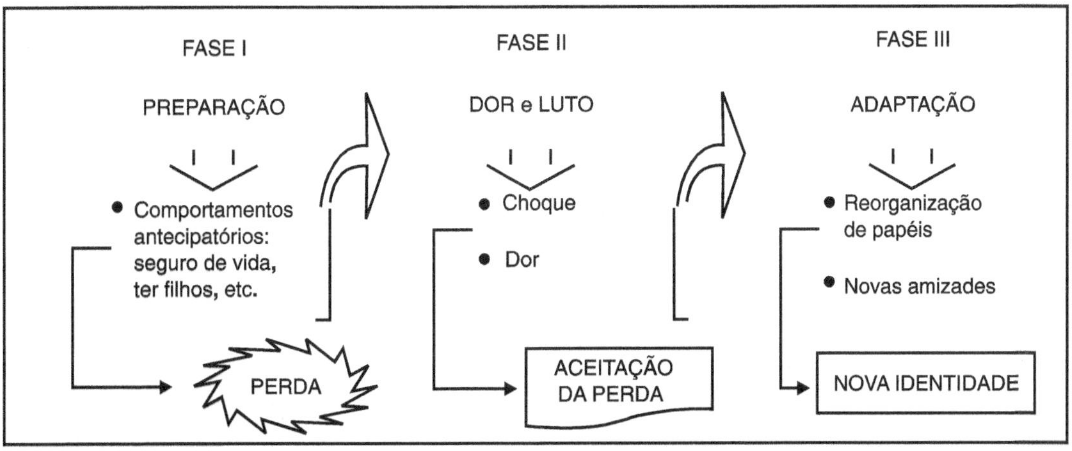

FIGURA 23.2 Fases da viuvez.
Fonte: Heineman e Evans, 1990.

- Adaptação: o viúvo, ou a viúva, começa uma nova vida, aceitando sua situação, reorganizando seus novos papéis e fazendo novos amigos; pode-se dizer que a pessoa desenvolve uma nova identidade.

Os idosos se adaptam com maior facilidade à viuvez do que os jovens; as mulheres se adaptam, em geral, melhor do que os homens, entre outras coisas, porque a viuvez supõe para eles realizar uma maior quantidade de ajustes na vida cotidiana. Alguns estudos indicam que os viúvos experimentam mais problemas de saúde, maior isolamento social, maior diminuição nos laços emocionais com a família e são menos afetivos do que as viúvas. No entanto, com o aumento da idade em que se produz a viuvez, as diferenças entre homens e mulheres tendem a se atenuar ou a desaparecer.

Do ponto de vista da saúde mental, não se pode esquecer de que a viuvez deixa as pessoas mais velhas em uma situação de maior vulnerabilidade psicológica geral. A viuvez pode ser mais bem enfrentada se a pessoa começar a desenvolver em seguida um novo sentido de identidade e de auto-suficiência, pois uma forte identidade e uma auto-suficiência econômica e social predizem uma boa adaptação a essa nova situação. Também parecem se adaptar melhor as pessoas que se mantêm ocupadas em atividades laborais ou sociais, entre outras coisas, porque essas ocupações e relações contribuem para o desenvolvimento das redes de apoio que facilitam a adaptação à viuvez. Os filhos e os irmãos também são figuras centrais de apoio nessa situação, embora, devido às possíveis relações de dependência que podem ser estabelecidas e à falta de reciprocidade, não cubram todas as necessidades afetivas e sociais da pessoa viúva.

Recomeçar: casar novamente

Cada vez é mais freqüente que as pessoas viúvas ou separadas voltem a se casar, mesmo que a disparidade de gênero seja bem acentuada: 20% dos viúvos voltam a se casar, contra 2% das viúvas. Uma das causas dessa disparidade está em que as mulheres vivem mais do que seus maridos, por isso há menos homens "disponíveis". Além do mais, quanto mais velha a mulher for, mais difícil será que ela volte a se casar. As normas sociais forçam os homens a se casarem com mulheres mais jovens (e, freqüentemente, de *status* social mais baixo do que eles), e o estereótipo social da mulher mais velha costuma ser mais negativo do que o do homem mais velho.

Os recasamentos das pessoas mais velhas costumam ser mais maduros e realistas do que os primeiros. Aqueles que se casam pela segunda vez têm uma visão menos romântica da vida de casal e são mais flexíveis em termos de papéis e deveres. Mesmo que depois do segundo casamento possa voltar a acontecer o divórcio, os graus de satisfação são tão elevados como foram no primeiro casamento, caso tenha sido satisfatório (Bird e Melville, 1994). Esses segundos casamentos têm mais sucesso quando baseados no afeto e na segurança econômica, embora a boa saúde e a aprovação dos filhos também pareçam contribuir para isso. A maioria dos recasamentos se forma com base na companhia. O desejo de ser cuidado também é importante para os homens, enquanto as qualidades pessoais do companheiro são importantes para a mulher.

O novo papel de avós

Com algumas exceções, ser avô ou avó supõe um evidente sinal de que se é mais velho. Em cada cultura existe uma definição para o papel de avós. A tradição marca intensamente esse papel, mesmo que, geralmente, seja um papel frágil que não tem um *status* fixo e delimitado. Por exemplo, em alguns estudos realizados para comprovar a visão que os netos têm de seus avós, observou-se que todos os netos se sentiam mais próximos das avós do que dos avôs; que os menores preferiam os avós que dessem comida, carinho e presentes, enquanto os medianos preferiam que fizessem coisas divertidas com eles, e os maiores que deixassem fazer o que quisessem. Portanto, o estilo particular da conduta dos avós que se ajusta às necessidades dos netos varia com a idade destes. Por outro lado, a natureza e o grau de envolvimento dos avós estão mediados pelas atitudes e decisões dos pais, que podem facilitar ou dificultar esse papel.

Os netos têm diversos significados para os avós, incluindo o de vê-los como uma fonte de continuidade e de renovação biológica, a oportunidade para exercer novos papéis sociais e emocionais e uma fonte potencial de orgulho e sucesso vicário. As diferenças interindividuais se tornam muito importantes também nesse âmbito.

Existem diferenças no papel dos avós devido ao gênero (Kalliopuska, 1994): diferentemente dos avôs, as avós tendem a ter relações mais próximas e calorosas com os netos; os avós maternos tendem a ser mais próximos dos netos do que os paternos, sendo sua participação particularmente importante em épocas ou em situações críticas; a avó materna costuma ser a preferida.

Os altos índices de divórcio e de recasamentos entre divorciados estão ampliando as redes familiares. A heterogeneidade nas redes que formam as linhagens familiares está contribuindo para redefinir os papéis tradicionais dos avós e bisavós, de maneira que é provável que um mesmo avô ou avó deva manter papéis diferentes em função de cada uma das possíveis situações com as quais se depare.

O CONTEXTO DE TRABALHO

Motivações e significados do trabalho

O trabalho define a etapa de maturidade de uma pessoa, sendo um fator que, além de organizar nossa atividade, ajuda-nos a formar nosso autoconceito, pois dá significado ao que somos para nós mesmos e para os demais. Não é surpreendente, então, que o trabalho e a ocupação sejam um dos elementos mais importantes na vida de uma pessoa durante sua juventude e idade adulta, a tal ponto que nossa satisfação vital depende, em grande medida, de nossa satisfação com o trabalho. A maioria dos estudos indica que a satisfação com o próprio trabalho aumenta com a idade; entre trabalhadores alemães, por exemplo, analisando o mesmo emprego, os jovens estavam menos satisfeitos com seu trabalho do que as pessoas mais velhas. As variáveis que mais diferenciam os trabalhadores jovens dos mais velhos são: a motivação intrínseca, a identificação com o trabalho, a responsabilidade e a habilidade para estabelecer relações interpessoais.

Podemos distinguir dois tipos de motivações para o trabalho: extrínsecas e intrínsecas. Com toda certeza, a principal motivação extrínseca para trabalhar é a de ganhar dinheiro, pois a consecução mais ou menos satisfatória de tal meta nos permite ter um determinado tipo de vida. Por outro lado, as motivações intrínsecas estão relacionadas com a necessidade de realizar atividades que nos estimulem e satisfaçam, com a chamada ética do trabalho (estamos moralmente obrigados a trabalhar) e com os papéis sociais (definem nossa função para a comunidade). A motivação intrínseca pelo trabalho tem sua própria dinâmica evolutiva, de maneira que com mais idade, maior valorização do valor intrínseco de trabalho e das metas laborais, e menor valorização de motivações extrínsecas e sociais como o dinheiro ou contatos sociais (Van der Velde, Feij e Van Emmerik, 1998).

Que o trabalho seja visto como um peso ou uma satisfação depende, principalmente, das características do trabalho e da atitude da pessoa. O aspecto do trabalho que mais estimula intelectualmente as pessoas é sua complexidade, aspecto relacionado tanto com a inteligência quanto com a criatividade. A complexidade beneficia mais os indivíduos quanto maior for sua flexibilidade intelectual, sendo a flexibilidade pessoal e a complexidade laboral dois fatores que interagem continuamente ao longo da vida de uma pessoa, afetando o progresso, a mudança e o desenvolvimento pessoal (Vega, 1998).

Acontecimentos ligados à produtividade

O trabalho na idade adulta

Já fizemos referência à importância do trabalho e da ocupação. As pessoas passam pela nossa infância, adolescência e parte da nossa juventude preparando-nos para desempenhar uma atividade produtiva durante a idade adulta. Boa parte do início da idade adulta está marcada pela escolha e pela incorporação ao trabalho. Na meia-idade, estamos no topo do ciclo ocupacional, ou no começo de uma nova vocação. No topo do ciclo ocupacional, exerce-se mais influência, ganha-se mais dinheiro e obtém-se mais respeito social do que em qualquer outro período da vida. Tradicionalmente, é a etapa para os postos de poder e de responsabilidade. O motivo é o acúmulo de experiências e conhecimentos relacionados ao trabalho. Muitos dirigentes econômicos, políticos e acadêmicos de nossa sociedade tendem a estar nessa etapa da vida.

A meia-idade pode também coincidir com o momento em que algumas pessoas experimentam uma reavaliação de si mesmas por motivos da crise da meia-idade, o que pode estar na origem de uma nova vocação. As mudanças de trajetória de trabalho podem também se relacionar com outros fatores, como ocorre no caso de algumas mulheres que ingressam ou reingressam no mundo do trabalho depois de terem terminado a criação de seus filhos.

A meia-idade também é o momento em que o sucesso profissional pode não ser tão atraente como era na juventude. Isso ocorre com aquelas pessoas que não atingiram as metas profissionais que tinham antecipado quando se preparavam para o exercício de uma atividade. Nesses casos, tende-se a avaliar o trabalho como menos satisfatório, começa-se a valorizar mais as atividades fora do trabalho, como a família, por exemplo.

Os trabalhadores mais adultos são menos idealistas do que os mais jovens, tendendo a se fixarem em aspectos a curto prazo do trabalho (pagamento, condições de trabalho, férias, etc.), mais do que a buscar reconhecimento social ou aprovação. Apesar disso, como norma geral e como já se falou, os trabalhadores com mais idade mostram mais satisfação com seu trabalho do que os jovens, satisfação que pode vir da aceitação de que o trabalho que realizam é o melhor que puderam conseguir. No caso de adultos mais jovens, é mais freqüente que, se não vêem cumpridas suas expectativas de realização pessoal com o trabalho que estão realizando, acabam abandonando-o para procurar outro melhor. O aumento na expectativa de vida, a mudança tecnológica e acontecimentos trabalhistas inesperados podem levar as pessoas a reorientarem suas vidas profissionais. Além disso, acontecimentos pessoais como o divórcio ou a viuvez podem levar a procurar outro trabalho mais bem remunerado. Outras pessoas, ao contrário, podem dirigir suas novas preferências para uma maior realização pessoal e para um trabalho menos exigente, no caso de que as despesas familiares tenham diminuído com a saída dos filhos do lar. A decisão de permanecer ou não no mesmo posto de trabalho pode depender também da satisfação em termos de desenvolvimento intelectual, pessoal e social que o trabalho proporciona ao indivíduo.

O trabalhador mais velho

Segundo os dados da EPA2[2] de 1997 (INE, 1998), 2% da população espanhola com mais de 65 anos se mantêm economicamente ativa. O "trabalhador mais velho" pode ser definido de diferentes pontos de vista: utilizando a idade cronológica (pessoas com uma idade superior à da aposentadoria obrigatória), a idade funcional (capacidade biológica, psicológica e social de uma pessoa para trabalhar), de um ponto de vista social (considerando a idade em que a sociedade percebe uma pessoa como mais velha) ou da perspectiva organizacional (em função do papel que se ocupa na empresa e do tempo em que se trabalha nela). A realidade é que o mercado de trabalho discrimina os trabalhadores que superam os 40 anos de idade. Existe, por exemplo, a crença de que os trabalhadores mais velhos não são capazes de se adaptarem às mudanças de posto de trabalho.

No entanto, as pessoas mais velhas têm muito o que oferecer às empresas modernas e deveriam ser incluídas nos processos de treinamento e reciclagem. Podem compensar sua diminuição em rapidez tirando vantagem de suas habilidades e do conhecimento alcançado pela experiência. Além disso, as pesquisas demonstram que os trabalhadores mais velhos são mais estáveis e têm menos ausências e acidentes profissionais do que os jovens e são capazes de aprender novas habilidades (Turner e Helms, 1995).

Acontecimentos ligados à inprodutividade

A reflexão sobre a inprodutividade está relacionada com duas situações cujo significado é muito diferente: o desemprego e a aposentadoria. Como sobre a aposentadoria existe muito mais pesquisa acumulada, falaremos mais sobre ela, mas antes parece oportuno dedicar pelo menos um parágrafo ao desemprego.

As pessoas com mais de 40 anos têm muito mais problemas que os jovens para encontrar um novo emprego, agravando-se a situação em pessoas com pouca preparação escolar, circunstância que limita o leque de postos profissionais aos quais se pode aspirar. O desemprego aparece nas pesquisas associado a doenças físicas, a transtornos relacionados com a saúde mental e com problemas nas relações familiares. As duas fontes mais importantes de estresse associados ao desemprego são a perda de rendas e a perda de auto-estima. Quanto mais identificada uma pessoa se sentir com seu trabalho, quanto mais depender seu valor e sua identidade do próprio trabalho, maior será a perda de auto-estima produzida como conseqüência do desemprego. Por outro lado, as pessoas que enfrentam melhor a situação do desemprego costumam contar com alguns recursos econômicos, não se culpam por ter fracassado, vêem a perda do trabalho em termos objetivos e contam com um forte apoio da família e dos amigos. O desemprego pode ser visto como uma oportunidade para reorganizar a própria vida e não somente para mudar de emprego, mas também para reorientar a própria carreira vital (Vega e Bueno, 1996).

Em relação à aposentadoria, os primeiros comentários devem ser dirigidos a uma espécie de terra de ninguém constituída por pessoas que não pertencem ao grupo de pessoas trabalhadoras, mas que também não estão nas mesmas condições econômicas dos aposentados: os pré-aposentados. Apesar de a normativa da União Européia sugerir não incentivar as pré-aposentadorias, seu número na Espanha é cada vez maior.[3] Suas reivindicações econômicas estão centralizadas em ter um salário o mais parecido possível ao dos trabalhadores ativos, pois disso dependerá a pensão que receberão quando se aposentarem. Suas reivindicações sociais se relacionam com o fato de que possam continuar trabalhando como autônomos, ou que a aposentadoria possa ser reduzida a todos os trabalhadores com 60 anos. A conseqüência social nos países industrializados é que está aumentando o grupo de pessoas pré-aposentadas sãs e com recursos pessoais. A integração social dessas pessoas está ocorrendo, em boa parte, através de programas de voluntariado, retornando aos estudos ou organizando o tempo de ócio em associações, movimentos culturais, viagens, etc.

Quanto à aposentadoria propriamente dita, transformou-se em um fator de organização social e de regulação do emprego e da produtividade. Atualmente, 97,87% dos cidadãos espanhóis com mais de 65 anos são economicamente inativos (INE, 1998). A aposentadoria é um símbolo social de transição para a velhice, constituindo para o indivíduo e para a sociedade um sinal de que algo importante se transformou e sendo um dos acontecimentos mais importantes da vida de uma pessoa que contribui para o significado da velhice em nossa sociedade (Moragas, 1989). No entanto, a aposentadoria não pode se tornar equivalente à velhice. Conforme vimos antes, muitas pessoas se aposentam em uma idade precoce e em uma situação pessoal na qual não podem se considerar velhas. Além disso, existem pessoas que nunca se aposentam e outras que voltam a trabalhar depois de aposentadas (Atchley, 1993).

A aposentadoria não é um acontecimento vivido de uma única forma. Por um lado, é preciso considerar se a aposentadoria é voluntária ou involuntária, antecipada ou na hora certa, parcial ou completa. Além disso, a forma como cada um vive sua aposentadoria dependerá de fatores como o estado de saúde, as condições econômicas e a capacidade pessoal de organização e desfrute do tempo de ócio. A melhor forma de ajudar as pessoas a se aposentar é animá-las para se prepararem para isso, processo que deveria começar durante a idade adulta, tentando ajudá-las a organizar sua vida para torná-la mais prazerosa e produtiva. Preparar-se para a aposentadoria ajuda a enfrentar os problemas de saúde, econômicos, sociais e a organização global de toda a vida. E já que a aposentadoria supõe uma reorientação e organização dos hábitos diários da vida, cada vez é mais freqüente que os trabalhadores preparem seu período de aposentadoria. Os cursos de preparação para a aposentadoria incluem aspectos sobre o conceito de envelhecimento, a mudança de atitudes, os hábitos de vida saudáveis, as adaptações familiares e sociais, a utilização e aproveitamento do tempo livre, as mudanças na economia pessoal e na própria vida e os aspectos legais que habitualmente devem ser abordados na idade avançada (Vega e Bueno, 1996).

Mais do que um momento concreto, a aposentadoria é um processo que passa por uma séria de etapas. É preciso entender que nem todas as pessoas passam por todas as fases, pois não é uma seqüência invariável; assim, por exemplo, a reação à aposentadoria dependerá do motivo primordial pelo qual a pessoa se aposenta e da satisfação que se tinha com a profissão que desenvolvia. A Figura 23.3 mostra uma proposta concreta na qual são identificadas seis fases (Atchey, 1989):

- A fase da pré-aposentadoria, quando o indivíduo vai formando a idéia de se aposentar.
- A fase da aposentadoria, que pode ser vivida de três forma diferentes: lua de mel (as pessoas tentam fazer tudo o que desejaram), atividade continuada (nesse caso, atividades de ócio planejadas que constituem a rotina da aposentadoria) e descanso (redução do tempo dedicado a qualquer tipo de atividade).

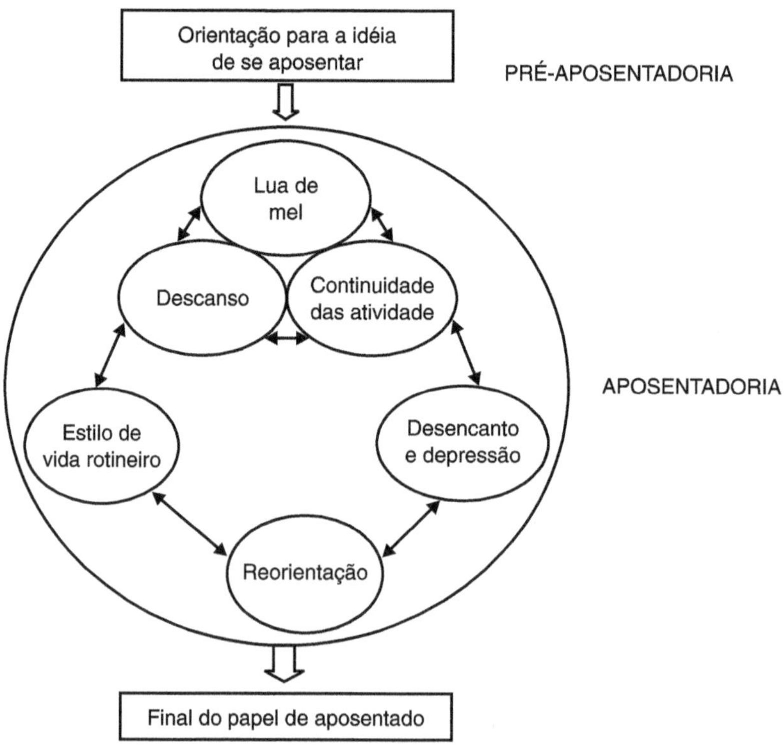

FIGURA 23.3 Fases do processo de aposentadoria.
Fonte: Atchey, 1989.

- Etapa de desencanto e depressão, quando se percebe que as fantasias sobre a aposentadoria não são cumpridas. Essa fase não acontece com todas as pessoas.
- Fase de reorientação, nos casos em que as pessoas deprimidas passam por um processo de reavaliação e constroem percepções mais realistas de sua experiência de aposentadoria.
- Desenvolvimento de um estilo de vida rotineiro, gerando alternativas para enfrentar rotineiramente as mudanças produzidas como conseqüência da aposentadoria.
- Fase final, em que o papel do aposentado se torna irrelevante devido a uma doença ou incapacidade; nesse caso, a doença ou incapacidade transforma o papel do aposentado em doente (Atchley, 1989).

Em relação às conseqüências da aposentadoria, foram propostas diversas alternativas para descrevê-las. Uma dela postula que a aposentadoria significa o afastamento progressivo e mútuo entre o trabalhador e a sociedade (teoria da desvinculação); outra defende que a melhor forma de se adaptar à nova situação produzida pela aposentadoria é manter níveis adequados de atividade que compensem a perda do trabalho (teoria da atividade); outra propõe que, na verdade, as atitudes e as atividades mudam muito pouco depois da aposentadoria (teoria da continuidade); finalmente, outra afirma que a relação entre a aposentadoria e a satisfação está moderada pelo grau em que são cumpridas as expectativas que o aposentado tem em relação a sua nova condição (teoria da coerência). Como é fácil imaginar, as diferenças interindividuais, unidas às múltiplas interações possíveis pessoa-meio, determinam quais conseqüências ou combinações das mesmas a aposentadoria tem para uma pessoa; além disso, algumas dessas possibilidades podem ter maior aplicação durante algumas fases do processo de aposentadoria do que durante outras (Atchley, 1992; Fry, 1992).

Por outro lado, não se pode deixar de mencionar que o nível de satisfação e o ajustamento pessoal em relação à aposentadoria estão modulados pelo nível socioeconômico e pela classe social. Entre as pessoas de nível socioeconômico alto e médio estão as que menos desejam a aposentadoria e mais rejeição sentem por ela. Já as pessoas que têm um nível socioeconômico baixo costumam ver a aposentadoria com mais resignação.

Ócio e tempo livre na velhice

A partir da aposentadoria, deve-se falar mais de atividade do que de trabalho. A atividade diária é fundamental para a satisfação pessoal, pois o ócio gera bem-estar físico e psíquico e está relacionado com os índices de satisfação da vida (Rubio, 1993). Durante a velhice, as atividades de ócio adquirem especial relevância, dado que, ao aumentar o tempo livre, as atividades que o preenchem adquirem um significado especial. Adquirem mais relevância ainda as atividades dirigidas ao desfrute pessoal, entre as quais se destacam as culturais, as turísticas e as recreativas em geral (Bueno e Delgado, 1996). A escolha por atividades concretas é feita em função do nível de competência que a pessoa se atribui e da satisfação que lhe proporcionam de acordo com seus gostos e normas pessoais. Geralmente, o nível de motivação dos mais velhos para as atividades de ócio é bom, embora possam diminuir devido a barreiras físicas, culturais, educativas e sociais.

No âmbito das atividades culturais, um dos programas mais procurados pelas pessoas mais velhas é o denominado, genericamente, de educação de adultos, expressão que faz referência ao ensino de pessoas mais velhas sobre conteúdos que podem ser práticos (por exemplo, manejo de computadores), de entretenimento (ócio, jogos, passatempos) e acadêmicos (idiomas, alfabetização, etc.). Vale a pena destacar a significativa demanda que existe em relação às aulas de alfabetização de adultos, conseqüência do baixo índice de alfabetização das pessoas mais velhas atuais, para quem a escolaridade foi um bem escasso. A utilidade desses programas de educação de adultos não se limita unicamente à obtenção do diploma escolar, pois algumas pessoas que os procuram estão guiadas por outras motivações (preparar-se para cuidar melhor de um negócio, aprender alguma habilidade para quando a aposentadoria chegar, estimular a própria capacidade intelectual, estabelecer contatos sociais que nutram a rede social do indivíduo) (Vega e Bueno, 1996; Bueno, Vega e Mañanes, 1999).

CONTEXTO COMUNITÁRIO

Lugar de residência dos mais velhos: a vida independente, com a família e em lares para idosos

O leque de possibilidades de residência das pessoas mais velhas vai desde a vida totalmente independente em seu próprio lar até a vida em uma instituição onde são proporcionados todos os tipos de cuidados e serviços. A maioria dos anciãos continua morando em seu próprio lar ou no de algum parente. Na Espanha, segundo os dados do Plano Gerontológico Nacional (INSERSO, 1993), 73% das pessoas com mais de 65 anos vivem independentes, e somente 3% das pessoas mais velhas moram em lares para idosos. A escolha é influenciada, principalmente, pelo estado de saúde, pela situação econômica e pela presença do cônjuge ou de algum familiar. Obviamente, o tipo de residência condiciona as relações que os pais mantêm com os filhos, com o resto da família e com as outras pessoas.

Nos últimos anos, está aumentando a possibilidade de que a pessoa mais velha fique em seu lar a maior parte do tempo possível, para o que existem serviços que liberam as pessoas mais velhas das tarefas da limpeza e da cozinha. Uma solução institucional intermediária são os centros diurnos, nos quais os mais velhos passam o dia recebendo todo tipo de serviço e participando de atividades programadas.

A maioria dos estudos indica que as pessoas mais velhas preferem viver perto dos filhos, mas não com eles, desejando manter sua independência tanto tempo quanto for possível. As razões que freqüentemente são alegadas para justificar essa atitude são o desejo de manter sua independência e privacidade e para evitar a interferência e o potencial conflito com seus filhos (Lopata, 1979). Por outro lado, o bem-estar econômico das pessoas mais velhas contribuiu diretamente para sua independência, pois as pensões e a melhora na qualidade de vida aumentaram o número de pessoas mais velhas que vivem de forma independente, reduzindo, conseqüentemente, a quantidade de idosos que vivem com seus familiares.

As razões que os mais velhos utilizam para ir morar com os filhos ou com outros parentes são a saúde debilitada e os problemas econômicos. Esses lares multigeracionais facilitam a interação e a troca de ajuda diariamente. No entanto, garantem unicamente a mútua visibilidade dos membros da família e não contribuem necessariamente para a qualidade nem afetividade das relações. Em conjunto, parece que as pessoas que não vivem sob o mesmo teto que os filhos têm tanta satisfação e se mostram tão felizes como aqueles que moram com eles.

Contrariamente ao que se costuma acreditar, aqueles que têm meios econômicos irão provavelmente morar com os filhos, enquanto aqueles que não têm, irão para uma casa especial. Os lares para idosos proporcionam cuidados por tempo integral. A maioria dos residentes é composta de pessoas com idade muito avançada que não podem manter um estilo de vida autônomo por problemas físicos e psíquicos importantes. Esse tipo de lugar requer das pessoas um grande ajuste pessoal, dada a perda da independência que supõe a institucionalização; além disso, quando entram nesses lares, as expectativas em relação a seu próprio futuro costumam ser muito negativas. A rapidez com que os problemas de ajustamento são resolvidos varia de alguns idosos para outros, segundo suas características pessoais. Para algumas pessoas, viver em um lar para idosos é uma oportunidade de socialização que, até então, não tinham tido, uma ocasião para fazer novas amizades ou começar uma relação de casal.

A metade dos idosos que moram nesses lares prefere esse modo de vida à opção de morarem em família, caso a tenham. Tanto a vida nos lares, como os serviços oferecidos, produzem satisfação nessas pessoas, mesmo que seu custo seja elevado em relação às suas rendas. No entanto, aqueles que não vivem nesse tipo de lugar não gostam dessa alternativa. Seria desejável que, em um futuro próximo, mudassem tanto a percepção social que se tem dos lares de idosos como o estilo de vida que se oferece neles.

As relações sociais

As relações sociais fora do contexto familiar podem chegar a ser tão importantes para a pessoa mais velha como as próprias relações familiares, a tal ponto, que em alguns casos e aspectos, podem substituí-las (princípio de substituição). Em todo caso, tanto as relações familiares como as não-familiares são básicas para a socialização e o desenvolvimento das pessoas mais velhas (Vega, 1992).

As relações sociais afetam todos os âmbitos da vida das pessoas mais velhas, contribuindo para o desenvolvimento de hábitos sociais e para a configuração de sua personalidade, pois têm de desenvolver novos hábitos para enfrentar as circunstâncias sociais nas quais se movem. Além disso, as relações sociais estimulam a mente e o pensamento, tendo múltiplos efeitos benéficos sobre a saúde e bem-estar. No entanto, as relações sociais são somente uma parte desse bem-estar, como ocorre, por exemplo, com os fatores físicos e biológicos.

As relações interpessoais se caracterizam pela pertinência, pela interdependência e pela intimidade (Jerrome, 1991), componentes que se encontram em maior ou menor grau em todas as relações sociais e constituem aprovação, aceitação, sentido de pertencer a um grupo, o consenso nos valores e um sentido do dever ou da responsabilidade em relação ao grupo; a interdependência se baseia na troca de recursos econômicos ou de outro tipo: serviços, conselho, conhecimentos, esforço e tempo; finalmente, a dimensão de intimidade ou afeto é o resultado do grau de atração que existe, da confiança, do carinho, do respeito e da admiração mútuas. As relações interpessoais que contam com um alto grau dessas três dimensões proporcionam um adequado apoio social.

Os homens e as mulheres mais velhas têm diferentes padrões de participação social e de relações sociais e afetivas nos âmbitos familiar e comunitário. Assim, as mulheres manifestam ter mais amigos do que os homens, mostrando também maior envolvimento emocional nas relações com amigos e vizinhos. Da mesma forma, as mulheres mais velhas se envolvem muito mais do que os homens em atividades e em organizações de tipo comunitário, enquanto os homens mantêm uma maior atividade de tipo político. A participação da mulher nas atividades educativas e de reciclagem cultural e profissional é também sensivelmente superior à do homem.

Além das diferenças ligadas ao gênero, é preciso mencionar as relações com o *status* socioeconômico. Geralmente, as relações sociais das pessoas das classes média e alta tendem a ser mais amplas e envolvem pessoas que podem estar geograficamente mais distantes, enquanto as pessoas de níveis socioeconômicos mais baixos centram seus contatos prioritariamente com os vizinhos e pessoas com residência próxima a sua.

Um importante tipo de relação interpessoal é constituído pela amizade. A maioria das pessoas com mais de 60 anos mantêm as mesmas amizades desde muitos anos, mas essa etapa da vida também é propícia para a formação de novas amizades, como demonstra-o que quase a metade das pessoas com mais de 85 anos fizeram novos amigos. A maioria dos amigos das pessoas mais velhas é muito parecida com eles em idade, *status*, valores e interesses. Além de proporcionar informação e entretenimento, os amigos proporcionam sentimentos de pertinência, de significado e de *status* social. Por outro lado, parece que a importância das amizades na idade mais madura e na velhice está ligada à percepção de controle, ou seja, com a impressão de que controlam o que fazem e suas conseqüências. A sensação de ter controle sobre o que e quantos amigos ter talvez seja agora mais importante do que em outras etapas da vida, dado que o envelhecimento costuma trazer uma perda gradual de controle sobre vários aspectos da vida, inclusive a saúde. A voluntariedade que define a amizade faz com que, em certo sentido, se sinta mais satisfeito na interação com os amigos do que com os próprios familiares (Wood e Robertson, 1978). Além disso, as amizades nutrem a rede social e aumentam a possibilidade de obter apoio emocional quando necessário. Diante de acontecimentos como a viuvez ou a troca de residência, a amizade pode ser o melhor meio para a socialização das pessoas mais velhas.

As relações com os familiares e amigos nos falam sobre a rede social de uma pessoa. Além desta, na velhice, é muito importante a *rede de apoio*, que cumpre a função de proporcionar confiança, companhia e orientação, além da ajuda instrumental (financeira, tarefas domésticas, etc.), ajuda emocional e assistência na doença e/ou na incapacidade (Antonucci e Jackson, 1989). As estruturas familiares afetam diretamente as redes sociais das pessoas mais velhas e, particularmente, o apoio que recebem. Na Espanha, por exemplo, a figura principal de apoio costuma ser o cônjuge, mas na ausência deste, o papel é desempenhado pela filha. Em outras sociedades, como, por exemplo, a japonesa, a figura de cuidadora recai sobre a nora (Akiyama, Antonucci e Campbell, 1990). Outras fontes de apoio importantes são os familiares e os amigos, mesmo que o número de figuras que pode proporcionar apoio emocional seja mais amplo, incluindo, por exemplo, as crianças. Em relação ao apoio emocional, as pessoas não são as únicas que podem dá-lo; está demonstrado que, em numerosos grupos de indivíduos e idades, os animais de companhia proporcionam um tipo de apoio que repercute diretamente na saúde física e psíquica.

No âmbito do apoio social voltam a aparecer como importantes as diferenças de gênero. Os homens tendem a identificar suas esposas como as pessoas para quem dão e das quais recebem apoio. As mulheres, além do marido, costumam mencionar um número maior de pessoas, incluindo as crianças, outros parentes e amigos (Antonucci e Akiyama, 1987). Além disso, as mulheres parecem sentir um maior envolvimento com a maioria das pessoas de suas redes sociais e parecem experimentar um maior senso de responsabilidade, e, mesmo que não exista uma tendência a amizades do mesmo sexo, os homens e as mulheres costumam mencionar mais as mulheres como confidentes.

Não existe um tipo de apoio social melhor do que o outro, pois tudo depende da situação pessoal de cada indivíduo e do grau de reciprocidade (Clark e Mills, 1993), embora, na velhice, existam cada vez mais probabilidades de que a pessoa que recebe cuidados não possa corresponder. Desse modo, a relação é cada vez mais assimétrica, e a pessoa que é cuidada se encontra, de certa maneira, em uma situação psicológica incômoda.

Os casais mais velhos que não têm filhos tendem a confirmar o princípio de substituição, procurando apoio social e emocional mais em seus irmãos do que nos casais que têm filhos. No entanto, quando vivem os problemas de saúde e se deterioram física ou mentalmente, o casamento se fecha sobre si mesmo, ocorrendo um fenômeno de regressão social, isolando-se e centrando-se exclusivamente na relação matrimonial. O princípio da substituição parece se aplicar unicamente quando se encontram com boa saúde e dispõem de redes de apoio eficazes e satisfatórias. Mas essas redes são menos viáveis e acessíveis quando chega a deterioração e quando a necessidade de uma assistência instrumental aumenta.

O cuidado de uma pessoa mais velha, mesmo sendo feito pelo cônjuge ou pelos filhos, é uma tarefa muito difícil. O bem-estar físico e psíquico dos cuidadores se ressente e seu nível de satisfação geral com a vida tende a diminuir (Vitaliano, Douhgerty e Siegler, 1994). Costuma haver mais esposas do que maridos exercendo o papel de cuidador do casal por duas razões principais: os homens costumam morrer antes do que as mulheres; a sociedade continua vendo a mulher no papel de "cuidadora".

Tradicionalmente, as funções de apoio nos casos de maior necessidade vinham sendo assumidas pelas famílias, mas, se considerarmos os fatores demográficos e familiares do momento atual, podemos ver que o potencial de cuidados de nossa sociedade está diminuindo: a família tradicional espanhola tende a ser menos freqüente e, com isso, seu sistema de valores e sua capacidade para enfrentar os problemas dos mais velhos. A tendência demográfica geral provoca a diminuição do potencial de cuidados da família e do número de possíveis cuidadores de cada família. Os casais adultos atuais enfrentam com mais freqüência o cuidado dos pais do que o dos filhos. Em um futuro imediato, as gerações intermediárias estarão sobrecarregadas, pois cuidarão de seus pais e filhos; além disso, haverá menos irmãos para compartilhar o cuidado dos pais (Vega, 1993). Serão necessários outros sistemas ou organizações que satisfaçam a inevitável necessidade de cuidar daqueles que já não podem cuidar de si mesmos.

NOTAS

1. Esses dados devem ser tomados como orientadores, dado que em quase 46,28% dos entrevistados não constava o estado civil. Os dados do INE de 1998 pertencem ao Censo de População de 1º de março de 1991. Esse Censo é uma operação estatística que se realiza a cada 10 anos e que permite conhecer, além da estrutura básica da população (sexo, idade, lugar de residência), outras características de caráter cultural, econômico e social de todos os habitantes do país referido a um período determinado.
2. EPA: Encuesta de Población Activa. Essa pesquisa agrupa a população em: Ativa (empregados e desempregados), Inativa e Serviço Militar. Na pesquisa de 1997, a população ativa na Espanha era de 16.121.000 pessoas. Dentro dela, a porcentagem de desempregados era de 20,8%, do qual 3,4% pertenciam a pessoas com mais de 65 anos.
3. A título de exemplo, o jornal *El País*, em sua edição do domingo 22 de novembro de 1998, publicou que a Telefônica apresentou um plano para pré-aposentar 9.300 trabalhadores com mais de 53 anos.

Referências bibliográficas

Adams, G. R., Bennion, L. y Huh, K. (1989). *Objective measure of ego identity status: a reference manual.* Documento não publicado.

Aguado, G. (1995). *El desarrollo del lenguaje de O a 3 años.* Madrid: CEPE.

Aguirre, C. (1995). *La adquisición de las categorías gramaticales en español.* Tese de doutorado não publicada. Universidad Autónoma de Madrid.

Ainsworth, M. D. S., Blehar, M. C., Waters, E., y Wall, S. (1978). *Patterns of attachment: a psychological study of the strange situation.* Hillsdalle, N. J.: L. Erlbaum.

Akiyama, H., Antonucci, T. C. y Campbell, R. (1990). Exchange and reciprocity among two generarions of Japanese and American women. En J. Sokolosvki (Ed.), *Cultural context of aging: worldwide perspectives* (p. 127-138). Westport, CT: Greenwood Press.

Albalá, M. J., Marrero, V. y Cappelli, G. (1996). Procesos fonológicos en dos niños de 2 a 6 años. En M. Pérez Pereira (Ed.), *Estudios sobre la adquisición del castellano, catalá, eusquera y gallego* (p. 87-102). Santiago de Compostela: Publicaciones de la USC.

Alfieri, T., Ruble, D. N. y Higgins, E., T. (1996). Gender stereotypes during adolescence: developmental changes and the transition to junior High School. *Developmental Psychology,* 32, 1129-1137.

Allport, G. W. (1937). *Personality: a psychological interpretation.* Nueva York: Holt, Rinehart y Winston (Ed. cast. *Psicología de la personalidad.* Buenos Aires: Paidós, 1974).

Antonucci, T. y Jackson, J. (1989). Successful ageing and life course reciprocity. En J. Warnes (Ed.), *Human ageing and later life* (p. 83-95). Londres: Edward Amold.

Aparici, M., Capdevila, M., Serra, M. y Serrat, E. (1996). Adquisición y desarrollo de la sintaxis: la oración compuesta. En M. Pérez Pereira (Ed.), *Estudios sobre la adquisición del castellano, catalá, eusquera y gallego* (p. 207-216). Santiago de Compostela: Publicaciones de la USC

Aparici, M., Díaz, G. y Cortés, M. (1996). El orden de adquisición de morfemas en catalán y castellano. En M. Pérez Pereira (Ed.), *Estudios sobre la adquisición del castellano, catalá, eusquera y gallego* (p. 165-174). Santiago de Compostela: Publicaciones de la USC.

Archer, S. L. (1989). Gender differences in identity development. *Journal of Adolescence, 12,*117-138.

Ariès, Ph. (1960). *L'enfant et la vie familiale sous l'Ancienne Régime.* Paris: Plon (Ed. cast.: *El niño y la vida familiar en el Antiguo Régimen.* Madrid: Taurus, 1987).

Ariès, Ph. (1986). La infancia. *Revista de educación,* 281,5-17.

Arnay, J. (1993). Las teorías implícitas infantiles sobre los seres vivos. En M. J. Rodrigo, A. Rodríguez y Marrero, J. (Eds.), *Las teorías implícitas. Una aproximación al conocimiento cotidiano* (p. 167-202). Madrid: Aprendizaje-Visor.

Arranz, E. y Olabarrieta, F. (1998). Las relaciones entre hermanos. En M. J. Rodrigo y J. Palacios (Coords.), *Familia y desarrollo humano* (p. 245-260). Madrid: Alianza Editorial.

Asher, S. R. y Parker, J. G. (1989), Significance of peer relationship problems in childhood. En B. H. Schneider, G. Attili, J. Nadel y R. Weissberg (Eds.), *Social competence in developmental perspective.* Dordrecht, Holanda: Klumer.

Aslin, R. N., Jusczyk, P. W. y Pisoni, D. B. (1998). Speech and auditor processing during infancy: constraints on and precursor to language. En D. Kuhn y R. S. Siegler (Eds.), *Cognition, perception and language* (p. 147-198). Vol. II de W. Damon (Ed.), *Handbook of child psychology.* Nueva York: Wiley.

Astington, J. W. (1993). *The child's discovery of the mind.* Cambridge, Ma.: Harvard University Press (Ed. cast.: *El descubrimiento infantil de la mente.* Madrid: Morata, 1998).

Atchley, R. C. (1985). *Social forces and aging.* Belmont: Wadsworth.

Auzias, M. (1975). *Enfants droitiers, enfants gauchers.* Neuchâtel-París: Delachaux-Niestlé (Ed. cast.: *Niños diestros, niños zurdos.* Madrid: Pablo del Río, 1977).

Avis, J. y Harris, P. (1991). Belief-desire reasoning among Baka children: evidence for a universal conception of mind. *Child Development,* 62, 460-467.

Baillargeon, R. (1993). The object concept revisited: new directions in the investigation of infants' physical knowledge. En C. E. Granrud (Ed.), *Visual perception and cognition in infancy* (p. 265-315). Hillsdale, NJ: Erlbaum.

Baillargeon, R. (1994). How do infants learn about the physical world? *Psychological Science,* 3, 133-140.

Baíllo, M. y Carretero, M. (1996). Desarrollo del razonamiento y cambio conceptual en la comprensión de la flotación. En M. Carretero (Ed.), *Construir y enseñar las ciencias experimentales* (p. 77-106). Buenos Aires: Aique.

Baltes, P. B. (1979). Life-span developmental psychology: some converging observations on history and theory. En P. B. Baltes y O. G. Brim (Eds.), *Life-span development and behavior* (vol. II, p. 255-279). Nueva York: Academic Press (Ed. cast.: Psicología evolutiva del ciclo vital: algunas observaciones convergentes sobre historia y teoría. En A. Marchesi, M. Carretero y J. Palacios (Comps.), *Psicología evolutiva. Vol. I: Teorías y métodos*, p. 243-263. Madrid: Alianza).

Baltes, P. B. (1987). Theoretical propositions of life-span developmental psychology: on the dynamics between growth and decline. *Developmental Psychology*, 23, 611-626.

Baltes, P. B. y Baltes, M. M. (1990). Psychological perspectives on successful aging: the model of selective optimization with compensation. En P. B. Baltes y M. M. Baltes (Eds.), *Successful aging: perspectives from the behavioral sciences* (p. 73-80). Cambridge: Cambridge University Press.

Baltes, P. B., Lindenberger, U. y Staudinger, U. M. (1998). Life-span theory in Developmental Psychology. En R. M. Lemer (Ed.), *Theoretical models of human development* (p. 1029-1143), volumen I de W. Damon (Ed.), *Handbook of child psychology*. Nueva York: Wiley.

Baltes, P. B., Reese, H. W. y Lipsitt, L. P. (1980). Life-span developmental psychology. *Annual Review of Psychology*, 31, 65-110.

Baltes, P. B. y Smith, J. (1990). The psychology of wisdom and its ontogenesis. En R. J. Stemberg (Ed.), *Wisdom: its nature, origins and development* (p. 87-120). Nueva York: Cambridge University Press.

Bandura, A. (1969). *Principles of behavior modification*. Nueva York: Holt, Rinehart y Winston (Ed. cast.: *Principios de modificación de conducta*. Salamanca: Sígueme).

Bandura, A. (1976). *Social learning theory*. Englewood Cliffs, NJ: Prentice Hall (Ed. cast.: *Teoría del aprendizaje social*. Madrid: Espasa Calpe, 1982).

Bandura, A. (1982). Self-efficacy mechanism in human agency. *American Psychologist*, 37,122-147.

Bandura, A. (1986). *Social foundations of thought and action*. Englewood Cliffs, NJ: Prentice Hall (Ed. cast.: *Pensamiento y acción. Fundamentos sociales*. Barcelona: Martínez Roca, 1987).

Bandura, A. y Walters, R. H. (1963). *Social learning and personality development*. Nueva York: Holt, Rinchart and Winston (Ed. cast.: *Aprendizaje social y desarrollo de la personalidad*. Madrid: Alianza Editorial, 1974).

Barber, B. L. y Lyons, J. M. (1994). Family processes and adolescent adjustment in intact and remarried families. *Journal of Youth and Adolescence*, 23, 421-436.

Barer, B. M. (1994). Men and women aging differently. *International Journal of Aging and Human Development*, 38, 29-40.

Baron-Cohen, S. (1994). How to build a baby that can read minds: cognitive mechanisms in mindreading. *Cahiers de Psychologie Cognitive*, 13, 1-40.

Barrett, M. (1986). Early semantic representations and early word-usage. En S. A. Kuczaj y M. Barrett (Eds.), *The development of word meaning* (p. 39-67). Nueva York: Springer-Verlag.

Barrett, M. (1995). Early lexical develomnet. En P. Fletcher y B. MacWhinney (Eds.), *The handbook of child language* (p. 362-391). Oxford: Blackwell.

Barrett, M. y Eames, K. (1996). Sequential developments in children's human figure drawing. *British Journal of Developmental Psychology*, 14, 219-236.

Bates, E. (1976). *Language and context*. Nueva York: Academic Press.

Bates, E., Camaioni, L. y Volterra, V. (1975). The acquisition of performatives prior to speech. *Merrill Palmer Quarterly*, 21, 205-226.

Bateson, M. C. (1971). The interpersonal context of infant vocalization. *Quarterly Progress Report of the Research Laboratory of Electronics*. 100. 170-176.

Baumrind, D. (1971). Current patterns of parental authority. *Developmental Psychology Monograph,4*, 1-103.

Belsky, J. e Isabella, R. (1988). Maternal, infant, and social-contextual determinants of attachment security. En J. Belsky y T. Nezworski (Eds.), *Clinical implications of attachment*.Hillsdalle, N. J.: L. Erlbaum.

Belsky, J., Rovine, M. y Taylor, D. G. (1984). The Pennsylvania infant and family development project, III: The origins of individual differences in infant-mother attachment: maternal and infant contributions. *Child Development*, 55, 718-728.

Bem, S. (1974). The measurement of psychological androginy, *Journal of Consulting and Clinical Psychology*, 42, 155-162.

Berk, L. E. (1998). *Child Development* (4ª ed.). Nueva York: Allyn y Bacon (Ed. cast.: *Desarrollo del niño y del adolescente*, 4ª edición. Madrid: Prentice Hall, 1999).

Berndt, T. J. (1989). Obtaning support from friends during childhood and adolescence. En D. Belle (Ed.), *Children's social networks and social supports* (p. 308-331). Nueva York: Wiley.

Berndt, T. J. (1996). Transitions in friendships and friends' influence. En J. A. Graber, J. Brook-Gunn y A. C. Petersen (Eds.), *Transitions through adolescence: interpersonal domains and context* (p. 57-84). Mahwah, NJ: L. Erlbaum.

Berman, R. A. y Slobin, D. I. (1994). *Relating events in narrative: a crosslinguistic developmental study*. Hillsdale, NJ: L. Erlbaum.

Berthental, B. I. y Clifton, R. K. (1998). Perception and action. En D. Kuhn y R. S. Siegler (Eds.), *Cognition, perception and language* (p. 51-102). Volumen II de W. Damon (Ed.), *Handbook of child psychology*. Nueva York: Wiley.

Berti, A. E. y Bombi, A. S. (1988). *The chid's construction of economics*. Cambridge, Ma.: Cambridge University Press.

Berzonsky, M. D. (1992). A process perspective on identity and stress management. En G. R. Adams, T. P. Gullotta y R. Montemayor (Eds.), *Adolescent identity formation* (p. 193-215), Newbury Park, CA: Sage.

Bird, G., y Melville, K. (1994). *Families and intimate relationships.* Nueva York: McGraw-Hill.

Birren, J. E. y Cunningham, W. R. (1985). Research on the psychology of aging: principles, concepts and theory. En J. E. Birren y K. W. Schaie (Eds.), *Handbook of aging* (p. 3-34). Nueva York: Van Nostrand Reinhold.

Birren, J. E. y Fisher, L. M. (1995). Aging and speed of behavior: possible consequences for psychological functioning. *Annual Review of Psychology,* 46, 329-353.

Birren, J. E. y Renner, J. V(1977). Research on the psychology of aging: principles and experimentation. En J. E. Birren y K. W Schaie (Eds.), *Handbook of aging* (p. 3-38).Nueva York: Van Nostrand Reinhold.

Blasi, A. (1980). Bridging moral cognition and moral action: a critical review of the literature. *Psychological Bulletin,* 88, 1-45 (Ed. cast.: Las relaciones entre el conocimiento moral y la acción moral: una revisión crítica de la literatura. En E. Turiel, I. Eneso y J. Linaza, comps., *El mundo social en la mente infantil,* p. 331-388. Madrid: Alianza editorial, 1989).

Blasi, A. (1983) Moral cognition and moral action: a theoretical perspective. *Developmental Review, 3,* 178-210.

Block, J. y Robins, M. (1993). A longitudinal study of continuity and change in self-esteem from early adolescence to early adulthood. *Child Development,* 64, 909-923.

Bloom, L. y Lahey, M. (1978). *Language development and language disorders.* Nueva York: Wiley.

Bloom, L., Lifter, K. y Hafitz, J. (1980). The semantics of verbs and the development of verb inflections in child language. *Language,* 56, 386-412.

Bloom, P. (1990). Syntactic distinctions in child language. *Journal of Child Language,* 17, 343-355.

Blos, P. (1962). *On adolescence. A psychoanalityc interpretation.* Nueva York: Free Press.

Boldizar, J. P. (1991). Assessing sex typing and androgyny in children: the children's sex role inventory. *Developmental Psychology,* 27,505-515.

Bolívar, A. (1998) *Educar en valores. Una educación de la ciudadanía.* Sevilla: Consejería de Educación, Junta de Andalucía.

Bomba, P. C. y Siqueland, E. R. (1983). The nature and structure of infant form categories. *Journal of Experimental Child Psychology,* 35, 294-328.

Borrego, C. (Ed.) (1992). *Curriculum y desarrollo socio-personal.* Sevilla: Alfar. Borrego, C. (1999). La educación socio-personal y moral: el lado interno de la educación global. *Investigación en la escuela,* 37, 85-98.

Bosch, L. (1983). Identificación de procesos fonológicos de simplificación en el habla infantil. *Revista de Logopedia, Foniatría y Audiología,* 3, 96-102.

Bosma, H. A. (1992). Identity in adolescence: managing commitments. En G. R. Adams, T. P. Gullotta y R. Montemayor (Eds.), *Adolescent identity formation* (p. 91-121), Newbury Park, CA: Sage.

Booth-Kewley, S. y Friedman, H. S. (1987). Psychological predictors of heart disease: a quantitative review. *Psychological Bulletin,* 101,343-362.

Bower, G. H., Black, J. B. y Turner, T. J. (1979). Script in memory for text. *Cognitive Psychology,* 11, 177-220.

Bowlby, J. (1969). *Attachment and loss. Vol. I: Attachment.* Londres: Hogart (Ed. cast.: *El vínculo afectivo.* Buenos Aires: Paidós, 1976).

Bromley, D. B. (1977). *The psychology of human aging.* Harmondsworth: Penguin.

Bronfrenbrenner, U. (1970). *Two worlds of childhood.* Nueva York: Sage.

Bronfenbrenner, U. (1979). *The ecology of human development.* Cambridge, Ma: Harvard University Press (Ed. cast.: *La ecología del desarrollo humano.* Barcelona: Paidós, 1987).

Bronfenbrenner, U. y Ceci, S. J. (1994). Nature-nurture reconceptualized in developmental perspective: a bioecological model. *Psychological Review,* 101, 568-586.

Bronfenbrenner, U. y Morris, P. A. (1998). The ecology of developmental processes. En R. M. Lerner (Ed.), *Theoretical models of human development* (p. 993-1028), volumen I de W. Damon (Ed.), *Handbook of child psychology.* Nueva York: Wiley.

Brown, B. B., Mory, M. y Kinney, D. (1994). Casting adolescence crowds in a relational perspective: caricature, channel, and context. En R. Montemayor, G. R. Adams y T. P. Gullotta (Eds.). *Personal relationships during adolescence* (p. 123-167). Thousand Oak, CA: Sage.

Brown, B. B., Dolcini, M. y Leventhal, A. (1997). Transformations in peer relationships at adolescence: implications for health-related behaviors. En J. Schulenberg, J. L. Maggs y K. Hurrelman (Eds.), *Health risk and developmental transitions during adolescence* (p. 161-189). Cambridge: Cambridge University Press.

Brown, R. (1973). *A first language.* Londres: George Allen y Unwin.

Bruner, J. S. (1973). Organization of early skilled action. *Child Development,* 44, 1-11.

Bruner, J. S. (1975). The ontogenesis of speech acts. *Journal of Child Language,* 2, 1-19.

Bruner, J. S. (1982) The formats of language acquisition. *American Journal of Semiotics,* 1, 1-16.

Bruner, J. S. (1983). *Child's talk.* Nueva York: Norton. (Ed. cast. *El habla del niño.* Barcelona: Paidós, 1986).

Bruner, J. S. (1998). Los fundamentos de las primeras atenciones humanas: los inicios. *Infancia y Aprendizaje,* 82, 119-127.

Bueno, B. y Delgado, A. (1996). Educación gerontológica para el ocio. En *I.* L., Vega (Ed.), *Educación de adultos I y II.* Salamanca: Ediciones de la Diputación.

Bueno, B., Vega, J. L. y Mañanes, J. (1999). Educación Gerontológica e instrucción. En J. Nicasio (Ed.), *De la psicología de la instrucción a las necesidades curriculares.* Barcelona: OikosTau.

Cain, K. M. y Dweck, C. S. (1995). The relation between motivational patterns and achievement cognitions through the elementary school years. *Merril-Palmer Quarterly,* 41, 25-52.

Cairns, R. B. (1998). The making of Developmental Psychology. En R. M. Lerner (Ed.), *Theoretical models of human development* (p. 25-105), volumen I de W. Damon (Ed.), *Handbook of child psychology.* Nueva York: Wiley.

Cairns, R. B., Cairns, B. D. y Neckerman, H. J. (1989), Early school dropout: configurations and determinants. *Child Development,* 60, 1437-1452.

Camaioni, L. (1993) The development of intentional communication. A re-analysis. En J. Nadel y L. Camaioni (Eds.) *New perspectives in early communication development* (p. 101-115). Londres: Routledge.

Camaioni, L., Volterra, V. y Bates, E. (1976). *La comunicazione nel primo anno di vita.* Torino: Boringhieri.

Camras, L. A. (1994). Two aspects of emotional development: expressions and elicitation. En P. Ekman y R. J. Davidson (Eds.), *The nature of emotion.* Oxford: Oxford University Press.

Carpenter, M., Nagel, K. y Tomasello, M. (1998). Social cognition, joint attention, and communicative competence from 9 to 15 months of age. *Monographs of the Society for Research in Child Development,* 63. Número de serie 2.

Carretero, M. (1985). El desarrollo cognitivo en la adolescencia y juventud: las operaciones formales. En M. Carretero, J. Palacios y A. Marchesi (Comps.), *Psicología evolutiva, Vol. 3: Adolescencia, madurez y senectud* (p. 37-93). Madrid: Alianza Editorial.

Carretero, M. y Voss, J. F. (Eds.) (1994). *Cognitive and instructional processes in history and social sciences.* Hillsdale, N. J.: L. Erlbaum.

Case, R. (1985). *Intellectual development.* Nueva York: Academic Press (Ed. cast.: *El desarrollo intelectual: del nacimiento a la edad madura.* Barcelona: Paidós, 1989).

Caspi, A. (1998). Personality development across the life course. En N. Eisenberg (Ed.), *Social, emotional and personality development* (p. 311-388), volumen III de W. Damon (Ed.), *Handbook of child psychology.* Nueva York: Wiley.

Caspi, A. y Moffit. T. E. (1991). Individual differences are accentuated during periods of social change: the sample case of girls at puberty. *Journal of Personality and Social Psychology,* 61, 157-168.

Caspi, A. y Silva, P. A. (1995). Temperamental qualities at age three predict personality traits in young adulthood: longitudinal evidence from birth cohort. *Child Development,* 66, 486-498.

Cassidy, J., Parke, R. D., Bukovsky, L. y Braungart, J. M. (1992). Family-peer connections: The roles of emotional expressiveness within the family and children's understanding of emotions. *Child Development,* 63, 603-618.

Catell, R. B. (1967). The *scientific analysis ofpersonality.* Chicago: Aldine.

Ceballos, E. y Rodrigo, M. J. (1998). Las metas y estrategias de socialización entre padres e hijos. En M. J. Rodrigo y J. Palacios (Coords.), *Familia y desarrollo humano* (p. 225-243). Madrid: Alianza.

Ceci, S. J. y Bruck, M. (1993). Suggestibility of the child witness: a historical review and synthesis. *Psychological Bulletin,* 113, 403-439.

Chao, R. K. (1994). Beyond parental control and authoritarin parenting style: understanding chinese parenting through the cultural notion of training. *Child Development,* 65, 1111-1119.

Chi, M. T. H. (1978). Knowledge structure and memory development. En R. Siegler (Ed.), *Children' s thinking: what develops?* (p. 73-96). Hillsdale, NJ: Erlbaum.

Chi, M. T. H, (1985). Changing conceptions of sources of memory development. *Human Development.* 28, 50-56.

Chi, M. T. H., y Ceci, S. J. (1987). Content knowledge: its role, representation, and restructuring in memory development. En H. W. Reese (Ed.), *Advances in child development and behavior* (vol. 20, p. 91-142). Orlando, FL: Academic Press.

Chomsky, C. (1969). *The acquisition of syntax in children from 5 to 10.* Cambridge: MIT Press.

Chomsky, N. (1975). *Reflections on language.* Nueva York: Pantheon Books (Ed. cast.: *Rejlexiones acerca del lenguaje.* México: Trillas, 1981).

CIS (1995). *Actitudes y conductas afectivas de los españoles.* Madrid: Centro de Investigaciones Sociológicas (estudio CIS 2.157, julio 1995).

Clark, E. V. (1973). What's in a word? On the child's acquisition of semantics in his first language. En T. E. Moore (Ed.), *Cognitive development and the acquisition of language* (p. 65-109). Nueva York: Academic Press.

Clark, E. V. (1993). *The lexicon in acquisition.* Cambridge: Cambridge University Press.

Clark, M. y Mills, J. (1993). The difference between communal and exchange relationships: what it is and is not. *Personality and Social Psychology Bulletin,* 19, 684-691.

Clifton, R., Perris, E. y Bullinger, A. (1991). Infants' perception of auditory space. *Developmental Psychology,* 27, 187-197.

Coie, J. D. (1990), Toward a theory of peer rejection. En S. R. Asher y J. D. Coie (Eds.), *Peer rejection in childhood* (pp. 365-401). Nueva York: Cambridge University Press.

Coie, J. D. y Dodge, K. A. (1998), Aggression and antisocial behavior. En Eisenberg (Ed.), *Social, emotional and personality development* (p. 779-862), volumen III de W Damon (Ed.), *Handbook of Child Psychology.* Nueva York: Wiley.

Coie, J. D., Dodge, K. A. y Kupersmidt, J. B. (1990), Peer group behavior and social status. En S. R. Asher y J. D. Coie (Eds.), *Peer rejection in chilhood* (p. 17-59). Nueva York: Cambridge University Press.

Coie, J. D., Dodge, K. A., Terry, R. y Wright, V (1991), The role of aggression in peer relations: an analysis of aggression episodes in boys' play groups. *Child Development,* 62,812-826.

Coie, J. D. y Krehbiehl, G. (1984), Effects of academic tutoring on the social status of low-achieving, socially rejected children. *Child Development,* 55,1465-1478.

Coleman, J. C. (1980). *The nature of adolescence.* Londres: Methuen (Ed. cast: *Psicología de la adolescencia.* Madrid: Morata, 1985).

Collins, W. A. (1997). Relationships and development during adolescence: interpersonal adaptation to individual change. *Personal Relationships,* 4, 1-14.

Collins, W. A. (1992). Parents' cognitions and developmental changes in relationships during adolescence. En I. Sigel, A. McGillicudy-DeLisi y J. J. Goodnow (Eds.), *Parenting belief systems* (2.8 ed., p. 175-199). Hillsdale, NJ: Lawrence Erlbaum Associates.

Condemarín, M. y Chadwick, M. (1990). *La enseñanza de la escritura. Bases teóricas y prácticas.* Madrid: Visor-Aprendizaje.

Conway, M. y Rubin, D. (1993). The structure of autobiographical memory. En A. F. Collins, S. E. Gathercole, M. A. Conway y P. E. Morris (Eds.), *Theories of memory.* Hillsdale, NJ: Erlbaum.

Coonolly, S. D., Paikoff, R. L. y Buchanan, C. M. (1996). Puberty: the interplay of biological and psychosocial processes in adolescence. En G. R. Adams, R. Montemayor y T. P. Gullotta (Eds.), *Psychosocial development during adolescence* (p. 259-299). Thousand Oak, CA: Sage.

Coopersmith, S. (1967). *The antecedents of self-esteem.* San Francisco: Freeman.

Corral, A. (1997). Las operaciones formales y post-formales en la vida adulta. En J. A. García Madruga y P. Pardo de León (Eds.), *Psicologia evolutiva,* Tomo II (p. 317-348). Madrid: UNED.

Corsaro, W. A. (1981). Friendship in the nursery school: social organization in a peer environment. En S. R. Asher y J. M. Gottman (Eds.), *The development of children's friendships* (p. 207-241). Nueva York: Cambridge University Press.

Corsaro, W. A. (1990). The underlife of the nursery school: young children's social representations of adult roles. En G. Duveen y B. Lloyd (Eds.), *Social representations and the development of knowledge* (p. 11-26). Cambridge: Cambridge University Press.

Corso, J. E (1987). Sensory-perceptual processes and aging. En K. W. Schaie (Ed.), *Annual review of gerontology and geriatrics* (vol. 7., p. 29-55). Nueva York: Springer.

Cortés, M. y Vila, I. (1991). Uso y función de las formas temporales en el habla infantil. *Infancia y Aprendizaje,* 53, 17-43.

Costa, P. T. y McCrae, R. R. (1989). Personality continuity and the changes of adult life. En M. Storandt y G. R. Vandenbos (Eds.), *The adult years: continuity and change.* Washington, DC: American Psychological Association.

Costanzo, P. R. y Shaw, M. E. (1966). Conformity as a function of age level, *Child Development,* 37, 967-975.

Coste. J. C. (1979). *Las 50 palabras clave de la psicomotricidad.* Barcelona: Editorial médica y técnica.

Cotè, J. E. (1996). Identity: a multidimensional analysis. En G. R. Adams, R. Montemayor y T. P. Gullotta (Eds.), *Psychosocial development during adolescence* (p. 130-180). Thousand Oak, CA: Sage.

Cowan, W. M. (1979). The development of the brain. *Scientific American,* 241, 106-117.

Crandell, C. C., Henoch, M. A. y Dunkerson, K. A. (1991). A review of speech perception and aging: some implications for aural rehabilitation. *Journal of the Academy of Rehabilitative Audiology,* 24,121-132.

Crick, N. R. y Grotpeter, J. K. (1995), Relational aggression, gender and socialpsychological adjustment. *Child Development,* 66, 710-722.

Cubero, R. (1989). *Cómo trabajar con las ideas de los alumnos.* Sevilla: Diada.

Daiute, C. (1993). *The development of literacy through social interaction.* New Directions for Child Development, 61. San Francisco: Jossey-Bass Publishers.

Damon, W. (1988). *The moral child. Nurturing children's moral growth.* Nueva York: The Free Press.

Damon, W. y Hart, D. (1992). Self-understanding and its role in social and moral development. En M. H. Bomstein y M. E. Lamb (Eds.), *Developmental Psychology: an advanced textbook* (3.B ed.). Hillsdale, NJ.: Erlbaum.

Darder, P. (1998). Las emociones y la educación. *Aula de innovación educativa,* 71, 7-9.

Darling, N. y Steinberg, L. (1993). Parenting style as a context: an integrative model. *Psychological Bulletin,* 113,487-496.

Delgado, M. (1994). *La fecundidad de las adolescentes.* Madrid: Centro de Investigaciones Sociológicas.

DeLisi, R. y Staudt, J. (1980). Individual differences in college student's performance on formal operations tasks. *Journal of Applied Developmental Psychology,* 1,201-208.

DeLoache, J. S. y Brown, A. L. (1983). Very young children's memory for the location of objects in a large-scale environment. *Child Development,* 54, 888-897.

DeLoache, J., Miller, K. F. y Pierroutsakos, S. L. (1998). Reasoning and problem solving. En D. Kuhn y R. S. Siegler (Eds.), *Cognition, perception and language* (p. 801-85), volumen II de W Damon (Ed.), *Handbook of child psychology.* Nueva York: Wiley.

DeLoache, J. S., Uttal, D. H. y Pierroutsakos, S. L. (1998). The development of early symbolization: educational implications. *Learning and Instruction,* 8, 325-340.

Del Río, M. J. y Grácia, M. (1996). Una aproximación al análisis de los intercambios comunicativos y lingüísticos entre niños pequeños y adultos. *Infancia y Aprendizaje,* 75, 3-20.

Delval, J. (1988). Sobre la historia del estudio del niño. *Infancia y Aprendizaje,* 44, 59-108.

Delval (1994). *El desarrollo humano.* Madrid: Siglo XXI.

DeMarie-Dreblow, D. y Miller, P. (1988). The development of children's strategies for selective attention: evidence for a transitional period. *Child Development*, 59. 1504-1513.

Demo, D. H. y Savin-Williams, R. C. (1992). Self-concept stability and change during adolescence. En R. P. Lipka y T. M. Brinthaupt (Eds.), *Self-perspectives across the life span* (p. 116-150). Albany, NY: State University of Nueva York Press.

De Wolf, M. S. y Van Ijzendoorn, M. H. (1997). Sensitivity and attachment: a meta-analysis on parental antecedents of infant attachment. *Child Development*, 68,571-591.

Diamond, A. (1995). Evidence of robust recognition memory in early life even when assessed by reaching behavior. *Journal of Experimental Child Behavior*; 59,419-156.

Diamond, A., Cruttenden, L. y Neiderman, D. (1994). A, not B with multiple wells: I. Why are multiple wells sometimes easier than two wells. 2. Memory or memory+inhibition? *Developmental Psychology*, 30, 192-205.

Díaz-Aguado, M. J. (1996) *Escuela y tolerancia*. Madrid: Pirámide. Dishion, T. J. (1990). The family ecology of boys' peer relations in middle childhood. *Child Development*, 61, 874-892.

Dodge, K. A. (1986), A social information processing model of social competence. En M. Perlmutter (Ed.), *Cognitive perspective on children's social and behavioral-development* (p. 77-125). Hillsdale, NJ: LEA.

Dodge, K. A., Coie, J. D., Petit, G. S. y Price, J. M. (1990), Peer status and aggression in boys' groups: developmental and contextual analyses. *Child Development*, 61, 1289-1309.

Dodge, K. A. y Somberg, D. R. (1987), Hostile attributional biases among aggressive boys are exacerbated under conditions of threats to the self. *Child Development*, 58,213-224.

Donaldson, M. (1978). *Children's minds*. Londres: Fontana. (Ed. cast.: *La mente de los niños*. Madrid: Morata, 1979).

Dromi, E. (1987). *Early lexical development*. Cambridge: Cambridge University Press.

Dubois, D. L., Bull, C. A., Sherman, M. D. y Roberts, M. (1998). Self-esteem and adjustment in early adolescence: a social-contextual perspective. *Journal of Youth and Adolescence*, 27, 557-584.

Dunn, J. (1987). The beginnings of moral understanding. En J. Kagan y S. Lamb (Eds.), *The emergence of morality in young children* (p. 91-111). Chicago: The University of Chicago Press.

Dunn, J. (1988). *The beginnings of social understanding*. Cambridge, Ma: Harvard University Press (Ed. cast.: *Los comienzos de la comprensión social*. Buenos Aires: Nueva Visión, 1993).

Dunn, J. y Kendrick, C. (1982), *Siblings: love, envy and understanding*. Cambridge, MA: Harvard University Press (Ed. cast.: *Hermanos y hermanas*. Madrid: Alianza Editorial, 1986).

Dunn, J. y Plomin, R. (1990). *Separate lives: why siblings are so different?* Nueva York: BasicBooks.

Dunphy, D. C. (1963). The social structure of urban adolescent groups. *Sociometry*, 26, 230-246.

Durkin, K. (1995), *Developmental social psychology: from infancy to old age*. Oxford, UK: Blackwell.

Dusek, J. B. (1996). Adolescent development and behavior (3.a ed.). Upper Saddle River, NJ: Prentice Hall.

Eccles, J. S., Lord, S. E., Roeser, R. W., Barber, B. L. y Hernández-Jozefowicz, D. M. (1997). The association of school transitions in early adolescence with developmental trajectories through High School. En J. Schulenberg, J. L. Maggs y K. Hurrelman (Eds.), *Health risk and developmental transitions during adolescence* (p. 283-319). Cambridge University Press.

Eccles, J. S., Midgley, C., Wigfield, A. Buchanan, C. M., Reuman, D., Flanagan, C. y MacIver, D. (1993). Development during adolescence: the impact of stage-environment fit on young adolescents' experiences in schools and in families. *America1i Psychologist*, 48, 90-101.

Eder, R. A. (1990). Uncovering young children's psychological selves: individual and developmental differences. *Child Development, 61,849-863.*

Eimas, P. D., Siqueland, E. R., Jusczyk, P. W. y Vigorito, J. (1971). Speech perception in infants. *Science, 171,* 303-306.

Eisenberg, N. (Ed.) (1989a). *Empathy and related emotional responses*. San Francisco: Jossey-Bass.

Eisenberg, N. (1989b). The development of prosocial values. En N. Eisenberg, J. Reykowski y E. Staub (Eds.), *Social and moral values. Individual and societal perspectives*. Hillsdale, N. J.: L. Erlbaum.

Eisenberg, N. (1991). Prosocial development in adolescence. En R. M. Lemer, A. C. Petersen y J. Brooks-Gunn (Eds.), *Encyclopedia of adolescence* (vol. 2). Nueva York: Garland.

Eisenberg, N. y Fabes, R. H. (1998), Prosocial development. En N. Eisenberg (Ed.), *Social, emotional and personality development* (p. 701-778), volumen III de W Damon (Ed.), *Handbook of child psychology*. Nueva York: Wiley.

Eisenberg, N., Lennon, R. y Roth, K. (1983). Prosocial development: a longitudinal study. *Developmental Psychology, 19,846-855.*

Eisenberg, N. y Mussen, P. (1989), *The roots of prosocial behavior in children*. Cambridge, UK: Cambridge University Press.

Elder, G. H. Jr. (1998). The life course and human development. En R. M. Lemer (Ed.), *Theoretical models of human development* (p. 939-991), volumen I de W Damon (Ed.), *Handbook of child psychology*. Nueva York: Wiley.

Elder, G. H. Jr. y Caspi, A. (1988). Human development and social change: an emerging perspective on the life-curse. En N. Bolger, A. Caspi, G. Downey y M. Moorehouse (Eds.), *Persons in context: developmental processes* (p. 77-113). Nueva York: Cambridge University Press.

Elicker, J., Englund, M. y Sroufe, L. A. (1992). Predicting peer competence and peer relationships in chidhood from early parent-child relationships. En R. Parker y G. Ladd (Eds.), *Family-peer relationships: Modes of linkage* (p. 77-106). Hillsdale, N. J.: Erlbaum.

Elkind, D. (1978). Understanding the young adolescent. *Adolescence, 13,* 127-134.

Elkind, D. (1985) Egocentrism redux. *Developmental Review* 5, 218-226.

Ellis, S., Rogoff, B. y Cromer, C. C. (1981). Age segregation in children's social interactions. *Developmental Psychology, 17,* 399-407.

Emler, N., Ohana, J. y Dickinson, J. (1990). Children's representations of social relations. En G. Duveen y B. Lloyd (Eds.), *Social representations and the development of knowledge* (p. 47-69). Cambridge: Cambridge University Press.

Erikson, E. H. (1963). *Childhood and society.* Nueva York: Norton (Ed. cast.: *Infancia y sociedad.* Buenos Aires: Paidós).

Erikson, E. (1968). *Identity, youth and crisis.* Nueva York: Norton (Ed. cast.: *Identidad, juventud y crisis.* Madrid: Taurus, 1980).

Erikson, E. H. (1980). *Identity and the life cycle.* Nueva York: Norton.

Eron, L. D. (1987). The development of aggresive behavior from the perspective of a developing behaviorism. *American Psychologist,* 42,435-442.

Escario, P. (1994). *Embarazo en adolescentes.* Madrid: Instituto de la Juventud.

Farrington, D. P. (1991). Childhood aggression and adult violence: early precursors and later-life outcomes. En D. J. Pepler y K. H. Rubin (Eds.), *The development and treatment of childhood aggression.* Hillsdale, NJ: Erlbaum.

Federico, R. (1979). *Sociology.* Reading: Addison-Wesley.

Feeney, J. A. y Noller, P. (1996). *Adult attachment.* Londres: Sage Publications.

Feingold, A. (1992). Sex differences in variability in intellectual abilities: a new look at an old controversy. *Review of Educational Research,* 62, 61-84.

Feingold, A. (1993). Cognitive gender differences: a developmental perspective. *SexRoles,* 29, 91-112.

Feldman, R. (1997). *Development across the life span.* New Jersey: Prentice-Hall.

Fernández, A. (1994). El aprendizaje de los morfemas verbales. Datos de un estudio longitudinal. En S. López Ornat, A. Fernández, P. Gallo y S. Mariscal, *La adquisición de la lengua española.* Madrid: Siglo XXI de España.

Fierro, A. (1994). Proposiciones y propuestas sobre el buen envejecer. En J. Buendía (Ed.), *Envejecimiento y psicología de la salud.* Madrid: Siglo XXI.

Fierro, A. (1996). *Manual de psicología de la personalidad.* Barcelona: Paidós.

Fierro, A. (1993). *Para una ciencia del sujeto. Investigación de la persona(lidad).* Barcelona: Anthropos.

Figley, C. R. (1973). Child density and the marital relationship. *Journal of Marriage and the Family,* 35,272-282.

Fivush, R. y Hamond, N. R. (1990). La memoria autobiográfica durante los años de prescolar: hacia una reconceptualización de la amnesia de la infancia. En R. Fivush y J. A. Hudson (Eds.), *Conocimiento y recuerdo en la infancia* (p. 243-270). Madrid: Aprendizaje Visor.

Flavell, J. H. (1977). *Cognitive Development.* Englewood Cliffs, NJ: Prentice Hall (Ed. cast.: *El desarrollo cognitivo.* Madrid: AprendizajeVisor, 1984).

Flavell, J. H. (1985). *Cognitive development* (2.a ed.). Englewood Cliffs, NJ: Prentice-Hall (Trad. cast.: *El desarrollo cognitivo.* Madrid: Aprendizaje/Visor, 1993).

Flavell, J. H., Beach, D. H. y Chinsky, J. M. (1966). Spontaneous verbal rehearsal in a memory task as a function of age. *Child Development,* 37,283-299.

Flavell, J. H., Green, F. L. y Flavell, E. R. (1989). Development of knowledge about the appearance-reality distinction. *Monographs of the Society for Research in Child Development, 51.* Número de serie 212.

Flavell, J. H. y Miller, P. H. (1998). Social cognition. En D. Kuhn, y R. S. Siegler (Eds.), *Cognition, perception and language* (p. 851-898). Vol. 11 de W. Damon (Ed.) *Handbook of Child Psychology.* Nueva York: Wiley.

Flavell, J. H., Miller, P. H. y Miller, S. A. (1993). *Cognitive development* (3ª edición). Englewood Cliffs, NJ: Prentice-Hall.

Fodor, J. A. (1983). *The modularity of mind.* Cambridge, Ma: MIT Press (Ed. cast.: *La modularidad de la mente.* Madrid: Morata, 1986).

Fogel, A. (1977). Temporal organization in mother-infant face-to-face interaction. En H. R. Schaffer *(Ed.)Studies in mother-infant interaction* (p. 119-151). Londres: Academic Press.

Freeman, N. H. (1980). *Strategies of representation in young children: analysis of spatial skills and drawing processes.* Londres: Academic Press.

Freeman, N. H. (1987). Current problems in the development of representational picture-produccion. *Archives de Psychologie,* 55, 127-152.

Freud, S. (1909). *Über psychoanalyse.* Londres: Imago (Gesammelte Werke, 1940-1952) (Ed. cast.: *Esquema del psicoanálisis,.* en las *Obras completas de Sigmund Freud.* Madrid: Biblioteca Nueva, 1958-1968).

Freud, S. (1938). *Abriss der psychoanalyse.* Londres: Imago (Gesammelte Werke, 1940-1952) (Ed. cast.: *Compendio del psicoanálisis,* en las *Obras completas de Sigmund Freud.* Madrid: Biblioteca Nueva, 1958-1968).

Frisch, R. E., Ootz-Welbergen, A. V, McArthur, J. W, Albright, T., Witschi, J., Bullen, B., Birnholz, J., Reed, R. B. y Hermann, H. (1981).Delayed menarche and amenorrhea of college athletes in relation to age of onset of training. *Journal of American Medical Association,* 246, 1559-1563.

Fromm, E. (1947). *Man for himself.* Nueva York: Rinehart (Ed. cast.: *Ética y psicoanálisis.* México: Fondo de Cultura Económica, 1957).

Fry, P. S. (1992). Major social theories of aging and their implications for counseling concepts and practice: a critical review. *Counseling Psychologist,* 20, 246-329.

Fuhrman, T. y Holmbeck, O. N. (1995). A contextual-moderator analysis of emotional autonomy and adjustment in adolescence. *Child Development,* 66, 793-811.

Furman, W. y Wehner, E. A. (1994). Romantic views: toward a theory of adolescenct romantic relationships. En R. Montemayor, O. R. Adams y T. P. Oullotta (Eds.), *Personal relationships during adolescence* (p. 168-195). Thousand Oaks, CA: Sage.

Galeote, M. A., Peraita, H. y Méndez, L. (1997). *Programa de intervención en adquisición del léxico en niños de educación infantil.* Madrid: UNED.

García Madruga, J. (1991). *Desarrollo y conocimiento.* Madrid: Siglo XXI.

García Madruga, I. A. y Corral, A. (1997). El pensamiento operatorio formal. En J. A. García,Madruga y P. Pardo de León (Eds.). *Psicologia evolutiva,* tomo II (p. 285-315). Madrid: UNED.

García Soto, X. R. (1996). *Érase unha vez un neno.* Santiago de Compostela: Sotelo Blanco.

Gardner, H. (1991). *The unschooled mind: how children think and how schools should teach.* Nueva York: Basic Books (Ed. cast. *La mente no escolarizada: cómo piensan los niños y cómo deberían enseñar las escuelas.* Barcelona: Paidós, 1993).

Garton, A. y Pratt, Ch. (1989). *Learning to be literate. The development of spoken and written language.* Oxford: Blackwell (Ed. cast.: *Aprendizaje y proceso de alfabetización. El desarrollo del lenguaje hablado y escrito.* Barcelona: Paidós/MEC, 1991).

Garvey, C. (1987). *El habla infantil.* Madrid: Morata.

Gauvain, M. y Rogoff, B. (1989). Collaborative problem solving and children's planning skills. *Developmental Psychology,* 25, 139-151.

Gecas, V y Burke, P. I. (1995). Self and identity. En K. S. Cook, O. A. Fine y J. S. House (Eds.), *Sociological perspectives on social psychology* (p. 41-67). Boston: Allyn y Bacon.

Gelman, R. y Gallistel, C. R. (1978). *The child's understanding of number:* Cambridge: Harvard University Press.

Gelman, S. y Markman, E: M. (1986). Categories and induction in young children. *Cognition,* 23, 183-209.

Gelman, R., y Shatz, M. (1978). Appropriate speech adjustments: The operation of conversational constraints on talk to two-year-olds. En M. Lewis y L. A. Rosenblum (Eds.), *Interaction, conversation, and the development of language* (p. 27-61). Nueva York: Wiley.

Gelman, S., Coley, J. D. Rosengren, K. S., Hartman, E. y Pappas, I. (1998). Beyond labeling. *Monographs of the Society for Research in Child Development,* 63. Número de serie 253.

Gentner, D. (1975). Evidence for the psychological reality of semantic components: The verbs of possession. En D. A. Norman y D. E. Rumelhart (Eds.), *Explorations in cognition* (p. 211-247). San Francisco: Freeman.

George, L. K. (1982). Models of transition in middle and later life. *Annals of the American Academy of Political and Social Science,* 464, 22-37.

Gilligan, C., Lyons, N. y Harnmer, T. I. (1990). *Making connections: the relational world of adolescent girls at the Emma Willard School.* Cambridge, MA: Harvard University Press.

Gilligan, C. (1982). *In a different voice: psychological theory and women's development,* Cambridge, MA: Harvard University press.

Gleitman, L. (1990). The structural sources of verb meanings. *Language Acquisition,* 1, 3-56.

Goldberg, W. A. y Easterbrooks, M. A. (1984). The role of marital quality in toddler development. *Developmental Psychology,* 20, 504-514.

Goldscheider, F. K. (1994). Divorce and remarriage: effects on the eldery population. *Reviews in Clinical Gerontology,* 4, 253-259.

Gómez, I. C. (1990). The emergence of intentional communication as a problem-solving strategy in the gorilla. En S. T. Parker y K. R. Gibson (Eds.) *Language and intelligence in animals: developmental perspectives* (p. 333-355). Cambridge: Cambridge University Press.

Gómez, J. C. y Núñez, M. (1998). Introducción. La mente social y la mente fisica: desarrollo y dominios de conocimiento. *Infancia y Aprendizaje,* 84, 5-32.

González, M. M. y Padilla, M. L. (1984). *Prueba para el estudio del razonamiento moral prosocial (Historias).* Documento interno del Departamento de Psicología Evolutiva y de la Educación. Universidad de Sevilla. No publicado.

Good, T. L. y Brophy, J. E. (1994). *Looking in classrooms* (6ª ed.). Nueva York: Harper Collins.

Goodnow, I. (1977). *Children's drawings.* Cambridge, Mass.: Harvard University Press (Ed. cast.: *El dibujo infantil.* Madrid: Morata, 1979).

Gottlieb, G. (1991). Experiential canalization of behavioral development: theory. *Developmental Psychology,* 27, 4-13.

Gould, R. (1978). *Transformations: growth and change in adult life.* Nueva York: Simon y Schuster.

Graber, J. A., Petersen, A. C. y Brooks-Gunn, I. (1996). Pubertal processes: methods, measures, and models. En J. A. Graber, J. Brook-Gunn y A. C. Petersen (Eds.), *Transitions through adolescence: interpersonal domains and context* (p. 23-53). Mahwah, NJ: L. Erlbaum.

Grossmann, K., Grossmann, K. E., Spangler, S., Suess, G. y Unzner, L. (1985). Maternal sensitivity and newborn responses as related to quality of attachment in Northern Germany. En I. Bretherton y E. Waters, Growing points of attachment theory. *Monographs ofthe Society for Research in Child Development,* 50, 1-2. Número de serie 209.

Grotevant, H. D. (1992). Assigned and chosen identity components: a process perspective on their integration. En G. R. Adams, T. P. Gullotta y R. Montemayor (Eds.), *Adolescent identity formation* (p. 73-90), Newbury Park, CA: Sage.

Grotevant, H. D. y Adams, G. R. (1984). Development of an objective measure to assess ego identity in adolescence: validation and replication. *Journal of Youth and Adolescence,* 13,419-438.

Grusec, J. E. y Goodnow, J. J. (1994). The impact of parental discipline methods on the child's internalization of values: a reconceptualization of current points of view. *Developmental Psychology,* 30,4-19.

Guifford, R. (1997). *Environmental psychology*. Boston; Allyn and Bacon.

Hagestead, G. O. (1990). Social perspectives on the lifecourse. En R. H. Binstock y L. K. George (Eds.), *Handbook of aging and the social sciences* (p. 151-168). Nueva York: Academic Press.

Haith, M. M. y Benson, J. B. (1998). Infant cognition. En D. Kuhn y R. S. Siegler (Eds.), *Cognition, perception and language* (p. 199-254), volumen II de W. Damon (Ed.), *Handbook of child psychology*. Nueva York: Wiley.

Halford, G., y McCredden, J. E. (1998). Cognitive science questions for cognitive development: the concepts of learning, analogy, and capacity. *Learning and Instruction,* 8, 289-308.

Harding, C. G. (1982). Development of the intention to communicate. *Human Development,25,* 140-151.

Harding, C. G. y Golinkoff, R. M. (1979). The origins of intentional vocalizations in prelinguistic infants. *Child Development,* 50, 33-40.

Harris, P. L. (1989). *Children and emotion*. Oxford: Blackwell (Ed. cast.: *Los niños y las emociones*. Madrid: Alianza Editorial, 1992).

Harris, P. (1991). The work of the imagination. En A. White (Ed.), *Natural theories of mind*. Oxford: Basil Blackwell.

Harter, S. (1983). Developmental perspectives on the self-system. En E. M. Hetherington (Ed.), *Socialization, personality and social development* (p. 275-385), vol. IV de P. H. Mussen (Ed.), *Handbook of child development*. Nueva York: Wiley.

Harter, S. (1998). The development of self-representations. En N. Eisenberg (Ed.), *Social, emotional and personality development* (p. 553-617), Vol. III de W. Damon (Ed.), *Handbook of child psychology*.

Harter, S. y Budding, B. (1987). Children's understanding of the simultaneity of two emotions: a five-stage developmental acquisition sequence. *Developmetal Psychology,* 23,388-399.

Harter, S., Marold, D. B., Whitesell, N. R. y Cobbs, G. (1996). A model of the effects of perceived parent and peert support on adolescent false self behavior. *Child Development,* 67, 360-374.

Harter, S. y Pike, R. (1984). The Pictorial Scale of Perceived Competence and Social Acceptance for Young Children. *Child Development,* 55, 1969-1982.

Hartnett, P. y Gelman, R. (1998). Early understanding of numbers: paths or barriers to the construction of new understandings? *Learning and Instruction,* 8, 341-374.

Hartup, W. W. (1983). Peer relations. En E. M. Hetherington (Ed.), *Socialization, Personality and Social Development* (p. 103-196), vol. 4 de P. Mussen (Ed.), *Handbook of Child Psychology*. Nueva York: Wiley.

Hartup, W. W. (1989). Social relationships and their developmental significance. *American Psychologist,* 44,120-126.

Hartup, W. W. (1992a). Friendships and their developmental significance. En H. McGurk (Ed.), *Childhood social development. Contemporary perspectives* (p. 175-205). Hillsdale, NJ: LEA.

Hartup, W. W (1992b). Peer relations in early and middle childhood. En V. B. Van Hasselt y M. Hersen (Eds.), *Handbook of social development. A life-span perspective* (p. 257-281). Nueva York: Plenum Press.

Hartup, W. W. (1993). Adolescents and their friends. En B. Laursen (Ed.), *New directions for child development: close friendships in adolescence* (p. 3-22). San Francisco: Jossey-Bass.

Hartup, W. W. (1996). Cooperation, close relationships, and cognitie development. En W. M. Bukowski, A. F. Newcomb y W. W. Hartup (Eds.), *The company they keep. Friendship in childhood and adolescence* (p. 213-237). Cambridge, UK: Cambridge University Press.

Hartup, W W., Laursen, B., Stewart, M. I. y Eastenson, A. (1988). Conflict and the friendship relations of young children. *Child Development,* 59, 1590-1699.

Havighurst, R. J. (1972). *Developmental tasks and education*. Nueva York: David McKay.

Haviland, J. M. y Lelwica, M. (1987). The induced affect response: 10-week-old infant' responses to three emotional expressions. *Developmental Psychology,* 23, 97-104.

Heinemann, G. D., y Evans, P. L. (1990). Widowhood: loss, change and adaptation. En T. H. Brubaker (Ed.), *Family relationship in later life*. Newbury Park, CA: Sage.

Henry, L. A. y Millar, S. (1993). Why does memory span improve with age? A review of the evidence for two current hypotheses. *European Journal of Cognitive Psychology,* 5,241-287.

Hernández-Pina, F. (1984). *Teorías psicosociolingüísticas y su aplicación a la adquisición del español como lengua materna*. Madrid: Siglo XXI de España editores.

Hernández, M., Castellet, J., García, M., Narvaiza, J. L., Rincón, J. M., Ruiz, I., Sánchez, E., Sobradillo, B. y Zurimendi, A. (1988). *Estudio longitudinal del crecimiento de 0 a 14 años*. Madrid: Fundación F. Orbegozo.

Herold, E. S. y Marshall, S. K. (1996). Adolescent sexual development. En G. R. Adams, R. Montemayor y T. P. Gullotta (Eds.), *Psychosocial development during adolescence* (p. 12-61). Thousand Oak, CA: Sage.

Hetherington, E. M. (1989). Coping with family transitions: winners, losers and survivors. *Child Development,* 60, 1-14.

Heyman, G. D., Dweck, C. S. y Cain, K. M. (1992). Young children's vulnerability to self-blame and helplessness: relationship to beliefs about goodness. *Child Development.* 63.401-415.,

Hidalgo, v: y Palacios, J. (1990). Desarrollo de la personalidad de los 6 a los 12 años. En J. Palacios, A. Marchesi y C. Coll (Comps.), *Desarrollo psicológico y educación, I. Psicología Evolutiva* (p. 277-284). Madrid: Alianza.

Hirschfeld, L. A. y Gelman, S. A. (1994). *Mapping the mind. Domain specificity in cognition and culture. Cambridge:* Cambridge University Press.

Hobson, P. (1991). Against the theory of "theory of mind". *British Journal of Developmental Psychology;* 9, 33-51.

Hoffner, C. y Badzinski, D. M. (1989). Children's integration of facial and situational cues to emotion. *Child Development,* 60, 411-422.

Holliday, S. G. y Chandler, M. J. (1986). *Wisdom: explorations in human competence.* Nueva York: Karger.

Holmbeck, G. N. (1996). A model of family relational transformations during the transition to adolescence: parent-adolescent conflict and adaptation. En J. A. Graber, J. Brooks-Gunn y A. C. Petersen (Eds.), *Transitions through adolescence: interpersonal domains and context* (p. 167-200). Mahwah, NJ: Lawrence Erlbaum Associates.

Holmbeck, G. N., Paikoff, R. L. y Brooks-Gunn, J. (1995). Parenting adolescents. En M. H. Borstein (Ed.), *Handbook of Parenting, vol I. Children and parenting* (p. 91-118). Mahwah, NJ: Lawrence Erlbaum Associates.

Horn, J. L. (1976). On the myth of intellectual decline in adulthood. *American Psychologist, 31,*701-719.

Howe, N. y Ross, H. S. (1990), Socialization, perspective-taking and the sibling relationship. *Developmental Psychology,* 26, 160-165.

Howes, C. (1987). Social competence with peers in young children: developmental sequences. *Developmental Review,* 7, 252-272.

Howes, C. (1988). Peer relations in young children. *Monographs of the Society for Research in Child Development,* 53. Número de serie 217.

Howes, C. (1989). Friendships in very young children: definition and functions (Conversation Summary). En B. H. Schneider, G. Attili, J. Nadel y R. P. Weinsberg (Eds.), *Social competence in developmental perspective* (p. 127-129). Dordrecht, Holanda: Kluwer.

Howes, C. y Matheson, C. C. (1992). Sequences in the development of competent play with peers: social and social-pretend play. *Developmental Psychology,* 28, 961-974.

Humphreys, A. P. y Smith. P. K. (1987). Rough and tumble, friendship, and dominance in school-children: evidence for continuity and change with age. *Child Development,* 58,201-212.

Hyde, J. S. (1984). How large are gender differences in aggression? A developmental meta-analysis. *Developmental Psychology,* 20, 722-736.

Hyde, J. S. (1994). *Understanding human sexuality* (5.a ed.). Nueva York: McGraw-Hill.

Hymel, S. (1986), Interpretations of peer behavior: affective bias in childhood and adolescence. *Child Development,* 57, 431-445.

Hymel, S., Wagner, E. y Butler, LL. (1990). Reputational bias: view from the peer group. En S. R. Asher y J. D. Coie (Eds.), *Peer rejection in childhood* (p. 156-186). Nueva York: Cambridge University Press.

INE (1998). *España en cifras, 1998.* Madrid: Instituto Nacional de Estadística.

INE (1998). *Avance del censo de población de 1991.* Madrid: INE.

Inhelder, B. y Piaget, J. (1955). *De la logique de l' enfant a la logique de l'adolescent.* Paris: P. U. F. (Ed. cast.: *De la lógica del niño a la lógica del adolescente.* Buenos Aires, Paidós, 1972).

Istomina, Z. M. (1975). The development of voluntary memory in preschool-age children. *Soviet Psychology,* 13, 5-64.

Jacob, F. (1970). *La logique du vivant.* París: Gallimard (Ed. cast.: *La lógica de lo viviente.* Barcelona: Laia, 1973)

Jacobs, G. y Potenza, M. (1991). The use of judgement heuristics to make social and object decisions: a developmental perspective. *Child Development,* 62, 166-178.

Jerrome, D. (1991). Social bonds in later life. *Review in Clinical Gerontology,* 1, 297-306.

Jiménez, J. (1997). Infancia y maltrato: una perspectiva histórica. *Apuntes de psicología,* 51, 37-49.

Johnson, M. H. (1998). The neural basis of cognitive development. En D. Kuhn y R. S. Siegler (Eds.), *Cognition, perception and language* (p. 1-49), volumen II de W. Damon (Ed.), *Handbook of child psychology.* Nueva York: Wiley.

Jones, R. M. (1992). Ego identity and adolescent problem behavior. En G. R. Adams, T. P. aullotta y R. Montemayor (Eds.), *Adolescent identity formation* (p. 216-233). Newbury Park, CA: Sage.

Jusczyk, P. W. (1997). *The discovery of spoken language.* Cambridge, MA: MIT. Press.

Kagan, J. (1980). Perspectives on continuity. En O. Brim y J. Kagan (Eds.), *Continuity and change in human development* (p. 26-74). Cambrige, Mass.: Harvard University Press.

Kahn, P. H., Jr. (1997) Bayous and jungle rivers: Cross-cultural perspectives on children's environmental moral reasoning. En H. D. Saltzstein (Ed.), Culture as a context for moral development: New perspectives on the particular and the universal. *New Directions for Child Development,* 76. San Francisco: Jossey-Bass.

Kahn, P.H., Jr. y Friedman, B. (1995) Environmental views and values of children in an inner-city black community. *Child Development,* 66, 1403-1417.

Kail, R. (1991). Developmental changes in speed of processing during childhood and adolescence. *Psychological Bulletin,* 109, 490-50 I.

Kalliopuska, M. (1994). Relations of retired people and their grandchildren. *Psychological Reports,* 75,1083-1088.

Karmiloff-Smith, A. e Inhelder, B. (1974). If you want to go ahead, get a theory, *Cognition,*3, 195-212 (Ed. cast. Si quieres avanzar, hazte con una teoría. En M. Carretero y J. A. García Madruga, *Lecturas de psicología del pensamiento.* Madrid: Alianza 1984).

Karmiloff-Smith, A. (1992). *Beyond modularity: a developmental perspective on cognitive science.* Cambridge, Massachusetts: MIT Press (Ed. cast.: *Más allá de la modularidad.* Madrid: Alianza, 1994).

Katz, N., Baker, E. y MacMamara, J. (1974). What's in a name? A study of how children learn common and proper names. *Child Development,* 65,469-473.

Kaye, K. (1979). Thickening thin data: the maternal role in developing communication and language. En M. Bullowa (Ed.), *Before spech: the beginning of interpersonal communication* (p. 89-117). Cambridge: Cambridge University Press.

Kellman, P. J. y Banks, M. S. (1998). Infant visual perception. En D. Kuhn y R. S. Siegler (Eds.), *Cognition, perception and language* (p. 103-146), vol. II de W. Damon (Ed.), *Handbook of child psychology.* Nueva York: Wiley.

Kerns, K. A. (1996). Individual differences in friendship quality: links to childmother attachment. En W. M. Bukowski, A. F. Newcomb y W. W. Hartup (Eds.), *The company they keep. Friendship in childhood and adolescence* (p. 137-157). Cambridge, UK: Cambridge University Press.

Kerns, K. A. y Berenbaum, S. A. (1991). Sex differences in spatial ability in children. *Behavior Genetics, 21,* 383-396.

Klahr, D. (1992). Information processing approaches to cognitive development. En M. H. Bomstein y M. E. Lamb *(Eds.), Developmental psychology: an advanced textbook* (3ª ed.). Hillsdale, NJ: Erlbaum.

Kochanska, G. (1994). Beyond cognition: expanding the search for the early roots of intemalization and conscience. *Developmental Psychology,* 30, 20-22.

Kohlberg, L. (1976). Moral stages and moralization: the cognitive developmental approach. En T. Lickona (Ed.), *Moral development and behavior: theory, research and social issues.* Nueva York: Holt, Rinehart and Winston (Ed. cast.: Estadios morales y moralización. El enfoque cognitivo-evolutivo. *Infancia y Aprendizaje, 18,* 1982, 33-51,).

Krappman, L. (1996). Amicitia, drujba, shin-yu, philia, freundschaft, friendship: on the cultural diversity of a human relationship. En W. M. Bukowski, A. F. Newcomb y W. W. Hartup (Eds.), *The company they keep. Friendship in childhood and adolescence* (p. 19-40). Cambridge, UK: Cambridge University Press.

Kroger, J (1993). Ego identity: an overview. En J. Kroger (Ed.), *Discussions on ego identity.* Hillsdale, NJ: L. Erlbaum.

Kübler-Ross, E. (1969). *On death and dying.* Nueva York: MacMillan (Ed. cast.: *Sobre la muerte y los moribundos.* Madrid: Grijalbo, 1975).

Kuhn, D., Amsel, E. y O'Laughlin, M. (Eds.) (1988). *The development of scientific thinking skills.* San Diego: Academic Press.

Kupersmith, J. B., Coie, J. D. y Dodge, K. A. (1990). The role of poor peer relationships in the development of disorder. En S. R. Asher y J. D. Coie (Eds.), *Peer rejection in childhood* (p. 274-305). Nueva York: Cambridge University Press.

Lacasa, P. (1995). Planificación e improvisación. Tema monográfico. *Infancia y Aprendizaje,* 69-70, 101-202.

Lachman, M. A. (1982). Personality and aging at the crossroads: beyond stability and change. En K. W Schaie y C. Schooler (Eds.), *Social structure and aging: psychological processes.* Hillsdale, N. J.: L. Erlbaum.

Lacombe, A. C. y Gay, J. (1998). The role of gender in adolescent identity and intimacy decisions. *Journal of Youth and Adolescence,* 27,795-802.

Ladd, G. W. y Golter, B. S. (1988). Parents' management of preschoolers' peer relations: is it related to children's social competence?. *Developmental Psychology,24,* 109-117.

LaFreniere, P., Strayer, F. F. y Gaulthier, R. (1984). The emergence of same-sex affiliative preferences among preschool peers: a developmental/etiological perspective. *Child Development,* 55,1958-1965.

Lambom, S. D., Mounts, N. S., Steinberg, NL. y Dombush, S. M. (1991). Pattern of competence and adjustment among adolescents from authoritative, authoritarian, indulgent and neglectful families. *Child Development,* 62, 1049-1065.

Lamborn, S. D. y Steinberg, L. D. (1993). Emotional autonomy redux: revisiting Ryan and Lynch. *Child Development,* 64,483-499.

Landau, B. y Gleitman, L. (1985). *Language and experience. Evidence from the blind.* Cambridge: Harvard University Press.

Langlois, J. H., Roggman, L. A. y Rieser-Danner, L. A. (1990). Infants' differential social responses to attractive and unattractive faces. *Developmental Psychology,* 26, 153-159.

Larson, R. y Richards, M. H. (1994). *Divergent realities: the emotional lives of fathers, mothers, and adolescents.* Nueva York: Basic Books.

Laupa, M. y Turiel, E. (1993). Children's concept of authority and social contexts. *Journal of Educational Psychology,* 85, 191-197.

Laursen, B., Coy, K. C. y Collins, W A. (1998). Reconsidering changes in parentchild conflict across adolescence: a meta-analysis. *Child Development,* 69, 817-832.

Laursen, B., Hartup, W W. y Koplas, A. L. (1996). Towards understanding peer conflict. *Merrill-Palmer Quarterly,* 42, 76-102.

León, J. A. y Carretero, M. (1990). Pespectivas en el estudio del desarrollo cognitivo durante la vida adulta. En J. A. García Madruga y P. Lacasa (Comps.), *Psicología Evolutiva,* tomo I (p. 494-523). Madrid: UNED.

Lerner, R. M. (1984). *On the nature of human plasticity.* Cambridge: Cambridge University Press.

Levinson, D. (1978). *The seasons of a man's life.* Nueva York: Knopf.

Levitt, M. J., Weber, R. A., Clark, M. C. y McDonnell, P. (1985). Reciprocity of exchange in toddler sharing: a developmental analysis. *Genetic Psychological Monographs,* 101,215-230.

Lewis, M. y Brooks-Gunn, J. (1979). *Social cognition and the acquisition of self.* Nueva York: Plenum.

Lieberman, A. F., Weston, D. R. y Pawl, J. H. (1991). Preventive intervention and outcome with anxiously attached dyads. *Child Development,* 62, 199-209.

Lieven, E.V. M., Pine, J. M. y Baldwin, G. (1997). Lexically-based learning and early grammatical development. *Journal of Child Language,* 24, 187-219.

Linaza, J. L. (1997). Juego y desarrollo infantil. En J. A. García-Madruga y P. Pardo de León (Comps.), Psicología Evolutiva (vol 2, p. 57-83). Madrid: UNED.

Loevinger, J. (1976). *Ego development: conceptions and theories.* San Francisco: Jossey-Bass.

López, F. (1998). Evolución de los vínculos de apego en las relaciones familiares. En M. J. Rodrigo y J. Palacios (Coords.), *Familia y desarrollo humano* (p. 117-139). Madrid: Alianza Editorial.

López, F., Apodaka, P, Eceiza, A, Etxebarria, I., Fuentes, M. J., Ortiz, M. J. (1994), *La conducta altruista. Teoría, investigación e intervención educativa.* Estella, Navarra: Verbo Divino.

López, F y Olazábal, J. C. (1998). *Sexualidad en la vejez.* Madrid: Pirámide.

López Ornat, S. (1997). What lies in between a pre-grammatical and a grammatical representation? Evidence on nominal and verbal form-function mappings in Spanish from 1;7 to 2;1. En A. T. Pérez-Leroux y W. R. Glass (Eds.), *Contemporary perspectives on the acquisition of Spanish. Volume 1: developing grammars* (p. 3-20). Somerville: Cascadilla Prees.

López Manjón, A. y Carretero, M. (1996). Teorías intuitivas sobre la gripe, el catarro y el sida y educación para la salud. En M. Carretero, *Construir y enseñar las ciencias experimentales* (p. 173-207). Buenos Aires: Aique.

Lorenz. K. Z. (1952). *King Solomon's ring.* Nueva York: Crowell.

Luque, A. y Palacios, J. (1990). Inteligencia sensorio-motora. En J. Palacios, A. Marchesi y C. Coll (Comps.). *Desarrollo psicológico y educación. Vol. I: Psicología Evolutiva* (l.a edición) (p. 69-84). Madrid: Alianza Editorial.

Luquet, G. H. (1927). *Le dessin enfantin.* Paris: Alcan (Ed. cast.: *El dibujo infantil.* Barcelona: A. Redondo, 1973).

Lytton, H. y Romney, D. M. (1991). Parents' sex-related differential socialization of boys and girls: a meta-analysis. *Psychological Bulletin,* 109, 267-296.

Maccoby, E. E. (1988). Gender as a social category. *Developmental Psychology,* 24, 755-765.

Maccoby, E. E. (1990). Gender and relationships: a developmental account. *American Psychologist,* 45, 513-521.

Maccoby, E. E. y Jacklin, C. N. (1974). *The psychology of sex differences.* Stanford, CA: Stanford University Press.

Maccoby, E. E. y Martin, J. A. (1983). Socialization in the context of the family: parent-child interactions. En E. M. Hetherington (Ed.), *Socialization, personality and social development,* vol. IV de P. H. Mussen (Ed.), *Handbook of child development.* Nueva York: Wiley.

MacWhinney, B., Leinbach, J., Taraban, R. y McDonald, J. L. (1989). Language learning: cues or roles? *Journal of Memory and language,* 28, 255-277.

Magnusson, D. y Stattin, H. (1998). Person-context interaction theories. En R. M. Lerner (Ed.), *Theoretical models of human development* (p. 685-759), volumen I de W. Damon (Ed.), *Handbook of child psychology.* Nueva York: Wiley.

Main, M. y Goldwyn, R. (1984). Predicting rejection of her infant from mother's representation of her own experience: implications for the abused-abusing intergenerational cycle. *Child Abuse and Neglect,* 8, 203-217.

Mandler, J. M. (1998). Representation. En D. Kuhn y R. S. Siegler (Eds.), *Cognition, perception and language* (p. 255-308), vol. II de W. Damon (Ed.), *Handbook of child psychology.* Nueva York: Wiley.

Manning, M. (1983). La agresión en la infancia. En H. R. Schaffer (Ed.), *Nuevas perspectivas en psicología del desarrollo en lengua inglesa.* Monografia de *Infanciay Aprendizaje,* 3, 103-140.

Marchesi, A. (1984). El desarrollo de la memoria. En J. Palacios, A. Marchesi, y M. Carretero (Eds.), *Psicología Evolutiva, vol. 2: Desarrollo cognitivo y social del niño* (p. 251-282). Madrid: Alianza Editorial.

Marcia, J. (1966); Development and validation of ego-identity statuses. *Journal of Personality and Social Psychology,* 3, 551-558.

Mariscal, S. (1997). *El proceso de gramaticalización de las categorías gramaticales en español.* Tese de doutorado não publicada. Madrid: Universidad Autónoma de Madrid.

Markman, E. M. (1994). Constraints on word meaning in early language acquisition. En L. Gleitman y B. Landau (Eds.), *The acquisition of the lexicon* (p. 199-227). Cambridge, MA: The MIT. Press.

Markstrom-Adams, C. (1992). A consideration of intervening factors in adolescence identity formation. En G. R. Adams, T. P. Gullotta y R. Montemayor (Eds.), *Adolescent identity formation* (p. 173-192), Newbury Park, CA: Sage.

Martí, E. (1995). Metacognición: entre la fascinación y el desencanto. *Infancia y Aprendizaje,* 72, 9-32.

Martí, E. (1997). *Construir una mente.* Barcelona: Paidós.

Martí, E., Teberosky, A. y Garcia-Mila, M. (1999). Desarrollo de las notaciones como memoria externa. Comunicación presentada en las *I Jornadas sobre memoria.* Barcelona, 12-14 de marzo.

Martin, C. L. (1993). New directions for investigating children's gender knowledge. *Developmental Review,* 13, 184-204.

Martín, M. y Velarde, O. (1996). *Informe juventud en España.* Madrid: Ministerio de Asuntos Sociales.

Martínez, M. y Buxarrais, M. R. (1998). La necesidad de educar en valores en la escuela. *Aula de innovación educativa,* 70, 37-40.

Maslow, A. H. (1968). *Towards a psychology of being.* Princeton, NJ Van Nostrand (Ed. cast. *El hombre autorrealizado.* Barcelona: Kairós, 1976).

McCall, R. B. (1981). Nature-nurture and the two realms of development: a proposed integration with respect to mental development. *Child Development,* 52, 1-12.

McCrae, R. R. y Costa, P. T. (1990). *Personality in adulthood.* Nueva York: Guilford.

McDonald, *I.* (1995). Learning aptitude in later life. En F. Glendenning e I. Stuart-Hamilton (Eds.), *Learning and cognition in later life.* Aldershot: Arena.

McGurk, H. (1972). Infant discrimination of orientation. *Journal of Experimental Child Psychology,* 14,151-164.

McHale, S., Crouter, A., McGuire, S. H. y Urdergraff, K. A. (1995), Congruence between mother's and father's differential treatment of siblings: links with family relations and children's well-being. *Child Development,* 66, 116-128.

Mead, M. (1928). *Coming of age in Samoa.* Nueva York: Marrow (Ed. cast.: *Adolescencia y cultura en Samoa.* Buenos Aires: Paidós, 1967).

Mehler, J. y Dupoux, E. (1990). *Naêtre humain.* Paris: Ed. Odile Iacob (Ed. cast.: *Nacer sabiendo. Introducción al desarrollo cognitivo del hombre.* Madrid: Alianza Editorial, 1992).

Mehler, J. P., Jusczyck, P. W., Lambertz, G., Halsted, N., Bertoncini, J. y Amiel-Tisson, C. (1988). A precursor of language acquisition in young infants. *Cognition,* 29, 144-178.

Meltzoff, A. N. y Borton, R. W. (1979). Intermodal matching by human neonates. *Nature,* 282,403-404.

Meltzoff, A. N. y Moore, N. K. (1994). Imitation, memory and the representation of persons. *Infant Behavior and Development,* 17,83-99.

Mennella, J. A. y Beauchamp, G. K. (1996). The human infant's response to vanilla flavors in mother's milk and formula. *Infant Behavior and Development, 19,* 13-19.

Mesulam, M. (1987). Involutional and developmental implications of age-related neuronal changes: in search of an engram for wisdom. *Neurobiology of aging, 8,* 581-583.

Miller, G. A. (1981). *Language and speech.* Nueva York: Freeman (Ed. cast.: *Lenguaje y habla.* Madrid: Alianza Editorial, 1985).

Miller, J. G. y Bersoff, D. M. (1992). Culture and moral judgment: how are conflicts between justice and interpersonal responsabilities resolved?. *Journal of Personality and Social Psychology, 62,*541-554,

Miller, P. A., Bernzweig, J., Eisenberg, N. y Fabes, R. A. (1991). The development of socialization and prosocial behavior. En R. A. Rinde y J. Groebel (Eds.), *Cooperation and prosocial behavior:* Cambridge: Cambridge University Press (Ed. cast.: *Cooperación y conducta prosocial,* p. 71-94. Madrid: AprendizajeVisor).

Miller, P. H. (1990). The development of strategies of selective attention. En D. F. Bjorklund (Ed.), *Children's strategies: contemporary views of cognitive development.* Rillsdale, NJ: Erlbaum.

Monedero, C. (1986). *Psicología evolutiva del ciclo vital.* Madrid: Biblioteca Nueva.

Moragas, R. (1989). *Jubilación: un enfoque positivo.* Barcelona: Grijalbo.

Mora, J. y Palacios, J. (1990). Desarrollo fisico y psicomotor a lo largo de los años preescolares. En J. Palacios, A. Marchesi y C. Coll (Comps.), *Desarrollo psicológico y educación. Vol. I: Psicología Evolutiva* (p. 133-142). Madrid: Alianza Editorial, 1999.

Moreno, M. C. y Cubero, R. (1990). Relaciones sociales: familia, escuela, compañeros. Años preescolares. En J. Palacios, A. Marchesi y C. Coll (Comps.), *Desarrollo psicológico y educación, I. Psicología Evolutiva* (p. 219-232). Madrid: Alianza Editorial, 1999.

Myers, N. A. y Perlmutter, M. (1978). Memory in the years from two to five.En P. A. Omstein (Ed.), *Memory development in children* (p. 191-214). Rillsdale,N. J.: Erlbaum.

Navarro, A. y Peñaranda, A. (1998). ¿Qué es un rico?, ¿y un pobre?: un estudio evolutivo con niños mexicanos y españoles. *Revista de Psicología Social, 13,* 67-80.

Nelson, K. (1973). Structure and strategy in leaming to talk. *Monographs of the Society for Research in Child Development, 38,* 1-2. Número de serie 149.

Nelson, K. (1985). *Making sense. The acquisition of shared meaning.* Nueva York: Academic Press (Ed. cast.: *El descubrimiento del sentido.* Madrid: Alianza Editorial, 1988).

Nelson, K. (1988). Where do taxonomic categories come from?. *Human Development,* 31, 3-10.

Nelson, K. (1996). *Language and cognitive development.* Cambridge: Cambridge University Press.

Neugarten, B. L. (1968). Adult personality: toward a psychology of life-cycle. En B. L. Neugarten (Ed.) (1968), *Middle age and aging* (p. 137-147). Chicago: Univ. Chicago Press.

Neugarten, B. (1973). Personality change in late life. En C. Eisdorfer y M. P. Lawton (Eds.), *The psychology of adult development and aging.* Washington: APA.

Newcomb, A. F., Bukowski, W. M. y Patee, L. (1993). Children's peer relations: a meta-analytic review of popular, rejected, neglected, controversial and average sociometric status. *Psychological Bulletin,* 113, 99-128.

Newcombe, N. y Huttenlocher, J. (1992). Children's early ability to solve perspective-taking problems. *Developmental Psychology,* 28, 635-643.

Newson, J. (1974). Towards a theory of infant understanding. *Bulletin of the British Psychological Society, 27,*251-257.

Nisbett, R. E. y Ross, L. (1980). *Human inference: strategies and shortcomings of social judgment.* Englewood Cliffs, NJ: Prentice-Rall.

Nieto, J. L., Sarriá, A. y Bueno-Lozano, M. M. (1996). Aceleración secular del crecimiento y de la maduración. En M. Bueno, *Crecimiento y desarrollo humano y sus trastornos* (p. 43-54). Madrid: Ergon.

Ninio, A. S. y Bruner, J. S. (1978). The achievement and antecedents of labelling. *Journal of Child Language,* 5,1-15.

Ninio, A. y Snow, C. (1996). *Pragmatic development.* Boulder: Westview Press.

Noller, P. (1994). Relationships with parents in adolescence: process and outcome. En R. Montemayor, G. R. Adams y T. P. Gullotta (Eds.), *Personal relationships during adolescence* (p. 37-77). Thousand Oak, CA: Sage.

Nucci, L. P. y Turiel, E. (1978). Social interactions and the development of social concepts in preschool children. *Child Development,* 49,400-407.

Offer, D. y Boxer, A. M. (1991). Normal adolescent development: empirical research findings. En M. Lewis (Ed.), *Child and adolescent psychiatry,* 30, 623-630.

Oliva, A. (1997). La controversia entre herencia y ambiente. Aportaciones de la genética de la conducta. *Apuntes de Psicología,* 51,21-35.

Oliva, A., Serra, L., y Vallejo, R. (1993). *Sexualidad y anticoncepción en jóvenes andaluces.* Sevilla: Servicio Andaluz de Salud, Consejería de Salud.

Oliva, A., Serra, L. y Vallejo, R. (1997). Patrones de comportamiento sexual y contraceptivo durante la adolescencia. *Infancia y Aprendizaje,* 77, 19-34.

Oliva, A., Parra, A. y Sánchez, I. (1998). *Estilos parentales y autoestima durante la adolescencia.* Comunicación presentada en el IX Simposio de Salud Materno-Infantil celebrado en Granada en Noviembre de 1998.

Olweus, D. (1993), *Bullying at school. What we know and what we can do.* Oxford: Blackwell (Ed. cast.: *Conductas de acoso y amenaza entre escolares.* Madrid: Morata, 1998).

Orlebeke, J. F., Knol, D. L., Koopmans, J. R. y Boomsma, D. I. (1996). Left-handedness in twins: genes or environment? *Cortex,* 32,479-490.

Ortega, P., Mínguez, R. y Gil, R. (1996). *Valores y educación.* Barcelona: Ariel.

Orwoll, L. y Perlmutter, M. (1990). The study of wise persons: integrating a personality perspective. En R. J. Stemberg (Ed.), *Wisdom. Its nature, origins, and development* (p. 160-177). Nueva York: Cambridge University Press.

Palacios, J. (1980). *Henri Wallon: Psicología del niño. Una comprensión dialéctica del desarrollo infantil.* Madrid: Pablo del Río (compilación de escritos de H. Wallon).

Palacios, J. (1987). Las ideas de los padres sobre sus hijos en la investigación evolutiva. *Infancia y Aprendizaje,* 39-40,97-111.

Palacios, J. (Ed.) (1995). El maltrato infantil. Número monográfico de *Infancia y aprendizaje,* 71.

Palacios, J. (1999a). Desarrollo del yo. En I. Etxebarría, M. J. Fuentes, F. López y M. J. Ortíz (Coords.), *Desarrollo afectivo y social.* Madrid: Pirámide.

Palacios, J. (1999b). El papel de la cultura sobre el desarrollo personal y social. En I. Etxebarría, M. J. Fuentes, F. López y M. J. Ortíz (Coords.), *Desarrollo afectivo y social.* Madrid: Pirámide.

Palacios, J. (1999c). La familia y su papel en el desarrollo afectivo y social. En I. Etxebarría, M. J. Fuentes, F. López y M. J. Ortíz (Coords.), *Desarrollo afectivo y social.* Madrid: Pirámide.

Palacios, J. e Hidalgo, V (1990). Desarrollo de la personalidad en los años escolares. En J. Palacios, A. Marchesi y C. Coll (Comps.), *Desarrollo psicológico y educación, I. Psicología Evolutiva* (p. 277-284). Madrid: Alianza Editorial, 1999.

Palacios, J. y Mora, J. (1990). Desarrollo fisico y psicomotor en la primera infancia. En J. Palacios, A. Marchesi y C. Coll (Comps.), *Desarrollo psicológico y educación. Vol. I: Psicología Evolutiva* (p. 39-53). Madrid: Alianza Editorial, 1999.

Palacios, J. y Moreno, M. C. (1994). Contexto familiar y desarrollo social. En M. J. Rodrigo (Ed.), *Contexto y desarrollo social* (p. 157-188). Madrid: Síntesis.

Palacios, J. y Rodrigo, M. J. (1998). La familia como contexto de desarrollo humano. En M. J. Rodrigo y J. Palacios (Coords.), *Familia y desarrollo humano* (p. 25-44). Madrid: Alianza Editorial, 1998

Park, K. A. y Waters, E. (1989). Security of attachment and preschool friendship making. *Child Development,* 60,1076-1081.

Parke, R. D. y Buriel, R. (1998). Socialization in the family: ethnic and ecological perspectives. En N. Eisenberg (Ed.), *Social, emotional and personality development* (p. 463-552), vol. III de W. Damon (Ed.), *Handbook of Child Psychology.* Nueva York: Wiley.

Parker, J. G., Rubin, K. H., Price, J. y Derosier, M. E. (1995), Peer relationships, child development, and adjustment: a developmental psychopathology perspective. En D. Cicchetti y D. Cohen (Eds.), *Developmental psychopathology: Vol. II. Risk, disordel; and adaptation* (p. 96-161). Nueva York: Wiley.

Parten, M. B. (1932), Social participation among preschool children. *Journal of Abnormal and Social Psychology,* 27,243-269.

Pascual-Leone, J. (1978). La teoria de los operadores constructivos. En J. Delval (Comp.), *Lecturas de psicología del niño. Vol. I: Las teorías, los métodos y el desarrollo temprano* (p. 208-227). Madrid: Alianza Editorial.

Patterson, G. R., Debaryshe, B. D. y Ramsey, E. (1989). A developmental perspective on antisocial behavior. *American Psychologist,* 44, 329-335.

Patterson, S. J., Sochting, I. y Marcia, J. M. (1992). The inner space and beyond: women and identity. En G. R. Adams, T. P. Gunotta y R. Montemayor (Eds.), *Adolescent identity formation* (p. 9-24), Newbury Park, CA: Sage.

Pearson, D. A., y Lane, D. M. (1990). Visual attention movements: a developmental study. *Child Development,* 61, 1779-1795.

Pelechano, V. y de Miguel, A. (1992). Entrenamiento en habilidades sociales en ancianos. En A. Reig y D. Ribera (Eds.), *Perspectivas en gerontología y salud* (p. 77-10 1). Valencia: Promolibro.

Pérez-Leroux, A. T. (1998). The acquisition of mood selection in Spanish relative clauses. *Journal of Child Language,* 25, 585-604.

Pérez Pereira, M. (1991). The acquisition of gender: what Spanish children tell us. *Journal of Child Language,* 18,571-590.

Pérez Pereira, M. (1994). Imitations, repetitions, routines, and the child's analysis of language: insights from the blind. *Journal of Child Language,* 21, 317-337.

Pérez Pereira, M. (1995). *Nuevas perspectivas en psicología del desarrollo.* Madrid: Alianza Editorial.

Pérez Pereira, M. (en prensa). Deixis, personal reference, and the use of pronouns by blind children. *Journal of Child Language.*

Pérez Pereira, M. y Castro, J. (1988). Fenómenos transicionales en la adquisición del lenguaje. *Infancia y Aprendizaje,* 43, 13-36.

Pérez Pereira, M. y Castro, J. (en prensa). Syntax development in Spanish blind children. *Journal of Speech, Language and Hearing Research.*

Pérez Pereira, M. y Conti-Ramsden, G. (en prensa). *Language development and social interaction in blind children.* Londres: Psychology Press.

Pérez Pereira, M., Forján, M. y García López, S. (1996). Comparanza da adquisición das formas de posesión do galego e o castelán en nenos bilingües. *Cadernos de Lingua,* 14,21-38.

Perlmutter, M. y Hall, E. (1992). *Adult development and aging* (2ª ed.). Nueva York: J. Wiley.

Pemer, J. (1991). *Understanding the representational mind.* Cambridge, Ma: MIT Press (Ed. cast.: *Comprender la mente representacional.* Barcelona: Paidós, 1994).

Peters, A. (1993). *The units of language acquisition.* Cambridge: Cambridge University Press.

Peters, A. y Menn, L. (1993). False starts and filler syllabes: ways to leam grammatical morphemes. *Language,* 69, 742-777.

Pfundt, H. y Duit, R. (1993). *Bibliography. Students alternative frameworks and science education* (4.3 ed.). Kiel, Germany: Institut für die Padagogikder Naturwissenschaften.

Phiney, J. S., Chavira, V, y Williamson, L. (1992). Acculturation attitudes and selfesteem among High School and College students. *Youth and Society,* 25, 299-312.

Piaget, J. (1923). *Le langage et la pensée chez l'enfant.* Neuchâtel y París: Delachaux y Niestlé (Ed. cast.: *Lenguaje y pensamiento en el niño.* Madrid: La lectura, 1929).

Piaget, J. (1924). *Le jugement et le raisonnement chez l'enfant.* Neuchiâtel y París: Delachaux y Niestlé (Ed. cast.: *El juicio y el razonamiento en el niño.* Buenos Aires: Guadalupe, 1972).

Piaget, J. (1926). *Le représentacion du monde chez l'enfant.* París: Alcan (Trad. cast.: *La representación del mundo en el niño.* Madrid: Morata, 1973).

Piaget, J. (1932). *Le jugement moral chez l'enfant.* París: Alcan (Ed. cast.: *El criterio moral en el niño.* Barcelona: Fontanella, 1971).

Piaget, J. (1936). *La naissance de l'intelligence chez l'enfant.* Neuchiâtel-Paris: Delachaux-Niestlé (Ed. cast.: *El nacimiento de la inteligencia en el niño.* Madrid: Aguilar, 1969).

Piaget, J. (1937). *La construction du réel chez l'enfant.* Neuchiâtel-Paris: Delachaux-Niestlé (Ed. cast.: *La construcción de lo real en el niño.* Buenos Aires: Proteo, 1965).

Piaget, J. (1946). *La formation du symbole chez l'enfant.* Neuchiâtel y París: Delachaux y Niestlé (Ed. cast.: *La formación del símbolo en el niño.* México: Fondo de Cultura Económica, 1961).

Piaget, J. (1947). *La psychologie de l'intelligence.* París: Colin (Ed. cast.: *La psicología de la inteligencia.* Barcelona: Crítica, 1983).

Piaget, J. (1970). *L'épistémologie génétique.* París: PUF (Ed. cast.: *La epistemología genética.* Madrid: Debate, 1986).

Piaget, J. (1970). *L'evolution intellectuelle entre l'adolescence et l'âge adulte.* Rapport sur le III Congrés International FONEME sur La formation humaine de l'adolescence a la madurité, Milán (Ed. cast. parcial: La evolución intelectual entre la adolescencia y la edad adulta. En J. Delval (Comp.), *Lecturas de psicología del niño* (vol. II). Madrid: Alianza Editorial, 1978).

Piaget, J. (1975). *L'equilibration des structures cognitives. Problème central du développement.* París: Presses Universitaries de France (Ed. cast.: *La equilibración de las estructuras cognitivas.* Madrid: Siglo XXI, 1978).

Piaget, J. y Szeminska, A. (1941). *La genèse du nombre chez l'enfant.* Neuchâtel y París: Delachaux y Niestlé (Ed. cast.: *La génesis del número en el niño.* Buenos Aires: ouadalupe, 1967).

Piaget, J. y Inhelder, B. (1948). *La représentation de l'espace chez l'enfant.* París: Presses Universitaires de France.

Piaget, J. e Inhelder, B. (1951). *La geneèse de l'idèe de hasard chez l'enfant.* París: Presses Universitaries de France.

Piaget, J. y Inhelder, B. (1966). *La psychologie de* l'enfant. París: Presses Universitaries de France (Ed. cast.: *Psicología del niño.* Madrid: Morata, 1969).

Piaget, J. y Inhelder, B. (1968). *Mémoire et intelligence.* París: Presses Universitaries de France (Ed. cast.: *Memoria e inteligencia.* Buenos Aires: El Ateneo, 1972).

Piaget, J., Sinclair, H. y Bang, V (1968). *Epistémologie et psychologie de l'identité.* París: Presses Universitaries de France (Ed. cast.: *Epistemología y psicología de la identidad.* Buenos Aires: Paidós, 1971).

Pickles, A. y Rutter, M. (1991). Statistical and conceptual models of turning points in developmental processes. En D. Magnusson, L. R. Bergman, G. Rudinger y B. Torestad (Eds.), *Problems and methods in longitudinal research: stability and change* (p. 133-165). Cambridge, UK: Cambridge University Press.

Pinchbeck, I. y Hewitt, M. (1973). *Children in English society.* Londres: Routledge and Kegan Paul.

Pine, J. M. y Lieven, E. V (1993). Reanalysing rote-learned phrases: individual differences in the transition to multiword speech. *Journal of Child Language,* 20, 551-571.

Pine, J. M., Lieven, E. V y Rowland, C. (1997). Stylistic variation at the "singleword" stage: relations between maternal speech characteristics and children's vocabulary composition and usage. *Child Development,* 68, 807-819.

Plomin, R. y McClearn, G. E. (Eds.) (1993). *Nature-nurture and psychology.* Washington, DC: American Psychological Association.

Plude, D. J., Enns, J. T. y Brodeur, D. (1994). The development of selective attention. A life-span overview. *Acta Psychologica,* 86,227-272.

Porter, R. H., Makin, W., Davis, L. B. y Christensen, K. M. (1992): Breast-fed infants respond to olfactory cues from their own mother and unfamiliar lactating females. *Infant Behavior and Development,* 15, 85-93.

Posner, G. J., Strike, K. A., Hewson, P. W. y Gertzog, W. A. (1982). Accomodation of scientific conceptions: toward a theory of conceptual change. *Science Education,* 66,211-227.

Price, J. M. (1996). Friendships of maltreated children and adolescents: contexts for expressing and modifying relationship history. En W. M. Bukowski, A. F. Newcomb y W. W. Hartup (Eds.), *The company they keep. Friendship in childhood and adolescence* (p. 262-285). Cambridge, UK: Cambridge University Press.

Proffitt, D. R. y Bertenthal, B. I. (1990). Converging operations revisited: assessing what infants perceive using discrimination measures. *Perceptions and Psychophvsics.* 47.1-11.

Puig,. J. M. (1996). *La construcción de la personalidad moral.* Barcelona: Paidós.

Putallaz, M. y Heflin, A. H. (1990). Parent-child relations and peer rejection. En S. R. Asher y J. D. Coie (Eds.), *Peer rejection in childhood* (p. 189-216). Nueva York: Cambridge University Press.

Putallaz, M. y Wasserman, A. (1990). Children's entry behavior. En S. R. Asher y J. D. Coie (Eds.), *Peer rejection in childhood* (p. 60-89). Nueva York: Cambridge University Press.

Quinn, F. F., y Burkhauser, R. V (1990). Work and retirement. En R. H. Binstock y L. K. George (Eds.), *Handbook of aging and the social sciences* (p. 308-327). Nueva York: Van Nostrand Reinhold.

Radziszewska, B. y Rogoff, B. (1988). Influence of adult and peer collaborators on children's planning skills. *Developmental Psychology,* 24,840-848.

Ratner, N. y Bruner, J. S. (1978). Games, social exchange and the acquisition of language. *Journal of Child Language,* 5,391-401.

Ratner, H. H. y Myers, N. A. (1981). Long-term memory and retrieval at ages 2, 3, 4. *Journal of Experimental Child Psychology,* 31, 365-386.

Reese, H. W. y Overton, W. F. (1970). Models of development and theories of development. En L. R. Goulet y P. B. Baltes (Eds.), *Life-span developmental psychology: research and theory* (p. 115-145). Nueva York: Academic Press.

Renken, B., Egeland, B., Marvinney, D., Sroufe, L. A. y Mangelsdorf, S. (1989). Early childhood antecedents of aggression and passive-withdrawal in early elementary school. *Journal of Personality,* 57,257-281.

Richards, D. D. y Siegler, R. S. (1984). The effects of task requirements on children's life judgments. *Child Development,* 55, 1687-1696.

Rivière, A. (1991). *Objetos con mente.* Madrid: Alianza Editorial.

Rodrigo, M. J. (1982). La crisis de la noción de estructura lógica. *Infancia y Aprendizaje,* 17, 115-126.

Rodrigo, M. J. y Batista, L. M. (1995). Planificar para razonar y planificar para trazar rutas: aprendizaje y transferencia de la planificación en colaboración y por adelantado. *Infancia y Aprendizaje,* 69-70, 183-202.

Rodrigo, M. J. y Palacios, J. (1998). Conceptos y dimensiones en el análisis evolutivo-educativo de la familia. En M. I. Rodrigo y J. Palacios (Coords.), *Familia y desarrollo humano* (p. 45-70). Madrid: Alianza Editorial, 1998.

Rodrigo, M. J. y de Vega, M. (1996). Children's pointing to objects in memory-based egocentric layouts. *Psychologischel Beiträge,* 38, 435-450.

Rodrigo, M. J., Castañeda, J. y Camacho, J. (no prelo). Mental models in predictive reasoning with perceptual and semantic baserates: a developmental perspective. *European Journal of Cognitive Psychology.*

Rodrigo, M. J., Rodriguez, A. y Marrero, J. (1993). *Las teorías implícitas. Una aproximación al conocimiento cotidiano.* Madrid: AprendizajeVisor.

Rodriguez Moneo, M. (1999). *Conocimiento previo y cambio conceptual.* Buenos Aires: Aique.

Rodriguez, J. A. (1994). *Envejecimiento y familia.* Madrid: CIS.

Rodríguez, C. y Moro, Ch. (1999). *El mágico número tres. Cuando los niños aún no hablan.* Barcelona: Paidós.

Rogers, C. R. (1961). *On becoming a person.* Boston: Houghton Mifflin (Ed. cast.: *El proceso de convertirse en persona.* Buenos Aires: Paidós, 1979).

Rogoff, B. y Mistry, J. (1985). Memory development in cultural context. En M. Pressley y C. Brainerd (Eds.), *Cognitive learning and memory in children* (p. 117-142). Nueva York: Springer-Verlag.

Rosch, E., Mervis, C. B., Gray, W. D., Johnson, D. M. y Boyes-Braem, P. (1976). Basic objects in natural categories. *Cognitive Psychology,* 8, 382-439.

Rossel, G. (1967). *Manuel d'education psychomotrice.* París: Masson (Ed. cast.: *Manual de educación psicomotriz.* Barcelona: Toray-Masson, 1975).

Rotter, J. B. (1975). Some problems and misconceptions related to the construct of internal versus external control of reinforcement. *Journal of Consulting and Clinical Psychology,* 43, 56-67.

Rovee-Collier, C. (1995). Time windows in cognitive development. *Developmental Psychology, 31,* 147-169.

Rovee-Collier, C. y Shyi, G. (1992). A functional and cognitive analysis of infant long-term retention. En C. J. Brainerd, M. L. Howe y v: Reyna (Eds.), *Development of long-term retention* (p. 3-55). Nueva York: Springer-Verlag.

Rubin, K. H. (1985), Socially withdrawn children: an "at risk" population?. En B. Schneider, K. H. Rubin y J. Ledingham (Eds.), *Children's peer relations: issues in assessment and intervention* (p. 125-139). Nueva York: Springer-Verlag.

Rubin, K. H., Bukowski, W. y Parker, J. G. (1998). Peer interactions, relationships and groups. En N. Eisenberg (Ed.), *Social, emotional and personality development* (p. 619-700), vol. III de W. Damon (Ed.), *Handbook of child psychology.* Nueva York: Wiley.

Rubin, K. H., Daniels-Beirness, T. y Bream, L. (1984). Social isolation and social problem solving: a longitudinal study. *Journal of Consulting and Clinical Psychology,* 52, 17-25.

Rubin, K. H., LeMare, L. J. y Lollis, S. (1990). Social withdrawal in childhood: developmental pathways to peer rejection. En S. R. Asher y J. D. Coie (Eds.), *Peer rejection in childhood* (p. 217-249). Nueva York: Cambridge University Press.

Rubin, K. H., Lynch, D., Coplan, R., Rose-Krasnor, L. y Booth, C. L. (1994). "Birds of a feather.": behavioral concordances and preferential personal attraction in children. *Child Development,* 65, 1778-1785.

Rubin, K. H., Mills, R. S. L. y Rose-Krasnor, L. (1989). Maternal beliefs and children's competence. En B. H. Schneider, G. Attili, J. Nadel y R. Weissberg (Eds.), *Social competence in developmental perspective* (p. 313-331). Dordrecht, Netherlands: Kluwer.

Rubin, K. H. y Rose-Krasnor, L. R. (1986). Social-cognitive and social behavioral perspectives on problem solving. En M. Perlmuttet (Ed.), *Minnesota Symposia on Child Psychology* (vol. 18, p. 1-68). Hillsdale, NJ: Erlbaum.

Rubin, K. H. y Rose-Krasnor, L. (1992). Interpersonal problem solving and social competence in children. En V. B. Van Hasselt y M. Hersen (Eds.), *Handbook of social development. A life-span perspective* (p. 283-323). Nueva York: Plenum Press.

Rubio, R. (1993). El ocio en la población española desde la perspectiva de la gerontología social. En Diputación Provincial de Jaen (Ed.), *Gerontología social: perspectivas teóricas y de intervención* (305-322). Jaén: Diputación Provincial.

Ruble, D. N. y Martin, C. L. (1998). Gender development. En N. Eisenberg (Ed.), *Social, emotional and personality development* (p. 553-617), vol. III de W. Damon (Ed.), *Handbook of Child Psychology.* Nueva York: Wiley.

Ruff, H. A., Saltarelli, L. M., Capozzoli, M. y Dubiner, K. (1992). The differentiation of activity in infants' exploration of objects. *Developmental Psychology,* 28,851-861.

Russo, R. y Parkin, A. J. (1993). Age differences in implicit memory: more apparent than real. *Memory and Cognition,* 21, 73-80.

Rutter, M. (1989). Pathways from childhood to adult life. *Journal of Child Psychology, Psychiatry and Applied Disciplines,* 30, 23-51.

Rutter, M. (1996). Transitions and turning points in developmental psychopathology: as applied to the age span between childhood and mid-adulthood. *International Journal of Behavioral Development,* 19,603-626.

Ryan, R. M. y Lynch, J. (1989). Emotional autonomy versus detachment: revising the vicissitudes of adolescence and young adulthood. *Child Development,* 60, 340-356.

Saarni, C. (1993). Socialization of emotion. En M. Lewis y J. M. Haviland (Eds.), *Handbook of emotions* (p. 435-446). Nueva York: Guildford.

Saarni, C., Mumme, D. L. y Campos, J. J. (1998). Emotional development: action, communication and understanding. En N. Eisenberg (Ed.), *Social, emotional and personality development* (p. 237-309), vol. III de W. Damon (Ed.), *Handbook of Child Psychology.* Nueva York: Wiley.

Sackin, S. y Thelen, E. (1984). An ethological study of peaceful associative outcomes to conflict in preschool children. *Child Development,* 55, 1098-1102.

Salthouse, T. A. (1994). How many causes are there of aging-related decrements in cognitive functioning? *Developmental Review,* 14,413-137.

Saltzstein, H. D. (Ed.) (1997). Culture as a context for moral development: New perspectives on the particular and the universal. *New Directions for Child Development,* 76. San Francisco: Jossey-Bass

Sarriá, E. y Riviére, A. (1991). Desarrollo cognitivo y comunicación intencional preverbal. Un estudio longitudinal multivariado. *Estudios de Psicología,* 46, 35-52.

Savin-Williams, R. C. y Rodriguez, R. G. (1993). A developmental, clinical perspective on lesbian, gay male, and bisexual youths. En T. P. Gullotta, G. R. Adams, y R. Montemayor (Eds.), *Adolescent sexuality.* Newbury Park. CA: Sage.

Schaffer, H. R. (1996). *Social development.* Oxford, UK: Blackwell.

Schaie, K. W. (1978). Toward a stage theory of adult cognitive development. *Journal of Aging and Human Development,* 8, 129-138.

Schaie, K. W. y Willis, S. L. (1993). Age difference patterns of psychometric intelligence in adulthood: generalizability within and across ability domains. *Psychology and Aging,* 8,44-55.

Scheibel, A. B. (1996). Structural and functional changes in the aging brain. En J. E. Birren y K. W Schaie (Eds.), *Handbook of aging* (p. 105-128).San Diego, Ca.: Academic Press.

Scherler, A. (1992). *Envejecimiento y vejez en la vida cotidiana. Sociología de la vejez.* Madrid: U. D. P.

Schneider, W. y Bjorklund, D, B. (1998). Memory. En D. Kuhn y R. S. Siegler (Eds.), *Cognition, perception and language* (p. 467-521), vol. II de W. Damon (Ed.), *Handbook of child psychology.* Nueva York: Wiley.

Schnotz, W., Vosniadou, S. y Carretero, M. (Eds.) (1999). *New perspectives on conceptual change.* Oxford: Elsevier.

Shweder, R. A., Mahapatra, M. y Miller, J. o. (1990). Culture and moral development. En J. W. Stigler, R. A. Shweder y O. Herdt (Eds.), *Cultural psychology. Essays on comparative human development* (p. 130-204). Nueva York: Cambridge University Press.

Sears, R. R., Maccoby, E. E. y Levin, H. (1957). *Patterns of child rearing.* Evanston, II. Row-Peterson.

See, J. E., Howe, S. R., Warm, J. S. y Dember, W N. (1995). Meta-analysis of the sensitivity decrement in vigilance. *Psychological Bulletin,* 117,230-249.

Selman, R. L. (1981). The child as a friendship philosopher. En S. R. Asher y J. M. Oottman (Eds.), *The development of friendships* (p. 242-272). Nueva York: Cambridge University Press.

Serra, M. y Serrat, E. (1996). Diferencias individuales en la adquisición del léxico: revisión de la producción y organización del léxico y de su procesamiento inicial. En M. Pérez Pereira (Ed.), *Estudios sobre la adquisición del castellano, catalá, eusquera y gallego* (p. 301-315). Santiago de Compostela: Publicaciones de la USC.

Serrat, E. y Serra, M. (1996). La adquisición de la sintaxis: formación de la categoría verbal. En M. Pérez Pereira (Ed.), *Estudios sobre la adquisición del castellano, catalá, eusquera y gallego* (p. 157-164). Santiago de Compostela: Publicaciones de la USC.

Shaffer, D. R. (1994). *Social and personality development* (3.a ed.). Pacific Grove, CA: Brooks/Cole.

Shantz, C. U. (1983) Social cognition. En J. H. Flavell y E. M. Markman (eds.), *Cognitive development,* vol. III de P. H. Mussen (ed.), *Handbook of child Psychology.* Nueva York: Willey.

Shaver, P. y Hazan, C. (1988). A biased overview of the study of love. *Journal of Personal and Social Relationships,* 5, 473-501.

Silverberg, S. B. y Gondoli, D. M. (1996). Autonomy in adolescence. A contextualized perspective. En O. R. Adams, R. Montemayor y T. P. Gullotta (Eds.), *Psychosocial development during adolescence* (p. 12-61). Thousand Oak, CA: Sage.

Simmons, R. G. y Blith, D. A. (1987). *Moving into adolescence: the impact of puberal change and school context.* Hawthorn, NY: Aldine de Groyter.

Slobin, D. I. (1985). Crosslinguistic evidence for the language-making capacity. En D. I. Slobin (Ed.), *The crosslinguistic study of language acquisition. Volume* 2: *Theoretical issues* (p. 1157-1256). Hillsdale: Lawrence Erlbaum.

Smelser, N. J. y Erikson, E. H. (Eds.) (1980). *Themes of work and love in adulthood.* Cambridge, Mass: Harvard University Press (Ed. cast.: *Trabajo y amor en la edad adulta.* Barcelona: Grijalbo, 1983).

Smetana, J. G. (1981). Preschool children's conception of moral and social roles. *Child Development,* 55, 1333-1336.

Smetana, J. G. (1989a). Adolescents' and parents' reasoning about actual family conflict. *Child Development,* 60, 1052-1067.

Smetana, J. G. (1989b). Toddler's social interactions in the context of moral and conventional transgressions in the home. *Developmental Psychology,* 25, 499-508.

Smith, J., Dixon, R. A. y Baltes, P. B. (1989). Expertise in life-plarming: a new rescarch approach to investigating aspects of wisdom. En M. L. Commons, J. D.

Sinnott, E A. Richards y C. Armon (Eds.), *Adult development: Vol. I. Comparisons and applications of developmental models* (p. 307-339). Nueva York: Praeger.

Snow, K. (1987). Language and the beginings of moral understanding. En J. Kagan y S. Lamb (Eds.), *The emergence of morality in young children* (p. 112-122). Chicago: The University of Chicago Press.

Solé, M. R. (1996). La capacidad de hacer demandas en un contexto interactivo. Estudio pragmático evolutivo. En M. Pérez Pereira (Ed.), *Estudio sobre la adquisición del castellano, catalá, eusquera y gallego* (p. 335-342). Santiago de Compostela: Publicaciones de la Universidad de Santiago de Compostela.

Spelke, E. S. (1976). Infants' intermodal perception of events. *Cognitive Psychology,* 8, 553-560.

Spence, A. P. (1989). *Biology of human aging.* Englewood Cliffs, NJ: Prentice-Rall.

Spreen, O., Risser, A. R., Edgell, D. y Spreen, O. (1995). *Developmental neuropsychology.* Nueva York: Oxford University Press.

Stanbak, M. (1963). *Tonus et psychomotricité dans la premiere enfance.* Neuchatel-París: Delachaux-Niestlé (Ed. cast.: *Tono y psicomotricidad. El desarrollo psicomotor en la primera infancia.* Madrid: Pablo del Río editor, 1978).

Steinberg, L. O. y Silverberg, S. B. (1996). The vicissitudes of autonomy. *Child Development,* 57, 841-851.

Sternberg, R. J. (1988). *The triangle of love.* Nueva York: Basic Books (Ed. cast.: *El triángulo del amor.* Barcelona: Paidós, 1989).

Sternberg, R. J. (1990/1994). *Wisdom: its nature, origins and development.* Cambridge: Cambridge University Press (Ed. cast.: *La sabiduría: su naturaleza, orígenes y desarrollo.* Bilbao: Oesclée de Brouwer).

Stevenson, R. W. (1991). The development of prosocial behavior in large-scale Collective societies. En R. A. Rinde y J. Groebel (Eds.), *Cooperation and prosocial behavior:* Cambridge: Cambridge University Press (Ed. cast.: *Cooperación y conducta prosocial,* p. 107-123. Madrid: Aprendizaje-Visor).

Stipek, D. (1992). The child at school. En M. E. Lamb y M. H. Bornsteins.) (Eds,) *Developmental psychology: an advanced textbook* (3.a ed.). Rillsdale, NJ.: Erlbaum.

Stoel-Gammon, C. y Menn, L. (1997). Phonological development: learning sounds and sound patterns. En J. Berko Gleason (Ed.), *The development of language.* Boston: Allyn and Bacon.

Strayer, F. F. (1980). Social ecology of the preschool peer group. En w: A. Collins (Ed.), *Minnesota Symposia on Child Psychology.* Vol. 13: *Development of cognition, affect and social relations.* Rillsdale, NJ: Erlbaum.

Suomi, S. J. y Harlow, R. F. (1978), Early experience and social development in rhesus monkeys. En M. E. Lamb (Ed.), *Social and personality development* (p. 252-271). Nueva York: Rolt, Rinehart y Winston.

Strike, K. A. y Posner, G. J. (1992). A revisionist theory of conceptual change. En R. A. Duschl y R. J. Ramilton (Eds.), *Philosophy of science, cognitive psychology and educational theory and practice.* Nueva York: State University of New York Press.

Sullivan, R. S. (1953). *The interpersonal theory of psychiatry.* Nueva York: Norton.

Super, C. M., Rerrera, M. G. y Mora, J. O. (1990). Long-term effects of food supplementation and psychosocial intervention on the physical growth of Colombian infants at risk of malnutrition. *Child Development,* 61, 29-49.

Sussman, S. K. y Sussman, M. B. (Eds.) (1991). *Families: intergenerational and generational conections.* Binghamton, NY: Haworth.

Tanner, J. M. (1971). Sequence, tempo, and individual variation in the growth and development of boys and girls aged twelve to sisteen. *Daedalus,* 100,907-930.

Taylor, L. C. (1994). *Winning combinations: the effects of different parenting style combinations on adolescent adjustment.* Trabalho apresentado no Meeting of the Society for Research on Adolescence, San Diego.

Thelen, E. (1995). Motor development: a new synthesis. *American Psychologist,* 50, 79-95.

Thelen, E. y Smith, L. B. (1998). Dynamic systems theories. En R. M. Lerner (Ed.), *Theoretical models of human development* (p. 563-634), volumen I de W Damon (Ed.), *Handbook of child psychology.* Nueva York: Wiley.

Thomas, G. V. y Silk, A. M. J. (1990). *An introduction to the psychology of children's drawings.* Hemel Hempstead: Harvester Wheatsheaf.

Tomasello, M. (1995). Joint attention as social cognition. En Ch. Moore y Ph. J. Dumham (Eds.). *Joint attention. Its origins and role in development* (p. 103-130). Hillsdale, N. J.: Lawrence Erlbaum Associates.

Tomasello, M. (1996). Piagetian and Vygotskian approaches to language acquisition. *Human Development,* 39,269-276.

Toro, J. y Cervera, M. (1980). *T.A.L.E. Test de análisis de la lecto-escritura.* Madrid: Pablo del Río Editor.

Trevarthen, C. (1979). Instincts for human understanding and for cultural cooperation. Development in infancy. En M. von Cranach, W. Lepenies y D. Ploog (Eds.) *Human ethology. Claims and limits of a new discipline.* Cambridge: Cambridge University Press.

Trevarthen, C. (1982). The primary motives for cooperative understanding. En A. Butterworth y P. Light (Eds.), *Social cognition: studies of the development of understanding.* Brighton: Harvester Press.

Trevarthen, C. y Logotheti, K. (1989). Child and culture: genesis of cooperative knowing. En A. Aellatly y D. Rogers (Eds.) *Cognition and social worlds.* (p. 37-56). Oxford: Clarendon Press.

Triana, B. (1993). Las teorias implícitas de los padres sobre la infancia y el desarrollo. En M. J. Rodrigo, A. Rodríguez y J. Navarro (Eds.) *Las teorías implícitas. Una aproximación al conocimiento cotidiano* (p. 203-241). Madrid: AprendizajeVisor.

Triandis, H. C. (1991). Cross-cultural differences in assertiveness/competition versus loyalty/cooperation. En R. A. Rinde y J. aroebel (Eds.), *Cooperation and prosocial behavior:* Cambridge: Cambridge University Press (Ed. cast.: *Cooperación y conducta prosocial,* p. 95-105. Madrid: AprendizajeVisor).

Turiel, E. (1983). *The development of social knowledge.* Cambridge: Cambridge University Press (Ed. cast.: *El desarrollo del conocimiento social.* Madrid: Debate,1984).

Turner, J. S., y Helms, D. B. (1994). *Life-span development* (5ª ed.). Fort Worth, TX: Harcourt Brace College.

Vaillant, a. (1977). *Adaptation to life.* Boston: Little Brown.

Van der Velde, M. E., Feij, J. A. y Van Emmerik, H. (1998). Change in work values and norm among Dutch young adults: ageing or societal trends. *International Journal of Behavioral Development.* 22. 55-76.

Van Ijzendoom, M. H. (1992). Intergenerational transmission of parenting: a review of studies in nonclinical population. *Developmental Review,* 12,76-99.

Van Ijzendoom, M. H. y Kroonenberg, P. M. (1988). Cross-cultural patterns of attachment: a meta-analysis of the strange situation. *ChildDevelopment,* 59, 147-156.

Vega, J. L. (1988). *Modelo de seguimiento y evaluación del programa de educación de adultos.* Salamanca: Ediciones de la Diputación.

Vega, J. L. (1993). El cuidador y las relaciones entre generaciones En Diputación Provincial de Jaen (Ed.), *Gerontología social: perspectivas teóricas y de intervención* (p. 81-100). Jaén: Diputación Provincial.

Vega, J. L. y Bueno, B. (1995). *Desarrollo adulto y envejecimiento.* Madrid: Sínte-SlS.

Vega, J. L. y Bueno, B. (1996). *Pensando en el futuro: Curso de preparación para la jubilación* (2 vols). Valladolid: Junta de Castilla y León.

Verhaeghen, P., Marcoen, A. y Goossens, L. (1993). Facts and fiction about memory aging: a quantitative integration of research findings. *Journal of Gerontology: Psychological Sciences,* 48,157-171.

Vila, I., Boada, H. y Siguán, M. (1982). Adquisición y desarrollo del lenguaje en bilingües familiares: primeros datos de una investigación. *Infancia y Aprendizaje,* 19/ 20,89-99.

Vitaliano, P. P., Dougherty, C. M., y Siegler, I. C. (1994). Biopsychosocial risks for cardiovascular disease in spouse caregivers of persons with Alzheimer's disease. En R. P. Abeles, H. C. Gift, y M. G. Ory (Eds.), *Aging and quality of life.* Nueva York: Springer.

Voss, J. y Carretero, M. (Eds.) (1998). *Learning and reasoning in history.* Londres: Wobum Press.

Voss, J. F., Wiley, J y Carretero, M. (1995). The acquisition of intellectual skills, *Annual Review of Psychology,* 46,55-181 (Ed. cast. en M. Carretero, *Construir y enseñar las Ciencias Experimentales.* Buenos Aires: Aique, 1996).

Vurpillot, E. (1968). The development of scanning strategies and their relation to visual differentiation. *Journal of Experimental Child Psychology,* 6, 632-650.

Vygotski, L. S. (1932-34/1996). El primer año. En L. S. Vygotski, *Obras escogidas. Vol. Ir:. Psicología infantil* (p. 275-318). Madrid: Aprendizaje-Visor, 1996.

Vygotski, L. S. (1934/1993). Pensamiento y lenguaje. En L. S. Vygotsky, *Obras Escogidas* (vol. II, p. 9-348). Madrid: Visor.

Vygotski, L. S. (1978). *Mind in society. The development of higher psychological processes.* Cambridge, Mass.: Cambridge University Press (Ed. cast.: *El desarrollo de los procesos psicológicos superiores.* Barcelona: Critica, 1979).

Vygotski, L. S. (1982/1993). *Obras escogidas* (6 volúmenes). Madrid: Aprendizaje-Visor.

Walk, R. D. y Gibson, E. J. (1961). A comparative and analytic study of visual depth perception. *Psychological Monographs,* 75, 15. Número de serie 519.

Walker, L. J. y Taylor, J. H. (1991) Family interactions and the development of moral reasoning. *Child Development,* 62,264-283.

Wallon, H. (1931). Science de la nature et science de l'homme: la Psychologie. *Revue de Synthese,* 2. Reeditado en *Enfance,* 1959, 3-4, 203-219 (Ed. cast. en *H. Wallon,.Psicología del niño. Una comprensión dialéctica del desarrollo infantil,* vol. I, p. 47-65. Madrid: Pablo del Río editor, 1980).

Wallon, H. (1932). La conscience de soi, ses degrés et ses mécanismes, de 3 mois a 3 ans. *Journal de Psychologie,* 29, 744-785 (Ed. cast. en *H. Wallon, Psicología del niño: una comprensión dialéctica del desarrollo infantil,* vol II, p. 341-370. Madrid: Pablo del Río editor, 1980).

Wallon, H. (1934). *Les origines du caracter chez l'enfant.* París: Boivin (Ed. cast.: *Los orígenes del carácter en el niño.* Buenos Aires: Nueva Visión, 1975).

Wallon, H. (1941). *L'évolution psychologique de l'enfant.* Paris: A. Colin (Ed. cast.: *La evolución psicológica del niño.* Barcelona: Crítica, 1976).

Wallon, H. (1946). Le role de "l'autre" dans la conscience du "moi". *Journal Egytien de Psychologie,* 2, 3-11 (Ed. cast. en *H. Wallon, Psicología del niño: una comprensión dialéctica del desarrollo infantil,* vol I, p. 110-118. Madrid: Pablo del Río editor, 1980)

Waterman, A. S. (1982). Identity development from adolescence to adulthood: an extension of theory and a review of research. *Developmental Psychology,* 18, 341-358.

Waterman, A. S. (1992). Identity as an aspect of optimal psychological functioning. En G. R. Adams, T. P. Gullotta y R. Montemayor (Eds.), *Adolescent identity formation* (p. 50-72). Newbury Park, CA: Sage.

Watson, D. y Hubbard, B. (1996). Adaptational style and dispositional structure: coping in the context of the five factor model. *Journal of personality,* 64.

Wellman, H. M. (1990). *The childs theory of mind.* Cambridge, Ma.: MIT Press (Ed. cast.: *Desarrollo de la teoría del pensamiento en los niños.* Bilbao: Desclée De Brouwer, 1995).

Wellman, H. y Gelman, S. (1998). Knowledge acquisition in foundational domains. En D. Kuhn y R. S. Siegler (Eds.), *Cognition, perception and language* (p. 523-573), vol. III de W. Damon (Ed.), *Handbook of child psychology,* Nueva York: Wiley.

Wemer, H. y Kaplan, B. (1963). *Symbol formation.* Nueva York: Wiley.

Wertsch, J. V (1985). *Vygotsky and the social formation of mind.* Cambridge, Ma: Harvard University Press (Ed. cast.: *Vygotsky y la formación social de la mente.* Barcelona: Paidós, 1988):

Whitbourne, S. K. y Weinstock, C. S. (1986). *Adult development.* Nueva York: Praeger.

White, K. J. y Kistner, J. (1992). The influence of teacher feed-back on young children's peer preferences and perceptions. *Developmental Psychology,* 28,933-940.

Whiting, B. B. y Edwards, C. P. (1988). *Children of different worlds: the formation of social behavior.* Cambridge, MA: Harvard University Press.

Whiting, B. B. y Whiting, J. W. M. (1975). *Children of six cultures.* Cambridge, MA: Harvard University Press.

Wigfield, A., Eccles, J. S., MacIver, D., Reuman, D. A. y Midgley,C. (1991). Transitions during early adolescence: changes in children's domain-specific self-perceptions and general self-esteem across the transition to junior High School. *Developmental Psychology,* 27,552-565.

Wood, V, y Robertson, J. F. (1978). Friendship and kinship interaction: differential effect on the morale of the elderly. *Journal of Marriage and the Family,* 40, 376-375.

Zacarés, J. J. y Serra, E. (1998). *La madurez personal: perspectivas desde la Psicología.* Madrid: Pirámide.

Zahn-Waxler, C. y Radke-Yarrow, M. (1982). The development of altruism: alternative research strategies. En N. Eisenberg-Berg (Ed.), *The development of prosocial behavior.* Nueva York: Aca:demic Press.

Zahn-Waxler, C., Radke-Yarrow, M., Wagner, E. y Chapman, M. (1992). Development of concern for others. *Developmental Psychology,* 28, 126-136.

Índice onomástico

Índice analítico